국민건강
보험공단

5개년 기출 + NCS + 법률 + 모의고사 3회

KB218827

2025 최신판 시대에듀 All-New 국민건강보험공단
5개년 기출 + NCS + 법률 + 모의고사 3회 + 무료건보특강

Always **with you**

사람의 인연은 길에서 우연하게 만나거나 함께 살아가는 것만을 의미하지는 않습니다.
책을 펴내는 출판사와 그 책을 읽는 독자의 만남도 소중한 인연입니다.
시대에듀는 항상 독자의 마음을 헤아리기 위해 노력하고 있습니다. 늘 독자와 함께하겠습니다.

머리말 PREFACE

사회보장 중추기관으로 국민의 건강을 지키고 삶의 질을 높이기 위해 노력하는 국민건강보험공단은 2025년에 신규직원을 채용할 예정이다. 국민건강보험공단의 채용절차는 「공고 및 접수 ➜ 서류심사 ➜ 필기시험 ➜ 인성검사 ➜ 면접시험 ➜ 수습임용」 순서로 진행된다. 필기시험은 직업기초능력과 직무시험(법률)으로 진행된다. 그 중 직업기초능력은 의사소통능력, 수리능력, 문제해결능력 총 3개의 영역을 평가하며, 직무시험은 직렬별로 국민건강보험법, 노인장기요양보험법 중 1개의 영역을 평가하므로 반드시 확정된 채용공고를 확인해야 한다. 또한, 필기시험 고득점자 순으로 선발인원의 2.5배수를 선발하여 인성검사 및 면접시험을 진행하므로 고득점을 받기 위해 다양한 유형에 대한 폭넓은 학습과 문제풀이능력을 높이는 등 철저한 준비가 필요하다.

국민건강보험공단 필기시험 합격을 위해 시대에듀에서는 기업별 NCS 시리즈 누적판매량 1위의 출간경험을 토대로 다음과 같은 특징을 가진 도서를 출간하였다.

도서의 특징

❶ **기출복원문제를 통한 출제 유형 확인!**
- 국민건강보험공단 5개년(2024년~2020년) 기출복원문제를 통해 건보 필기시험 유형 및 출제경향을 파악할 수 있도록 하였다.

❷ **출제 영역 맞춤 문제를 통한 실력 상승!**
- 직업기초능력 대표기출유형&기출응용문제를 수록하여 유형별로 대비할 수 있도록 하였다.
- 직무시험(국민건강보험법 · 노인장기요양보험법) 이론과 적중예상문제를 수록하여 법률까지 효과적으로 학습할 수 있도록 하였다.

❸ **최종점검 모의고사를 통한 완벽한 실전 대비!**
- 철저한 분석을 통해 실제 유형과 유사한 최종점검 모의고사를 수록하여 자신의 실력을 점검할 수 있도록 하였다.

❹ **다양한 콘텐츠로 최종 합격까지!**
- 국민건강보험공단 채용 가이드와 면접 예상&기출질문을 수록하여 채용 전반에 대비할 수 있도록 하였다.
- 직렬별 온라인 모의고사 2회분을 무료로 제공하여 필기시험을 준비하는 데 부족함이 없도록 하였다.

끝으로 본 도서를 통해 국민건강보험공단 채용을 준비하는 모든 수험생 여러분이 합격의 기쁨을 누리기를 진심으로 기원한다.

SDC(Sidae Data Center) 씀

◇ **미션**

> 국민보건과 사회보장 증진으로 국민의 삶의 질 향상

◇ **비전**

> 행복한 국민 / 건강한 대한민국 / 든든한 국민건강보험

◇ **핵심가치**

소통과 배려
대내 · 외 이해관계자와 소통과 배려를 통해 국민체감 성과 창출

건강과 행복
국민보건과 사회보장 증진을 통해 모든 국민의 건강향상과 행복한 삶을 추구

공정과 신뢰
공정한 제도 구축 · 운영과 안전 · 책임경영으로 국민 신뢰 확보

혁신과 전문성
디지털 · 서비스 중심 경영혁신과 직무 전문성 강화로 지속가능 경영 실현

청렴과 윤리
엄격한 윤리의식을 토대로 자율적 내부통제와 청렴한 업무수행을 통해 투명한 사회 전도

◇ 전략목표 & 전략과제

국민의 평생건강을 책임지는 건강보장체계	1. 필수의료 중심의 보장영역 구축 2. 건강약자 의료안전망 강화 3. 보건의료 공급 기반 안정화 4. 건강보장 연구 및 국제협력 강화
건강수명 향상을 위한 맞춤형 건강관리	1. 예방적 건강관리 강화 2. 생애주기 건강검진체계 개편 3. 지역중심 건강서비스 강화 4. 데이터 기반 민간혁신 · 성장지원 확대
초고령사회 대비 국민이 안심하는 장기요양보험	1. 맞춤형 장기요양 서비스 이용체계 구축 2. 지역사회 거주 돌봄지원 강화 3. 장기요양서비스 품질 향상 4. 장기요양보험 제도 지속가능성 제고
건강보험 재정 안정성 강화	1. 공정하고 공평한 부과체계 설계 2. 스마트 징수관리체계 구축 3. 보험급여 지출관리 혁신 4. 전략적 재정관리 강화
국민이 체감하는 소통 · 혁신 · 책임경영	1. 국민참여 소통경영 강화 2. 성과 · 역량 중심 조직혁신 3. 디지털 기반 서비스행정 전환 4. 윤리 · 안전 및 책임경영 강화

◇ 인재상

국민의 평생건강을 지키는 건강보장 전문인재 양성

Nation-oriented	Honest	Innovative	Specialized
국민을 위하는 인재	정직으로 신뢰받는 인재	혁신을 추구하는 인재	전문성 있는 인재

신입 채용 안내 INFORMATION

◇ 지원자격(공통)

❶ 성별 · 연령 · 학력에 대해 제한이 없으나, 임용일 기준 60세 이상(정년)인 사람은 지원할 수 없음

❷ 대한민국 국적을 소지한 자

❸ '6급가' 지원자 중 남성은 병역필 또는 면제자여야 함

  ※ 다만, 임용일 이전 전역예정자는 지원 가능

❹ 최종합격자는 수습임용일부터 근무가 가능해야 함

  ※ 학업, 이직절차 등을 사유로 임용 유예 불가

◇ 필기시험

과목	직렬	내용	시간
NCS 기반 직업기초능력	행정직, 건강직, 요양직, 기술직	직업기초능력 응용모듈 60문항 (의사소통 20문항, 수리 20문항, 문제해결 20문항)	60분
	전산직	• 직업기초능력 응용모듈 15문항 (의사소통 5문항, 수리 5문항, 문제해결 5문항) • 전산개발 기초능력(C언어, JAVA, SQL) 35문항	
직무시험(법률)	행정직, 건강직, 전산직, 기술직	국민건강보험법(시행령 및 시행규칙 제외) 20문항	20분
	요양직	노인장기요양보험법(시행령 및 시행규칙 제외) 20문항	

◇ 인성검사 및 면접시험

구분	내용
인성검사	필기시험 후 채용사이트에서 온라인으로 개별 실시하며, 결과지를 토대로 경험행동면접(BEI)이 이루어짐
면접시험	경험행동면접(BEI) + 상황면접(SI) + 토론면접(GD)

❖ 위 채용 안내는 2024년 하반기 채용공고를 기준으로 작성하였으므로 세부사항은 확정된 채용공고를 확인하기 바랍니다.

2024년 하반기 기출분석 ANALYSIS

총평

2024년 하반기 국민건강보험공단의 필기시험은 PSAT형으로 출제되었다. 직업기초능력의 경우 난이도는 상반기와 비슷하였고, 비교적 평이했다는 후기가 많았다. 특히 의사소통능력에서 꼼꼼히 읽어야 풀 수 있는 문제로 시간이 부족했으며, 문제해결능력에서 복잡한 계산문제로 시간이 부족했다는 평이 많았다. 직무시험(법률)의 경우 사례형 문제가 많아 어려웠다는 후기가 많았다. 따라서 출제 특징을 바탕으로 꼼꼼하게 학습하여 시간 소모를 줄이는 것이 필요해 보인다.

◇ 영역별 출제 비중

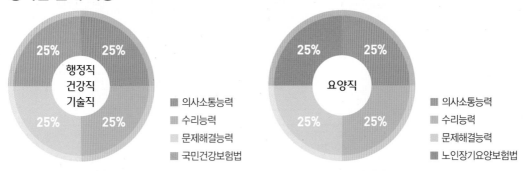

구분	출제 특징	출제 키워드
의사소통능력	• 내용 일치 문제가 출제됨 • 보도자료 문제가 출제됨	• 알레르기 비염, AI, 의료기관, 상병수당 등
수리능력	• 수치 비교 문제가 출제됨 • 그래프 문제가 출제됨	• 증감률, 섭취량, 평균 등
문제해결능력	• 복잡한 계산 문제가 출제됨 • 높은 난이도로 출제됨	• 지원금, 외국인 근로자, 통행료 할인 등
국민건강보험법	• 소득월액, 약제 위반 금액, 외국인 피부양자, 재정운영위원회 등	
노인장기요양보험법	• 폐업신고, 이의신청, 업무정지 기간, 장기요양위원회 등	

PSAT형

| 수리능력

04 다음은 신용등급에 따른 아파트 보증률에 대한 사항이다. 자료와 상황에 근거할 때, 갑(甲)과 을(乙)의 보증료의 차이는 얼마인가?(단, 두 명 모두 대지비 보증금액은 5억 원, 건축비 보증금액은 3억 원이며, 보증서 발급일로부터 입주자 모집공고 안에 기재된 입주 예정 월의 다음 달 말일까지의 해당 일수는 365일이다)

- (신용등급별 보증료)=(대지비 부분 보증료)+(건축비 부분 보증료)
- 신용평가 등급별 보증료율

구분	대지비 부분	건축비 부분				
		1등급	2등급	3등급	4등급	5등급
AAA, AA	0.138%	0.178%	0.185%	0.192%	0.203%	0.221%
A⁺		0.194%	0.208%	0.215%	0.226%	0.236%
A⁻, BBB⁺		0.216%	0.225%	0.231%	0.242%	0.261%
BBB⁻		0.232%	0.247%	0.255%	0.267%	0.301%
BB⁺ ~ CC		0.254%	0.276%	0.296%	0.314%	0.335%
C, D		0.404%	0.427%	0.461%	0.495%	0.531%

※ (대지비 부분 보증료)=(대지비 부분 보증금액)×(대지비 부분 보증료율)×(보증서 발급일로부터 입주자 모집공고 안에 기재된 입주 예정 월의 다음 달 말일까지의 해당 일수)÷365
※ (건축비 부분 보증료)=(건축비 부분 보증금액)×(건축비 부분 보증료율)×(보증서 발급일로부터 입주자 모집공고 안에 기재된 입주 예정 월의 다음 달 말일까지의 해당 일수)÷365
- 기여고객 할인율 : 보증료, 거래기간 등을 기준으로 기여도에 따라 6개 군으로 분류하며, 건축비 부분 요율에서 할인 가능

구분	1군	2군	3군	4군	5군	6군
차감률	0.058%	0.050%	0.042%	0.033%	0.025%	0.017%

〈상황〉

- 갑 : 신용등급은 A⁺이며, 3등급 아파트 보증금을 내야 한다. 기여고객 할인율에서는 2군으로 선정되었다.
- 을 : 신용등급은 C이며, 1등급 아파트 보증금을 내야 한다. 기여고객 할인율은 3군으로 선정되었다.

① 554,000원 ② 566,000원
③ 582,000원 ④ 591,000원
⑤ 623,000원

특징
▶ 대부분 의사소통능력, 수리능력, 문제해결능력을 중심으로 출제(일부 기업의 경우 자원관리능력, 조직이해능력을 출제)
▶ 자료에 대한 추론 및 해석 능력을 요구

대행사
▶ 엑스퍼트컨설팅, 커리어넷, 태드솔루션, 한국행동과학연구소(행과연), 휴노 등

모듈형

> ┃ 문제해결능력

41 문제해결절차의 문제 도출 단계는 (가)와 (나)의 절차를 거쳐 수행된다. 다음 중 (가)에 대한 설명으로 적절하지 않은 것은?

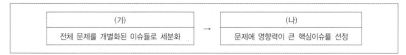

(가)	→	(나)
전체 문제를 개별화된 이슈들로 세분화		문제에 영향력이 큰 핵심이슈를 선정

① 문제의 내용 및 영향 등을 파악하여 문제의 구조를 도출한다.
② 본래 문제가 발생한 배경이나 문제를 일으키는 메커니즘을 분명히 해야 한다.
③ 현상에 얽매이지 말고 문제의 본질과 실제를 봐야 한다.
④ 눈앞의 결과를 중심으로 문제를 바라봐야 한다.
⑤ 문제 구조 파악을 위해서 Logic Tree 방법이 주로 사용된다.

특징
▶ 이론 및 개념을 활용하여 푸는 유형
▶ 채용 기업 및 직무에 따라 NCS 직업기초능력평가 10개 영역 중 선발하여 출제
▶ 기업의 특성을 고려한 직무 관련 문제를 출제
▶ 주어진 상황에 대한 판단 및 이론 적용을 요구

대행사
▶ 인트로맨, 휴스테이션, ORP연구소 등

피둘형(PSAT형 + 모듈형)

> ┃ 자원관리능력

07 다음 자료를 근거로 판단할 때, 연구모임 A ~ E 중 세 번째로 많은 지원금을 받는 모임은?

〈지원계획〉

• 지원을 받기 위해서는 한 모임당 5명 이상 9명 미만으로 구성되어야 한다.
• 기본지원금은 모임당 1,500천 원을 기본으로 지원한다. 단, 상품개발을 위한 모임의 경우는 2,000천 원을 지원한다.
• 추가지원금

등급	상	중	하
추가지원금(천 원/명)	120	100	70

※ 추가지원금은 연구 계획 사전평가결과에 따라 달라진다.
• 협업 장려를 위해 협업이 인정되는 모임에는 위의 두 지원금을 합한 금액의 30%를 별도로 지원한다.

〈연구모임 현황 및 평가결과〉

특징
▶ 기초 및 응용 모듈을 구분하여 푸는 유형
▶ 기초인지모듈과 응용업무모듈로 구분하여 출제
▶ PSAT형보다 난도가 낮은 편
▶ 유형이 정형화되어 있고, 유사한 유형의 문제를 세트로 출제

대행사
▶ 사람인, 스카우트, 인크루트, 커리어케어, 트리피, 한국사회능력개발원 등

주요 공기업 적중 문제 TEST CHECK

국민건강보험공단

05

감시용으로만 사용되는 CCTV가 최근에 개발된 신기술과 융합되면서 그 용도가 점차 확대되고 있다. 대표적인 것이 인공지능(AI)과의 융합이다. CCTV가 지능을 가지게 되면 단순 행동 감지에서 벗어나 객체를 추적해 행위를 판단할 수 있게 된다. 단순히 사람의 눈을 대신하던 CCTV가 사람의 두뇌를 대신하는 형태로 진화하고 있는 셈이다.

인공지능을 장착한 CCTV는 범죄현장에서 이상 행동을 하는 사람을 선별하고, 범인을 추적하거나 도주 방향을 예측해 통합관제센터로 통보할 수 있다. 또 수상한 사람의 행동 패턴에 따라 지속적인 추적이나 감시를 수행하고, 차량번호 및 사람 얼굴 등을 인식해 관련 정보를 분석해 제공할 수 있다. 한국전자통신연구원(ETRI)에서는 CCTV 등의 영상 데이터를 활용해 특정 인물이 어떤 행동을 할지를 사전에 예측하는 영상분석 기술을 연구 중인 것으로 알려져 있다. 인공지능 CCTV는 범인 추적뿐만 아니라 자연재해를 예측하는 데 사용할 수도 있다. 장마철이나 국지성 집중호우 때 홍수로 범람하는 하천의 수위를 감지하는 것은 물론 산이나 도로 등의 붕괴 예측 등 다양한 분야에 적용될 수 있기 때문이다.

① AI와 융합한 CCTV의 진화
② 범죄를 예측하는 CCTV
③ 당신을 관찰한다, CCTV의 폐해
④ CCTV와 AI의 현재와 미래

03 다음 문단을 논리적 순서대로 바르게 나열한 것은?

(가) 흡연자와 비흡연자 사이의 후두암, 폐암 등의 질병별 발생위험도에 대해서 건강보험공단은 유의미한 연구결과를 내놓기도 했는데, 연구결과에 따르면 흡연자는 비흡연자에 비해서 후두암 발생률이 6.5배, 폐암 발생률이 4.6배 등 각종 암에 걸릴 확률이 높은 것으로 나타났다.

(나) 건강보험공단은 이에 대해 담배회사가 절차적 문제로 방어막을 치고 있는 것에 지나지 않는다 하여 비판을 제기하고 있다. 아직 소송이 처음 시작한 만큼 담배회사와 건강보험공단 간의 '담배 소송'의 결과를 보려면 오랜 시간을 기다려야 할 것이다.

(다) 이와 같은 담배의 유해성 때문에 건강보험공단은 현재 담배회사와 소송을 진행하고 있는데, 당해 소송에서는 담배의 유해성에 관한 인과관계 입증 이전에 다른 문제가 부상하였다. 건강보험공단이 소송당사자가 될 수 있는지가 문제가 된 것이다.

(라) 담배는 임진왜란 때 일본으로부터 호박, 고구마 등과 함께 들어온 것으로 알려져 있다. 그러나 선조들이 알고 있던 것과는 달리, 담배는 약초가 아니다. 담배의 유해성은 우선 담뱃갑이 스스로를 경고하는 경고 문구에 나타나 있다. 담뱃갑에는 '흡연은 폐암 등 각종 질병의 원인'이라는 문구를 시작으로, '담배 연기에는 발암성 물질인 나프틸아민, 벤젠, 비닐 크롤라이드, 비소, 카드뮴이 들어 있다.'라고 적시하고 있다.

① (가) – (다) – (라) – (나)　　　　　② (가) – (라) – (다) – (나)
③ (라) – (가) – (다) – (나)　　　　　④ (라) – (다) – (가) – (나)

건강보험심사평가원

개인정보 ▶ 키워드

03 다음 〈보기〉에서 개인정보 유출 방지에 대한 설명으로 옳지 않은 것을 모두 고르면?

> **보기**
> ㄱ. 회원 가입 시 개인정보보호와 이용자 권리에 관한 조항을 유심히 읽어야 한다.
> ㄴ. 제3자에 대한 정보 제공이 이루어지는 곳에는 개인정보를 제공해서는 안 된다.
> ㄷ. 제시된 정보수집 및 이용목적에 적합한 정보를 요구하는지 확인하여야 한다.
> ㄹ. 비밀번호는 주기적으로 변경해야 하며, 비밀번호 관리를 위해 동일한 비밀번호를 사용하는 것이 좋다.
> ㅁ. 제공한 정보가 가입 해지 시 파기되는지 여부를 확인하여야 한다.

① ㄱ, ㄴ
② ㄱ, ㄷ
③ ㄴ, ㄹ
④ ㄴ, ㅁ

인원 ▶ 키워드

01 다음 자료를 근거로 할 때, 하루 동안 고용할 수 있는 최대 인원은?

〈총예산과 인건비〉

총예산	본예산	500,000원
	예비비	100,000원
인건비	1인당 수당	50,000원
	산재보험료	(수당)×0.504%
	고용보험료	(수당)×1.3%

※ (하루에 고용할 수 있는 인원수)=[(본예산)+(예비비)]÷(하루 1인당 인건비)
※ (1인당 하루 인건비)=(1인당 수당)+(산재보험료)+(고용보험료)

① 10명
② 11명
③ 12명
④ 13명

주요 공기업 적중 문제 TEST CHECK

근로복지공단

07 다음 글에서 〈보기〉의 문장이 들어갈 위치로 가장 적절한 곳은?

(가) 1783년 영국 자연철학자 존 미첼은 빛은 입자라는 생각과 뉴턴의 중력이론을 결합한 이론을 제시하였다. 그는 우선 별들이 어떻게 보일 것인지 사고 실험을 통해 예측하였다.

별의 표면에서 얼마간의 초기 속도로 입자를 쏘아 올려 아무런 방해 없이 위로 올라간다고 가정해보자. (나) 만약에 초기 속도가 충분히 빠르지 않으면 별의 중력은 입자의 속도를 점점 느리게 할 것이며, 결국 그 입자를 별의 표면으로 되돌아가게 할 것이다. 만약 초기 속도가 충분히 빠르면 입자는 중력을 극복하고 별을 탈출할 수 있을 것이다. 이렇게 입자가 별을 탈출할 수 있는 최소한의 초기 속도는 '탈출 속도'라고 불린다.

(다) 이를 바탕으로 미첼은 '임계 둘레'라는 것도 추론해냈다. 임계 둘레란 탈출 속도와 빛의 속도를 같게 만드는 별의 둘레를 말한다. 빛 입자는 다른 입자들처럼 중력의 영향을 받는다. 그로 인해 빛은 임계 둘레보다 작은 둘레를 가진 별에서는 탈출할 수 없다. 그런 별에서 약 30만 km/s의 초기 속도로 빛 입자를 쏘아 올렸을 때 입자는 우선 위로 날아갈 것이다. (라) 그런 다음 멈출 때까지 느려지다가, 결국 별의 표면으로 되돌아갈 것이다. 미첼은 임계 둘레를 쉽게 계산할 수 있었다. 태양과 동일한 질량을 가진 별의 임계 둘레는 약 19 km로 계산되었다. (마) 이러한 사고 실험을 통해 미첼은 임계 둘레보다 작은 둘레를 가진 암흑의 별들이 무척 많을 테고, 그 별들에선 빛 입자가 빠져나올 수 없기에 지구에서는 볼 수 없을 것으로 추측했다.

보기

미첼은 뉴턴의 중력이론을 이용해서 탈출 속도를 계산할 수 있었으며, 그 속도가 별 질량을 별의

---

05 다음은 K국가의 2018년부터 2022년까지 GDP 대비 공교육비 비율에 대한 그래프이다. 공교육비 비율의 전년 대비 증감률이 가장 큰 해와 민간재원 공교육비 비율의 전년 대비 증감률이 가장 큰 해를 순서대로 나열한 것은?

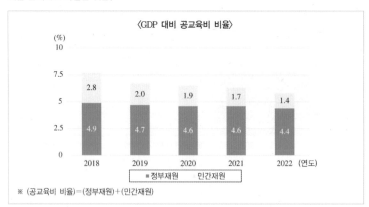

〈GDP 대비 공교육비 비율〉

※ (공교육비 비율)=(정부재원)+(민간재원)

① 2019년, 2019년
② 2019년, 2021년
③ 2019년, 2022년
④ 2022년, 2019년
⑤ 2022년, 2022년

한국산업인력공단

가중치 ▶ 키워드

03 다음은 과일의 종류별 무게에 따른 가격표이다. 종류별 무게를 가중치로 적용하여 가격에 대한 가중평균을 구하면 42만 원이다. 이때 빈칸 ㉠에 들어갈 수치로 옳은 것은?

〈과일 종류별 가격 및 무게〉

(단위 : 만 원, kg)

구분	(가)	(나)	(다)	(라)
가격	25	40	60	㉠
무게	40	15	25	20

① 40

② 45

③ 50

④ 55

⑤ 60

한국산업인력공단 ▶ 키워드

03 다음은 임금피크제 운용지침을 발췌한 것이다. 이를 이해한 내용으로 적절하지 않은 것은?

〈임금피크제 운용지침〉

목적(제1조) 이 지침은 보수규정 제5조에 따라 한국산업인력공단의 임금피크제 운용에 관한 제반 사항을 정함을 목적으로 한다.

용어의 정의(제2조) 이 지침에서 사용하는 용어의 정의는 다음과 같다.

1. 임금피크제란 일정 연령의 도달 또는 생산성 등을 고려하여 피크임금의 수준을 결정하고 이를 기준으로 임금을 조정하는 임금체계를 말한다.
2. 임금피크제 대상 직원이란 임금피크제의 적용기준에 도달하는 직원을 말한다.
3. 별도정원이란 임금피크제 대상 직원 중 정년 보장자인 1, 2급 직원은 정년퇴직일 1년 전, 정년연장자인 3급 이하 직원은 정년연장기간인 정년퇴직일 3년 전 기간 동안의 인원으로 별도직무군과 초임직급군 정원을 합한 인원으로 한다.
4. 별도직무군이란 임금피크제 대상 직원 중 기존 정원에서 제외되어 별도정원으로 관리되는 별도 직무를 수행하는 직무군을 말한다.
5. 초임직급군이란 신규채용인원 중 정원으로 편입되지 않고 별도정원으로 관리되는 직급군을 말한다.

적용범위(제3조) 임금피크제 운용에 관해 법령, 정관 및 규정에서 따로 정한 것을 제외하고는 이 지침에 따른다.

임금피크제 적용대상(제4조) 임금피크제의 적용 대상은 정규직 및 무기계약 직원으로 한다.

적용시기(제5조) 임금피크제의 적용 시기는 다음 각 호와 같이 정한다.

1. 정년퇴직예정일 3년 전부터 임금피크제를 적용한다.
2. 정년퇴직예정일이 6월 30일인 경우 3년 전 7월 1일부터, 정년퇴직예정일이 12월 31일인 경우 3년 전 1월 1일부터 임금피크제를 적용한다.

피크임금(제6조)
① 임금피크제 대상 직원의 임금 조정을 위한 피크임금은 제5조의 적용 전 1년간의 급여 총액 중 가족수당, 자녀학비보조금, 직무급(직책급 등 이와 유사항목 포함), 경영평가성과급을 제외한 금액을 말한다.
② 제1항의 급여 총액이라 함은 보수규정 등 취업규칙에서 정한 급여 항목의 지급 총액을 말한다.

임금피크제 적용 임금의 산정 및 지급(제7조)

도서 200% 활용하기 STRUCTURES

1 기출복원문제로 출제경향 파악

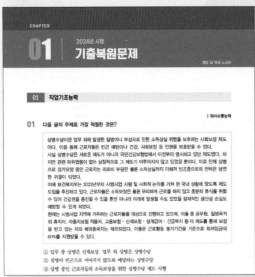

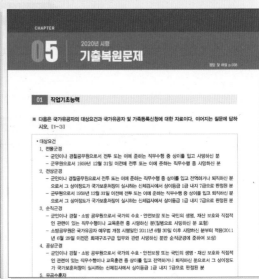

▶ 국민건강보험공단 5개년(2024년~2020년) 기출복원문제를 통해 건보 필기시험 유형 및 출제경향을 파악할 수 있도록 하였다.

2 출제 영역 맞춤 문제로 필기시험 완벽 대비

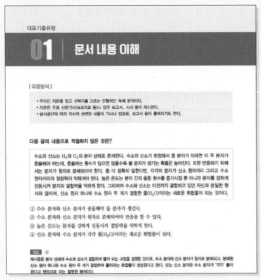

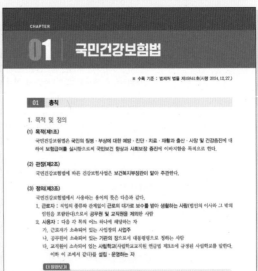

▶ 직업기초능력 대표기출유형 및 기출응용문제를 수록하여 유형별로 대비할 수 있도록 하였다.
▶ 직무시험(국민건강보험법ㆍ노인장기요양보험법) 이론 및 적중예상문제를 수록하여 법률까지 효과적으로 학습할 수 있도록 하였다.

3 최종점검 모의고사 + OMR을 활용한 실전 연습

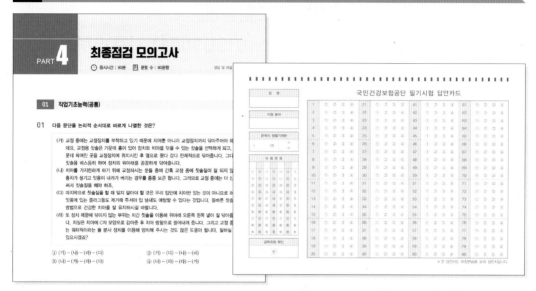

▶ 최종점검 모의고사와 OMR 답안카드를 수록하여 실제로 시험을 보는 것처럼 마무리 연습을 할 수 있도록 하였다.
▶ 모바일 OMR 답안채점/성적분석 서비스를 통해 필기시험에 대비할 수 있도록 하였다.

4 인성검사부터 면접까지 한 권으로 최종 마무리

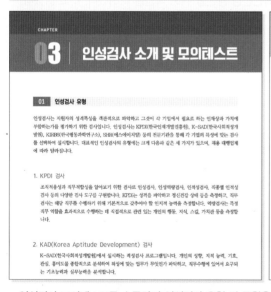

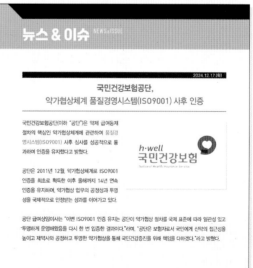

▶ 인성검사 모의테스트를 수록하여 인성검사 유형 및 문항을 확인할 수 있도록 하였다.
▶ 국민건강보험공단 면접 예상&기출질문을 통해 실제 면접에서 나오는 질문을 미리 파악하고 연습할 수 있도록 하였다.

2024.12.17.(화)

국민건강보험공단,
약가협상체계 품질경영시스템(ISO9001) 사후 인증

국민건강보험공단(이하 "공단")은 약제 급여등재 절차의 핵심인 약가협상체계에 관련하여 품질경영시스템(ISO9001) 사후 심사를 성공적으로 통과하며 인증을 유지했다고 밝혔다.

공단은 2011년 12월, 약가협상체계로 ISO9001 인증을 최초로 획득한 이후 올해까지 14년 연속 인증을 유지하며, 약가협상 업무의 공정성과 투명성을 국제적으로 인정받는 성과를 이어가고 있다.

공단 급여상임이사는 "이번 ISO9001 인증 유지는 공단이 약가협상 절차를 국제 표준에 따라 일관성 있고 투명하게 운영해왔음을 다시 한 번 입증한 결과이다."라며, "공단은 보험자로서 국민에게 신약의 접근성을 높이고 제약사와 공정하고 투명한 약가협상을 통해 국민건강 증진을 위해 책임을 다하겠다."라고 밝혔다.

Keyword

▶ 품질경영시스템(ISO9001) : 국제표준화기구가 제정한 품질경영시스템에 대한 국제 규격으로, 조직의 업무 체계가 고객에게 제공하는 서비스 품질을 안정적으로 보장할 수 있음을 객관적으로 평가하는 제도이다.

예상 면접 질문

▶ 공단의 품질경영시스템(ISO9001)이 무엇인지 설명해 보시오.
▶ 공단이 약가협상 업무에서 공정성과 투명성을 더욱 더 인정받기 위해 실천할 수 있는 방안에 대해 말해 보시오.

2024.11.14.(목)

국민건강보험공단,
원주시와 함께 돌봄통합지원 방안을 모색하다!

국민건강보험공단(이하 "공단")은 지난 13일(수) 원주시청 다목적홀에서 원주시청, 원주시 보건소 · 행정복지센터 및 유관기관 돌봄 업무 담당자 약 130명이 참여한 가운데 '2024년 건강보장 정책세미나'를 성황리에 개최했다고 밝혔다.

이번 세미나의 주제는 '돌봄통합지원 추진을 위한 원주형 지원 방안 모색'으로 지난 3월 제정된 의료 · 요양 등 지역 돌봄의 통합지원에 관한 법률의 2026년 전국시행을 앞두고 초고령 사회 대비 '살던 곳에서 건강한 노후(Aging In Place)'를 보장하기 위한 방안을 강구하기 위해 마련되었다.

이번 세미나를 주관한 공단 건강보험연구원 원장은 "오늘 세미나가 원주시의 노인 의료-돌봄통합지원 모형을 마련하는 밑거름이 되길 기원하며, 제도 발전을 위해 지속적으로 지원하겠다."라고 소감을 전했으며, 공단 이사장은 개회사를 통해 "돌봄은 사회를 지탱하는 기본이고 중요한 가치이며 2026년 돌봄통합지원사업 전국 시행을 대비하여 소통의 기회를 지속적으로 마련하겠다."라고 밝혔다.

한편, 공단은 2019년 지역사회 통합돌봄 선도사업을 시작으로 2023년 7월부터는 노인 의료 · 돌봄통합지원 시범사업을 보건복지부-지자체와 함께 운영하며 제도 안착을 위해 다양한 지원을 하고 있다.

Keyword

▶ 정책세미나 : 지역사회와의 연계 · 협력 강화를 통해 상생 발전방안을 모색하고자 건강보험연구원에서 매년 개최하는 행사이다.

예상 면접 질문

▶ 공단의 정책세미나 행사가 무엇인지 말해 보시오.
▶ 공단이 지역사회와의 연계 · 협력 강화를 위해 실천할 수 있는 또 다른 방안에 대해 말해 보시오.

2024.11.06.(수)

국민건강보험공단 알림 문자,
안심표시 확인으로 보다 안전하게

국민건강보험공단(이하 "공단")은 알씨에스(RCS; Rich Communication Suite) 문자 서비스를 도입하여 공단을 사칭한 문자 사기로부터 한층 더 강화된 대국민 보호방안을 마련했다고 밝혔다.

공단은 고유사업수행에 필요한 각종 제도 홍보, 현장의 업무지원을 위해 '문자' 및 '카카오 알림톡' 서비스를 제공하고 있으며, 공단을 사칭한 문자 사기로부터 국민을 보호하기 위해 지난 3월 공단이 발송하는 문자 안내에는 인터넷주소(URL)가 포함되지 않도록 조치를 취한 바 있다.

공단은 알씨에스(RCS) 문자 서비스 도입을 계기로 국민들이 공단이 발송한 문자를 사기로 오인하고 확인을 거부하여 중요한 정보를 놓치는 사례가 감소할 것으로 기대하고 있다. 아울러 공단은 사회관계망서비스(SNS)를 활용해 공단이 발송하는 문자 특성에 대한 대국민 홍보를 실시하여 사칭·사기 문자에 국민이 스스로 대처할 수 있도록 지원할 계획이다.

공단 징수상임이사는 "정보통신기기를 활용한 정보 수집에 익숙해진 국민이 안심하고 공단의 안내를 확인하고 정보를 활용할 수 있도록 보안성 강화에 더욱 최선을 다하겠다."라고 밝혔다.

Keyword

▶ 알씨에스(RCS; Rich Communication Suite) 문자 서비스 : 세계이동통신사업자협회(GSMA)가 정의한 국제 표준 문자 규격으로 주로 공공 및 금융기관에서 도입하고 있으며, 공단 사칭 문자와 정상 문자의 식별에 도움을 줄 것으로 보인다.

예상 면접 질문

▶ 공단에서 최근에 도입한 알씨에스(RCS) 문자 서비스가 주는 이점에 대해 말해 보시오.
▶ 국민들이 정보통신기기를 활용하여 공단의 안내 및 정보를 활용할 수 있는 색다른 방안에 대해 말해 보시오.

2024.09.23.(월)

국민건강보험공단,
'2024 NHIS 국제연수' 17개국 보건정책관계자의 희망이 되다!

국민건강보험공단(이하 "공단")은 9월 23일부터 5일간 17개국 보건정책 관계자 등 80명을 대상으로 '2024 국민건강보험 국제연수 과정(NHIS UHC Global Academy 2024)'을 개최하였다.

올해로 21회를 맞이한 국민건강보험 국제연수 과정은 지난 2004년 첫 개최 이후 아시아, 남아메리카, 아프리카 지역 총 69개국의 보건정책 관계자 등이 참가했다. 이날 국제연수에 참가한 세계보건기구서태평양사무소(WHO WPRO) 기술자문관은 "한국의 유일한 보험자 기관으로서 다양한 국가의 정책관계자에게 제도 운영 경험을 직접 배울 수 있는 기회를 마련해준 공단에 깊은 감사를 드린다."라며, "K–건강보험과 장기요양보험의 성공적인 운영 경험이 아시아뿐만 아니라 남미, 아프리카 대륙까지 더욱 확산될 수 있도록 국제기구에서도 더 많은 지원을 아끼지 않겠다."라고 소감을 밝혔다.

공단 이사장은 환영사에서 "이번 국제연수 과정은 보험재정, 자격 · 부과 · 징수, 보험급여 · 건강관리, 장기요양 등 공단의 핵심 업무를 바탕으로 구성하여, 참가국 정책관계자들이 연수 과정에서 터득한 지식을 활용해 자국의 정책 개발과 적용에 있어 뜻깊은 경험이 될 것으로 기대한다."라고 말하며, "공단은 적극적인 국제개발협력 사업 추진을 통해 제도 운영 경험과 성과를 더 많은 국가로 확산하는 데 앞장서겠다."라고 밝혔다.

Keyword

▶ 국민건강보험 국제연수 : 한국의 건강보험제도를 국제사회에 전파하기 위한 행사로, 공단은 연수 과정을 통해 K–건강보험 및 장기요양보험 제도 운영 경험과 성과 등을 공유하며 참여 국가들의 보편적 의료보장(UHC) 달성 지원을 위해 노력해왔다.

예상 면접 질문

▶ 한국에서 실시하는 건강보험제도의 장단점을 다른 나라와 비교하여 말해 보시오.
▶ 공단이 건강보험제도를 국제사회에 전파하기 위해 노력하고 있는 사업에 대해 아는 대로 말해 보시오.

이 책의 차례 CONTENTS

PART 1

국민건강보험공단 5개년 기출복원문제

※ 수록 기준

국민건강보험법 [법률 제19841호, 시행 2024. 12. 27]

노인장기요양보험법 [법률 제20213호, 시행 2025. 2. 7]

01 | 2024년 시행
기출복원문제

정답 및 해설 p.002

01 직업기초능력

| 의사소통능력

01 다음 글의 주제로 가장 적절한 것은?

> 상병수당이란 업무 외에 발생한 질병이나 부상으로 인한 소득상실 위험을 보호하는 사회보장 제도이다. 이를 통해 근로자들은 빈곤 예방이나 건강, 사회보장 등 인권을 보호받을 수 있다.
>
> 사실 상병수당은 새로운 제도가 아니라 국민건강보험법에서 이전부터 명시하고 있던 제도였다. 하지만 관련 하위법령이 없어 실질적으로 그 제도가 이루어지지 않고 있었을 뿐이다. 이로 인해 상병으로 장기요양 중인 근로자는 의료비 부담은 물론 소득상실까지 더해져 빈곤층으로의 전락은 당연한 귀결이 되었다.
>
> 이에 보건복지부는 2022년부터 시범사업 시행 및 사회적 논의를 거쳐 현 국내 상황에 맞도록 제도 도입을 추진하고 있다. 근로자들은 소득보장은 물론 무리하게 근로를 하지 않고 충분히 휴식을 취할 수 있어 건강권을 증진할 수 있을 뿐만 아니라 미래에 발생할 수도 있었을 잠재적인 생산성 손실도 예방할 수 있게 되었다.
>
> 현재는 시범사업 지역에 거주하는 근로자들을 대상으로 진행하고 있으며, 이들 중 공무원, 질병목적 외 휴직자, 자동차보험 적용자, 고용보험·산재보험·생계급여·긴급복지 등 타 제도를 통해 보장받고 있는 자와 해외출국자는 제외되었다. 이들은 근로활동 불가기간을 기준으로 최저임금의 60%를 지원받을 수 있다.

① 업무 중 상병은 산재보상, 업무 외 상병은 상병수당

② 질병이 빈곤으로 이어지지 않도록 예방하는 상병수당

③ 상병 중인 근로자들의 소득보장을 위한 상병수당 제도 시행

④ 근로자들의 빈곤 예방과 인권 보호를 위한 상병수당 제도 신설

02 다음 글의 빈칸에 들어갈 내용으로 가장 적절한 것은?

국민건강보험공단과 N사의 업무협약을 시작으로 우리 생활에서 AI의 일상화가 본격적으로 시작되고 있다. 이 협약을 통해 공단은 보유하고 있던 데이터를 N사의 생성형 AI '하이퍼클로바X'에 결합해 공공분야에 실질적인 서비스를 구축함은 물론 공단 내부의 업무 생산성 향상을 도모하기로 하였다.

AI 안부 콜 서비스인 '클로바 케어콜'을 이용한 공공서비스의 확대도 협의 중이다. 기존에는 일부 지자체에서 1인 가구 중 돌봄이 필요한 경우에 한해 주 1 ~ 2회 안부를 확인하는 방식으로 이루어졌으며, 통화가 연결되지 않거나 이상자로 분류되면 공무원이 이를 재확인하는 절차로 진행되었다. 공단과 N사는 이를 만성질환자 자가건강관리 지원으로까지 확대할 클로바 케어콜 서비스 방안을 모색하고 있다.

또한 N사는 국민들이 공단이 제공하는 정보에 더 쉽게 접근할 수 있도록 그 방안도 논의 중이다. 예를 들어 N사 검색창에 '질병정보'를 검색한다면 이에 대한 공단의 '건강통계 분석정보'도 함께 보여주거나, N사 애플리케이션의 '건강판'을 통해 공단의 '생활 속 자가건강관리' 가이드라인 등 공단이 제공하는 건강 관련 콘텐츠를 함께 보여주는 방식으로 논의할 예정이다.

이처럼 ＿＿＿＿＿＿＿＿＿＿＿ 국민이 실질적으로 체감할 수 있는 대국민 서비스의 품질이 계속하여 향상될 것으로 기대되고 있다.

① 공공기관과 공기업이 국내 초거대 AI 기업의 기술력을 인수하면서
② 공공기관과 공기업이 국내 초거대 AI 기업의 합병이 이루어지면서
③ 공공기관과 공기업이 보유한 데이터와 국내 기업의 AI 기술력이 합해지면서
④ 공공기관과 공기업이 보유한 데이터에 대해 국내 기업의 접근이 용이해지면서

03 다음 글의 내용으로 적절하지 않은 것은?

> K공단은 의사와 약사가 협력하여 지역주민의 안전한 약물 사용을 돕는 의·약사 협업 다제약물 관리사업을 6월 26일부터 서울 도봉구에서 시작했다고 밝혔다.
>
> 지난 2018년부터 K공단이 진행 중인 다제약물 관리사업은 10종 이상의 약을 복용하는 만성질환자를 대상으로 약물의 중복 복용과 부작용 등을 예방하기 위해 의약전문가가 약물관리 서비스를 제공하는 사업이다. 지역사회에서는 K공단에서 위촉한 자문 약사가 가정을 방문하여 대상자가 먹고 있는 일반 약을 포함한 전체 약을 대상으로 약물의 복용상태, 부작용, 중복 등을 종합적으로 검토하고 그 결과를 바탕으로 상담, 교육 및 처방조정 안내를 실시함으로써 약물관리가 이루어진다. 병원에서는 입원 및 외래환자를 대상으로 의사, 약사 등으로 구성된 다학제팀(전인적인 돌봄을 위해 의사, 간호사, 약사, 사회복지사 등 다양한 전문가들로 이루어진 팀)이 약물관리 서비스를 제공한다.
>
> 다제약물 관리사업 효과를 평가한 결과 약물관리를 받은 사람의 복약순응도가 56.3% 개선되었고, 효능이 유사한 약물을 중복해서 복용하는 환자가 40.2% 감소되었다. 또한, 병원에서 제공된 다제약물 관리사업으로 응급실 방문 위험이 47%, 재입원 위험이 18% 감소되는 등의 효과를 확인하였다. 다만, 지역사회에서는 약사의 약물 상담결과가 의사의 처방조정까지 반영되는 다학제 협업 시스템이 미흡하다는 의견이 제기되었다. 이러한 문제점의 개선을 위해 K공단은 도봉구 의사회와 약사회, 전문가로 구성된 지역협의체를 구성하고, 지난 4월부터 3회에 걸친 논의를 통해 의·약사 협업 모형을 개발하였으며, 사업 참여 의·약사 선정, 서비스 제공 대상자 모집 및 정보공유 방법 등의 현장 적용방안을 마련했다. 의사나 K공단이 선정한 약물관리 대상자는 자문 약사의 약물점검(필요시 의사 동행)을 받게 되며, 그 결과가 K공단의 정보 시스템을 통해 대상자의 단골 병원 의사에게 전달되어 처방 시 반영될 수 있도록 하는 것이 주요 골자이다. 지역 의·약사 협업 모형은 2023년 12월까지 도봉구지역의 일차의료 만성질환관리 시범사업에 참여하는 의원과 자문약사를 중심으로 우선 실시한다. 이후 사업의 효과성을 평가하고 부족한 점은 보완하여 다른 지역에도 확대 적용할 예정이다.

① K공단에서 위촉한 자문 약사는 환자가 먹는 약물을 조사하여 직접 처방할 수 있다.
② 다제약물 관리사업으로 인해 환자는 복용하는 약물의 수를 줄일 수 있다.
③ 다제약물 관리사업의 주요 대상자는 10종 이상의 약을 복용하는 만성질환자이다.
④ 다제약물 관리사업은 지역사회보다 병원에서 더욱 활발히 이루어지고 있다.

04 다음 문단 뒤에 이어질 내용을 논리적 순서대로 바르게 나열한 것은?

아토피 피부염은 만성적으로 재발하는 양상을 보이며 심한 가려움증을 동반하는 염증성 피부 질환으로, 연령에 따라 특징적인 병변의 분포와 양상을 보인다.

(가) 이와 같이 아토피 피부염은 원인을 정확히 파악할 수 없기 때문에 아토피 피부염의 진단을 위한 특이한 검사소견은 없으며, 임상 증상을 종합하여 진단한다. 기존에 몇 가지 국외의 진단기준이 있었으며, 2005년 대한아토피피부염학회에서는 한국인 아토피 피부염에서 특징적으로 관찰되는 세 가지 주진단 기준과 14가지 보조진단 기준으로 구성된 한국인 아토피 피부염 진단기준을 정하였다.

(나) 아토피 피부염 환자는 정상 피부에 비해 민감한 피부를 가지고 있으며 다양한 자극원에 의해 악화될 수 있으므로 앞의 약물치료와 더불어 일상생활에서도 이를 피할 수 있도록 노력해야 한다. 비누와 세제, 화학약품, 모직과 나일론 의류, 비정상적인 기온이나 습도에 대한 노출 등이 대표적인 피부 자극 요인들이다. 면제품 속옷을 입도록 하고, 세탁 후 세제가 남지 않도록 물로 여러 번 헹구도록 한다. 또한 평소 실내 온도, 습도를 쾌적하게 유지하는 것도 중요하다. 땀이나 자극성 물질을 제거하는 목적으로 미지근한 물에 샤워를 하는 것이 좋으며, 샤워 후에는 3분 이내에 보습제를 바르는 것이 좋다.

(다) 아토피 피부염을 진단받아 치료하기 위해서는 보습이 가장 중요하고, 피부 증상을 악화시킬 수 있는 자극원, 알레르겐 등을 피하는 것이 필요하다. 국소 치료제로는 국소 스테로이드제가 가장 기본적인 치료제이다. 국소 칼시뉴린 억제제도 효과적으로 사용되는 약제이며, 국소 스테로이드제 사용으로 발생 가능한 피부 위축 등의 부작용이 없다. 아직 국내에 들어오지는 않았으나 국소 포스포디에스테라제 억제제도 있다. 이 외에는 전신치료로 가려움증 완화를 위해 사용할 수 있는 항히스타민제가 있고, 필요시 경구 스테로이드제를 사용할 수 있다. 심한 아토피 피부염 환자에서는 면역 억제제가 사용된다. 광선치료(자외선치료)도 아토피 피부염 치료로 이용된다. 최근에는 아토피 피부염을 유발하는 특정한 사이토카인 신호 전달을 차단할 수 있는 생물학적제제인 두필루맙(Dupilumab)이 만성 중증 아토피 피부염 환자를 대상으로 사용되고 있으며, 치료 효과가 뛰어나다고 알려져 있다.

(라) 많은 연구에도 불구하고 아토피 피부염의 정확한 원인은 아직 밝혀지지 않았다. 현재까지는 피부 보호막 역할을 하는 피부장벽 기능의 이상, 면역체계의 이상, 유전적 및 환경적 요인 등이 복합적으로 상호작용한 결과 발생하는 것으로 보고 있다.

① (다) – (가) – (라) – (나)
② (다) – (나) – (라) – (가)
③ (라) – (가) – (나) – (다)
④ (라) – (가) – (다) – (나)

05 다음 글의 주제로 가장 적절한 것은?

> 한국인의 주요 사망 원인 중 하나인 뇌경색은 뇌혈관이 갑자기 폐쇄됨으로써 뇌가 손상되어 신경학적 이상이 발생하는 질병이다.
>
> 뇌경색의 발생 원인은 크게 2가지로 분류할 수 있는데, 그중 첫 번째는 동맥경화증이다. 동맥경화증은 혈관의 중간층에 퇴행성 변화가 일어나서 섬유화가 진행되고 혈관의 탄성이 줄어드는 노화현상의 일종으로, 뇌로 혈류를 공급하는 큰 혈관이 폐쇄되거나 뇌 안의 작은 혈관이 폐쇄되어 발생하는 것이다. 두 번째는 심인성 색전으로, 심장에서 형성된 혈전이 혈관을 타고 흐르다 갑자기 뇌혈관을 폐쇄시켜 발생하는 것이다.
>
> 뇌경색이 발생하여 환자가 응급실에 내원한 경우, 폐쇄된 뇌혈관을 확인하기 위한 뇌혈관 조영 CT를 촬영하거나 손상된 뇌경색 부위를 좀 더 정확하게 확인해야 하는 경우에는 뇌 자기공명 영상(Brain MRI) 검사를 한다. 이렇게 시행한 검사에서 큰 혈관의 폐쇄가 확인되면 정맥 내에 혈전용해제를 투여하거나 동맥 내부의 혈전제거술을 시행하게 된다. 시술이 필요하지 않은 경우라면, 뇌경색의 악화를 방지하기 위하여 뇌경색 기전에 따라 항혈소판제나 항응고제 약물 치료를 하게 된다.
>
> 뇌경색의 원인 중 동맥경화증의 경우 여러 가지 위험 요인에 의하여 장시간 동안 서서히 진행된다. 고혈압, 당뇨, 이상지질혈증, 흡연, 과도한 음주, 비만 등이 위험 요인이며, 평소 이러한 원인이 있는 사람은 약물 치료 및 생활 습관 개선으로 위험 요인을 줄여야 한다. 특히 뇌경색이 한번 발병했던 사람은 재발 방지를 위한 약물을 지속적으로 복용하는 것이 필요하다.

① 뇌경색의 주요 증상
② 뇌경색 환자의 약물치료 방법
③ 뇌경색의 발병 원인과 치료 방법
④ 뇌경색이 발생했을 때의 조치사항

06 다음은 2019 ~ 2023년 건강보험료 부과 금액 및 1인당 건강보험 급여비에 대한 자료이다. 이에 대한 설명으로 옳지 않은 것은?

〈건강보험료 부과 금액 및 1인당 건강보험 급여비〉

구분	2019년	2020년	2021년	2022년	2023년
건강보험료 부과 금액 (십억 원)	59,130	63,120	69,480	76,775	82,840
1인당 건강보험 급여비(원)	1,300,000	1,400,000	1,550,000	1,700,000	1,900,000

① 건강보험료 부과 금액과 1인당 건강보험 급여비는 모두 매년 증가하였다.
② 2020 ~ 2023년 동안 전년 대비 1인당 건강보험 급여비가 가장 크게 증가한 해는 2023년이다.
③ 2020 ~ 2023년 동안 전년 대비 건강보험료 부과 금액의 증가율은 항상 10% 미만이었다.
④ 2019년 대비 2023년의 1인당 건강보험 급여비는 40% 이상 증가하였다.

07 다음은 주택용 요금 경감 제도 중 사회적 배려 대상자 주택용 도시가스 요금 경감에 대한 자료이다. 아이가 4명인 P씨가 1 ~ 6월 동안 받을 수 있는 주택용 도시가스의 취사난방용 요금 경감금액은 최대 얼마인가?[단, 에너지이용권(에너지바우처)은 고려하지 않는다]

〈사회적 배려 대상자 주택용 도시가스 요금 경감〉

• 요금 경감 대상자
1. 장애인복지법에서 정한 장애의 정도가 심한 장애인
2. 국가유공자 등 예우 및 지원에 관한 법률 및 5.18 민주유공자 예우에 관한 법률에서 정한 1 ~ 3급 상이자
3. 독립유공자 예우에 관한 법률에 의한 독립유공자 또는 수급자
4. 국민기초생활보장법에서 정한 생계급여, 의료급여, 주거급여, 교육급여 수급자
5. 국민기초생활보장법에서 정한 차상위계층 중 다음에 해당하는 자
  − 국민기초생활보장법 제9조 제5항에 따라 자활사업에 참여 하는 자
  − 국민건강보험법 시행령 별표2 제3호 라목에 따라 희귀난치성질환을 가진 자 등으로서 본인 부담액을 경감받는 자
  − 장애인복지법 제49조 및 동일법 제50조에 따라 장애수당을 받는 18세 이상 장애인 및 장애 아동수당을 받는 18세 미만 장애인
  − 한부모가족지원법 제5조에 따라 지원받는 모자 가정, 부자 가정, 조손 가정
  − 국민기초생활보장법 시행규칙 제38조 제4항에 따라 차상위계층 확인서를 발급받은 가정
6. 다음에 해당하는 다자녀가구
  − 일반 다자녀가구 : 세대별 주민등록표상 세대주와의 관계가 "자(子)" 또는 "손(孫)"이 각각 3인 이상으로 표시된 주거용 주택의 세대주
  − 위탁가정 다자녀 가구 : 가정위탁보호 확인서상 위탁아동으로서 세대별 주민등록표상 세대 주와의 관계가 "동거인"으로 지정된 자와 세대별 주민등록표상 세대주와의 관계가 "자(子)" 또는 "손(孫)"인 자의 합이 각각 3인 이상인 주거용 주택의 세대주
  ※ 단, 만 18세 미만의 "자(子)" 또는 "손(孫)"의 확인은 주민등록표상으로 불가능할 경우 가족관계증명서로 대체
  ※ 위탁한 "자(子)" 또는 "손(孫)"(이하 위탁아동)이 있는 친권자(세대주)가 다자녀 경감을 신청한 경우, 위탁아동을 제외한 "자(子)" 또는 "손(孫)"이 3인 미만이 되는 경우 경감 적용 불가
• 취사난방용 요금 경감금액

(단위 : 원/월)

구분	동절기(12 ~ 3월)			동절기 외(4 ~ 11월)		
	계	도매	소매	계	도매	소매
장애의 정도가 심한 장애인	72,000	64,800	7,200	9,900	7,920	1,980
국가유공자 및 독립유공자	72,000	64,800	7,200	9,900	7,920	1,980
차상위계층확인서 발급대상	18,000	16,200	1,800	2,470	1,980	490
다자녀가구	18,000	16,200	1,800	2,470	1,980	490

※ 도시가스 요금은 한국가스공사가 공급하는 도매요금과 관할지자체가 승인하는 도시가스사의 소매요금으로 이원화되어 있다.

① 59,870원
② 61,410원
③ 63,690원
④ 65,980원

※ 다음은 소형차의 지역별 고속도로 통행료와 통행료 면제 및 할인 규정에 대한 자료이다. 이어지는 질문에 답하시오. [8~9]

〈소형차 지역별 고속도로 통행료〉

(단위 : 원)

구분	화성JCT	북오산	동탄	북평택
화성JCT	–	1,000	1,400	2,200
북오산	1,000	–	400	2,300
동탄	1,400	400	–	2,700
북평택	2,200	2,300	2,700	–

• 통행료 면제
  유료도로법 제15조 및 유료도로법 시행령 제8조 제2항 제1호에 의한 차량

구분	내용
유료도로법 제15조 제2항	– 군작전용 차량(국방부장관·합참의장·각 군 참모총장 발급의 군 작전 수행 증명 문서 제출) – 구급 및 구호차량 – 소방 활동에 종사하는 차량
유료도로법 시행령 제8조	– 경찰 작전용 차량 – 교통 단속용 차량 – 국가가 경영하는 우편 사업에 종사하는 차량 – 유료도로의 건설·유지 관리용 차량 – 설·추석 연휴기간 고속도로 이용차량(전날, 연휴 당일, 다음날 3일)
독립유공자 국가유공자 1~5급 1~5급까지의 5.18 민주화운동 부상자 탑승차량	– 배기량 2,000cc 이하인 차량 – 1ton 이하인 소형차량 – 12인승 이하 승합차 – 7~10인승 승용차(배기량 제한 없음)

• 통행료 30% 할인
  유료도로법 시행령 제8조 제2항 제2호에 의한 차량

구분	내용
비상제동장치(AEBS) 할인	비상자동제동장치(AEBS)를 장착한 노선버스 및 전세버스 – AEBS 전용 단말기 이용차량 한정
심야 할인	사업용 화물차 및 대여업용 건설기계 [적용시간] 21:00~06:00 [이용비율] 20% 이상 70% 미만 – 소형~대형 차량은 사업용 화물차 식별을 위한 화물차 전용 단말기 이용차량 한정(하이패스)

- 통행료 50% 할인
  유료도로법 제15조 및 유료도로법 시행령 제8조 제2항 제1호에 의한 차량

구분	내용
경차 할인	경형자동차
전기 / 수소차 할인	전기자동차 및 연료전지자동차(수소자동차) (단, 전기 · 수소자동차 전용단말기 이용차량으로 한정한다)
국가유공자 6 ~ 7급 상이등급을 받은 자	− 식별표지를 부착하고 할인카드를 제시 차량 (본인운전 또는 탑승 확인 시 통행료 할인) − 국가보훈처에 등록된 국가유공자(6 ~ 7등급)가 소유한 승용차량 ① 배기량 2,000cc 이하인 차량 ② 1ton 이하인 소형차 ③ 12인승 이하 승합차 ④ 7 ~ 10인승 승용차(배기량 제한 없음)
6 ~ 14급까지의 5.18 민주화운동 부상자 탑승차량	
고엽제 후유증의 환자 차량	
장애인 1 ~ 6급 판정을 받은 자	
심야 할인	사업용 화물차 및 대여업용 건설기계 [적용시간] 21:00 ~ 06:00 [이용비율] 70% 이상 100% 이하 − 소형 ~ 대형 차량은 사업용 화물차 식별을 위한 화물차 전용 단말기 이용차량 한정(하이패스)

08 A씨에 대한 정보가 다음 〈조건〉과 같을 때, A씨가 1주일 동안 지불해야 할 통행료는 얼마인가?

> **조건**
> - A씨는 21:30 ~ 05:30 동안 화물용 소형차로 야간 배송 업무를 하고 있다.
> - A씨는 북평택에서 출발하여 동탄을 하루 3회 왕복으로 이동한다.
> - A씨는 북평택 ~ 동탄을 오갈 때마다 통행료를 지불한다.
> - A씨는 1주일에 6일 근무하고 근무시간 외에는 도로를 이용하지 않는다.
> - A씨의 고속도로 이용비율은 약 25%이다.
> - A씨는 하이패스를 이용하며, 차량에는 화물차 전용 단말기가 설치되어 있다.

① 48,600원　　　　　　　　　　② 68,040원
③ 88,920원　　　　　　　　　　④ 97,200원

09 B씨는 5.18 민주화운동으로 인해 2급 장애 판정을 받으신 아버지를 모시고 화성JCT에서 북오산으로 이동하고자 한다. 이때 B씨가 지불해야 할 통행료는 얼마인가?

① 0원　　　　　　　　　　　　② 500원
③ 700원　　　　　　　　　　　④ 1,000원

※ 다음 명제가 모두 참일 때, 빈칸에 들어갈 명제로 가장 적절한 것을 고르시오. [10~12]

10

- 잎이 넓은 나무는 키가 크다.
- 잎이 넓지 않은 나무는 덥지 않은 지방에서 자란다.
- _____
- 따라서 더운 지방에서 자라는 나무는 열매가 많이 맺힌다.

① 잎이 넓지 않은 나무는 열매가 많이 맺힌다.
② 열매가 많이 맺히지 않는 나무는 키가 작다.
③ 벌레가 많은 지역은 열매가 많이 맺히지 않는다.
④ 키가 작은 나무는 덥지 않은 지방에서 자란다.

11

- 풀을 먹는 동물은 몸집이 크다.
- 사막에서 사는 동물은 물속에서 살지 않는다.
- _____
- 따라서 물속에서 사는 동물은 몸집이 크다.

① 몸집이 큰 동물은 물속에서 산다.
② 물이 있으면 사막이 아니다.
③ 사막에 사는 동물은 몸집이 크다.
④ 풀을 먹지 않는 동물은 사막에 산다.

12

- 모든 1과 사원은 가장 실적이 많은 2과 사원보다 실적이 많다.
- 가장 실적이 많은 4과 사원은 모든 3과 사원보다 실적이 적다.
- 3과 사원 중 일부는 가장 실적이 많은 2과 사원보다 실적이 적다.
- 따라서 _____

① 모든 2과 사원은 4과 사원 중 일부보다 실적이 적다.
② 어떤 1과 사원은 가장 실적이 많은 3과 사원보다 실적이 적다.
③ 어떤 3과 사원은 가장 실적이 적은 1과 사원보다 실적이 적다.
④ 1과 사원 중 가장 적은 실적을 올린 사원과 같은 실적을 올린 사원이 4과에 있다.

13 다음은 대한민국 입국 목적별 비자 종류의 일부이다. 외국인 A ~ D씨가 피초청자로서 입국할 때, 초청 목적에 따라 발급받아야 하는 비자의 종류를 바르게 짝지은 것은?(단, 비자면제 협정은 없는 것으로 가정한다)

〈대한민국 입국 목적별 비자 종류〉

• 외교·공무
  – 외교(A-1) : 대한민국 정부가 접수한 외국 정부의 외교사절단이나 영사기관의 구성원, 조약 또는 국제관행에 따라 외교사절과 동등한 특권과 면제를 받는 사람과 그 가족
  – 공무(A-2) : 대한민국 정부가 승인한 외국 정부 또는 국제기구의 공무를 수행하는 사람과 그 가족
• 유학·어학연수
  – 학사유학(D-2-2) : (전문)대학, 대학원 또는 특별법의 규정에 의하여 설립된 전문대학 이상의 학술기관에서 정규과정(학사)의 교육을 받고자 하는 자
  – 교환학생(D-2-6) : 대학 간 학사교류 협정에 의해 정규과정 중 일정 기간 동안 교육을 받고자 하는 교환학생
• 비전문직 취업
  – 제조업(E-9-1) : 외국인근로자의 고용에 관한 법률의 규정에 의한 국내 취업요건을 갖추어 제조업체에 취업하고자 하는 자
  – 농업(E-9-3) : 외국인근로자의 고용에 관한 법률의 규정에 의한 국내 취업요건을 갖추어 농업, 축산업 등에 취업하고자 하는 자
• 결혼이민
  – 결혼이민(F-6-1) : 한국에서 혼인이 유효하게 성립되어 있고, 우리 국민과 결혼생활을 지속하기 위해 국내 체류를 하고자 하는 외국인
  – 자녀양육(F-6-2) : 국민의 배우자(F-6-1) 자격에 해당하지 않으나 출생한 미성년 자녀(사실혼 관계 포함)를 국내에서 양육하거나 양육하려는 부 또는 모
• 치료 요양
  – 의료관광(C-3-3) : 국내 의료기관에서 진료 또는 요양할 목적으로 입국하는 외국인 환자와 간병 등을 위해 동반입국이 필요한 동반가족 및 간병인(90일 이내)
  – 치료요양(G-1-10) : 국내 의료기관에서 진료 또는 요양할 목적으로 입국하는 외국인 환자와 간병 등을 위해 동반입국이 필요한 동반가족 및 간병인(1년 이내)

〈피초청자 초청 목적〉

피초청자	국적	초청 목적
A	말레이시아	부산에서 6개월가량 입원 치료가 필요한 아들의 간병(아들의 국적 또한 같음)
B	베트남	경기도 소재 O제조공장 취업(국내 취업 요건을 모두 갖춤)
C	사우디아라비아	서울 소재 K대학교 교환학생
D	인도네시아	대한민국 개최 APEC 국제기구 정상회의 참석

	A	B	C	D
①	C-3-3	D-2-2	F-6-1	A-2
②	G-1-10	E-9-1	D-2-6	A-2
③	G-1-10	D-2-2	F-6-1	A-1
④	C-3-3	E-9-1	D-2-6	A-1

01 다음 중 국민건강보험법상 건강보험 가입자 A의 피부양자에 해당하지 않는 자는?

① 아들의 며느리(A와 비동거 중)
② 배우자의 어머니(A와 동거 중)
③ A의 배우자(A와 비동거 중)
④ A의 아버지와 재혼한 새어머니(A와 동거 중)

02 국민건강보험법상 요양기관이 속임수나 부당한 방법으로 가입자 및 피부양자에게 50만 원의 요양급여비용을 부담하게 한 경우의 부과·징수할 수 있는 과징금의 최대 액수는?

① 50만 원
② 100만 원
③ 250만 원
④ 500만 원

03 다음 〈보기〉 중 국민건강보험법상 약제에 대한 요양급여비용 상한금액의 감액에 대한 내용으로 옳지 않은 것은 몇 개인가?

> **보기**
>
> ㄱ. 약사법 위반과 관련된 약제에 대하여는 요양급여비용 상한금액의 100분의 20을 넘지 아니하는 범위에서 1차 감액을 할 수 있다.
> ㄴ. 2차 감액의 경우 요양급여비용 상한금액의 100분의 60을 넘지 아니하는 범위에서 요양급여비용 상한금액의 일부를 감액할 수 있다.
> ㄷ. 현행법상 다시 감액대상이 되었을 때 재감액할 수 있는 기간은 요양급여비용의 상한금액이 감액된 약제가 감액된 날부터 5년 이내이다.
> ㄹ. 요양급여비용 상한금액의 감액 및 요양급여 적용 정지의 기준, 절차, 그 밖에 필요한 사항은 대통령령으로 정한다.

① 1개
② 2개
③ 3개
④ 4개

04 다음은 국민건강보험법상 체납보험료의 분할납부에 대한 내용이다. 빈칸에 들어갈 숫자들의 합으로 옳은 것은?

> 공단은 보험료를 ___회 이상 체납한 A가 분할납부를 신청하여 보건복지부령으로 정하는 바에 따라 분할납부를 승인하였다. 이후 분할납부의 승인을 받은 A가 정당한 사유 없이 ___회 이상 그 승인된 보험료를 납부하지 않아 분할납부의 승인을 취소하였다.

① 7
② 8
③ 9
④ 10

05 다음 〈보기〉 중 국민건강보험법상 선별급여에 대한 설명으로 옳은 것은 모두 몇 개인가?

> **보기**
> ㉠ 치료효과성이 높아 가입자와 피부양자의 건강회복에 잠재적 이득이 있는 경우에 선별급여를 할 수 있다.
> ㉡ 선별급여의 적합성평가 주기는 1년이다.
> ㉢ 보건복지부장관은 선별급여에 대하여 주기적으로 요양급여의 적합성을 평가하여 요양급여 여부를 다시 결정하고, 요양급여의 기준을 조정하여야 한다.
> ㉣ 선별급여의 평가항목에는 비용 효과에 관한 사항이 포함된다.

① 1개 ② 2개
③ 3개 ④ 4개

06 다음 중 국민건강보험법상 과태료 부과대상이 아닌 것은?

① 요양급여비용에 관한 서류를 보존하지 않은 경우
② 사업장 신고를 하지 않거나 거짓으로 신고한 경우
③ 요양비 명세서나 요양 명세를 적은 영수증을 내주지 않은 경우
④ 행정처분절차가 진행 중인 사실을 지체 없이 알리지 않은 경우

07 다음 중 국민건강보험법상 국민건강보험료보다 우선 징수 대상으로 옳은 것은?

① 질권 ② 저당권
③ 일반채권 ④ 국세·지방세

08 다음 중 국민건강보험법상 과태료 100만 원 이하에 해당하는 부과대상은?

① 건강보험에 관한 서류를 3년간 보존하지 않은 사용자
② 자신이 고용한 근로자가 직장가입자가 되는 것을 방해한 자
③ 정당한 사유 없이 가입자의 거주지 변경 신고·서류 제출을 하지 아니한 자
④ 업무를 수행하면서 알게 된 정보를 누설한 자

09 다음 중 국민건강보험법상 직장가입자에 해당하는 사람은?

① 교도소에 수감된 자
② 병역법에 따른 현역병
③ 고용기간이 1개월 미만인 일용근로자
④ 선거에 당선되어 취임한 공무원으로서 급료를 받는 자

10 다음 중 국민건강보험법상 실업자에 대한 특례의 내용으로 옳지 않은 것은?

① 사용관계가 끝난 직장가입자가 최초로 지역가입자로 보험료 고지를 받은 날부터 납부기한이 2개월이 지나기 이전까지 공단에 직장가입자로서의 자격을 유지할 것을 신청할 수 있다.
② 임의계속가입자는 자격의 변동 시기 등에도 불구하고 최초로 내야 할 보험료를 3개월 이상 미납하였더라도 직장가입자의 자격을 유지한다.
③ 임의계속가입자의 보수월액은 보수월액보험료가 산정된 최근 12개월간의 보수월액을 평균한 금액으로 한다.
④ 임의계속가입자의 보험료는 보건복지부장관이 정하여 고시하는 바에 따라 그 일부를 경감할 수 있다.

11 다음 중 국민건강보험법상 임의계속가입자에 대한 내용으로 옳은 것은?

① 사용관계가 끝난 직장가입자 중 해당 사업장에서 20개월 동안 통산 1년 이상 계속하여 직장가입자의 자격을 유지한 경우 임의계속가입자로 신청할 수 있다.
② 임의계속가입자의 신청 절차에 필요한 사항은 대통령령으로 정한다.
③ 임의계속가입자 신청 후 최초로 내야 할 직장가입자 보험료를 그 납부기한부터 3개월이 지난날까지 내지 아니한 경우에는 그 자격을 유지할 수 없다.
④ 임의계속가입자의 보험료는 그 일부를 경감할 수 있고, 보수월액보험료는 그 임의계속가입자가 전액을 부담하고 납부한다.

12 다음 중 국민건강보험법상 국민건강보험공단의 업무가 아닌 것은?

① 의료시설의 운영　　　　　　　　　② 요양급여비용의 심사
③ 가입자 및 피부양자의 자격 관리　　④ 자산의 관리·운영 및 증식사업

01 다음 중 빈칸에 들어갈 기간으로 옳은 것은?

> 장기요양기관을 운영하는 자는 노인학대 방지 등 수급자의 안전과 장기요양기관의 보안을 위하여
> 법령에 따라 폐쇄회로 텔레비전을 설치하여야 한다. 이때, 폐쇄회로 텔레비전에 기록된 영상정보는
> _____ 이상 보관하여야 한다.

① 30일   ② 60일
③ 100일   ④ 1년

02 노인장기요양보험법상 장기요양등급은 아래의 절차 과정을 거쳐 진행된다. 이 중 등급판정위원회의 판정 절차 과정에 대한 설명으로 옳지 않은 것은?

> 신청서 제출 → 공단 소속 직원의 조사 → 조사결과서 등을 등급판정위원회 제출 → 수급자 판정
> → 장기요양등급판정

① 장기요양인정을 신청할 수 있는 자는 노인 등으로 장기요양보험가입자의 해당 자격을 갖추어야
한다.
② 등급판정위원회는 신청인이 3개월 이상 동안 혼자서 일상생활을 수행하기 어렵다고 인정하는
경우 등급판정기준에 따라 수급자로 판정한다.
③ 공단은 장기요양인정 신청서를 접수한 때 소속 직원으로 하여금 신청인의 심신상태를 조사하게
하여야 한다.
④ 공단은 장기요양인정 신청조사가 완료된 때 조사결과서, 신청서, 의사소견서, 그 밖에 심의에
필요한 자료를 등급판정위원회에 제출하여야 한다.

03 다음 중 노인장기요양보험법상 장기요양요원지원센터의 담당 업무가 아닌 것은?

① 장기요양요원을 위한 문화프로그램의 운영
② 장기요양요원의 역량강화를 위한 교육지원
③ 장기요양요원의 대한 건강검진 등 건강관리를 위한 사업
④ 장기요양요원의 권리 침해에 관한 상담 및 지원

04 다음 중 노인장기요양보험법상 장기요양기관의 행정제재처분 효과의 승계에 대한 내용으로 옳은 것은?

① 장기요양기관을 양도한 경우 양도인은 행정제재처분의 효과가 승계된다.

② 행정제재처분 절차가 진행 중인 자는 3일 이내 그 사실을 양수인 등에게 알려야 한다.

③ 행정제재처분의 효과는 그 처분을 한 다음 날부터 3년간 승계된다.

④ 법인이 합병된 경우에 합병으로 신설된 법인은 행정제재처분의 효과가 승계된다.

05 다음 〈보기〉에서 노인장기요양보험법상 부당한 방법으로 장기요양등급이나 장기요양급여를 받았을 때의 조치로 옳은 것을 모두 고르면?

보기
㉠ 수급자 A가 거짓으로 장기요양인정을 받은 것으로 의심되는 경우 공단이 조사 결과를 제출했더라도 등급판정위원회는 다시 수급자 등급을 조정할 수 없다.
㉡ 공단은 장기요양급여를 받고 있는 수급자 B가 정당한 사유 없이 조사 요구에 응하지 않을 경우 급여의 전부 또는 일부를 제공하지 아니하게 할 수 있다.
㉢ 공단은 거짓 진단에 따라 장기요양급여가 제공된 때 거짓의 행위에 관여한 의사 C에 대하여 장기요양급여를 받은 D와 연대하여 징수금을 납부하게 할 수 있다.

① ㉠, ㉡

② ㉠, ㉢

③ ㉡, ㉢

④ ㉠, ㉡, ㉢

06 다음 중 노인장기요양보험법상 부당이득에 해당되지 않는 것은?

① 월 한도액 범위에서 장기요양급여를 받은 경우

② 장기요양급여의 제한 등을 받을 자가 장기요양급여를 받은 경우

③ 노인장기요양보험법상의 원인 없이 공단으로부터 장기요양급여를 받은 경우

④ 거짓이나 그 밖의 부정한 방법으로 의사소견서 등 발급비용을 청구하여 지급받은 경우

07 다음 중 노인장기요양보험법상 등급판정위원회에 대한 설명으로 옳은 것은?

① 공단은 등급판정위원회가 등급판정의 심의를 완료한 경우 30일 안에 장기요양인정서를 작성하여 수급자에게 송부하여야 한다.

② 등급판정위원회는 수급자로 심의 · 판정을 하는 때 신청인과 그 가족, 의사소견서를 발급한 의사 등 관계인의 의견을 들을 수 있다.

③ 등급판정위원회는 신청인이 신청서를 제출한 날부터 60일 이내에 장기요양등급판정을 완료하여야 한다.

④ 등급판정위원회는 장기요양인정 신청조사가 완료된 때 조사결과서, 신청서, 의사소견서, 그 밖에 심의에 필요한 자료를 공단에 제출하여야 한다.

08 다음 중 노인장기요양보험법상 장기요양기관을 지정할 때 고려할 사항으로 옳은 것은?

① 노인성질환예방사업 추진 계획

② 장기요양급여의 수준 향상 방안

③ 노인 등의 장기요양급여의 실시에 필요한 사항

④ 장기요양기관을 운영하려는 자의 장기요양급여 제공 이력

09 다음 중 노인장기요양보험법상 장기요양기관의 폐쇄회로 텔레비전 설치에 대한 내용으로 옳지 않은 것은?

① 재가급여만을 제공하는 경우에는 폐쇄회로 텔레비전의 설치 · 관리 대상이 아니다.

② 국가 또는 지방자치단체는 폐쇄회로 텔레비전 설치비의 전부를 지원하여야 한다.

③ 장기요양기관을 운영하는 자는 폐쇄회로 텔레비전에 기록된 영상정보를 60일 이상 보관하여야 한다.

④ 장기요양기관을 운영하는 자는 노인학대 방지 등을 위하여 폐쇄회로 텔레비전을 설치 · 관리해야 한다.

02 | 2023년 시행
기출복원문제

정답 및 해설 p.008

01 직업기초능력

※ 다음 글을 읽고 이어지는 질문에 답하시오. [1~2]

척추는 신체를 지탱하고, 뇌로부터 이어지는 중추신경인 척수를 보호하는 중요한 뼈 구조물이다. 보통 사람들은 허리에 심한 통증이 느껴지면 허리디스크(추간판탈출증)를 떠올리는데, 디스크 이외에도 통증을 유발하는 척추 질환은 다양하다. 특히 노인 인구가 증가하면서 척추관협착증(요추관협착증)의 발병 또한 늘어나고 있다. 허리디스크와 척추관협착증은 사람들이 혼동하기 쉬운 척추 질환으로, 발병 원인과 치료법이 다르기 때문에 두 질환의 차이를 이해하고 통증 발생 시 질환에 맞춰 적절하게 대응할 필요가 있다.

허리디스크는 척추 뼈 사이에서 쿠션처럼 완충 역할을 해주는 디스크(추간판)에 문제가 생겨 발생한다. 디스크는 찐득찐득한 수핵과 이를 둘러싸는 섬유륜으로 구성되는데, 나이가 들어 탄력이 떨어지거나, 젊은 나이에도 급격한 충격에 의해서 섬유륜에 균열이 생기면 속의 수핵이 빠져나오면서 주변 신경을 압박하거나 염증을 유발한다. 허리디스크가 발병하면 초기에는 허리 통증으로 시작되어 점차 허벅지에서 발까지 찌릿하게 저리는 방사통을 유발하고, 디스크에서 수핵이 흘러나오는 상황이기 때문에 허리를 굽히거나 앉아 있으면 디스크에 가해지는 압력이 높아져 통증이 더욱 심해진다. 이처럼 허리디스크는 통증이 심한 질환이지만, 흘러나온 수핵은 대부분 대식세포에 의해 제거되고, 자연치유가 가능하기 때문에 병원에서는 주로 통증을 줄이고 안정을 취하는 방법으로 보존치료를 진행한다. 하지만 염증이 심해져 중앙 척수를 건드리게 되면 하반신 마비 등의 증세가 나타날 수 있는데, 이러한 경우에는 탈출된 디스크 조각을 물리적으로 제거하는 수술이 필요하다.

반면, 척추관협착증은 대표적인 척추 퇴행성 질환으로 주변 인대(황색 인대)가 척추관을 압박하여 발생한다. 척추관은 척추 가운데 신경 다발이 지나갈 수 있도록 속이 빈 공간인데, 나이가 들면서 척추가 흔들리게 되면 흔들리는 척추를 붙들기 위해 인대가 점차 두꺼워지고, 척추 뼈에 변형이 생겨 결과적으로 척추관이 좁아지게 된다. 이렇게 오랜 기간 동안 변형된 척추 뼈와 인대가 척추관 속의 신경을 눌러 발생하는 것이 척추관협착증이다. 척추관 속의 신경이 눌리게 되면 통증과 함께 저리거나 당기게 되어 보행이 힘들어지며, 지속적으로 압박받을 경우 척추 신경이 경색되어 하반신 마비 증세로 악화될 수 있다. 일반적으로 서 있을 경우보다 허리를 구부렸을 때 척추관이 더 넓어지므로 허리디스크 환자와 달리 앉아 있을 때 통증이 완화된다. 척추관협착증은 자연치유가 되지 않고 척추관이 다시 넓어지지 않으므로 발병 초기를 제외하면 일반적으로 변형된 부분을 제거하는 수술을 하게 된다.

이와 같이 허리디스크와 척추관협착증은 똑같이 허리 통증을 유발하지만 원인과 증상, 치료법이 상이하다. 비교적 고령인 60대 이상의 사람이 만성적으로 서 있을 때 통증이 나타난다면 ___㉠___ 을/를 의심해야 하며, 비교적 젊은 20~50대의 사람이 앉아 있을 때 통증이 급작스럽게 나타날 때는 ___㉡___ 을/를 의심해야 한다. 척추는 우리의 몸을 지탱하는 중요한 골격이며, 신경계와 밀접한 관련이 있으므로 통증이 발생한다면 자신의 몸 상태를 잘 파악하고, 초기에 치료를 받는 것이 중요하다.

01 다음 중 윗글의 내용으로 적절하지 않은 것은?

① 일반적으로 허리디스크는 척추관협착증에 비해 증상이 급작스럽게 나타난다.

② 허리디스크는 서 있을 때 통증이 더 심해진다.

③ 허리디스크에 비해 척추관협착증은 외과적 수술 빈도가 높다.

④ 허리디스크와 척추관협착증 모두 증세가 심해지면 하반신 마비의 가능성이 있다.

02 다음 중 빈칸 ㉠과 ㉡에 들어갈 단어가 바르게 연결된 것은?

	㉠	㉡
①	허리디스크	추간판탈출증
②	허리디스크	척추관협착증
③	척추관협착증	요추관협착증
④	척추관협착증	허리디스크

03   다음 문단을 논리적 순서대로 바르게 나열한 것은?

> (가) 주장애관리는 장애정도가 심한 장애인이 의원뿐만 아니라 병원 및 종합병원급에서 장애 유형별 전문의에게 전문적인 장애관리를 받을 수 있는 서비스이다. 이전에는 대상 관리 유형이 지체장애, 시각장애, 뇌병변장애로 제한되어 있었으나, 3단계부터는 지적장애, 정신장애, 자폐성 장애까지 확대되어 더 많은 중증장애인들이 장애관리를 받을 수 있게 되었다.
>
> (나) 이와 같이 3단계 장애인 건강주치의 시범사업은 기존 1·2단계 시범사업보다 더욱 확대되어 많은 중증장애인들의 참여를 예상하고 있다. 장애인 건강주치의 시범사업에 신청하기 위해서는 국민건강보험공단 홈페이지의 건강IN에서 장애인 건강주치의 의료기관을 찾은 후, 해당 의료기관에 방문하여 장애인 건강주치의 이용 신청사실 통지서를 작성해야 한다.
>
> (다) 장애인 건강주치의 제도가 제공하는 서비스는 일반건강관리, 주(主)장애관리, 통합관리로 나누어진다. 일반건강관리 서비스는 모든 유형의 중증장애인이 만성질환 등 전반적인 건강관리를 받을 수 있는 서비스로, 의원급에서 원하는 의사를 선택하여 참여할 수 있다. 1·2단계까지의 사업에서는 만성질환관리를 위해 장애인 본인이 검사비용의 30%를 부담해야 했지만, 3단계부터는 본인부담금 없이 질환별 검사바우처로 제공한다.
>
> (라) 마지막으로 통합관리는 일반건강관리와 주장애관리를 동시에 받을 수 있는 서비스로, 동네에 있는 의원급 의료기관에 속한 지체·뇌병변·시각·지적·정신·자폐성 장애를 진단하는 전문의가 주장애관리와 만성질환관리를 모두 제공한다. 이 3가지 서비스들은 거동이 불편한 환자를 위해 의사나 간호사가 직접 집으로 찾아가는 방문 서비스를 제공하고 있으며 기존에는 연 12회였으나, 3단계 시범사업부터 연 18회로 증대되었다.
>
> (마) 보건복지부와 국민건강보험공단은 2021년 9월부터 3단계 장애인 건강주치의 시범사업을 진행하였다. 장애인 건강주치의 제도는 중증장애인이 인근 지역에서 주치의로 등록 신청한 의사 중 원하는 의사를 선택하여 장애로 인한 건강문제, 만성질환 등 건강상태를 포괄적이고 지속적으로 관리 받을 수 있는 제도로, 2018년 5월 1단계 시범사업을 시작으로 2단계 시범사업까지 완료되었다.

① (다) - (가) - (라) - (마) - (나)   ② (다) - (마) - (가) - (나) - (라)

③ (마) - (가) - (라) - (나) - (다)   ④ (마) - (다) - (가) - (라) - (나)

04 다음은 국민건강보험법의 일부이다. 이에 대한 설명으로 적절하지 않은 것은?

> **급여의 제한(제53조)**
> ① 공단은 보험급여를 받을 수 있는 사람이 다음 각 호의 어느 하나에 해당하면 보험급여를 하지 아니한다.
>   1. 고의 또는 중대한 과실로 인한 범죄행위에 그 원인이 있거나 고의로 사고를 일으킨 경우
>   2. 고의 또는 중대한 과실로 공단이나 요양기관의 요양에 관한 지시에 따르지 아니한 경우
>   3. 고의 또는 중대한 과실로 제55조에 따른 문서와 그 밖의 물건의 제출을 거부하거나 질문 또는 진단을 기피한 경우
>   4. 업무 또는 공무로 생긴 질병·부상·재해로 다른 법령에 따른 보험급여나 보상(報償) 또는 보상(補償)을 받게 되는 경우
> ② 공단은 보험급여를 받을 수 있는 사람이 다른 법령에 따라 국가나 지방자치단체로부터 보험급여에 상당하는 급여를 받거나 보험급여에 상당하는 비용을 지급받게 되는 경우에는 그 한도에서 보험급여를 하지 아니한다.
> ③ 공단은 가입자가 대통령령으로 정하는 기간 이상 다음 각 호의 보험료를 체납한 경우 그 체납한 보험료를 완납할 때까지 그 가입자 및 피부양자에 대하여 보험급여를 실시하지 아니할 수 있다. 다만, 월별 보험료의 총체납횟수(이미 납부된 체납보험료는 총체납횟수에서 제외하며, 보험료의 체납기간은 고려하지 아니한다)가 대통령령으로 정하는 횟수 미만이거나 가입자 및 피부양자의 소득·재산 등이 대통령령으로 정하는 기준 미만인 경우에는 그러하지 아니한다.
>   1. 제69조 제4항 제2호에 따른 소득월액보험료
>   2. 제69조 제5항에 따른 세대단위의 보험료
> ④ 공단은 제77조 제1항 제1호에 따라 납부의무를 부담하는 사용자가 제69조 제4항 제1호에 따른 보수월액보험료를 체납한 경우에는 그 체납에 대하여 직장가입자 본인에게 귀책사유가 있는 경우에 한하여 제3항의 규정을 적용한다. 이 경우 해당 직장가입자의 피부양자에게도 제3항의 규정을 적용한다.
> ⑤ 제3항 및 제4항에도 불구하고 제82조에 따라 공단으로부터 분할납부 승인을 받고 그 승인된 보험료를 1회 이상 낸 경우에는 보험급여를 할 수 있다. 다만, 제82조에 따른 분할납부 승인을 받은 사람이 정당한 사유 없이 5회(같은 조 제1항에 따라 승인받은 분할납부 횟수가 5회 미만인 경우에는 해당 분할납부 횟수를 말한다) 이상 그 승인된 보험료를 내지 아니한 경우에는 그러하지 아니하다.

① 공단의 요양에 관한 지시를 고의로 따르지 아니할 경우 보험급여가 제한된다.

② 지방자치단체로부터 보험급여에 해당하는 급여를 받으면 그 한도에서 보험급여를 하지 않는다.

③ 관련 법조항에 따라 분할납부가 승인되면 분할납부가 완료될 때까지 보험급여가 제한될 수 있다.

④ 승인받은 분할납부 횟수가 4회일 경우 정당한 사유 없이 4회 이상 보험료를 내지 않으면 보험급여가 제한된다.

※ 다음 기사를 읽고 이어지는 질문에 답하시오. [5~6]

보건복지부는 독거노인·장애인 응급안전안심서비스 3차 장비 확산에 맞춰 2월 21일(화)부터 3월 10일(금)까지 대상자 10만 가구 발굴을 위한 집중신청기간을 운영한다고 밝혔다. 독거노인·장애인 응급안전안심서비스는 독거노인과 장애인 가정에 정보통신기술(ICT) 기반의 장비*를 설치해 화재, 낙상 등의 응급상황 발생 시 119에 신속한 연결을 도와 구급·구조를 지원하는 사업이다. 그간 1·2차 장비 설치로 2022년 말 기준 서비스 대상자는 전국 약 20만 가구이며, 올해 10만 가구분의 3차 장비를 추가 설치해 총 30만 가구까지 서비스 대상을 확대할 예정이다.

응급안전안심서비스를 이용하는 경우 화재·활동량 감지기가 가정 내 화재, 화장실 내 실신 또는 침대에서 낙상 등의 응급상황을 자동으로 119와 응급관리요원에 알리거나, 응급호출기로 간편하게 119에 신고할 수 있다. 해당 서비스를 통해, 2022년 한 해 동안 독거노인과 장애인 가정에서 발생한 총 2만 4천여 건의 응급상황을 119와 응급관리요원이 신속하게 파악하여 추가 피해를 최소화할 수 있었다.

이번 독거노인·장애인 응급안전안심서비스 집중신청기간 동안 독거노인·장애인 등 서비스 대상자나 그 보호자는 행정복지센터(동사무소)나 시·군·구 지역 센터(노인복지관, 사회복지관 등)에 방문하거나 전화 등으로 서비스를 신청할 수 있다. 만 65세 이상이면서 혼자 생활하는 기초생활수급자·차상위계층·기초연금수급자 또는 기초지자체장이 생활 여건 및 건강 상태 등을 고려해 상시 보호가 필요하다고 인정하는 노인은 응급안전안심서비스를 신청·이용할 수 있으며, 장애인 중 활동지원등급 13구간 이상이면서 독거 또는 취약가구**이거나 그렇지 않더라도 기초지자체장이 생활여건 등을 고려해 상시 보호가 필요하다고 인정하는 경우 응급안전안심서비스를 신청하여 이용할 수 있다.

보건복지부 노인정책과장은 "독거노인·장애인 응급안전안심서비스는 정보통신기술(ICT)을 이용해 지역사회 내 안전한 생활을 효율적이며 실시간으로 지원하고 있다."라며 "집중신청기간을 통해 상시 보호가 필요한 많은 분이 신청하도록 관계기관의 적극적인 안내를 부탁드리며, 집중신청기간 이후에도 계속해서 신청 창구는 열려있으니 많은 신청 바란다."라고 말했다.

*게이트웨이(태블릿PC, 레이더센서), 화재·활동량·출입문 감지기, 응급호출기
**세대별 주민등록표에 등재된 수급자 외 가구 구성원 모두가 장애인이거나 만 18세 이하 또는 만 65세 이상인 경우

| 의사소통능력

05 다음 중 제시된 기사의 주제로 가장 적절한 것은?

① 독거노인·장애인 응급안전안심서비스 성과 보고
② 독거노인·장애인 응급안전안심서비스 정책과 집중신청기간 안내
③ 응급안전안심서비스 신청 시 지원되는 장비 목록
④ 보건복지부의 응급안전안심서비스 대상자 현장조사

| 의사소통능력

06 다음 중 제시된 기사의 내용으로 적절하지 않은 것은?

① 독거노인이나 장애인이 아니더라도 응급안전안심서비스를 신청하여 이용할 수 있다.
② 서비스 이용을 통해 가정 내 응급상황을 빠르게 파악하여 대처할 수 있다.
③ 독거노인·장애인 응급안전안심서비스는 3월 10일 이후로는 신청할 수 없다.
④ 집중신청기간 동안 서비스 신청은 관련 기관에 방문 및 전화로 할 수 있다.

07 다음은 분기별 상급병원, 종합병원, 요양병원의 보건인력 현황에 대한 자료이다. 분기별 전체 보건인력 중 전체 사회복지사 인력의 비율로 옳지 않은 것은?

<상급병원, 종합병원, 요양병원의 보건인력 현황>

(단위 : 명)

구분		2022년 3분기	2022년 4분기	2023년 1분기	2023년 2분기
상급병원	의사	20,002	21,073	22,735	24,871
	약사	2,351	2,468	2,526	2,280
	사회복지사	391	385	370	375
종합병원	의사	32,765	33,084	34,778	33,071
	약사	1,941	1,988	2,001	2,006
	사회복지사	670	695	700	720
요양병원	의사	19,382	19,503	19,761	19,982
	약사	1,439	1,484	1,501	1,540
	사회복지사	1,887	1,902	1,864	1,862
계		80,828	82,582	86,236	86,707

※ 보건인력은 의사, 약사, 사회복지사 인력 모두를 포함한다.

① 2022년 3분기 : 약 3.65%
② 2022년 4분기 : 약 3.61%
③ 2023년 1분기 : 약 3.88%
④ 2023년 2분기 : 약 3.41%

08 다음은 K병원의 하루 평균 이뇨제, 지사제, 진통제 사용량에 대한 자료이다. 이에 대한 설명으로 옳지 않은 것은?

<하루 평균 이뇨제, 지사제, 진통제 사용량>

구분	2018년	2019년	2020년	2021년	2022년	1인 1일 투여량
이뇨제	3,000mL	3,480mL	3,360mL	4,200mL	3,720mL	60mL/일
지사제	30정	42정	48정	40정	44정	2정/일
진통제	6,720mg	6,960mg	6,840mg	7,200mg	7,080mg	60mg/일

※ 모든 의약품은 1인 1일 투여량을 준수하여 투여했다.

① 전년 대비 2022년 사용량 감소율이 가장 큰 의약품은 이뇨제이다.
② 5년 동안 지사제를 투여한 환자 수의 평균은 18명 이상이다.
③ 이뇨제 사용량은 증가와 감소를 반복하였다.
④ 매년 진통제를 투여한 환자 수는 이뇨제를 투여한 환자 수의 2배 이하이다.

09 다음은 K지역의 연도별 건강보험금 부과액 및 징수액에 대한 자료이다. 직장가입자 건강보험금 징수율이 가장 높은 해와 지역가입자의 건강보험금 징수율이 가장 높은 해를 바르게 짝지은 것은?

〈건강보험금 부과액 및 징수액〉

(단위 : 백만 원)

구분		2019년	2020년	2021년	2022년
직장가입자	부과액	6,706,712	5,087,163	7,763,135	8,376,138
	징수액	6,698,187	4,898,775	7,536,187	8,368,972
지역가입자	부과액	923,663	1,003,637	1,256,137	1,178,572
	징수액	886,396	973,681	1,138,763	1,058,943

※ (징수율)= $\dfrac{(징수액)}{(부과액)}$ ×100

	직장가입자	지역가입자		직장가입자	지역가입자
①	2022년	2020년	②	2022년	2019년
③	2021년	2020년	④	2021년	2019년

10 다음은 시도별 지역사회 정신건강 예산에 대한 자료이다. 2021년 대비 2022년 정신건강 예산의 증가액이 가장 큰 지역부터 순서대로 바르게 나열한 것은?

〈시도별 1인당 지역사회 정신건강 예산〉

시 · 도	2022년		2021년	
	정신건강 예산(천 원)	인구 1인당 지역사회 정신건강 예산(원)	정신건강 예산(천 원)	인구 1인당 지역사회 정신건강 예산(원)
서울	58,981,416	6,208	53,647,039	5,587
부산	24,205,167	7,275	21,308,849	6,373
대구	12,256,595	5,133	10,602,255	4,382
인천	17,599,138	5,984	12,662,483	4,291
광주	13,479,092	9,397	12,369,203	8,314
대전	14,142,584	9,563	12,740,140	8,492
울산	6,497,177	5,782	5,321,968	4,669
세종	1,515,042	4,129	1,237,124	3,546
제주	5,600,120	8,319	4,062,551	6,062

① 서울 – 세종 – 인천 – 대구 – 제주 – 대전 – 울산 – 광주 – 부산
② 서울 – 인천 – 부산 – 대구 – 제주 – 대전 – 울산 – 광주 – 세종
③ 서울 – 대구 – 인천 – 대전 – 부산 – 세종 – 울산 – 광주 – 제주
④ 서울 – 인천 – 부산 – 세종 – 제주 – 대전 – 울산 – 광주 – 대구

11 다음은 2022년 시도별 공공의료기관 인력 현황에 대한 자료이다. 전문의 의료 인력 대비 간호사 인력 비율이 가장 높은 지역은?

〈시도별 공공의료기관 인력 현황〉

(단위 : 명)

시·도	일반의	전문의	레지던트	간호사
서울	35	1,905	872	8,286
부산	5	508	208	2,755
대구	7	546	229	2,602
인천	4	112	0	679
광주	4	371	182	2,007
대전	3	399	163	2,052
울산	0	2	0	8
세종	0	118	0	594
경기	14	1,516	275	6,706
강원	4	424	67	1,779
충북	5	308	89	1,496
충남	2	151	8	955
전북	2	358	137	1,963
전남	9	296	80	1,460
경북	7	235	0	1,158
경남	9	783	224	4,004
제주	0	229	51	1,212

① 서울

② 울산

③ 경기

④ 충남

12 다음은 건강생활실천지원금제에 대한 자료이다. 〈보기〉의 신청자 중 예방형과 관리형에 해당하는 사람을 바르게 분류한 것은?

〈건강생활실천지원금제〉

- 사업설명 : 참여자 스스로 실천한 건강생활 노력 및 건강개선 결과에 따라 지원금을 지급하는 제도
- 시범지역

지역	예방형	관리형
서울	노원구	중랑구
경기·인천	안산시, 부천시	인천 부평구, 남양주시, 고양일산(동구, 서구)
충청권	대전 대덕구, 충주시, 충남 청양군(부여군)	대전 동구
전라권	광주 광산구, 전남 완도군, 전주시(완주군)	광주 서구, 순천시
경상권	부산 중구, 대구 남구, 김해시, 대구 달성군	대구 동구, 부산 북구
강원·제주권	원주시, 제주시	원주시

- 참여대상 : 주민등록상 주소지가 시범지역에 해당되는 사람 중 아래에 해당하는 사람

구분	조건
예방형	만 20 ~ 64세인 건강보험 가입자(피부양자 포함) 중 국민건강보험공단에서 주관하는 일반건강검진 결과 건강관리가 필요한 사람*
관리형	고혈압·당뇨병 환자

*건강관리가 필요한 사람 : 다음에 모두 해당하거나 ①, ② 또는 ①, ③에 해당하는 사람

① 체질량지수(BMI) $25\text{kg}/\text{m}^2$ 이상
② 수축기 혈압 120mmHg 이상 또는 이완기 혈압 80mmHg 이상
③ 공복혈당 100mg/dL 이상

보기

신청자	주민등록상 주소지	체질량지수	수축기 혈압 / 이완기 혈압	공복혈당	기저질환
A	서울 강북구	$22\text{kg}/\text{m}^2$	117mmHg / 78mmHg	128mg/dL	–
B	서울 중랑구	$28\text{kg}/\text{m}^2$	125mmHg / 85mmHg	95mg/dL	–
C	경기 안산시	$26\text{kg}/\text{m}^2$	142mmHg / 92mmHg	99mg/dL	고혈압
D	인천 부평구	$23\text{kg}/\text{m}^2$	145mmHg / 95mmHg	107mg/dL	고혈압
E	광주 광산구	$28\text{kg}/\text{m}^2$	119mmHg / 78mmHg	135mg/dL	당뇨병
F	광주 북구	$26\text{kg}/\text{m}^2$	116mmHg / 89mmHg	144mg/dL	당뇨병
G	부산 북구	$27\text{kg}/\text{m}^2$	118mmHg / 75mmHg	132mg/dL	당뇨병
H	강원 철원군	$28\text{kg}/\text{m}^2$	143mmHg / 96mmHg	115mg/dL	고혈압
I	제주 제주시	$24\text{kg}/\text{m}^2$	129mmHg / 83mmHg	108mg/dL	–

※ 단, 모든 신청자는 만 20 ~ 64세이며, 건강보험에 가입하였다.

	예방형	관리형		예방형	관리형
①	A, E	C, D	②	B, E	F, I
③	C, E	D, G	④	F, I	C, H

13 K동에서는 임신한 주민에게 출산장려금을 지원하고자 한다. 출산장려금 지급 기준 및 K동에 거주하는 임산부에 대한 정보가 다음과 같을 때, 출산장려금을 가장 먼저 받을 수 있는 사람은?

〈K동 출산장려금 지급 기준〉

- 출산장려금 지급액은 모두 같으나, 지급 시기는 모두 다르다.
- 지급 순서 기준은 임신일, 자녀 수, 소득 수준 순서이다.
- 임신일이 길수록, 자녀가 많을수록, 소득 수준이 낮을수록 먼저 받는다(단, 자녀는 만 19세 미만의 아동 및 청소년으로 제한한다).
- 임신일, 자녀 수, 소득 수준이 모두 같으면 같은 날에 지급한다.

〈K동 거주 임산부 정보〉

임산부	임신일	자녀	소득 수준
A	150일	만 1세	하
B	200일	만 3세	상
C	200일	만 7세, 만 5세, 만 3세	중
D	200일	만 20세, 만 16세, 만 14세, 만 10세	상

① A임산부
② B임산부
③ C임산부
④ D임산부

※ 다음은 노인맞춤돌봄서비스 홍보를 위한 안내문이다. 이어지는 질문에 답하시오. [14~15]

〈노인맞춤돌봄서비스 지금 신청하세요!〉

- 노인맞춤돌봄서비스 소개
  일상생활 영위가 어려운 취약노인에게 적절한 돌봄서비스를 제공하여 안정적인 노후생활 보장 및 노인의
  기능, 건강 유지를 통해 기능 약화를 예방하는 서비스

- 서비스 내용
  - 안전지원서비스 : 이용자의 전반적인 삶의 안전 여부를 전화, ICT 기기를 통해 확인하는 서비스
  - 사회참여서비스 : 집단프로그램 등을 통해 사회적 참여의 기회를 지원하는 서비스
  - 생활교육서비스 : 다양한 프로그램으로 신체적, 정신적 기능을 유지·강화하는 서비스
  - 일상생활지원서비스 : 이동 동행, 식사준비, 청소 등 일상생활을 지원하는 서비스
  - 연계서비스 : 민간 후원, 자원봉사 등을 이용자에게 연계하는 서비스
  - 특화서비스 : 은둔형·우울형 집단을 분리하여 상담 및 진료를 지원하는 서비스

- 선정 기준
  만 65세 이상 국민기초생활수급자, 차상위계층, 또는 기초연금수급자로서 유사 중복사업 자격에 해당하지
  않는 자
  ※ 유사 중복사업
    1. 노인장기요양보험 등급자
    2. 가사 간병방문 지원 사업 대상자
    3. 국가보훈처 보훈재가복지서비스 이용자
    4. 장애인 활동지원 사업 이용자
    5. 기타 지방자치단체에서 시행하는 서비스 중 노인맞춤돌봄서비스와 유사한 재가서비스

- 특화서비스 선정 기준
  - 은둔형 집단 : 가족, 이웃 등과 관계가 단절된 노인으로서 민·관의 복지지원 및 사회안전망과 연결되
    지 않은 노인
  - 우울형 집단 : 정신건강 문제로 인해 일상생활 수행의 어려움을 겪거나 가족·이웃 등과의 관계 축소
    등으로 자살, 고독사 위험이 높은 노인
    ※ 고독사 및 자살 위험이 높다고 판단되는 경우 만 60세 이상으로 하향 조정 가능

| 문제해결능력

14 다음 중 윗글에 대한 설명으로 적절하지 않은 것은?

① 노인맞춤돌봄서비스를 받기 위해서는 만 65세 이상의 노인이어야 한다.
② 노인맞춤돌봄서비스는 노인의 정신적 기능 계발을 위한 서비스를 제공한다.
③ 은둔형 집단, 우울형 집단의 노인은 특화서비스를 통해 상담 및 진료를 받을 수 있다.
④ 노인맞춤돌봄서비스를 통해 노인의 현재 안전상황을 모니터링할 수 있다.

15 다음은 K동 독거노인의 방문조사 결과이다. 조사한 인원 중 노인맞춤돌봄서비스 신청이 불가능한 사람은 모두 몇 명인가?

<K동 독거노인 방문조사 결과>

이름	성별	나이	소득수준	행정서비스 현황	특이사항
A	여	만 62세	차상위계층	–	우울형 집단
B	남	만 78세	기초생활수급자	국가유공자	–
C	남	만 81세	차상위계층	–	–
D	여	만 76세	기초연금수급자	–	–
E	여	만 68세	기초연금수급자	장애인 활동지원	–
F	여	만 69세	–	–	–
G	남	만 75세	기초연금수급자	가사 간병방문	–
H	여	만 84세	–	–	–
I	여	만 63세	차상위계층	–	우울형 집단
J	남	만 64세	차상위계층	–	–
K	여	만 84세	기초연금수급자	보훈재가복지	–

① 4명
② 5명
③ 6명
④ 7명

16 지난 5년간 소득액수가 동일한 A씨의 2023년 장기요양보험료가 2만 원일 때, 2021년의 장기요양 보험료는?(단, 모든 계산은 소수점 첫째 자리에서 반올림한다)

<2023년도 장기요양보험료율 결정>

2023년도 소득 대비 장기요양보험료율은 2022년 0.86% 대비 0.05%p 인상된 0.91%로 결정되었다. 장기요양보험료는 건강보험료에 장기요양보험료율을 곱하여 산정되는데, 건강보험료 대비 장기요양보험료율은 2023년 12.81%로 2022년 12.27% 대비 4.40%가 인상된다.

이번 장기요양보험료율은 초고령사회를 대비하여 장기요양보험의 수입과 지출의 균형 원칙을 지키면서 국민들의 부담 최소화와 제도의 안정적 운영 측면을 함께 고려하여 논의·결정하였다.

특히, 빠른 고령화에 따라 장기요양 인정자 수의 증가로 지출 소요가 늘어나는 상황이나, 어려운 경제여건을 고려하여 2018년도 이후 최저 수준으로 보험료율이 결정되었다.

*장기요양보험료율(소득 대비) 추이 : (2018년) 0.46% → (2019년) 0.55% → (2020년) 0.68% → (2021년) 0.79% → (2022년) 0.86% → (2023년) 0.91%

① 16,972원
② 17,121원
③ 17,363원
④ 18,112원

01 다음 중 국민건강보험법에서 사용하는 용어의 뜻이 옳지 않은 것은?

① 사업장이란 사업소나 사무소를 말한다.

② 교직원이 소속되어 있는 사립학교를 설립한 자는 사용자에 해당한다.

③ 공무원이란 국가나 지방자치단체에서 상시 공무에 종사하는 사람을 말한다.

④ 근로자란 직업의 종류와 관계없이 근로의 대가로 보수를 받아 생활하는 모든 사람으로서 법인의 이사와 그 밖의 임원을 포함한다.

02 다음은 국민건강보험법을 위반하여 벌금형을 받은 사람들이다. 각각 법에 명시된 최고 금액의 벌금을 내야 할 때, 벌금액이 다른 사람은?

① 요양·약제의 지급 등 보험급여에 관한 사실을 허위로 보고한 요양기관장 A씨

② 업무정지기간이 종료되기 전에 진료를 행한 뒤 비용을 청구한 의사가 속한 병원장 B씨

③ 인터넷 익명 직장인 커뮤니티에 특정 가입자의 개인정보를 거론하며 불만을 토로한 공단 직원 C씨

④ 사업 확장에 필요한 자금 마련을 위해 건강보험 부담금을 줄이고자 전 직원의 임금을 삭감한 사장 D씨

03 Y약제는 2020년 5월 약사법 제47조 제2항을 위반한 사실이 적발되어 요양급여비용 상한금액이 삭감되었다. 그로부터 약 3년 후인 2023년 5월에 다시 동일한 사안으로 적발되어 상한금액이 추가로 삭감되었다. 2020년 5월 이전 Y약제의 요양급여 상한금액이 300원일 때, 2023년 5월 이후의 요양급여 상한금액은 최소 얼마인가?

① 240원   ② 180원

③ 150원   ④ 100원

04 다음은 국민건강보험 종합계획 및 시행계획에 대한 내용이다. 빈칸에 들어갈 단어로 옳은 것은?

> _____은/는 종합계획의 수립, 시행계획의 수립·시행 및 시행계획에 따른 추진실적의 평가를 위하여 필요하다고 인정하는 경우 관계 기관의 장에게 자료의 제출을 요구할 수 있다. 이 경우 자료의 제출을 요구받은 자는 특별한 사유가 없으면 이에 따라야 한다.

① 기획재정부장관   ② 국무총리

③ 보건복지부장관   ④ 심사평가위원장

05 P약국 약사 L씨는 보건복지부 장관의 명에 따라 공무를 수행하는 공무원의 질문에 답을 기피하는 등 지속적으로 공무를 방해하였다. 이때, 보건복지부장관이 국민건강보험법에 의거하여 약국에 내릴 수 있는 행정처분은?

① 경고   ② 위반사실의 공표

③ 업무정지   ④ 지정취소

06 다음 중 국민건강보험법상 징수한 과징금을 사용할 수 없는 사례는?

① 요양급여비용으로 요양기관에 지급하는 자금

② 응급의료기금의 지원

③ 의료법에 따른 임상시험 지원

④ 재난적의료비 지원사업에 대한 지원

07 다음 〈보기〉 중 국민건강보험법상 가입자의 자격 취득 시기와 자격 상실 시기가 바르게 짝지어진 것을 모두 고르면?

> **보기**
> ㉠ 국내에 거주하게 된 날 – 국내에 거주하지 아니하게 된 날의 다음 날
> ㉡ 직장가입자의 피부양자이었던 사람은 그 자격을 잃은 날 – 사망한 날
> ㉢ 의료보호대상자이었던 사람은 그 대상자에서 제외된 날 – 건강보험 적용배제신청을 한 날의 다음 날
> ㉣ 수급권자이었던 사람은 그 대상자에서 제외된 날 – 수급권자가 된 날의 다음 날

① ㉠

② ㉡, ㉢

③ ㉠, ㉡, ㉢

④ ㉠, ㉡, ㉢, ㉣

08 월 300만 원(보수월액)을 받고 있는 직장가입자 A는 피부양자인 아내와 아이를 국내에 두고 2023년 4월에 업무 목적으로 6개월 동안 해외출장을 갈 예정이다. A가 해외에 체류하는 동안 실제 납부할 월 보험료는?(단, 2023년 직장가입자의 보험료율은 1만 분의 709로 한다)

① 0원

② 53,175원

③ 106,355원

④ 212,700원

09 다음 중 국민건강보험법상 임의계속가입자에 대한 설명으로 옳지 않은 것은?

① 임의계속가입자가 보수월액보험료의 전액을 부담하고 납부한다.

② 보수월액은 보수월액보험료가 산정된 최근 6개월간의 보수월액을 평균한 금액으로 한다.

③ 임의계속가입자는 자격의 변동 시기 등에도 불구하고 대통령령으로 정하는 기간 동안 직장가입자의 자격을 유지한다.

④ 임의계속가입자의 보험료는 보건복지부장관이 정하여 고시하는 바에 따라 그 일부를 경감할 수 있다.

10 다음 중 건강보험정책심의위원회에 대한 설명으로 옳지 않은 것은?

① 위원의 임기는 3년으로 한다.

② 위원장 1명을 제외한 25명의 위원으로 구성한다.

③ 요양급여의 기준에 대한 사항을 심의·의결한다.

④ 보건복지부장관이 임명하는 위원 중에는 시민단체에서 추천하는 1명도 포함된다.

11 다음 중 요양급여비용의 청구 및 통보 순서로 옳은 것은?

① 요양기관 → 심사평가원 → 공단

② 심사평가원 → 공단 → 요양기관

③ 공단 → 요양기관 → 심사평가원

④ 심사평가원 → 요양기관 → 공단

12 다음 중 빈칸에 들어갈 날짜로 옳은 것은?

> 국내체류 외국인 등에 해당하는 지역가입자의 보험료는 그 직전 월 _____까지 납부하여야 한다.

① 7일   ② 15일

③ 20일   ④ 25일

13 다음 〈보기〉 중 국민건강보험공단의 설립등기에 포함되는 항목으로 옳은 것을 모두 고르면?

> **보기**
>
> ㉠ 목적   ㉡ 명칭
> ㉢ 임직원의 주소   ㉣ 분사무소의 소재지
> ㉤ 정관

① ㉠, ㉡, ㉢   ② ㉠, ㉡, ㉣
③ ㉠, ㉢, ㉣   ④ ㉡, ㉣, ㉤

14 다음 중 빈칸 ㉠, ㉡에 들어갈 내용이 바르게 연결된 것은?

> **보험료의 경감 등(법 제75조 제1항)**
> 다음 각 호의 어느 하나에 해당하는 가입자 중 ___㉠___ 으로 정하는 가입자에 대하여는 그 가입자 또는 그 가입자가 속한 세대의 보험료의 일부를 경감할 수 있다.
> 1. 섬·벽지(僻地)·농어촌 등 ___㉡___ 으로 정하는 지역에 거주하는 사람
> 2. 65세 이상인 사람
> 3. 장애인복지법에 따라 등록한 장애인
> 4. 국가유공자 등 예우 및 지원에 관한 법률에 따른 국가유공자
> 5. 휴직자
> 6. 그 밖에 생활이 어렵거나 천재지변 등의 사유로 보험료를 경감할 필요가 있다고 보건복지부장관이 정하여 고시하는 사람

	㉠	㉡
①	보건복지부령	보건복지부령
②	대통령령	보건복지부령
③	보건복지부령	대통령령
④	대통령령	대통령령

15 다음 중 국민건강보험법령 위반으로 가장 많은 벌금을 부과받는 사람은?(단, 법령에 명시된 최대한의 벌금을 부과받는다고 가정한다)

① 가입자 및 피부양자의 개인정보를 누설한 A
② 업무를 수행하면서 알게 된 정보를 누설한 B
③ 거짓이나 그 밖의 부정한 방법으로 보험급여를 받은 C
④ 요양비 명세서나 요양 명세를 적은 영수증을 내주지 않은 D

16 다음 중 A와 B의 보험료를 합산한 금액으로 옳은 것은?(단, A와 B의 보수외소득 및 수당은 없으며, 2023년 직장가입자의 보험률은 1만 분의 709로 한다)

> • 직장가입자 A는 국내 K기업에서 월 220만 원을 받는 근로자이다.
> • 직장가입자 B는 월 280만 원을 받고 K기업의 해외지사에서 2019년부터 근무하고 있으며, 국내에 거주하는 아내와 자녀가 있다.

① 77,990원   ② 99,260원
③ 127,620원   ④ 155,980원

17 다음 중 건강보험공단의 임원 수와 임명에 대한 설명으로 옳은 것은?

① 공단은 임원을 둘 때 이사장, 이사 중 5명 및 감사는 비상임으로 한다.
② 공단은 임원으로서 이사장 1명, 이사 10명, 감사 1명을 둔다.
③ 상임이사는 상임이사추천위원회의 추천 절차를 거쳐 이사장이 임명한다.
④ 이사장의 임기는 5년으로 하고 이사(공무원인 이사 포함)와 감사의 임기는 각각 3년으로 한다.

18 다음 〈보기〉의 외국인 중 직장가입자의 자격이 있는 사람을 모두 고르면?

> ⊙ K회사에서 1개월 이상 근무한 사람으로 주민등록법에 따라 등록한 외국인
> ⊙ 국내 귀화 후 선거에 당선되어 보수를 받지 않는 명예직 공무원이 된 외국인
> ⓒ K고등학교에서 영어 선생님으로 근무하고 있으며 국내거소신고를 한 외국인
> ⓔ 단기비자로 입국하여 외국인등록의 의무가 없는 외국인

① ⊙, ⊙   ② ⊙, ⓒ
③ ⊙, ⓒ, ⓔ   ④ ⊙, ⊙, ⓒ, ⓔ

19 다음 공단의 임원 중 보건복지부장관이 임명하는 비상임이사가 아닌 사람은?

① 노동조합에서 추천하는 1명
② 농어업인단체가 추천하는 1명
③ 노인단체가 추천하는 1명
④ 건강보험심사평가원장이 추천하는 기관장 1명

20 직장가입자 A의 보수월액보험료는 392,000원이고, 보험료율을 7%라고 가정할 때, A의 국민건강보험법상 국내 및 국외 보수월액이 바르게 연결된 것은?

	국내	국외
①	480만 원	1,360만 원
②	1,360만 원	480만 원
③	560만 원	1,120만 원
④	1,120만 원	560만 원

21 다음 〈보기〉 중 요양기관의 심사청구를 대행할 수 있는 대행청구단체의 종류를 모두 고르면?

> ⊙ 의사회   ⊙ 간호사회
> ⓒ 조산사회   ⓔ 중앙회
> ⓜ 약사회

① ⊙, ⊙, ⓒ   ② ⊙, ⊙, ⓔ
③ ⊙, ⓒ, ⓜ   ④ ⊙, ⓔ, ⓜ

22 다음 〈보기〉 중 요양급여를 실시하는 요양기관으로 옳은 것을 모두 고르면?

> **보기**
> ㉠ 약사법에 따라 설립된 한국희귀 · 필수의약품센터
> ㉡ 의료기기법에 따라 개설된 의료기관
> ㉢ 지역보건법에 따른 보건소
> ㉣ 보건의료기본법에 따라 등록된 약국

① ㉠, ㉡ ② ㉠, ㉢
③ ㉡, ㉣ ④ ㉢, ㉣

23 다음 중 국민건강보험법상 공단의 보험급여 제한 사유로 옳지 않은 것은?

① 중대한 과실로 인한 범죄행위에 그 원인이 있거나 고의로 사고를 일으킨 경우에는 보험급여를 제한한다.
② 가입자가 대통령령으로 정하는 횟수 이상 보수 외 소득월액보험료를 체납한 경우 그 체납한 보험료를 완납할 때까지 그 가입자 및 피부양자에 대하여 보험급여를 실시하지 아니할 수 있다.
③ 공단이 급여제한기간에 보험급여를 받은 사실이 있음을 가입자에게 통지한 날부터 2개월이 지난 날이 속한 달의 다음 달의 납부기한 이내에 체납된 보험료를 완납한 경우 보험급여로 인정한다.
④ 분할납부 승인을 받은 사람이 정당한 사유 없이 5회 이상 그 승인된 보험료를 내지 아니한 경우에는 보험급여로 인정하지 않는다.

24 다음 중 국민건강보험법상 요양급여를 실시하는 요양기관인 보건진료소의 설치 근거법은?

① 의료법 ② 약사법
③ 지역보건법 ④ 농어촌 등 보건의료를 위한 특별조치법

25 다음 중 벌칙과 과태료에 대한 설명으로 옳은 것은?

① 거짓이나 그 밖의 부정한 방법으로 보험급여를 받거나 타인으로 하여금 보험급여를 받게 한 사람은 2년 이하의 징역 또는 1천만 원 이하의 벌금에 처한다.
② 업무를 수행하면서 알게 된 정보를 누설하거나 직무상 목적 외의 용도로 이용 또는 제3자에게 제공한 자는 3년 이하의 징역 또는 3천만 원 이하의 벌금에 처한다.
③ 정당한 사유 없이 신고 · 서류제출을 하지 아니하거나 거짓으로 신고 · 서류제출을 한 자는 1천만 원 이하의 과태료를 부과한다.
④ 요양비 명세서나 요양 명세를 적은 영수증을 내주지 아니한 자는 1천만 원 이하의 벌금에 처한다.

01　다음 중 노인장기요양보험법상 등급판정위원회에 대한 설명으로 옳지 않은 것은?

① 등급판정위원회는 모두 15인의 위원으로 구성된다.

② 등급판정위원회는 의료급여수급권자가 6개월 이상 동안 혼자서 일상생활을 수행하기 어려운 경우 등급판정기준에 따라 수급자로 판정한다.

③ 특별한 사유가 없을 경우, 등급판정위원회는 신청인이 신청서를 제출한 날부터 30일 이내에 장기요양등급판정을 완료하여야 한다.

④ 공무원이 아닌 등급판정위원회 위원의 임기는 3년 단임제이다.

02　다음 중 노인장기요양보험법상 과태료에 해당하는 사안이 아닌 것은?

① 정당한 사유 없이 장기요양급여의 제공을 거부한 자

② 장기요양급여 제공에 관한 자료를 거짓으로 작성한 장기요양기관 종사자

③ 부정한 방법으로 수급자에게 장기요양급여비용을 부담하게 한 자

④ 폐쇄회로 텔레비전을 설치하지 않은 장기요양기관 운영자

03　장기요양기관인 S요양원은 거짓으로 공단에 장기요양급여비용을 청구하여 과징금 처분을 받았다. S요양원의 장기요양급여비용 총액이 9천 6백만 원이고, 관련 사항을 공표하게 되었다면, S요양원이 거짓으로 청구한 금액은 최소 얼마인가?

① 480만 원　　　　　　　　　　② 960만 원

③ 1,440만 원　　　　　　　　　④ 1,920만 원

04 다음 중 특별현금급여에 대한 설명으로 옳지 않은 것은?

① 특별현금급여수급계좌에는 반드시 특별현금급여만이 입금되어야 한다.

② 특별현금급여는 경우에 따라 직접 현금으로도 지급받을 수 있다.

③ 보건복지부장관은 매년 장기요양위원회의 심의를 거쳐 다음 연도의 특별현금급여의 지급금액을 정하여 고시해야 한다.

④ 법원에 의해 채권 압류명령이 개시된 경우, 특별현금급여수급계좌의 예금은 압류 대상에 포함된다.

PART 1

05 다음 〈보기〉의 장기요양급여 중 특별현금급여를 모두 고르면?

> **보기**
>
> ㉠ 가족요양비　　　　　　　　　㉡ 방문간호
> ㉢ 특례요양비　　　　　　　　　㉣ 요양병원간병비
> ㉤ 단기보호

① ㉠, ㉡, ㉢　　　　　　　　　② ㉠, ㉡, ㉣

③ ㉠, ㉢, ㉣　　　　　　　　　④ ㉡, ㉣, ㉤

06 다음 중 노인장기요양보험법상 등급판정 및 장기요양등급판정기간에 대한 설명으로 옳은 것은?

① 등급판정위원회는 신청인에 대한 정밀조사가 필요한 경우 등 기간 이내에 등급판정을 완료할 수 없는 부득이한 사유가 있는 경우 30일 이내의 범위에서 이를 연장할 수 있다.

② 공단은 등급판정위원회가 등급판정의 심의를 완료한 경우 5일 안에 장기요양인정서를 작성하여 수급자에게 송부하여야 한다.

③ 공단은 조사가 완료된 때 조사결과서, 신청서, 의사소견서, 그 밖에 심의에 필요한 자료를 보건복지부에 제출하여야 한다.

④ 등급판정위원회는 신청인이 신청서를 제출한 날부터 60일 이내에 장기요양등급판정을 완료하여야 한다.

07 다음 중 노인장기요양보험법령상 등급판정위원회 위원이 될 수 없는 사람은?

① 의료법에 따른 의료인
② 국민건강보험공단의 임원
③ 사회복지사업법에 따른 사회복지사
④ 시·군·구 소속 공무원

08 다음 중 노인장기요양법령상 장기요양기관의 지정 및 취소에 대한 설명으로 옳은 것은?

① 특별자치시장·특별자치도지사·시장·군수·구청장은 장기요양기관을 지정한 때 3일 이내에 지정 명세를 공단에 통보하여야 한다.
② 재가급여를 제공하는 장기요양기관이 방문간호를 제공할 경우 모두 방문간호 관리책임자인 요양보호사를 두어야 한다.
③ 장기요양기관이 거짓이나 그 밖의 부정한 방법으로 지정을 받은 경우 시장·군수·구청장은 6개월의 범위에서 업무정지를 명할 수 있다.
④ 지정취소를 받은 후 3년이 지나지 아니한 자(법인인 경우 그 대표자 포함)는 장기요양기관으로 지정받을 수 없다.

09 다음 중 빈칸 ㉠, ㉡에 들어갈 내용이 바르게 연결된 것은?

장기요양보험사업의 보험자는 공단으로 하고, 장기요양보험가입자는 국민건강보험법 제5조 및 제109조에 따른 가입자로 한다. 그럼에도 불구하고 공단은 외국인근로자의 고용 등에 관한 법률에 따른 외국인 근로자 등 ___㉠___으로 정하는 외국인이 신청하는 경우 ___㉡___으로 정하는 바에 따라 장기요양보험가입자에서 제외할 수 있다.

	㉠	㉡
①	대통령령	보건복지부령
②	보건복지부령	대통령령
③	보건복지부령	보건복지부령
④	대통령령	대통령령

10 다음 사례에서 업무정지에 갈음한 과징금의 최대 금액은?

> - 처분 근거 : 노인장기요양보험법 제37조 제1항 제4호
> - 위반 내용 : 서비스 시간 늘려 청구, 인력배치기준 위반 청구, 기록관리 거짓 작성
> - 부당 청구액 : 12,844천 원
> - 행정 처분 예정 내용 : 업무정지 69일, 과태료 50만 원

① 25,688천 원   ② 38,532천 원

③ 51,376천 원   ④ 64,220천 원

11 다음 장기요양급여의 종류 중 성격이 다른 하나는?

① 도서·벽지 등 장기요양기관이 현저히 부족한 지역으로서 보건복지부장관이 정하여 고시하는 지역에 거주하는 수급자에게 지급하는 장기요양급여

② 천재지변이나 그 밖에 이와 유사한 사유로 인하여 장기요양기관이 제공하는 장기요양급여를 이용하기가 어렵다고 보건복지부장관이 인정하는 수급자에게 지급하는 장기요양급여

③ 요양병원에 입원한 때 대통령령으로 정하는 기준에 따라 장기요양에 사용되는 비용의 일부를 지급하는 장기요양급여

④ 신체·정신 또는 성격 등 대통령령으로 정하는 사유로 인하여 가족 등으로부터 장기요양을 받아야 하는 수급자에게 지급하는 장기요양급여

12 다음과 같이 국민건강보험법의 적용을 받는 건강보험가입자 B의 장기요양보험료는?(단, 1원 단위이하는 절사한다)

> 2023년도 건강보험가입자 B의 월 건강보험료액은 70,000원이다.

① 6,340원   ② 7,650원

③ 8,960원   ④ 10,340원

13 다음 중 장기요양급여의 제공에 대한 설명으로 옳은 것은?

① 돌볼 가족이 없는 수급자는 장기요양인정신청서를 제출한 날부터 장기요양급여를 받을 수 있다.

② 장기요양급여를 받으려는 수급자는 장기요양기관에 장기요양인정서와 개인별장기요양이용계획서를 제시한 후 공단에 전화나 인터넷 등을 통하여 그 자격을 확인하여야 한다.

③ 수급자는 장기요양인정서와 개인별장기요양이용계획서가 도달한 다음 날부터 장기요양급여를 받을 수 있다.

④ 공단이 자료 제출을 요구했을 때 수급자가 자료를 제출하지 않았더라도 공단은 장기요양급여를 제공할 수 있다.

14 다음 중 장기요양심사청구 및 재심사청구에 대한 내용으로 옳은 것은?

① 심사청구는 그 처분이 있음을 안 날부터 180일 이내에 문서로 하여야 한다.

② 정당한 사유로 그 기간에 심사청구를 할 수 없었음을 증명하더라도 심사청구를 할 수 없다.

③ 재심사위원회의 재심사에 관한 절차에 관하여는 행정심판법을 준용한다.

④ 재심사위원회는 국민건강보험공단 소속으로 두고, 위원장 1인을 제외한 20인 이내의 위원으로 구성한다.

15 다음 〈보기〉 중 장기요양기관으로 지정받을 수 없는 결격사유에 해당하는 것을 모두 고르면?

> **보기**
>
> ㉠ 전문의가 장기요양기관 운영 종사자로 적합하다고 인정한 정신질환자
> ㉡ 파산선고를 받고 복권되지 아니한 사람
> ㉢ 금고 이상의 형의 집행유예를 선고받고 그 유예기간 중에 있는 사람
> ㉣ 금고 이상의 실형을 선고 받고 집행이 면제된 날부터 5년이 경과된 사람
> ㉤ 마약류에 중독된 사람

① ㉠, ㉡, ㉢   ② ㉠, ㉡, ㉣

③ ㉡, ㉢, ㉤   ④ ㉡, ㉣, ㉤

03 | 2022년 시행 기출복원문제

01 직업기초능력

┃ 의사소통능력

01 다음 글의 제목으로 가장 적절한 것은?

> 국민건강보험공단은 8월 16일부터 19일까지 4일간 아시아개발은행연구소(ADBI* : Asian Development Bank Institute)와 공동으로 아시아 5개국 보건부 고위관계자들을 초청해 전국민건강보장(Universal Health Coverage)을 주제로 국제 워크숍을 실시한다고 밝혔다.
>
> 워크숍은 공단과 ADBI가 공동주최하고 태국, 인도네시아, 베트남, 네팔, 방글라데시 등 아시아 5개국의 보건부 고위관료들이 참가한다. 이번 행사는 한국 건강보험의 UHC** 달성 경험을 공유하고, 아시아 5개국의 건강보험제도 운영 현황 및 정책 공유를 통해 미래의 전략 방향을 모색하기 위해 기획됐다.
>
> 8월 16일부터 4일간 진행되는 워크숍 기간 동안 참가자들은 한국건강보험제도 및 장기요양보험 관련 강의, 현장방문, 토론 등을 통해 필요한 지식과 정보를 습득하고, 자국의 건강보험 관련 현안을 공유할 예정이다. 건보공단 강상백 글로벌협력실장은 "이번 워크숍은 아시아 개도국의 건강보험 관련 이슈를 공유하는 자리로서, 서로 다른 문화적·사회적 환경에 놓여있는 각국이 '전 국민 건강보장'이라는 보편적 목표 달성을 위해 어떻게 협력할 수 있는지 모색하고 미래에 함께할 수 있는 방안을 논의하는 의미 있는 자리가 될 것"이라고 밝혔다.
>
> *아시아개발은행연구소(Asian Development Bank Institute) : 아시아개발은행의 산하 연구기관으로서 연구보고서, 워크숍, 컨퍼런스 등을 통해 아시아 회원국들의 주요 현안과 당면과제에 관한 해법과 전망을 내놓고 있다.
>
> **보편적 건강보장(Universal Health Coverage) : 모든 사람들이 재정적 곤란함 없이 양질의 필수 의료서비스를 필요한 때에 차별 없이 받을 수 있도록 보장하고자 하는 개념(2013, WHO)이다.

① 국민건강보험공단, 아시아개발은행연구소와 보편적 건강보장 국제 워크숍 개최

② 아시아 회원국의 주요 현안과 당면과제에 대한 해법과 전망

③ 아시아 5개국과 함께하는 한국 건강보험의 UHC 달성 경험

④ 국제 워크숍을 통한 전 국민 건강보장 보편적 목표 달성

02 다음 글에 대한 내용으로 적절하지 않은 것은?

2020년 통계청 자료에 따르면 국내 미숙아(임신 37주 미만에 태어난 신생아)는 전체 출생의 8.3%에 이르며, 해마다 증가하고 있다. 태아의 폐 성숙은 임신 35주 전후에 이루어지므로 미숙아로 태어나면 신생아 호흡곤란 증후군 등 호흡기 질환이 발생하기 쉽다.

모든 신생아는 출생 직후 첫 호흡을 시작하고 태아와 태반을 연결하는 제대가 막히면서 폐를 사용해 호흡하게 된다. 이때 미숙아는 폐의 지속적인 팽창을 유지하는 물질인 폐 표면 활성제가 부족해 폐가 쪼그라드는 무기폐가 발생하기 쉽다. 이로 인해 진행성 호흡부전을 일으키는 것을 신생아 호흡곤란 증후군이라 부른다.

신생아 호흡곤란 증후군의 대표 증상은 출생 직후 또는 수 분 이내에 나타나는 호흡곤란과 청색증이다. 시간이 지나면서 빠른 호흡, 함몰 호흡, 숨을 내쉴 때 신음, 지속 무호흡증, 청색증 등이 더 심해진다. 제대로 치료하지 못하면 호흡부전과 함께 혈압이 낮아지고, 체외 공기 누출, 폐출혈, 동맥관 개존증(태아기에 대동맥과 폐동맥을 연결하는 동맥관이 출생 후에도 열려있는 질환) 악화, 뇌실내출혈 등 다른 장기들도 제 기능을 하지 못해 사망에 이를 수 있다.

치료는 '산전 치료'와 '산후 치료'로 나뉜다. 가장 중요한 산전 치료 방법은 산전 스테로이드 투여다. 산후 치료로 가장 보편적인 것은 폐 표면 활성제 투여다. 아기의 호흡곤란 증상이 뚜렷하고 흉부 방사선 검사에서 호흡곤란증후군 소견이 발견돼 고농도의 흡입 산소가 필요하다고 판단되면 폐 표면 활성제를 투여한다. 이는 신생아 호흡곤란 증후군뿐만 아니라 각종 합병증의 중증도 및 빈도를 감소시켜 미숙아의 생존율을 높이는 것으로 알려졌다.

임신 28주 미만으로 출생한 미숙아 중 60%에서 신생아 호흡곤란 증후군 호전 이후에도 기관지폐이형성증과 같은 만성 폐 질환이 발생한다. 이 경우 소아기 초기에 감기 등 호흡기 바이러스에 감염되면 쌕쌕거림(천명)과 기침이 발생하고, 급격한 호흡부전과 폐고혈압을 유발할 수 있다. 따라서 출생 후 3년 동안은 손 씻기 등 위생 수칙을 철저히 지키고, 이상 증상이 있으면 즉시 적절한 진단과 치료를 받아야 한다.

박가영 교수는 "폐 발달이 미숙한 미숙아는 자발 호흡 노력 부족으로 출생 시 소생술이 필요한 경우가 많다. 따라서 조산 위험 인자가 있는 산모라면 신생아 소생술을 즉각적으로 시행할 수 있는 병원에서 분만하는 것이 좋다. 또, 무호흡, 헐떡호흡, 심박수 저하 등을 관찰해 양압 환기, 기관 내 삽관, 약물 치료 등 증상에 따른 적절한 치료를 신속하게 시행해야 한다."라고 당부했다.

① 아기에게 고농도의 흡입 산소가 필요하다고 판단되면 폐 전면 활성제를 투여한다.

② 소아기 초기에 감기 등 호흡기 바이러스에 감염되면 천명과 기침이 발생한다.

③ 폐 발달이 미숙한 미숙아는 자발 호흡 노력 부족으로 출생 시 소생술이 필요한 경우가 많다.

④ 모든 신생아는 출생 직후 첫 호흡을 시작하고 태아와 태반을 연결하는 제대가 막히면서 폐를 사용해 호흡하게 된다.

03 다음 문단 뒤에 이어질 내용을 논리적 순서대로 바르게 나열한 것은?

국민건강보험공단은 생활 속 친환경정책을 실천하고 자원선순환 문화를 확산하고자 강원지역 공공기관 최초 '투명페트병 자원순환 프로젝트' 기념행사를 7월 12일에 개최했다고 밝혔다.

㉠ '자원순환 프로젝트'의 일환인 '투명페트병 무인회수기'는 지역주민의 이용 편의성을 고려하여 7월 말 원주 관내 행정복지센터 등 공공시설 4곳에 배치될 예정이다.

㉡ 공단 본부에서 진행된 이번 행사는 공단 임직원, 원주시장 및 관계자, 미래세대 주역인 학생, 어린이 등이 참석한 가운데 자원순환 프로젝트에 동참하는 공단, 원주시, 원주시사회복지협의회, 환경전문기업 2개사 등 총 5개 기관의 업무협약과 함께 페트병 무인회수기 투입을 통한 플레이크화 작업 및 유가보상 시연, 플레이크, 고품질 섬유, 새(新)활용품 전시 등으로 다채롭게 펼쳐졌다.

㉢ 이를 통해 국민건강보험공단 이사장은 "공단은 지속가능한 미래를 위한 자원순환 프로젝트, 탄소 절감 캠페인 등의 활동으로 ESG경영을 적극 실천하고 있다."라며 "앞으로도 자원순환 활성화를 위해 지역주민과 임직원의 환경보호 활동을 아낌없이 지원하겠다."라고 밝혔다.

㉣ 공공시설에 배치된 무인회수기에 투입된 페트병은 자동 파쇄를 거쳐 파쇄된 플라스틱(일명 플레이크)으로 재탄생 되며, 이는 섬유, 시트 등의 재생원료로 생산 가능하다. 공단은 이 플레이크를 세제용기, 키링, 인형 등의 생활용품, 잡화로 새롭게 제작하여 연말 지역 사회복지시설에 후원할 예정이다.

① ㉠ - ㉡ - ㉢ - ㉣
② ㉠ - ㉡ - ㉣ - ㉢
③ ㉡ - ㉠ - ㉣ - ㉢
④ ㉡ - ㉣ - ㉢ - ㉠

04 다음 글의 주제로 가장 적절한 것은?

정부는 국민 건강 증진을 목적으로 담뱃값 인상을 실시했다. 이 때문에 2015년 1월 1일, 모든 담배 가격이 2,000원씩 올랐다. 적응기도 없이 제 몸값의 갑절로 올라버린 것이다. 충분한 논의 없는 정부의 정책은 흡연자의 반발심을 샀다. 연말부터 사재기라는 기이한 소비가 촉진되었고, 연초부터 면세점에서 담배를 사기 시작했다. 현재 정부는 면세점에서의 담뱃값 인상도 재추진 중이다.

그러나 담뱃값 인상은 국민 건강 증진의 근본적인 해결책이 될 수 없다. 흡연자들의 동의 없는 강경책을 일관할수록 암시장이 활성화될 것이다. 실제 10년 전 담뱃값이 500원 인상되었을 때 밀수한 담배 액수만 150억 원에 달했다. 밀수 담배의 대부분은 베트남·중국 쪽에서 제조된다. 이들은 제대로 된 정제 과정 없이 온갖 독성을 함유하고 있고 규제할 길도 묘연하다. 흡연자들이 밀수 담배에까지 손을 뻗는다면 오히려 국민 건강을 해치는 일이 아닌가? 더불어 밀수로 인해 증세 효과도 없어질 것이다.

① 흡연자의 권리가 침해되고 있다.
② 담배의 기형적 소비 형태가 만연하다.
③ 정부의 담뱃값 인상 규제 완화가 필요하다.
④ 밀수 담배는 국민 건강에 악영향을 미친다.

※ 다음 기사를 읽고 이어지는 질문에 답하시오. [5~6]

국민건강보험공단은 2017년 1월 16일부터 공단 홈페이지에서 임신·출산 진료비(국민행복카드)를 신청할 수 있는 온라인 서비스를 제공한다고 밝혔다.

(가) <u>아울러</u>, 요양기관의 입력정보가 없는 경우에는 본인의 임신정보를 입력 후 임신확인서 원본을 첨부하면 공단 담당자의 확인과정(3일 ~ 7일 소요)을 거쳐 바우처 등록 및 카드 발급이 될 수 있도록 구축하였다.

(나) 국민건강보험 가입자(피부양자) 중 임신 중인 자가 임신·출산 진료비 지원을 받으려면 요양 기관에서 임신확인서를 <u>발급받아</u> 은행이나 공단 지사를 <u>방문해야</u> 하는 불편이 있었다.

(다) 공단 관계자는 "정부와 공단이 임신·출산 친화적인 환경 조성을 위하여 2008년 12월부터 시행한 임신·출산 진료비 지원제도(국민행복카드)를 적극 홍보하여 모든 임신부가 혜택을 받도록 노력하겠으며, 금번 온라인 서비스 오픈으로 지원신청이 보다 간편해짐에 따라 이용자(임신부) 편익이 한층 증대되었다."라고 밝혔다.

(라) 공단은 이러한 임신부의 불편을 해소하기 위해 공단 홈페이지에서 공인인증서 본인인증 후 '임신정보 불러오기'로 요양기관의 입력내용을 조회하여 바우처 및 국민행복카드를 신청할 수 있도록 <u>개선하였다</u>.

| 의사소통능력

05 다음 중 첫 문단 뒤에 이어질 내용을 순서대로 바르게 나열한 것은?

① (나) – (다) – (가) – (라)

② (나) – (라) – (가) – (다)

③ (라) – (가) – (나) – (다)

④ (라) – (나) – (가) – (다)

| 의사소통능력

06 다음 중 밑줄 친 어휘를 대체할 수 없는 것은?

① 아울러 – 동시에 함께

② 발급받아 – 발부받아

③ 방문해야 – 찾아가야

④ 개선하였다 – 개악하였다

※ 다음 기사를 읽고 이어지는 질문에 답하시오. [7~8]

국민건강보험공단은 전 국민의 인구·사회학적 정보, 의료이용 및 약물처방 정보, 건강검진 정보 등 빅데이터를 활용하여 의약품 안전사용 모니터링 체계를 구축하였다. (가) 그동안 약물 부작용 사례는 주로 제약사, 의약품 복용자, 의료인 등에 의한 자발적 신고로 수집되어 약물 부작용의 규모 및 원인 파악이 어려웠으나 공단 빅데이터를 활용한 약물 부작용 모니터링으로 이를 최소화할 수 있는 기반을 마련하였다. (나) 공단은 빅데이터를 활용한 의약품 부작용 분석이 가능한지에 대해 보건의료연구원, 의약품안전관리원과 공동연구를 실시함으로써 공단 빅데이터의 대표성과 타당성, 신뢰성을 검증하였고, 이 연구는 2016년 기획재정부 협업과제로 선정되었다. (다) 이번 공동연구는 전 국민의 의료이용 자료를 분석하여 국내 최초로 의약품 부작용으로 인한 피해규모를 산출하여 부작용의 심각성 및 사전관리 필요성에 대한 객관적 근거를 제시한 것이다. (라) 이와 같은 협업사업 추진으로 공단 빅데이터는 분석자료로써의 가치가 검증되었고 이를 통해 우리나라에 적합한 빅데이터 기반의 의약품 안전사용 모니터링 검증모델을 구축하게 되었다. 표본 100만 명 환자에 대한 시범구축이 성공적으로 완료됨에 따라 향후에는 검증모델을 다양하게 활용하여 단계적으로 모니터링 시스템을 고도화함으로써 완성도 높은 대국민 의약품 안전사용 서비스를 제공할 예정이다.

| 의사소통능력

07 (가) ~ (라) 중 다음 〈보기〉가 들어갈 위치로 가장 적절한 곳은?

> **보기**
>
> 국민들이 의약품을 안전하게 복용할 수 있도록 보건의료연구원, 의약품안전관리원과 협업을 통해 그동안 사각지대였던 의약품 사용단계에서의 부작용 발생을 모니터링하는 시스템을 구축한 것이다.

① (가) ② (나)
③ (다) ④ (라)

| 의사소통능력

08 다음 중 제시된 기사의 제목으로 가장 적절한 것은?

① 빅데이터, 국민건강에 큰 영향을 줘
② 국민건강보험공단, 약물 오남용 심각한 수준
③ 건강보험 빅데이터로 약물 부작용 줄이고, 국민 안전 올리고
④ 건강보험공단, 보건의료연구원·의약품안전관리원의 빅데이터 활용

09 다음 글의 제목으로 가장 적절한 것은?

> 사회보장제도는 사회구성원에게 생활의 위험이 발생했을 때 사회적으로 보호하는 대응체계를 가리키는 포괄적 용어로 크게 사회보험, 공공부조, 사회서비스가 있다. 예를 들면 실직자들이 구직활동을 포기하고 다시 노숙자가 되지 않도록 지원하는 것 등이 있다.
> 사회보험은 보험의 기전을 이용하여 일반주민들을 질병, 상해, 폐질, 실업, 분만 등으로 인한 생활의 위협으로부터 보호하기 위하여 국가가 법에 의하여 보험가입을 의무화하는 제도로 개인적 필요에 따라 가입하는 민간보험과 차이가 있다.
> 공공부조는 극빈자, 불구자, 실업자 또는 저소득계층과 같이 스스로 생계를 영위할 수 없는 계층의 생활을 그들이 자립할 수 있을 때까지 국가가 재정기금으로 보호하여 주는 일종의 구빈제도이다.
> 사회서비스는 복지사회를 건설할 목적으로 법률이 정하는 바에 의하여 특정인에게 사회보장 급여를 국가 재정부담으로 실시하는 제도로 군경, 전상자, 배우자 사후, 고아, 지적 장애아 등과 같은 특별한 사유가 있는 자나 노령자 등이 해당된다.

① 사회보험제도와 민간보험제도의 차이
② 사회보장제도의 의의와 종류
③ 우리나라의 사회보장제도
④ 사회보장제도의 대상자

※ 다음은 청년내일저축계좌에 대한 기사이다. 이어지는 질문에 답하시오. [10~11]

보건복지부가 청년을 위해 내놓은 적립식 금융상품인 '청년내일저축계좌'가 H은행을 통해 단독 판매된다. 이번 사업은 월 10만 원씩 3년 저축하면 정부가 지원금 월 10만 원씩 추가 적립하는 방식으로 진행된다. 3년 만기 시 본인 납입액 360만 원을 포함해 720만 원의 지원과 적금이자를 합쳐 최대 1,440만 원까지 받을 수 있다.

보건복지부에 따르면 기존 자산형성지원사업은 당초 기초생활수급자·차상위 청년만을 대상으로 했으나 올해부터 가입 대상을 일정 기준을 충족하는 저소득 청년으로 확대됐다. 이에 따라 가입대상은 지난해 1만 8천 명에서 올해 10만 4천 명으로 대폭 늘어났다. 청년내일저축계좌의 가입·신청 대상은 신청 당시 만 19~34세의 근로·사업소득이 있는 수급자·차상위가구 및 가구중위소득 100% 이하의 청년이다.

이 상품은 청년 대상자가 매월 납입하는 금액 10만 원에 대해 정부가 동일 금액의 적립금을 추가 지원한다. 이 중 수급자·차상위가구 청년의 경우 30만 원의 적립금을 추가 지원한다. 청년내일저축계좌의 가입금액은 10만 원 이상 50만 원 이하(만 원 단위)까지 가능하며, 가입기간은 3년이다. 금리는 기본금리 연 2.0%에 최대 연 3.0%의 우대금리를 더해 최대 연 5.0%까지 적용 가능하다. 우대금리 혜택은 급여 및 주거래 이체 연 1.2%, 주택청약종합저축 신규·보유 시 연 1.0%, 마케팅 동의 연 0.5%, 'H합' 서비스 등록 연 0.3% 등 조건에 부합하면 받을 수 있다.

청년들은 오는 18일부터 8월 5일까지 보건복지부 복지포털 사이트인 '복지로'를 통해 청년내일저축계좌 가입 신청을 하고, 10월 중 대상자가 확정되면 H은행 영업점과 모바일 애플리케이션(앱) 'H원큐' 등을 통해 상품 가입을 할 수 있다. 12일 H은행은 자격 대상 여부를 빠르게 확인할 수 있도록 H원큐를 통해 '간편자격 조회 서비스'를 시행한다고 밝혔다. 이어 "만약 가입 대상이 아니라도 자격 요건에 따라 H은행의 '급여H 월복리적금' 상품에 대한 금리우대 쿠폰을 받을 수 있다."라고 덧붙였다.

_____ 유사한 사업에 앞서 신청한 경우, 중복 신청이 가능한지에 대한 여부도 관심이 높아지고 있다. 금융위원회에서 시행한 청년희망적금에 가입한 경우에는 중복 가입할 수 있다. 다만, 서울시 희망두배 청년 통장과 고용노동부 청년내일채움공제 등에 가입한 이들은 중복 신청이 불가하다.

| 의사소통능력

10 다음 중 빈칸에 들어갈 접속어로 가장 적절한 것은?

① 그러나　　　　　　　　　② 그러므로
③ 하지만　　　　　　　　　④ 한편

| 의사소통능력

11 다음 중 제시된 기사에 대한 내용으로 적절하지 않은 것은?

① 청년내일저축계좌의 신청 대상자는 신청 당시 만 19~34세의 근로·사업소득이 있는 수급자·차상위가구 및 가구중위소득 100% 이하의 청년들이다.

② 청년내일저축계좌의 가입금액은 10만 원 이상 최대 100만 원 이하(만 원 단위)까지 가능하다.

③ 청년들은 8월 5일까지 보건복지부 복지포털 사이트인 '복지로'를 통해 가입 신청을 할 수 있다.

④ 금융위원회에서 시행한 청년희망적금에 가입한 경우에는 청년내일저축계좌에 중복 가입할 수 있다.

12 다음 문단을 논리적 순서대로 바르게 나열한 것은?

(가) 국민건강보험공단 이사장은 "공단은 보건의료 데이터 관리기관으로서 소비자의 권익을 최우선으로 하는 안전한 보건의료 데이터 활용을 위해 최선을 다할 것"이라고 밝혔으며, "이번 협약을 계기로 데이터에 대한 소비자 주권이 더욱 강화되고, 소비자가 더욱 편리하고 안전하게 이용할 수 있도록 보건의료 마이데이터의 활용이 진전되길 바란다."라고 기대감을 보였다.

(나) 이번 업무협약은 소비자 데이터 주권 인식을 강화하고 소비자 중심의 보건의료 마이데이터 활성화를 위하여 양 기관이 협력하고자 뜻을 모은 것으로, 협약서에는 보건의료 마이데이터에 대한 소비자 권익 보호 및 신뢰를 기반으로 한 보건의료 마이데이터 활용 확산을 위해 양 기관이 상호 소통하고, 공공기반 보건의료 마이데이터 활용 확산을 위한 협력방안을 모색하는 내용이 담겼다.

(다) 국민건강보험공단과 한국소비자연맹은 소비자 중심의 의료 마이데이터 활성화를 위해 업무협약을 체결하고, '의료데이터 수집과 활용, 소비자 관점에서의 도전과 과제'라는 주제로 국회 토론회를 공동으로 개최하였다.

(라) 이어서 공단과 한국소비자연맹이 공동으로 개최한 토론회에서는 소비자중심건강포럼의 대표를 맡고 있는 D대학교 S교수가 좌장을 맡아, 보건의료 및 빅데이터 분야 전문가들의 발제와 패널 토론을 통해 소비자 데이터 주권 개념을 중심으로 한 의료마이데이터 활성화 방향에 대하여 심도 있는 논의가 이어졌다. H대 의과대학 A교수의 '의료 마이데이터 현황과 소비자 혜택 강화를 위한 개선안'을 시작으로 공단 빅데이터 B전략본부장의 '소비자 권익보호를 위한 건강보험 마이데이터 전략'에 대한 발제가 이어졌고, 국립암센터 C교수의 '소비자 중심의 나의 건강기록 활용'에 대한 발제가 진행되었다.

---

① (가) – (다) – (나) – (라)
② (가) – (라) – (나) – (다)
③ (다) – (나) – (라) – (가)
④ (다) – (나) – (가) – (라)

13 다음은 2021년 정부지원금 수혜자 200명을 대상으로 조사한 자료이다. 이에 대한 설명으로 옳지 않은 것은?(단, 소수점 첫째 자리에서 버림한다)

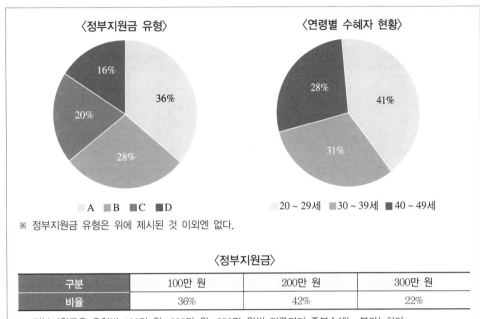

〈정부지원금 유형〉

〈연령별 수혜자 현황〉

■ A ■ B ■ C ■ D

■ 20 ~ 29세 ■ 30 ~ 39세 ■ 40 ~ 49세

※ 정부지원금 유형은 위에 제시된 것 이외엔 없다.

〈정부지원금〉

구분	100만 원	200만 원	300만 원
비율	36%	42%	22%

※ 정부지원금은 유형별 100만 원, 200만 원, 300만 원씩 지급되며 중복수혜는 불가능하다.
※ 제시된 자료는 한 사람당 정부지원금 수령 총금액이다.

① 정부지원금에 들어간 총비용은 37,000만 원 이상이다.
② 정부지원금 유형 A의 수령자가 모두 20대라고 할 때, 전체 20대 중 정부지원금 유형 A의 수령자가 차지하는 비율은 85%이다.
③ 모든 20대가 정부지원금을 200만 원 받았다고 할 때, 200만 원 수령자 중 20대가 차지하는 비율은 95% 이상이다.
④ 정부지원금 수혜자 수가 2배이고 수혜자 현황 비율이 동일하다면, 정부지원금에 들어간 비용도 2배이다.

14 다음 연도별·연령대별 흡연율 표를 그래프로 나타낼 때, 옳지 않은 것은?

〈연도별·연령대별 흡연율〉

(단위 : %)

구분	연령대				
	20대	30대	40대	50대	60대 이상
2012년	28.4	24.8	27.4	20.0	16.2
2013년	21.5	31.4	29.9	18.7	18.4
2014년	18.9	27.0	27.2	19.4	17.6
2015년	28.0	30.1	27.9	15.6	2.7
2016년	30.0	27.5	22.4	16.3	9.1
2017년	24.2	25.2	19.3	14.9	18.4
2018년	13.1	25.4	22.5	15.6	16.5
2019년	22.2	16.1	18.2	13.2	15.8
2020년	11.6	25.4	13.4	13.9	13.9
2021년	14.0	22.2	18.8	11.6	9.4

① 40대, 50대 연도별 흡연율

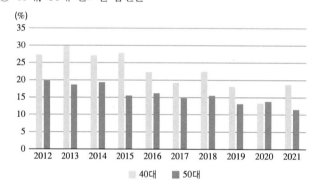

② 2018 ~ 2021년 연령대별 흡연율

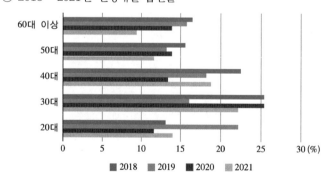

③ 2016 ~ 2021년 60대 이상 연도별 흡연율

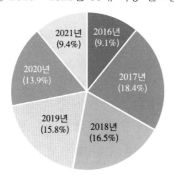

④ 20대, 30대 연도별 흡연율

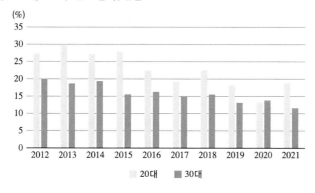

※ 다음은 K공단 직원 250명을 대상으로 조사한 자료이다. 이어지는 질문에 답하시오. [15~16]

〈2020년 독감 예방접종 여부〉

62% 38%

■ 접종 ■ 접종 안 함

〈2021년 독감 예방접종 여부〉

44% 56%

■ 접종 ■ 접종 안 함

〈부서별 직원 현황〉

구분	총무부서	회계부서	영업부서	제조부서	합계
비율	16%	12%	28%	44%	100%

※ 제시된 부서 외의 다른 부서는 없다.
※ 2020년과 2021년 부서별 직원 현황은 변동이 없다.

15 다음 중 자료에 대한 설명으로 옳은 것은?(단, 소수점 첫째 자리에서 버림한다)

① 2020년의 독감 예방접종자가 2021년에도 예방접종을 했다면, 2020년에는 예방접종을 하지 않았지만 2021년에 예방접종을 한 직원은 총 54명이다.

② 2020년 대비 2021년에 예방접종을 한 직원의 수는 49% 이상 증가했다.

③ 2020년의 예방접종을 하지 않은 직원들을 대상으로 2021년의 독감 예방접종 여부를 조사한 자료라고 한다면, 2020년과 2021년 모두 예방접종을 하지 않은 직원은 총 65명이다.

④ 2020년과 2021년의 독감 예방접종 여부가 총무부서에 대한 자료라고 할 때, 총무부서 직원 중 예방접종을 한 직원은 2020년 대비 2021년에 약 7명 증가했다.

16 제조부서를 제외한 모든 부서 직원의 절반이 2020년 예방접종을 했다고 할 때, 제조부서 직원 중 2020년에 예방접종을 한 직원의 비율은?(단, 소수점 첫째 자리에서 버림한다)

① 18%   ② 20%

③ 22%   ④ 24%

17 다음은 국민건강보험공단에서 진행하는 건강보험 임신·출산 진료비 지원제도에 대한 자료이다. A~D 중 지원제도를 신청할 수 있는 사람은?

〈임신·출산 진료비 지원제도〉

• 임신·출산 진료비 지원제도란?
건강한 태아의 분만과 산모의 건강관리, 출산친화적 환경 조성을 위해 임신 및 출산과 관련된 진료비를 전자바우처(국민행복카드)로 일부 지원하는 제도

• 지원 대상
임신확인서로 임신이 확진된 건강보험 가입자 또는 피부양자 중 임신·출산 진료비 지원 신청자

• 신청인
임신부 본인 또는 그 가족

• 제외 대상자
 − 의료급여법에 따라 의료급여를 받는 자(수급권자)
 − 유공자 등 의료보호 대상자로서 건강보험의 적용 배제 신청을 한 자
 − 주민등록말소자, 급여정지자(특수시설수용자, 출국자)

• 제출 서류
 1. 임신·출산 진료비 지원 신청서 및 임신확인서
 2. 가족이 신청하는 경우 임산부와의 관계를 입증할 수 있는 서류
   (대리인 신분증, 주민등록등본, 가족관계증명서 등)

---

① 출산한 친구를 대신하여 임신확인서와 대리인 신분증을 가지고 지원 신청서를 작성한 A

② 출산한 딸을 대신하여 임신확인서와 주민등록등본을 가지고 지원 신청서를 작성한 B

③ 직접 임신확인서를 가지고 지원 신청서를 작성한 의료급여를 받고 있는 C

④ 출산 후 출국한 딸을 대신하여 임신확인서와 가족관계증명서를 가지고 지원 신청서를 작성한 D

※ 다음은 K공단에서 시니어 인턴십에 참여하고 있는 인턴들에 대한 성과평가 결과이다. K공단은 이를 바탕으로 근로장려금을 차등 지급하려고 한다. 이어지는 질문에 답하시오. [18~19]

<장려금 지급 기준>

- 직원들의 장려금은 성과점수에 따라 지급한다.
- 성과점수는 각 인턴의 업무 평가 결과에 해당하는 기준점수의 합으로 계산한다.
- 평가결과는 탁월 – 우수 – 보통 3단계로 구분한다.

<업무 평가 결과>

인턴	업무량	업무 효율성	업무 협조성	업무 정확성	근무태도
A인턴	우수	탁월	보통	보통	우수
B인턴	보통	보통	우수	우수	보통
C인턴	탁월	보통	탁월	탁월	보통
D인턴	보통	우수	탁월	탁월	우수

<기준 점수>

평가	업무량	업무 효율성	업무 협조성	업무 정확성	근무태도
탁월	10	20	30	20	20
우수	8	16	20	16	10
보통	6	10	16	10	8

<성과점수별 장려금>

구분	50 ~ 60점	61 ~ 70점	71 ~ 80점	81 ~ 90점	91 ~ 100점
지급금액	10만 원	20만 원	30만 원	40만 원	50만 원

18 시니어 인턴십에 참여한 A ~ D인턴 중 장려금을 가장 많이 받는 사람은?

① A인턴   ② B인턴

③ C인턴   ④ D인턴

19 인턴들의 업무 평가 결과가 다음 〈조건〉과 같이 변경되었을 때, 장려금을 가장 많이 받는 사람은?

조건

- A인턴의 업무 정확성 평가 : 보통 → 우수
- B인턴의 근무태도 평가 : 보통 → 우수
- C인턴의 업무 효율성 평가 : 보통 → 탁월
- D인턴의 업무 협조성 평가 : 탁월 → 우수

① A인턴   ② B인턴

③ C인턴   ④ D인턴

20 올해 목표를 금연으로 정한 S는 금연치료지원 프로그램에 참여했다. 그러나 S는 개인 사정으로 프로그램 참여 시작 후 7주(49일) 만에 그만두게 되었다. 금연치료지원 프로그램 안내문과 S의 참여내역이 다음과 같을 때, S씨가 7주(49일)까지 냈던 본인부담금은?(단, 부가세는 고려하지 않는다)

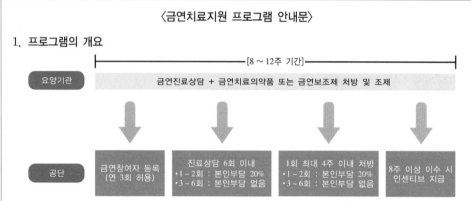

〈금연치료지원 프로그램 안내문〉

1. 프로그램의 개요

[8 ~ 12주 기간]

요양기관 → 금연진료상담 + 금연치료의약품 또는 금연보조제 처방 및 조제

공단

- 금연참여자 등록 (연 3회 허용)
- 진료상담 6회 이내
  - 1 ~ 2회 : 본인부담 20%
  - 3 ~ 6회 : 본인부담 없음
- 1회 최대 4주 이내 처방
  - 1 ~ 2회 : 본인부담 20%
  - 3 ~ 6회 : 본인부담 없음
- 8주 이상 이수 시 인센티브 지급

※ 8 ~ 12주 기간 동안 6회 이내의 진료상담과 금연치료의약품 또는 금연보조제(니코틴패치, 껌, 정제) 구입비용 지원

2. 제공기관 및 지원대상
- 제공기관 : 공단에 금연치료 지원사업 참여 신청한 모든 병·의원, 보건소, 보건지소 등
- 지원대상 : 금연치료 참여 의료기관에 방문하여 등록한 금연치료를 희망하는 모든 흡연자에 대해 지원(단, 1년에 3번까지 지원 가능하며, 예정된 차기 진료일로부터 1주 이상 의료기관을 방문하여 진료받지 않은 경우 프로그램 탈락으로 간주하여 1회차 지원을 종료함)

3. 지원내용
- 금연진료·상담료 : 최초상담료와 금연유지상담료로 구분하고, 공단에서 80% 지원(참여자 20% 부담)

구분	금연(단독)진료	금연(동시)진료
최초상담	22,500원	금연(단독)진료와 전체 금액은 같으나 최초상담 시 1,500원,
유지상담	13,500원	유지상담 시 900원을 공단이 더 부담

※ 금연진료를 타 상병과 동시에 진료하는 경우 '금연(동시)진료'와 금연진료만 행하는 '금연(단독)진료'로 구분
※ 의료급여수급자 및 저소득층(건강보험료 하위 20% 이하)은 진료·상담료 전액 지원
- 약국금연 관리비용 : 금연치료의약품, 금연보조제 등 사용안내 및 복약지도 관련 비용 지원

금연치료의약품			금연보조제		
공단부담금	본인부담금	합계	공단부담금	본인부담금	합계
6,500원	1,600원	8,100원	1,600원	400원	2,000원

※ 의료급여수급자 및 저소득층(건강보험료 하위 20% 이하)은 진료·상담료 전액 지원

- 금연치료의약품 · 금연보조제 : 1회 처방당 4주 이내의 범위(총 12주)에서 금연치료의약품 및 금연보조제(니코틴패치, 껌, 정제) 구입비용 지원
  - 금연치료의약품

구분		부프로피온정	바레니클린정	챔픽스정
약가 상한액		정당 530원	정당 1,800원	정당 2,100원
본인부담금	건강보험	정당 100원	정당 360원	정당 400원
	의료급여 / 저소득층	없음		

  - 금연보조제

구분		금연보조제 (니코틴패치, 껌, 정제)	비고
지원액	건강보험	1일당 1,500원	지원액을 초과하는 비용은 본인이 부담
	의료급여 / 저소득층	1일당 2,940원	

〈S의 7주 차까지의 참여내역〉

- 의료급여 · 저소득층 여부 : 해당사항 없음
- 처방받은 금연치료의약품 : 챔픽스정(1일 2정 복용)
- 타 상병과 동시진료 여부 : 고혈압으로 인해 매 진료 시 같이 진료받았음
- 금연진료 · 상담 방문 횟수 : 4회
- 약국방문 횟수 : 2회[1회 차 : 4주치(28일치) 처방, 2회 차 : 3주치(21일치) 처방]

① 없음　　　　　　　　　　　② 43,500원
③ 47,200원　　　　　　　　　④ 50,700원

01 다음 중 국민건강보험법 제87조 및 제88조에 해당하지 않는 것은?

① 이의신청에 대한 결정에 불복하는 자는 건강보험분쟁조정위원회에 심판청구를 할 수 있다.

② 이의신청은 처분이 있음을 안 날로부터 90일 이내에 문서(전자문서를 포함)로 하여야 한다.

③ 가입자 및 피부양자의 자격, 보험료 등, 보험급여, 보험급여 비용에 관한 공단의 처분에 이의가 있는 자는 공단에 이의신청을 할 수 있다.

④ 공단 또는 심사평가원의 처분에 이의가 있는 자와 이의신청 또는 심판청구에 대한 결정에 불복하는 자는 행정소송법에서 정하는 바에 따라 행정소송을 제기할 수 있다.

02 다음 중 국민건강보험법상 재정운영위원회의 구성에 대한 설명으로 옳지 않은 것은?

① 직장가입자 대표 10명, 지역가입자 대표 10명, 공익을 대표하는 위원 10명으로 구성된다.

② 지역가입자 대표 10명은 노동조합과 사용자단체에서 추천하는 각 5명으로 임명한다.

③ 공익을 대표하는 위원은 공무원 및 건강보험에 관한 학식과 경험이 풍부한 사람으로 임명한다.

④ 공무원을 제외한 재정운영위원회 위원의 임기는 2년이다.

03 다음 중 3년 동안 행사하지 않으면 소멸시효가 완성되는 권리로 볼 수 없는 것은?

① 요양급여비용의 정산에 따른 근로복지공단의 권리

② 보험료, 연체금 및 가산금을 징수할 권리

③ 과다납부된 본인일부부담금을 돌려받을 권리

④ 휴직자 등의 보수월액보험료를 징수할 권리

04 다음 글의 빈칸 (A), (B)에 들어갈 내용을 순서대로 바르게 나열한 것은?

> • 보건복지부장관은 약사법 제47조 제2항의 위반과 관련된 제41조 제1항 제2호의 약제에 대하여는 요양급여비용 상한금액(제41조 제3항에 따라 약제별 요양급여비용의 상한으로 정한 금액을 말한다. 이하 같다)의 __(A)__ 을 넘지 아니하는 범위에서 그 금액의 일부를 감액할 수 있다.
> • 보건복지부장관은 제1항에 따라 요양급여비용의 상한금액이 감액된 약제가 감액된 날부터 5년의 범위에서 대통령령으로 정하는 기간 내에 다시 제1항에 따른 감액의 대상이 된 경우에는 요양급여비용 상한금액의 __(B)__ 을 넘지 아니하는 범위에서 요양급여비용 상한금액의 일부를 감액할 수 있다.

	(A)	(B)
①	100분의 20	100분의 30
②	100분의 20	100분의 40
③	100분의 30	100분의 40
④	100분의 30	100분의 50

05 다음 중 보건복지부장관이 보험료 부과제도에 대해 적정성을 평가할 때, 고려해야 할 사항이 아닌 것은?

① 심의위원회가 심의한 가입자의 소득 파악 현황
② 공단의 소득 관련 자료 보유 현황
③ 직장가입자와 지역가입자의 연금소득 현황
④ 직장가입자에게 부과되는 보험료와 지역가입자에게 부과되는 보험료 간 형평성

06 다음 중 국민건강보험법상 외국인 중 직장가입자 적용이 되는 사람으로 옳지 않은 것은?

① 보건복지부령으로 정하는 기간 동안 국내에 거주하였거나 해당 기간 동안 국내에 지속적으로 거주할 것으로 예상되는 사람
② 주민등록법 제6조 제1항 제3호에 따라 등록한 사람
③ 출입국관리법 제31조에 따라 외국인등록을 한 사람
④ 재외동포의 출입국과 법적 지위에 관한 법률 제6조에 따라 국내거소신고를 한 사람

07 다음 문장의 빈칸에 들어갈 금액으로 옳은 것은?

> 공단은 징수하여야 할 금액이나 반환하여야 할 금액이 1건당 _____ 미만인 경우에는 징수 또는 반환하지 아니한다.

① 1,000원

② 2,000원

③ 3,000원

④ 4,000원

08 다음 중 공단의 임원을 당연퇴임 및 해임시킬 수 있는 사유에 해당하는 것은?

① 직무를 수행할 수 있으나 신체장애가 있는 경우

② 실수로 공단에 손실이 생기게 한 경우

③ 직무 여부와 관계없이 품위를 손상하는 행위를 한 경우

④ 행정부장관의 명령을 위반한 경우

09 다음 중 보건복지부장관의 업무로 옳지 않은 것은?

① 보건복지부장관은 매년 시행계획에 따른 추진실적을 평가하여야 한다.

② 보건복지부장관은 종합계획에 따라 반기별로 연도별 시행계획을 건강보험정책심의위원회의 심의를 거쳐 수립·시행하여야 한다.

③ 보건복지부장관은 이 법에 따른 건강보험의 건전한 운영을 위하여 제4조에 따른 건강보험정책심의위원회의 심의를 거쳐 5년마다 국민건강보험종합계획을 수립하여야 한다.

④ 보건복지부장관은 다음 각 호의 사유가 발생한 경우 관련 사항에 대한 보고서를 작성하여 지체 없이 국회 소관 상임위원회에 보고하여야 한다.

10 다음 중 국민건강보험법 제57조의2에 대한 내용으로 옳지 않은 것은?

① 인적사항 등의 공개 여부를 심의하기 위하여 공단에 부당이득징수금체납정보공개심의위원회를 둔다.

② 인적사항등의 공개는 관보에 게재하거나 공단 인터넷 홈페이지에 게시하는 방법으로 한다.

③ 통지일부터 5개월이 경과한 후 심판청구가 제기되거나 행정소송이 계류 중인 경우에도 공개대상 자를 선정한다.

④ 제1항부터 제4항까지에서 규정한 사항 외에 인적사항등의 공개 절차 및 부당이득징수금체납정보 공개심의위원회의 구성·운영 등에 필요한 사항은 대통령령으로 정한다.

11 다음 글의 빈칸에 들어갈 용어로 옳은 것은?

> 공단은 제94조 제1항에 따라 신고한 보수 또는 소득 등에 축소 또는 탈루(脫漏)가 있다고 인정하는 경우에는 보건복지부장관을 거쳐 소득의 축소 또는 탈루에 관한 사항을 문서로 _____에게 송부 할 수 있다.

① 국세청장
② 경찰청장
③ 관세청장
④ 조달청장

12 다음 중 국민건강보험법 제109조에 대한 설명으로 옳지 않은 것은?

① 정부는 외국 정부가 사용자인 사업장의 근로자의 건강보험에 대해서도 국민건강보험법의 규정을 따라야 한다.

② 국내체류 외국인 등이 적용대상사업장의 근로자이고 고용 기간이 1개월 미만인 일용근로자에 해당하지 않으면서 국내거소신고를 한 사람인 경우에는 직장가입자가 된다.

③ 국내체류 외국인 등이 보건복지부령으로 정하는 기간 동안 국내에 지속적으로 거주할 것으로 예상할 수 있고 주민등록법에 따라 재외국민 주민등록을 한 사람인 경우에는 지역가입자가 된다.

④ 국내체류 외국인 등이 직장가입자의 직계존속·직계비속이면서 피부양자 자격의 인정 기준에 해당하는 경우에 국민건강보험공단에 신청하면 피부양자가 될 수 있다.

13 다음 중 국민건강보험법에 대한 설명으로 옳지 않은 것은?

① 직장가입자의 보수월액보험료는 사용자가 납부한다.

② 이의신청은 처분이 있음을 안 날부터 90일 이내, 처분이 있은 날부터 180일 이내에 하여야 한다.

③ 국민건강보험공단 또는 건강보험심사평가원의 이의신청에 대한 결정에 불복하는 자는 보건복지부에 둔 건강보험분쟁조정위원회에 심판청구를 할 수 있다.

④ 공단은 개인정보보호법에 관한 법률에 따라 건강보험과 관련하여 보유·관리하고 있는 정보를 공개한다.

14 다음 글의 빈칸에 들어갈 용어를 논리적 순서대로 바르게 나열한 것은?

> 보험료 등은 _____와 _____를 제외한 다른 채권에 우선하여 징수한다. 다만, 보험료 등의 납부기한 전에 전세권·질권·저당권 또는 동산·채권 등의 담보에 관한 법률에 따른 담보권의 설정을 등기 또는 등록한 사실이 증명되는 재산을 매각할 때에 그 매각대금 중에서 보험료 등을 징수하는 경우 그 전세권·질권·저당권 또는 동산·채권 등의 담보에 관한 법률에 따른 담보권으로 담보된 채권에 대하여는 그러하지 아니하다.

① 국세, 지방세　　　　　　　　　② 국세, 법인세

③ 재산세, 지방세　　　　　　　　④ 재산세, 법인세

15 다음은 국민건강보험법상 "근로자"의 정의이다. ㉠ ~ ㉢에 들어갈 말을 순서대로 바르게 나열한 것은?

> "근로자"란 직업의 종류와 관계없이 근로의 대가로 ____㉠____을/를 받아 생활하는 사람(법인의 이사와 그 밖의 임원을 포함한다)으로서 ____㉡____ 및 ____㉢____을/를 제외한 사람을 말한다.

	㉠	㉡	㉢
①	소득	사용자	피부양자
②	보수	사용자	피부양자
③	보수	배우자	직계비속
④	보수	공무원	교직원

16 직장가입자 A의 보수월액이 300만 원, 소득월액이 700만 원이다. 보험료율을 6%라고 가정할 때, 국민건강보험법상 A의 월별 보험료액은?

① 29만 원   ② 39만 원

③ 49만 원   ④ 60만 원

17 다음 문장의 빈칸에 들어갈 용어로 옳지 않은 것은?

> 보건복지부장관의 권한은 대통령령으로 정하는 바에 따라 그 일부를 _____에게 위임할 수 있다.

① 광역시장   ② 도지사

③ 특별자치도지사   ④ 국회의원

18 다음 〈보기〉에서 국민건강보험법상 보험급여가 제한되는 경우가 아닌 것을 모두 고르면?

> **보기**
>
> 가. 중대한 과실로 인한 범죄행위에 그 원인이 있거나 고의로 사고를 일으킨 경우
> 나. 중대한 과실로 공단이나 요양기관의 요양에 관한 지시에 따르지 아니한 경우
> 다. 공무로 생긴 질병·부상·재해로 다른 법령에 따른 보험급여나 보상을 받게 되는 경우
> 라. 직장가입자의 피부양자 요양기관이 아닌 곳에서 출산하게 된 경우

① 라   ② 가, 다

③ 나, 라   ④ 가, 나, 다

19 다음 중 빈칸 ㉠ ~ ㉢에 들어갈 내용을 순서대로 바르게 나열한 것은?

> • 요양기관은 요양급여비용을 최초로 청구하는 때에 요양기관의 시설 · 장비 및 인력 등에 대한 현황을 ____㉠____ 에 신고하여야 한다.
> • 요양기관은 신고한 내용(요양급여비용의 증감에 관련된 사항만 해당한다)이 변경된 경우에는 그 변경된 날부터 ____㉡____ 이내에 ____㉠____ 에 신고해야 한다.
> • 제1항 및 제2항에 따른 신고의 범위, 대상, 방법 및 절차 등에 필요한 사항은 ____㉢____ 으로 정한다.

	㉠	㉡	㉢
①	국민건강보험공단	15일	보건복지부령
②	국민건강보험공단	30일	대통령령
③	건강보험심사평가원	15일	보건복지부령
④	건강보험심사평가원	30일	대통령령

20 다음 중 건강보험가입자의 자격상실 시기로 옳은 것은?

① 직장가입자의 피부양자가 된 날의 다음 날
② 국적을 잃은 날
③ 사망한 날의 다음 날
④ 건강보험의 적용배제신청을 한 날의 다음 날

21 다음 중 국민건강보험법상 건강보험정책심의위원회의 심의 · 의결사항이 아닌 것은?

① 요양급여의 기준
② 요양급여비용에 관한 사항
③ 직장가입자의 보수월액 및 소득월액
④ 지역가입자의 보험료부과점수당 금액

22 다음 글의 빈칸에 들어갈 날짜로 옳은 것은?

> 가입자가 자격을 잃은 경우 직장가입자의 사용자와 지역가입자의 세대주는 그 명세를 보건복지부령으로 정하는 바에 따라 자격을 잃은 날부터 _____ 이내에 보험자에게 신고하여야 한다.

① 7일   ② 10일

③ 14일   ④ 21일

23 다음 중 요양급여비용 산정에 대한 설명으로 옳지 않은 것은?

① 요양급여비용 산정의 계약기간은 2년으로 한다.

② 요양급여비용이 정해지면 보건복지부장관은 그 명세를 지체 없이 고시하여야 한다.

③ 요양급여비용 산정 계약은 그 직전 계약기간 만료일이 속하는 연도의 5월 31일까지 체결해야 한다.

④ 요양급여비용은 국민건강보험공단의 이사장과 대통령령으로 정하는 의약계를 대표하는 사람들의 계약으로 정한다.

24 다음 중 국민건강보험법상 고액·상습체납자의 인적사항 공개에 대한 설명으로 옳지 않은 것은?

① 체납자 인적사항 등의 공개와 관련한 납부능력의 기준, 공개절차 및 위원회의 구성·운영 등에 필요한 사항은 대통령령으로 정한다.

② 1년이 경과한 보험료, 연체금과 체납처분비의 총액이 1천만 원 이상인 체납자가 납부능력이 있음에도 불구하고 체납한 경우 그 인적사항·체납액 등을 공개할 수 있다.

③ 체납자의 인적사항 등에 대한 공개 여부를 심의하기 위하여 공단에 보험료정보공개심의위원회를 둔다.

④ 체납자 인적사항 등의 공개는 관보에 게재할 수 없으며, 공단 인터넷 홈페이지에 게시하는 방법에 따른다.

25 다음 중 국민건강보험법상 과징금에 대한 설명으로 옳지 않은 것은?

① 보건복지부장관이 정하는 특별한 사유가 있다고 인정되면 부당한 방법으로 부담하게 한 금액의 5배 이하의 금액을 과징금으로 부과·징수할 수 있다.

② 특별한 사유가 있다고 인정되는 때에는 해당 약제에 대한 요양급여비용 총액의 100분의 40을 넘지 아니하는 범위에서 과징금을 부과·징수할 수 있다.

③ 해당 약제에 대한 요양급여비용 총액을 정할 때에는 1년간의 요양급여 총액을 넘지 않는 범위에서 정하여야 한다.

④ 과징금을 납부하여야 할 자가 납부기한까지 이를 내지 아니하면 업무정지 처분을 하거나 국세 체납처분의 예에 따라 이를 징수한다.

26 다음 중 국민건강보험법상 100만 원 이하의 과태료가 부과되는 경우는?

① 사용자가 건강보험에 관한 서류를 1년 이상 보존하지 않아 근로자의 관련 기록을 찾을 수 없었다.

② 보건복지부장관이 의약품 제조업자에게 관련 서류제출을 요청하였으나, 제조업자는 정당한 사유 없이 서류제출을 하지 않았다.

③ 공단은 가입자에게 가입자의 보수·소득을 신고하도록 요청하였으나, 가입자는 이에 대해 거짓으로 신고하였다.

④ 공단은 가입자에게 가입자의 거주지 변경에 필요한 서류제출을 요청하였으나, 가입자는 정당한 사유 없이 서류제출을 하지 않았다.

27 다음 중 국민건강보험공단의 업무로 옳지 않은 것은?

① 가입자 및 피부양자의 자격 관리

② 요양기관의 요양급여비용 심사

③ 보험급여 비용의 지급

④ 건강보험에 관한 교육훈련 및 홍보

28 다음 중 국민건강보험법상 업무의 위탁에 대한 설명으로 옳지 않은 것은?

① 공단은 보험료의 수납 또는 보험료납부의 확인에 관한 업무를 금융기관에 위탁할 수 있다.

② 공단은 보험급여비용의 지급에 관한 업무를 금융기관에 위탁할 수 있다.

③ 공단은 보험료와 징수위탁보험료 등의 징수 업무를 국가기관에 위탁할 수 있다.

④ 공단은 징수위탁근거법의 위탁에 따라 징수하는 연금보험료, 고용보험료, 산업재해보상보험료, 부담금 및 분담금 등의 수납 업무를 금융기관에 위탁할 수 있다.

29 다음 중 국민건강보험법상 국민건강보험의 구상권과 수급권에 대한 설명으로 옳지 않은 것은?

① 요양비등수급계좌에 입금된 요양비는 압류할 수 없다.

② 보험급여를 받을 권리는 양도할 수 없다.

③ 보험급여를 받을 권리는 압류할 수 있다.

④ 제3자의 행위로 보험급여사유가 생겨 가입자에게 보험급여를 한 경우 제3자에게 손해배상을 청구할 수 있다.

30 다음 중 빈칸 ㉠, ㉡에 해당하는 내용을 순서대로 바르게 나열한 것은?

> • 직장가입자의 보험료율은 ___㉠___ 의 범위에서 심의위원회의 의결을 거쳐 대통령령으로 정한다.
> • 국외에서 업무에 종사하고 있는 직장가입자에 대한 보험료율은 제1항에 따라 정해진 보험료율의 ___㉡___으로 한다.

	㉠	㉡
①	1천분의 80	100분의 40
②	1천분의 80	100분의 50
③	1천분의 100	100분의 40
④	1천분의 100	100분의 50

31 다음 〈보기〉 중 옳지 않은 것은 모두 몇 개인가?

> **보기**
> ㉠ 공단은 직장가입자와 지역가입자의 재정을 통합하여 운영한다.
> ㉡ 공단은 국민연금사업·고용보험사업·산업재해보상보험사업·임금채권보장사업에 대한 회계를 공단의 다른 회계와 통합하여 회계처리하여야 한다.
> ㉢ 공단은 회계연도마다 예산안을 편성하여 이사회의 의결을 거친 후 보건복지부장관의 승인을 받아야 한다.
> ㉣ 공단은 지출할 현금이 부족한 경우에는 차입할 수 있다. 다만, 1년 이상 장기로 차입하려면 이사회의 의결을 거쳐야 한다.

① 없음
② 1개
③ 2개
④ 3개

32 다음 중 국민건강보험법상 준비금, 결산, 재난적의료비에 대한 내용으로 옳지 않은 것은?

① 공단은 회계연도마다 결산상의 잉여금 중에서 그 연도의 보험급여에 든 비용의 100분의 5 이상에 상당하는 금액을 그 연도에 든 비용의 100분의 50에 이를 때까지 준비금으로 적립하여야 한다.

② 제1항에 따른 준비금은 부족한 보험급여 비용에 충당하거나 지출할 현금이 부족할 때 외에는 사용할 수 없으며, 현금 지출에 준비금을 사용한 경우에는 다음해 3월 15일까지 이를 보전하여야 한다.

③ 공단은 회계연도마다 결산보고서와 사업보고서를 작성하여 다음해 2월 말일까지 보건복지부장관에게 보고하여야 한다.

④ 공단은 재난적의료비 지원사업에 사용되는 비용에 충당하기 위하여 매년 예산의 범위에서 출연할 수 있다. 이 경우 출연 금액의 상한 등에 필요한 사항은 대통령령으로 정한다.

33 다음 중 빈칸 ㉠~㉢에 들어갈 단어를 순서대로 바르게 나열한 것은?

업무정지(법 제98조 제1항)

____㉠____은 요양기관이 다음 각 호의 어느 하나에 해당하면 그 요양기관에 대하여 __㉡__의 범위에서 기간을 정하여 __㉢__를 명할 수 있다. 이 경우 ____㉠____은 그 사실을 공단 및 심사평가원에 알려야 한다.

1. 속임수나 그 밖의 부당한 방법으로 보험자·가입자 및 피부양자에게 요양급여비용을 부담하게 한 경우
2. 제97조 제2항에 따른 명령에 위반하거나 거짓 보고를 하거나 거짓 서류를 제출하거나, 소속 공무원의 검사 또는 질문을 거부·방해 또는 기피한 경우
3. 정당한 사유 없이 요양기관이 제41조의3 제1항에 따른 결정을 신청하지 아니하고 속임수나 그 밖의 부당한 방법으로 행위·치료재료를 가입자 또는 피부양자에게 실시 또는 사용하고 비용을 부담시킨 경우

	㉠	㉡	㉢
①	보건복지부장관	180일	과징금 부과
②	보건복지부장관	1년	업무정지
③	국민건강보험공단	2년	과징금 부과
④	국민건강보험공단	3년	업무정지

34 다음 중 국민건강보험법상 보험료에 대한 설명으로 옳지 않은 것은?

① 지역가입자의 월별 보험료액은 세대 단위로 산정한다.
② 직장가입자의 보수 외 소득월액보험료는 직장가입자와 해당 사업주가 각각 보험료액의 100분의 50씩 부담한다.
③ 사립학교 교직원인 직장가입자의 보수월액보험료는 그 직장가입자가 100분의 50을, 사립학교를 설립·운영하는 자가 100분의 30을, 국가가 100분의 20을 각각 부담한다.
④ 직장가입자가 공무원인 경우 보수월액보험료는 그 직장가입자와 해당 공무원이 소속되어 있는 국가 또는 지방자치단체가 각각 보험료액의 100분의 50씩 부담한다.

35 다음 글의 빈칸에 들어갈 내용으로 옳은 것은?

공단은 보험료 등의 납부의무자가 보험급여 제한 기간 중 받은 보험급여에 대한 징수금을 체납한 경우 외의 사유로 납부기한까지 보험료 등을 내지 아니하면, 그 납부기한이 지난 날부터 매 1일이 경과할 때마다 체납된 보험료 등의 _____에 해당하는 금액을 가산한 연체금을 징수한다. 이 경우 연체금은 체납된 보험료 등의 1천분의 30을 넘지 못한다.

① 50분의 1

② 100분의 1

③ 500분의 1

④ 1,000분의 1

01 다음 글의 ㉠ ~ ㉣에 쓰여진 내용 중 옳지 않은 것은?

> 노인장기요양보험법은 고령이나 노인성 질병 등의 사유로 일상생활을 혼자서 수행하기 어려운 노인 등에게 제공하는 ㉠ 신체활동 또는 ㉡ 가사활동 지원 등의 장기요양급여에 관한 사항을 규정하여 노후의 ㉢ 건강증진 및 ㉣ 사회복지증진을 도모하고 그 가족의 부담을 덜어줌으로써 국민의 삶의 질을 향상하도록 함을 목적으로 한다.

① ㉠

② ㉡

③ ㉢

④ ㉣

02 다음 중 빈칸에 들어갈 내용으로 옳은 것은?

> 장기요양보험료는 국민건강보험법 제69조 제4항·제5항 및 제109조 9항 단서에 따라 산정한 보험료액에서 같은 법 제74조 또는 제75조에 따라 경감 또는 면제되는 비용을 공제한 금액에 같은 법 제73조 제1항에 따른 _____을 곱하여 산정한 금액으로 한다.

① 보수월액에 보험료율

② 소득월액에 보험료율

③ 건강보험료율 대비 장기요양보험료율의 비율

④ 보험료부과점수에 보험료부과점수당 금액

03 다음 글의 ㉠ ~ ㉣에 쓰여진 내용 중 옳지 않은 것은?

> 특별자치시장·특별자치도지사·시장·군수·구청장은 제37조 제1항 각 호의 어느 하나(같은 항 제4호는 제외한다)에 해당하는 행위를 이유로 ㉠ 업무정지명령을 하여야 하는 경우로서 그 업무정지가 해당 장기요양기관을 이용하는 수급자에게 심한 불편을 줄 우려가 있는 등 ㉡ 보건복지부장관이 정하는 특별한 사유가 있다고 인정되는 경우에는 ㉢ 업무정지명령을 갈음하여 ㉣ 1억 원 이하의 과징금을 부과할 수 있다.

① ㉠

② ㉡

③ ㉢

④ ㉣

04 다음 중 장기요양에 대한 용어와 그에 따른 정의로 옳지 않은 것은?

① 장기요양급여 : 12개월 이상 동안 혼자서 일상생활을 수행하기 어렵다고 인정되는 자에게 신체활동·가사활동의 지원 또는 간병 등의 서비스나 이에 갈음하여 지급하는 현금 등

② 장기요양사업 : 장기요양보험료, 국가 및 지방자치단체의 부담금 등을 재원으로 하여 노인 등에게 장기요양급여를 제공하는 사업

③ 장기요양기관 : 지정을 받은 기관으로서 장기요양급여를 제공하는 기관

④ 장기요양요원 : 장기요양기관에 소속되어 노인등의 신체활동 또는 가사활동 지원 등의 업무를 수행하는 자

05 다음 중 1년 이하의 징역 또는 1천만 원 이하의 벌금에 처하는 경우로 옳지 않은 것은?

① 제35조 제1항을 위반하여 정당한 사유 없이 장기요양급여의 제공을 거부한 자

② 제37조 제7항을 위반하여 수급자가 부담한 비용을 정산하지 아니한 자

③ 제31조를 위반하여 지정받지 아니하고 장기요양기관을 운영하거나 거짓이나 그 밖의 부정한 방법으로 지정받은 자

④ 거짓이나 그 밖의 부정한 방법으로 장기요양급여를 받거나 다른 사람으로 하여금 장기요양급여를 받게 한 자

06 다음 중 빈칸 ㉠, ㉡에 들어갈 내용을 순서대로 바르게 나열한 것은?

제1항에 따른 심사청구는 그 처분이 있음을 안 날부터 ____㉠____ 일 이내에 문서로 하여야 하며, 처분이 있은 날부터 ____㉡____ 일을 경과하면 이를 제기하지 못한다. 다만, 정당한 사유로 그 기간에 심사청구를 할 수 없었음을 증명하면 그 기간이 지난 후에도 심사청구를 할 수 있다.

	㉠	㉡
①	30	120
②	60	120
③	90	180
④	120	180

07 다음 중 전자문서의 사용에 대한 설명으로 옳은 것은?

① 장기요양사업에 관련된 각종 서류의 기록, 관리 및 보관은 보건복지부령으로 정하는 바에 따라 전자문서로 한다.

② 국가와 지방자치단체는 대통령령으로 정하는 바에 따라 전자문서의 인쇄 및 관리운영비를 전액 부담한다.

③ 정보통신망 및 정보통신서비스 시설이 열악한 지역 등 지방자체단체가 정하는 지역의 경우 전자문서·전산매체 또는 전자문서교환방식을 이용하지 아니할 수 있다.

④ 공단 및 장기요양기관은 장기요양기관의 지정신청, 재가·시설 급여비용의 청구 및 지급, 장기요양기관의 재무·회계정보 처리 등에 대하여 전산매체 또는 서류교환방식을 이용하여야 한다.

08 다음 중 형법 제127조 및 제132조까지의 규정을 적용할 때, 공무원으로 보지 않는 위원은 누구인가?

① 의료기관 위원　　　　　　　　　② 등급판정위원회 위원
③ 공표심의위원회 위원　　　　　　④ 심사위원회 위원

09 다음은 장기요양급여에 관한 국가정책방향을 나타내는 글이다. 빈칸에 들어갈 내용으로 옳은 것은?

> 국가는 제6조의 장기요양기본계획을 수립·시행함에 있어서 노인뿐만 아니라 장애인 등 일상생활을 혼자서 수행하기 어려운 모든 국민이 장기요양급여, ＿＿＿＿＿＿ 등을 제공받을 수 있도록 노력하고 나아가 이들의 생활안정과 자립을 지원할 수 있는 시책을 강구하여야 한다.

① 장기요양인증서　　　　　　　　② 신체활동지원서비스
③ 건강보험료　　　　　　　　　　④ 장기요양보험

10 다음 중 장기요양기관이 급여의 질을 보장하기 위해 공단이 운영하는 인터넷 홈페이지에 게시해야 하는 정보로 옳지 않은 것은?

① 급여의 내용　　　　　　　　　　② 시설
③ 인력　　　　　　　　　　　　　④ 명세서

11 다음 중 인권교육기관이 업무의 정지를 당하는 경우가 아닌 것은?

① 거짓이나 그 밖의 부정한 방법으로 지정을 받은 경우
② 보건복지부령으로 정하는 지정요건을 갖추지 못한 경우
③ 인권교육의 수행능력이 현저히 부족하다고 인정되는 경우
④ 장기요양요원에게 급여외행위의 제공을 요구하는 경우

12 다음 〈보기〉 중 장기요양위원회에서 심의하기 위한 사항을 모두 고르면?

> **보기**
>
> ㄱ. 제9조 제2항에 따른 장기요양보험료율
> ㄴ. 제24조부터 제26조까지의 규정에 따른 가족요양비, 특례요양비 및 요양병원간병비의 지급기준
> ㄷ. 제39조에 따른 재가 및 시설 급여비용
> ㄹ. 그 밖에 대통령령으로 정하는 주요 사항
> ㅁ. 비용부담방법 및 비용 청구에 관하여 필요한 사항

① ㄱ, ㄴ, ㄷ, ㅁ   ② ㄱ, ㄴ, ㄷ, ㄹ
③ ㄱ, ㄷ, ㄹ, ㅁ   ④ ㄴ, ㄷ, ㄹ, ㅁ

13 다음 중 노인장기요양보험법 제14조에서 조사를 의뢰하거나 공동으로 조사할 것을 요청할 수 있는 경우로 옳지 않은 것은?

① 신청인의 심신상태
② 신청인에게 필요한 장기요양급여의 종류 및 내용
③ 단서에 따른 조사를 의뢰받은 공단의 확인사항
④ 장기요양에 관하여 필요한 사항으로서 보건복지부령으로 정하는 사항

14 다음 〈보기〉에서 지정 취소, 업무정지 등 행정제재처분의 효과가 승계되는 자를 모두 고르면?

> **보기**
> ㉠ 장기요양기관을 양도한 경우 양수인
> ㉡ 법인이 합병된 경우 합병으로 신설된 법인
> ㉢ 장기요양기관이 폐업한 후 동일한 장소에서 장기요양기관을 운영하는 자 가운데 종전에 행정제재처분을 받은 자
> ㉣ 위의 ㉢의 배우자
> ㉤ 위의 ㉢의 직계혈족

① ㉠, ㉡, ㉢   ② ㉠, ㉢, ㉤
③ ㉡, ㉢, ㉣, ㉤   ④ ㉠, ㉡, ㉢, ㉣, ㉤

15 다음 중 빈칸에 들어갈 금액으로 옳은 것은?

> 특별자치시장은 거짓으로 재가・시설 급여비용을 청구한 장기요양기관에 대한 과징금 부과 처분이 확정되었고 거짓으로 청구한 금액이 _____ 이상인 경우에는 위반사실, 처분내용, 장기요양기관의 명칭・주소, 장기요양기관의 장의 성명 등을 공표할 수 있다.

① 7,000만 원   ② 5,000만 원
③ 3,000만 원   ④ 1,000만 원

16 지정 취소, 업무정지 등 행정제재처분의 효과는 그 처분을 한 날부터 몇 년간 승계되는가?

① 2년간   ② 3년간
③ 4년간   ④ 5년간

17 다음 중 빈칸에 들어갈 기간으로 옳은 것은?

> 특별자치시장・특별자치도지사・시장・군수・구청장은 장기요양기관의 종사자가 거짓으로 시설 급여비용을 청구하는 행위에 가담하면 해당 종사자가 장기요양급여를 제공하는 것을 _____의 범위에서 제한할 수 있다.

① 5년   ② 3년
③ 2년   ④ 1년

※ 다음 〈보기〉에서 장기요양기관이 지정 취소 또는 6개월의 범위에서 업무정지 처분을 받을 수 있는 위반행위를 모두 고르시오. [18~19]

18

> **보기**
> ㉠ 거짓이나 그 밖의 부정한 방법으로 재가 및 시설 급여비용을 청구한 경우
> ㉡ 특별자치시장・특별자치도지사・시장・군수・구청장의 시정명령을 이행하지 않은 경우
> ㉢ 영리를 목적으로 금전, 물품을 제공하며 수급자를 소개, 알선 또는 유인하는 행위를 한 경우
> ㉣ 급여외행위를 제공했으나 장기요양기관의 장이 그 급여외행위를 제공을 방지하기 위해 주의와 감독을 성실히 한 경우
> ㉤ 장기요양기관의 장이 수급자가 부담해야 할 본인부담금의 전부 또는 일부를 부담할 것을 장기요양요원에게 요구한 경우
> ㉥ 법규에 따라 본인부담금을 면제 또는 감경받는 금액 외에 영리를 목적으로 수급자가 부담하는 본인부담금을 면제하거나 감경하는 행위를 한 경우

① ㉠, ㉡, ㉢, ㉤, ㉥
② ㉠, ㉢, ㉣, ㉤, ㉥
③ ㉡, ㉢, ㉣, ㉤, ㉥
④ ㉠, ㉡, ㉢, ㉣, ㉤, ㉥

19

> **보기**
> ㉠ 보건복지부장관의 자료제출 명령에 따르지 아니하거나 거짓으로 자료제출을 한 경우
> ㉡ 정당한 사유 없이 국민건강보험공단의 장기요양급여의 관리・평가를 거부・방해・기피한 경우
> ㉢ 장기요양기관의 종사자가 수급자를 위해 급여된 금품을 그 목적 외의 용도에 사용하는 행위를 했으며 장기요양기관의 장이 그 행위를 방지하기 위해 주의와 감독을 게을리한 경우
> ㉣ 장기요양기관의 종사자가 폭언, 협박, 위협 등으로 수급자의 정신건강에 해를 끼치는 정서적 학대행위를 했으며 장기요양기관의 장이 그 행위를 방지하기 위해 주의와 감독을 게을리한 경우
> ㉤ 장기요양기관의 종사자가 자신의 보호・감독을 받는 수급자에게 의식주를 포함한 기본적 보호 및 치료를 소홀히 하는 방임행위를 했으나 장기요양기관의 장이 그 행위를 방지하기 위해 주의와 감독을 성실히 한 경우

① ㉠, ㉡, ㉢, ㉣
② ㉠, ㉢, ㉣, ㉤
③ ㉡, ㉢, ㉣, ㉤
④ ㉠, ㉡, ㉢, ㉣, ㉤

20 다음 중 빈칸에 들어갈 내용으로 옳은 것은?

> 특별자치시장·특별자치도지사·시장·군수·구청장은 거짓으로 재가·시설 급여비용을 청구한 장기요양기관에 대한 지정 취소 처분이 확정되었고 거짓으로 청구한 금액이 장기요양급여비용 총액의 _____ 이상인 경우에는 위반사실 등과 다른 장기요양기관과의 구별에 필요한 사항을 공표해야 한다.

① 100분의 70
② 100분의 50
③ 100분의 30
④ 100분의 10

21 수급자가 신체적·정신적 사유로 장기요양인정의 신청 등을 할 수 없을 때 이를 대리할 수 없는 자는?

① 본인의 배우자
② 본인의 자녀
③ 본인의 친족
④ 구청 공무원

22 다음 중 노인장기요양보험법 제67조에서 벌칙이 가벼운 순서대로 바르게 나열한 것은?

> (A) 제33조의3 제2항 제1호를 위반하여 폐쇄회로 텔레비전의 설치 목적과 다른 목적으로 폐쇄회로 텔레비전을 임의로 조작하거나 다른 곳을 비추는 행위를 한 자
> (B) 거짓이나 그 밖의 부정한 방법으로 장기요양급여를 받거나 다른 사람으로 하여금 장기요양급여를 받게 한 자
> (C) 제62조를 위반하여 업무수행 중 알게 된 비밀을 누설한 자
> (D) 제61조 제2항에 따른 자료제출 명령에 따르지 아니하거나 거짓으로 자료제출을 한 장기요양기관 또는 의료기관

① (A) – (B) – (C) – (D)
② (B) – (D) – (A) – (C)
③ (C) – (D) – (A) – (B)
④ (D) – (B) – (C) – (A)

23 다음 중 노인장기요양보험법상 장기요양기관 지정을 반드시 취소해야 하는 경우는?

① 업무정지기간 중에 장기요양급여를 제공한 경우
② 부정한 방법으로 급여비용을 청구한 경우
③ 장기요양급여를 거부한 경우
④ 지정기준에 적합하지 아니한 경우

24 다음 중 심사청구 및 재심사청구에 대한 내용으로 옳지 않은 것은?

① 심사청구는 그 처분이 있음을 안 날부터 90일 이내에 문서로 하여야 한다.
② 심사청구는 처분이 있은 날부터 180일을 경과하면 이를 제기하지 못한다.
③ 재심사위원회의 재심사에 관한 절차에 관하여는 행정심판을 준용한다.
④ 재심사위원회는 국민건강보험공단 소속으로 둔다.

25 다음 중 노인장기요양보험법상 장기요양기본계획에 대한 설명으로 옳지 않은 것은?

① 장기요양기본계획은 특별자치시장·특별자치도지사·시장·군수·구청장이 수립·시행한다.
② 장기요양기본계획은 노인 등에 대한 장기요양급여를 원활하게 제공하기 위하여 수립·시행한다.
③ 장기요양기본계획은 5년 단위로 수립·시행한다.
④ 장기요양기본계획에는 연도별 장기요양급여 대상인원 및 재원조달 계획 등의 사항이 포함된다.

26 다음 중 노인장기요양보호법에 따른 재심사위원회의 특징으로 옳은 것은?

① 재심사위원회는 보건복지부장관 소속으로 두고, 위원장 2인을 포함한 20인 이내의 위원으로 구성한다.

② 재심사위원회의 구성·운영 및 위원의 임기, 그 밖의 필요한 사항은 행정소송법으로 정한다.

③ 재심사위원회의 위원은 보건복지부장관이 임명 또는 위촉한다.

④ 재심사위원회의 위원을 정할 때, 공무원이 아닌 위원이 전체 위원의 1/3 이상이 되도록 하여야 한다.

27 다음 중 부당이득을 징수 받아야 하는 경우로 옳지 않은 것은?

① 월 한도액 범위를 초과하여 장기요양급여를 받은 경우

② 부정한 방법으로 재가 및 시설 급여비용을 청구하여 이를 받은 경우

③ 거짓이나 그 밖의 부정한 방법으로 의사소견서 및 발급비용을 청구하여 이를 지급받은 경우

④ 노인장기요양보험법상의 원인으로 인해 공단에서 장기요양급여를 받은 경우

28 다음 중 노인장기요양보호법에 따라 일정한 기간을 정하여 시정을 명할 수 있는 사람이 아닌 자는?

① 시장   ② 군수

③ 특별자치도지사   ④ 보건복지부장관

29 다음 중 장기요양위원회의 위원이 될 수 없는 자는?

① 근로자단체, 사용자단체를 대표하는 자

② 장기요양기관 또는 의료계를 대표하는 자

③ 보건복지부령으로 정하는 중앙행정기관의 고위공무원단 소속 공무원

④ 공단 이사장이 추천하는 자

30 다음 중 공표심의위원회에 대한 설명으로 옳지 않은 것은?

① 보건복지부장관은 공표 여부 등을 심의하기 위해 공표심의위원회를 설치·운영한다.

② 공표심의위원회의 구성·운영 등에 필요한 사항은 보건복지부령으로 정한다.

③ 보건복지부장관은 제출된 소명자료 또는 진술된 의견을 고려하여 공표대상자를 재심의한 후 공표 대상자를 선정한다.

④ 보건복지부장관은 공표심의위원회의 심의를 거친 공표대상자에게 공표대상자인 사실을 알려 소명자료를 제출하거나 출석하여 의견을 진술할 기회를 주어야 한다.

31 다음 〈보기〉에서 공단에 대한 심사청구를 할 수 있는 자를 모두 고르면?

> **보기**
> ㉠ 장기요양인정에 대한 공단의 처분에 이의가 있는 자
> ㉡ 장기요양급여에 대한 공단의 처분에 이의가 있는 자
> ㉢ 부당이득에 대한 공단의 처분에 이의가 있는 자
> ㉣ 단기요양급여비용에 대한 공단의 처분에 이의가 있는 자
> ㉤ 단기요양보험료에 대한 공단의 처분에 이의가 있는 자

① ㉠, ㉢

② ㉠, ㉣

③ ㉠, ㉡, ㉢

④ ㉡, ㉢, ㉣

32 다음 중 특별현금급여수급계좌에 대한 설명으로 옳지 않은 것은?

① 공단은 특별현금급여를 받는 수급자의 신청이 있는 경우에 특별현금급여를 수급자 명의의 지정된 계좌로 입금하여야 한다.

② 불가피한 사유로 입금이 불가할 경우, 현금 지급 등 보건복지부령으로 정하는 바에 따라 특별현금급여를 지급할 수 있다.

③ 특별현금급여수급계좌가 개설된 금융기관은 특별현금급여만이 특별현금급여수급계좌에 입금되도록 관리하여야 한다.

④ 특별현금급여의 신청방법·절차와 특별현금급여수급계좌의 관리에 필요한 사항은 대통령령으로 정한다.

33 다음 중 장기요양기관 지정의 취소 사유에 대해 옳지 않은 것은?

① 거짓이나 그 밖의 부정한 방법으로 지정을 받은 경우

② 폐업 또는 휴업 신고를 하지 아니하고 1년 이상 장기요양급여를 제공하지 아니한 경우

③ 자료제출 명령에 따르지 아니하거나 거짓으로 자료제출을 한 경우

④ 수급자를 위하여 증여 또는 급여된 금품을 그 목적의 용도로 사용하는 경우

34 다음 중 장기요양인정의 유효기간과 갱신에 대한 내용으로 옳은 것은?

① 장기요양인정의 유효기간은 최소 2년 이상으로서 대통령령으로 정한다.

② 장기요양인정의 갱신 신청은 유효기간이 만료되기 전 20일까지 이를 완료하여야 한다.

③ 제12조부터 제20조까지의 규정은 장기요양인정의 갱신절차에 관하여 준용한다.

④ 수급자는 장기요양인정의 유효기간이 만료된 후 장기요양급여를 계속해서 받고자 하는 경우 공단에 장기요양인정의 갱신을 신청하여야 한다.

35 다음 중 장기요양인정의 신청에 대한 설명으로 옳지 않은 것은?

① 장기요양인정을 신청하는 자는 공단에 보건복지부령으로 정하는 바에 따라 신청서 또는 소견서를 첨부하려 제출하여야 한다.

② 거동이 현저하게 불편하거나 도서·벽지 지역에 거주하여 의료기관을 방문하기 어려운 자 등 보건복지부령으로 정하는 자는 의사소견서를 제출하지 아니할 수 있다.

③ 의사소견서의 발급비용·비용부담방법·발급자의 범위, 그 밖에 필요한 사항은 보건복지부령으로 정한다.

④ 공단은 제1항 각 호의 사항을 조사하는 경우 2명 이상의 소속 직원이 조사할 수 있도록 노력하여야 한다.

36 다음 중 노인장기요양보험법 제56조에 대한 내용으로 옳은 것은?

① 재심사위원회는 공무원이 아닌 위원이 전체 위원의 3분의 1 이상이 되도록 하여야 한다.

② 재심사위원회는 위원장 1인을 포함한 18인 이내의 위원으로 구성한다.

③ 심사청구 결정통지를 받은 날부터 30일 이내에 장기요양재심사위원회에 재심사를 청구할 수 있다.

④ 재심사위원회의 위원은 관계 공무원, 법학, 그 밖에 장기요양사업 분야의 학식과 경험이 풍부한 자 중에서 보건복지부장관이 임명 또는 위촉한다.

37 다음 중 노인장기요양보험법의 내용으로 옳지 않은 것은?

① 장기요양급여는 노인 등이 자신의 의사와 능력에 따라 최대한 자립적으로 일상생활을 수행할 수 있도록 제공하여야 한다.

② 보건복지부장관은 노인 등에 대한 장기요양급여를 원활하게 제공하기 위하여 5년 단위로 장기요양기본계획을 수립·시행하여야 한다.

③ 특별자치시장·특별자치도지사·시장·군수·구청장은 장기요양기관 재무·회계기준을 위반한 장기요양기관에 대하여 3개월 이내의 범위에서 시정을 명하여야 한다.

④ 공단은 제3자의 행위로 인한 장기요양급여의 제공사유가 발생하여 수급자에게 장기요양급여를 행한 때 그 급여에 사용된 비용의 한도 안에서 그 제3자에 대한 손해배상의 권리를 얻는다.

38 다음 중 노인장기요양보험법상 공단의 업무에 해당하지 않는 것은?

① 장기요양보험료의 부과·징수
② 신청인에 대한 조사
③ 장기요양보험가입자의 자격관리
④ 장기요양기관 알선

39 다음 중 노인장기요양보험법상 장기요양인정의 신청 등에 대한 사항으로 옳은 것은?

① 거동이 불편하거나 도서·벽지 지역에 거주하여 의료기관을 방문하기 어려운 자는 사회복지사의 도움을 받아 의사소견서를 제출하여야 한다.
② 장기요양인정을 신청하는 자가 제출하여야 하는 의사소견서의 발급비용·비용부담방법 등은 공단에서 정한다.
③ 공단이 장기요양인정 신청의 조사를 하는 경우 3명 이상의 소속 직원이 조사할 수 있도록 노력하여야 한다.
④ 조사를 하는 자는 조사일시, 장소 및 조사를 담당하는 자의 인적사항 등을 미리 신청인에게 통보하여야 한다.

40 다음 중 장기요양기관이 폐업하거나 휴업하고자 하는 경우 수급자의 권익을 보호하기 위하여 취하여야 할 조치가 아닌 것은?

① 장기요양급여를 제공하였는지 평가를 실시하고 그 결과를 공단의 홈페이지 등에 공표하는 조치
② 해당 장기요양기관에서 수급자가 부담한 비용 중 정산하여야 할 비용이 있는 경우 이를 정산하는 조치
③ 해당 장기요양기관을 이용하는 수급자가 다른 장기요양기관을 선택하여 이용할 수 있도록 계획을 수립하는 조치
④ 그 밖에 수급자의 권익 보호를 위하여 필요하다고 인정되는 조치로서 보건복지부령으로 정하는 조치

04 | 2021년 시행 기출복원문제

정답 및 해설 p.032

01 직업기초능력

| 의사소통능력

※ 다음 글을 읽고 보인 반응으로 적절하지 않은 것을 고르시오. [1~2]

01

국민건강보험공단(이하 "공단")은 네이버와 협력하여 11월부터 건강보험 고지·안내문 '디지털 전자문서 발송시스템구축' 사업을 시작한다고 밝혔다.

공단은 전 국민에게 다양한 건강보험 고지·안내문을 종이 우편물로 행정안전부의 주민등록주소 또는 본인이 신청한 주소로 발송해 왔으나, 종이 우편물은 인쇄 및 발송에 따르는 비용과 시간, 분실 등으로 원하는 때에 전달받지 못하는 불편함이 있었고, 지속적으로 늘어나는 단독세대와 빈번한 주소이전, 부재 등으로 반송이 증가해왔다.

이러한 불편을 해결하고자 공단은 네이버와 전자문서 서비스 분야 협업을 통해 올해 12월까지 모바일을 활용한 전자문서 발송시스템을 구축하여 시범운영하고, 2021년부터 '디지털 고지·안내문 발송서비스'를 단계적으로 확대 시행하기로 하였다.

이번 사업은 5년 동안 단계별로 고지·안내방식 전환 및 발송을 목표로 디지털 발송서식 전환, 업무 프로세스 표준화, 발송시스템 구축, 대국민 참여 안내 등으로 진행될 예정이며, 네이버 전자문서 서비스를 통한 건강보험 고지·안내문 발송으로 모바일에서 국민들은 언제 어디서나 공단의 전자문서를 손쉽게 열람하고 건강검진 대상 확인, 환급금 조회와 신청까지 원스톱으로 해결할 수 있게 된다.

공단은 '정부혁신 종합 추진 계획' 및 언택트 시대에 맞춰 민간과 공공기관의 협업으로 이루어진 이러한 공공서비스 개선 사업이 국민의 알권리를 충족하고, 다양한 건강보험 정보를 보다 안전하고 편리하게 이용할 수 있는 전환점이 될 것으로 기대하고 있다.

전자문서는 블록체인 기술 적용 등 보안이 강화된 인증서로 본인인증 절차를 거쳐 열람할 수 있다. 고지·안내문에 담긴 개인정보와 민감정보는 공단 모바일(The 건강보험)로 연동하여 확인하도록 하여 이용자의 개인정보를 안전하게 보호할 수 있도록 추진하고, 모바일로 발송되는 전자문서에 대한 국민들의 관심과 참여를 높이기 위해 네이버와 함께 다양한 홍보도 계획하고 있다.

공단 정보화본부 관계자는 "대국민 고지·안내문 발송 패러다임 전환을 위한 '디지털 전자문서 발송시스템 구축'의 성공적 이행을 위해 네이버와 적극 협력하여 추진하고 있으며, 이번 '디지털 전자문서 고지·안내문 발송 서비스'는 국민의 적극적인 참여가 가장 중요하므로, 12월에 네이버를 통해 안내 예정인 전자문서 본인 인증에 적극 참여해 주시길 당부 드린다."라며, "공단은 국민에게 다가가는 소통형 정보 활용을 위해 지난 11월 건강보험 홈페이지와 '모바일(The 건강보험)'을 혁신적으로 개편하였으며, 지속적으로 훌륭한 품질의 서비스를 발굴해 나갈 것"이라고 밝혔다.

① 때와 장소와 관계없이 언제 어디서나 건강보험 내역을 확인할 수 있겠어.

② 전자문서를 통해 즉각적인 확인은 가능하지만, 환급금 신청을 위해서는 공단에 방문해야 해.

③ 인증서를 통해 고지서를 확인할 수 있기 때문에 보안상으로도 걱정할 필요가 없겠어.

④ 이 사업이 정착되기까지는 최소 5년의 시간이 걸리겠어.

02

서울특별시는 매일 최소 8번, 30초 이상 손을 규칙적으로 씻는 것을 권장하는 '1830 손 씻기 운동'을 추진했다. 그러나 일정한 시간 간격을 두고 손 씻기를 하는 것과는 별도로 다음과 같은 경우에 손을 씻기를 권장한다.

음식을 만들기 전후, 음식을 먹기 전, 화장실 사용 후, 놀이터나 헬스장을 사용한 후, 동물과 접촉을 한 후, 기침한 후, 코를 푼 후, 환자와 접촉을 하기 전후, 쓰레기 만진 후, 외출 후 귀가 시, 맨눈으로 손에 불순물이 묻은 것이 확인됐을 때 등 외부에서 손을 사용했을 때 가능한 손 씻기를 수시로 하는 것이 좋다는 것이다. 하루에 몇 번 손을 씻었는지 세보는 것도 습관을 개선하는 방법이다. 손은 얼마나 오래 씻어야 할까? 15 ~ 30초? 손을 씻을 때마다 시계나 타이머를 준비할 수 없으니 생일축하 노래를 처음부터 끝까지 두 번 부르면 된다. 더 구석구석 오래 씻고 싶다면 더 긴 노래를 흥얼거려도 좋다.

그렇다면 손을 어떻게 씻어야 '꼼꼼한' 손 씻기일까? CDC의 5단계부터 WHO의 11단계까지 손 씻기 방법은 다양하다. 질병관리청은 6단계 20초 이상을 권장하고 있다. 흐르는 물에 손을 충분히 적신 뒤 비누를 손에 묻혀 손바닥, 손등, 손가락, 손가락 사이, 손톱 밑까지 구석구석 강렬히 생일축하 노래를 2번 흥얼거리며 문지른 후 다시 흐르는 물로 씻는다고 생각하면 된다. 물론 비누를 사용하는 것이 더 효과적이다. 비누를 사용해 흐르는 물로 20초 이상 씻었을 때 세균을 90% 이상 제거할 수 있다. 하지만 흐르는 물로만 씻어도 상당한 제거 효과가 있다. 단지 비누가 없다는 이유로 대충 씻으면 안 되는 이유다. 반면, 소독력이 있는 항균비누와 시중 일반 비누를 비교했을 때는 별다른 차이가 없는 것으로 나타났다.

습기가 많은 곳에서 곰팡이가 쉽게 피듯 젖은 손은 미생물의 전이를 돕는다. 그렇기 때문에 손을 건조하는 것 또한 매우 중요하다. 손을 어떻게 말리는 것이 가장 효과적인지에 대해서는 여러 연구가 아직 나오고 있다. 보건복지부는 가장 이상적인 건조 방법으로 일회용 종이 타월 한 장을 사용해 손의 물기를 제거하는 것을 권장했다. 미국 CDC는 깨끗한 수건을 사용해 손을 말리는 것과 자연 건조하는 것을 권장하고 있다.

손 소독제 또한 손 전체에 구석구석 문지르는 것이 중요하다. 손 씻기 방법과 비슷하다고 생각하면 된다. 손 소독제에는 소독 작용을 하는 에탄올이 함유되어 있다. 세계보건기구(WHO)가 권장하는 손 소독제의 에탄올 비율은 75 ~ 85%, 미국 식품의약처(FDA)는 에탄올 60 ~ 95% 이상을 권장한다. 한국 식품의약품안전처는 외용소독제의 표준제조기준으로 에탄올 함량 54.7 ~ 70%를 제시한다. 미국 CDC는 손 소독제가 완벽히 마를 때까지 손을 문지를 것을 권고하고 있다. 하지만 손 소독제보다 흐르는 물에 손을 씻는 것이 더 효과적이라는 의견이 지배적이다. 특히 손이 더러워졌다고 느낄 때는 꼭 손을 씻자.

① 손을 규칙적으로 씻기 위해 하루에 몇 번 손을 씻었는지 세보는 것이 좋겠어.

② 손을 씻는 데는 생일축하 노래를 처음부터 끝까지 한 번 부르는 데 걸리는 시간이면 충분하겠어.

③ 손 소독제 사용도 중요하지만 무엇보다도 흐르는 물에 손을 씻는 것이 효과적이구나.

④ 손을 깨끗이 씻는 것만큼 손을 제대로 말리는 것도 중요하구나.

03 다음은 국민건강보험공단의 재난적 의료비 지원사업에 대한 자료이다. 이에 대해 바르게 알고 있는 사람을 〈보기〉에서 모두 고르면?

〈재난적 의료비 지원사업〉

• 개요
질병·부상 등으로 인한 치료·재활 과정에서 소득·재산 수준 등에 비추어 과도한 의료비가 발생해 경제적 어려움을 겪게 되는 상황으로 의료비 지원이 필요하다고 인정된 사람에게 지원합니다.

• 대상질환
1. 모든 질환으로 인한 입원환자
2. 중증질환으로 외래진료를 받은 환자
※ 중증질환 : 암, 뇌혈관, 심장, 희귀, 중증난치, 중증화상질환

• 소득기준
– 기준중위소득 100% 이하 지원 원칙(건보료 기준)
– 기준중위소득 100~200% 이하 연소득 대비 의료비부담비율을 고려해 개별심사 지원
※ 재산 과표 5.4억 원 초과 고액재산보유자는 지원 제외

• 의료비기준
1회 입원에 따른 가구의 연소득 대비 의료비 발생액[법정본인부담, 비급여 및 예비(선별)급여 본인부담] 기준금액 초과 시 지원
– 기초생활수급자, 차상위계층 : 80만 원 초과 시 지원
– 기준중위소득 50% 이하 : 160만 원 초과 시 지원
– 기준중위소득 100% 이하 : 연소득의 15% 초과 시 지원

보기

가 : 18세로 뇌혈관 치료 때문에 외래진료를 받은 학생에게 이 사업에 대해 알려주었어. 학생의 집은 기준중위소득 100%에 해당되기 때문에 지원을 받을 수 있을 거야.
나 : 이번에 개인 질환으로 입원했는데, 200만 원이 나왔어. 기준중위소득 50%에 해당되는데 지원금을 받을 수 있어 다행이야.
다 : 어머니가 심장이 안 좋으셔서 외래진료를 받고 있는데 돈이 많이 들어. 기준중위소득 200%에 속하는데 현금은 없지만 재산이 5.4억 원이어서 공단에서 지원하는 의료비 사업에 지원도 못 하고 요즘 힘드네.
라 : 요즘 열이 많이 나서 근처 병원으로 통원 치료를 하고 있어. 기초생활수급자인 내 형편으로 볼 때, 지원금을 받는데 문제없겠지?

① 가, 나 　　　　　　② 가, 다
③ 나, 다 　　　　　　④ 다, 라

04 다음은 국민건강보험공단에서 제공한 외국인 유학생 건강보험 관련 자료이다. 이에 대한 설명으로 옳지 않은 것은?

〈외국인 유학생 건강보험 안내〉

- 가입 대상
  유학생, 외국인 및 재외국민

- 가입 시기

체류자격 구분	적용시기
유학, 초중고생	최초입국 시 → 외국인등록일
	외국인등록 후 재입국 시 → 재입국일
초중고생 외의 일반연수	입국일로부터 6개월 후 가입
재외국민·재외동포 유학생	입국 후 학교 입학일로 가입 (재학증명서 제출하는 경우)

※ 국내 체류 유학생 중 건강보험에 가입하지 않은 유학생은 2021.3.1.로 당연가입됨

- 가입 절차
  유학생이 공단에 별도로 신고하지 않아도 자동 가입처리
  국내 체류지(거소지)로 건강보험증과 가입안내증 발송
  다만, 아래의 경우 반드시 가까운 지사에 방문하여 신고
  1. 가족(배우자 및 미성년 자녀)과 함께 보험료를 납부하고자 하는 경우
  2. 국내에서 유학 중인 재외국민 또는 재외동포가 가입하는 경우
  3. 체류지(거소지), 여권번호, 체류자격 등에 변경사항이 있는 경우

  ※ 외국의 법령, 외국의 보험, 사용자와의 계약으로 건강보험 급여에 상당하는 의료보장을 받아 건강보험이
     필요하지 않는 경우 건강보험 가입 제외 신청 가능

- 건강보험료 부과
  전자고지·자동이체 및 환급사전계좌 신청 : 전화, 홈페이지, 외국인민원센터, 공단지사에서 신청
  *우편 대신 이메일 고지서 또는 모바일 고지서 신청 가능
  *자동이체 신청으로 편리한 납부·환급사전계좌 등록으로 빠른 지급

---

① 외국인이 건강보험료를 납부하는 경우 우편, 이메일, 모바일을 통해 고지서를 받아볼 수 있다.

② 유학생은 본인의 의사에 따라 건강보험 적용을 받지 않을 수 있다.

③ 외국인이 건강보험에 가입하기 위해서는 거소지의 지방자치단체에 신고하여야 한다.

④ 학업이 끝나고 직장인이 되어 체류자격에 변동이 생긴 경우 인근 건강보험공단 지사에 방문하여 신고하여야 한다.

※ 다음은 K기업이 1분기에 해외로부터 반도체를 수입한 거래내역과 거래일의 환율이다. 이어지는 질문에 답하시오. [5~6]

날짜	수입	환율
1월	4달러	1,000원/달러
2월	3달러	1,120원/달러
3월	2달러	1,180원/달러

※ (평균환율)= $\dfrac{(총원화금액)}{(환전된\ 총달러금액)}$

05 다음 중 1분기 평균환율은 얼마인가?

① 1,180원/달러
② 1,120원/달러
③ 1,100원/달러
④ 1,080원/달러

06 현재 창고에 K기업이 수입한 반도체 재고가 200달러만큼 존재할 때, 05번 문제에서 구한 평균환율로 환산한 창고재고 금액은 얼마인가?

① 200,000원
② 216,000원
③ 245,000원
④ 268,000원

07 둘레 길이가 456m인 호수 둘레를 따라 가로수가 4m 간격으로 일정하게 심어져 있다. 출입구에 심어져 있는 가로수를 기준으로 6m 간격으로 가로수를 옮겨 심으려고 할 때, 새롭게 옮겨 심어야 하는 가로수는 최소 몇 그루인가?(단, 불필요한 가로수는 제거한다)

① 38그루
② 37그루
③ 36그루
④ 35그루

08 다음은 국민행복카드에 대한 자료이다. 〈보기〉 중 이에 대한 설명으로 옳지 않은 것을 모두 고르면?

- 국민행복카드
  '보육료', '유아학비', '건강보험 임신·출산 진료비 지원', '청소년산모 임신·출산 의료비 지원' 및 '사회서비스 전자바우처' 등 정부의 여러 바우처 지원을 공동으로 이용할 수 있는 통합카드입니다. 국민행복카드로 어린이집·유치원 어디서나 사용이 가능합니다.

- 발급방법
  〈온라인〉
  – 보조금 신청 : 정부 보조금을 신청하면 어린이집 보육료와 유치원 유아학비 인증이 가능합니다.
  – 보조금 신청서 작성 및 제출 : 복지로 홈페이지
  – 카드 발급 : 5개 카드사 중 원하시는 카드사를 선택해 발급받으시면 됩니다.
    *연회비는 무료
  – 카드 발급처 : 복지로 홈페이지, 임신육아종합포털 아이사랑, 5개 제휴카드사 홈페이지
  〈오프라인〉
  – 보조금 신청 : 정부 보조금을 신청하면 어린이집 보육료와 유치원 유아학비 인증이 가능합니다.
  – 보조금 신청서 작성 및 제출 : 읍면동 주민센터
  – 카드 발급 : 5개 제휴카드사
    *연회비는 무료
  – 카드 발급처 : 읍면동 주민센터, 전국 은행과 주요 카드사 지점
    *어린이집 ↔ 유치원으로 기관 변경 시에는 복지로 또는 읍면동 주민센터에서 반드시 보육료·유아학비 자격변경 신청이 필요

보기

ㄱ. 국민행복카드 신청을 위한 보육료 및 학비 인증을 위해서는 별도 절차 없이 정부 보조금 신청을 하면 된다.
ㄴ. 온라인이나 오프라인 둘 중 어떤 발급경로를 선택하더라도 연회비는 무료이다.
ㄷ. 국민행복카드 신청을 위한 보조금 신청서는 읍면동 주민센터, 복지로 혹은 카드사의 홈페이지에서 작성할 수 있으며 작성처에 제출하면 된다.
ㄹ. 오프라인으로 신청한 경우 카드 발급은 읍면동 주민센터만 가능하다.

① ㄱ, ㄴ   ② ㄱ, ㄷ
③ ㄴ, ㄷ   ④ ㄷ, ㄹ

※ 다음은 국민건강보험공단의 여비규정에 대한 자료이다. 이어지는 질문에 답하시오. [9~10]

〈국내여비 정액표〉

구분		대상	가군	나군	다군
운임		항공운임	실비(1등석 / 비지니스)	실비(2등석 / 이코노미)	
		철도운임	실비(특실)		실비(일반실)
		선박운임	실비(1등급)	실비(2등급)	
	자동차운임	버스운임	실비		
		자가용승용차운임	실비		
일비(1일당)			2만 원		
식비(1일당)			2만 5천 원	2만 원	
숙박비(1박당)			실비	실비(상한액 : 서울특별시 7만 원, 광역시·제주도 6만 원, 그 밖의 지역 5만 원)	

〈실비 단가(1일당 상한액)〉

구분	가군	나군	다군
항공운임	100만 원	50만 원	
철도운임	7만 원		3만 원
선박운임	50만 원	20만 원	
버스운임	1,500원		
자가용승용차운임	20만 원		
숙박비	15만 원	-	-

09 지난 주 출장을 다녀온 A부장의 활동 내역이 다음과 같을 때, A부장이 받을 수 있는 여비의 총액은?

〈A부장 활동 내역〉

- 2박 3일 동안 가군으로 출장을 간다.
- 항공은 첫째 날과 셋째 날에 이용한다.
- 철도는 첫째 날과 둘째 날에 이용한다.
- 자가용은 출장 기간 동안 매일 이용한다.

① 315만 5천 원   ② 317만 원

③ 317만 5천 원   ④ 318만 원

10 다음 중 영업팀 3명이 각각 다른 군으로 출장을 간다면, 영업팀이 받는 총여비는?

- 1박 2일 동안 출장을 간다.
- 비용은 최대로 받는다.
- 항공은 첫째 날에 이용한다.
- 선박은 둘째 날에 이용한다.
- 기차는 출장 기간 동안 매일 이용한다.
- 버스는 출장 기간 동안 매일 이용한다.
- 자가용은 출장 기간 동안 매일 이용한다.
- 나군은 서울에 해당한다.
- 다군은 제주도에 해당한다.

① 485만 9천 원   ② 488만 6천 원

③ 491만 6천 원   ④ 497만 9천 원

※ 다음은 국민건강보험공단의 조직도와 2022년도 개편기준이다. 이어지는 질문에 답하시오. [11~12]

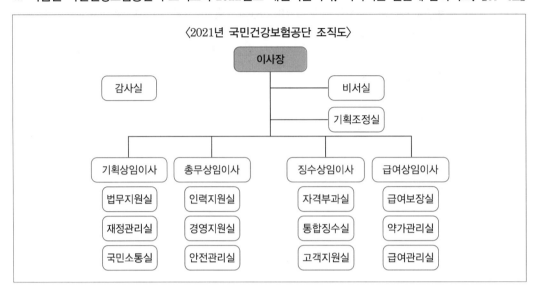

〈2021년 국민건강보험공단 조직도〉

이사장

감사실

비서실

기획조정실

기획상임이사	총무상임이사	징수상임이사	급여상임이사
법무지원실	인력지원실	자격부과실	급여보장실
재정관리실	경영지원실	통합징수실	약가관리실
국민소통실	안전관리실	고객지원실	급여관리실

〈2022년 조직 개편기준〉

• 급여상임이사 소속으로 의료기관지원실, 건강관리실, 보장지원실을 추가한다.
• 정보화 시대에 맞춰 빅데이터 전략본부를 조직한다.
• 이사장 직속인 기획조정실을 기획상임이사 소속으로 이동한다.
• 총무상임이사 소속인 안전관리실을 안전관리본부로 새롭게 개편한다.
• 인재개발원을 신설 부서로 만들어 이사장 직속 부서로 추가한다.
• 급여상임이사 소속인 급여보장실과 급여관리실은 하나의 부서인 급여지원실로 통합한다.

| 문제해결능력

11 다음 중 2021년 국민건강보험공단 조직도를 잘못 이해한 직원은?

① A사원 : 각 상임이사 소속으로는 3개의 부서가 있다.
② B사원 : 우리 공단 이사장 직속 부서로는 비서실, 기획조정실, 감사실이 있다.
③ C대리 : 급여보장실은 급여관리실과 같은 소속이다.
④ D대리 : 자격부과실과 고객지원실은 이사장에게 바로 보고하지 않는다.

| 문제해결능력

12 다음 중 2022년 조직 개편기준에 따라 개편한 내용으로 옳지 않은 것은?

① 급여상임이사 소속 부서는 5개가 될 것이다.
② 징수상임이사 소속 부서는 개편이 되어도 변하는 내용이 없을 것이다.
③ 기획상임이사 소속으로 기획조정실이 추가될 것이다.
④ 총무상임이사 소속 부서는 인력지원실, 경영지원실, 안전관리실이 될 것이다.

13 다음은 국민건강보험공단 홈페이지에 게시된 분리과세 주택임대소득 보험료 경감에 대한 자료이다. A의 상황이 다음과 같을 때, A에 대한 설명으로 옳지 않은 것은?(단, 현재는 2021년 1월이다)

〈분리과세 주택임대소득 보험료 경감〉

• 대상자
건강보험료 경감 적용 조건(공통조건과 가입자 유형별 충족조건 모두 충족해야 함)
 − 공통(외국인 등 포함)
  1) 주택임대소득 총수입금액이 연간 합계액 2천만 원 이하일 것
  2) 주택임대소득에 대한 소득세가 소형주택 임대사업자에 대한 세액 감면 적용을 받은 대상으로서 등록을 한 날이 모두 2020년 12월 31일 이전일 것
   ＊ 다만, 2020.7.11. 이후 단기(4년)주택등록 및 장기・공공지원(8년)으로 변경 신고한 주택은 제외
   ＊ 주거전용면적이 1호당 85m²(수도권 외 100m²) 이하이며, 기준시가가 6억 원 이하
 − 지역가입자 : 주택임대소득을 반영하여 산출한 보험료가 그 주택임대소득을 제외하고 산출한 보험료액보다 많을 것
 − 피부양자에서 상실된 지역가입자 : 주택임대소득으로 피부양자에서 그 자격을 상실하여 지역가입자가 되고, 그 주택임대소득을 제외하면 국민건강보험법상 요건을 충족할 것
• 적용방법
 1. 경감률

구분	임대등록구분		
	8년 이상	4년 이상	미등록
경감률	80%	40%	0%
경감기간	8년	4년	−
대상자	전체가입자		−

 다만, 2019년 귀속 분리과세 주택임대소득으로 피부양자에서 상실된 지역가입자 중 미등록자는 2019년 귀속 소득분이 반영되는 기간의 보험료는 한시적으로 30% 경감
 2. 경감기간
 임대개시일로부터 4년(장기 일반 민간임대주택 등은 8년)이 되는 날이 속하는 해의 소득을 반영하는 보험료까지 적용

〈A의 상황〉

• A는 2016년 4월 1일에 경주에 위치한 80m²의 소형주택에 대한 임대사업을 등록하였으며, 소형주택 임대사업자에 대한 소득세 감면을 적용받았다.
• A의 주택임대소득 총수입금액은 연간 총 800만 원이다.
• A는 건강보험 지역가입자이다.
• A는 기준시가 3억에 해당되는 소형주택에 대해 단기주택등록을 하였다.
• A는 2016년 4월 17일에 임대 개시를 하였다.

① A에게 적용되는 건강보험 경감률은 40%이다.
② A의 소형 임대주택이 서울에 위치한 주택이었더라도 A는 보험료 경감을 받을 수 있다.
③ A가 등록한 소형 임대주택의 기준시가가 50% 상승하더라도 경감 여부에는 변화가 없다.
④ 주택임대소득을 반영한 보험료가 주택임대소득을 반영하지 않은 경우의 보험료보다 많은 경우, 건강보험료 경감을 받을 수 없다.

14 다음은 국민건강보험공단 홈페이지에 게시된 민원요기요의 서비스 항목 중 일부이다. 〈보기〉에서 옳은 것을 모두 고르면?

대분류	세부업무	
증명서 발급 및 확인	• 자격확인서 • 자격득실확인서 • 보험료 완납증명서 • 보험료 납부확인서	• 건강보험증 발급 신청 • 증명서 진위 확인 • 차상위본인부담경감증명서 • 기타징수금 납부확인서
보험료 조회	• 지역보험료 조회 • 직장보험료 조회 • 홈페이지 납부 보험료 • 사회보험료 완납 조회	• 4대보험료 계산 • 고지내역 조회 • 연말정산내역
보험료 납부	• 보험료 납부 • 보험료 대납	• 자동이체 신청
보험료 고지서	• 고지서 신청 • 고지서 송달지 변경 신청	• 보험료 고지서 재발급 • 홈페이지 고지내역 조회

보기

ㄱ. 보험료 납부확인서 발급 및 4대보험료 계산도 민원요기요에서 가능하다.
ㄴ. 보험료 고지서를 재발급 받기 위해서는 국민건강보험공단 홈페이지의 민원요기요가 아니라 지자체에서 발급 받아야 한다.
ㄷ. 민원요기요를 통해 고지서 송달지 변경과 증명서의 진위 확인도 가능하다.

① ㄱ
② ㄷ
③ ㄱ, ㄷ
④ ㄴ, ㄷ

01 다음 〈보기〉 중 건강보험 가입자가 건강보험 자격을 잃는 시기로 옳지 않은 것을 모두 고르면?

> **보기**
> ㉠ 사망한 날의 다음 날
> ㉡ 수급권자가 된 날의 다음 날
> ㉢ 국내에 거주하지 아니하게 된 날의 다음 날
> ㉣ 국적을 잃은 날

① ㉠, ㉡   ② ㉠, ㉢

③ ㉡, ㉣   ④ ㉢, ㉣

02 다음 중 국민건강보험공단 임원에 대한 설명으로 옳지 않은 것은?

① 공단은 임원으로서 이사장 1명, 이사 14명 및 감사 1명을 둔다.
② 상임이사는 보건복지부령으로 정하는 추천 절차를 거쳐 이사장이 임명한다.
③ 감사는 임원추천위원회가 복수로 추천한 사람 중에서 기획재정부장관의 제청으로 대통령이 임명한다.
④ 비상임이사는 노동조합·사용자단체·시민단체·소비자단체·농어업인단체 및 노인단체가 추천하는 각 1명을 이사장이 임명한다.

03 다음 〈보기〉 중 요양급여를 실시하는 항목으로 옳은 것을 모두 고르면?

> **보기**
> ㉠ 진찰·검사   ㉡ 간병
> ㉢ 약제·치료재료의 지급   ㉣ 처치·수술 및 그 밖의 치료
> ㉤ 외래 진료

① ㉠, ㉡, ㉢   ② ㉠, ㉡, ㉣

③ ㉠, ㉢, ㉣   ④ ㉡, ㉣, ㉤

04 다음 중 국민건강보험공단 설립등기에 포함되는 항목이 아닌 것은?

① 목적

② 명칭

③ 주된 사무소 및 분사무소의 소재지

④ 이사회의 운영

05 다음 중 국민건강보험법 제109조에 대한 설명으로 옳지 않은 것은?

① 주민등록법 제6조 제1항 제3호에 따라 등록한 사람은 지역가입자가 된다.

② 출입국관리법 제31조에 따라 외국인등록을 한 사람으로서 보건복지부령으로 정하는 체류자격이 있는 사람은 지역가입자가 된다.

③ 재외동포의 출입국과 법적 지위에 관한 법률 제6조에 따라 국내거소신고를 한 사람은 직장가입자가 된다.

④ 국내체류가 법률에 위반되는 경우로서 대통령령으로 정하는 사유가 있는 경우 가입자 및 피부양자가 될 수 없다.

06 다음 중 벌칙에 대한 설명으로 옳은 것은?

① 가입자 및 피부양자의 개인정보를 누설한 자는 3년 이하의 징역 또는 5천만 원 이하의 벌금에 처한다.

② 가입자 및 피부양자의 개인정보를 직무상 목적 외의 용도로 이용 또는 제3자에게 제공한 자는 5년 이하의 징역 또는 5천만 원 이하의 벌금에 처한다.

③ 공동이용하는 전산정보자료를 목적 외의 용도로 이용하거나 활용한 자는 3년 이하의 징역 또는 3천만 원 이하의 벌금에 처한다.

④ 거짓이나 그 밖의 부정한 방법으로 보험급여를 받거나 타인으로 하여금 보험급여를 받게 한 사람은 3년 이하의 징역 또는 3천만 원 이하의 벌금에 처한다.

07 다음 중 벌칙과 과태료에 대한 설명으로 옳지 않은 것은?

① 보고 또는 서류제출을 하지 아니한 자, 거짓으로 보고하거나 거짓 서류를 제출한 자, 검사나 질문을 거부·방해 또는 기피한 자는 1천만 원 이하의 벌금에 처한다.

② 요양비 명세서나 요양 명세를 적은 영수증을 내주지 아니한 자는 500만 원 이하의 벌금에 처한다.

③ 정당한 사유 없이 신고·서류제출을 하지 아니하거나 거짓으로 신고·서류제출을 한 자는 1천만 원 이하의 과태료를 부과한다.

④ 행정처분을 받은 사실 또는 행정처분절차가 진행 중인 사실을 지체 없이 알리지 아니한 자는 500만 원 이하의 과태료를 부과한다.

08 다음 중 보험료와 보수월액에 대한 설명으로 옳은 것은?

① 보험료는 가입자의 자격을 취득한 날이 속하는 달부터 가입자의 자격을 잃은 날의 다음날이 속하는 달까지 징수한다.

② 보험료를 징수할 때 가입자의 자격이 변동된 경우에는 변동된 날이 속하는 다음 달의 보험료는 변동되기 전의 자격을 기준으로 징수한다.

③ 월별 보험료액은 가입자의 보험료 평균액의 일정비율에 해당하는 금액을 고려하여 대통령령으로 정하는 기준에 따라 상한 및 하한을 정한다.

④ 휴직이나 그 밖의 사유로 보수의 전부 또는 일부가 지급되지 아니하는 가입자의 보수월액보험료는 해당 사유가 생긴 달의 보수월액을 기준으로 산정한다.

09 다음 중 요양급여를 실시하는 요양기관으로 옳지 않은 것은?

① 의료법에 따라 개설된 의료기관

② 약사법에 따라 설립된 한국희귀·필수의약품센터

③ 지역보건법에 따른 보건소·보건의료원 및 보건지소

④ 의료법에 따라 개설된 한국국제보건의료재단

10 다음 사례를 보고 A씨가 받을 징역 또는 벌금으로 옳은 것은?

> 〈사례〉
>
> 2021년 11월 23일 대행청구단체에서 일하는 A씨는 K종합병원에 거짓으로 요양급여비용 700만 원을 청구했다.

① 1년 이하의 징역 또는 1천만 원 이하의 벌금
② 2년 이하의 징역 또는 2천만 원 이하의 벌금
③ 3년 이하의 징역 또는 3천만 원 이하의 벌금
④ 4년 이하의 징역 또는 4천만 원 이하의 벌금

11 다음 중 건강보험 가입자 또는 피부양자가 아닌 사람은?

① 직장가입자의 배우자인 A
② 직장가입자의 자매인 B
③ 국내에 거주하는 국민인 C
④ 의료급여법에 따라 의료급여를 받는 D

12 다음 중 국민건강보험법의 양벌 규정에서 2년 이하의 징역 또는 2천만 원 이하의 벌금에 해당하는 것은?

① 거짓이나 그 밖의 부정한 방법으로 보험급여를 받은 자
② 대행청구단체의 종사자로서 거짓이나 그 밖의 부정한 방법으로 요양급여비용을 청구한 자
③ 거짓으로 보고하거나 거짓 서류를 제출한 자
④ 가입자·피부양자의 개인정보를 직무상 목적 외의 용도로 이용 또는 정당한 사유 없이 제3자에게 제공한 자

13 다음 〈보기〉 중 보험료를 징수하기 위해 그 금액을 납부의무자에게 납입 고지할 때, 반드시 있어야 하는 것을 모두 고르면?

> **보기**
>
> ㄱ. 납부해야 하는 금액
> ㄴ. 징수하려는 보험류의 종류
> ㄷ. 납부기한
> ㄹ. 납부장소

① ㄱ, ㄴ   ② ㄷ, ㄹ
③ ㄱ, ㄴ, ㄹ   ④ ㄱ, ㄴ, ㄷ, ㄹ

14 다음 글의 빈칸에 들어갈 단어로 옳은 것은?

> 요양급여를 결정함에 있어 경제성 또는 치료효과성 등이 불확실하여 그 검증을 위하여 추가적인 근거가 필요하거나, 경제성이 낮아도 가입자와 피부양자의 건강회복에 잠재적 이득이 있는 등의 경우에는 예비적인 요양급여인 _____를 지급한다.

① 요양급여   ② 요양비
③ 선별급여   ④ 부가급여

15 다음 중 외국인 유학생의 국민건강보험에 대한 설명으로 옳지 않은 것은?(2021년 3월 기준)

① 초중고 유학생은 입국일부터 건강보험에 당연가입이 된다.
② 보험 적용 조건에 해당되지만 직장이 없는 경우 지역가입자로 가입된다.
③ 건강보험료 체납내역은 체류기간 연장신청이나 체류기간 심사 시 반영된다.
④ 건강보험료는 전체 가입자의 가장 낮은 보험료로 적용된다.

16 국내에 거주하는 국민은 건강보험의 가입자 또는 피부양자가 된다. 다음 중 피부양자에 해당하지 않는 사람은?

① 직장가입자의 배우자

② 직장가입자의 직계존속

③ 직장가입자의 직계존속의 배우자

④ 직장가입자의 직계비속

17 사업장의 사용자는 직장가입자가 되는 근로자·공무원 및 교직원을 사용하는 사업장이 된 경우 보험자에게 신고하여야 한다. 이때, 조건이 성립한 경우로부터 며칠 이내에 신고해야 하는가?

① 5일   ② 7일

③ 14일   ④ 15일

18 다음 중 건강보험증에 대한 설명으로 옳지 않은 것은?

① 가입자 또는 피부양자가 신청하는 경우 건강보험증을 발급해야 한다.

② 가입자 또는 피부양자가 요양급여를 받을 때에는 건강보험증을 요양기관에 제출해야 한다.

③ 누구든지 건강보험증을 다른 사람에게 양도하거나 대여하여 보험급여를 받을 수 없다.

④ 가입자 및 피부양자는 자격을 잃은 후에도 자격을 증명하던 서류를 사용하여 보험급여를 받을 수 있다.

19 다음 중 국민건강보험공단의 정관에 적어야 하는 사항이 아닌 것은?

① 임직원에 관한 사항

② 사무소의 소재지

③ 이사회의 운영

④ 이사장의 성명·주소 및 주민등록번호

20 다음 중 요양기관에 대한 설명으로 옳지 않은 것은?

① 의료법에 따라 개설된 의료기관, 약사법에 따라 등록된 약국 등이 해당한다.

② 요양기관은 정당한 이유 없이 요양급여를 거부하지 못한다.

③ 선별급여를 실시하는 요양기관은 선별급여의 평가를 위해 필요한 자료를 제출해야 한다.

④ 보건복지부장관은 대통령령으로 정하는 기준에 해당하는 요양기관을 전문요양기관으로 반드시 인정해야 하고, 인정서를 발급해야 한다.

21 다음은 국민건강보험법의 목적이다. 빈칸 ㉠, ㉡에 들어갈 용어를 순서대로 바르게 나열한 것은?

국민건강보험법은 국민의 질병·부상에 대한 예방·진단·치료·재활과 출산·사망 및 건강증진에 대하여 ___㉠___ 를 실시함으로써 국민보건 향상과 ___㉡___ 증진에 이바지함을 목적으로 한다.

	㉠	㉡
①	요양급여	사회보장
②	요양급여	사회복지
③	보험급여	공공부조
④	보험급여	사회보장

01 다음 중 장기요양급여의 종류가 다른 것은?

① 장기요양요원이 수급자의 가정 등을 방문하여 신체활동 및 가사활동 등을 지원하는 장기요양급여

② 장기요양요원인 간호사 등이 의사, 한의사 또는 치과의사의 지시서에 따라 수급자의 가정 등을 방문하여 간호, 진료의 보조, 요양에 관한 상담 또는 구강위생 등을 제공하는 장기요양급여

③ 장기요양기관에 장기간 입소한 수급자에게 신체활동 지원 및 심신기능의 유지·향상을 위한 교육·훈련 등을 제공하는 장기요양급여

④ 수급자를 하루 중 일정한 시간 동안 장기요양기관에 보호하여 신체활동 지원 및 심신기능의 유지·향상을 위한 교육·훈련 등을 제공하는 장기요양급여

02 다음 중 장기요양위원회의 운영에 대한 설명으로 옳지 않은 것은?

① 장기요양위원회 회의는 구성원 과반수의 출석으로 개의한다.

② 장기요양위원회 회의는 출석위원 과반수의 찬성으로 의결한다.

③ 장기요양위원회의 효율적 운영을 위하여 분야별로 실무위원회를 둘 수 있다.

④ 장기요양위원회의 구성·운영, 그 밖에 필요한 사항은 보건복지부령으로 정한다.

03 다음 중 장기요양기관 지정이 취소되는 경우가 아닌 것은?

① 거짓으로 지정을 받은 경우

② 재무·회계기준을 위반한 경우

③ 부정한 방법으로 시설 급여비용을 청구한 경우

④ 장기요양기관 종사자가 수급자의 신체에 폭행을 가하거나 상해를 입히는 행위를 한 경우

04 다음 중 장기요양급여에 대한 설명으로 옳지 않은 것은?

① 방문요양은 수급자의 가정 등을 방문하여 신체활동 및 가사활동 등을 지원하는 장기요양급여이다.

② 단기보호는 수급자를 일정 기간 동안 장기요양기관에 보호하여 신체활동 지원 등을 제공하는 장기요양급여이다.

③ 시설급여는 장기요양기관에 장기간 입소한 수급자에게 심신기능 유지ㆍ향상을 위한 교육 등을 제공하는 장기요양급여이다.

④ 기타재가급여는 간호사 등이 의사의 지시서에 따라 수급자의 가정 등을 방문하여 간호 등을 제공하는 장기요양급여이다.

05 다음은 노인장기요양보험법 중 청문에 대한 내용이다. 〈보기〉 중 청문이 가능한 경우를 모두 고르면?

청문(법 제63조)
특별자치시장ㆍ특별자치도지사ㆍ시장ㆍ군수ㆍ구청장은 다음 각 호의 어느 하나에 해당하는 처분 또는 공표를 하려는 경우에는 청문을 하여야 한다.
1. 제37조 제1항에 따른 장기요양기관 지정취소 또는 업무정지명령
2. 삭제(2018. 12. 11.)
3. 제37조의3에 따른 위반사실 등의 공표
4. 제37조의5 제1항에 따른 장기요양급여 제공의 제한 처분

보기
ㄱ. 거짓이나 그 밖의 부정한 방법으로 지정을 받은 경우
ㄴ. 거짓으로 청구한 금액이 1천만 원 이상인 경우
ㄷ. 부정한 방법으로 재가급여비용을 청구하는 행위에 가담한 경우
ㄹ. 거짓으로 청구한 금액이 장기요양급여비용 총액의 100분의 20 이상인 경우

① ㄱ, ㄴ
② ㄷ, ㄹ
③ ㄱ, ㄴ, ㄷ
④ ㄴ, ㄷ, ㄹ

05 | 2020년 시행 기출복원문제

정답 및 해설 p.038

01 직업기초능력

※ 다음은 국가유공자의 대상요건과 국가유공자 및 가족등록신청에 대한 자료이다. 이어지는 질문에 답하시오. [1~3]

- 대상요건
  1. 전몰군경
     - 군인이나 경찰공무원으로서 전투 또는 이에 준하는 직무수행 중 상이를 입고 사망하신 분
     - 군무원으로서 1959년 12월 31일 이전에 전투 또는 이에 준하는 직무수행 중 사망하신 분
  2. 전상군경
     - 군인이나 경찰공무원으로서 전투 또는 이에 준하는 직무수행 중 상이를 입고 전역하거나 퇴직하신 분으로서 그 상이정도가 국가보훈처장이 실시하는 신체검사에서 상이등급 1급 내지 7급으로 판정된 분
     - 군무원으로서 1959년 12월 31일 이전에 전투 또는 이에 준하는 직무수행 중 상이를 입고 퇴직하신 분으로서 그 상이정도가 국가보훈처장이 실시하는 신체검사에서 상이등급 1급 내지 7급으로 판정된 분
  3. 순직군경
     - 군인이나 경찰·소방 공무원으로서 국가의 수호·안전보장 또는 국민의 생명, 재산 보호와 직접적인 관련이 있는 직무수행이나 교육훈련 중 사망하신 분(질병으로 사망하신 분 포함)
     - 소방공무원은 국가유공자 예우법 개정 시행일인 2011년 6월 30일 이후 사망하신 분부터 적용(2011년 6월 29일 이전은 화재구조구급 업무와 관련 사망하신 분만 순직군경에 준하여 보상)
  4. 공상군경
     - 군인이나 경찰·소방 공무원으로서 국가의 수호·안전보장 또는 국민의 생명·재산 보호와 직접적인 관련이 있는 직무수행이나 교육훈련 중 상이를 입고 전역하거나 퇴직하신 분으로서 그 상이정도가 국가보훈처장이 실시하는 신체검사에서 상이등급 1급 내지 7급으로 판정된 분
  5. 무공수훈자
     무공훈장(태극, 을지, 충무, 화랑, 인헌)을 받으신 분(공무원 또는 군인 등은 전역 또는 퇴직하신 분만 해당)

- 등록대상 유가족 및 가족요건
  1. 배우자(1순위)
     사실상의 배우자(사실혼 관계의 배우자를 말함)를 포함(배우자 및 사실상의 배우자가 독립유공자와 혼인 또는 사실혼 후 당해 독립유공자외의 자와 사실혼 중에 있거나 있었던 경우는 제외)
  2. 자녀(2순위)
     양자는 국가유공자가 직계비속이 없어 입양한 자 1인에 한하여 자녀로 봄
  3. 부모(3순위)
     − 국가유공자를 양육하거나 부양한 사실이 있는 경우에 한함
     − 부의 배우자와 생모, 모의 배우자와 생부가 각각인 때에는 국가유공자를 주로 부양한 자 1인을 모·부로 인정
     − 부모 중 국가유공자를 주로 부양 또는 양육한 자가 우선 함
  4. 성년인 직계비속이 없는 조부모(4순위)
     − 성년인 직계비속이 없는 것으로 보는 경우
       ① 국가유공자 등 예우 및 지원에 관한 법률 시행령 별표2의 장애인
       ② 현역병으로서 의무복무기간 중에 있는 자

- 국가유공자 및 유가족 등록신청
  1. 등록신청대상
     − 국가유공자가 되고자 하는 본인
     − 국가유공자 유족 및 가족이 되고자 하시는 분
  2. 접수기관
     − 주소지 관할 보훈청 보상과
  3. 처리기간
     − 20일(전몰·전상군경, 순직·공상군경, 순직·공상공무원, 4·19혁명 부상·사망자 등)
     − 14일(무공·보국수훈자 및 4·19혁명 공로자에 한함)
  4. 구비서류
     − 본인
       ① 등록신청서 1부
       ② 병적증명서나 전역증(군인이 아닌 경우 경력증명서)
       ③ 가족관계기록사항에 관한 증명서 1통, 입양관계증명서 1통
       ④ 주민등록표등본 1통(담당 공무원이 행정정보의 공동이용을 통하여 확인하는 것에 동의하면 제출 생략)
       ⑤ 반명함판 사진 1매(상이자는 2매)
     − 유족
       ① 등록신청서 1부
       ② 병적증명서나 전역증(군인이 아닌 경우 경력증명서)
       ③ 고인의 제적등본(사망일자 확인) 1통
       ④ 신청인의 가족관계 기록사항에 관한 증명서, 입양관계증명서, 혼인관계증명서(배우자인 경우) 각 1통
       ⑤ 신청인의 반명함판 사진 1매

－ 구비서류 개별서류
① 전몰・전상군경, 순직・공상군경, 순직・공상공무원 : 국가유공자 등 요건관련확인서 발급신청서, 부상 또는 사망입증서류 각 1부
② 무공수훈자, 보국수훈자 또는 4・19혁명 공로자 : 무공훈장증, 보국훈장증 또는 건국포장증 원본 또는 수훈사실확인서(행정자치부 발급) 1통
③ 4・19혁명 사망자・부상자 : 4・19혁명 참가확인서 및 4・19혁명으로 인한 사망 또는 부상 확인서류 각 1통
④ 사실상의 배우자임을 입증할 수 있는 경위서 또는 증빙서류(사실상의 배우자에 한함)
⑤ 부양 또는 양육한 사실을 입증할 수 있는 서류(부양 또는 양육한 사실을 입증할 필요가 있는 자에 한함)
5. 민원신청방법
－ 방문 또는 우편

| 의사소통능력

01 다음 〈보기〉에서 국가유공자의 유형이 바르게 연결된 것을 모두 고르면?

> 보기
>
> ㄱ. 1950년 8월 21일 전투 중 군무원으로 참전하여 사망한 A : 전몰군경
> ㄴ. 2011년 8월 2일 소방 공무원으로서 대형 화재를 진압하고 다수의 국민을 구출하는 직무를 수행하던 중 얻은 폐질환으로 인해 사망한 B : 전상군경
> ㄷ. 해군 장교로 복무 중 인헌 훈장을 받고 현재 전역한 C : 무공수훈자
> ㄹ. 군인으로서 해외에 파병되어 전투 중 상이를 입고 전역하였으며, 국가보훈처장이 실시하는 신체검사에서 상이등급 3급으로 판정된 D : 순직군경

① ㄱ, ㄴ   ② ㄱ, ㄷ

③ ㄴ, ㄷ   ④ ㄴ, ㄹ

02 다음 중 국가유공자 혹은 유족으로서 혜택을 받을 수 없는 사람은?

① 전상군경와 법률혼 관계를 10년 이상 유지하다가 이혼한 후 타인과 재혼한 배우자

② 순직군경에 해당되는 자를 부양해 온 유일한 자녀인 입양자녀

③ 무공수훈자와 현재까지 혼인신고를 하지 않고 동거를 하며 사실혼 상태에 있는 배우자

④ 공상군경인 아버지를 생전에 부양해 온 친자녀

03 다음 상황에서 국가유공자 혜택을 받기 위해 A가 제출해야 하는 서류가 아닌 것은?

〈상황〉

• A의 아버지는 경찰공무원으로서 1968년 1·21사태 당시 전투 중 사망하였다.
• A의 어머니는 아버지와 법률혼 관계를 유지하다가 2년 전 사망하였다.
• A는 2020년 10월 20일에 아버지에 대하여 전몰군경으로 유공자 신청 및 자신에 대하여 유공자 유족 등록을 하고자 한다.

① 등록신청서 1부

② 아버지의 병적증명서 1부

③ 사망일자가 확인 가능한 고인의 제적등본 1통

④ A의 어머니의 혼인관계증명서 1통

※ 다음은 직장 내 괴롭힘 방지법에 대한 자료이다. 이어지는 질문에 답하시오. [4~5]

〈근로기준법〉

직장 내 괴롭힘의 금지(제76조의2)
사용자 또는 근로자는 직장에서의 지위 또는 관계 등의 우위를 이용하여 업무상 적정범위를 넘어 다른 근로자에게 신체적·정신적 고통을 주거나 근무환경을 악화시키는 행위(이하 "직장 내 괴롭힘"이라 한다)를 하여서는 아니 된다.

직장 내 괴롭힘 발생 시 조치(제76조의3)
① 누구든지 직장 내 괴롭힘 발생 사실을 알게 된 경우 그 사실을 사용자에게 신고할 수 있다.
② 사용자는 제1항에 따른 신고를 접수하거나 직장 내 괴롭힘 발생 사실을 인지한 경우에는 지체 없이 당사자 등을 대상으로 그 사실 확인을 위하여 객관적으로 조사를 실시하여야 한다.
③ 사용자는 제2항에 따른 조사 기간 동안 직장 내 괴롭힘과 관련하여 피해를 입은 근로자 또는 피해를 입었다고 주장하는 근로자("피해근로자 등")를 보호하기 위하여 필요한 경우 해당 피해근로자 등에 대하여 근무장소의 변경, 유급휴가 명령 등 적절한 조치를 하여야 한다. 이 경우 사용자는 피해근로자 등의 의사에 반하는 조치를 하여서는 아니 된다.
④ 사용자는 제2항에 따른 조사 결과 직장 내 괴롭힘 발생 사실이 확인된 때에는 피해근로자가 요청하면 근무장소의 변경, 배치전환, 유급휴가 명령 등 적절한 조치를 하여야 한다.
⑤ 사용자는 제2항에 따른 조사 결과 직장 내 괴롭힘 발생 사실이 확인된 때에는 지체 없이 행위자에 대하여 징계, 근무장소의 변경 등 필요한 조치를 하여야 한다. 이 경우 사용자는 징계 등의 조치를 하기 전에 그 조치에 대하여 피해근로자의 의견을 들어야 한다.
⑥ 사용자는 직장 내 괴롭힘 발생 사실을 신고한 근로자 및 피해근로자 등에게 해고나 그 밖의 불리한 처우를 하여서는 아니 된다.
⑦ 제2항에 따라 직장 내 괴롭힘 발생 사실을 조사한 사람, 조사 내용을 보고받은 사람 및 그 밖에 조사 과정에 참여한 사람은 해당 조사 과정에서 알게 된 비밀을 피해근로자 등의 의사에 반하여 다른 사람에게 누설하여서는 아니 된다. 다만, 조사와 관련된 내용을 사용자에게 보고하거나 관계 기관의 요청에 따라 필요한 정보를 제공하는 경우는 제외한다.

벌칙(제109조)
제76조의3 제6항을 위반한 자는 3년 이하의 징역 또는 3천만 원 이하의 벌금에 처한다.

〈남녀고용평등과 일·가정 양립 지원에 관한 법〉

제2조 제2호
"직장 내 성희롱"이란 사업주·상급자 또는 근로자가 직장 내의 지위를 이용하거나 업무와 관련하여 다른 근로자에게 성적 언동 등으로 성적 굴욕감 또는 혐오감을 느끼게 하거나 성적 언동 또는 그 밖의 요구 등에 따르지 아니하였다는 이유로 근로조건 및 고용에서 불이익을 주는 것을 말한다.

〈직장 내 괴롭힘 판단 요소 3가지〉

1. 행위자
   - 괴롭힘 행위자가 사용자인 경우, 괴롭힘 행위자가 근로자인 경우
2. 행위요건
   - 직장에서의 지위 또는 관계 등의 우위를 이용할 것
   - 업무상 적정 범위를 넘는 행위일 것

3. 행위장소
   - 외근·출장지 등 업무수행이 이루어지는 곳
   - 회식이나 기업 행사 현장 등
   - 사적 공간
   - 사내 메신저·SNS 등 온라인상의 공간

04 다음 중 직장 내 괴롭힘 방지법에 대한 설명으로 옳은 것은?

① 직장 내 괴롭힘 발생 사실을 알게 된 경우 그 사실을 사용자에게 반드시 신고해야 한다.

② 사용자가 직장 내 괴롭힘 발생 사실을 알게 된 경우 바로 조사를 실시하지 않아도 된다.

③ 직장 내 괴롭힘 발생이 사실인 경우 피해자의 요청 없이도 반드시 적절한 조치를 취해야 한다.

④ 직장 내 괴롭힘 발생 사실을 신고한 근로자에게 불리한 처우를 한 사용자는 2년의 징역에 처할 수 있다.

05 다음 대화에서 직장 내 괴롭힘 방지법과 관련하여 잘못 알고 있는 사람은?

> A씨 : 들었어? R이사가 Q씨를 업무적으로 괴롭힌 것에 대해 '직장 내 괴롭힘 방지법' 관련 조사를 하다가 성적 언동도 해서 Q씨가 피해를 입은 것이 사실로 결론이 났대.
>
> B씨 : 정말? R이사가 회식에 이유 없이 강제로 참여하게 하고, 퇴근 후에도 메신저로 부당한 업무 지시를 내린 행동이 직장 내 괴롭힘에 해당하는 줄은 알았지만 충격적인데?
>
> C씨 : 아! 그럼 R이사의 행동은 직장 내 성희롱에도 해당하므로 남녀고용평등과 일·가정 양립 지원에 관한 법에도 적용을 받겠구나.
>
> D씨 : 그런데 그 조사 대상에서 의류팀 T팀장은 왜 빠졌지? 이번 가을 상품 디자인 보고를 지시해서 팀원 중 담당자인 J씨가 시안을 여러 번 보고했는데 팀장이 콘셉트가 맞지 않는다며 계속 보완을 요구해서 J씨 업무량이 늘어나고 스트레스도 엄청 받고 있잖아.
>
> E씨 : X본부장도 L씨에게 업무뿐 아니라 사적인 일로 운전기사 및 수행비서 역할을 시켰는데 스트레스만 받고 말도 못 하고 있더라. 나 이거 신고할 거야.

① B씨   ② C씨

③ D씨   ④ E씨

※ 다음은 K통신사의 휴대폰 요금제에 대한 안내이다. 이어지는 질문에 답하시오. [6~7]

〈L요금제 안내〉

• 요금안내

데이터 용량 고민 없이 고객 데이터 사용 패턴에 맞게 3가지 중 선택하십시오.

구분	월정액	데이터	음성	프리미엄 혜택	
				멤버십	단말보험
프리미엄	89,000원	완전 무제한	집 / 이동전화 무제한 (+영상 / 부가 300분)	VIP 제공	포인트 차감
비디오	69,000원	100GB+무제한 (최대 5Mbps 속도 제어)		–	–
톡	49,000원	3GB+무제한 (최대 1Mbps 속도 제어)		–	–

– 멤버십 VIP : 멤버십 VIP는 요금제 가입 후 다다음 달 1일 등급 상향

– 단말보험 : 최대 4,500원 한도 내 멤버십 포인트로 차감

• 데이터 제공

각 요금제는 기본제공 데이터를 모두 사용한 이후 최대 아래와 같은 속도로 지속 이용이 가능합니다.

요금제	속도	참고
비디오	최대 5Mbps	고화질 동영상 재생 가능한 속도
톡	최대 1Mbps	인터넷 검색, SNS, 메신저 이용 가능 속도, 일반 화질 동영상 재생 가능한 속도

• 음성 제공

– 집 / 이동전화 무제한 혜택은 상업적 목적이 아닌 국내 음성 통화로 한정되며, 요일 / 시간 구분 없이 월 단위로 제공됩니다.

– 국내영상통화 및 전화 정보서비스 등에 대해서는 기본으로 월 50분이 제공되며, 기본 제공량 초과 시 해당 요율에 따라 요금이 부과됩니다.

– 국제전화, 유료 부가서비스 월 이용료 등은 별도로 청구됩니다.

06 다음은 K통신사의 고객지원팀에서 근무하는 A씨가 L요금제와 관련하여 상담을 요청한 고객과의 대화 내용이다. A씨가 고객에게 답변한 내용으로 적절하지 않은 것은?

Q. 제가 이번에 요금제를 변경하려고 하는데, L요금제가 새로 출시되었더라고요. L요금제에 관해 설명해 주실 수 있나요?

A. 주로 데이터를 많이 사용하시는 고객분들께 적합한 요금으로 데이터를 아무리 많이 사용하셔도 요금이 초과되지 않습니다. …… ①

Q. 제가 살펴보니까 세 가지 종류로 나뉘던데 가장 큰 차이가 뭔가요?

A. 프리미엄은 데이터를 속도 제한 없이 무제한으로 사용할 수 있는 반면에, 비디오와 톡은 제공되는 데이터를 소진할 경우 제공되는 데이터의 속도가 달라집니다. …… ②

Q. 저는 휴대폰으로 동영상을 자주 보는 편인데 아무래도 화질이 중요해서요. 저처럼 고화질 동영상을 많이 보는 사람에게는 어떤 요금제가 적합할까요?

A. 아무래도 톡 요금제의 경우에는 데이터가 소진되면 고화질 동영상 재생이 어렵기 때문에 프리미엄이나 비디오 요금제를 추천해드립니다. …… ③

Q. 가격 차이가 있어서 조금 고민이 되네요. 혹시 프리미엄 요금제에만 주어지는 특별한 혜택 같은 게 있을까요?

A. 비디오 요금제와 달리 프리미엄 요금제로 가입하실 경우에는 바로 다음 달부터 멤버십 VIP 혜택을 받아보실 수 있습니다. …… ④

---

07 K통신사는 L요금제를 사용하는 고객에게 약정에 따른 요금 할인 서비스를 제공하고 있다. 다음 중 3년의 약정 기간 동안 총 할인 금액이 가장 많은 것은?(단, 월정액으로 적용된다)

구분	약정 기간	할인율
프리미엄	1년	15%
	2년	20%
비디오	1년	15%
	2년	20%
톡	1년	10%
	2년	20%
	3년	25%

① 3년 약정의 톡 요금제

② (1년 약정의 비디오 요금제)+(2년 약정의 톡 요금제)

③ (2년 약정의 비디오 요금제)+(1년 약정의 프리미엄 요금제)

④ (2년 약정의 프리미엄 요금제)+(1년 약정의 비디오 요금제)

※ 다음은 2018 ~ 2019년까지의 문화예술행사 관람 통계자료이다. 이어지는 질문에 답하시오. **[8~9]**

〈문화예술행사 관람률〉

(단위 : 명, %)

구분		2018년			2019년		
		표본 수	관람	미관람	표본 수	관람	미관람
연령별	15 ~ 19세	754	3.9	96.1	677	96	4
	20대	1,505	2.9	97.1	1,573	97.4	2.6
	30대	1,570	8.4	91.6	1,640	91.5	8.5
	40대	1,964	11	89	1,894	89.1	10.9
	50대	2,077	20.6	79.4	1,925	80.8	19.2
	60대	1,409	35.3	64.7	1,335	64.9	35.1
	70대 이상	1,279	53.1	46.9	1,058	49.9	50.1
가구소득별	100만 원 미만	869	57.5	42.5	1,019	51.7	48.3
	100만 원 이상 200만 원 미만	1,204	41.6	58.4	1,001	60.4	39.6
	200만 원 이상 300만 원 미만	1,803	24.1	75.9	1,722	76.5	23.5
	300만 원 이상 400만 원 미만	2,152	18.6	81.4	2,098	82.5	17.5
	400만 원 이상 500만 원 미만	2,228	11.9	88.1	1,725	89.3	10.7
	500만 원 이상 600만 원 미만	1,278	8.4	91.6	1,344	92.1	7.9
	600만 원 이상	1,024	8.1	91.9	1,193	92.5	7.5
권역별	수도권	3,206	14.1	85.9	3,247	86	14
	강원/제주권	783	14.2	85.8	740	79.3	20.7
	충청/세종권	(가)	14.3	85.7	1,655	81.2	18.8
	호남권	1,584	34	66	(나)	73.9	26.1
	대경권	1,307	28.3	71.7	1,891	76.8	23.2
	동남권	1,910	20.4	79.6	1,119	78.2	21.8

08 다음 중 자료에서 (가)+(나)의 값을 구하면 얼마인가?

① 2,765

② 3,012

③ 3,218

④ 3,308

09 다음 〈보기〉 중 자료에 대한 설명으로 옳은 것을 모두 고르면?

> **보기**
> ㄱ. 2018년에 문화예술행사를 관람한 사람의 수는 가구소득이 100만 원 미만인 사람이 가구소득이 100만 원 이상 200만 원 미만인 사람보다 많다.
> ㄴ. 문화예술행사를 관람한 70대 이상의 사람의 수는 2018년이 2019년보다 더 많다.
> ㄷ. 2018년에 소득이 100만 원 이상 300만 원 미만인 사람들 중 문화예술행사를 관람한 사람의 비율은 2019년 소득이 100만 원 이상 200만 원 미만인 사람들 중 문화예술행사를 관람하지 않은 사람의 비율보다 작다.
> ㄹ. 2019년에 문화예술행사를 관람한 사람의 수는 40대가 50대보다 더 적다.

① ㄱ, ㄴ

② ㄴ, ㄷ

③ ㄱ, ㄴ, ㄷ

④ ㄱ, ㄷ, ㄹ

※ 다음은 2020년도의 시·도별 질병 환자 현황이다. 이어지는 질문에 답하시오. [10~11]

<시·도별 질병 환자 현황>

(단위 : 명, 개)

구분	질병 환자 수	감기 환자 수	발열 환자 수	한 명당 가입한 의료보험의 수
서울특별시	246,867	96,928	129,568	1.3
부산광역시	77,755	37,101	33,632	1.3
대구광역시	56,985	27,711	23,766	1.2
인천광역시	80,023	36,879	33,962	1.3
광주광역시	35,659	19,159	16,530	1.2
대전광역시	37,736	15,797	17,166	1.3
울산광역시	32,861	18,252	12,505	1.2
세종특별자치시	12,432	5,611	6,351	1.3
경기도	366,403	154,420	166,778	1.3
강원도	35,685	15,334	15,516	1.3
충청북도	40,021	18,556	17,662	1.3
충청남도	56,829	27,757	23,201	1.3
전라북도	38,328	18,922	16,191	1.3
전라남도	40,173	19,691	15,614	1.3
경상북도	61,237	30,963	24,054	1.3
경상남도	85,031	43,694	33,622	1.3
제주특별자치도	18,387	7,950	8,294	1.4
전국	1,322,406	594,721	594,409	1.3

| 수리능력

10 다음 중 자료를 그래프로 나타낸 내용으로 옳지 않은 것은?(단, 소수점 셋째 자리에서 반올림한다)

① 시·도별 질병 환자 수

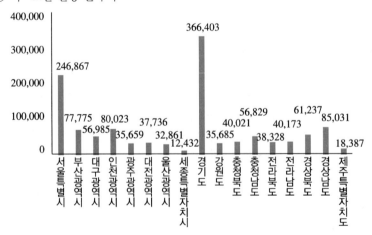

② 시·도별 감기 환자 수

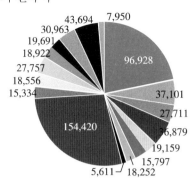

- 서울특별시   - 부산광역시   - 대구광역시   - 인천광역시   - 광주광역시
- 대전광역시   - 울산광역시   - 세종특별자치시   - 경기도   - 강원도
  충청북도   - 충청남도   - 전라북도   - 전라남도   - 경상북도
- 경상남도   - 제주특별자치도

③ 한 명당 가입한 의료보험의 수

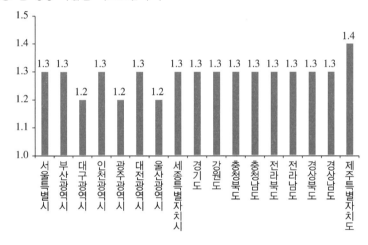

④ 질병 환자 한 명당 발열 환자 비율

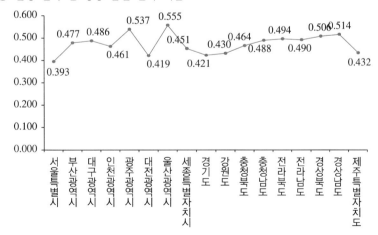

11 다음 〈보기〉 중 자료에 대한 설명으로 옳은 것을 모두 고르면?

ㄱ. 부산광역시는 경상남도보다 감기 환자의 수가 적다.
ㄴ. 대구광역시의 질병 환자가 가입한 의료보험의 수는 6만 5천 개 이상이다.
ㄷ. 질병 환자 한 명당 발열 환자 수는 강원도가 제일 적다.
ㄹ. 질병 환자 한 명당 발열 환자 수는 서울특별시가 제일 크다.

① ㄱ, ㄴ
② ㄴ, ㄷ
③ ㄱ, ㄴ, ㄹ
④ ㄱ, ㄷ, ㄹ

12 다음은 외래 진료 시 환자가 부담하는 비용에 대한 자료이다. 〈보기〉에 제시된 금액이 요양급여비용 총액이라고 할 때, 세 사람의 본인부담금은 총 얼마인가?(단, 모든 지역은 의약분업을 실시하고 있다)

〈외래 진료 시 본인부담금〉

구분		본인부담금 비율
의료 급여기관	상급종합병원	(진찰료 총액)＋나머지 진료비의 60%
	종합병원	요양급여비용 총액의 45%(읍, 면지역), 50%(동지역)
	일반병원	요양급여비용 총액의 35%(읍, 면지역), 40%(동지역)
	의원	요양급여비용 총액의 30%
	※ 단, 65세 이상인 경우(의약분업 실시 지역) 　- 요양급여비용 총액이 25,000원 초과인 경우 요양급여비용 총액의 30%를 부담 　- 요양급여비용 총액이 20,000원 초과 25,000원 이하인 경우 요양급여비용 총액의 20%를 부담 　- 요양급여비용 총액이 15,000원 초과 20,000원 이하인 경우 요양급여비용 총액의 10%를 부담 　- 요양급여비용 총액이 15,000원 이하인 경우 1,500원 부담	
약국	요양급여비용 총액의 30%	
	※ 단, 65세 이상인 경우(처방전에 의한 의약품조제 시) 　- 요양급여비용 총액이 12,000원 초과인 경우 요양급여비용 총액의 30%를 부담 　- 요양급여비용 총액이 10,000원 초과 12,000원 이하인 경우 요양급여비용 총액의 20%를 부담 　- 요양급여비용 총액이 10,000원 이하인 경우 1,000원 부담	

※ 요양급여비용이란 아래 범위에 해당하는 요양 서비스의 비용을 말한다.
1. 진찰 · 검사
2. 약제(藥劑) · 치료재료의 지급
3. 처치 · 수술 및 그 밖의 치료
4. 예방 · 재활
5. 입원
6. 간호
7. 이송(移送)

보기

ㄱ. Q동에서 살고 있는 67세 이○○씨는 종합병원에서 재활을 받고, 진료비 21,500원이 나왔다.

ㄴ. P읍에 사는 34세 김□□씨는 의원에서 진찰비 12,000원이 나오고, 처방전을 받아 약국에서 총액은 10,000원이 나왔다.

ㄷ. 60세 최△△씨는 M면 지역 일반병원에 방문하여 진료비 25,000원과 약국에서 처방전에 따라 총액 60,000원이 나왔다.

① 39,650원
③ 37,650원
② 38,600원
④ 36,600원

※ 다음은 두루누리 사회보험료 지원사업에 대한 자료이다. 이어지는 질문에 답하시오. [13~14]

□ 두루누리 사회보험료 지원사업이란?
소규모 사업을 운영하는 사업주와 소속 근로자의 사회보험료(고용보험·국민연금)의 일부를 국가에서 지원함으로써 사회보험 가입에 따른 부담을 덜어주고, 사회보험 사각지대를 해소하기 위한 사업입니다.

□ 지원대상
• 근로자 수가 10명 미만인 사업에 고용된 근로자 중 월평균보수가 215만 원 미만인 근로자와 그 사업주에게 사회보험료(고용보험·국민연금)를 최대 90%까지 각각 지원해 드립니다.
• 2018년 1월 1일부터 신규지원자 및 기지원자 지원을 합산하여 36개월까지만 지원합니다.
• 기지원자의 경우 2020년 12월 31일까지만 지원됩니다.

□ 근로자 수가 '10명 미만인 사업'이란?
• 지원신청일이 속한 보험연도의 전년도에 근로자인 피보험자 수가 월평균 10명 미만이고, 지원신청일이 속한 달의 말일을 기준으로 10명 미만인 사업입니다.
• 지원신청일이 속한 보험연도의 전년도 근로자인 피보험자 수가 월평균 10명 이상이나 지원 신청일이 속한 달의 직전 3개월 동안(지원신청일이 속한 연도로 한정함) 근로자인 피보험자 수가 연속하여 10명 미만인 사업입니다.

□ '월평균보수' 215만 원 미만이란?
• '월평균보수'란 보험료 산정 기준연도의 보수총액을 월평균으로 산정한 것으로 월별보험료의 산정 기초 자료로 활용됩니다.
• '215만 원 미만'이란 근로소득에서 비과세 근로소득을 제외하고 산정한 월평균보수가 215만 원이 되지 않는 경우를 말합니다.

□ 지원 제외대상
• 지원신청일이 속한 보험연도의 전년도 재산의 과세표준액 합계가 6억 원 이상인 자
• 지원신청일이 속한 보험연도의 전년도 근로소득이 연 2,838만 원 이상인 자
• 지원신청일이 속한 보험연도의 전년도 근로소득을 제외한 종합소득이 연 2,100만 원 이상인 자

□ 지원기준
• 신규지원자 : 5명 미만 사업 90% 지원 / 5명 이상 10명 미만 사업 80% 지원(사업주와 근로자가 각각 부담하는 보험료의 일부에 대해 지원)
• 기지원자 : 10명 미만 사업 30% 지원(사업주와 근로자가 각각 부담하는 보험료의 일부에 대해 지원) / 신규지원자에 해당하지 않는 근로자

□ 지원금액 산정 예시
• 조건 : 근로자 수 5명 미만 기업의 월평균 200만 원인 근로자(신규지원자)
• 근로자 지원금
  - 고용보험 : 200만×0.8%(요율)×90%=14,400원
  - 국민연금 : 200만×4.5%(요율)×90%=81,000원
• 사업주 지원금
  - 고용보험 : 200만×1.05%(요율)×90%=18,900원
  - 국민연금 : 200만×4.5%(요율)×90%=81,000원
→ 사업주는 매월 99,900원, 근로자는 매월 95,400원을 지원받을 수 있습니다.

13 K회사는 지난달 두루누리 사회보험료 지원사업 대상으로 선정되었고, K회사에 근무하는 E씨가 이번 달부터 지원 혜택을 받게 되었다. K회사와 E씨에 대한 정보가 다음과 같을 때, 이번 달 K회사의 사업주와 E씨가 납부할 보험료의 합으로 옳은 것은?

- 근로자 수 : 8명
- E씨의 월평균보수 : 180만 원
- 고용보험료 산정

  − 근로자 : 자기의 보수총액에 실업급여 보험료율의 $\frac{1}{2}$을 곱한 금액으로 한다.

  − 사업주 : 근로자의 개인별 보수총액에 고용안정·직업능력 개발사업의 보험료율을 곱하여 산출한 금액과 실업급여 보험료율의 $\frac{1}{2}$을 곱하여 산출한 각각의 금액을 합한 금액으로 한다.

- 고용보험료율

고용보험 사업별 구분		사업주	근로자
실업급여(1.6%)		0.8%	0.8%
고용안정·직업능력 개발사업	150인 미만 사업	0.25%	−
	150인 이상 1,000인 미만 사업	0.65%	−
	1,000인 이상 사업	0.85%	−

- 연금보험료

  − (가입자의 기준소득월액)×[연금보험료율(9%)]
  − 사업장가입자의 경우 사용자와 근로자가 각각 4.5%씩 부담

  ※ E씨 외에 다른 근로자는 지원 혜택을 받지 않는다.

---

① 32,000원   ② 36,500원
③ 38,560원   ④ 39,060원

14 다음 중 두루누리 사회보험료 지원사업에 대해 잘못 알고 있는 사람을 고르면?

A씨 : 나는 지난해 1년간의 급여를 포함하여 2,650만 원의 소득을 얻었는데, 이 중 비과세 근로소득이 100만 원이니까 두루누리 사회보험료 지원사업의 지원금액 조건을 충족할 수 있어. 그래서 해당 사업에 지원하면 어떨지 생각하고 있어.

B씨 : 어? 네가 다니는 회사에 근무 중인 총 직원의 수가 10명이라고 하지 않았어? 그래도 지원이 돼?

C씨 : 지난해는 나까지 포함해서 월평균 10명의 직원이 근무했었는데, 올해는 지난달에 한 명이 그만둬서 이제 신청해도 괜찮아.

D씨 : 아! 나는 이미 지원을 받고 있는데, 해당 사업은 사회보험 중 두 개만 지원해줘서 매우 아쉬워. 다른 것보다 건강보험료가 포함되었으면 좋았을 텐데.

---

① A씨   ② B씨
③ C씨   ④ D씨

01 다음 중 국민건강보험공단의 결손처분에 대한 설명으로 옳지 않은 것은?

① 해당 권리에 대한 소멸시효가 완성되기 2일 전 보험료 등을 결손처분해야 한다.

② 체납처분이 끝나고 체납액에 충당될 배분금액이 그 체납액에 미치지 못하는 경우 보험료 등을 결손처분할 수 있다.

③ 징수할 가능성이 없다고 인정되는 경우로서 대통령령으로 정하는 경우 보험료 등을 결손처분할 수 있다.

④ 결손처분을 한 후 압류할 수 있는 다른 재산이 있는 것을 발견한 때에는 지체 없이 그 처분을 취소하고 체납처분을 하여야 한다.

02 다음 중 국민건강보험료의 독촉 및 체납처분에 대한 설명으로 옳지 않은 것은?

① 지역가입자의 세대가 2명 이상인 경우 그중 1명에게 한 독촉은 세대 구성원 모두에게 효력이 있는 것으로 본다.

② 국민건강보험공단이 보험료를 독촉할 때는 10 ~ 20일 이내의 납부기한을 정하여 독촉장을 발부하여야 한다.

③ 국민건강보험공단은 독촉을 받은 자가 그 납부기한까지 보험료를 내지 아니하면 보건복지부장관의 승인을 받아 징수할 수 있다.

④ 국민건강보험공단은 체납처분을 하기 전에 소액금융재산에 대한 압류금지 사실 등이 포함된 통보서를 발송하여야 한다.

03 다음 중 빈칸에 들어갈 수 있는 내용으로 옳지 않은 것은?

요양급여(법 제41조)
① 가입자와 피부양자의 질병, 부상, 출산 등에 대하여 다음 각 호의 요양급여를 실시한다.
  1. _____
  2. _____
  3. _____
  4. _____

① 진찰·검사   ② 자가 진단
③ 처치·수술 및 그 밖의 치료   ④ 예방·재활

04 다음 중 직장보험료를 서로 50%씩 부담해야 하는 경우가 아닌 것은?

① 사업주와 근로자
② 공무원과 국가
③ 사립학교 직원과 사립학교 설립·운영자
④ 사립학교 교원과 사립학교 설립·운영자

05 다음 〈보기〉 중 국민건강보험 직장가입자 또는 지역가입자의 자격 취득 시기로 옳은 것을 모두 고르면?

> **보기**
>
> ㄱ. 수급권자이었던 사람은 그 대상자에서 제외된 다음 날
> ㄴ. 직장가입자의 피부양자이었던 사람은 그 자격을 잃은 날
> ㄷ. 유공자 등 의료보호대상자이었던 사람은 그 대상자에서 제외된 날
> ㄹ. 보험자에게 건강보험의 적용을 신청한 유공자 등 의료보호대상자는 그 신청한 날

① ㄱ, ㄹ   ② ㄴ, ㄷ
③ ㄱ, ㄴ, ㄹ   ④ ㄴ, ㄷ, ㄹ

06 다음 〈보기〉 중 국민건강보험법에서 건강보험의 피부양자에 해당하는 사람을 모두 고르면?

> **보기**
>
> ㄱ. 직장인 A씨의 할아버지
> ㄴ. 고용 기간이 1개월 미만인 일용근로자 B씨의 아내
> ㄷ. 직장인 C씨의 아내의 아들의 배우자
> ㄹ. 지역가입자 D씨의 배우자
> ※ A ~ D씨는 제시된 사람들의 생계를 책임진다.

① ㄱ, ㄴ   ② ㄱ, ㄷ
③ ㄴ, ㄷ   ④ ㄴ, ㄹ

07 국민건강보험법 제91조에 따르면 일부 권리는 3년 동안 행사하지 않을 경우 소멸시효가 완성된다. 다음 〈보기〉 중 이에 해당하는 권리는 모두 몇 개인가?

> **보기**
>
> ㄱ. 보험료, 연체금 및 가산금을 징수할 권리
> ㄴ. 보험료, 연체금 및 가산금으로 과오납부한 금액을 환급받을 권리
> ㄷ. 보험급여를 받을 권리
> ㄹ. 보험급여 비용을 받을 권리
> ㅁ. 과다납부된 본인일부부담금을 돌려받을 권리
> ㅂ. 요양급여비용의 정산에 따른 근로복지공단의 권리

① 3개 ② 4개
③ 5개 ④ 6개

08 다음 중 국민건강보험법상 직장가입자가 될 수 있는 사람은?

① 졸업을 앞두고 있는 군간부후보생
② 지원하지 않고 임용된 현역 하사
③ 지방선거에 당선되어 취임한 공무원으로 급료를 받지 않는 자
④ 소정근로시간이 80시간 이상인 1년 계약직 교직원

09 다음 중 국민건강보험법에 따른 이의신청 및 심판청구의 순서를 바르게 나열한 것은?

> ㄱ. 이의신청
> ㄴ. 심판청구
> ㄷ. 행정소송

① ㄱ - ㄴ - ㄷ ② ㄱ - ㄷ - ㄴ
③ ㄴ - ㄱ - ㄷ ④ ㄴ - ㄷ - ㄱ

10 다음 중 국민건강보험법상 건강검진의 종류 및 대상으로 옳지 않은 것은?

① 일반건강검진 : 직장가입자, 20세 이상인 지역가입자
② 청소년건강검진 : 유치원, 초·중·고등학생
③ 영유아건강검진 : 6세 미만의 가입자 및 피부양자
④ 암검진 : 암관리법에 따른 암의 종류별 검진주기와 연령 기준 등에 해당하는 사람

01 다음 중 장기요양위원회에 대한 설명으로 옳지 않은 것은?

① 공무원이 아닌 위원의 임기는 2년으로 한다.

② 위원장은 보건복지부차관이 되고, 부위원장은 위원 중에서 위원장이 지명한다.

③ 장기요양위원회 회의는 구성원 과반수의 출석으로 개의하고 출석위원 과반수의 찬성으로 의결한다.

④ 장기요양위원회는 위원장 1인, 부위원장 1인을 포함한 16인 이상 22인 이하의 위원으로 구성한다.

02 다음 〈보기〉 중 장기요양기관 지정의 취소 및 업무정지 등 행정제재처분의 효과가 3년간 승계되는 자를 모두 고르면?

> **보기**
>
> ㄱ. 장기요양기관을 양도한 경우 양수인
> ㄴ. 법인이 합병된 경우 합병으로 신설되거나 합병 후 존속하는 법인
> ㄷ. 장기요양기관 폐업 후 같은 장소에서 장기요양기관을 운영하는 자 중 종전에 행정제재처분을 받은 자
> ㄹ. 장기요양기관 폐업 후 같은 장소에서 장기요양기관을 운영하는 자 중 종전에 행정제재처분을 받은 자의 배우자
> ㅁ. 장기요양기관 폐업 후 같은 장소에서 장기요양기관을 운영하는 자 중 종전에 행정제재처분을 받은 자의 직계혈족

① ㄱ, ㄴ
② ㄱ, ㄴ, ㄷ
③ ㄱ, ㄷ, ㄹ, ㅁ
④ ㄱ, ㄴ, ㄷ, ㄹ, ㅁ

03 거짓이나 그 밖의 부정한 방법으로 수급자에게 장기요양급여비용을 부담하게 한 자에게 부과되는 과태료는 얼마인가?

① 100만 원 이하
② 300만 원 이하
③ 500만 원 이하
④ 1,000만 원 이하

04 다음 중 등급판정위원회에 대한 설명으로 옳지 않은 것은?

① 위원장은 보건복지부장관이 임명한다.

② 장기요양인정 및 장기요양등급 판정 등을 심의하기 위하여 설치한다.

③ 공무원인 위원의 임기는 재임기간으로 한다.

④ 위원장 1인을 포함하여 15인의 위원으로 구성한다.

05 다음 〈보기〉 중 장기요양위원회가 하는 일을 모두 고르면?

> **보기**
>
> ㄱ. 장기요양보험료율 심의
> ㄴ. 가족요양비 지급기준 심의
> ㄷ. 특례요양비 지급기준 심의
> ㄹ. 재가 및 시설 급여비용 심의

① ㄱ, ㄴ 　　　　　　　　　② ㄴ, ㄷ

③ ㄱ, ㄴ, ㄷ 　　　　　　　④ ㄱ, ㄴ, ㄷ, ㄹ

06 다음 〈보기〉 중 노인장기요양보험법에서 국가와 지방자치단체가 공단이 부담하여야 할 비용의 전액을 지원하는 것을 모두 고르면?

> **보기**
>
> ㄱ. 관리운영비
> ㄴ. 장기요양급여비용
> ㄷ. 의사소견서 발급비용
> ㄹ. 방문간호비용

① ㄱ, ㄴ 　　　　　　　　　② ㄱ, ㄴ, ㄷ

③ ㄴ, ㄷ, ㄹ 　　　　　　　④ ㄱ, ㄴ, ㄷ, ㄹ

07 다음 장기요양급여 중 특별현금급여가 지급되지 않는 것은?

① 가족요양비
② 특례요양비
③ 요양병원간병비
④ 장기이식급여

08 다음 중 재가급여의 종류와 이에 대한 정의가 바르게 짝지어진 것은?

- 방문요양
- 방문목욕
- 방문간호
- 주·야간보호
- 단기보호
- 기타재가급여

(가) 수급자를 하루 중 일정한 시간 동안 장기요양기관에 보호하여 신체활동 지원 및 심신기능의 유지·향상을 위한 교육·훈련 등을 제공하는 장기요양급여

(나) 수급자를 보건복지부령으로 정하는 범위 안에서 일정 기간 동안 장기요양기관에 보호하여 신체활동 지원 및 심신기능의 유지·향상을 위한 교육·훈련 등을 제공하는 장기요양급여

(다) 장기요양요원인 간호사 등이 의사, 한의사 또는 치과의사의 지시서에 따라 수급자의 가정 등을 방문하여 간호, 진료의 보조, 요양에 관한 상담 또는 구강위생 등을 제공하는 장기요양급여

(라) 장기요양요원이 목욕설비를 갖춘 장비를 이용하여 수급자의 가정 등을 방문하여 목욕을 제공하는 장기요양급여

① (가) : 방문요양
② (나) : 단기보호
③ (다) : 주·야간보호
④ (라) : 방문간호

아이들이 답이 있는 질문을 하기 시작하면 그들이 성장하고 있음을 알 수 있다.

– 존 J. 플롬프 –

PART **2**

직업기초능력

CHAPTER 01

의사소통능력

합격 Cheat Key

의사소통능력은 평가하지 않는 공사・공단이 없을 만큼 필기시험에서 중요도가 높은 영역으로, 세부 유형은 문서 이해, 문서 작성, 의사 표현, 경청, 기초 외국어로 나눌 수 있다. 문서 이해・문서 작성과 같은 지문에 대한 주제 찾기, 내용 일치 문제의 출제 비중이 높으며, 문서의 특성을 파악하는 문제도 출제되고 있다.

1 문제에서 요구하는 바를 먼저 파악하라!

의사소통능력에서 가장 중요한 것은 제한된 시간 안에 빠르고 정확하게 답을 찾아내는 것이다. 의사소통능력에서는 지문이 아니라 문제가 주인공이므로 지문을 보기 전에 문제를 먼저 파악해야 하며, 문제에 따라 전략적으로 빠르게 풀어내는 연습을 해야 한다.

2 잠재되어 있는 언어 능력을 발휘하라!

세상에 글은 많고 우리가 학습할 수 있는 시간은 한정적이다. 이를 극복할 수 있는 방법은 다양한 글을 접하는 것이다. 실제 시험장에서 어떤 내용의 지문이 나올지 아무도 예측할 수 없으므로 평소에 신문, 소설, 보고서 등 여러 종류의 글을 접하는 것이 필요하다.

3 상황을 가정하라!

업무 수행에 있어 상황에 따른 언어 표현은 중요하다. 같은 말이라도 상황에 따라 다르게 해석될 수 있기 때문이다. 그런 의미에서 자신의 의견을 효과적으로 전달할 수 있는 능력을 평가하는 것이다. 업무를 수행하면서 발생할 수 있는 여러 상황을 가정하고 그에 따른 올바른 언어표현을 정리하는 것이 필요하다.

4 말하는 이의 입장에서 생각하라!

잘 듣는 것 또한 하나의 능력이다. 상대방의 이야기에 귀 기울이고 공감하는 태도는 업무를 수행하는 관계 속에서 필요한 요소이다. 그런 의미에서 다양한 상황에서 듣는 능력을 평가하는 것이다. 말하는 이가 요구하는 듣는 이의 태도를 파악하고, 이에 따른 판단을 할 수 있도록 언제나 말하는 사람의 입장이 되는 연습이 필요하다.

01 | 문서 내용 이해

| 유형분석 |

- 주어진 지문을 읽고 선택지를 고르는 전형적인 독해 문제이다.
- 지문은 주로 신문기사(보도자료 등)나 업무 보고서, 시사 등이 제시된다.
- 공사공단에 따라 자사와 관련된 내용의 기사나 법조문, 보고서 등이 출제되기도 한다.

다음 글의 내용으로 적절하지 않은 것은?

수소와 산소는 H_2와 O_2의 분자 상태로 존재한다. 수소와 산소가 화합해서 물 분자가 되려면 이 두 분자가 충돌해야 하는데, 충돌하는 횟수가 많으면 많을수록 물 분자가 생기는 확률은 높아진다. 또한 반응하기 위해서는 분자가 원자로 분해되어야 한다. 좀 더 정확히 말한다면, 각각의 분자가 산소 원자끼리 그리고 수소 원자끼리의 결합력이 약해져야 한다. 높은 온도는 분자 간의 충돌 횟수를 증가시킬 뿐 아니라 분자를 강하게 진동시켜 분자의 결합력을 약하게 한다. 그리하여 수소와 산소는 이전까지 결합하고 있던 자신과 동일한 원자와 떨어져, 산소 원자 하나에 수소 원자 두 개가 결합한 물(H_2O)이라는 새로운 화합물이 되는 것이다.

① 수소 분자와 산소 분자가 충돌해야 물 분자가 생긴다.
② 수소 분자와 산소 분자가 원자로 분해되어야 반응을 할 수 있다.
③ 높은 온도는 분자를 강하게 진동시켜 결합력을 약하게 한다.
④ 산소 분자와 수소 분자가 각각 물(H_2O)이라는 새로운 화합물이 된다.

정답 ④

제시문은 분자 상태의 수소와 산소가 결합하여 물이 되는 과정을 설명한 것으로, 수소 분자와 산소 분자가 원자로 분해되고, 분해된 산소 원자 하나와 수소 원자 두 개가 결합하여 물이라는 화합물이 생성된다고 했다. ④는 산소 분자와 수소 분자가 '각각' 물이 된다고 했으므로 이는 잘못된 해석이다.

풀이 전략!

주어진 선택지에서 키워드를 체크한 후, 지문의 내용과 비교해 가면서 내용의 일치 유무를 빠르게 판단한다.

※ 다음 글의 내용으로 가장 적절한 것을 고르시오. [1~4]

01

> 3월 저소득·의료소외계층의 병원비 부담 완화에 기여하기 위해 2021년도 진료비 지원 사회공헌 사업 시행이 계획되었다. 국민건강보험공단의 진료비 지원 사회공헌 사업은 국민건강보험 일산병원 및 전국 병·의원과 연계하여 추진하고 있으며, 2011년부터 시작된 진료비지원 사업은 올해로 15년째로, 그간 공단 임직원들이 모금한 사회공헌기금으로 239명의 의료취약계층이 약 4억 원의 진료비를 지원받았다.
>
> 지원대상은 기초생활수급자, 기준중위소득 70% 이하의 내국인 의료소외층이며, 대상질환은 안과, 척추·인공관절, 간·신장 이식이고, 2019년부터는 국민건강보험 일산병원 대상 특화사업으로 아동·청소년 정신질환(정신분열 및 급성기 우울증)도 지원하고 있다. 지원 범위는 지원 승인 후 발생된 진료비 본인부담금 및 비급여 비용(일부항목 제외)이며, 질환당 지원한도는 안과 300만 원, 척추·인공관절 400만 원, 간·신장 이식 500만 원, 정신질환 300만 원이다.
>
> 입원(수술) 예정일로부터 1개월 전까지 병·의원에서 신청 대상자 거주지 관할 공단 지사로 신청하면 되고, 서류 검토 및 세부 조사를 통하여 지원 여부가 결정된다.
>
> 국민건강보험공단은 "공단의 본업과 연계된 사회공헌 사업으로 보험자로서의 사회적 책임을 다하는 것에 큰 보람을 느끼며, 앞으로도 모든 국민이 건강하게 살아가는 사회를 만들기 위해 앞장서겠다."고 말했다.

① 국민건강보험공단은 15년간 총 239명의 사람들에게 진료비 지원 사업을 펼쳤다.

② 2019년 이후로 간 이식은 진료비 지원 대상질환에 포함되었다.

③ 모든 병원에서 아동 정신질환 관련 진료비 지원을 받을 수 있었다.

④ 정신질환과 간 이식 모두 동일하게 300만 원을 지원받을 수 있다.

02

> 그녀는 저녁 10시면 잠이 들었다. 퇴근하고 집에 돌아오면 아주 오랫동안 샤워를 했다. 한 달에 수도 요금이 5만 원 이상 나왔고, 생활비를 줄이기 위해 휴대폰을 정지시켰다. 일주일에 한 번씩 고향에 있는 어머니께 전화를 드렸고, 매달 말일에는 고시공부를 하는 동생에게 50만 원을 온라인으로 송금했다. 의사로부터 신경성 위염이라는 진단을 받은 후로는 밥을 먹을 때 꼭 백 번씩 씹었다. 밥을 먹고 30분 후에는 약을 먹었다. 그녀는 8년째 도서관에서 일했지만, 정작 자신은 책을 읽지 않았다.

① 그녀는 생활비를 벌기 위해 아르바이트를 한다.

② 그녀는 8년째 도서관에서 고시공부를 하고 있다.

③ 그녀는 신경성 위염 때문에 식사 후에는 약을 먹는다.

④ 그녀는 휴대폰 요금이 한 달에 5만 원 이상 나오자 정지시켰다.

03

미디어 플랫폼의 다변화로 콘텐츠 이용에 대한 선택권이 다양해졌지만, 여전히 장애인은 OTT로 콘텐츠 하나 보기가 어려운 현실이다.

지난 2022년 장애인 미디어 접근 콘퍼런스에서 최선호 한국시각장애인연합회 정책팀장은 "올해 한 기사를 보니 한 시각장애인 분이 OTT는 넷플릭스나 유튜브로 보고 있다고 되어 있었는데, 두 가지가 다 외국 플랫폼이었다는 것이 마음이 아팠다. 외국과 우리나라에서 장애인을 바라보는 시각의 차이가 바로 이런 것이구나 생각했다."며 "장애인을 소비자로 보느냐 시혜대상으로 보느냐 사업자가 어떤 생각을 갖고 있느냐에 따라 콘텐츠를 어떻게 제작할 것인가의 차이가 있다고 본다."고 말했다.

실제로 시각장애인은 OTT의 기본 기능도 이용하기 어렵다. 국내 OTT에서는 동영상 재생 버튼을 설명하는 대체 텍스트(문구)가 제공되지 않아 시각장애인들이 재생 버튼을 선택할 수 없었으며 동영상 시청 중에는 일시 정지할 수 있는 버튼, 음량 조정 버튼, 설정 버튼 등이 화면에서 사라졌다. 재생 버튼에 대한 설명이 제공되는 넷플릭스도 영상 재생 시점을 10초 앞으로, 또는 뒤로 이동하는 버튼은 이용하기 어렵다.

이에 국내 OTT 업계의 경우 장애인 이용을 위한 기술을 개발·확대한다는 계획을 밝히며 정부 지원이 필요하다고 덧붙였다. 정부도 규제와 의무보다는 사업자의 자율적인 부분을 인정해주고 사업자 노력을 드라이브 걸 수 있는 지원책을 마련하여야 한다. 이는 OTT 시장이 철저한 자본에 의한 경쟁시장이며, 자본이 있는 만큼 서비스가 고도화되고 고도화를 통해 이용자 편의성을 높일 수 있기 때문이다.

① 외국 OTT 플랫폼은 장애인을 위한 서비스를 활발히 제공하고 있다.
② 국내 OTT 플랫폼은 장애인을 위한 서비스를 제공하고 있지 않다.
③ 외국 OTT 플랫폼은 국내 플랫폼보다 장애인을 시혜 대상으로 바라보고 있다.
④ 정부는 OTT 플랫폼에 장애인 편의 기능을 마련할 것을 촉구했지만 지원책은 미비했다.

04

흔히 지방은 비만의 주범으로 지목된다. 대부분의 영양학자는 지방이 단백질이나 탄수화물보다 단위 질량당 더 많은 열량을 내기 때문에 과체중을 유발하는 것으로 보았다. 그래서 저지방 식단이 비만을 막는 것으로 여겨지기도 했다. 하지만 저지방 식단의 다이어트 효과는 오래가지 않는 것으로 밝혀졌다. 최근의 연구를 따르면 비만을 피하는 최선의 방법은 섭취하는 지방의 양을 제한하는 것이 아니라 섭취하는 총열량을 제한하는 것이다.

또한 지방하면 여러 질병의 원인으로서 인체에 해로운 것으로 인식되기도 한다. 문제가 되는 것은 '전이지방'이다. 전이지방은 천연 상태의 기름에 수소를 첨가하여 경화시키는 특수한 물리·화학적 처리에 따라 생성되는 것으로서, 몸에 해로운 포화지방의 비율이 자연 상태의 기름보다 높다. 전이지방은 '부분 경화유'나 '야채쇼트닝' 등의 형태로 치킨, 케이크, 라면, 쿠키 등 각종 식품에 첨가된다. 전이지방은 각종 신선 식품의 신선도를 유지하고 과자류를 잘 부서지지 않게 하므로 그 유해성에도 불구하고 식품 첨가물로 흔히 쓰인다. 전이지방을 섭취하면 동맥경화, 협심증, 심근경색 등 심혈관계 질환이나 유방암 등이 발병할 수 있다. 이러한 전이지방이 지방을 대표하는 것으로 여겨지면서 지방이 심장 질환을 비롯한 여러 질병의 원인으로 지목됐다.

그렇다면 지방의 누명을 어떻게 벗겨줄 것인가? 중요한 것은 지방이라고 모두 같은 지방은 아니라는 사실을 일깨우는 것이다. 지방은 인체에서 비타민이나 미네랄만큼 유익한 작용을 많이 한다. 견과류와 채소 기름, 생선 등에서 얻는 필수지방산은 면역계와 피부, 신경섬유 등에 이로운 구실을 하고 정신 건강을 유지해 준다. 불포화지방의 섭취는 오히려 각종 질병의 위험을 감소시키며 체내의 지방세포는 장수에 도움을 주기도 한다. 그렇다고 해서 불포화지방을 무턱대고 많이 섭취하라는 것은 아니다. 인체의 필수영양소가 균형을 이루는 선에서 섭취하는 것이 바람직하다.

사람 중에는 지방을 제거하기 위해 체내의 지방 흡수를 인위적으로 차단하는 비만 치료제를 이용하는 이도 있는데 이러한 비만 치료제는 인체 시스템에 악영향을 끼치기도 한다. 만일 이 비만 치료제가 몸에 좋은 지방과 그렇지 않은 지방을 구별하는 눈을 가졌다면 권장할 만하다. 하지만 모든 유형의 지방이 우리 몸에 흡수되는 것을 막는 것이 문제다. 게다가 이 비만 치료제는 지방질만 제거하는 것이 아니라 지방질과 함께 소화 흡수되어 시력 보호나 노화 방지를 돕는 지용성 비타민까지 걸러내게 마련이다. 시력을 떨어뜨리고 노화를 촉진하는 약품을 먹을 이유는 없다. 그것도 만만찮은 비용까지 부담하면서 말이다.

지방이 각종 건강상의 문제를 일으키는 것은 지방 그 자체의 속성 때문이라기보다는 지방을 섭취하는 인간의 자기 관리가 허술했기 때문이다. 체지방의 경우 과다하게 축적되면 비만한 체형을 형성하는 주 요인이 되기도 하고 건강을 위협할 수도 있지만, 적당히 신체에 고루 분포된 체지방은 균형 잡힌 체형의 필수 조건이다. 그러므로 지방과 다른 영양소와의 조화를 염두에 두고, 좋고 나쁜 지방을 분별력 있게 가려 섭취한다면 지방 걱정은 한낱 기우에 불과할 수도 있다.

① 저지방 식단은 다이어트 효과를 지속해서 유지해 준다.
② 전이지방은 인체에 유해하므로 식품에 쓰이지 않고 있다.
③ 불포화지방산은 각종 질병의 위험을 감소시키므로 많이 섭취하는 것이 좋다.
④ 지방을 섭취하면서 자기 관리를 철저히 한다면 지방이 일으키는 여러 질병을 피할 수 있다.

02 | 글의 주제·제목

| 유형분석 |

- 주어진 지문을 파악하여 전달하고자 하는 핵심 주제를 고르는 문제이다.
- 정보를 종합하고 중요한 내용을 구별하는 능력이 필요하다.
- 설명문부터 주장, 반박문까지 다양한 성격의 지문이 제시되므로 글의 성격별 특징을 알아 두는 것이 좋다.

다음 글의 주제로 가장 적절한 것은?

멸균이란 곰팡이, 세균, 박테리아, 바이러스 등 모든 미생물을 사멸시켜 무균 상태로 만드는 것을 의미한다. 멸균 방법에는 물리적, 화학적 방법이 있으며, 멸균 대상의 특성에 따라 적절한 멸균 방법을 선택하여 실시할 수 있다. 먼저 물리적 멸균법에는 열이나 화학약품을 사용하지 않고 여과기를 이용하여 세균을 제거하는 여과법, 병원체를 불에 태워 없애는 소각법, 100℃ 에서 10 ∼ 20분간 물품을 끓이는 자비소독법, 미생물을 자외선에 직접 노출시키는 자외선 소독법, 160 ∼ 170℃ 의 열에서 1 ∼ 2시간 동안 건열 멸균기를 사용하는 건열법, 포화된 고압증기 형태의 습열로 미생물을 파괴시키는 고압증기 멸균법 등이 있다. 다음으로 화학적 멸균법은 화학약품이나 가스를 사용하여 미생물을 파괴하거나 성장을 억제하는 방법을 말한다. 여기에는 E.O 가스, 알코올, 염소 등 여러 가지 화학약품이 사용된다.

① 멸균의 중요성
② 뛰어난 멸균 효과
③ 다양한 멸균 방법
④ 멸균 시 발생할 수 있는 부작용

정답 ③

제시문에서는 멸균에 대해 언급하며, 멸균 방법을 물리적·화학적으로 구분하여 다양한 멸균 방법에 대해 설명하고 있다. 따라서 글의 주제로 ③이 가장 적절하다.

풀이 전략!

'결국', '즉', '그런데', '그러나', '그러므로' 등의 접속어 뒤에 주제가 드러나는 경우가 많다는 것에 주의하면서 지문을 읽는다.

01 다음 글의 제목으로 가장 적절한 것은?

> 반사회적 인격장애(Antisocial Personality Disorder), 일명 사이코패스(Psychopath)는 타인의 권리를 대수롭지 않게 여기고 침해하며, 반복적인 범법행위나 거짓말, 사기성, 공격성, 무책임함 등을 보이는 인격장애이다. 사이코패스는 1920년대 독일의 쿠르트 슈나이더(Kurt Schneider)가 처음 소개한 개념으로 이들은 타인의 권리를 무시하는 무책임한 행동을 반복적, 지속적으로 보이며 다른 사람의 감정에 관심이나 걱정이 없고, 죄책감을 느끼지 못한다. 따라서 정직, 성실, 신뢰와 거리가 멀다. 반사회적 사람들 중 일부는 달변가인 경우도 있다. 다른 사람을 꾀어내기도 하고 착취하기도 한다. 대개 다른 사람이 느끼는 감정에는 관심이 없지만, 타인의 고통에서 즐거움을 얻는 가학적인 사람들도 있다.

① 사이코패스의 원인　　　　　　　　② 사이코패스의 예방법
③ 사이코패스의 진단법　　　　　　　④ 사이코패스의 정의와 특성

02 다음 글의 주제로 가장 적절한 것은?

> 반대는 필수불가결한 것이다. 지각 있는 대부분의 사람이 그러하듯 훌륭한 정치가는 항상 열렬한 지지자보다는 반대자로부터 더 많은 것을 배운다. 만약 반대자들이 위험이 있는 곳을 지적해 주지 않는다면, 그는 지지자들에게 떠밀려 파멸의 길을 걷게 될 수 있기 때문이다. 따라서 현명한 정치가라면 그는 종종 친구들로부터 벗어나기를 기도할 것이다. 친구들이 자신을 파멸시킬 수도 있다는 것을 알기 때문이다. 그리고 비록 고통스럽다고 할지라도 결코 반대자 없이 홀로 남겨지는 일이 일어나지 않기를 기도할 것이다. 반대자들이 자신을 이성과 양식의 길에서 멀리 벗어나지 않도록 해준다는 사실을 알기 때문이다. 자유의지를 가진 국민의 범국가적 화합은 정부의 독단과 반대당의 혁명적 비타협성을 무력화시키는 정치권력의 충분한 균형에 의존하고 있다. 그 균형이 어떤 상황 때문에 강제로 타협하게 되지 않는 한, 그리고 모든 시민이 어떤 정책에 영향을 미칠 수는 있으나 누구도 혼자 정책을 지배할 수 없다는 것을 느끼게 되지 않는 한, 그리고 습관과 필요에 의해서 서로 조금씩 양보하지 않는 한, 민주주의는 유지될 수 없기 때문이다.

① 민주주의와 사회주의　　　　　　　② 반대의 필요성과 민주주의
③ 민주주의와 일방적인 의사소통　　　④ 권력을 가진 자와 혁명을 꿈꾸는 집단

03 다음 글의 제목으로 가장 적절한 것은?

요즘은 대체의학의 홍수시대라고 하여도 지나친 표현이 아니다. 우리가 먹거나 마시는 대부분의 비타민제나 건강음료 및 건강보조식품이 대체의학에서 나오지 않은 것이 없을 정도이니 말이다. 이러한 대체요법의 만연으로 한의학계를 비롯한 제도권 의료계에서는 많은 경제적 위협을 받고 있다. 대체의학에 대한 정의는 일반적으로 현대의학의 표준화된 치료 이외에 환자들이 이용하는 치료법으로써 아직 증명되지는 않았으나, 혹은 일반 의료의 보조요법으로 과학자나 임상의사의 평가에 의해 증명되지는 않았으나 현재 예방, 진단, 치료에 사용되는 어떤 검사나 치료법 등을 통틀어 지칭하는 용어로 알려져 있다.

그러나 요즘 우리나라에서 말하는 대체의학은 한마디로 정의하여 전통적인 한의학과 서양의학이 아닌 그 외의 의학을 통틀어 대체의학이라 부르고 있다. 원래는 1970년대 초반 동양의학의 침술이 미국의학계와 일반인들에게 유입되고 특별한 관심을 불러일으키면서 서양의학자들은 이들의 혼잡을 정리하기 위해 서양의학 이외의 다양한 전통의학과 민간요법을 통틀어 '대체의학'이라 부르기 시작했다. 그런 이유로 구미 각국에서는 한의학도 대체의학에 포함시키고 있으나 의료 이원화된 우리나라에서만은 한의학도 제도권 내의 공식 의학에 속하기 때문에 대체의학에서는 제외되고 있다. 서양에서 시작된 대체의학은 서양의 정통의학에서 부족한 부분을 보완하거나 대체할 새로운 치료의학에 대한 관심으로 시작하였으나 지금의 대체의학은 질병을 관찰함에 있어 부분적이기보다는 전일(全一)적이며 질병 중심적이기보다는 환자 중심적이고 인위적이기보다는 자연적인 치료를 주장하는 인간중심의 한의학에 관심을 갖게 되면서 전반적인 상태나 영양 등은 물론 환자의 정신적, 사회적, 환경적인 부분까지 관찰하여 조화와 균형을 이루게 하는 치료법으로 거듭 진화하고 있으며 현재는 보완대체의학에서 보완통합의학으로, 다시 통합의학이라는 용어로 변모되어가고 있다.

대체의학을 분류하는 방법이 다양하지만 서양에서 분류한 세 가지 유형으로 구분하여 대표적인 것들을 소개하자면 다음과 같다. 첫째, 동양의학적 보완대체요법으로 침술, 기공치료, 명상요법, 요가, 아유르베다 의학, 자연요법, 생약요법, 아로마요법, 반사요법, 봉침요법, 접촉요법, 심령치료법, 기도요법 등이며 둘째, 서양의학적 보완대체요법으로는 최면요법, 신경-언어 프로그램 요법, 심상유도 요법, 바이오피드백 요법(생체되먹이 요법), 분자정형치료, 응용운동학, 중금속제거 요법, 해독요법, 영양보충 요법, 효소요법, 산소요법, 생물학적 치과치료법, 정골의학, 족부의학, 근자극요법, 두개천골자극 요법, 에너지의학, 롤핑요법, 세포치료법, 테이핑요법, 홍채진단학 등이 있고 셋째, 동서의학 접목형 보완대체요법으로는 동종요법, 양자의학, 식이요법, 절식요법, 주스요법, 장요법, 수치료, 광선요법, 뇨요법 등의 치료법이 있고, 요즘은 여기에다 미술치료, 음악치료 등의 새로운 치료법이 대두되고 있으며 이미 일부의 양·한방 의료계에서는 이들 중의 일부를 임상에 접목시키고 있다.

그러나 한의학으로 모든 질병을 정복하려는 우를 범해서는 아니 된다. 한의학으로 모든 질병이 정복되어진다면 서양의학이 존재할 수 없으며 대체의학이 새롭게 21세기를 지배할 이유가 없다. 한의학은 대체의학이 아니다. 마찬가지로 대체의학 역시 한의학이 아니며 서양의학도 아니다. 대체의학은 새로운 의학이다. 우리가 개척하고 정복해야 할 미지의 의학이다.

① 대체의학의 의미와 종류
② 대체의학이 지니는 문제점
③ 대체의학에 따른 부작용 사례
④ 대체의학의 한계와 개선 방향

04 C사원은 사보 담당자인 G주임에게 다음 달 기고할 사설 원고를 전달하였다. G주임은 문단마다 소제목을 붙였으면 좋겠다는 의견을 보냈다. C사원이 G주임의 의견을 반영하여 소제목을 붙였을 때, 적절하지 않은 것은?

(가) 떨어질 줄 모르는 음주율은 정신건강 지표와도 연결된다. 아무래도 생활에서 스트레스를 많이 느끼는 사람들이 음주를 통해 긴장을 풀고자 하는 욕구가 많기 때문이다. 특히 퇴근 후 혼자 한적하고 조용한 술집을 찾아 맥주를 즐기는 혼술 문화는 젊은 연령층에서 급속히 퍼지고 있는 트렌드이기도 하다. 이렇게 혼술 문화가 대중적으로 널리 퍼지게 된 원인은 1인 가구의 증가와 사회적 관계망이 헐거워진 데 있다는 것이 지배적인 분석이다.

(나) 혼술은 간단하게 한잔하며 긴장을 푸는 데 더없이 좋은 효과를 주기도 하지만, 그 이면에는 '음주 습관의 생활화'라는 문제도 있다. 혼술이 습관화되면 알코올중독으로 병원 신세를 질 가능성이 9배 늘어난다는 최근 연구결과도 있다. 실제로 가톨릭대 알코올 의존치료센터에 따르면 5년 동안 알코올 의존 상담환자 중 응답자 75.4%가 평소 혼술을 즐겼다고 답했다.

(다) 2016년 보건복지부와 국립암센터에서는 국민 암 예방 수칙의 하나인 '술은 하루 2잔 이내로 마시기' 수칙을 '하루 한두 잔의 소량 음주도 피하기'로 개정했다. 뉴질랜드 오타고대 연구진의 최신 연구에 따르면 술이 7종 암과 직접적 관련이 있는 것으로 밝혀졌고 이런 영향력은 적당한 음주에도 예외가 아닌 것으로 나타났다. 연구를 이끈 제니 코너 박사는 "음주 습관은 소량에서 적당량을 섭취했을 때도 몸에 상당한 부담으로 작용한다."고 밝혔다.

(라) 흡연과 함께 하는 음주는 1군 발암요인이기도 하다. 몸속에서 알코올과 니코틴 등의 독성물질이 만나면 더 큰 부작용과 합병증을 일으키기 때문이다. 일본 도쿄대 나카무라 유스케 교수는 '체질과 생활습관에 따른 식도암 발병률'이라는 논문에서 하루에 캔 맥주 1개 이상을 마시고 흡연을 같이할 경우 유해물질이 인체에서 상승작용을 한다는 것을 밝혀냈다. 또한 술, 담배를 함께하는 사람의 식도암 발병 위험이 다른 사람들에 비해 190배나 높은 것으로 나타났다. 우리나라는 세계적으로 식도암 발병률이 높은 나라이기도 하다. 이것이 우리가 음주습관 형성에 특히 주의를 기울여야 하는 이유이다.

① (가) : 1인 가구, 혼술 문화의 유행
② (나) : 혼술습관, 알코올중독으로 발전할 수 있어
③ (다) : 가벼운 음주, 대사 촉진에 도움이 돼
④ (라) : 흡연과 음주를 동시에 즐기면 식도암 위험률 190배

03 | 문단 나열

| 유형분석 |

- 각 문단 또는 문장의 내용을 파악하고 논리적 순서에 맞게 배열하는 복합적인 문제이다.
- 전체적인 글의 흐름을 이해하는 것이 중요하며, 각 문장의 지시어나 접속사에 주의한다.

다음 문단을 논리적 순서대로 바르게 나열한 것은?

(가) 그런데 자연의 일양성은 선험적으로 알 수 있는 것이 아니라 경험에 기대어야 알 수 있는 것이다. 즉, '귀납이 정당한 추론이다.'라는 주장은 '자연은 일양적이다.'라는 다른 지식을 전제로 하는데, 그 지식은 다시 귀납에 의해 정당화되어야 하는 경험 지식이므로 귀납의 정당화는 순환 논리에 빠져 버린다는 것이다. 이것이 귀납의 정당화 문제이다.

(나) 귀납은 논리학에서 연역이 아닌 모든 추론, 즉 전제가 결론을 개연적으로 뒷받침하는 모든 추론을 가리킨다. 귀납은 기존의 정보나 관찰 증거 등을 근거로 새로운 사실을 추가하는 지식 확장적 특성을 지닌다.

(다) 이와 관련하여 흄은 과거의 경험을 근거로 미래를 예측하는 귀납이 정당한 추론이 되려면 미래의 세계가 과거에 우리가 경험해 온 세계와 동일하다는 자연의 일양성, 곧 한결같음이 가정되어야 한다고 보았다.

(라) 이 특성으로 인해 귀납은 근대 과학 발전의 방법적 토대가 되었지만, 한편으로 귀납 자체의 논리 한계를 지적하는 문제들에 부딪히기도 한다.

① (가) - (나) - (다) - (라)
② (가) - (다) - (나) - (라)
③ (나) - (라) - (가) - (다)
④ (나) - (라) - (다) - (가)

정답 ④

먼저 귀납에 대해 설명하고 있는 (나) 문단이 오는 것이 적절하며, 다음으로 특성으로 인한 귀납의 논리적 한계가 나타난다는 (라) 문단이 오는 것이 적절하다. 이후 이러한 한계에 대한 흄의 의견인 (다) 문단과 구체적인 흄의 주장과 이에 따라 귀납의 정당화 문제에 대해 설명하는 (가) 문단이 차례로 오는 것이 적절하다. 따라서 (나) - (라) - (다) - (가) 순으로 나열해야 한다.

풀이 전략!

상대적으로 시간이 부족하다고 느낄 때는 선택지를 참고하여 문단의 순서를 생각해 본다.

PART 2

※ 다음 문단을 논리적 순서대로 바르게 나열한 것을 고르시오. [1~2]

01

> (가) 좋은 체력은 하루 이틀 사이에 이루어지지 않으며 이를 위해서는 공부, 식사, 수면, 운동의 개인별 특성에 맞는 규칙적인 생활관리와 알맞은 영양 공급이 필수적이다. 또 이 시기는 신체적으로도 급격한 성장과 성숙이 이루어지는 중요한 시기로 좋은 영양 상태를 유지하는 것은 수험을 위한 체력의 기반을 다지는 것뿐만 아니라 건강하고 활기찬 장래를 위한 준비가 된다는 점을 간과해서는 안 된다.
>
> (나) 우리나라의 중・고교생들은 많은 수가 입시전쟁을 치러야 하는 입장에 있다. 입시 준비 기간이라는 어려운 기간을 잘 이겨내어 각자가 지닌 목표를 달성하려면 꾸준한 노력과 총명한 두뇌가 중요하지만 마지막 승부수는 체력일 것이다.
>
> (다) 그러나 학생들은 많은 학습량, 수험으로 인한 스트레스, 밤새우기 등 불규칙한 생활을 하기도 하고, 식생활에 있어서도 아침을 거르고, 제한된 도시락 반찬으로 인한 불충분한 영양소 섭취, 잦은 야식, 미용을 위하여 무리하게 식사를 거르거나 절식을 하여 건강을 해치기도 한다. 또한 집 밖에서 보내는 시간이 많아 주로 패스트푸드, 편의식품점, 자동판매기를 통해 식사를 대체하고 있다.

① (가) - (나) - (다)　　　　　　② (가) - (다) - (나)
③ (나) - (가) - (다)　　　　　　④ (나) - (다) - (가)

02

> (가) 위기가 있는 만큼 기회도 주어진다. 다만, 그 기회를 잡기 위해 우리에게 가장 필요한 것은 지혜이다. 그리고 그 지혜를 행동으로 옮길 때, 우리는 성공이라는 결과를 얻을 수 있는 것이다.
>
> (나) 세계적 금융위기는 끝나지 않았고, 동중국해를 둘러싼 중국과 일본의 영토분쟁은 세계 경제에 새로운 위협 요인이 되고 있다. 국가경제도 부동산가격의 하락으로 가계부채 문제가 경제에 부담이 될 것이라고 예측된다. 휴일 영업을 둘러싼 대형마트와 재래시장 간의 갈등도 심화되고 있다. 기업의 입장에서나, 개인의 입장에서나 온통 풀기 어려운 문제에 둘러싸인 형국이다.
>
> (다) 이 위기를 이겨낸 사람이 성공하고, 위기를 이겨낸 기업이 경쟁에서 승리한다. 어려움을 이겨낸 나라가 자신에게 주어진 무대에서 주역이 되었다는 것을 우리는 지난 역사 속에서도 배울 수 있다.
>
> (라) 한마디로 위기(危機)의 시대이다. 위기는 '위험'을 의미하는 위(危)자와 '기회'를 의미하는 기(機)자가 합쳐진 말이다. 위기라는 말에는 위험과 기회라는 이중의 의미가 함께 들어 있다. 즉, 위험을 이겨낸 사람이 기회를 잡을 수 있다는 말이다. 위기는 기회의 또 다른 얼굴이다.

① (가) - (라) - (나) - (다)　　　　② (나) - (가) - (다) - (라)
③ (나) - (라) - (다) - (가)　　　　④ (라) - (가) - (다) - (나)

04 | 빈칸 삽입

| 유형분석 |

- 주어진 지문을 바탕으로 빈칸에 들어갈 내용을 찾는 문제이다.
- 선택지의 내용을 정확하게 확인하고 빈칸 앞뒤 문맥을 파악하는 능력이 필요하다.

다음 글의 빈칸에 들어갈 문장으로 가장 적절한 것은?

무엇보다도 전통은 문화적 개념이다. 문화는 복합 생성을 그 본질로 한다. 그 복합은 질적으로 유사한 것끼리는 짧은 시간에 무리 없이 융합되지만, 이질적일수록 그 혼용의 역사적 기간과 길항이 오래 걸리는 것은 사실이다. 그러나 전통이 그 주류에 있어서 이질적인 것은 교체가 더디다 해서 전통을 단절된 것으로 볼 수는 없는 것이다. 오늘은 이미 하나의 문화적 전통을 이룬 서구의 전통도, 희랍·로마 이래 장구한 역사로써 헬레니즘과 히브리즘의 이질적 전통이 융합된 것임은 이미 다 아는 상식 아닌가.

지금은 끊어졌다는 우리의 고대 이래의 전통도 알고 보면 샤머니즘에, 선교에, 불교에, 도교에, 유교에 실학파를 통해 받아들인 천주교적 전통까지 혼합된 것이고, 그것들 사이에는 유사한 것도 있었지만 상당히 이질적인 것이 교차하여 겯고 튼 끝에 이루어진 전통이요, 그것은 어느 것이나 '우리화'시켜 받아들임으로써 우리의 전통이 되었던 것이다. 이런 의미에서 보자면 오늘날 일시적 전통의 혼미를 전통의 단절로 속단하고 이를 전통 부정의 논거로 삼는 것은 허망된 논리이다.

_____ 그러므로 전통의 혼미란 곧 주체 의식의 혼미란 뜻에 지나지 않는다. 전통 탐구의 현대적 의의는 바로 문화의 기본적 주체 의식의 각성과 시대적 가치관의 검토, 이 양자의 관계에 대한 탐구의 요구에 다름 아니다.

① 끊어지고 바뀌고 붙고 녹는 것을 계속하면서 그것을 일관하는 것이 전통이란 것이다.
② 전통은 물론 과거로부터 이어 온 것을 말한다.
③ 전통은 대체로 그 사회 및 그 사회의 구성원인 개인의 몸에 배어 있는 것이다.
④ 우리 민족 문화의 전통은 부단한 창조 활동 속에서 이어 온 것이다.

정답 ①

제시문에서는 '전통'의 의미를 '상당히 이질적인 것이 교차하여 겯고 튼 끝에 이루어진 것', '어느 것이나 우리화시켜 받아들인 것'으로 규정하면서, 빈칸 뒤의 이어진 문장에서는 '그러므로 전통의 혼미란 곧 주체 의식의 혼미란 뜻에 지나지 않는다.'라는 주장을 펴고 있다. 따라서 빈칸에는 여러 상황 속에서 일관하는 전통이 이루어진다는 내용이 들어가야 하므로 ①이 가장 적절하다.

풀이 전략!

빈칸 앞뒤의 문맥을 파악한 후 선택지에서 가장 어울리는 내용을 찾는다. 빈칸 앞이나 뒤에 접속사가 있다면 이를 적극 활용한다.

※ 다음 글의 빈칸에 들어갈 내용으로 가장 적절한 것을 고르시오. [1~3]

01

> MZ세대 직장인을 중심으로 '조용한 사직'이 유행하고 있다. 조용한 사직이라는 신조어는 2022년 7월 한 미국인이 SNS에 소개하면서 큰 호응을 얻은 것으로 실제로 퇴사하진 않지만 최소한의 일만 하는 업무 태도를 말한다. 실제로 MZ세대 직장인은 '적당히 하자'라는 생각으로 주어진 업무는 하되 더 찾아서 하거나 스트레스 받을 수준으로 많은 일을 맡지 않고, 사내 행사도 꼭 필요할 때만 참여해 일과 삶을 철저히 분리하고 있다.
> 한 채용플랫폼의 설문조사 결과에 따르면 직장인 10명 중 7명이 '월급받는 만큼만 일하면 끝'이라고 답했고, 20대 응답자 중 78.5%, 30대 응답자 중 77.1%가 '받은 만큼만 일한다.'라고 답했다. 설문조사 결과 연령대가 높아질수록 그 비율은 감소해 젊은 층을 중심으로 이 같은 인식이 확산하고 있음을 짐작할 수 있다.
> 이러한 인식이 확산하는 데는 인플레이션으로 인한 임금 감소, '돈을 많이 모아도 집 한 채를 살 수 있을까?' 등 전반적인 경제적 불만이 기저에 있다고 전문가들은 말했다. 또 MZ세대가 '노력에 상응하는 보상을 받고 있는지'에 민감하게 반응하는 특성을 가지고 있는 것도 한몫하고 있다.
> 문제점은 이러한 조용한 사직 분위기가 기업의 전반적인 생산성 저하로 이어지고 있는 것이다. 이에 맞서 기업도 조용한 사직으로 대응해 게으른 직원에게 업무를 주지 않는 '조용한 해고'를 하는 상황이 발생하고 있다. 이에 전문가들은 MZ세대 직장인을 나태하다고 구분 짓는 사고방식은 잘못되었다고 지적하며, 기업 차원에서는 '_____'이, 개인 차원에서는 '스스로 일과 삶을 잘 조율하는 현명함을 만드는 것'이 필요하다고 언급했다.

① 젊은 세대의 채용을 신중히 하는 것
② 직원이 일한 만큼 급여를 올려주는 것
③ 젊은 세대가 함께할 수 있도록 분위기를 만드는 것
④ 직원이 스트레스를 받지 않게 적당량의 업무를 배당하는 것

02

포논(Phonon)이라는 용어는 소리(Pho－)라는 접두어에 입자(－non)라는 접미어를 붙여 만든 단어로, 실제로 포논이 고체 안에서 소리를 전달하기 때문에 이런 이름이 붙었다. 어떤 고체의 한쪽을 두드리면 포논이 전파한 소리를 반대쪽에서 들을 수 있다.

아인슈타인이 새롭게 만든 고체의 비열 공식(아인슈타인 모형)은 실험결과와 상당히 잘 맞았다. 그런데 그의 성공은 고체 내부의 진동을 포논으로 해석한 데에만 있지 않다. 그는 포논이 보존(Boson) 입자라는 사실을 간파하고, 고체 내부의 세상에 보존의 물리학(보즈－아인슈타인 통계)을 적용했으며, 비로소 고체의 비열이 온도에 따라 달라진다는 결론을 얻을 수 있었다.

양자역학의 세계에서 입자는 스핀 상태에 따라 분류된다. 스핀이 1/2의 홀수배(1/2, 3/2, …)인 입자들은 원자로를 개발한 유명한 물리학자 엔리코 페르미의 이름을 따 '페르미온'이라고 부른다. 오스트리아의 이론물리학자 볼프강 파울리는 페르미온들은 같은 에너지 상태를 가질 수 없고 서로 배척한다는 사실을 알아냈다. 즉, 같은 에너지 상태에서는 ＋/－ 반대의 스핀을 갖는 페르미온끼리만 같이 존재할 수 있다. 이를 '파울리의 배타원리'라고 한다. 페르미온은 대개 양성자, 중성자, 전자 같은 물질을 구성하며, 파울리의 배타원리에 따라 페르미온 입자로 이뤄진 물질은 우리가 손으로 만질 수 있다.

스핀이 0, 1, 2, … 등 정수 값인 입자도 있다. 바로 보존이다. 인도의 무명 물리학자였던 사티엔드라 나트 보즈의 이름을 본떴다. 보즈는 페르미가 개발한 페르미 통계를 공부하고 보존의 물리학을 만들었다. 당시 그는 박사학위도 없는 무명의 물리학자여서 논문을 작성한 뒤 아인슈타인에게 편지로 보냈다. 다행히 아인슈타인은 그 논문을 쓰레기통에 넣지 않고 꼼꼼히 읽어 본 뒤 자신의 생각을 첨가하고 독일어로 번역해 학술지에 제출했다. 바로 보존 입자의 물리학(보즈－아인슈타인 통계)이다. 이에 따르면, 보존 입자는 페르미온과 달리 파울리의 배타원리를 따르지 않는다. 따라서 같은 에너지 상태를 지닌 입자라도 서로 겹쳐서 존재할 수 있다. 만져지지 않는 에너지 덩어리인 셈이다. 이들 보존 입자는 대개 힘을 매개한다.

빛 알갱이, 즉 ＿＿＿＿＿＿＿＿＿＿＿＿＿＿＿ 빛은 실험을 해보면 입자의 특성을 보이지만, 질량이 없고 물질을 투과하며 만져지지 않는다. 포논은 어떨까? 원자 사이의 용수철 진동을 양자화 한 것이므로 물질이 아니라 단순한 에너지의 진동으로서 파울리의 배타원리를 따르지 않는다. 즉, 포논은 광자와 마찬가지로 스핀이 0인 보존 입자다.

① 광자는 파울리의 배타원리를 따른다.
② 광자는 스핀 상태에 따라 분류할 수 없다.
③ 광자는 스핀이 1/2의 홀수배인 입자의 대표적인 예다.
④ 광자는 보존의 대표적인 예다.

스마트팩토리는 인공지능(AI), 사물인터넷(IoT) 등 다양한 기술이 융합된 자율화 공장으로, 제품 설계와 제조, 유통, 물류 등의 산업 현장에서 생산성 향상에 초점을 맞췄다. 이곳에서는 기계, 로봇, 부품 등의 상호 간 정보 교환을 통해 제조 활동을 하고, 모든 공정 이력이 기록되며, 빅데이터 분석으로 사고나 불량을 예측할 수 있다. 스마트팩토리에서는 컨베이어 생산 활동으로 대표되는 산업 현장의 모듈형 생산이 컨베이어를 대체하고 IoT가 신경망 역할을 한다. 센서와 기기 간 다양한 데이터를 수집하고, 이를 서버에 전송하면 서버는 데이터를 분석해 결과를 도출한다. 서버는 AI 기계학습 기술이 적용돼 빅데이터를 분석하고 생산성 향상을 위한 최적의 방법을 제시한다.

스마트팩토리의 대표 사례로는 고도화된 시뮬레이션 '디지털 트윈'을 들 수 있다. 디지털 트윈은 데이터를 기반으로 가상공간에서 미리 시뮬레이션하는 기술이다. 시뮬레이션을 위해 빅데이터를 수집하고 분석과 예측을 위한 통신·분석 기술에 가상현실(VR), 증강현실(AR)과 같은 기술을 더한다. 이를 통해 산업 현장에서 작업 프로세스를 미리 시뮬레이션하고, VR·AR로 검증함으로써 실제 시행에 따른 손실을 줄이고, 작업 효율성을 높일 수 있다.

한편 '에지 컴퓨팅'도 스마트팩토리의 주요 기술 중 하나이다. 에지 컴퓨팅은 산업 현장에서 발생하는 방대한 데이터를 클라우드로 한 번에 전송하지 않고, 에지에서 사전 처리한 후 데이터를 선별해서 전송한다. 서버와 에지가 연동해 데이터 분석 및 실시간 제어를 수행하여 산업 현장에서 생산되는 데이터가 기하급수로 늘어도 서버에 부하를 주지 않는다. 현재 클라우드 컴퓨팅이 중앙 데이터센터와 직접 소통하는 방식이라면 에지 컴퓨팅은 기기 가까이에 위치한 일명 '에지 데이터 센터'와 소통하며, 저장을 중앙 클라우드에 맡기는 형식이다. 이를 통해 데이터 처리 지연 시간을 줄이고 즉각적인 현장 대처를 가능하게 한다.

이러한 스마트팩토리의 발전은 ＿＿＿＿＿＿＿＿＿＿＿＿＿＿＿＿＿＿ 최근 선진국에서 나타나는 주요 현상 중의 하나는 바로 '리쇼어링'의 가속화이다. 리쇼어링이란 인건비 등 각종 비용 절감을 이유로 해외에 나간 자국 기업들이 다시 본국으로 돌아오는 현상을 의미하는 용어이다. 2000년대 초반까지는 국가적 차원에서 세제 혜택 등의 회유책을 통해 추진되어 왔지만, 스마트팩토리의 등장으로 인해 자국 내 스마트팩토리에서의 제조 비용과 중국이나 멕시코와 같은 제3국에서 제조 후 수출 비용에 큰 차이가 없어 리쇼어링 현상은 더욱 가속화되고 있다.

① 공장의 제조 비용을 절감시키고 있다.
② 공장의 세제 혜택을 사라지게 하고 있다.
③ 공장의 위치를 변화시키고 있다.
④ 수출 비용을 줄이는 데 도움이 된다.

05 | 문서 작성 · 수정

| 유형분석 |

- 기본적인 어휘력과 어법에 대한 지식을 필요로 하는 문제이다.
- 전반적인 글의 내용을 파악하고 문맥을 읽을 줄 알아야 한다.

다음 글에서 ㉠ ~ ㉣의 수정 방안으로 적절하지 않은 것은?

학부모들을 상대로 설문조사를 한 결과, 사교육비 절감에 가장 큰 도움을 준 제도는 바로 교과교실제(영어, 수학 교실 등 과목전용교실 운영)였다. 사교육비 중에서도 가장 ㉠ <u>많은 비용이 차지하는</u> 과목이 영어와 수학이라는 점을 고려해보면 공교육에서 영어, 수학을 집중적으로 가르쳐주는 것이 사교육비 절감에 큰 도움이 되었다는 점을 이해할 수 있다. 한때 사교육비 절감을 기대하며 도입했던 '방과 후 학교'는 사교육비를 절감하지 못했는데, 이는 학생들을 학교에 묶어놓는 것만으로는 사교육을 막을 수 없다는 점을 시사한다. 학생과 학부모가 적지 않은 비용을 지불하면서도 사교육을 찾게 되는 이유는 ㉡ <u>입시에 도움이 된다.</u> 공교육에서는 정해진 교과 과정에 맞추어 수업을 해야 하고 실력 차이가 나는 학생들을 ㉢ <u>개별적으로</u> 가르쳐야 하기 때문에 입시에 초점을 맞추기가 쉽지 않다. 따라서 공교육만으로는 입시에 뒤처진다고 생각하는 사람들이 많은 것이다. ㉣ <u>그래서</u> 교과교실제에 이어 사교육비 절감에 도움이 되었다고 생각하는 요인이 '다양하고 좋은 학교의 확산'이라는 점을 보면 공교육에도 희망이 있다고 할 수 있다. 인문계, 예체능계, 실업계, 특목고 정도로만 학교가 나눠졌던 과거에 비해 지금은 학생의 특기와 적성에 맞는 다양하고 좋은 학교가 많이 생겨났다. 좋은 대학에 입학하려는 이유가 대학의 서열화와 그에 따른 취업경쟁 때문이라는 것을 생각해보면 고등학교 때부터 미래를 위해 공부할 수 있는 학교는 사교육비 절감과 더불어 공교육의 강화, 과도한 입시 경쟁 완화에 도움이 될 것이다.

① ㉠ : 조사가 잘못 쓰였으므로 '많은 비용을 차지하는'으로 수정한다.
② ㉡ : 호응 관계를 고려하여 '입시에 도움이 되기 때문이다.'로 수정한다.
③ ㉢ : 문맥을 고려하여 '집중적으로'로 수정한다.
④ ㉣ : 앞 내용과 상반된 내용이 이어지므로 '하지만'으로 수정한다.

정답 ③
제시문의 내용에 따르면 공교육에서는 학생들의 실력 차이를 모두 고려할 수가 없다. 따라서 '한꺼번에'로 수정하는 것이 적절하다.

풀이 전략!

문장에서 주어와 서술어의 호응 관계가 적절한지 주어와 서술어를 찾아 확인해 보는 연습을 하며, 문서 작성의 원칙과 주의사항은 미리 알아두는 것이 좋다.

01   다음 중 문서의 종류에 대한 설명으로 적절하지 않은 것은?

① 공문서는 정부 행정기관에서 대내적, 혹은 대외적 공무를 집행하기 위해 작성하는 문서이다.

② 비즈니스 레터는 적극적으로 아이디어를 내고 기획한 하나의 프로젝트를 문서형태로 만들어, 상대방에게 그 내용을 전달하여 기획을 시행하도록 설득하는 문서이다.

③ 기안서는 회사의 업무에 대한 협조를 구하거나 의견을 전달할 때 작성하며 흔히 사내 공문서로 불린다.

④ 보도 자료는 정부 기관이나 기업체, 각종 단체 등이 언론을 상대로 자신들의 정보가 기사로 보도되도록 하기 위해 보내는 자료이다.

02   다음 글에서 ㉠∼㉣의 수정 방안으로 적절하지 않은 것은?

> 수험생이 실제로 하고 있는 건강 관리는 전문가들이 추천하는 건강 관리 활동과 차이가 있다. 수험생들은 건강이 나빠지면 가장 먼저 보양 음식을 챙겨 먹는 것으로 ㉠ 건강을 되찾으려고 한다. ㉡ 수면 시간을 늘리는 것으로 건강 관리를 시도한다. 이러한 시도는 신체에 적신호가 켜졌을 때 컨디션 관리를 통해 그것을 해결하려고 하는 자연스러운 활동으로 볼 수 있다. ㉢ 그래서 수험생이 다른 사람들보다 학업에 대한 부담감과 미래에 대한 불안감, 시험에서 오는 스트레스가 높다는 점을 생각해본다면 신체적 건강과 정신적 건강의 연결 고리에 대해 생각해봐야 한다. 실제로 ㉣ 전문가들이 수험생 건강 관리를 위한 조언을 보면 정신적 스트레스를 다스리는 것이 중요하다는 점을 알 수 있다. 수험생의 건강에 가장 악영향을 끼치는 것은 자신감과 긍정적인 생각의 부족이다. 시험에 떨어지거나 낮은 성적을 받는 것에 대한 심리적 압박감이 건강을 크게 위협한다는 것이다. 전문가들은 수험생에게 명상을 하면서 마음을 진정하는 것과 취미 활동을 통해 긴장을 완화하는 것이 스트레스의 해소에 도움이 된다고 조언한다.

① ㉠ : 의미를 분명히 하기 위해 '건강을 찾으려고 한다.'로 수정한다.

② ㉡ : 자연스러운 연결을 위해 '또한'을 앞에 넣는다.

③ ㉢ : 앞뒤 내용이 전환되므로 '하지만'으로 바꾼다.

④ ㉣ : 호응 관계를 고려하여 '전문가들의 수험생 건강 관리를 위한 조언'으로 수정한다.

06 | 맞춤법·어휘

| 유형분석 |

- 맞춤법에 맞는 단어를 찾거나 주어진 지문의 내용에 어울리는 단어를 찾는 문제가 주로 출제된다.
- 단어 사이의 관계에 대한 문제가 출제되므로 동의어나 반의어 등의 단어를 함께 학습하는 것이 좋다.
- 자주 출제되는 단어나 헷갈리는 단어에 대한 학습은 꾸준히 해야 한다.

다음 중 밑줄 친 부분의 표기가 옳은 것은?

① 나의 바램대로 내일은 흰 눈이 왔으면 좋겠다.
② 엿가락을 고무줄처럼 늘였다.
③ 학생 신분에 알맞는 옷차림을 해야 한다.
④ 계곡물에 손을 담구니 시원하다.

정답 ②
'본디보다 더 길어지게 하다.'라는 의미로 쓰였으므로 '늘이다'로 쓰는 것이 옳다.

오답분석
① 바램대로 → 바람대로
③ 알맞는 → 알맞은
④ 담구니 → 담그니

풀이 전략!
문제에서 물어보는 단어를 정확히 확인해야 하고, 문제에서 다루고 있는 단어의 앞뒤 내용을 읽고 글의 전체적 흐름을 생각하여 문제에 접근해야 한다.

01 다음 문장의 빈칸 ㉠ ~ ㉢에 들어갈 단어를 바르게 짝지은 것은?

> • 이번 승부는 마지막 경기에서   ㉠   이 난다.
> • 이 건물의 높이를   ㉡   하기 어렵다.
> • 부상으로 빠진 선수를   ㉢   할 다른 선수가 없다.

	㉠	㉡	㉢
①	가늠	가름	갈음
②	가늠	갈음	가름
③	가름	가늠	갈음
④	가름	갈음	가늠

02 다음 중 밑줄 친 부분의 표기가 옳은 것은?

① 직장인 5명 중 3명은 이직 후 <u>텃새</u>에 시달린 경험이 있는 것으로 조사되었다.

② 부산스러웠던 교실이 <u>금새</u> 조용해졌다.

③ 봄이 되자 나무에서 새 <u>잎아리</u>가 자라났다.

④ 방문 너머 <u>다듬</u>이질 소리가 들려왔다.

03 다음 중 제시된 단어의 관계와 가장 유사한 것은?

구리 – 전선

① 바람 – 태양열   ② 밀 – 쌀

③ 도토리 – 솔방울   ④ 계란 – 마요네즈

수리능력

합격 Cheat Key

수리능력은 사칙 연산·통계·확률의 의미를 정확하게 이해하고 이를 업무에 적용하는 능력으로, 기초 연산과 기초 통계, 도표 분석 및 작성의 문제 유형으로 출제된다. 수리능력 역시 채택하지 않는 공사·공단이 거의 없을 만큼 필기시험에서 중요도가 높은 영역이다.

특히, 난이도가 높은 공사·공단의 시험에서는 도표 분석, 즉 자료 해석 유형의 문제가 많이 출제되고 있고, 응용 수리 역시 꾸준히 출제하는 공사·공단이 많기 때문에 기초 연산과 기초 통계에 대한 공식의 암기와 자료 해석 능력을 기를 수 있는 꾸준한 연습이 필요하다.

1 응용 수리의 공식은 반드시 암기하라!

응용 수리는 공사·공단마다 출제되는 문제는 다르지만, 사용되는 공식은 비슷한 경우가 많으므로 자주 출제되는 공식을 반드시 암기하여야 한다. 문제에서 묻는 것을 정확하게 파악하여 그에 맞는 공식을 적절하게 적용하는 꾸준한 노력과 공식을 암기하는 연습이 필요하다.

2   자료의 해석은 자료에서 즉시 확인할 수 있는 지문부터 확인하라!

수리능력 중 도표 분석, 즉 자료 해석 능력은 많은 시간을 필요로 하는 문제가 출제되므로, 증가·감소 추이와 같이 눈으로 확인이 가능한 지문을 먼저 확인한 후 복잡한 계산이 필요한 지문을 확인하는 방법으로 문제를 풀이한다면 시간을 조금이라도 아낄 수 있다. 또한, 여러 가지 보기가 주어진 문제 역시 지문을 잘 확인하고 문제를 풀이한다면 불필요한 계산을 생략할 수 있으므로 항상 지문부터 확인하는 습관을 들여야 한다.

3   도표 작성에서 지문에 작성된 도표의 제목을 반드시 확인하라!

도표 작성은 하나의 자료 혹은 보고서와 같은 수치가 표현된 자료를 도표로 작성하는 형식으로 출제되는데, 대체로 표보다는 그래프를 작성하는 형태로 많이 출제된다. 지문을 살펴보면 각 지문에서 주어진 도표에도 소제목이 있는 경우가 대부분이다. 이때, 자료의 수치와 도표의 제목이 일치하지 않는 경우 함정이 존재하는 문제일 가능성이 높으므로 도표의 제목을 반드시 확인하는 것이 중요하다.

01 | 응용 수리

| 유형분석 |

- 문제에서 제공하는 정보를 파악한 뒤, 사칙연산을 활용하여 계산하는 전형적인 수리문제이다.
- 문제를 풀기 위한 정보가 산재되어 있는 경우가 많으므로 주어진 조건 등을 꼼꼼히 확인해야 한다.

K씨는 저가항공을 이용하여 비수기에 제주도 출장을 가려고 한다. 1인 기준으로 작년에 비해 비행기 왕복 요금은 20% 내렸고, 1박 숙박비는 15% 올라서 올해의 비행기 왕복 요금과 1박 숙박비 합계는 작년보다 10% 증가한 금액인 308,000원이라고 한다. 이때, 1인 기준으로 올해의 비행기 왕복 요금은?

① 31,000원
② 32,000원
③ 33,000원
④ 34,000원

정답 ②

작년 비행기 왕복 요금을 x원, 작년 1박 숙박비를 y원이라 하자.

$$-\frac{20}{100}x + \frac{15}{100}y = \frac{10}{100}(x+y) \cdots \text{㉠}$$

$$\left(1 - \frac{20}{100}\right)x + \left(1 + \frac{15}{100}\right)y = 308,000 \cdots \text{㉡}$$

㉠, ㉡을 연립하면

$$y = 6x \cdots \text{㉢}$$

$$16x + 23y = 6,160,000 \cdots \text{㉣}$$

㉢, ㉣을 연립하면

$$16x + 138x = 6,160,000$$

$$\therefore x = 40,000, \ y = 240,000$$

따라서 올해 비행기 왕복 요금은 $40,000 - 40,000 \times \frac{20}{100} = 32,000$원이다.

풀이 전략!

문제에서 묻는 바를 정확하게 확인한 후, 필요한 조건 또는 정보를 구분하여 신속하게 풀어 나간다. 단, 계산에 착오가 생기지 않도록 유의한다.

01 K사에서 파견 근무를 나갈 10명을 뽑아 팀을 구성하려 한다. 새로운 팀 내에서 팀장 한 명과 회계 담당 2명을 뽑으려고 할 때, 가능한 경우의 수는 모두 몇 가지인가?

① 300가지   ② 320가지
③ 340가지   ④ 360가지

02 농도가 9%인 A소금물 300g과 농도가 11.2%인 B소금물 250g을 합쳐서 C소금물을 만들었다. C소금물을 20% 덜어내고, 10g의 소금을 추가했을 때, 만들어진 소금물의 농도는?

① 12%   ② 13%
③ 14%   ④ 15%

03 일정한 속력으로 달리는 기차가 400m 길이의 터널을 완전히 통과하는 데 10초, 800m 길이의 터널을 완전히 통과하는 데 18초가 걸렸다. 이 기차의 속력은?

① 50m/s   ② 55m/s
③ 60m/s   ④ 65m/s

02 | 자료 계산

| 유형분석 |

- 문제에 주어진 자료를 분석하여 각 선택지의 값을 계산해 정답 유무를 판단하는 문제이다.
- 주로 그래프와 표로 제시되며, 경영·경제·산업 등과 관련된 최신 이슈를 많이 다룬다.
- 자료 간의 증감률·합계·차이 등을 자주 묻는다.

다음은 2024년도 A지역 고등학교 학년별 도서 선호 분야 비율에 대한 자료이다. 취업 관련 도서를 선호하는 3학년 학생 수 대비 철학·종교 도서를 선호하는 1학년 학생 수의 비율로 옳은 것은?(단, 모든 계산은 소수점 첫째 자리에서 반올림한다)

〈A지역 고등학교 학년별 도서 선호 분야 비율〉

(단위 : 명, %)

학년	사례 수	장르소설	문학	자기계발	취업관련	예술·문화	역사·지리	과학·기술	정치·사회	철학·종교	경제·경영	기타
소계	1,160	28.9	18.2	7.7	6.9	5.4	6.1	7.9	5.8	4.2	4.5	4.4
1학년	375	29.1	18.1	7	6.4	8.7	5.3	7.8	4.1	3	6.5	4
2학년	417	28.4	18.7	8.9	7.5	3.8	6.3	8.3	8.1	5	3.1	1.9
3학년	368	29.3	17.8	7.1	6.6	3.7	6.8	7.6	4.8	4.5	4.1	7.7

① 42%

② 46%

③ 54%

④ 58%

정답 ②

취업 관련 도서를 선호하는 3학년 학생 수는 368×0.066≒24명이고, 철학·종교 도서를 선호하는 1학년 학생 수는 375×0.03≒ 11명이다.

따라서 취업 관련 도서를 선호하는 3학년 학생 수 대비 철학·종교 도서를 선호하는 1학년 학생 수의 비율은 $\frac{11}{24} \times 100 ≒ 46\%$이다.

풀이 전략!

선택지에 주어진 값의 차이가 크지 않다면 어림값을 활용하는 것이 오히려 풀이 속도를 지연시킬 수 있으므로 주의해야 한다.

01 다음은 국내 의료기관 수 변동 현황에 대한 자료이다. 〈조건〉을 참고하여 A ~ E에 들어갈 항목을 바르게 짝지은 것은?

〈국내 의료기관 수 변동 현황〉

(단위 : 개)

구분	2020년	2024년
A	43	43
B	28	1,337
C	10,855	16,377
D	21,342	28,883
E	677	1,474
합계	32,945	48,114

조건
• 상급종합병원 수는 정체된 것으로 조사되었다.
• 노인인구 증가와 정부의 육성정책으로 요양병원 수가 가장 큰 폭으로 증가하였다.
• 진료과목의 경영환경 개선으로 신경과, 내과, 치과 순서로 의원의 증감률이 높은 것으로 나타났다.

	A	B	C	D	E
①	요양병원	상급종합병원	신경과의원	치과의원	내과의원
②	요양병원	상급종합병원	치과의원	신경과의원	내과의원
③	상급종합병원	내과의원	신경과의원	요양병원	치과의원
④	상급종합병원	신경과의원	치과의원	요양병원	내과의원

02 다음은 K기업 영업팀의 분기별 매출액과 그에 따른 영업팀 구성비를 나타낸 자료이다. 이를 바탕으로 연간 영업팀의 매출 순위와 1위 팀이 기록한 연 매출액을 순서대로 바르게 나열한 것은?

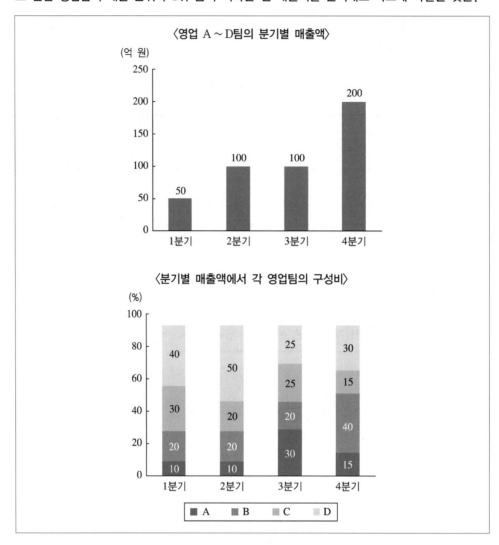

〈영업 A ~ D팀의 분기별 매출액〉

〈분기별 매출액에서 각 영업팀의 구성비〉

① A - B - C - D, 120억 원
② B - A - C - D, 120억 원
③ D - B - A - C, 120억 원
④ D - B - C - A, 155억 원

03 다음은 2024년 G시 5개 구 주민의 돼지고기 소비량에 대한 자료이다. 〈조건〉을 이용하여 변동계수가 3번째로 큰 구를 올바르게 구한 것은?

〈5개 구 주민의 돼지고기 소비량 통계〉

(단위 : kg)

구분	평균(1인당 소비량)	표준편차
A구	( )	5.0
B구	( )	4.0
C구	30.0	6.0
D구	12.0	4.0
E구	( )	8.0

※ (변동계수)$=\dfrac{(표준편차)}{(평균)}\times100$

조건
• A구의 1인당 소비량과 B구의 1인당 소비량을 합하면 C구의 1인당 소비량과 같다.
• A구의 1인당 소비량과 D구의 1인당 소비량을 합하면 E구 1인당 소비량의 2배와 같다.
• E구의 1인당 소비량은 B구의 1인당 소비량보다 6.0kg 더 많다.

① A구 ② B구
③ C구 ④ D구

04 이탈리안 음식을 판매하는 K레스토랑에서는 두 가지 음식을 묶은 런치세트를 구성해 판매한다. 런치세트 메뉴와 금액이 다음과 같을 때, 아라비아타의 할인 전 가격은?

〈런치세트 메뉴〉

세트 메뉴	구성 음식	금액(원)
A세트	카르보나라, 알리오올리오	24,000
B세트	마르게리타, 아라비아타	31,000
C세트	카르보나라, 고르곤졸라	31,000
D세트	마르게리타, 알리오올리오	28,000
E세트	고르곤졸라, 아라비아타	32,000

※ 런치세트 메뉴의 가격은 파스타 종류는 500원, 피자 종류는 1,000원을 할인하여 책정한 가격이다.
※ 파스타 : 카르보나라, 알리오올리오, 아라비아타
※ 피자 : 마르게리타, 고르곤졸라

① 14,000원 ② 14,500원
③ 15,000원 ④ 15,500원

03 | 자료 이해

| 유형분석 |

- 제시된 표를 분석하여 선택지의 정답 유무를 판단하는 문제이다.
- 표의 수치 등을 통해 변화량이나 증감률, 비중 등을 비교하여 판단하는 문제가 자주 출제된다.
- 지원하고자 하는 기업이나 산업과 관련된 자료 등이 문제의 자료로 많이 다뤄진다.

다음은 연도별 근로자 수 변화 추이에 관한 자료이다. 이에 대한 설명으로 옳지 않은 것은?

〈연도별 근로자 수 변화 추이〉

(단위 : 천 명)

구분	전체	남성	비중	여성	비중
2020년	14,290	9,061	63.4%	5,229	36.6%
2021년	15,172	9,467	62.4%	5,705	37.6%
2022년	15,536	9,633	62.0%	5,902	38.0%
2023년	15,763	9,660	61.3%	6,103	38.7%
2024년	16,355	9,925	60.7%	6,430	39.3%

① 매년 남성 근로자 수가 여성 근로자 수보다 많다.
② 2024년 여성 근로자 수는 전년보다 약 5.4% 증가하였다.
③ 2020년 대비 2024년 근로자 수의 증가율은 여성이 남성보다 높다.
④ 2020 ~ 2024년 동안 남성 근로자 수와 여성 근로자 수의 차이는 매년 증가한다.

정답 ④

2020 ~ 2024년의 남성 근로자 수와 여성 근로자 수 차이를 구하면 다음과 같다.
- 2020년 : 9,061-5,229=3,832천 명
- 2021년 : 9,467-5,705=3,762천 명
- 2022년 : 9,633-5,902=3,731천 명
- 2023년 : 9,660-6,103=3,557천 명
- 2024년 : 9,925-6,430=3,495천 명
따라서 2020 ~ 2024년 동안 남성과 여성의 차이는 매년 감소한다.

① 제시된 자료를 통해 알 수 있다.

② 2023년 대비 2024년 여성 근로자 수의 증가율 : $\dfrac{6,430-6,103}{6,103} \times 100 ≒ 5.36\%$

③ 성별 2020년 대비 2024년 근로자 수의 증가율은 다음과 같다.

　• 남성 : $\dfrac{9,925-9,061}{9,061} \times 100 ≒ 9.54\%$

　• 여성 : $\dfrac{6,430-5,229}{5,229} \times 100 ≒ 22.97\%$

따라서 여성의 증가율이 더 높다.

풀이 전략!

자료만 보고도 풀 수 있거나 계산이 필요 없는 선택지를 먼저 해결한다. 또한 평소 변화량이나 증감률, 비중 등을 구하는 공식을 알아 두고 있어야 하며, 지원하는 기업이나 산업에 관한 자료 등을 확인하여 비교하는 연습 등을 한다.

PART 2

01 다음은 인터넷 공유활동 참여 현황을 정리한 자료이다. 이를 바르게 이해하지 못한 사람은?

〈인터넷 공유활동 참여율(복수응답)〉

(단위 : %)

구분		커뮤니티 이용	퍼나르기	블로그 운영	댓글 달기	UCC 게시
성별	남성	79.1	64.1	49.9	52.2	46.1
	여성	76.4	59.6	55.1	38.4	40.1
연령대별	10대	75.1	63.9	54.7	44.3	51.3
	20대	88.8	74.4	76.3	47.3	54.4
	30대	77.3	58.5	46.3	44.0	37.5
	40대	66.0	48.6	27.0	48.2	29.6

※ 성별, 연령대별 조사인원은 동일함

① A사원 : 자료에 의하면 20대가 다른 연령대에 비해 인터넷상에서 공유활동을 활발히 참여하고 있네요.

② B주임 : 대체로 남성이 여성에 비해 상대적으로 활발한 활동을 하고 있는 것 같아요. 그런데 블로그 운영 활동은 여성이 더 많네요.

③ C대리 : 남녀 간의 참여율 격차가 가장 큰 영역은 댓글 달기이네요. 반면에 커뮤니티 이용은 남녀 간의 참여율 격차가 가장 적네요.

④ D사원 : 10대와 30대의 공유활동 참여율을 높은 순서대로 나열하면 두 연령대의 활동 순위가 동일하네요.

02 다음은 자동차 생산·내수·수출 현황에 대한 자료이다. 이에 대한 설명으로 옳지 않은 것은?

〈자동차 생산·내수·수출 현황〉

(단위 : 대, %)

구분		2020년	2021년	2022년	2023년	2024년
생산	차량 대수	4,086,308	3,826,682	3,512,926	4,271,741	4,657,094
	증감률	(6.4)	(▽6.4)	(▽8.2)	(21.6)	(9.0)
내수	차량 대수	1,219,335	1,154,483	1,394,000	1,465,426	1,474,637
	증감률	(4.7)	(▽5.3)	(20.7)	(5.1)	(0.6)
수출	차량 대수	2,847,138	2,683,965	2,148,862	2,772,107	3,151,708
	증감률	(7.5)	(▽5.7)	(▽19.9)	(29.0)	(13.7)

① 2020년에는 전년 대비 생산, 내수, 수출이 모두 증가했다.
② 내수가 가장 큰 폭으로 증가한 해에는 생산과 수출이 모두 감소했다.
③ 수출이 증가했던 해는 생산과 내수 모두 증가했다.
④ 생산이 증가했지만 내수나 수출이 감소한 해가 있다.

03 다음은 2019년부터 2024년까지 K국의 인구성장률과 합계출산율에 대한 자료이다. 이에 대한 설명으로 옳지 않은 것은?

〈인구성장률〉

(단위 : %)

구분	2019년	2020년	2021년	2022년	2023년	2024년
인구성장률	0.53	0.46	0.63	0.53	0.45	0.39

〈합계출산율〉

(단위 : 명)

구분	2019년	2020년	2021년	2022년	2023년	2024년
합계출산율	1.297	1.187	1.205	1.239	1.172	1.052

※ 합계출산율 : 가임여성 1명이 평생 낳을 것으로 예상되는 평균 출생아 수이다.

① K국의 인구성장률은 2021년 이후로 계속해서 감소하고 있다.
② 2019년부터 2024년 동안 인구성장률이 가장 낮았던 해는 합계출산율도 가장 낮았다.
③ 2020년부터 2021년 동안 합계출산율과 인구성장률의 전년 대비 증감추세는 동일하다.
④ 2024년의 인구성장률은 2021년 대비 40%p 이상 감소하였다.

다음은 지역별 마약류 단속에 대한 자료이다. 이에 대한 설명으로 옳은 것은?

〈지역별 마약류 단속 건수〉

(단위 : 건, %)

구분	대마	마약	항정신성 의약품	합계	비중
서울	49	18	323	390	22.1
인천 · 경기	55	24	552	631	35.8
부산	6	6	166	178	10.1
울산 · 경남	13	4	129	146	8.3
대구 · 경북	8	1	138	147	8.3
대전 · 충남	20	4	101	125	7.1
강원	13	0	35	48	2.7
전북	1	4	25	30	1.7
광주 · 전남	2	4	38	44	2.5
충북	0	0	21	21	1.2
제주	0	0	4	4	0.2
전체	167	65	1,532	1,764	100.0

※ 수도권은 서울과 인천 · 경기를 합한 지역이다.
※ 마약류는 대마, 마약, 향정신성의약품으로만 구성된다.

① 대마 단속 전체 건수는 마약 단속 전체 건수의 3배 이상이다.
② 수도권의 마약류 단속 건수는 마약류 단속 전체 건수의 50% 이상이다.
③ 마약 단속 건수가 없는 지역은 5곳이다.
④ 향정신성의약품 단속 건수는 대구 · 경북 지역이 광주 · 전남 지역의 4배 이상이다.

05 다음은 환율조작국을 지정하기 위해 만든 요건별 판단기준과 A ~ K국에 대한 자료이다. 이에 대한 설명으로 옳은 것을 〈보기〉에서 모두 고르면?

〈요건별 판단기준〉

요건	X	Y	Z
	현저한 대미무역수지 흑자	상당한 경상수지 흑자	지속적 환율시장 개입
판단기준	대미무역수지 200억 달러 초과	GDP 대비 경상수지 비중 3% 초과	GDP 대비 외화자산순매수액 비중 2% 초과

※ 요건 중 세 가지를 모두 충족하면 환율조작국으로 지정된다.
※ 요건 중 두 가지만을 충족하면 관찰대상국으로 지정된다.

〈환율조작국 지정 관련 자료〉

(단위 : 10억 달러, %)

구분	대미무역수지	GDP 대비 경상수지 비중	GDP 대비 외화자산순매수액 비중
A국	365.7	3.1	−3.9
B국	74.2	8.5	0.0
C국	68.6	3.3	2.1
D국	58.4	−2.8	−1.8
E국	28.3	7.7	0.2
F국	27.8	2.2	1.1
G국	23.2	−1.1	1.8
H국	17.6	−0.2	0.2
I국	14.9	−3.3	0.0
J국	14.9	14.6	2.4
K국	−4.3	−3.3	0.1

보기

㉠ 환율조작국으로 지정되는 국가는 없다.
㉡ B국은 X요건과 Y요건을 충족한다.
㉢ 관찰대상국으로 지정되는 국가는 모두 4곳이다.
㉣ X요건의 판단기준을 '대미무역수지 200억 달러 초과'에서 '대미무역수지 150억 달러 초과'로 변경하여도 관찰대상국 및 환율조작국으로 지정되는 국가들은 동일하다.

① ㉠, ㉡
② ㉠, ㉢
③ ㉠, ㉡, ㉣
④ ㉡, ㉢, ㉣

문제해결능력

합격 Cheat Key

문제해결능력은 업무를 수행하면서 여러 가지 문제 상황이 발생하였을 때, 창의적이고 논리적인 사고를 통하여 이를 올바르게 인식하고 적절히 해결하는 능력으로, 하위 능력에는 사고력과 문제처리능력이 있다.

문제해결능력은 NCS 기반 채용을 진행하는 대다수의 공사・공단에서 채택하고 있으며, 다양한 자료와 함께 출제되는 경우가 많아 어렵게 느껴질 수 있다. 특히, 난이도가 높은 문제로 자주 출제되기 때문에 다른 영역보다 더 많은 노력이 필요할 수는 있지만 그렇기에 차별화를 할 수 있는 득점 영역이므로 포기하지 말고 꾸준하게 노력해야 한다.

1 질문의 의도를 정확하게 파악하라!

문제해결능력은 문제에서 무엇을 묻고 있는지 정확하게 파악하여 먼저 풀이 방향을 설정하는 것이 가장 중요하다. 특히, 조건이 주어지고 답을 찾는 창의적・분석적인 문제가 주로 출제되고 있기 때문에 처음에 정확한 풀이 방향이 설정되지 못한다면 문제를 제대로 풀지 못하게 되므로 첫 번째로 출제 의도 파악에 집중해야 한다.

2 중요한 정보는 반드시 표시하라!

출제 의도를 정확히 파악하기 위해서는 문제의 중요한 정보를 반드시 표시하거나 메모하여 하나의 조건과 단서도 그냥 넘어가는 일이 없도록 해야 한다. 실제 시험에서는 시간의 압박과 긴장감으로 정보를 잘못 적용하거나 잊어버리는 실수가 많이 발생하므로 사전에 충분한 연습이 필요하다.

3 반복 풀이를 통해 취약 유형을 파악하라!

문제해결능력은 특히 시간관리가 중요한 영역이다. 따라서 정해진 시간 안에 고득점을 할 수 있는 효율적인 문제 풀이 방법을 찾아야 한다. 이때, 반복적인 문제 풀이를 통해 자신이 취약한 유형을 파악하는 것이 중요하다. 정확하게 풀 수 있는 문제부터 빠르게 풀고 취약한 유형은 나중에 푸는 효율적인 문제 풀이를 통해 최대한 고득점을 맞는 것이 중요하다.

01 | 명제 추론

| 유형분석 |

- 주어진 문장을 토대로 논리적으로 추론하여 참 또는 거짓을 구분하는 문제이다.
- 자료를 제시하고 새로운 결과나 자료에 주어지지 않은 내용을 추론해 가는 형식의 문제가 출제된다.

어느 도시에 있는 병원의 공휴일 진료 현황은 다음과 같다. 공휴일에 진료하는 병원의 수는?

- B병원이 진료를 하지 않으면 A병원은 진료를 한다.
- B병원이 진료를 하면 D병원은 진료를 하지 않는다.
- A병원이 진료를 하면 C병원은 진료를 하지 않는다.
- C병원이 진료를 하지 않으면 E병원이 진료를 한다.
- E병원은 공휴일에 진료를 하지 않는다.

① 1곳   ② 2곳
③ 3곳   ④ 4곳

정답 ②

제시된 진료 현황을 각각의 명제로 보고 이들을 수식으로 설명하면 다음과 같다(단, 명제가 참일 경우 그 대우도 참이다).
- B병원이 진료를 하지 않으면 A병원이 진료한다($\sim$B → A / $\sim$A → B).
- B병원이 진료를 하면 D병원은 진료를 하지 않는다(B → $\sim$D / D → $\sim$B).
- A병원이 진료를 하면 C병원은 진료를 하지 않는다(A → $\sim$C / C → $\sim$A).
- C병원이 진료를 하지 않으면 E병원이 진료한다($\sim$C → E / $\sim$E → C).

이를 하나로 연결하면 D병원이 진료를 하면 B병원이 진료를 하지 않고, B병원이 진료를 하지 않으면 A병원은 진료를 한다. A병원이 진료를 하면 C병원은 진료를 하지 않고, C병원이 진료를 하지 않으면 E병원은 진료를 한다(D → $\sim$B → A → $\sim$C → E).
명제가 참일 경우 그 대우도 참이므로 $\sim$E → C → $\sim$A → B → $\sim$D가 된다. E병원은 공휴일에 진료를 하지 않으므로 위의 명제를 참고하면 C와 B병원만이 진료를 하는 경우가 된다. 따라서 공휴일에 진료를 하는 병원은 2곳이다.

풀이 전략!

명제와 관련한 기본적인 논법에 대해서는 미리 학습해 두며, 이를 바탕으로 각 문장에 있는 핵심단어 또는 문구를 기호화하여 정리한 후, 선택지와 비교하여 참 또는 거짓을 판단한다.

01 동성, 현규, 영희, 영수, 미영이는 K의 이사를 도와주면서 K가 사용하지 않는 물건들을 하나씩 받았다. 다음 〈조건〉을 고려할 때 옳지 않은 것은?

> **조건**
> • K가 사용하지 않는 물건은 세탁기, 컴퓨터, 드라이기, 로션, 핸드크림이고, 동성, 현규, 영희, 영수, 미영이 순으로 물건을 고를 수 있다.
> • 동성이는 세탁기 또는 컴퓨터를 받길 원한다.
> • 현규는 세탁기 또는 드라이기를 받길 원한다.
> • 영희는 로션 또는 핸드크림을 받길 원한다.
> • 영수는 전자기기 이외의 것을 받길 원한다.
> • 미영이는 아무 것이나 받아도 상관없다.

① 동성이는 자신이 원하는 물건을 받을 수 있다.
② 영희는 영수와 원하는 물건이 동일하다.
③ 미영이는 드라이기를 받을 수 없다.
④ 영수는 원하는 물건을 고를 수 있는 선택권이 없다.

02 아마추어 야구 리그에서 활동하는 A ~ D팀은 빨간색, 노란색, 파란색, 보라색 중에서 매년 상징하는 색을 바꾸고 있다. 다음 〈조건〉을 참고할 때, 반드시 참인 것은?

> **조건**
> • 하나의 팀은 하나의 상징색을 갖는다.
> • 이전에 사용했던 상징색을 다시 사용할 수는 없다.
> • A팀과 B팀은 빨간색을 사용한 적이 있다.
> • B팀과 C팀은 보라색을 사용한 적이 있다.
> • D팀은 노란색을 사용한 적이 있고, 올해에는 파란색을 선택하였다.

① A팀은 파란색을 사용한 적이 있어 다른 색을 골라야 한다.
② A팀의 상징색은 노란색이 될 것이다.
③ C팀은 파란색을 사용한 적이 있을 것이다.
④ C팀의 상징색은 빨간색이 될 것이다.

02 | SWOT 분석

| 유형분석 |

- 상황에 대한 환경 분석 결과를 통해 주요 과제를 도출하는 문제이다.
- 주로 3C 분석 또는 SWOT 분석을 활용한 문제들이 출제되고 있으므로 해당 분석도구에 대한 사전 학습이 요구된다.

다음은 K미용실에 대한 SWOT 분석 결과이다. 이에 대한 대응 방안으로 가장 적절한 것은?

S(강점)	W(약점)
• 뛰어난 실력으로 미용대회에서 여러 번 우승한 경험이 있다. • 인건비가 들지 않아 비교적 저렴한 가격에 서비스를 제공한다.	• 한 명이 운영하는 가게라 동시에 많은 손님을 받을 수 없다. • 홍보가 미흡하다.
O(기회)	T(위협)
• 바로 옆에 유명한 프랜차이즈 레스토랑이 생겼다. • 미용실을 위한 소셜 네트워크 예약 서비스가 등장했다.	• SNS를 활용하여 주변 미용실들이 열띤 가격경쟁을 펼치고 있다. • 대규모 프랜차이즈 미용실들이 잇따라 등장하고 있다.

① ST전략 : 여러 번 대회에서 우승한 경험을 가지고 가맹점을 낸다.

② WT전략 : 여러 명의 직원을 고용해 오히려 가격을 올리는 고급화 전략을 펼친다.

③ SO전략 : 소셜 네트워크 예약 서비스를 이용해 방문한 사람들에게만 저렴한 가격에 서비스를 제공한다.

④ WO전략 : 유명한 프랜차이즈 레스토랑과 연계하여 홍보물을 비치한다.

정답 ④

WO전략은 약점을 극복함으로써 기회를 활용할 수 있도록 내부 약점을 보완해 좀 더 효과적으로 시장 기회를 추구한다. 따라서 바로 옆에 유명한 프랜차이즈 레스토랑이 생겼다는 사실을 이용하여 홍보가 미흡한 점을 보완할 수 있도록 레스토랑과 제휴하여 레스토랑 내에 홍보물을 비치하는 방법은 WO전략으로 적절하다.

■ 풀이 전략!

문제에 제시된 분석도구를 확인한 후, 분석 결과를 종합적으로 판단하여 각 선택지의 전략 과제와 일치 여부를 판단한다.

01 다음 중 SWOT 분석을 이해한 내용으로 가장 적절한 것은?

> SWOT 분석에서 강점은 경쟁기업과 비교하여 소비자로부터 강점으로 인식되는 것이 무엇인지, 약점은 경쟁기업과 비교하여 소비자로부터 약점으로 인식되는 것이 무엇인지, 기회는 외부환경에서 유리한 기회요인은 무엇인지, 위협은 외부환경에서 불리한 위협요인은 무엇인지를 찾아내는 것이다. SWOT 분석의 가장 큰 장점은 기업의 내부 및 외부환경의 변화를 동시에 파악할 수 있다는 것이다.

① 제품의 우수한 품질은 기회 요인으로 볼 수 있다.
② 초고령화 사회는 실버산업에 있어 기회 요인으로 볼 수 있다.
③ 기업의 비효율적인 업무 프로세스는 위협 요인으로 볼 수 있다.
④ 살균제 달걀 논란은 빵집에게 있어 약점 요인으로 볼 수 있다.

02 컨설팅 회사에 근무 중인 A사원은 최근 컨설팅 의뢰를 받은 K사진관에 대해 SWOT 분석을 진행하기로 하였다. 다음 밑줄 친 ㉠ ~ ㉢ 중 SWOT 분석에 들어갈 내용으로 적절하지 않은 것은?

강점(Strength)	• ㉠ 넓은 촬영 공간(야외 촬영장 보유) • 백화점 인근의 높은 접근성 • ㉡ 다양한 채널을 통한 홍보로 높은 인지도 확보
약점(Weakness)	• ㉢ 직원들의 높은 이직률 • 회원 관리 능력 부족 • 내부 회계 능력 부족
기회(Opportunity)	• 사진 시장의 규모 확대 • 오프라인 사진 인화 시장의 성장 • ㉣ 전문가용 카메라의 일반화
위협(Threat)	• 저가 전략 위주의 경쟁 업체 증가 • 온라인 사진 저장 서비스에 대한 수요 증가

① ㉠
② ㉡
③ ㉢
④ ㉣

03 | 규칙 적용

| 유형분석 |

- 주어진 상황과 규칙을 종합적으로 활용하여 풀어 가는 문제이다.
- 일정, 비용, 순서 등 다양한 내용을 다루고 있어 유형을 한 가지로 단일화하기 어렵다.

갑은 다음 규칙을 참고하여 알파벳 단어를 숫자로 변환하고자 한다. 규칙을 적용한 〈보기〉의 단어에서 알파벳 Z에 해당하는 자연수들을 모두 더한 값은?

〈규칙〉

① 알파벳 'A'부터 'Z'까지 순서대로 자연수를 부여한다.

  예 A=2라고 하면 B=3, C=4, D=5이다.

② 단어의 음절에 같은 알파벳이 연속되는 경우 ①에서 부여한 숫자를 알파벳이 연속되는 횟수만큼 거듭제곱한다.

  예 A=2이고 단어가 'AABB'이면 AA는 '2^2'이고, BB는 '3^2'이므로 '49'로 적는다.

보기

㉠ AAABBCC는 100000010201104040로 변환된다.

㉡ CDFE는 3465로 변환된다.

㉢ PJJYZZ는 1712126729로 변환된다.

㉣ QQTSR은 625282726으로 변환된다.

① 154
② 176
③ 199
④ 212

정답 ④

㉠ A=100, B=101, C=1020이다. 따라서 Z=125이다.
㉡ C=3, D=4, E=5, F=6이다. 따라서 Z=26이다.
㉢ P가 17임을 볼 때, J=11, Y=26, Z=27이다.
㉣ Q=25, R=26, S=27, T=28이다. 따라서 Z=34이다.
따라서 해당하는 Z값을 모두 더하면 125+26+27+34=212이다.

풀이 전략!

문제에 제시된 조건이나 규칙을 정확히 파악한 후, 선택지나 상황에 적용하여 문제를 풀어 나간다.

01   다음 자료를 참고할 때, 〈보기〉의 주민등록번호 빈칸에 해당하는 숫자로 옳은 것은?

우리나라에서 국민에게 발급하는 주민등록번호는 각각의 번호가 고유한 번호로, 13자리 숫자로 구성된다. 13자리 숫자는 생년, 월, 일, 성별, 출생신고지역, 접수번호, 검증번호로 구분된다.

여기서 13번째 숫자인 검증번호는 주민등록번호의 정확성 여부를 검사하는 번호로, 앞의 12자리 숫자를 이용해서 구해지는데 계산법은 다음과 같다.

- 1단계 : 주민등록번호의 앞 12자리 숫자에 가중치 2, 3, 4, 5, 6, 7, 8, 9, 2, 3, 4, 5를 곱한다.
- 2단계 : 가중치를 곱한 값의 합을 계산한다.
- 3단계 : 가중치의 합을 11로 나눈 나머지를 구한다.
- 4단계 : 11에서 나머지를 뺀 수를 10으로 나눈 나머지가 검증번호가 된다.

> **보기**
>
> 240202-803701( )

① 4   ② 5

③ 6   ④ 7

PART 2

※ 다음은 강원도 K부동산의 매물번호에 대한 자료이다. 이어지는 질문에 답하시오. [2~3]

〈매물번호 부여 기준〉

AA	B	CC	D	EE	F
매물구분	매매구분	매물지역	거래구분	매매 / 보증금	월세

매물구분	매매구분	매물지역
GD : 토지 HO : 전원주택 FE : 펜션 SR : 상가 AP : 아파트 VI : 빌라 FC : 공장	O : 매매 P : 전세 Q : 월세	01 : 강화읍 02 : 선원면 03 : 길상면 04 : 불은면 05 : 송해면 06 : 하점면 07 : 양도면

거래구분	매매 / 보증금	월세
1 : 독점매물 2 : 공유매물	00 : 1,000만 원 미만 01 : 1,000만 원대 02 : 2,000만 원대 … 10 : 10,000만 원대 … 49 : 49,000만 원대 50 : 50,000만 원대	T : 해당 없음 N : 30만 원 미만 D : 30만 원 이상 50만 원 미만 X : 50만 원 이상 70만 원 미만 S : 70만 원 이상 100만 원 미만 V : 100만 원 이상

02 매물번호가 다음과 같을 때, 매물번호에 대한 설명으로 옳지 않은 것은?

HOO01135T

① 매물은 주거를 위한 것이다.
② 매물 구매 시 소유권이 변경된다.
③ 매물은 읍 단위에 위치하고 있다.
④ 매물의 월세는 협의가 가능하다.

03 다음은 K부동산을 방문한 A의 대화 내용이다. A에게 K부동산 중개인이 보여 줄 매물로 옳은 것은?

A : 안녕하세요. 이번에 강화도로 공장을 이전하게 되어 적당한 매물이 있는지 여쭤보러 왔어요. 공장허가를 받을 수 있는 토지도 좋고, 기존 공장건물이 있는 곳도 좋아요. 저희는 매매나 전세로 생각 중인데, 매매가의 경우에는 최대 3억 3천만 원까지 가능하고요. 전세가의 경우에는 최대 4억 원까지만 가능할 것 같아요. 위치는 크게 상관없으나, 아무래도 공장이라 소음이나 냄새 등으로 주민들과 마찰이 적었으면 해서 시내인 강화읍은 피하고 싶어요.

① GDO01131T
② GDP02241T
③ FCO03138T
④ FCP04231T

※ 다음 자료를 보고 이어지는 질문에 답하시오. [4~5]

〈블랙박스 시리얼 번호 체계〉

개발사		제품		메모리 용량		제조연월				일련번호	PCB버전
값	의미	값	의미	값	의미	값	의미	값	의미	값	값
A	아리스	BD	블랙박스	1	4GB	A	2020년	1~9	1~9월	00001	1
S	성진	BL	LCD 블랙박스	2	8GB	B	2021년	O	10월	00002	2
B	백경	BP	IPS 블랙박스	3	16GB	C	2022년	N	11월	…	3
C	천호	BE	LED 블랙박스	4	32GB	D	2023년	D	12월	09999	9999
M	미강테크	–	–	–	–	E	2024년	–	–	–	–

※ 예시 : ABD2E6000101 → 아리스 블랙박스, 8GB, 2024년 6월 생산, 10번째 모델, PCB 1번째 버전

〈A/S 접수 현황〉

분류 1	분류 2	분류 3	분류 4
ABD1A2001092	MBE2E3001243	SBP3CD012083	ABD4B3007042
BBD1DD000132	MBP2CO120202	CBE3C4000643	SBE4D5101483
SBD1D9000082	ABE2D0001063	BBD3B6000761	MBP4C6000263
ABE1C6100121	CBL2C3010213	ABP3D8010063	BBE4DN020473
CBP1C6001202	SBD2B9001501	CBL3S8005402	BBL4C5020163
CBL1BN000192	SBP2C5000843	SBD3B1004803	CBP4D6100023
MBD1A2012081	BBL2BO010012	MBE3E4010803	SBE4E4001613
MBE1DB001403	CBD2B3000183	MBL3C1010203	ABE4DO010843

04 A/S가 접수되면 수리를 위해 각 제품을 해당 제조사로 전달한다. 그런데 제품 시리얼 번호를 확인하는 과정에서 조회되지 않는 번호가 있다는 것을 발견하였다. 다음 중 잘못 기록된 시리얼 번호는 모두 몇 개인가?

① 6개   ② 7개
③ 8개   ④ 9개

05 A/S가 접수된 제품 중 2020 ~ 2021년에 생산된 제품에 대해 무상으로 블루투스 기능을 추가해주는 이벤트를 진행하고 있다. A/S 접수가 된 블랙박스 중에서 이벤트에 해당하는 제품은 모두 몇 개인가?

① 6개   ② 7개
③ 8개   ④ 9개

04 | 자료 해석

| 유형분석 |

- 주어진 자료를 해석하고 활용하여 풀어가는 문제이다.
- 꼼꼼하고 분석적인 접근이 필요한 다양한 자료들이 출제된다.

K씨는 자신의 생활을 참고하여 신용카드를 발급받고자 한다. 다음 중 K씨에게 가장 적합한 것은?

〈K씨의 생활〉

K씨는 아침에 일어나 간단하게 끼니를 챙기고 출근을 한다. 자가용을 타고 가는 길이 항상 막혀 짜증이 날 법도 하지만, K씨는 라디오 뉴스로 주요 이슈를 확인하느라 정신이 없다. 출퇴근 중에는 차에서 보내는 시간이 많아 주유비가 상당히 많이 나온다. 그나마 기름 값이 싸져서 부담은 덜하다. 보조석에는 공과금 용지가 펼쳐져 있다. 혼자 살기 때문에 많은 요금이 나오지 않아 납부하는 것을 신경 쓰지 못하고 있다. 이제 곧 겨울이 올 것을 대비하여 오늘 오후에 차량 점검을 맡기려고 예약을 해두었다. 아직 사고는 난 적이 없지만 혹시나 하는 마음에 점검을 받으려고 한다.

〈신용카드 종류〉

A카드	B카드	C카드	D카드
• 놀이공원 할인 • 커피 할인 • Kids카페 할인	• 포인트 두 배 적립 • 6개월간 무이자 할인	• 공과금 할인 • 온라인 쇼핑몰 할인 • 병원 / 약국 할인	• 주유비 할인 • 차량 소모품 할인 • 상해보험 무료 가입

① A카드 ② B카드
③ C카드 ④ D카드

정답 ④

K씨의 생활을 살펴보면 출퇴근길에 자가용을 사용하고 있고 주유비에 대해서 부담을 가지고 있다. 그리고 곧 겨울이 올 것을 대비해 차량 점검을 할 예정이다. 따라서 K씨는 자동차와 관련된 혜택을 받을 수 있는 D카드를 선택하는 것이 가장 적절하다.

풀이 전략!

문제 해결을 위해 필요한 정보가 무엇인지 먼저 파악한 후, 제시된 자료를 분석적으로 읽고 해석한다.

01 K공단은 워크숍에서 팀을 나눠 배드민턴 게임을 하기로 했다. 배드민턴 복식 경기방식을 따르며, 전략팀 직원 A, B와 총무팀 직원 C, D가 먼저 대결을 한다고 할 때, 다음과 같은 경기상황에 이어질 서브 방향 및 선수 위치로 가능한 것은?

〈배드민턴 복식 경기방식〉

- 점수를 획득한 팀이 서브권을 갖는다. 다만, 서브권이 상대팀으로 넘어가기 전까지는 팀 내에서 같은 선수가 연속해서 서브권을 갖는다.
- 서브하는 팀은 자신의 팀 점수가 0이거나 짝수인 경우는 우측에서, 점수가 홀수인 경우는 좌측에서 서브한다.
- 서브하는 선수로부터 코트의 대각선 위치에 선 선수가 서브를 받는다.
- 서브를 받는 팀은 자신의 팀으로 서브권이 넘어오기 전까지는 팀 내에서 선수끼리 서로 코트 위치를 바꾸지 않는다.

※ 좌측, 우측은 각 팀이 네트를 바라보고 인식하는 좌, 우이다.

〈경기상황〉

- 전략팀(A·B), 총무팀(C·D) 간 복식 경기 진행
- 3 : 3 동점 상황에서 A가 C에 서브하고 전략팀(A·B)이 1점 득점

점수	서브 방향 및 선수 위치	득점한 팀
3 : 3	D C / A B	전략팀

①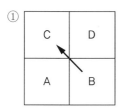

②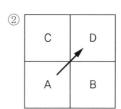

③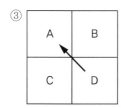

④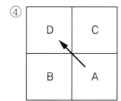

02 조선시대에는 12시진(정시법)과 '초(初)', '정(正)', '한시진(2시간)' 등의 표현을 통해 시간을 나타 내었다. 다음 중 조선시대의 시간과 현대의 시간에 대한 비교로 옳지 않은 것은?

〈12시진〉

조선시대 시간		현대 시간	조선시대 시간		현대 시간
자(子)시	초(初)	23시 1분 ~ 60분	오(午)시	초(初)	11시 1분 ~ 60분
	정(正)	24시 1분 ~ 60분		정(正)	12시 1분 ~ 60분
축(丑)시	초(初)	1시 1분 ~ 60분	미(未)시	초(初)	13시 1분 ~ 60분
	정(正)	2시 1분 ~ 60분		정(正)	14시 1분 ~ 60분
인(寅)시	초(初)	3시 1분 ~ 60분	신(申)시	초(初)	15시 1분 ~ 60분
	정(正)	4시 1분 ~ 60분		정(正)	16시 1분 ~ 60분
묘(卯)시	초(初)	5시 1분 ~ 60분	유(酉)시	초(初)	17시 1분 ~ 60분
	정(正)	6시 1분 ~ 60분		정(正)	18시 1분 ~ 60분
진(辰)시	초(初)	7시 1분 ~ 60분	술(戌)시	초(初)	19시 1분 ~ 60분
	정(正)	8시 1분 ~ 60분		정(正)	20시 1분 ~ 60분
사(巳)시	초(初)	9시 1분 ~ 60분	해(亥)시	초(初)	21시 1분 ~ 60분
	정(正)	10시 1분 ~ 60분		정(正)	22시 1분 ~ 60분

① 한 초등학교의 점심 시간이 오후 1시부터 2시까지라면, 조선시대 시간으로 미(未)시에 해당한다.
② 조선시대에 어떤 사건이 인(寅)시에 발생하였다면, 현대 시간으로는 오전 3시와 5시 사이에 발생한 것이다.
③ 현대인이 오후 2시부터 4시 30분까지 운동을 하였다면, 조선시대 시간으로 미(未)시부터 유(酉)시까지 운동을 한 것이다.
④ 축구 경기가 연장 없이 각각 45분의 전반전과 후반전으로 진행되었다면, 조선시대 시간으로 한시진이 채 되지 않은 것이다.

03 다음은 K손해보험 보험금 청구 절차 안내문이다. 이를 토대로 고객들의 질문에 답변하려고 할 때, 적절하지 않은 것은?

<보험금 청구 절차 안내문>

단계	구분	내용
Step 1	사고 접수 및 보험금 청구	피보험자, 가해자, 피해자가 사고발생 통보 및 보험금 청구를 합니다. 접수는 가까운 영업점에 관련 서류를 제출합니다.
Step 2	보상팀 및 보상담당자 지정	보상처리 담당자가 지정되어 고객님께 담당자의 성명, 연락처를 SMS로 전송해드립니다. 자세한 보상 관련 문의사항은 보상처리 담당자에게 문의하시면 됩니다.
Step 3	손해사정법인 (현장확인자)	보험금 지급여부 결정을 위해 사고현장조사를 합니다. (병원 공인된 손해사정법인에게 조사업무를 위탁할 수 있음)
Step 4	보험금 심사 (심사자)	보험금 지급 여부를 심사합니다.
Step 5	보험금 심사팀	보험금 지급 여부가 결정되면 피보험자 예금통장에 보험금이 입금됩니다.

※ 3만 원 초과 10만 원 이하 소액통원의료비를 청구할 경우 보험금 청구서와 병원영수증, 질병분류기호(질병명)가 기재된 처방전만으로 접수가 가능합니다.

※ 의료기관에서는 환자가 요구할 경우 처방전 발급 시 질병분류기호(질병명)가 기재된 처방전 2부 발급이 가능합니다.

※ 온라인 접수 절차는 K손해보험 홈페이지에서 확인하실 수 있습니다.

① Q : 자전거를 타다가 팔을 다쳐서 병원비가 56,000원이 나왔습니다. 보험금을 청구하려고 하는데 제출할 서류는 어떻게 되나요?

   A : 고객님의 의료비는 10만 원이 넘지 않는 관계로 보험금 청구서와 병원영수증, 진단서가 필요합니다.

② Q : 사고를 낸 당사자도 보험금을 청구할 수 있나요?

   A : 네, 고객님. 사고의 가해자와 피해자 모두 보험금을 청구하실 수 있습니다.

③ Q : 사고 접수는 인터넷으로 접수가 가능한가요?

   A : 네, 가능합니다. 자세한 접수 절차는 K손해보험 홈페이지에서 확인하실 수 있습니다.

④ Q : 질병분류기호가 기재된 처방전은 어떻게 발급하나요?

   A : 처방전 발급 시 해당 의료기관에 질병분류기호를 포함해달라고 요청하시면 됩니다.

다음 자료와 〈조건〉을 바탕으로 철수, 영희, 민수, 철호가 상품을 구입한 쇼핑몰을 바르게 나열한 것은?

〈이용약관의 주요 내용〉

쇼핑몰	주문 취소	환불	배송비	포인트 적립
A	주문 후 7일 이내 취소 가능	10% 환불수수료+송금수수료 차감	무료	구입 금액의 3%
B	주문 후 10일 이내 취소 가능	환불수수료+송금수수료 차감	20만 원 이상 무료	구입 금액의 5%
C	주문 후 7일 이내 취소 가능	환불수수료+송금수수료 차감	1회 이용 시 1만 원	없음
D	주문 후 당일에만 취소 가능	환불수수료+송금수수료 차감	5만 원 이상 무료	없음
E	취소 불가능	고객 귀책 사유에 의한 환불 시에만 10% 환불수수료	1만 원 이상 무료	구입 금액의 10%
F	취소 불가능	원칙적으로 환불 불가능 (사업자 귀책 사유일 때만 환불 가능)	100g당 2,500원	없음

조건

- 철수는 부모님의 선물로 등산용품을 구입하였는데, 판매자의 업무착오로 배송이 지연되어 판매자에게 전화로 환불을 요구하였다. 판매자는 판매금액 그대로를 통장에 입금해 주었고 구입 시 발생한 포인트도 유지하여 주었다.
- 영희는 옷을 구매할 때 배송료를 고려하여 한 가지씩 여러 번에 나누어 구매하기보다는 가능한 한꺼번에 주문하곤 하였다.
- 인터넷 사이트에서 영화티켓을 20,000원에 주문한 민수는 다음날 같은 티켓을 18,000원에 파는 가게를 발견하고 전날 주문한 물건을 취소하려 했지만 취소가 되지 않아 곤란을 겪은 적이 있다.
- 가방을 100,000원에 구매한 철호는 도착한 물건의 디자인이 마음에 들지 않아 환불 및 송금수수료와 배송료를 감수하는 손해를 보면서도 환불할 수밖에 없었다.

	철수	영희	민수	철호
①	E	B	C	D
②	F	E	D	B
③	E	D	F	C
④	F	C	E	B

PART 3

직무시험

01 | 국민건강보험법

※ 수록 기준 : 법제처 법률 제19841호(시행 2024.12.27.)

01 총칙

1. 목적 및 정의

(1) 목적(제1조)

국민건강보험법은 국민의 질병·부상에 대한 예방·진단·치료·재활과 출산·사망 및 건강증진에 대하여 보험급여를 실시함으로써 국민보건 향상과 사회보장 증진에 이바지함을 목적으로 한다.

(2) 관장(제2조)

국민건강보험법에 따른 건강보험사업은 보건복지부장관이 맡아 주관한다.

(3) 정의(제3조)

국민건강보험법에서 사용하는 용어의 뜻은 다음과 같다.

1. 근로자 : 직업의 종류와 관계없이 근로의 대가로 보수를 받아 생활하는 사람(법인의 이사와 그 밖의 임원을 포함한다)으로서 **공무원 및 교직원을 제외한** 사람
2. 사용자 : 다음 각 목의 어느 하나에 해당하는 자
   가. 근로자가 소속되어 있는 사업장의 **사업주**
   나. 공무원이 소속되어 있는 **기관의 장**으로서 대통령령으로 정하는 사람
   다. 교직원이 소속되어 있는 **사립학교**(사립학교교직원 연금법 제3조에 규정된 사립학교를 말한다. 이하 이 조에서 같다)를 설립·운영하는 자

> **더 알아보기**
>
> 적용 범위(사립학교교직원 연금법 제3조)
> ① 사립학교교직원 연금법은 다음 각 호에 규정된 학교기관에서 근무하는 교직원에게 적용한다.
>   1. 사립학교법에 따른 사립학교 및 이를 설치·경영하는 학교경영기관
>   2. 초·중등교육법의 특수학교 중 사립학교 및 이를 설치·경영하는 학교경영기관
>   3. 제1호와 제2호에 해당하지 아니하는 사립학교 및 학교경영기관 중 특히 교육부장관이 지정하는 사립학교와 이를 설치·경영하는 학교경영기관
> ② 사립학교교직원 연금법은 다음 각 호의 어느 하나에 해당하는 사람에 대해서는 적용하지 아니한다.
>   1. 공무원연금법의 적용을 받는 공무원
>   2. 군인연금법의 적용을 받는 군인
>   3. 2017년 1월 1일 이후 교직원으로 신규 임용되는 경우로서 임용 당시 다음 각 목의 구분에 따른 정년을 초과한 교직원
>   가. 교원 : 교육공무원법에 따라 교육공무원에게 적용되는 정년
>   나. 사무직원 : 국가공무원법에 따라 일반직공무원에게 적용되는 정년

3. 사업장 : 사업소나 사무소

4. 공무원 : 국가나 지방자치단체에서 상시 공무에 종사하는 사람

5. 교직원 : 사립학교나 사립학교의 경영기관에서 근무하는 교원과 직원

2. 국민건강보험종합계획 및 건강보험정책심의위원회

(1) 국민건강보험종합계획의 수립 등(제3조의2)

① 종합계획의 수립·변경 : 보건복지부장관은 국민건강보험법에 따른 건강보험의 건전한 운영을 위하여 제4조에 따른 건강보험정책심의위원회의 심의를 거쳐 5년마다 국민건강보험종합계획("종합계획")을 수립하여야 한다. 수립된 종합계획을 변경할 때도 또한 같다.

② 종합계획에 포함되어야 하는 사항

1. 건강보험정책의 기본목표 및 추진방향

2. 건강보험 보장성 강화의 추진계획 및 추진방법

3. 건강보험의 중장기 재정 전망 및 운영

4. 보험료 부과체계에 관한 사항

5. 요양급여비용에 관한 사항

6. 건강증진 사업에 관한 사항

7. 취약계층 지원에 관한 사항

8. 건강보험에 관한 통계 및 정보의 관리에 관한 사항

9. 그 밖에 건강보험의 개선을 위하여 필요한 사항으로 대통령령으로 정하는 사항

③ 시행계획의 수립 : 보건복지부장관은 종합계획에 따라 매년 연도별 시행계획("시행계획")을 건강보험정책심의위원회의 심의를 거쳐 수립·시행하여야 한다.

④ 추진실적의 평가 : 보건복지부장관은 매년 시행계획에 따른 추진실적을 평가하여야 한다.

⑤ 보고 사유 : 보건복지부장관은 다음 각 호의 사유가 발생한 경우 관련 사항에 대한 보고서를 작성하여 지체 없이 국회 소관 상임위원회에 보고하여야 한다.

1. 제1항에 따른 종합계획의 수립 및 변경

2. 제3항에 따른 시행계획의 수립

3. 제4항에 따른 시행계획에 따른 추진실적의 평가

⑥ 자료의 제출 요구 : 보건복지부장관은 종합계획의 수립, 시행계획의 수립·시행 및 시행계획에 따른 추진실적의 평가를 위하여 필요하다고 인정하는 경우 관계 기관의 장에게 자료의 제출을 요구할 수 있다. 이 경우 자료의 제출을 요구받은 자는 특별한 사유가 없으면 이에 따라야 한다.

⑦ 그 밖에 제1항에 따른 종합계획의 수립 및 변경, 제3항에 따른 시행계획의 수립·시행 및 제4항에 따른 시행계획에 따른 추진실적의 평가 등에 필요한 사항은 대통령령으로 정한다.

(2) 건강보험정책심의위원회(제4조)

① 심의위원회의 심의·의결 : 건강보험정책에 관한 다음 각 호의 사항을 심의·의결하기 위하여 보건복지부장관 소속으로 건강보험정책심의위원회("심의위원회")를 둔다.

1. 제3조의2 제1항 및 제3항에 따른 종합계획 및 시행계획에 관한 사항(의결은 제외한다)

2. 제41조 제3항에 따른 요양급여의 기준

3. 제45조 제3항 및 제46조에 따른 요양급여비용에 관한 사항

4. 제73조 제1항에 따른 직장가입자의 보험료율

5. 제73조 제3항에 따른 지역가입자의 보험료율과 재산보험료부과점수당 금액

5의2. 보험료 부과 관련 제도 개선에 관한 다음 각 목의 사항(의결은 제외한다)

    가. 건강보험 가입자("가입자")의 소득 파악 실태에 관한 조사 및 연구에 관한 사항

    나. 가입자의 소득 파악 및 소득에 대한 보험료 부과 강화를 위한 개선 방안에 관한 사항

    다. 그 밖에 보험료 부과와 관련된 제도 개선 사항으로서 심의위원회 위원장이 회의에 부치는 사항

6. 그 밖에 건강보험에 관한 주요 사항으로서 대통령령으로 정하는 사항

② **심의위원회의 구성** : 심의위원회는 위원장 1명과 부위원장 1명을 포함하여 25명의 위원으로 구성한다.

③ **위원장·부위원장** : 심의위원회의 위원장은 보건복지부차관이 되고, 부위원장은 제4항 제4호의 위원 중에서 위원장이 지명하는 사람이 된다.

④ **위원의 임명·위촉** : 심의위원회의 위원은 다음 각 호에 해당하는 사람을 보건복지부장관이 임명 또는 위촉한다.

1. 근로자단체 및 사용자단체가 추천하는 각 2명

2. 시민단체(비영리민간단체지원법 제2조에 따른 비영리민간단체를 말한다. 이하 같다), 소비자단체, 농어업인단체 및 자영업자단체가 추천하는 각 1명

더 알아보기

비영리민간단체의 정의(비영리민간단체 지원법 제2조)
"비영리민간단체"라 함은 영리가 아닌 공익활동을 수행하는 것을 주된 목적으로 하는 민간단체로서 다음 각 호의 요건을 갖춘 단체를 말한다.
1. 사업의 직접 수혜자가 불특정 다수일 것
2. 구성원 상호 간에 이익분배를 하지 아니할 것
3. 사실상 특정 정당 또는 선출직 후보를 지지·지원 또는 반대할 것을 주된 목적으로 하거나 특정 종교의 교리 전파를 주된 목적으로 설립·운영되지 아니할 것
4. 상시 구성원 수가 100인 이상일 것
5. 최근 1년 이상 공익활동 실적이 있을 것
6. 법인이 아닌 단체일 경우에는 대표자 또는 관리인이 있을 것

3. 의료계를 대표하는 단체 및 약업계를 대표하는 단체가 추천하는 8명

4. 다음 각 목에 해당하는 8명

    가. 대통령령으로 정하는 중앙행정기관 소속 공무원 2명

    나. 국민건강보험공단의 이사장 및 건강보험심사평가원의 원장이 추천하는 각 1명

    다. 건강보험에 관한 학식과 경험이 풍부한 4명

⑤ **위원의 임기** : 심의위원회 위원(제4항 제4호 가목에 따른 위원은 제외한다)의 임기는 3년으로 한다. 다만, 위원의 사임 등으로 새로 위촉된 위원의 임기는 전임위원 임기의 남은 기간으로 한다.

⑥ **보고** : 보건복지부장관은 심의위원회가 제1항 제5호의2에 따라 심의한 사항을 국회에 보고하여야 한다.

⑦ 심의위원회의 운영 등에 필요한 사항은 대통령령으로 정한다.

1. 적용 대상, 가입자 및 사업장

(1) 적용 대상 등(제5조)

① 건강보험 적용 대상자 : 국내에 거주하는 국민은 건강보험의 가입자 또는 피부양자가 된다. 다만, 다음 각 호의 어느 하나에 해당하는 사람은 제외한다.

1. 의료급여법에 따라 의료급여를 받는 사람("수급권자")

> **더 알아보기**
>
> 수급권자(의료급여법 제3조 제1항)
> 1. 국민기초생활 보장법에 따른 의료급여 수급자
> 2. 재해구호법에 따른 이재민으로서 보건복지부장관이 의료급여가 필요하다고 인정한 사람
> 3. 의사상자 등 예우 및 지원에 관한 법률에 따라 의료급여를 받는 사람
> 4. 국내입양에 관한 특별법에 따라 입양된 18세 미만의 아동
> 5. 독립유공자예우에 관한 법률, 국가유공자 등 예우 및 지원에 관한 법률 및 보훈보상대상자 지원에 관한 법률의 적용을 받고 있는 사람과 그 가족으로서 국가보훈부장관이 의료급여가 필요하다고 추천한 사람 중에서 보건복지부장관이 의료급여가 필요하다고 인정한 사람
> 6. 무형문화재 보전 및 진흥에 관한 법률에 따라 지정된 국가무형유산의 보유자(명예보유자를 포함한다)와 그 가족으로서 문화재청장이 의료급여가 필요하다고 추천한 사람 중에서 보건복지부장관이 의료급여가 필요하다고 인정한 사람
> 7. 북한이탈주민의 보호 및 정착지원에 관한 법률의 적용을 받고 있는 사람과 그 가족으로서 보건복지부장관이 의료급여가 필요하다고 인정한 사람
> 8. 5·18민주화운동 관련자 보상 등에 관한 법률에 따라 보상금 등을 받은 사람과 그 가족으로서 보건복지부장관이 의료급여가 필요하다고 인정한 사람
> 9. 노숙인 등의 복지 및 자립지원에 관한 법률에 따른 노숙인 등으로서 보건복지부장관이 의료급여가 필요하다고 인정한 사람
> 10. 그 밖에 생활유지 능력이 없거나 생활이 어려운 사람으로서 대통령령으로 정하는 사람

2. 독립유공자예우에 관한 법률 및 국가유공자 등 예우 및 지원에 관한 법률에 따라 의료보호를 받는 사람("유공자 등 의료보호대상자"). 다만, 다음 각 목의 어느 하나에 해당하는 사람은 가입자 또는 피부양자가 된다.

　가. 유공자 등 의료보호대상자 중 건강보험의 적용을 보험자에게 신청한 사람

　나. 건강보험을 적용받고 있던 사람이 유공자 등 의료보호대상자로 되었으나 건강보험의 적용배제신청을 보험자에게 하지 아니한 사람

② 피부양자 : 다음 각 호의 어느 하나에 해당하는 사람 중 **직장가입자에게 주로 생계를 의존하는 사람**으로서 소득 및 재산이 보건복지부령으로 정하는 기준 이하에 해당하는 사람

1. 직장가입자의 배우자
2. 직장가입자의 **직계존속**(배우자의 직계존속을 포함한다)
3. 직장가입자의 **직계비속**(배우자의 직계비속을 포함한다)과 그 배우자
4. 직장가입자의 **형제·자매**

③ 제2항에 따른 피부양자 자격의 인정 기준, 취득·상실시기 및 그 밖에 필요한 사항은 보건복지부령으로 정한다.

(2) 가입자의 종류(제6조)

① 가입자의 구분 : 직장가입자와 지역가입자로 구분

② 직장가입자 대상 : 모든 사업장의 근로자 및 **사용자**와 공무원 및 교직원은 직장가입자가 된다. 다만, 다음 각 호의 어느 하나에 해당하는 사람은 제외한다.

1. 고용 기간이 1개월 미만인 일용근로자
2. 병역법에 따른 **현역병**(지원에 의하지 아니하고 임용된 하사를 포함한다), **전환복무**된 사람 및 군 간부후보생
3. 선거에 당선되어 **취임하는 공무원**으로서 매월 보수 또는 보수에 준하는 급료를 받지 아니하는 사람
4. 그 밖에 사업장의 특성, 고용 형태 및 사업의 종류 등을 고려하여 대통령령으로 정하는 사업장의 근로자 및 사용자와 공무원 및 교직원

③ 지역가입자 대상 : 직장가입자와 그 피부양자를 제외한 가입자

(3) 사업장의 신고(제7조)

사업장의 사용자는 다음 각 호의 어느 하나에 해당하게 되면 그때부터 14일 이내에 보건복지부령으로 정하는 바에 따라 **보험자에게 신고하여야** 한다. 제1호에 해당되어 보험자에게 신고한 내용이 변경된 경우에도 또한 같다.

1. 제6조 제2항에 따라 직장가입자가 되는 근로자·공무원 및 교직원을 사용하는 사업장("**적용대상사업장**")이 된 경우
2. **휴업·폐업** 등 보건복지부령으로 정하는 사유가 발생한 경우

2. 자격의 취득 및 변동·상실 시기

(1) 자격의 취득 시기 등(제8조)

① 가입의 자격 취득 : 가입자는 국내에 거주하게 된 날에 직장가입자 또는 지역가입자의 자격을 얻는다. 다만, 다음 각 호의 어느 하나에 해당하는 사람은 그 해당되는 날에 각각 자격을 얻는다.

1. 수급권자이었던 사람은 그 **대상자에서 제외된 날**
2. 직장가입자의 피부양자이었던 사람은 그 **자격을 잃은 날**
3. 유공자 등 의료보호대상자이었던 사람은 그 **대상자에서 제외된 날**
4. 제5조 제1항 제2호 가목에 따라 보험자에게 건강보험의 적용을 신청한 유공자 등 의료보호대상자는 그 신청한 날

② 신고 기한 : 제1항에 따라 자격을 얻은 경우 그 직장가입자의 **사용자** 및 지역가입자의 **세대주**는 그 명세를 보건복지부령으로 정하는 바에 따라 자격을 취득한 날부터 14일 이내에 **보험자에게 신고하**여야 한다.

(2) 자격의 변동 시기 등(제9조)

① **가입자의 자격 변동** : 가입자는 다음 각 호의 어느 하나에 해당하게 된 날에 그 자격이 변동된다.

    1. 지역가입자가 적용대상사업장의 사용자로 되거나 근로자·공무원 또는 교직원("근로자 등")으로 사용된 날

    2. 직장가입자가 다른 적용대상사업장의 사용자로 되거나 근로자 등으로 사용된 날

    3. 직장가입자인 근로자 등이 그 사용관계가 끝난 날의 다음 날

    4. 적용대상사업장에 제7조 제2호에 따른 사유가 발생한 날의 다음 날

    5. 지역가입자가 다른 세대로 전입한 날

② **신고 기한** : 제1항에 따라 자격이 변동된 경우 직장가입자의 사용자와 지역가입자의 세대주는 다음 각 호의 구분에 따라 그 명세를 보건복지부령으로 정하는 바에 따라 자격이 변동된 날부터 14일 이내에 보험자에게 신고하여야 한다.

    1. 제1항 제1호 및 제2호에 따라 자격이 변동된 경우 : 직장가입자의 사용자

    2. 제1항 제3호부터 제5호까지의 규정에 따라 자격이 변동된 경우 : 지역가입자의 세대주

③ **법무부장관 및 국방부장관**은 직장가입자나 지역가입자가 제54조 제3호 또는 제4호에 해당하면 보건복지부령으로 정하는 바에 따라 그 사유에 해당된 날부터 1개월 이내에 보험자에게 알려야 한다.

(3) 자격 취득·변동 사항의 고지(제9조의2)

공단은 제96조 제1항에 따라 제공받은 자료를 통하여 가입자 자격의 취득 또는 변동 여부를 확인하는 경우에는 자격 취득 또는 변동 후 최초로 제79조에 따른 납부의무자에게 보험료 납입 고지를 할 때 보건복지부령으로 정하는 바에 따라 자격 취득 또는 변동에 관한 사항을 알려야 한다.

(4) 자격의 상실 시기 등(제10조)

① **가입자 자격의 상실 시기** : 가입자는 다음 각 호의 어느 하나에 해당하게 된 날에 그 자격을 잃는다.

    1. 사망한 날의 다음 날

    2. 국적을 잃은 날의 다음 날

    3. 국내에 거주하지 아니하게 된 날의 다음 날

    4. 직장가입자의 피부양자가 된 날

    5. 수급권자가 된 날

    6. 건강보험을 적용받고 있던 사람이 유공자 등 의료보호대상자가 되어 건강보험의 적용배제신청을 한 날

② **신고 기한** : 제1항에 따라 자격을 잃은 경우 직장가입자의 사용자와 지역가입자의 세대주는 그 명세를 보건복지부령으로 정하는 바에 따라 자격을 잃은 날부터 14일 이내에 보험자에게 신고하여야 한다.

3. 자격취득 등의 확인 및 건강보험증

(1) 자격취득 등의 확인(제11조)

① **효력의 소급** : 가입자 자격의 취득·변동 및 상실은 제8조부터 제10조까지의 규정에 따른 자격의 취득·변동 및 상실의 시기로 **소급하여 효력을 발생**한다. 이 경우 보험자는 그 사실을 확인할 수 있다.

② **확인 청구** : 가입자나 가입자이었던 사람 또는 피부양자나 피부양자이었던 사람은 제1항에 따른 확인을 청구할 수 있다.

(2) 건강보험증(제12조)

① **건강보험증의 발급** : 국민건강보험공단은 가입자 또는 피부양자가 신청하는 경우 **건강보험증을 발급**하여야 한다.

② **건강보험증의 제출** : 가입자 또는 피부양자가 **요양급여를 받을 때에는** 제1항의 건강보험증을 제42조 제1항에 따른 요양기관("요양기관")에 제출하여야 한다. 다만, 천재지변이나 그 밖의 부득이한 사유가 있으면 그러하지 아니하다.

③ **건강보험증의 제출 생략** : 가입자 또는 피부양자는 제2항 본문에도 불구하고 주민등록증(모바일 주민등록증을 포함한다), 운전면허증, 여권, 그 밖에 보건복지부령으로 정하는 본인 여부를 확인할 수 있는 **신분증명서로 요양기관이 그 자격을 확인할 수 있으면** 건강보험증을 제출하지 아니할 수 있다.

④ **본인 여부 및 자격 확인** : 요양기관은 가입자 또는 피부양자에게 요양급여를 실시하는 경우 보건복지부령으로 정하는 바에 따라 **건강보험증이나 신분증명서로 본인 여부 및 그 자격을 확인**하여야 한다. 다만, 요양기관이 가입자 또는 피부양자의 본인 여부 및 그 자격을 확인하기 곤란한 경우로서 보건복지부령으로 정하는 정당한 사유가 있을 때에는 그러하지 아니하다.

⑤ 가입자·피부양자는 제10조 제1항에 따라 자격을 잃은 후 자격을 증명하던 서류를 사용하여 보험급여를 받아서는 아니 된다.

⑥ 누구든지 건강보험증이나 신분증명서를 다른 사람에게 양도하거나 대여하여 보험급여를 받게 하여서는 아니 된다.

⑦ 누구든지 건강보험증이나 신분증명서를 양도 또는 대여를 받거나 그 밖에 이를 부정하게 사용하여 보험급여를 받아서는 아니 된다.

⑧ 제1항에 따른 건강보험증의 신청 절차와 방법, 서식과 그 교부 및 사용 등에 필요한 사항은 보건복지부령으로 정한다.

1. 국민건강보험공단의 업무

(1) 보험자(제13조)

건강보험의 보험자는 국민건강보험공단("공단")으로 한다.

(2) 업무 등(제14조)

① 공단이 관장하는 업무

1. 가입자 및 피부양자의 **자격 관리**
2. 보험료와 그 밖에 국민건강보험법에 따른 **징수금의 부과·징수**
3. **보험급여의 관리**
4. 가입자 및 피부양자의 질병의 조기발견·예방 및 건강관리를 위하여 요양급여 실시 현황과 건강검진 결과 등을 활용하여 실시하는 **예방사업**으로서 대통령령으로 정하는 사업
5. 보험급여 **비용의 지급**
6. 자산의 관리·운영 및 증식사업
7. 의료시설의 운영
8. 건강보험에 관한 **교육훈련 및 홍보**
9. 건강보험에 관한 **조사연구 및 국제협력**
10. 국민건강보험법에서 **공단의 업무**로 정하고 있는 사항
11. 국민연금법, 고용보험 및 산업재해보상보험의 보험료징수 등에 관한 법률, 임금채권보장법 및 석면피해구제법("징수위탁근거법")에 따라 **위탁받은 업무**
12. 그 밖에 국민건강보험법 또는 다른 법령에 따라 **위탁받은 업무**
13. 그 밖에 건강보험과 관련하여 보건복지부장관이 필요하다고 인정한 업무

② **자산의 관리·운영·증식 방법** : 제1항 제6호에 따른 자산의 관리·운영 및 증식사업은 안정성과 수익성을 고려하여 다음 각 호의 방법에 따라야 한다.

1. 체신관서 또는 은행법에 따른 은행에의 예입 또는 신탁
2. 국가·지방자치단체 또는 은행법에 따른 은행이 직접 발행하거나 채무이행을 보증하는 유가증권의 매입
3. 특별법에 따라 설립된 법인이 발행하는 유가증권의 매입
4. 자본시장과 금융투자업에 관한 법률에 따른 신탁업자가 발행하거나 같은 법에 따른 집합투자업자가 발행하는 수익증권의 매입
5. 공단의 업무에 사용되는 부동산의 취득 및 일부 임대
6. 그 밖에 공단 자산의 증식을 위하여 대통령령으로 정하는 사업

③ 공단은 특정인을 위하여 업무를 제공하거나 공단 시설을 이용하게 할 경우 공단의 정관으로 정하는 바에 따라 그 업무의 제공 또는 시설의 이용에 대한 **수수료와 사용료**를 징수할 수 있다.

④ 공단은 공공기관의 정보공개에 관한 법률에 따라 **건강보험과 관련하여 보유·관리하고 있는 정보**를 공개한다.

2. 공단의 성립

(1) 법인격 등(제15조)

① 공단은 법인으로 한다.

② 공단은 주된 사무소의 소재지에서 설립등기를 함으로써 성립한다.

(2) 사무소(제16조)

① 공단의 주된 사무소의 소재지는 정관으로 정한다.

② 공단은 필요하면 정관으로 정하는 바에 따라 분사무소를 둘 수 있다.

(3) 정관(제17조)

① 공단의 정관에 적어야 하는 사항

1. 목적
2. 명칭
3. 사무소의 소재지
4. 임직원에 관한 사항
5. 이사회의 운영
6. 재정운영위원회에 관한 사항
7. 보험료 및 보험급여에 관한 사항
8. 예산 및 결산에 관한 사항
9. 자산 및 회계에 관한 사항
10. 업무와 그 집행
11. 정관의 변경에 관한 사항
12. 공고에 관한 사항

② 공단은 정관을 변경하려면 보건복지부장관의 인가를 받아야 한다.

(4) 등기(제18조)

공단의 설립등기에는 다음 각 호의 사항을 포함하여야 한다.

1. 목적
2. 명칭
3. 주된 사무소 및 분사무소의 소재지
4. 이사장의 성명·주소 및 주민등록번호

(5) 해산(제19조)

공단의 해산에 관하여는 법률로 정한다.

(6) 임원(제20조)

① **임원의 구성** : 공단은 임원으로서 **이사장 1명, 이사 14명 및 감사 1명**을 둔다. 이 경우 이사장, 이사 중 5명 및 감사는 상임으로 한다.

② **이사장의 임명** : 이사장은 공공기관의 운영에 관한 법률 제29조에 따른 임원추천위원회("임원추천위원회")가 복수로 추천한 사람 중에서 **보건복지부장관의 제청으로 대통령이 임명**한다.

더 알아보기

임원추천위원회(공공기관의 운영에 관한 법률 제29조)

① 공기업·준정부기관의 임원 후보자를 추천하고, 공기업·준정부기관의 장("기관장")후보자와의 계약안에 관한 사항의 협의 등을 수행하기 위하여 공기업·준정부기관에 임원추천위원회를 둔다.

② 임원추천위원회는 그 공기업·준정부기관의 비상임이사와 이사회가 선임한 위원으로 구성한다.

③ 공기업·준정부기관의 임직원과 공무원은 임원추천위원회의 위원이 될 수 없다. 다만, 그 공기업·준정부기관의 비상임이사, 교육공무원법에 따른 교원과 그 준정부기관의 주무기관 소속 공무원은 그러하지 아니하다.

④ 이사회가 선임하는 위원의 정수는 임원추천위원회 위원 정수의 2분의 1 미만으로 한다. 다만, 임원추천위원회 구성 당시 비상임이사가 1명인 경우에는 이사회가 선임하는 위원의 정수를 2분의 1로 할 수 있다.

⑤ 임원추천위원회의 위원장은 임원추천위원회 위원인 공기업·준정부기관의 비상임이사 중에서 임원추천위원회 위원의 호선으로 선출한다.

⑥ 임원추천위원회 구성 당시 비상임이사가 없는 공기업·준정부기관은 이사회가 선임한 외부위원으로 임원추천위원회를 구성하며, 위원장은 외부위원 중 호선으로 선출한다.

⑦ 임원추천위원회는 회의의 심의·의결 내용 등이 기록된 회의록을 작성·보존하고 이를 공개하여야 한다. 다만, 공공기관의 정보공개에 관한 법률 제9조 제1항 각 호의 어느 하나에 해당하는 경우에는 공개하지 아니할 수 있다.

⑧ 임원추천위원회의 구성, 운영 및 후보자 추천 기한 등에 관하여 필요한 사항은 대통령령으로 정한다.

③ **상임이사의 임명** : 상임이사는 보건복지부령으로 정하는 추천 절차를 거쳐 **이사장이 임명**한다.

④ **비상임이사의 임명** : 비상임이사는 다음 각 호의 사람을 **보건복지부장관이 임명**한다.

　1. 노동조합·사용자단체·시민단체·소비자단체·농어업인단체 및 노인단체가 추천하는 각 1명

　2. 대통령령으로 정하는 바에 따라 추천하는 관계 공무원 3명

⑤ **감사의 임명** : 감사는 임원추천위원회가 복수로 추천한 사람 중에서 **기획재정부장관의 제청으로 대통령이 임명**한다.

더 알아보기

이사회의 구성

이사장(1인)	국민건강보험공단의 이사장
이사(14인)	• 상임이사 : 5인 • 비상임이사 : 9인 　- 노동조합, 사용자단체, 시민단체, 소비자단체, 농어업인단체에서 각각 1명씩 추천하는 6인 　- 기획재정부장관, 보건복지부장관, 인사혁신처장 등이 그 소속 3급 공무원 또는 고위 공무원단에 속하는 일반직 공무원 중에서 각각 1명씩 지명하는 3인
감사(1인)	임원추천위원회에서 추천하는 1인

⑥ **실비변상** : 제4항에 따른 비상임이사는 정관으로 정하는 바에 따라 **실비변상**을 받을 수 있다.

⑦ **임원의 임기** : 이사장의 임기는 3년, 이사(공무원인 이사는 제외한다)와 감사의 임기는 각각 2년으로 한다.

(7) 징수이사(제21조)

① **징수이사의 자격** : 상임이사 중 제14조 제1항 제2호 및 제11호의 업무를 담당하는 이사("징수이사")는 경영, 경제 및 사회보험에 관한 학식과 경험이 풍부한 사람으로서 보건복지부령으로 정하는 자격을 갖춘 사람 중에서 선임한다.

② **추천위원회의 설치** : 징수이사 후보를 추천하기 위하여 공단에 이사를 위원으로 하는 **징수이사추천위원회**("추천위원회")를 둔다. 이 경우 추천위원회의 위원장은 이사장이 **지명하는 이사**로 한다.

③ **후보의 모집 및 조사** : 추천위원회는 주요 일간신문에 징수이사 후보의 모집 공고를 하여야 하며, 이와 별도로 적임자로 판단되는 징수이사 후보를 조사하거나 전문단체에 조사를 의뢰할 수 있다.

④ **심사와 협의** : 추천위원회는 제3항에 따라 모집한 사람을 보건복지부령으로 정하는 징수이사 후보 심사기준에 따라 심사하여야 하며, 징수이사 후보로 추천될 사람과 계약 조건에 관하여 협의하여야 한다.

⑤ **계약의 체결** : 이사장은 제4항에 따른 심사와 협의 결과에 따라 징수이사 **후보와 계약을 체결**하여야 하며, 이 경우 제20조 제3항에 따른 **상임이사의 임명**으로 본다.

⑥ 제4항에 따른 계약 조건에 관한 협의, 제5항에 따른 계약 체결 등에 필요한 사항은 보건복지부령으로 정한다.

3. 공단의 조직 운영

(1) 임원의 직무(제22조)

① **이사장** : 공단을 대표하고 업무를 총괄하며, 임기 중 공단의 **경영성과에 대하여 책임**을 진다.

② **상임이사** : 이사장의 명을 받아 공단의 업무를 집행한다.

③ **직무대행** : 이사장이 부득이한 사유로 그 직무를 수행할 수 없을 때에는 정관으로 정하는 바에 따라 상임이사 중 1명이 그 직무를 대행하고, 상임이사가 없거나 그 직무를 대행할 수 없을 때에는 **정관으로 정하는 임원**이 그 직무를 대행한다.

④ **감사** : 공단의 업무, 회계 및 재산 상황을 감사한다.

(2) 임원 결격사유(제23조)

다음 각 호의 어느 하나에 해당하는 사람은 공단의 임원이 될 수 없다.

1. 대한민국 국민이 아닌 사람
2. 공공기관의 운영에 관한 법률 제34조 제1항 각 호의 어느 하나에 해당하는 사람

더 알아보기

결격사유(공공기관의 운영에 관한 법률 제34조 제1항)
다음 각 호의 어느 하나에 해당하는 사람은 공기업·준정부기관의 임원이 될 수 없다.
1. 국가공무원법 제33조(결격사유) 각 호의 어느 하나에 해당하는 사람
2. 해임된 날부터 3년이 지나지 아니한 사람

(3) 임원의 당연퇴임 및 해임(제24조)

① 당연퇴임 사유 : 임원이 제23조 각 호의 어느 하나에 해당하게 되거나 임명 당시 그에 해당하는 사람으로 확인되면 그 임원은 당연퇴임한다.

② 해임 사유 : 임명권자는 임원이 다음 각 호의 어느 하나에 해당하면 그 임원을 해임할 수 있다.

    1. 신체장애나 정신장애로 직무를 수행할 수 없다고 인정되는 경우

    2. 직무상 의무를 위반한 경우

    3. 고의나 중대한 과실로 공단에 손실이 생기게 한 경우

    4. 직무 여부와 관계없이 품위를 손상하는 행위를 한 경우

    5. 국민건강보험법에 따른 보건복지부장관의 명령을 위반한 경우

(4) 임원의 겸직 금지 등(제25조)

① 겸직 금지 : 공단의 상임임원과 직원은 그 직무 외에 **영리를 목적으로 하는 사업**에 종사하지 못한다.

② 겸직 금지의 예외 : 공단의 상임임원이 임명권자 또는 제청권자의 허가를 받거나 공단의 직원이 이사장의 허가를 받은 경우에는 **비영리 목적의 업무**를 겸할 수 있다.

(5) 이사회(제26조)

① 설치 목적 : 공단의 주요 사항(공공기관의 운영에 관한 법률 제17조 제1항 각 호의 사항을 말한다)을 심의·의결하기 위하여 공단에 이사회를 둔다.

더 알아보기

공단의 주요 사항(공공기관의 운영에 관한 법률 제17조 제1항)

1. 경영목표, 예산, 운영계획 및 중장기재무관리계획
2. 예비비의 사용과 예산의 이월
3. 결산
4. 기본재산의 취득과 처분
5. 장기차입금의 차입 및 사채의 발행과 그 상환 계획
6. 생산 제품과 서비스의 판매가격
7. 잉여금의 처분
8. 다른 기업체 등에 대한 출자·출연
9. 다른 기업체 등에 대한 채무보증. 다만, 다른 법률에 따라 보증업무를 수행하는 공기업·준정부기관의 경우 그 사업 수행을 위한 채무보증은 제외한다.
10. 정관의 변경
11. 내규의 제정과 변경
12. 임원의 보수
13. 공기업·준정부기관의 장("기관장")이 필요하다고 인정하여 이사회의 심의·의결을 요청하는 사항
14. 그 밖에 이사회가 특히 필요하다고 인정하는 사항

② 이사회의 구성 : 이사회는 이사장과 이사로 구성한다.

③ 감사의 발언권 : 감사는 이사회에 출석하여 발언할 수 있다.

④ 이사회의 의결 사항 및 운영 등에 필요한 사항은 대통령령으로 정한다.

더 알아보기

이사회의 회의(시행령 제12조 제2항부터 제4항)
- 회의
  - 정기회의 : 2월과 10월(연 2회)
  - 임시회의 : 이사장이 회의가 필요하다고 인정할 때 또는 재적이사 3분의 1 이상이 회의의 목적을 명시하여 서면으로 요구할 때(수시)
- 의결 방법 : 재적이사 과반수의 출석으로 개의하고, 재적이사 과반수의 찬성으로 의결함

(6) 직원의 임면(제27조)

이사장은 정관으로 정하는 바에 따라 직원을 임면한다.

(7) 벌칙 적용 시 공무원 의제(제28조)

공단의 임직원은 형법 제129조부터 제132조까지의 규정을 적용할 때 공무원으로 본다.

더 알아보기

공무원의 직무에 관한 죄(형법 제129조부터 제132조)
- 수뢰, 사전수뢰(제129조)
  ① 공무원 또는 중재인이 그 직무에 관하여 뇌물을 수수, 요구 또는 약속한 때에는 5년 이하의 징역 또는 10년 이하의 자격정지에 처한다.
  ② 공무원 또는 중재인이 될 자가 그 담당할 직무에 관하여 청탁을 받고 뇌물을 수수, 요구 또는 약속한 후 공무원 또는 중재인이 된 때에는 3년 이하의 징역 또는 7년 이하의 자격정지에 처한다.
- 제3자 뇌물제공(제130조) : 공무원 또는 중재인이 그 직무에 관하여 부정한 청탁을 받고 제3자에게 뇌물을 공여하게 하거나 공여를 요구 또는 약속한 때에는 5년 이하의 징역 또는 10년 이하의 자격정지에 처한다.
- 수뢰후부정처사, 사후수뢰(제131조)
  ① 공무원 또는 중재인이 전2조의 죄를 범하여 부정한 행위를 한 때에는 1년 이상의 유기징역에 처한다.
  ② 공무원 또는 중재인이 그 직무상 부정한 행위를 한 후 뇌물을 수수, 요구 또는 약속하거나 제3자에게 이를 공여하게 하거나 공여를 요구 또는 약속한 때에도 전항의 형과 같다.
  ③ 공무원 또는 중재인이었던 자가 그 재직 중에 청탁을 받고 직무상 부정한 행위를 한 후 뇌물을 수수, 요구 또는 약속한 때에는 5년 이하의 징역 또는 10년 이하의 자격정지에 처한다.
  ④ 전3항의 경우에는 10년 이하의 자격정지를 병과할 수 있다.
- 알선수뢰(제132조) : 공무원이 그 지위를 이용하여 다른 공무원의 직무에 속한 사항의 알선에 관하여 뇌물을 수수, 요구 또는 약속한 때에는 3년 이하의 징역 또는 7년 이하의 자격정지에 처한다.

(8) 규정 등(제29조)

공단의 조직·인사·보수 및 회계에 관한 규정은 이사회의 의결을 거쳐 보건복지부장관의 승인을 받아 정한다.

(9) 대리인의 선임(제30조)

이사장은 공단 업무에 관한 모든 재판상의 행위 또는 재판 외의 행위를 대행하게 하기 위하여 공단의 이사 또는 직원 중에서 대리인을 선임할 수 있다.

(10) 대표권의 제한(제31조)

① 이사장은 공단의 이익과 자기의 이익이 상반되는 사항에 대하여는 공단을 대표하지 못한다. 이 경우 감사가 공단을 대표한다.
② 공단과 이사장 사이의 소송은 제1항을 준용한다.

(11) 이사장 권한의 위임(제32조)

국민건강보험법에 규정된 이사장의 권한 중 급여의 제한, 보험료의 납입고지 등 대통령령으로 정하는 사항은 정관으로 정하는 바에 따라 분사무소의 장에게 위임할 수 있다.

(12) 재정운영위원회(제33조)

① 설치 목적 : 제45조 제1항에 따른 요양급여비용의 계약 및 제84조에 따른 결손처분 등 보험재정에 관련된 사항을 심의·의결하기 위하여 공단에 재정운영위원회를 둔다.
② 위원장의 선발 : 재정운영위원회의 위원장은 제34조 제1항 제3호에 따른 위원 중에서 호선한다.

(13) 재정운영위원회의 구성 등(제34조)

① 재정운영위원회는 다음 각 호의 위원으로 구성한다.
  1. 직장가입자를 대표하는 위원 10명
  2. 지역가입자를 대표하는 위원 10명
  3. 공익을 대표하는 위원 10명
② 위원의 임명·위촉 : 제1항에 따른 위원은 다음 각 호의 사람을 보건복지부장관이 임명하거나 위촉한다.
  1. 제1항 제1호의 위원은 노동조합과 사용자단체에서 추천하는 각 5명
  2. 제1항 제2호의 위원은 대통령령으로 정하는 바에 따라 농어업인단체·도시자영업자단체 및 시민단체에서 추천하는 사람
  3. 제1항 제3호의 위원은 대통령령으로 정하는 관계 공무원 및 건강보험에 관한 학식과 경험이 풍부한 사람
③ 위원의 임기 : 재정운영위원회 위원(공무원인 위원은 제외한다)의 임기는 2년으로 한다. 다만, 위원의 사임 등으로 새로 위촉된 위원의 임기는 전임위원 임기의 남은 기간으로 한다.
④ 재정운영위원회의 운영 등에 필요한 사항은 대통령령으로 정한다.

4. 공단의 회계 운영

(1) 회계(제35조)

① 회계연도 : 공단의 회계연도는 정부의 회계연도에 따른다.

② 재정의 통합 : 공단은 직장가입자와 지역가입자의 재정을 통합하여 운영한다.

③ 회계의 구분 : 공단은 건강보험사업 및 징수위탁근거법의 위탁에 따른 국민연금사업·고용보험사업·산업재해보상보험사업·임금채권보장사업에 관한 회계를 공단의 다른 회계와 구분하여 각각 회계처리하여야 한다.

(2) 예산(제36조)

공단은 회계연도마다 예산안을 편성하여 이사회의 의결을 거친 후 보건복지부장관의 승인을 받아야 한다. 예산을 변경할 때에도 또한 같다.

(3) 차입금(제37조)

공단은 지출할 현금이 부족한 경우에는 차입할 수 있다. 다만, 1년 이상 장기로 차입하려면 보건복지부장관의 승인을 받아야 한다.

(4) 준비금(제38조)

① 준비금의 적립 : 공단은 회계연도마다 결산상의 잉여금 중에서 그 연도의 보험급여에 든 비용의 100분의 5 이상에 상당하는 금액을 그 연도에 든 비용의 100분의 50에 이를 때까지 준비금으로 적립하여야 한다.

② 준비금의 사용 : 제1항에 따른 준비금은 부족한 보험급여 비용에 충당하거나 지출할 현금이 부족할 때 외에는 사용할 수 없으며, 현금 지출에 준비금을 사용한 경우에는 해당 회계연도 중에 이를 보전(補塡)하여야 한다.

③ 제1항에 따른 준비금의 관리 및 운영 방법 등에 필요한 사항은 보건복지부장관이 정한다.

(5) 결산(제39조)

① 결산의 보고 : 공단은 회계연도마다 결산보고서와 사업보고서를 작성하여 다음해 2월 말일까지 보건복지부장관에게 보고하여야 한다.

② 결산의 공고 : 공단은 제1항에 따라 결산보고서와 사업보고서를 보건복지부장관에게 보고하였을 때에는 보건복지부령으로 정하는 바에 따라 그 내용을 공고하여야 한다.

(6) 재난적의료비 지원사업에 대한 출연(제39조의2)

공단은 재난적의료비 지원에 관한 법률에 따른 재난적의료비 지원사업에 사용되는 비용에 충당하기 위하여 매년 예산의 범위에서 출연할 수 있다. 이 경우 출연 금액의 상한 등에 필요한 사항은 대통령령으로 정한다.

재난적의료비
- "재난적의료비"란 재난적의료비 지원에 관한 법률에 따른 지원대상자가 속한 가구의 소득·재산 수준에 비추어 볼 때 지원대상자가 부담하기에 과도한 의료비로서 대통령령으로 정하는 기준에 따라 산정된 비용을 말한다(재난적의료비 지원에 관한 법률 제2조 제3호).
- 재난적의료비는 다음 각 호의 어느 하나에 해당하는 비용으로 한다(재난적의료비 지원에 관한 법률 시행령 제3조 제2항).
  1. 최종 입원진료 이전 1년 이내에 발생한 입원진료 비용과 그 진료 과정에서 발생한 의약품 또는 의료기기의 구입비용("의약품 등 구입비용")
  2. 최종 외래진료 이전 1년 이내에 발생한 외래진료 비용과 그 진료 과정에서 발생한 의약품 등 구입비용
  3. 삭제

(7) 민법의 준용(제40조)

공단에 관하여 국민건강보험법과 공공기관의 운영에 관한 법률에서 정한 사항 외에는 민법 중 재단법인에 관한 규정을 준용한다.

04 보험급여

1. 요양급여와 선별급여

(1) 요양급여(제41조)

① 요양급여의 실시 : 가입자와 피부양자의 질병, 부상, 출산 등에 대하여 다음 각 호의 요양급여를 실시한다.
  1. 진찰·검사
  2. 약제·치료재료의 지급
  3. 처치·수술 및 그 밖의 치료
  4. 예방·재활
  5. 입원
  6. 간호
  7. 이송

② 요양급여대상 : 제1항에 따른 요양급여의 범위("요양급여대상")는 다음 각 호와 같다.
  1. 제1항 각 호의 요양급여(제1항 제2호의 약제는 제외한다) : 제4항에 따라 보건복지부장관이 비급여대상으로 정한 것을 제외한 일체의 것
  2. 제1항 제2호의 약제 : 제41조의3에 따라 요양급여대상으로 보건복지부장관이 결정하여 고시한 것

③ 요양급여의 방법·절차·범위·상한 등의 기준은 보건복지부령으로 정한다.

④ 비급여대상 : 보건복지부장관은 제3항에 따라 요양급여의 기준을 정할 때 업무나 일상생활에 지장이 없는 질환에 대한 치료 등 보건복지부령으로 정하는 사항은 요양급여대상에서 제외되는 사항("비급여대상")으로 정할 수 있다.

(2) 약제에 대한 요양급여비용 상한금액의 감액 등(제41조의2)

① 보건복지부장관은 약사법 제47조 제2항의 위반과 관련된 제41조 제1항 제2호의 약제에 대하여는 요양급여비용 상한금액(제41조 제3항에 따라 약제별 요양급여비용의 상한으로 정한 금액을 말한다. 이하 같다)의 100분의 20을 넘지 아니하는 범위에서 그 금액의 일부를 감액할 수 있다.

더 알아보기

의약품 등의 판매 질서(약사법 제47조 제2항)

의약품공급자(법인의 대표자나 이사, 그 밖에 이에 종사하는 자를 포함하고, 법인이 아닌 경우 그 종사자를 포함한다. 이하 이 조에서 같다) 및 의약품공급자로부터 의약품의 판매촉진 업무를 위탁받은 자(법인의 대표자나 이사, 그 밖에 이에 종사하는 자를 포함한다. 이하 이 조에서 같다)는 의약품 채택·처방유도·거래유지 등 판매촉진을 목적으로 약사·한약사(해당 약국 종사자를 포함한다. 이하 이 조에서 같다)·의료인·의료기관 개설자(법인의 대표자나 이사, 그 밖에 이에 종사하는 자를 포함한다. 이하 이 조에서 같다) 또는 의료기관 종사자에게 경제적 이익 등을 제공하거나 약사·한약사·의료인·의료기관 개설자 또는 의료기관 종사자로 하여금 약국 또는 의료기관이 경제적 이익 등을 취득하게 하여서는 아니 된다. 다만, 견본품 제공, 학술대회 지원, 임상시험 지원, 제품설명회, 대금결제조건에 따른 비용할인, 시판 후 조사 등의 행위("견본품 제공 등의 행위")로서 식품의약품안전처장과 협의하여 보건복지부령으로 정하는 범위 안의 경제적 이익 등인 경우에는 그러하지 아니하다.

② 보건복지부장관은 제1항에 따라 요양급여비용의 상한금액이 감액된 약제가 감액된 날부터 5년의 범위에서 대통령령으로 정하는 기간 내에 다시 제1항에 따른 감액의 대상이 된 경우에는 요양급여비용 상한금액의 100분의 40을 넘지 아니하는 범위에서 요양급여비용 상한금액의 일부를 감액할 수 있다.

③ 보건복지부장관은 제2항에 따라 요양급여비용의 상한금액이 감액된 약제가 감액된 날부터 5년의 범위에서 대통령령으로 정하는 기간 내에 다시 약사법 제47조 제2항의 위반과 관련된 경우에는 해당 약제에 대하여 1년의 범위에서 기간을 정하여 요양급여의 적용을 정지할 수 있다.

④ 제1항부터 제3항까지의 규정에 따른 요양급여비용 상한금액의 감액 및 요양급여 적용 정지의 기준, 절차, 그 밖에 필요한 사항은 대통령령으로 정한다.

(3) 행위·치료재료 및 약제에 대한 요양급여대상 여부의 결정 및 조정(제41조의3)

① 행위·치료재료에 대한 결정 신청 : 제42조에 따른 요양기관, 치료재료의 제조업자·수입업자 등 보건복지부령으로 정하는 자는 요양급여대상 또는 비급여대상으로 결정되지 아니한 제41조 제1항 제1호·제3호·제4호의 요양급여에 관한 행위 및 제41조 제1항 제2호의 치료재료("행위·치료재료")에 대하여 요양급여대상 여부의 결정을 보건복지부장관에게 신청하여야 한다.

② 약제에 대한 결정 신청 : 약사법에 따른 약제의 제조업자·수입업자 등 보건복지부령으로 정하는 자("약제의 제조업자 등")는 요양급여대상에 포함되지 아니한 제41조 제1항 제2호의 약제("약제")에 대하여 보건복지부장관에게 요양급여대상 여부의 결정을 신청할 수 있다.

③ 제1항 및 제2항에 따른 신청을 받은 보건복지부장관은 정당한 사유가 없으면 보건복지부령으로 정하는 기간 이내에 요양급여대상 또는 비급여대상의 여부를 결정하여 신청인에게 통보하여야 한다.

④ 보건복지부장관은 제1항 및 제2항에 따른 신청이 없는 경우에도 환자의 진료상 반드시 필요하다고 보건복지부령으로 정하는 경우에는 직권으로 행위·치료재료 및 약제의 요양급여대상의 여부를 결정할 수 있다.

⑤ 보건복지부장관은 제41조 제2항 제2호에 따라 요양급여대상으로 결정하여 고시한 약제에 대하여 보건복지부령으로 정하는 바에 따라 요양급여대상 여부, 범위, 요양급여비용 상한금액 등을 **직권으로** 조정할 수 있다.

⑥ 제1항 및 제2항에 따른 요양급여대상 여부의 결정 신청의 시기, 절차, 방법 및 업무의 위탁 등에 필요한 사항, 제3항과 제4항에 따른 요양급여대상 여부의 결정 절차 및 방법, 제5항에 따른 직권 조정 사유 · 절차 및 방법 등에 관한 사항은 **보건복지부령**으로 정한다.

(4) 선별급여(제41조의4)

① 선별급여 지정 : 요양급여를 결정함에 있어 경제성 또는 치료효과성 등이 불확실하여 그 검증을 위하여 추가적인 근거가 필요하거나 경제성이 낮아도 가입자와 피부양자의 건강회복에 잠재적 이득이 있는 등 대통령령으로 정하는 경우에는 예비적인 요양급여인 선별급여로 지정하여 실시할 수 있다.

② 적합성평가 : 보건복지부장관은 대통령령으로 정하는 절차와 방법에 따라 제1항에 따른 선별급여("선별급여")에 대하여 **주기적으로 요양급여의 적합성**을 평가하여 요양급여 여부를 다시 결정하고, 제41조 제3항에 따른 요양급여의 기준을 조정하여야 한다.

(5) 방문요양급여(제41조의5)

가입자 또는 피부양자가 질병이나 부상으로 **거동이 불편한 경우** 등 보건복지부령으로 정하는 사유에 해당하는 경우에는 가입자 또는 피부양자를 **직접 방문**하여 제41조에 따른 **요양급여**를 실시할 수 있다.

2. 요양기관과 요양급여비용

(1) 요양기관(제42조)

① 요양기관의 범위 : 요양급여(간호와 이송은 제외한다)는 다음 각 호의 요양기관에서 실시한다. 이 경우 보건복지부장관은 공익이나 국가정책에 비추어 요양기관으로 적합하지 아니한 대통령령으로 정하는 의료기관 등은 요양기관에서 제외할 수 있다.

1. 의료법에 따라 개설된 **의료기관**

더 알아보기

의료기관(의료법 제3조 제1항 · 제2항)
① 의료기관 : 의료인이 공중 또는 특정 다수인을 위하여 의료 · 조산의 업("의료업")을 하는 곳
② 의료기관의 구분
   1. 의원급 의료기관 : 의사, 치과의사 또는 한의사가 주로 외래환자를 대상으로 각각 그 의료행위를 하는 의료기관(의원, 치과의원, 한의원)
   2. 조산원 : 조산사가 조산과 임산부 및 신생아를 대상으로 보건활동과 교육 · 상담을 하는 의료기관
   3. 병원급 의료기관 : 의사, 치과의사 또는 한의사가 주로 입원환자를 대상으로 의료행위를 하는 의료기관(병원, 치과병원, 한방병원, 요양병원, 정신병원, 종합병원)

2. 약사법에 따라 등록된 **약국**
3. 약사법 제91조에 따라 설립된 **한국희귀 · 필수의약품센터**

PART 3

한국희귀 · 필수의약품센터의 설립(약사법 제91조 제1항)
다음 각 호의 의약품에 대한 각종 정보 제공 및 공급(조제 및 투약 업무를 포함한다) 등에 관한 업무를 하기 위하여
한국희귀 · 필수의약품센터를 둔다.
1. 희귀의약품
2. 국가필수의약품
3. 그 밖에 국민 보건상 긴급하게 도입할 필요가 있거나 안정적 공급 지원이 필요한 의약품으로서 식품의약품안전
   처장이 필요하다고 인정하는 의약품

   4. 지역보건법에 따른 보건소 · 보건의료원 및 보건지소
   5. 농어촌 등 보건의료를 위한 특별조치법에 따라 설치된 보건진료소
② **전문요양기관 인정** : 보건복지부장관은 효율적인 요양급여를 위하여 필요하면 보건복지부령으로 정
   하는 바에 따라 시설 · 장비 · 인력 및 진료과목 등 보건복지부령으로 정하는 기준에 해당하는 요양기
   관을 **전문요양기관으로 인정**할 수 있다. 이 경우 해당 전문요양기관에 인정서를 발급하여야 한다.
③ **전문요양기관 인정의 취소** : 보건복지부장관은 제2항에 따라 인정받은 요양기관이 다음 각 호의 어
   느 하나에 해당하는 경우에는 그 **인정을 취소**한다.
   1. 제2항 전단에 따른 **인정기준에 미달**하게 된 경우
   2. 제2항 후단에 따라 발급받은 **인정서를 반납**한 경우
④ 제2항에 따라 **전문요양기관**으로 인정된 요양기관 또는 의료법 제3조의4에 따른 **상급종합병원**에 대
   하여는 제41조 제3항에 따른 요양급여의 절차 및 제45조에 따른 요양급여비용을 다른 요양기관과
   달리 할 수 있다.

상급종합병원 지정(의료법 제3조의4 제1항)
보건복지부장관은 다음 각 호의 요건을 갖춘 종합병원 중에서 중증질환에 대하여 난이도가 높은 의료행위를 전문적으
로 하는 종합병원을 상급종합병원으로 지정할 수 있다.
1. 보건복지부령으로 정하는 20개 이상의 진료과목을 갖추고 각 진료과목마다 전속하는 전문의를 둘 것
2. 전문의가 되려는 자를 수련시키는 기관일 것
3. 보건복지부령으로 정하는 인력 · 시설 · 장비 등을 갖출 것
4. 질병군별 환자구성 비율이 보건복지부령으로 정하는 기준에 해당할 것

⑤ 제1항 · 제2항 및 제4항에 따른 요양기관은 정당한 이유 없이 요양급여를 거부하지 못한다.

(2) 요양기관의 선별급여 실시에 대한 관리(제42조의2)

① **실시조건의 충족** : 제42조 제1항에도 불구하고, 선별급여 중 자료의 축적 또는 의료 이용의 관리가
   필요한 경우에는 보건복지부장관이 해당 선별급여의 실시조건을 사전에 정하여 이를 **충족하는 요양
   기관만이 해당 선별급여를 실시**할 수 있다.
② **자료의 제출** : 제1항에 따라 선별급여를 실시하는 요양기관은 제41조의4 제2항에 따른 해당 선별급
   여의 평가를 위하여 필요한 자료를 제출하여야 한다.
③ **실시 제한** : 보건복지부장관은 요양기관이 제1항에 따른 선별급여의 **실시조건을 충족하지 못하거나**
   제2항에 따른 **자료를 제출하지 아니할 경우**에는 해당 선별급여의 실시를 제한할 수 있다.
④ 제1항에 따른 선별급여의 실시 조건, 제2항에 따른 자료의 제출, 제3항에 따른 선별급여의 실시 제
   한 등에 필요한 사항은 보건복지부령으로 정한다.

(3) 요양기관 현황에 대한 신고(제43조)

① 신고사항 : 요양기관은 제47조에 따라 요양급여비용을 최초로 청구하는 때에 **요양기관의 시설·장비 및 인력 등에 대한 현황을 제62조에 따른 건강보험심사평가원("심사평가원")에 신고**하여야 한다.

② 변경신고 : 요양기관은 제1항에 따라 신고한 내용(제45조에 따른 **요양급여비용의 증감에 관련된 사항만 해당한다)이 변경된 경우에는 그 변경된 날부터 15일 이내에** 보건복지부령으로 정하는 바에 따라 심사평가원에 신고하여야 한다.

③ 제1항 및 제2항에 따른 신고의 범위, 대상, 방법 및 절차 등에 필요한 사항은 보건복지부령으로 정한다.

(4) 비용의 일부부담(제44조)

① 본인일부부담금 : 요양급여를 받는 자는 대통령령으로 정하는 바에 따라 비용의 일부("**본인일부부담금**")를 본인이 부담한다. 이 경우 **선별급여에 대해서는 다른 요양급여에 비하여 본인일부부담금을 상향 조정**할 수 있다.

② 본인부담상한액 : 본인이 연간 부담하는 다음 각 호의 금액의 합계액이 대통령령으로 정하는 금액("**본인부담상한액**")을 초과한 경우에는 **공단이 그 초과 금액을 부담**하여야 한다. 이 경우 공단은 당사자에게 그 초과 금액을 통보하고, 이를 지급하여야 한다.

1. 본인일부부담금의 총액
2. 제49조 제1항에 따른 요양이나 출산의 비용으로 부담한 금액(요양이나 출산의 비용으로 부담한 금액이 보건복지부장관이 정하여 고시한 금액보다 큰 경우에는 그 고시한 금액으로 한다)에서 같은 항에 따라 요양비로 지급받은 금액을 제외한 금액

③ 제2항에 따른 본인부담상한액은 **가입자의 소득수준** 등에 따라 정한다.

④ 제2항 각 호에 따른 금액 및 합계액의 산정 방법, 본인부담상한액을 넘는 금액의 지급 방법 및 제3항에 따른 가입자의 소득수준 등에 따른 본인부담상한액 설정 등에 필요한 사항은 대통령령으로 정한다.

(5) 요양급여비용의 산정 등(제45조)

① 계약의 당사자 : 요양급여비용은 공단의 이사장과 대통령령으로 정하는 의약계를 대표하는 사람들의 계약으로 정한다. 이 경우 **계약기간은 1년**으로 한다.

② 제1항에 따라 계약이 체결되면 그 계약은 공단과 각 요양기관 사이에 체결된 것으로 본다.

③ 체결 기한 : 제1항에 따른 계약은 그 직전 계약기간 만료일이 속하는 연도의 5월 31일까지 체결하여야 하며, 그 기한까지 계약이 체결되지 아니하는 경우 보건복지부장관이 그 **직전 계약기간 만료일이 속하는 연도의 6월 30일까지** 심의위원회의 의결을 거쳐 요양급여비용을 정한다. 이 경우 보건복지부장관이 정하는 요양급여비용은 제1항 및 제2항에 따라 계약으로 정한 요양급여비용으로 본다.

④ 요양급여비용의 명세 : 제1항 또는 제3항에 따라 요양급여비용이 정해지면 보건복지부장관은 그 요양급여비용의 명세를 지체 없이 고시하여야 한다.

⑤ 계약의 심의·의결 : 공단의 이사장은 제33조에 따른 **재정운영위원회의 심의·의결을 거쳐** 제1항에 따른 계약을 체결하여야 한다.

⑥ 자료의 요청 : 심사평가원은 공단의 이사장이 제1항에 따른 계약을 체결하기 위하여 필요한 자료를 요청하면 그 요청에 성실히 따라야 한다.

⑦ 제1항에 따른 계약의 내용과 그 밖에 필요한 사항은 대통령령으로 정한다.

(6) 약제ㆍ치료재료에 대한 요양급여비용의 산정(제46조)

제41조 제1항 제2호의 약제ㆍ치료재료에 대한 요양급여비용은 제45조에도 불구하고 요양기관의 약제ㆍ치료재료 구입금액 등을 고려하여 대통령령으로 정하는 바에 따라 달리 산정할 수 있다.

(7) 요양급여비용의 청구와 지급 등(제47조)

① 지급청구 : 요양기관은 공단에 요양급여비용의 지급을 청구할 수 있다. 이 경우 제2항에 따른 요양급여비용에 대한 심사청구는 공단에 대한 요양급여비용의 청구로 본다.

② 심사청구 : 제1항에 따라 요양급여비용을 청구하려는 요양기관은 심사평가원에 요양급여비용의 심사청구를 하여야 하며, 심사청구를 받은 심사평가원은 이를 심사한 후 지체 없이 그 내용을 공단과 요양기관에 알려야 한다.

③ 요양급여비용의 지급 : 제2항에 따라 심사 내용을 통보받은 공단은 지체 없이 그 내용에 따라 요양급여비용을 요양기관에 지급한다. 이 경우 이미 낸 본인일부부담금이 제2항에 따라 통보된 금액보다 더 많으면 요양기관에 지급할 금액에서 더 많이 낸 금액을 공제하여 해당 가입자에게 지급하여야 한다.

④ 요양급여비용의 공제 : 공단은 제3항 전단에 따라 요양급여비용을 요양기관에 지급하는 경우 해당 요양기관이 제77조 제1항 제1호에 따라 공단에 납부하여야 하는 보험료 또는 그 밖에 국민건강보험법에 따른 징수금을 체납한 때에는 요양급여비용에서 이를 공제하고 지급할 수 있다.

⑤ 보험료 등과의 상계 : 공단은 제3항 후단에 따라 가입자에게 지급하여야 하는 금액을 그 가입자가 내야 하는 보험료와 그 밖에 국민건강보험법에 따른 징수금("보험료 등")과 상계할 수 있다.

⑥ 요양급여비용의 조정 : 공단은 심사평가원이 제47조의4에 따라 요양급여의 적정성을 평가하여 공단에 통보하면 그 평가 결과에 따라 요양급여비용을 가산하거나 감액 조정하여 지급한다. 이 경우 평가 결과에 따라 요양급여비용을 가산하거나 감액하여 지급하는 기준은 보건복지부령으로 정한다.

※ 요양급여비용의 가감지급 기준(규칙 제18조) : 평가대상 요양기관의 평가대상기간에 대한 심사결정 공단부담액의 100분의 10 범위에서 보건복지부장관이 정하여 고시한 기준에 따라 산정한 금액으로 한다.

⑦ 심사청구 대행기관 : 요양기관은 제2항에 따른 심사청구를 다음 각 호의 단체가 대행하게 할 수 있다.

1. 의료법 제28조 제1항에 따른 의사회ㆍ치과의사회ㆍ한의사회ㆍ조산사회 또는 같은 조 제6항에 따라 신고한 각각의 지부 및 분회

더 알아보기

중앙회와 지부(의료법 제28조 제1항)
의사ㆍ치과의사ㆍ한의사ㆍ조산사 및 간호사는 대통령령으로 정하는 바에 따라 각각 전국적 조직을 두는 의사회ㆍ치과의사회ㆍ한의사회ㆍ조산사회 및 간호사회("중앙회")를 각각 설립하여야 한다.

2. 의료법 제52조에 따른 의료기관 단체

더 알아보기

의료기관 단체의 설립(의료법 제52조 제1항)
병원급 의료기관의 장은 의료기관의 건전한 발전과 국민보건 향상에 기여하기 위하여 전국 조직을 두는 단체를 설립할 수 있다.

3. 약사법 제11조에 따른 약사회 또는 같은 법 제14조에 따라 신고한 지부 및 분회

> **더 알아보기**
>
> **의료기관 단체의 설립(약사법 제11조 제1항)**
> 약사(藥師)는 약사(藥事)에 관한 연구와 약사윤리 확립, 약사의 권익 증진 및 자질 향상을 위하여 대통령령으로 정하는 바에 따라 대한약사회("약사회")를 설립하여야 한다.
>
> **약사회 및 한약사회의 지부 등(약사법 제14조 제1항)**
> 약사회 및 한약사회는 대통령령으로 정하는 바에 따라 특별시 · 광역시 · 특별자치시 · 도 · 특별자치도("시 · 도")에 지부를 설치하여야 하며, 특별시 · 광역시의 구와 시(특별자치도의 경우에는 행정시를 말한다. 이하 같다) · 군에 분회를 설치할 수 있다.

⑧ 제1항부터 제7항까지의 규정에 따른 요양급여비용의 청구 · 심사 · 지급 등의 방법과 절차에 필요한 사항은 보건복지부령으로 정한다.

(8) 요양급여비용의 지급 보류(제47조의2)

① 요양급여비용 지급을 보류하는 경우 : 제47조 제3항에도 불구하고 공단은 요양급여비용의 지급을 청구한 요양기관이 의료법 제4조 제2항, 제33조 제2항 · 제8항 또는 약사법 제20조 제1항, 제21조 제1항을 위반하였거나 의료법 제33조 제10항 또는 약사법 제6조 제3항 · 제4항을 위반하여 개설 · 운영되었다는 사실을 수사기관의 수사 결과로 확인한 경우에는 해당 요양기관이 청구한 요양급여비용의 지급을 보류할 수 있다. 이 경우 요양급여비용 지급 보류 처분의 효력은 해당 요양기관이 그 처분 이후 청구하는 요양급여비용에 대해서도 미친다.

> **더 알아보기**
>
> **의료기관의 개설 등(의료법 제33조 제2항)**
> 다음 각 호의 어느 하나에 해당하는 자가 아니면 의료기관을 개설할 수 없다. 이 경우 의사는 종합병원 · 병원 · 요양병원 · 정신병원 또는 의원을, 치과의사는 치과병원 또는 치과의원을, 한의사는 한방병원 · 요양병원 또는 한의원을, 조산사는 조산원만을 개설할 수 있다.
> 1. 의사, 치과의사, 한의사 또는 조산사
> 2. 국가나 지방자치단체
> 3. 의료업을 목적으로 설립된 법인("의료법인")
> 4. 민법이나 특별법에 따라 설립된 비영리법인
> 5. 공공기관의 운영에 관한 법률에 따른 준정부기관, 지방의료원의 설립 및 운영에 관한 법률에 따른 지방의료원, 한국보훈복지의료공단법에 따른 한국보훈복지의료공단
>
> **의료기관의 개설 등(의료법 제33조 제10항)**
> 의료기관을 개설 · 운영하는 의료법인 등은 다른 자에게 그 법인의 명의를 빌려주어서는 안 된다.
>
> **면허증 교부와 등록(약사법 제6조 제3항 · 제4항)**
> ③ 약사 및 한약사는 제3조 및 제4조에 따라 받은 면허를 다른 사람에게 대여하여서는 안 된다.
> ④ 누구든지 제3조 및 제4조에 따라 받은 면허를 대여받아서는 안 되며 면허 대여를 알선하여서도 안 된다.
>
> **약국 개설등록(약사법 제20조 제1항)**
> 약사 또는 한약사가 아니면 약국을 개설할 수 없다

② 의견 제출 : 공단은 제1항에 따라 요양급여비용의 지급을 보류하기 전에 해당 요양기관에 의견 제출의 기회를 주어야 한다.

③ 무죄 판결이 선고된 요양급여비용의 지급 : 공단은 요양기관이 의료법 제4조 제2항, 제33조 제2항 · 제8항 또는 약사법 제20조 제1항, 제21조 제1항을 위반한 혐의나 의료법 제33조 제10항 또는 약사법 제6조 제3항 · 제4항을 위반하여 개설 · 운영된 혐의에 대하여 법원에서 무죄 판결이 선고된 경우 그 선고 이후 실시한 요양급여에 한정하여 해당 요양기관이 청구하는 요양급여비용을 지급할 수 있다.

④ 이자의 가산 : 법원의 무죄 판결이 확정되는 등 대통령령으로 정하는 사유로 제1항에 따른 요양기관이 의료법 제4조 제2항, 제33조 제2항 · 제8항 또는 약사법 제20조 제1항, 제21조 제1항을 위반한 혐의나 의료법 제33조 제10항 또는 약사법 제6조 제3항 · 제4항을 위반하여 개설 · 운영된 혐의가 입증되지 아니한 경우에는 공단은 **지급보류 처분을 취소**하고, 지급 보류된 요양급여비용에 **지급 보류된 기간 동안의 이자를 가산**하여 해당 요양기관에 지급하여야 한다. 이 경우 이자는 민법 제379조에 따른 법정이율을 적용하여 계산한다.

⑤ 제1항 및 제2항에 따른 지급 보류 절차 및 의견 제출의 절차 등에 필요한 사항, 제3항에 따른 지급 보류된 요양급여비용 및 이자의 지급 절차 등에 필요한 사항은 대통령령으로 정한다.

(9) 요양급여비용의 차등 지급(제47조의3)

지역별 의료자원의 불균형 및 의료서비스 격차의 해소 등을 위하여 **지역별로 요양급여비용을 달리 정하여 지급**할 수 있다.

(10) 요양급여의 적정성 평가(제47조의4)

① 평가의 실시 : 심사평가원은 요양급여에 대한 의료의 질을 향상시키기 위하여 **요양급여의 적정성 평가("평가")를 실시**할 수 있다.

② 평가 사항 : 심사평가원은 요양기관의 **인력 · 시설 · 장비, 환자안전 등 요양급여와 관련된 사항**을 포함하여 평가할 수 있다.

③ 평가 결과의 통보 : 심사평가원은 평가 결과를 평가대상 요양기관에 통보하여야 하며, 평가 결과에 따라 요양급여비용을 가산 또는 감산할 경우에는 그 결정사항이 포함된 평가 결과를 가감대상 요양기관 및 공단에 통보하여야 한다.

④ 제1항부터 제3항까지에 따른 평가의 기준 · 범위 · 절차 · 방법 등에 필요한 사항은 보건복지부령으로 정한다.

(11) 요양급여 대상 여부의 확인 등(제48조)

① 여부 확인 요청 : 가입자나 피부양자는 본인일부부담금 외에 자신이 부담한 비용이 제41조 제4항에 따라 요양급여 대상에서 제외되는 비용인지 여부에 대하여 **심사평가원에 확인을 요청**할 수 있다.

② 확인 결과의 통보 : 제1항에 따른 확인 요청을 받은 심사평가원은 그 결과를 요청한 사람에게 알려야 한다. 이 경우 확인을 요청한 비용이 요양급여 대상에 해당되는 비용으로 확인되면 그 내용을 공단 및 관련 요양기관에 알려야 한다.

③ 과다본인부담금의 지급 : 제2항 후단에 따라 통보받은 요양기관은 받아야 할 금액보다 더 많이 징수한 금액("과다본인부담금")을 지체 없이 확인을 요청한 사람에게 지급하여야 한다. 다만, 공단은 해당 요양기관이 과다본인부담금을 지급하지 아니하면 해당 요양기관에 지급할 요양급여비용에서 과다본인부담금을 공제하여 확인을 요청한 사람에게 지급할 수 있다.

④ 제1항부터 제3항까지에 따른 확인 요청의 범위, 방법, 절차, 처리기간 등 필요한 사항은 보건복지부령으로 정한다.

(12) 요양비(제49조)

① 요양비의 지급 : 공단은 가입자나 피부양자가 보건복지부령으로 정하는 긴급하거나 그 밖의 부득이한 사유로 요양기관과 비슷한 기능을 하는 기관으로서 보건복지부령으로 정하는 기관(제98조 제1항에 따라 업무정지기간 중인 요양기관을 포함한다. 이하 "준요양기관"이라 한다)에서 질병·부상·출산 등에 대하여 요양을 받거나 요양기관이 아닌 장소에서 출산한 경우에는 그 요양급여에 상당하는 금액을 보건복지부령으로 정하는 바에 따라 가입자나 피부양자에게 요양비로 지급한다.

② 명세서·영수증의 발급 : 준요양기관은 보건복지부장관이 정하는 요양비 명세서나 요양 명세를 적은 영수증을 요양을 받은 사람에게 내주어야 하며, 요양을 받은 사람은 그 명세서나 영수증을 공단에 제출하여야 한다.

③ 요양비 지급청구의 위임 : 제1항 및 제2항에도 불구하고 준요양기관은 요양을 받은 가입자나 피부양자의 위임이 있는 경우 공단에 요양비의 지급을 직접 청구할 수 있다. 이 경우 공단은 지급이 청구된 내용의 적정성을 심사하여 준요양기관에 요양비를 지급할 수 있다.

④ 제3항에 따른 준요양기관의 요양비 지급 청구, 공단의 적정성 심사 등에 필요한 사항은 보건복지부령으로 정한다.

3. 부가급여, 장애인에 대한 특례, 건강검진

(1) 부가급여(제50조)

공단은 국민건강보험법에서 정한 요양급여 외에 대통령령으로 정하는 바에 따라 임신·출산 진료비, 장제비, 상병수당, 그 밖의 급여를 실시할 수 있다.

(2) 장애인에 대한 특례(제51조)

① 보조기기에 대한 보험급여 : 공단은 장애인복지법에 따라 등록한 장애인인 가입자 및 피부양자에게는 장애인·노인 등을 위한 보조기기 지원 및 활용촉진에 관한 법률 제3조 제2호에 따른 보조기기에 대하여 보험급여를 할 수 있다.

더 알아보기

보조기기(장애인·노인 등을 위한 보조기기 지원 및 활용촉진에 관한 법률 제3조 제2호)
"보조기기"란 장애인 등의 신체적·정신적 기능을 향상·보완하고 일상 활동의 편의를 돕기 위하여 사용하는 각종 기계·기구·장비로서 보건복지부령으로 정하는 다음 각 호의 어느 하나에 해당하는 것을 말한다(동법 시행규칙 제2조 제1항).
1. 개인 치료용 보조기기
2. 기술 훈련용 보조기기
3. 보조기 및 의지
4. 개인 관리 및 보호용 보조기기
5. 개인 이동용 보조기기
6. 가사용 보조기기
7. 가정·주택용 가구 및 개조용품
8. 의사소통 및 정보전달용 보조기기
9. 물건 및 기구 조작용 보조기기
10. 환경 개선 및 측정용 보조기기
11. 고용 및 직업훈련용 보조기기
12. 레크리에이션용 보조기기
13. 그 밖에 다른 법령에 따른 장애인 등을 위한 기계·기구·장비로서 보건복지부장관이 정하는 보조기기

② **보험급여 지급청구의 위임** : 장애인인 가입자 또는 피부양자에게 보조기기를 판매한 자는 가입자나 피부양자의 위임이 있는 경우 공단에 보험급여를 직접 청구할 수 있다. 이 경우 공단은 지급이 청구된 내용의 적정성을 심사하여 보조기기를 판매한 자에게 보조기기에 대한 보험급여를 지급할 수 있다.

③ 제1항에 따른 보조기기에 대한 보험급여의 범위·방법·절차, 제2항에 따른 보조기기 판매업자의 보험급여 청구, 공단의 적정성 심사 및 그 밖에 필요한 사항은 보건복지부령으로 정한다.

(3) 건강검진(제52조)

① **건강검진의 실시** : 공단은 가입자와 피부양자에 대하여 질병의 조기 발견과 그에 따른 요양급여를 하기 위하여 건강검진을 실시한다.

② **건강검진의 종류·대상** : 제1항에 따른 건강검진의 종류 및 대상은 다음 각 호와 같다.

  1. 일반건강검진 : 직장가입자, 세대주인 지역가입자, 20세 이상인 지역가입자 및 20세 이상인 피부양자

  2. 암검진 : 암관리법 제11조 제2항에 따른 암의 종류별 검진주기와 연령 기준 등에 해당하는 사람

더 알아보기

암검진사업

• 암검진사업의 범위, 대상자, 암의 종류·검진주기, 연령 기준 등에 관하여 필요한 사항은 대통령령으로 정한다. 이 경우 보건복지부장관은 <u>암의 발생률, 생존율, 사망률 등 암 통계 및 치료에 관한 자료를 고려</u>하여 암검진사업의 대상자, 암의 종류·검진주기 등을 정하여야 한다(암관리법 제11조 제2항).

• 암검진사업의 대상이 되는 암의 종류 : <u>위암, 간암, 대장암, 유방암, 자궁경부암, 폐암</u>(암관리법 시행령 제8조 제1항)

• 암의 종류별 검진주기와 연령 기준 등(암관리법 시행령 별표 1)

암의 종류	검진주기	연령 기준 등
위암	2년	40세 이상의 남·여
간암	6개월	40세 이상의 남·여 중 간암 발생 고위험군
대장암	1년	50세 이상의 남·여
유방암	2년	40세 이상의 여성
자궁경부암	2년	20세 이상의 여성
폐암	2년	54세 이상 74세 이하의 남·여 중 폐암 발생 고위험군

1. "간암 발생 고위험군"이란 간경변증, B형간염 항원 양성, C형간염 항체 양성, B형 또는 C형 간염 바이러스에 의한 만성 간질환 환자를 말한다.

2. "폐암 발생 고위험군"이란 30갑년[하루 평균 담배소비량(갑)×흡연기간(년)] 이상의 흡연력을 가진 현재 흡연자와 폐암 검진의 필요성이 높아 보건복지부장관이 정하여 고시하는 사람을 말한다.

---

  3. 영유아건강검진 : 6세 미만의 가입자 및 피부양자

③ **검진항목의 설계** : 제1항에 따른 건강검진의 검진항목은 성별, 연령 등의 특성 및 생애 주기에 맞게 설계되어야 한다.

④ 제1항에 따른 건강검진의 횟수·절차와 그 밖에 필요한 사항은 대통령령으로 정한다.

4. 보험급여

(1) 급여의 제한(제53조)

① 보험급여를 하지 않는 경우 : 공단은 보험급여를 받을 수 있는 사람이 다음 각 호의 어느 하나에 해당하면 보험급여를 하지 아니한다.

1. 고의 또는 중대한 과실로 인한 범죄행위에 그 원인이 있거나 고의로 사고를 일으킨 경우
2. 고의 또는 중대한 과실로 공단이나 요양기관의 요양에 관한 지시에 따르지 아니한 경우
3. 고의 또는 중대한 과실로 제55조에 따른 문서와 그 밖의 물건의 제출을 거부하거나 질문 또는 진단을 기피한 경우
4. 업무 또는 공무로 생긴 질병·부상·재해로 다른 법령에 따른 보험급여나 보상(報償) 또는 보상 (補償)을 받게 되는 경우

② 공단은 보험급여를 받을 수 있는 사람이 다른 법령에 따라 국가나 지방자치단체로부터 **보험급여에 상당하는 급여를 받거나 보험급여에 상당하는 비용을 지급받게 되는 경우**에는 그 한도에서 보험급여를 하지 아니한다.

③ 공단은 가입자가 대통령령으로 정하는 기간 이상 다음 각 호의 보험료를 체납한 경우 그 **체납한 보험료를 완납할 때까지** 그 가입자 및 피부양자에 대하여 보험급여를 실시하지 아니할 수 있다. 다만, 월별 보험료의 총체납횟수(이미 납부된 체납보험료는 총체납횟수에서 제외하며, 보험료의 체납기간은 고려하지 아니한다)가 대통령령으로 정하는 횟수 미만이거나 가입자 및 피부양자의 소득·재산 등이 대통령령으로 정하는 기준 미만인 경우에는 그러하지 아니하다.

1. 제69조 제4항 제2호에 따른 보수 외 소득월액보험료
2. 제69조 제5항에 따른 세대단위의 보험료

④ 공단은 제77조 제1항 제1호에 따라 납부의무를 부담하는 사용자가 제69조 제4항 제1호에 따른 보수월액보험료를 체납한 경우에는 그 체납에 대하여 직장가입자 본인에게 귀책사유가 있는 경우에 한하여 제3항의 규정을 적용한다. 이 경우 해당 직장가입자의 피부양자에게도 제3항의 규정을 적용한다.

⑤ 제3항 및 제4항에도 불구하고 제82조에 따라 공단으로부터 **분할납부 승인을 받고 그 승인된 보험료를 1회 이상 낸 경우**에는 보험급여를 할 수 있다. 다만, 제82조에 따른 분할납부 승인을 받은 사람이 정당한 사유 없이 5회(같은 조 제1항에 따라 승인받은 분할납부 횟수가 5회 미만인 경우에는 해당 분할납부 횟수를 말한다. 이하 이 조에서 같다) 이상 그 승인된 보험료를 내지 아니한 경우에는 그러하지 아니하다.

⑥ 제3항 및 제4항에 따라 보험급여를 하지 아니하는 기간("**급여제한기간**")에 받은 보험급여는 다음 각 호의 어느 하나에 해당하는 경우에만 보험급여로 인정한다.

1. 공단이 급여제한기간에 보험급여를 받은 사실이 있음을 가입자에게 통지한 날부터 2개월이 지난 날이 속한 달의 납부기한 이내에 체납된 보험료를 완납한 경우
2. 공단이 급여제한기간에 보험급여를 받은 사실이 있음을 가입자에게 통지한 날부터 2개월이 지난 날이 속한 달의 납부기한 이내에 제82조에 따라 분할납부 승인을 받은 체납보험료를 1회 이상 낸 경우. 다만, 제82조에 따른 분할납부 승인을 받은 사람이 정당한 사유 없이 5회 이상 그 승인된 보험료를 내지 아니한 경우에는 그러하지 아니하다.

(2) 급여의 정지(제54조)

보험급여를 받을 수 있는 사람이 다음 각 호의 어느 하나에 해당하면 그 기간에는 **보험급여를 하지 아니**한다. 다만, 제3호 및 제4호의 경우에는 제60조에 따른 **요양급여를** 실시한다.

1. 삭제
2. 국외에 체류하는 경우
3. 제6조 제2항 제2호에 해당하게 된 경우
4. 교도소, 그 밖에 이에 준하는 시설에 수용되어 있는 경우

(3) 급여의 확인(제55조)

공단은 보험급여를 할 때 필요하다고 인정되면 보험급여를 받는 사람에게 문서와 그 밖의 물건을 제출하도록 요구하거나 관계인을 시켜 질문 또는 진단하게 할 수 있다.

5. 요양비 등

(1) 요양비 등의 지급(제56조)

공단은 국민건강보험법에 따라 지급의무가 있는 요양비 또는 부가급여의 청구를 받으면 지체 없이 이를 지급하여야 한다.

(2) 요양비 등 수급계좌(제56조의2)

① 요양비 등의 지급 방법 : 공단은 국민건강보험법에 따른 **보험급여로 지급되는 현금**("요양비 등")을 받는 수급자의 신청이 있는 경우에는 요양비 등을 수급자 명의의 지정된 계좌("요양비 등 수급계좌")로 입금하여야 한다. 다만, 정보통신장애나 그 밖에 대통령령으로 정하는 불가피한 사유로 요양비 등 수급계좌로 이체할 수 없을 때에는 직접 현금으로 지급하는 등 대통령령으로 정하는 바에 따라 요양비 등을 지급할 수 있다.
② 요양비 등 수급계좌의 관리 : 요양비 등 수급계좌가 개설된 금융기관은 요양비 등 수급계좌에 요양비 등만이 입금되도록 하고, 이를 관리하여야 한다.
③ 제1항 및 제2항에 따른 요양비 등 수급계좌의 신청 방법·절차와 관리에 필요한 사항은 대통령령으로 정한다.

(3) 부당이득의 징수(제57조)

① 부당이득의 징수 : 공단은 속임수나 그 밖의 부당한 **방법**으로 보험급여를 받은 사람·준요양기관 및 보조기기 판매업자나 보험급여 비용을 받은 요양기관에 대하여 그 보험급여나 보험급여 비용에 상당하는 금액을 징수한다.
② 징수금 연대 납부 : 공단은 제1항에 따라 속임수나 그 밖의 부당한 방법으로 보험급여 비용을 받은 요양기관이 다음 각 호의 어느 하나에 해당하는 경우에는 해당 요양기관을 개설한 자에게 그 요양기관과 연대하여 같은 항에 따른 징수금을 납부하게 할 수 있다.

1. 의료법 제33조 제2항을 위반하여 의료기관을 개설할 수 없는 자가 의료인의 면허나 의료법인 등의 명의를 대여받아 개설·운영하는 의료기관
2. 약사법 제20조 제1항을 위반하여 약국을 개설할 수 없는 자가 약사 등의 면허를 대여받아 개설·운영하는 약국
3. 의료법 제4조 제2항 또는 제33조 제8항·제10항을 위반하여 개설·운영하는 의료기관
4. 약사법 제21조 제1항을 위반하여 개설·운영하는 약국
5. 약사법 제6조 제3항·제4항을 위반하여 면허를 대여받아 개설·운영하는 약국

③ 사용자나 가입자의 거짓 보고나 거짓 증명(제12조 제5항을 위반하여 건강보험증이나 신분증명서를 양도·대여하여 다른 사람이 보험급여를 받게 하는 것을 포함한다), 요양기관의 거짓 진단이나 거짓 확인(제12조 제4항을 위반하여 건강보험증이나 신분증명서로 가입자 또는 피부양자의 본인 여부 및 그 자격을 확인하지 아니한 것을 포함한다) 또는 준요양기관이나 보조기기를 판매한 자의 속임수 및 그 밖의 부당한 방법으로 보험급여가 실시된 경우 공단은 이들에게 보험급여를 받은 사람과 연대하여 제1항에 따른 징수금을 내게 할 수 있다.

④ 공단은 속임수나 그 밖의 부당한 방법으로 보험급여를 받은 사람과 같은 세대에 속한 가입자(속임수나 그 밖의 부당한 방법으로 보험급여를 받은 사람이 피부양자인 경우에는 그 직장가입자를 말한다)에게 속임수나 그 밖의 부당한 방법으로 보험급여를 받은 사람과 연대하여 제1항에 따른 징수금을 내게 할 수 있다.

⑤ 요양기관이 가입자나 피부양자로부터 속임수나 그 밖의 부당한 방법으로 요양급여비용을 받은 경우 공단은 해당 요양기관으로부터 이를 징수하여 가입자나 피부양자에게 지체 없이 지급하여야 한다. 이 경우 공단은 가입자나 피부양자에게 지급하여야 하는 금액을 그 가입자 및 피부양자가 내야 하는 보험료 등과 상계할 수 있다.

(4) 부당이득 징수금 체납자의 인적사항 등 공개(제57조의2)

① 인적사항 등의 공개 : 공단은 제57조 제2항 각 호의 어느 하나에 해당하여 같은 조 제1항 및 제2항에 따라 징수금을 납부할 의무가 있는 요양기관 또는 요양기관을 개설한 자가 제79조 제1항에 따라 납입 고지 문서에 기재된 납부기한의 다음 날부터 1년이 경과한 징수금을 1억 원 이상 체납한 경우 징수금 발생의 원인이 되는 위반행위, 체납자의 인적사항 및 체납액 등 대통령령으로 정하는 사항("인적사항 등")을 공개할 수 있다. 다만, 체납된 징수금과 관련하여 제87조에 따른 이의신청, 제88조에 따른 심판청구가 제기되거나 행정소송이 계류 중인 경우 또는 그 밖에 체납된 금액의 일부 납부 등 대통령령으로 정하는 사유가 있는 경우에는 그러하지 아니하다.

② 제1항에 따른 인적사항 등의 공개 여부를 심의하기 위하여 공단에 부당이득징수금체납정보공개심의위원회를 둔다.

③ 공개대상자의 선정 : 공단은 부당이득징수금체납정보공개심의위원회의 심의를 거친 인적사항 등의 공개대상자에게 공개대상자임을 서면으로 통지하여 소명의 기회를 부여하여야 하며, 통지일부터 6개월이 경과한 후 체납자의 납부이행 등을 고려하여 공개대상자를 선정한다.

④ 인적사항 등의 공개 방법 : 제1항에 따른 인적사항 등의 공개는 관보에 게재하거나 공단 인터넷 홈페이지에 게시하는 방법으로 한다.

⑤ 제1항부터 제4항까지에서 규정한 사항 외에 인적사항 등의 공개 절차 및 부당이득징수금체납정보공개심의위원회의 구성·운영 등에 필요한 사항은 대통령령으로 정한다.

(5) 구상권(제58조)

① 손해배상 청구권 : 공단은 제3자의 행위로 보험급여사유가 생겨 가입자 또는 피부양자에게 보험급여를 한 경우에는 그 급여에 들어간 비용 한도에서 그 제3자에게 손해배상을 청구할 권리를 얻는다.

② 보험급여의 제한 : 제1항에 따라 보험급여를 받은 사람이 제3자로부터 이미 손해배상을 받은 경우에는 공단은 그 배상액 한도에서 보험급여를 하지 아니한다.

(6) 수급권 보호(제59조)

① 보험급여를 받을 권리는 양도하거나 압류할 수 없다.

② 제56조의2 제1항에 따라 요양비 등 수급계좌에 입금된 요양비 등은 압류할 수 없다.

(7) 현역병 등에 대한 요양급여비용 등의 지급(제60조)

① 요양급여비용과 요양비의 예탁 : 공단은 제54조 제3호 및 제4호에 해당하는 사람이 요양기관에서 대통령령으로 정하는 치료 등("요양급여")을 받은 경우 그에 따라 공단이 부담하는 비용("요양급여비용")과 제49조에 따른 요양비를 법무부장관・국방부장관・경찰청장・소방청장 또는 해양경찰청장으로부터 예탁받아 지급할 수 있다. 이 경우 법무부장관・국방부장관・경찰청장・소방청장 또는 해양경찰청장은 예산상 불가피한 경우 외에는 연간 들어갈 것으로 예상되는 요양급여비용과 요양비를 대통령령으로 정하는 바에 따라 미리 공단에 예탁하여야 한다.

② 준용 규정 : 요양급여, 요양급여비용 및 요양비 등에 관한 사항은 제41조, 제41조의4, 제42조, 제42조의2, 제44조부터 제47조까지, 제47조의2, 제48조, 제49조, 제55조, 제56조, 제56조의2 및 제59조 제2항을 준용한다.

(8) 요양급여비용의 정산(제61조)

공단은 산업재해보상보험법 제10조에 따른 근로복지공단이 국민건강보험법에 따라 요양급여를 받을 수 있는 사람에게 산업재해보상보험법 제40조에 따른 요양급여를 지급한 후 그 지급결정이 취소되어 해당 요양급여의 비용을 청구하는 경우에는 그 요양급여가 국민건강보험법에 따라 실시할 수 있는 요양급여에 상당한 것으로 인정되면 그 요양급여에 해당하는 금액을 지급할 수 있다.

05　건강보험심사평가원

1. 건강보험심사평가원의 업무

(1) 설립(제62조)

요양급여비용을 심사하고 요양급여의 적정성을 평가하기 위하여 건강보험심사평가원을 설립한다.

(2) 업무 등(제63조)

① 심사평가원이 관장하는 업무

1. 요양급여비용의 심사
2. 요양급여의 적정성 평가
3. 심사기준 및 평가기준의 개발
4. 제1호부터 제3호까지의 규정에 따른 업무와 관련된 **조사연구 및 국제협력**
5. 다른 법률에 따라 지급되는 급여비용의 심사 또는 의료의 적정성 평가에 관하여 **위탁받은 업무**
6. 그 밖에 국민건강보험법 또는 다른 법령에 따라 **위탁받은 업무**
7. 건강보험과 관련하여 보건복지부장관이 필요하다고 인정한 업무
8. 그 밖에 보험급여 비용의 심사와 보험급여의 적정성 평가와 관련하여 대통령령으로 정하는 업무

② 제1항 제8호에 따른 보험급여의 적정성 평가의 기준·절차·방법 등에 필요한 사항은 **보건복지부장관**이 정하여 고시한다.

2. 건강보험심사평가원의 성립

(1) 법인격 등(제64조)

① 심사평가원은 법인으로 한다.
② 심사평가원은 주된 사무소의 소재지에서 설립등기를 함으로써 성립한다.

(2) 임원(제65조)

① 임원의 구성 : 심사평가원에 임원으로서 **원장, 이사 15명 및 감사 1명**을 둔다. 이 경우 원장, 이사 중 4명 및 감사는 상임으로 한다.
② 원장의 임명 : 임원추천위원회가 복수로 추천한 사람 중에서 **보건복지부장관의 제청**으로 **대통령**이 임명한다.
③ 상임이사의 임명 : 보건복지부령으로 정하는 추천 절차를 거쳐 **원장**이 임명한다.
④ 비상임이사의 임명 : 다음 각 호의 사람 중에서 10명과 대통령령으로 정하는 바에 따라 추천한 관계 공무원 1명을 **보건복지부장관**이 임명한다.

1. 공단이 추천하는 1명
2. 의약관계단체가 추천하는 5명
3. 노동조합·사용자단체·소비자단체 및 농어업인단체가 추천하는 각 1명

⑤ 감사의 임명 : 임원추천위원회가 복수로 추천한 사람 중에서 **기획재정부장관의 제청**으로 **대통령**이 임명한다.
⑥ 실비변상 : 제4항에 따른 비상임이사는 정관으로 정하는 바에 따라 실비변상을 받을 수 있다.
⑦ 임원의 임기 : 원장의 임기는 **3년**, 이사(공무원인 이사는 제외한다)와 감사의 임기는 각각 **2년**으로 한다.

3. 진료심사평가위원회와 자금의 조달

(1) 진료심사평가위원회(제66조)

① 심사위원회의 설치 : 심사평가원의 업무를 효율적으로 수행하기 위하여 심사평가원에 진료심사평가위원회("심사위원회")를 둔다.

② 심사위원회의 구성 : 심사위원회는 위원장을 포함하여 90명 이내의 상근 심사위원과 1,000명 이내의 비상근 심사위원으로 구성하며, 진료과목별 분과위원회를 둘 수 있다.

③ 상근 심사위원의 임명 : 제2항에 따른 상근 심사위원은 심사평가원의 원장이 보건복지부령으로 정하는 사람 중에서 임명한다.

④ 비상근 심사위원의 위촉 : 제2항에 따른 비상근 심사위원은 심사평가원의 원장이 보건복지부령으로 정하는 사람 중에서 위촉한다.

⑤ 심사위원의 해임·해촉 : 심사평가원의 원장은 심사위원이 다음 각 호의 어느 하나에 해당하면 그 심사위원을 해임 또는 해촉할 수 있다.
1. 신체장애나 정신장애로 직무를 수행할 수 없다고 인정되는 경우
2. 직무상 의무를 위반하거나 직무를 게을리한 경우
3. 고의나 중대한 과실로 심사평가원에 손실이 생기게 한 경우
4. 직무 여부와 관계없이 품위를 손상하는 행위를 한 경우

⑥ 제1항부터 제5항까지에서 규정한 사항 외에 심사위원회 위원의 자격·임기 및 심사위원회의 구성·운영 등에 필요한 사항은 보건복지부령으로 정한다.

(2) 진료심사평가위원회 위원의 겸직(제66조의2)

① 고등교육법 제14조 제2항에 따른 교원 중 교수·부교수 및 조교수는 국가공무원법 제64조 및 사립학교법 제55조 제1항에도 불구하고 소속대학 총장의 허가를 받아 진료심사평가위원회 위원의 직무를 겸할 수 있다.

② 제1항에 따라 대학의 교원이 진료심사평가위원회 위원을 겸하는 경우 필요한 사항은 대통령령으로 정한다.

(3) 자금의 조달 등(제67조)

① 부담금의 징수 : 심사평가원은 제63조 제1항에 따른 업무(같은 항 제5호에 따른 업무는 제외한다)를 하기 위하여 공단으로부터 부담금을 징수할 수 있다.

② 업무의 위탁에 따른 수수료 : 심사평가원은 제63조 제1항 제5호에 따라 급여비용의 심사 또는 의료의 적정성 평가에 관한 업무를 위탁받은 경우에는 위탁자로부터 수수료를 받을 수 있다.

③ 제1항과 제2항에 따른 부담금 및 수수료의 금액·징수 방법 등에 필요한 사항은 보건복지부령으로 정한다.

(4) 준용 규정(제68조)

심사평가원에 관하여 제14조 제3항·제4항, 제16조, 제17조(같은 조 제1항 제6호 및 제7호는 제외한다), 제18조, 제19조, 제22조부터 제32조까지, 제35조 제1항, 제36조, 제37조, 제39조 및 제40조를 준용한다. 이 경우 "공단"은 "심사평가원"으로, "이사장"은 "원장"으로 본다.

1. 보험료의 부과

(1) 보험료(제69조)

① 보험료의 징수 : 공단은 건강보험사업에 드는 비용에 충당하기 위하여 제77조에 따른 **보험료의 납부의무자**로부터 **보험료**를 징수한다.

② 징수 기간 : 제1항에 따른 보험료는 가입자의 자격을 취득한 날이 속하는 달의 다음 달부터 가입자의 자격을 잃은 날의 전날이 속하는 달까지 징수한다. 다만, 가입자의 자격을 매월 1일에 취득한 경우 또는 제5조 제1항 제2호 가목에 따른 건강보험 적용 신청으로 가입자의 자격을 취득하는 경우에는 그 달부터 징수한다.

③ 자격 변동 시 징수 기준 : 제1항 및 제2항에 따라 보험료를 징수할 때 가입자의 자격이 변동된 경우에는 변동된 날이 속하는 달의 보험료는 변동되기 전의 자격을 기준으로 징수한다. 다만, 가입자의 자격이 매월 1일에 변동된 경우에는 변동된 자격을 기준으로 징수한다.

④ 직장가입자의 월별 보험료액 : 다음 각 호에 따라 산정한 금액으로 한다.

　　1. 보수 외 보수월액보험료 : 제71조 제1항에 따라 산정한 보수 외 보수월액에 제73조 제1항 또는 제2항에 따른 보험료율을 곱하여 얻은 금액

　　2. 소득월액보험료 : 제71조에 따라 산정한 소득월액에 제73조 제1항 또는 제2항에 따른 보험료율을 곱하여 얻은 금액

⑤ 지역가입자의 월별 보험료액 : 지역가입자의 월별 보험료액은 다음 각 호의 구분에 따라 산정한 금액을 합산한 금액으로 한다. 이 경우 보험료액은 세대 단위로 산정한다.

　　1. 소득 : 제71조 제2항에 따라 산정한 **지역가입자의 소득월액**에 제73조 제3항에 따른 보험료율을 곱하여 얻은 금액

　　2. 재산 : 제72조에 따라 산정한 **재산보험료부과점수**에 제73조 제3항에 따른 재산보험료부과점수당 금액을 곱하여 얻은 금액

⑥ 월별 보험료액의 상한 · 하한 : 제4항 및 제5항에 따른 월별 보험료액은 가입자의 보험료 평균액의 일정 비율에 해당하는 금액을 고려하여 대통령령으로 정하는 기준에 따라 **상한 및 하한**을 정한다.

(2) 보수월액(제70조)

① 직장가입자의 보수월액 산정 : 제69조 제4항 제1호에 따른 직장가입자의 보수월액은 직장가입자가 지급받는 보수를 기준으로 하여 산정한다.

② 휴직자 등의 보수월액 산정 : 휴직이나 그 밖의 사유로 보수의 전부 또는 일부가 지급되지 아니하는 가입자("휴직자 등")의 보수월액보험료는 해당 사유가 생기기 전 달의 보수월액을 기준으로 산정한다.

③ "보수"의 정의 : 제1항에 따른 보수는 근로자 등이 근로를 제공하고 사용자 · 국가 또는 지방자치단체로부터 **지급받는 금품**(실비변상적인 성격을 갖는 금품은 제외한다)으로서 대통령령으로 정하는 것을 말한다. 이 경우 보수 관련 자료가 없거나 불명확한 경우 등 대통령령으로 정하는 사유에 해당하면 보건복지부장관이 정하여 고시하는 금액을 보수로 본다.

④ 제1항에 따른 보수액의 산정 및 보수가 지급되지 아니하는 사용자의 보수월액의 산정 등에 필요한 사항은 대통령령으로 정한다.

(3) 소득월액(제71조)

① 소득월액의 산정 : 직장가입자의 보수 외 소득월액은 제70조에 따른 보수월액의 산정에 포함된 **보수를 제외한 직장가입자의 소득**("보수 외 소득")이 대통령령으로 정하는 금액을 초과하는 경우 '[(연간 보수 외 소득) − (대통령령으로 정하는 금액)] × $\frac{1}{12}$ '에 따른 값을 보건복지부령으로 정하는 바에 따라 산정한다.

② 지역가입자의 소득월액은 지역가입자의 연간 소득을 12개월로 나눈 값을 보건복지부령으로 정하는 바에 따라 평가하여 산정한다.

③ 제1항 및 제2항에 따른 소득의 구체적인 범위, 소득월액을 산정하는 기준, 방법 등 소득월액의 산정에 필요한 사항은 대통령령으로 정한다.

(4) 재산보험료부과점수(제72조)

① 재산보험료부과점수의 산정 : 제69조 제5항 제2호에 따른 재산보험료부과점수는 **지역가입자의 소득 및 재산을 기준으로 산정**한다. 다만, 대통령령으로 정하는 지역가입자가 실제 거주를 목적으로 대통령령으로 정하는 기준 이하의 주택을 구입 또는 임차하기 위하여 다음 각 호의 어느 하나에 해당하는 대출을 받고 그 사실을 공단에 통보하는 경우에는 **해당 대출금액을** 대통령령으로 정하는 바에 따라 평가하여 **재산보험료부과점수 산정 시 제외**한다.

1. 금융실명거래 및 비밀보장에 관한 법률 제2조 제1호에 따른 금융회사 등("금융회사 등")으로부터 받은 대출
2. 주택도시기금법에 따른 주택도시기금을 재원으로 하는 대출 등 보건복지부장관이 정하여 고시하는 대출

더 알아보기

금융회사 등(금융실명거래 및 비밀보장에 관한 법률 제2조 제1호)

가. 은행법에 따른 은행
나. 중소기업은행법에 따른 중소기업은행
다. 한국산업은행법에 따른 한국산업은행
라. 한국수출입은행법에 따른 한국수출입은행
마. 한국은행법에 따른 한국은행
바. 자본시장과 금융투자업에 관한 법률에 따른 투자매매업자·투자중개업자·집합투자업자·신탁업자·증권금융회사·종합금융회사 및 명의개서대행회사
사. 상호저축은행법에 따른 상호저축은행 및 상호저축은행중앙회
아. 농업협동조합법에 따른 조합과 그 중앙회 및 농협은행
자. 수산업협동조합법에 따른 조합과 그 중앙회 및 수협은행
차. 신용협동조합법에 따른 신용협동조합 및 신용협동조합중앙회
카. 새마을금고법에 따른 금고 및 중앙회
타. 보험업법에 따른 보험회사
파. 우체국예금·보험에 관한 법률에 따른 체신관서
하. 그 밖에 대통령령으로 정하는 기관

② 제1항에 따라 재산보험료부과점수의 산정방법과 산정기준을 정할 때 법령에 따라 재산권의 행사가 제한되는 재산에 대하여는 다른 재산과 달리 정할 수 있다.

③ **금융정보 등의 제출** : 지역가입자는 제1항 단서에 따라 공단에 통보할 때 신용정보의 이용 및 보호에 관한 법률 제2조 제1호에 따른 **신용정보,** 금융실명거래 및 비밀보장에 관한 법률 제2조 제2호에 따

른 금융자산, 같은 조 제3호에 따른 금융거래의 내용에 대한 자료·정보 중 대출금액 등 대통령령으로 정하는 자료·정보("금융정보 등")를 공단에 제출하여야 하며, 제1항 단서에 따른 재산보험료부과점수 산정을 위하여 필요한 금융정보 등을 공단에 제공하는 것에 대하여 동의한다는 서면을 함께 제출하여야 한다.

> **더 알아보기**
>
> 금융자산(금융실명거래 및 비밀보장에 관한 법률 제2조 제2호)
> "금융자산"이란 금융회사 등이 취급하는 예금·적금·부금·계금·예탁금·출자금·신탁재산·주식·채권·수익 증권·출자지분·어음·수표·채무증서 등 금전 및 유가증권과 그 밖에 이와 유사한 것으로서 총리령으로 정하는 것을 말한다.
>
> 금융거래(금융실명거래 및 비밀보장에 관한 법률 제2조 제3호)
> "금융거래"란 금융회사 등이 금융자산을 수입·매매·환매·중개·할인·발행·상환·환급·수탁·등록·교환하거나 그 이자, 할인액 또는 배당을 지급하는 것과 이를 대행하는 것 또는 그 밖에 금융자산을 대상으로 하는 거래로서 총리령으로 정하는 것을 말한다.

④ 제1항 및 제2항에 따른 재산보험료부과점수의 산정방법·산정기준 등에 필요한 사항은 대통령령으로 정한다.

(5) 보험료부과제도개선위원회(제72조의2)

삭제

(6) 보험료부과제도에 대한 적정성 평가(제72조의3)

① 적정성 평가 : 보건복지부장관은 제5조에 따른 피부양자 인정기준("인정기준")과 제69조부터 제72조까지의 규정에 따른 보험료, 보수월액, 소득월액 및 재산보험료부과점수의 산정 기준 및 방법 등("산정기준")에 대하여 적정성을 평가하고, 국민건강보험법 시행일로부터 4년이 경과한 때 이를 조정하여야 한다.

② 적정성 평가 시 고려 사항 : 보건복지부장관은 제1항에 따른 적정성 평가를 하는 경우에는 다음 각 호를 종합적으로 고려하여야 한다.

1. 제4조 제1항 제5호의2 나목에 따라 심의위원회가 심의한 가입자의 소득 파악 현황 및 개선방안
2. 공단의 소득 관련 자료 보유 현황
3. 소득세법 제4조에 따른 종합소득(종합과세되는 종합소득과 분리과세되는 종합소득을 포함한다) 과세 현황

> **더 알아보기**
>
> 종합소득(소득세법 제4조 제1항 제1호)
> 소득세법에 따라 과세되는 모든 소득에서 퇴직소득, 양도소득을 제외한 소득으로서, 이자소득·배당소득·사업소득·근로소득·연금소득, 기타소득을 합산한 것

4. 직장가입자에게 부과되는 보험료와 지역가입자에게 부과되는 보험료 간 형평성
5. 제1항에 따른 인정기준 및 산정기준의 조정으로 인한 보험료 변동
6. 그 밖에 적정성 평가 대상이 될 수 있는 사항으로서 보건복지부장관이 정하는 사항

③ 제1항에 따른 적정성 평가의 절차, 방법 및 그 밖에 적정성 평가를 위하여 필요한 사항은 대통령령으로 정한다.

(7) 보험료율 등(제73조)

① **직장가입자의 보험료율** : 1,000분의 80의 범위에서 심의위원회의 의결을 거쳐 대통령령으로 정한다.

② **국외에서 업무에 종사하고 있는 직장가입자에 대한 보험료율** : 제1항에 따라 정해진 보험료율의 100분의 50으로 한다.

③ 지역가입자의 보험료율과 재산보험료부과점수당 금액은 심의위원회의 의결을 거쳐 대통령령으로 정한다.

2. 보험료 부담의 면제 및 경감

(1) 보험료의 면제(제74조)

① **직장가입자의 보험료 면제** : 공단은 직장가입자가 제54조 제2호부터 제4호까지의 어느 하나에 해당하는 경우(같은 조 제2호에 해당하는 경우에는 1개월 이상의 기간으로서 대통령령으로 정하는 기간 이상 국외에 체류하는 경우에 한정한다. 이하 이 조에서 같다) 그 가입자의 **보험료를 면제**한다. 다만, 제54조 제2호에 해당하는 직장가입자의 경우에는 **국내에 거주하는 피부양자가 없을 때에만** 보험료를 면제한다.

② **지역가입자의 보험료부과점수 제외** : 지역가입자가 제54조 제2호부터 제4호까지의 어느 하나에 해당하면 그 가입자가 속한 세대의 보험료를 산정할 때 그 가입자의 제71조 제2항에 따른 소득월액 및 제72조에 따른 **재산보험료부과점수를 제외**한다.

③ **적용 기간** : 제1항에 따른 보험료의 면제나 제2항에 따라 보험료의 산정에서 제외되는 소득월액 및 재산보험료부과점수에 대하여는 제54조 제2호부터 제4호까지의 어느 하나에 해당하는 **급여정지 사유가 생긴 날이 속하는 달의 다음 달부터 사유가 없어진 날이 속하는 달까지 적용**한다. 다만, 다음 각 호의 어느 하나에 해당하는 경우에는 그 달의 보험료를 면제하지 아니하거나 보험료의 산정에서 소득월액 및 재산보험료부과점수를 제외하지 아니한다.

1. 급여정지 사유가 매월 1일에 없어진 경우

2. 제54조 제2호에 해당하는 가입자 또는 그 피부양자가 국내에 입국하여 입국일이 속하는 달에 보험급여를 받고 그 달에 출국하는 경우

(2) 보험료의 경감 등(제75조)

① **보험료 경감 대상** : 다음 각 호의 어느 하나에 해당하는 가입자 중 보건복지부령으로 정하는 가입자에 대하여는 그 가입자 또는 그 가입자가 속한 세대의 **보험료의 일부를 경감**할 수 있다.

1. 섬·벽지·농어촌 등 대통령령으로 정하는 지역에 거주하는 사람

2. 65세 이상인 사람

3. 장애인복지법에 따라 등록한 **장애인**

4. 국가유공자 등 예우 및 지원에 관한 법률 제4조 제1항 제4호, 제6호, 제12호, 제15호 및 제17호에 따른 국가유공자

적용 대상 국가유공자(국가유공자 등 예우 및 지원에 관한 법률 제4조 제1항)
- **전상군경** : 군인이나 경찰공무원으로서 전투 또는 이에 준하는 직무수행 중 상이를 입고 전역(퇴역·면역 또는 상근예비역 소집해제를 포함한다. 이하 같다)하거나 퇴직(면직을 포함한다. 이하 같다)한 사람(군무원으로서 1959년 12월 31일 이전에 전투 또는 이에 준하는 직무수행 중 상이를 입고 퇴직한 사람을 포함한다) 또는 6개월 이내에 전역이나 퇴직하는 사람으로서 그 상이 정도가 국가보훈부장관이 실시하는 신체검사에서 상이등급으로 판정된 사람(동항 제4호)
- **공상군경** : 군인이나 경찰·소방 공무원으로서 국가의 수호·안전보장 또는 국민의 생명·재산 보호와 직접적인 관련이 있는 직무수행이나 교육훈련 중 상이(질병을 포함한다)를 입고 전역하거나 퇴직한 사람 또는 6개월 이내에 전역이나 퇴직하는 사람으로서 그 상이 정도가 국가보훈부장관이 실시하는 신체검사에서 상이등급으로 판정된 사람(동항 제6호)
- **4·19혁명부상자** : 1960년 4월 19일을 전후한 혁명에 참가하여 상이를 입은 사람으로서 그 상이 정도가 국가보훈부장관이 실시하는 신체검사에서 상이등급으로 판정된 사람(동조 제12호)
- **공상공무원** : 국가공무원법 및 지방공무원법에 따른 공무원(군인과 경찰·소방 공무원은 제외한다)과 국가나 지방자치단체에서 일상적으로 공무에 종사하는 대통령령으로 정하는 직원으로서 국민의 생명·재산 보호와 직접적인 관련이 있는 직무수행이나 교육훈련 중 상이(질병을 포함한다)를 입고 퇴직하거나 6개월 이내에 퇴직하는 사람으로서 그 상이 정도가 국가보훈부장관이 실시하는 신체검사에서 상이등급으로 판정된 사람(동조 제15호)
- **국가사회발전 특별공로상이자** : 국가사회발전에 현저한 공이 있는 사람 중 그 공로와 관련되어 상이를 입은 사람으로서 그 상이 정도가 국가보훈부장관이 실시하는 신체검사에서 상이등급으로 판정되어 국무회의에서 국가유공자 등 예우 및 지원에 관한 법률의 적용 대상자로 의결된 사람(동조 제17호)

5. 휴직자
6. 그 밖에 생활이 어렵거나 천재지변 등의 사유로 보험료를 경감할 필요가 있다고 보건복지부장관이 정하여 고시하는 사람

② 재산상의 이익 제공 : 제77조에 따른 보험료 납부의무자가 다음 각 호의 어느 하나에 해당하는 경우에는 대통령령으로 정하는 바에 따라 **보험료를 감액**하는 등 **재산상의 이익**을 제공할 수 있다.
  1. 제81조의6 제1항에 따라 보험료의 납입 고지 또는 독촉을 전자문서로 받는 경우
  2. 보험료를 계좌 또는 신용카드 자동이체의 방법으로 내는 경우

③ 제1항에 따른 보험료 경감의 방법·절차 등에 필요한 사항은 보건복지부장관이 정하여 고시한다.

(3) 보험료의 부담(제76조)

① 보수월액보험료 부담 비율 : 직장가입자의 보수월액보험료는 직장가입자와 다음 각 호의 구분에 따른 자가 각각 보험료액의 100분의 50씩 부담한다. 다만, 직장가입자가 교직원으로서 **사립학교에 근무하는 교원**이면 보험료액은 그 직장가입자가 100분의 50을, 제3조 제2호 다목에 해당하는 사용자가 100분의 30을, 국가가 100분의 20을 각각 부담한다.
  1. 직장가입자가 근로자인 경우에는 제3조 제2호 가목에 해당하는 사업주
  2. 직장가입자가 공무원인 경우에는 그 공무원이 소속되어 있는 국가 또는 지방자치단체
  3. 직장가입자가 교직원(사립학교에 근무하는 교원은 제외한다)인 경우에는 제3조 제2호 다목에 해당하는 사용자

② 직장가입자의 보수 외 소득월액보험료는 **직장가입자가 부담**한다.
③ 지역가입자의 보험료는 그 가입자가 속한 세대의 **지역가입자 전원이 연대하여 부담**한다.
④ 직장가입자가 교직원인 경우 제3조 제2호 다목에 해당하는 사용자가 부담액 전부를 부담할 수 없으면 그 부족액을 학교에 속하는 회계에서 부담하게 할 수 있다.

3. 보험료의 납부

(1) 보험료 납부의무(제77조)

① 직장가입자의 보험료 납부의무 부담 : 다음 각 호의 구분에 따라 그 각 호에서 정한 자가 납부한다.

  1. 보수월액보험료 : 사용자. 이 경우 사업장의 사용자가 2명 이상인 때에는 그 사업장의 사용자는 해당 직장가입자의 보험료를 연대하여 납부한다.

  2. 보수 외 소득월액보험료 : 직장가입자

② 지역가입자의 보험료 납무의무 부담 : 지역가입자의 보험료는 그 가입자가 속한 세대의 지역가입자 전원이 연대하여 납부한다. 다만, 소득 및 재산이 없는 미성년자와 소득 및 재산 등을 고려하여 대통령령으로 정하는 기준에 해당하는 미성년자는 납부의무를 부담하지 아니한다.

③ 보험료액의 공제 : 사용자는 보수월액보험료 중 직장가입자가 부담하여야 하는 그 달의 보험료액을 그 보수에서 공제하여 납부하여야 한다. 이 경우 직장가입자에게 공제액을 알려야 한다.

(2) 제2차 납부의무(제77조의2)

① 제2차 납무의무 부담 : 법인의 재산으로 그 법인이 납부하여야 하는 보험료, 연체금 및 체납처분비를 충당하여도 부족한 경우에는 해당 법인에게 보험료의 납부의무가 부과된 날 현재의 무한책임사원 또는 과점주주(국세기본법 제39조 각 호의 어느 하나에 해당하는 자를 말한다)가 그 부족한 금액에 대하여 제2차 납부의무를 진다. 다만, 과점주주의 경우에는 그 부족한 금액을 그 법인의 발행주식 총수(의결권이 없는 주식은 제외한다) 또는 출자총액으로 나눈 금액에 해당 과점주주가 실질적으로 권리를 행사하는 주식 수(의결권이 없는 주식은 제외한다) 또는 출자액을 곱하여 산출한 금액을 한도로 한다.

더 알아보기

출자자의 제2차 납세의무(국세기본법 제39조)

법인(대통령령으로 정하는 증권시장에 주권이 상장된 법인은 제외한다. 이하 이 조에서 같다)의 재산으로 그 법인에 부과되거나 그 법인이 납부할 국세 및 체납처분비에 충당하여도 부족한 경우에는 그 국세의 납세의무 성립일 현재 다음 각 호의 어느 하나에 해당하는 자는 그 부족한 금액에 대하여 제2차 납세의무를 진다. 다만, 제2호에 따른 과점주주의 경우에는 그 부족한 금액을 그 법인의 발행주식 총수(의결권이 없는 주식은 제외한다. 이하 이 조에서 같다) 또는 출자총액으로 나눈 금액에 해당 과점주주가 실질적으로 권리를 행사하는 주식 수(의결권이 없는 주식은 제외한다) 또는 출자액을 곱하여 산출한 금액을 한도로 한다.

1. 무한책임사원으로서 다음 각 목의 어느 하나에 해당하는 사원
   가. 합명회사의 사원
   나. 합자회사의 무한책임사원
2. 주주 또는 다음 각 목의 어느 하나에 해당하는 사원 1명과 그의 특수관계인 중 대통령령으로 정하는 자로서 그들의 소유주식 합계 또는 출자액 합계가 해당 법인의 발행 주식 총수 또는 출자총액의 100분의 50을 초과하면서 그 법인의 경영에 대하여 지배적인 영향력을 행사하는 자들("과점주주")
   가. 합자회사의 유한책임사원
   나. 유한책임회사의 사원
   다. 유한회사의 사원

② 양수인의 제2차 납부의무 : 사업이 양도 · 양수된 경우에 양도일 이전에 양도인에게 납부의무가 부과된 보험료, 연체금 및 체납처분비를 양도인의 재산으로 충당하여도 부족한 경우에는 사업의 양수인이 그 부족한 금액에 대하여 양수한 재산의 가액을 한도로 제2차 납부의무를 진다. 이 경우 양수인의 범위 및 양수한 재산의 가액은 대통령령으로 정한다.

(3) 보험료의 납부기한(제78조)

① 납부기한 : 제77조 제1항 및 제2항에 따라 보험료 납부의무가 있는 자는 가입자에 대한 그 달의 보험료를 그 다음 달 10일까지 **납부**하여야 한다. 다만, 직장가입자의 보수 외 소득월액보험료 및 지역가입자의 보험료는 보건복지부령으로 정하는 바에 따라 **분기별로 납부**할 수 있다.

② 납부기한의 연장 : 공단은 제1항에도 불구하고 납입 고지의 송달 지연 등 보건복지부령으로 정하는 사유가 있는 경우 납부의무자의 신청에 따라 제1항에 따른 납부기한부터 1개월의 범위에서 납부기한을 연장할 수 있다. 이 경우 납부기한 연장을 신청하는 방법, 절차 등에 필요한 사항은 보건복지부령으로 정한다.

(4) 가산금(제78조의2)

① **가산금의 부과** : 사업장의 사용자가 대통령령으로 정하는 사유에 해당되어 직장가입자가 될 수 없는 자를 제8조 제2항 또는 제9조 제2항을 위반하여 거짓으로 보험자에게 직장가입자로 신고한 경우 공단은 제1호의 금액에서 제2호의 금액을 뺀 금액의 100분의 10에 **상당하는 가산금**을 그 사용자에게 부과하여 징수한다.

  1. 사용자가 직장가입자로 신고한 사람이 직장가입자로 처리된 기간 동안 그 가입자가 제69조 제5항에 따라 부담하여야 하는 보험료의 총액

  2. 제1호의 기간 동안 공단이 해당 가입자에 대하여 제69조 제4항에 따라 산정하여 부과한 보험료의 총액

② **가산금의 부과 예외** : 제1항에도 불구하고 공단은 가산금이 소액이거나 그 밖에 가산금을 징수하는 것이 적절하지 아니하다고 인정되는 등 대통령령으로 정하는 경우에는 징수하지 아니할 수 있다.

(5) 보험료 등의 납입 고지(제79조)

① **납입 고지 문서 기재 사항** : 공단은 보험료 등을 징수하려면 그 금액을 결정하여 납부의무자에게 다음 각 호의 사항을 적은 **문서로 납입 고지**를 하여야 한다.

  1. 징수하려는 보험료 등의 종류

  2. 납부해야 하는 금액

  3. 납부기한 및 장소

② 삭제

③ 삭제

④ **납입 고지의 효력** : 직장가입자의 사용자가 2명 이상인 경우 또는 지역가입자의 세대가 2명 이상으로 구성된 경우 그 중 1명에게 한 고지는 해당 사업장의 다른 사용자 또는 세대 구성원인 다른 지역가입자 모두에게 효력이 있는 것으로 본다.

⑤ **납입 고지의 유예** : 휴직자 등의 보험료는 휴직 등의 사유가 끝날 때까지 보건복지부령으로 정하는 바에 따라 **납입 고지를 유예**할 수 있다.

⑥ **납입 고지 사실의 통지** : 공단은 제77조의2에 따른 제2차 납부의무자에게 납입의 고지를 한 경우에는 해당 법인인 사용자 및 사업 양도인에게 그 사실을 통지하여야 한다.

(6) 신용카드 등으로 하는 보험료 등의 납부(제79조의2)

① **신용카드 등으로의 납부** : 공단이 납입 고지한 보험료 등을 납부하는 자는 보험료 등의 납부를 대행할 수 있도록 대통령령으로 정하는 기관 등("보험료 등 납부대행기관")을 통하여 신용카드, 직불카드 등("신용카드 등")으로 납부할 수 있다.

② **납부일** : 제1항에 따라 신용카드 등으로 보험료 등을 납부하는 경우에는 보험료 등 납부대행기관의 승인일을 납부일로 본다.

③ **수수료** : 보험료 등 납부대행기관은 보험료 등의 납부자로부터 보험료 등의 납부를 대행하는 대가로 수수료를 받을 수 있다.

④ 보험료 등 납부대행기관의 지정 및 운영, 수수료 등에 필요한 사항은 대통령령으로 정한다.

4. 연체금과 체납처분

(1) 연체금(제80조)

① **연체금의 징수** : 공단은 보험료 등의 납부의무자가 납부기한까지 보험료 등을 내지 아니하면 그 납부기한이 지난 날부터 매 1일이 경과할 때마다 다음 각 호에 해당하는 연체금을 징수한다.

1. 제69조에 따른 보험료 또는 제53조 제3항에 따른 보험급여 제한 기간 중 받은 보험급여에 대한 징수금을 체납한 경우 : 해당 체납금액의 1,500분의 1에 해당하는 금액. 이 경우 연체금은 해당 체납금액의 1,000분의 20을 넘지 못한다.

2. 제1호 외에 국민건강보험법에 따른 징수금을 체납한 경우 : 해당 체납금액의 1,000분의 1에 해당하는 금액. 이 경우 연체금은 해당 체납금액의 1,000분의 30을 넘지 못한다.

② **연체금의 가산** : 공단은 보험료 등의 납부의무자가 체납된 보험료 등을 내지 아니하면 **납부기한 후 30일이 지난 날부터** 매 1일이 경과할 때마다 다음 각 호에 해당하는 연체금을 제1항에 따른 연체금에 더하여 징수한다.

1. 제69조에 따른 보험료 또는 제53조 제3항에 따른 보험급여 제한 기간 중 받은 보험급여에 대한 징수금을 체납한 경우 : 해당 체납금액의 6,000분의 1에 해당하는 금액. 이 경우 연체금(제1항 제1호의 연체금을 포함한 금액을 말한다)은 해당 체납금액의 1,000분의 50을 넘지 못한다.

2. 제1호 외에 국민건강보험법에 따른 징수금을 체납한 경우 : 해당 체납금액의 3,000분의 1에 해당하는 금액. 이 경우 연체금(제1항 제1호의 연체금을 포함한 금액을 말한다)은 해당 체납금액의 1,000분의 90을 넘지 못한다.

③ 공단은 제1항 및 제2항에도 불구하고 천재지변이나 그 밖에 보건복지부령으로 정하는 부득이한 사유가 있으면 제1항 및 제2항에 따른 연체금을 징수하지 아니할 수 있다.

(2) 보험료 등의 독촉 및 체납처분(제81조)

① **보험료 등의 독촉** : 공단은 제57조, 제77조, 제77조의2, 제78조의2 및 제101조 및 제101조의2에 따라 보험료 등을 내야 하는 자가 보험료 등을 내지 아니하면 기한을 정하여 독촉할 수 있다. 이 경우 직장가입자의 사용자가 2명 이상인 경우 또는 지역가입자의 세대가 2명 이상으로 구성된 경우에는 그 중 1명에게 한 독촉은 해당 사업장의 다른 사용자 또는 세대 구성원인 다른 지역가입자 **모두에게** 효력이 있는 것으로 본다.

② **납부기한** : 제1항에 따라 독촉할 때에는 10일 이상 15일 이내의 납부기한을 정하여 독촉장을 발부하여야 한다.

③ **보험료 등의 체납처분** : 공단은 제1항에 따른 독촉을 받은 자가 그 납부기한까지 보험료 등을 내지 아니하면 **보건복지부장관의 승인**을 받아 **국세 체납처분의 예에** 따라 이를 징수할 수 있다.

④ **통보서의 발송** : 공단은 제3항에 따라 체납처분을 하기 전에 보험료 등의 체납 내역, 압류 가능한 재산의 종류, 압류 예정 사실 및 국세징수법 제41조 제18호에 따른 소액금융재산에 대한 압류금지 사실 등이 포함된 **통보서를 발송**하여야 한다. 다만, 법인 해산 등 긴급히 체납처분을 할 필요가 있는 경우로서 대통령령으로 정하는 경우에는 그러하지 아니하다.

⑤ **공매의 대행** : 공단은 제3항에 따른 국세 체납처분의 예에 따라 압류하거나 제81조의2 제1항에 따라 압류한 재산의 공매에 대하여 전문지식이 필요하거나 그 밖에 특수한 사정으로 직접 공매하는 것이 적당하지 아니하다고 인정하는 경우에는 한국자산관리공사 설립 등에 관한 법률에 따라 설립된 **한국 자산관리공사("한국자산관리공사")에 공매를 대행**하게 할 수 있다. 이 경우 공매는 공단이 한 것으로 본다.

⑥ **수수료의 지급** : 공단은 제5항에 따라 한국자산관리공사가 공매를 대행하면 보건복지부령으로 정하는 바에 따라 수수료를 지급할 수 있다.

(3) 부당이득 징수금의 압류(제81조의2)

① **부당이득 징수금의 압류 요건** : 제81조에도 불구하고 공단은 보험급여 비용을 받은 요양기관이 다음 각 호의 요건을 모두 갖춘 경우에는 제57조 제1항에 따른 징수금의 한도에서 해당 요양기관 또는 그 요양기관을 개설한 자(같은 조 제2항에 따라 해당 요양기관과 연대하여 징수금을 납부하여야 하는 자를 말한다. 이하 이 조에서 같다)의 재산을 **보건복지부장관의 승인**을 받아 압류할 수 있다.

  1. 의료법 제33조 제2항 또는 약사법 제20조 제1항을 위반하였다는 사실로 기소된 경우
  2. 요양기관 또는 요양기관을 개설한 자에게 강제집행, 국세 강제징수 등 대통령령으로 정하는 사유가 있어 그 재산을 압류할 필요가 있는 경우

② **부당이득 징수금의 압류 사실 통지** : 공단은 제1항에 따라 재산을 압류하였을 때에는 해당 요양기관 또는 그 요양기관을 개설한 자에게 문서로 그 압류 사실을 통지하여야 한다.

③ **압류 해제** : 공단은 다음 각 호의 어느 하나에 해당할 때에는 제1항에 따른 압류를 즉시 해제하여야 한다.

  1. 제2항에 따른 통지를 받은 자가 제57조 제1항에 따른 징수금에 상당하는 다른 재산을 담보로 제공하고 압류 해제를 요구하는 경우
  2. 법원의 무죄 판결이 확정되는 등 대통령령으로 정하는 사유로 해당 요양기관이 의료법 제33조 제2항 또는 약사법 제20조 제1항을 위반한 혐의가 입증되지 아니한 경우

④ 제1항에 따른 압류 및 제3항에 따른 압류 해제에 관하여 이 법에서 규정한 것 외에는 국세징수법을 준용한다.

(4) 체납 또는 결손처분 자료의 제공(제81조의3)

① **체납 등 자료의 제공** : 공단은 보험료 징수 및 제57조에 따른 징수금[같은 조 제2항 각 호의 어느 하나에 해당하여 같은 조 제1항 및 제2항에 따라 징수하는 금액에 한정한다("부당이득금")]의 징수 또는 공익목적을 위하여 필요한 경우에 신용정보의 이용 및 보호에 관한 법률 제25조 제2항 제1호의 종합신용정보집중기관에 다음 각 호의 어느 하나에 해당하는 체납자 또는 결손처분자의 **인적사항·체납액 또는 결손처분액에 관한 자료("체납 등 자료")를 제공**할 수 있다. 다만, 체납된 보험료나 부당이득금과 관련하여 행정심판 또는 행정소송이 계류 중인 경우, 제82조 제1항에 따라 분할납부를 승인받은 경우 중 대통령령으로 정하는 경우, 그 밖에 대통령령으로 정하는 사유가 있을 때에는 그러하지 아니하다.

더 알아보기

종합신용정보집중기관(신용정보의 이용 및 보호에 관한 법률 제25조 제2항 제1호)
대통령령으로 정하는 금융기관 전체로부터의 신용정보를 집중관리 · 활용하는 <u>신용정보집중기관</u>

1. 국민건강보험법에 따른 납부기한의 다음 날부터 1년이 지난 보험료 및 그에 따른 연체금과 체납
처분비의 총액이 500만 원 이상인 자
2. 국민건강보험법에 따른 납부기한의 다음 날부터 1년이 지난 부당이득금 및 그에 따른 연체금과
체납처분비의 총액이 1억 원 이상인 자
3. 제84조에 따라 결손처분한 금액의 총액이 500만 원 이상인 자

② 공단은 제1항에 따라 종합신용정보집중기관에 체납 등 자료를 제공하기 전에 해당 체납자 또는 결손
처분자에게 그 사실을 **서면으로 통지**하여야 한다. 이 경우 통지를 받은 체납자가 체납액을 납부하거
나 체납액 납부계획서를 제출하는 경우 공단은 종합신용정보집중기관에 체납 등 자료를 제공하지
아니하거나 체납 등 자료의 제공을 유예할 수 있다.
③ 체납 등 자료의 제공절차에 필요한 사항은 **대통령령**으로 정한다.
④ 제1항에 따라 체납 등 자료를 제공받은 자는 이를 업무 외의 목적으로 누설하거나 이용하여서는 아
니 된다.

(5) 보험료의 납부증명(제81조의4)

① **납부사실의 증명** : 제77조에 따른 보험료의 납부의무자("**납부의무자**")는 국가, 지방자치단체 또는
공공기관의 운영에 관한 법률 제4조에 따른 **공공기관으로부터** 공사 · 제조 · 구매 · 용역 등 대통령령으
로 정하는 계약의 대가를 지급받는 경우에는 보험료와 그에 따른 연체금 및 체납처분비의 납부사실을
증명하여야 한다. 다만, 납부의무자가 계약대금의 전부 또는 일부를 체납한 보험료로 납부하려는 경우
등 대통령령으로 정하는 경우에는 그러하지 아니하다.

더 알아보기

공공기관(공공기관의 운영에 관한 법률 제4조 제1항)
기획재정부장관은 국가 · 지방자치단체가 아닌 법인 · 단체 또는 기관("기관")으로서 다음 각 호의 어느 하나에 해당하
는 기관을 공공기관으로 지정할 수 있다.
1. 다른 법률에 따라 직접 설립되고 정부가 출연한 기관
2. 정부지원액(법령에 따라 직접 정부의 업무를 위탁받거나 독점적 사업권을 부여받은 기관의 경우에는 그 위탁업무나
독점적 사업으로 인한 수입액을 포함한다)이 총수입액의 2분의 1을 초과하는 기관
3. 정부가 100분의 50 이상의 지분을 가지고 있거나 100분의 30 이상의 지분을 가지고 임원 임명권한 행사 등을
통하여 해당 기관의 정책 결정에 사실상 지배력을 확보하고 있는 기관
4. 정부와 제1호부터 제3호까지의 어느 하나에 해당하는 기관이 합하여 100분의 50 이상의 지분을 가지고 있거나
100분의 30 이상의 지분을 가지고 임원 임명권한 행사 등을 통하여 해당 기관의 정책 결정에 사실상 지배력을
확보하고 있는 기관
5. 제1호부터 제4호까지의 어느 하나에 해당하는 기관이 단독으로 또는 2개 이상의 기관이 합하여 100분의 50 이상의
지분을 가지고 있거나 100분의 30 이상의 지분을 가지고 임원 임명권한 행사 등을 통하여 당해 기관의 정책 결정에
사실상 지배력을 확보하고 있는 기관
6. 제1호부터 제4호의 어느 하나에 해당하는 기관이 설립하고, 정부 또는 설립 기관이 출연한 기관

② 납부증명의 갈음 : 납부의무자가 제1항에 따라 납부사실을 증명하여야 할 경우 제1항의 계약을 담당하는 주무관서 또는 공공기관은 납부의무자의 동의를 받아 공단에 조회하여 보험료와 그에 따른 **연체금 및 체납처분비**의 납부여부를 확인하는 것으로 제1항에 따른 **납부증명**을 갈음할 수 있다.

(6) 서류의 송달(제81조의5)

제79조 및 제81조에 관한 서류의 송달에 관한 사항과 전자문서에 의한 납입 고지 등에 관하여 제81조의6에서 정하지 아니한 사항에 관하여는 국세기본법 제8조(같은 조 제2항 단서는 제외한다)부터 제12조까지의 규정을 준용한다. 다만, 우편송달에 의하는 경우 그 방법은 **대통령령**으로 정하는 바에 따른다.

(7) 전자문서에 의한 납입 고지 등(제81조의6)

① 납부의무자가 제79조 제1항에 따른 납입 고지 또는 제81조 제1항에 따른 독촉을 전자문서교환방식 등에 의한 전자문서로 해줄 것을 신청하는 경우에는 공단은 전자문서로 **고지 또는 독촉**할 수 있다. 이 경우 전자문서 고지 및 독촉에 대한 신청 방법·절차 등에 필요한 사항은 **보건복지부령**으로 정한다.

② 공단이 제1항에 따라 전자문서로 고지 또는 독촉하는 경우에는 전자문서가 보건복지부령으로 정하는 **정보통신망에 저장**되거나 **납부의무자가 지정한 전자우편주소에 입력**된 때에 납입 고지 또는 독촉이 그 납부의무자에게 도달된 것으로 본다.

(8) 체납보험료의 분할납부(제82조)

① **분할납부의 승인 조건** : 공단은 보험료를 3회 이상 체납한 자가 신청하는 경우 보건복지부령으로 정하는 바에 따라 분할납부를 승인할 수 있다.

② **분할납부 신청 안내** : 공단은 보험료를 3회 이상 체납한 자에 대하여 제81조 제3항에 따른 체납처분을 하기 전에 제1항에 따른 분할납부를 신청할 수 있음을 알리고, 보건복지부령으로 정하는 바에 따라 분할납부 신청의 절차·방법 등에 관한 사항을 안내하여야 한다.

③ **분할납부의 승인 취소** : 공단은 제1항에 따라 분할납부 승인을 받은 자가 정당한 사유 없이 5회(제1항에 따라 승인받은 분할납부 횟수가 5회 미만인 경우에는 해당 분할납부 횟수를 말한다) 이상 그 승인된 보험료를 납부하지 아니하면 그 분할납부의 승인을 취소한다.

④ 분할납부의 승인과 취소에 관한 절차·방법·기준 등에 필요한 사항은 보건복지부령으로 정한다.

(9) 고액·상습체납자의 인적사항 공개(제83조)

① **인적사항 등의 공개** : 공단은 국민건강보험법에 따른 납부기한의 다음 날부터 1년이 경과한 보험료, 연체금과 체납처분비(제84조에 따라 결손처분한 보험료, 연체금과 체납처분비로서 징수권 소멸시효가 완성되지 아니한 것을 포함한다)의 총액이 1,000만 원 이상인 체납자가 납부능력이 있음에도 불구하고 체납한 경우 그 인적사항·체납액 등("인적사항 등")을 공개할 수 있다. 다만, 체납된 보험료, 연체금과 체납처분비와 관련하여 제87조에 따른 **이의신청**, 제88조에 따른 **심판청구**가 제기되거나 **행정소송이 계류 중**인 경우 또는 그 밖에 체납된 금액의 일부 납부 등 대통령령으로 정하는 사유가 있는 경우에는 그러하지 아니하다.

② **인적사항 등의 공개 심의** : 제1항에 따른 체납자의 인적사항 등에 대한 공개 여부를 심의하기 위하여 공단에 **보험료정보공개심의위원회**를 둔다.

③ **공개대상자의 선정** : 공단은 보험료정보공개심의위원회의 심의를 거친 인적사항 등의 공개대상자에게 공개대상자임을 서면으로 통지하여 **소명의 기회**를 부여하여야 하며, **통지일부터 6개월이 경과한 후** 체납액의 납부이행 등을 감안하여 공개대상자를 선정한다.

④ **공개 방법** : 제1항에 따른 체납자 인적사항 등의 공개는 관보에 게재하거나 공단 인터넷 홈페이지에 게시하는 방법에 따른다.

⑤ 제1항부터 제4항까지의 규정에 따른 체납자 인적사항 등의 공개와 관련한 납부능력의 기준, 공개절차 및 위원회의 구성·운영 등에 필요한 사항은 대통령령으로 정한다.

(10) 결손처분(제84조)

① **결손처분 사유** : 공단은 다음 각 호의 어느 하나에 해당하는 사유가 있으면 **재정운영위원회의 의결**을 받아 보험료 등을 결손처분할 수 있다.

    1. 체납처분이 끝나고 체납액에 충당될 배분금액이 그 체납액에 미치지 못하는 경우

    2. 해당 권리에 대한 소멸시효가 완성된 경우

    3. 그 밖에 징수할 가능성이 없다고 인정되는 경우로서 대통령령으로 정하는 경우

② **결손처분의 취소** : 공단은 제1항 제3호에 따라 결손처분을 한 후 압류할 수 있는 다른 재산이 있는 것을 발견한 때에는 지체 없이 그 처분을 취소하고 체납처분을 하여야 한다.

(11) 보험료 등의 징수 순위(제85조)

보험료 등은 국세와 지방세를 제외한 다른 채권에 우선하여 징수한다. 다만, 보험료 등의 납부기한 전에 전세권·질권·저당권 또는 동산·채권 등의 담보에 관한 법률에 따른 담보권의 설정을 등기 또는 등록한 사실이 증명되는 재산을 매각할 때에 그 매각대금 중에서 보험료 등을 징수하는 경우 그 전세권·질권·저당권 또는 동산·채권 등의 담보에 관한 법률에 따른 담보권으로 담보된 채권에 대하여는 그러하지 아니하다.

(12) 보험료 등의 충당과 환급(제86조)

① **우선 충당** : 공단은 납부의무자가 보험료 등·연체금 또는 체납처분비로 낸 금액 중 **과오납부한 금액**이 있으면 대통령령으로 정하는 바에 따라 그 과오납금을 보험료 등·연체금 또는 체납처분비에 **우선 충당**하여야 한다.

② **환급** : 공단은 제1항에 따라 **충당하고 남은 금액**이 있는 경우 대통령령으로 정하는 바에 따라 납부의무자에게 환급하여야 한다.

③ **이자** : 제1항 및 제2항의 경우 과오납금에 대통령령으로 정하는 이자를 가산하여야 한다.

1. 이의신청과 심판청구

(1) 이의신청(제87조)

① 공단에 대한 이의신청 : 가입자 및 피부양자의 자격, 보험료 등, 보험급여, 보험급여 비용에 관한 공단의 처분에 이의가 있는 자는 공단에 이의신청을 할 수 있다.

② 심사평가원에 대한 이의신청 : 요양급여비용 및 요양급여의 적정성 평가 등에 관한 심사평가원의 처분에 이의가 있는 공단, 요양기관 또는 그 밖의 자는 심사평가원에 이의신청을 할 수 있다.

③ 이의신청 기한 : 제1항 및 제2항에 따른 이의신청("이의신청")은 처분이 있음을 안 날부터 90일 이내에 문서(전자문서를 포함한다)로 하여야 하며 처분이 있은 날부터 180일을 지나면 제기하지 못한다. 다만, 정당한 사유로 그 기간에 이의신청을 할 수 없었음을 소명한 경우에는 그러하지 아니하다.

④ 요양급여 대상 여부의 확인 등에 대한 이의신청 : 제3항 본문에도 불구하고 요양기관이 제48조에 따른 심사평가원의 확인에 대하여 이의신청을 하려면 같은 조 제2항에 따라 통보받은 날부터 30일 이내에 하여야 한다.

⑤ 제1항부터 제4항까지에서 규정한 사항 외에 이의신청의 방법·결정 및 그 결정의 통지 등에 필요한 사항은 대통령령으로 정한다.

(2) 심판청구(제88조)

① 건강보험분쟁조정위원회에 대한 심판청구 : 이의신청에 대한 결정에 불복하는 자는 제89조에 따른 건강보험분쟁조정위원회에 심판청구를 할 수 있다. 이 경우 심판청구의 제기기간 및 제기방법에 관하여는 제87조 제3항을 준용한다.

② 심판청구서의 제출 : 제1항에 따라 심판청구를 하려는 자는 대통령령으로 정하는 심판청구서를 제87조 제1항 또는 제2항에 따른 처분을 한 공단 또는 심사평가원에 제출하거나 제89조에 따른 건강보험분쟁조정위원회에 제출하여야 한다.

③ 제1항 및 제2항에서 규정한 사항 외에 심판청구의 절차·방법·결정 및 그 결정의 통지 등에 필요한 사항은 대통령령으로 정한다.

2. 건강보험분쟁조정위원회와 행정소송

(1) 건강보험분쟁조정위원회(제89조)

① 분쟁조정위원회의 설치 : 제88조에 따른 심판청구를 심리·의결하기 위하여 보건복지부에 건강보험분쟁조정위원회("분쟁조정위원회")를 둔다.

② 분쟁조정위원회의 구성 : 분쟁조정위원회는 위원장을 포함하여 60명 이내의 위원으로 구성하고, 위원장을 제외한 위원 중 1명은 당연직위원으로 한다. 이 경우 공무원이 아닌 위원이 전체 위원의 과반수가 되도록 하여야 한다.

③ 분쟁조정위원회의 회의의 구성 : 분쟁조정위원회의 회의는 위원장, 당연직위원 및 위원장이 매 회의마다 지정하는 7명의 위원을 포함하여 총 9명으로 구성하되, 공무원이 아닌 위원이 과반수가 되도록 하여야 한다.

PART 3

④ **의결 조건** : 분쟁조정위원회는 제3항에 따른 구성원 **과반수의 출석**과 출석위원 **과반수의 찬성**으로 의결한다.

⑤ **사무국의 설치** : 분쟁조정위원회를 실무적으로 지원하기 위하여 분쟁조정위원회에 사무국을 둔다.

⑥ 제1항부터 제5항까지에서 규정한 사항 외에 분쟁조정위원회 및 사무국의 구성 및 운영 등에 필요한 사항은 대통령령으로 정한다.

⑦ **공무원 의제** : 분쟁조정위원회의 위원 중 공무원이 아닌 사람은 형법 제129조부터 제132조까지의 규정을 적용할 때 공무원으로 본다.

> **더 알아보기**
>
> 공무원의 직무에 관한 죄(형법 제129조부터 제132조)
> • 수뢰, 사전수뢰(제129조)
> • 제3자 뇌물제공(제130조)
> • 수뢰후부정처사, 사후수뢰(제131조)
> • 알선수뢰(제132조)

(2) 행정소송(제90조)

공단 또는 심사평가원의 처분에 이의가 있는 자와 제87조에 따른 이의신청 또는 제88조에 따른 심판청구에 대한 결정에 불복하는 자는 행정소송법에서 정하는 바에 따라 행정소송을 제기할 수 있다.

08 보칙

1. 소멸시효와 근로자의 권익 보호

(1) 시효(제91조)

① **소멸시효의 완성** : 다음 각 호의 권리는 3년 동안 행사하지 아니하면 소멸시효가 완성된다.
1. 보험료, 연체금 및 가산금을 징수할 권리
2. 보험료, 연체금 및 가산금으로 과오납부한 금액을 환급받을 권리
3. 보험급여를 받을 권리
4. 보험급여 비용을 받을 권리
5. 제47조 제3항 후단에 따라 과다납부된 본인일부부담금을 돌려받을 권리
6. 제61조에 따른 근로복지공단의 권리

② **시효 중단 사유** : 제1항에 따른 시효는 다음 각 호의 어느 하나의 사유로 중단된다.
1. 보험료의 고지 또는 독촉
2. 보험급여 또는 보험급여 비용의 청구

③ **시효 정지 사유** : 휴직자 등의 보수월액보험료를 징수할 권리의 소멸시효는 제79조 제5항에 따라 고지가 유예된 경우 **휴직 등의 사유가 끝날 때까지** 진행하지 아니한다.

④ 제1항에 따른 소멸시효기간, 제2항에 따른 시효 중단 및 제3항에 따른 시효 정지에 관하여 국민건강보험법에서 정한 사항 외에는 민법에 따른다.

(2) 기간 계산(제92조)

국민건강보험법이나 국민건강보험법에 따른 명령에 규정된 기간의 계산에 관하여 국민건강보험법에서 정한 사항 외에는 민법의 기간에 관한 규정을 준용한다.

(3) 근로자의 권익 보호(제93조)

제6조 제2항 각 호의 어느 하나에 해당하지 아니하는 모든 사업장의 근로자를 고용하는 사용자는 그가 고용한 근로자가 국민건강보험법에 따른 직장가입자가 되는 것을 방해하거나 자신이 부담하는 부담금이 증가되는 것을 피할 목적으로 정당한 사유 없이 근로자의 승급 또는 임금 인상을 하지 아니하거나 해고나 그 밖의 불리한 조치를 할 수 없다.

(4) 신고 등(제94조)

① 신고 또는 서류 제출 : 공단은 사용자, 직장가입자 및 세대주에게 다음 각 호의 사항을 신고하게 하거나 관계 서류(전자적 방법으로 기록된 것을 포함한다. 이하 같다)를 제출하게 할 수 있다.
  1. 가입자의 거주지 변경
  2. 가입자의 보수·소득
  3. 그 밖에 건강보험사업을 위하여 필요한 사항
② 사실 여부의 확인 : 공단은 제1항에 따라 신고한 사항이나 제출받은 자료에 대하여 사실 여부를 확인할 필요가 있으면 소속 직원이 해당 사항에 관하여 조사하게 할 수 있다.
③ 증표의 제시 : 제2항에 따라 조사를 하는 소속 직원은 그 권한을 표시하는 증표를 지니고 관계인에게 보여주어야 한다.

(5) 소득 축소·탈루 자료의 송부 등(제95조)

① 문서의 송부 : 공단은 제94조 제1항에 따라 신고한 보수 또는 소득 등에 축소 또는 탈루가 있다고 인정하는 경우에는 보건복지부장관을 거쳐 소득의 축소 또는 탈루에 관한 사항을 문서로 국세청장에게 송부할 수 있다.
② 세무조사 결과의 송부 : 국세청장은 제1항에 따라 송부받은 사항에 대하여 국세기본법 등 관련 법률에 따른 세무조사를 하면 그 조사 결과 중 보수·소득에 관한 사항을 공단에 송부하여야 한다.
③ 제1항 및 제2항에 따른 송부 절차 등에 필요한 사항은 대통령령으로 정한다.

2. 자료 및 금융정보 등의 제공

(1) 자료의 제공(제96조)

① 공단이 요청할 수 있는 자료 : 공단은 국가, 지방자치단체, 요양기관, 보험업법에 따른 보험회사 및 보험료율 산출 기관, 공공기관의 운영에 관한 법률에 따른 공공기관, 그 밖의 공공단체 등에 대하여 다음 각 호의 업무를 수행하기 위하여 주민등록·가족관계등록·국세·지방세·토지·건물·출입국관리 등의 자료로서 대통령령으로 정하는 자료를 제공하도록 요청할 수 있다.
  1. 가입자 및 피부양자의 자격 관리, 보험료의 부과·징수, 보험급여의 관리 등 건강보험사업의 수행
  2. 제14조 제1항 제11호에 따른 업무의 수행

② **심사평가원이 요청할 수 있는 자료** : 심사평가원은 국가, 지방자치단체, 요양기관, 보험업법에 따른 보험회사 및 보험료율 산출 기관, 공공기관의 운영에 관한 법률에 따른 공공기관, 그 밖의 공공단체 등에 대하여 요양급여비용을 심사하고 요양급여의 적정성을 평가하기 위하여 **주민등록·출입국관리· 진료기록·의약품공급** 등의 자료로서 대통령령으로 정하는 자료를 제공하도록 요청할 수 있다.

③ **보건복지부장관이 요청할 수 있는 자료** : 보건복지부장관은 관계 행정기관의 장에게 제41조의2에 따른 **약제에 대한 요양급여비용 상한금액의 감액 및 요양급여의 적용 정지**를 위하여 필요한 자료를 제공하도록 요청할 수 있다.

④ **자료 제공 의무** : 제1항부터 제3항까지의 규정에 따라 자료 제공을 요청받은 자는 성실히 이에 따라야 한다.

⑤ **자료제공요청서 발송** : 공단 또는 심사평가원은 요양기관, 보험업법에 따른 보험회사 및 보험료율 산출 기관에 제1항 또는 제2항에 따른 자료의 제공을 요청하는 경우 자료 제공 요청 근거 및 사유, 자료 제공 대상자, 대상기간, 자료 제공 기한, 제출 자료 등이 기재된 자료제공요청서를 발송하여야 한다.

⑥ **비용의 면제** : 제1항 및 제2항에 따른 국가, 지방자치단체, 요양기관, 보험업법에 따른 보험료율 산출 기관 그 밖의 공공기관 및 공공단체가 공단 또는 심사평가원에 제공하는 자료에 대하여는 사용료와 수수료 등을 면제한다.   ·

(2) 금융정보 등의 제공 등(제96조의2)

① **금융정보 등의 요청** : 공단은 제72조 제1항 단서에 따른 **지역가입자의 재산보험료부과점수 산정**을 위하여 필요한 경우 신용정보의 이용 및 보호에 관한 법률 제32조 및 금융실명거래 및 비밀보장에 관한 법률 제4조 제1항에도 불구하고 지역가입자가 제72조 제3항에 따라 제출한 동의 서면을 전자적 형태로 바꾼 문서에 의하여 신용정보의 이용 및 보호에 관한 법률 제2조 제6호에 따른 **신용정보 집중기관 또는 금융회사 등("금융기관 등")의 장에게 금융정보 등을 제공하도록** 요청할 수 있다.

② **금융정보 등의 제공** : 제1항에 따라 금융정보 등의 제공을 요청받은 **금융기관 등의 장**은 신용정보의 이용 및 보호에 관한 법률 제32조 및 금융실명거래 및 비밀보장에 관한 법률 제4조에도 불구하고 **명의인의 금융정보 등을 제공하여야 한다.**

③ **명의인에 대한 통보** : 제2항에 따라 금융정보 등을 제공한 금융기관 등의 장은 **금융정보 등의 제공 사실을 명의인에게 통보하여야 한다.** 다만, 명의인이 동의한 경우에는 신용정보의 이용 및 보호에 관한 법률 제32조 제7항, 제35조 제2항 및 금융실명거래 및 비밀보장에 관한 법률 제4조의2 제1항에도 불구하고 통보하지 아니할 수 있다.

④ 제1항부터 제3항까지에서 규정한 사항 외에 금융정보 등의 제공 요청 및 제공 절차 등에 필요한 사항은 대통령령으로 정한다.

(3) 가족관계등록 전산정보의 공동이용(제96조의3)

① **전산정보의 공동이용** : 공단은 제96조 제1항 각 호의 업무를 수행하기 위하여 전자정부법에 따라 가족관계의 등록 등에 관한 법률 제9조에 따른 **전산정보자료를 공동이용**(개인정보 보호법 제2조 제2호에 따른 처리를 포함한다)할 수 있다.

② **법원행정처장의 조치** : 법원행정처장은 제1항에 따라 공단이 전산정보자료의 공동이용을 요청하는 경우 그 **공동이용을 위하여 필요한 조치를 취하여야 한다.**

③ **목적 외의 용도로 이용·활용 금지** : 누구든지 제1항에 따라 공동이용하는 전산정보자료를 그 목적 외의 용도로 이용하거나 활용하여서는 아니 된다.

(4) 서류의 보존(제96조의4)

① **요양기관의 보존 사항** : 요양기관은 요양급여가 끝난 날부터 5년간 보건복지부령으로 정하는 바에 따라 제47조에 따른 **요양급여비용의 청구에 관한 서류**를 보존하여야 한다. 다만, 약국 등 보건복지부령으로 정하는 요양기관은 처방전을 요양급여비용을 청구한 날부터 3년간 보존하여야 한다.

② **사용자의 보존 사항** : 사용자는 3년간 보건복지부령으로 정하는 바에 따라 자격 관리 및 보험료 산정 등 건강보험에 관한 서류를 보존하여야 한다.

③ **준요양기관의 보존 사항** : 제49조 제3항에 따라 요양비를 청구한 준요양기관은 요양비를 지급받은 날부터 3년간 보건복지부령으로 정하는 바에 따라 **요양비 청구에 관한 서류**를 보존하여야 한다.

④ **보조기기에 대한 보존 사항** : 제51조 제2항에 따라 보조기기에 대한 보험급여를 청구한 자는 보험급여를 지급받은 날부터 3년간 보건복지부령으로 정하는 바에 따라 **보험급여 청구에 관한 서류**를 보존하여야 한다.

3. 보고 및 업무정지

(1) 보고와 검사(제97조)

① 보건복지부장관의 보고 · 검사 권한

　㉠ 보건복지부장관은 **사용자, 직장가입자 또는 세대주**에게 가입자의 이동 · 보수 · 소득이나 그 밖에 필요한 사항에 관한 보고 또는 서류 제출을 명하거나 소속 공무원이 관계인에게 질문하게 하거나 관계 서류를 검사하게 할 수 있다(제1항).

　㉡ 보건복지부장관은 요양기관(제49조에 따라 요양을 실시한 기관을 포함한다)에 대하여 **요양 · 약제의 지급 등 보험급여에 관한 보고** 또는 서류 제출을 명하거나 소속 공무원이 관계인에게 질문하게 하거나 관계 서류를 검사하게 할 수 있다(제2항).

　㉢ 보건복지부장관은 보험급여를 받은 자에게 해당 **보험급여의 내용**에 관하여 보고하게 하거나 소속 공무원이 질문하게 할 수 있다(제3항).

　㉣ 보건복지부장관은 제47조 제7항에 따라 **요양급여비용의 심사청구를 대행하는 단체**("대행청구단체")에 필요한 자료의 제출을 명하거나 소속 공무원이 대행청구에 관한 자료 등을 조사 · 확인하게 할 수 있다(제4항).

　㉤ 보건복지부장관은 제41조의2에 따른 약제에 대한 요양급여비용 상한금액의 감액 및 요양급여의 적용 정지를 위하여 필요한 경우에는 약사법 제47조 제2항에 따른 **의약품공급자**에 대하여 금전, 물품, 편익, 노무, 향응, 그 밖의 경제적 이익 등 제공으로 인한 **의약품 판매 질서 위반 행위**에 관한 보고 또는 서류 제출을 명하거나 소속 공무원이 관계인에게 질문하게 하거나 관계 서류를 검사하게 할 수 있다(제5항).

② **증표의 제시** : 제1항부터 제5항까지의 규정에 따라 질문 · 검사 · 조사 또는 확인을 하는 소속 공무원은 그 권한을 표시하는 증표를 지니고 관계인에게 보여주어야 한다.

③ 보건복지부장관은 제1항부터 제5항까지에 따른 질문 · 검사 · 조사 또는 확인 업무를 효율적으로 수행하기 위하여 대통령령으로 정하는 바에 따라 공단 또는 심사평가원으로 하여금 그 업무를 지원하게 할 수 있다.

④ 제1항부터 제6항까지에 따른 질문 · 검사 · 조사 또는 확인의 내용 · 절차 · 방법 등에 관하여 이 법에서 정하는 사항을 제외하고는 행정조사기본법에서 정하는 바에 따른다.

(2) 업무정지(제98조)

① 업무정지의 명령 : 보건복지부장관은 요양기관이 다음 각 호의 어느 하나에 해당하면 그 요양기관에 대하여 1년의 범위에서 기간을 정하여 업무정지를 명할 수 있다. 이 경우 보건복지부장관은 그 사실을 공단 및 심사평가원에 알려야 한다.

1. 속임수나 그 밖의 부당한 방법으로 보험자·가입자 및 피부양자에게 요양급여비용을 부담하게 한 경우

2. 제97조 제2항에 따른 명령에 위반하거나 거짓 보고를 하거나 거짓 서류를 제출하거나 소속 공무원의 검사 또는 질문을 거부·방해 또는 기피한 경우

3. 정당한 사유 없이 요양기관이 제41조의3 제1항에 따른 결정을 신청하지 아니하고 속임수나 그 밖의 부당한 방법으로 행위·치료재료를 가입자 또는 피부양자에게 실시 또는 사용하고 비용을 부담시킨 경우

② 요양급여 금지 : 제1항에 따라 업무정지 처분을 받은 자는 해당 업무정지기간 중에는 요양급여를 하지 못한다.

③ 업무정지 처분의 승계 : 제1항에 따른 업무정지 처분의 효과는 그 처분이 확정된 **요양기관을 양수한 자** 또는 **합병 후 존속하는 법인이나 합병으로 설립되는 법인**에 승계되고, 업무정지 처분의 절차가 진행 중인 때에는 양수인 또는 합병 후 존속하는 법인이나 합병으로 설립되는 법인에 대하여 그 **절차를 계속 진행**할 수 있다. 다만, 양수인 또는 합병 후 존속하는 법인이나 합병으로 설립되는 법인이 그 처분 또는 위반사실을 알지 못하였음을 증명하는 경우에는 그러하지 아니하다.

④ 행정처분의 고지 : 제1항에 따른 업무정지 처분을 받았거나 업무정지 처분의 절차가 진행 중인 자는 행정처분을 받은 사실 또는 행정처분절차가 진행 중인 사실을 보건복지부령으로 정하는 바에 따라 양수인 또는 합병 후 존속하는 법인이나 합병으로 설립되는 법인에 지체 없이 알려야 한다.

⑤ 제1항에 따른 업무정지를 부과하는 위반행위의 종류, 위반 정도 등에 따른 행정처분기준이나 그 밖에 필요한 사항은 대통령령으로 정한다.

4. 과징금 및 제조업자의 금지행위

(1) 과징금(제99조)

① 업무정지 처분의 갈음 : 보건복지부장관은 요양기관이 제98조 제1항 제1호 또는 제3호에 해당하여 업무정지 처분을 하여야 하는 경우로서 그 업무정지 처분이 해당 요양기관을 이용하는 사람에게 심한 불편을 주거나 보건복지부장관이 정하는 특별한 사유가 있다고 인정되면 업무정지 처분을 갈음하여 속임수나 그 밖의 부당한 방법으로 부담하게 한 금액의 5배 이하의 금액을 과징금으로 부과·징수할 수 있다. 이 경우 보건복지부장관은 12개월의 범위에서 **분할납부**를 하게 할 수 있다.

② 요양급여 적용 정지의 갈음 : 보건복지부장관은 제41조의2 제3항에 따라 약제를 요양급여에서 적용 정지하는 경우 다음 각 호의 어느 하나에 해당하는 때에는 **요양급여의 적용 정지에 갈음**하여 대통령령으로 정하는 바에 따라 다음 각 호의 구분에 따른 범위에서 **과징금을 부과·징수**할 수 있다. 이 경우 보건복지부장관은 12개월의 범위에서 **분할납부**를 하게 할 수 있다.

1. 환자 진료에 불편을 초래하는 등 공공복리에 지장을 줄 것으로 예상되는 때 : 해당 약제에 대한 요양급여비용 총액의 100분의 200을 넘지 아니하는 범위

2. 국민 건강에 심각한 위험을 초래할 것이 예상되는 등 특별한 사유가 있다고 인정되는 때 : 해당 약제에 대한 요양급여비용 총액의 100분의 60을 넘지 아니하는 범위

③ 보건복지부장관은 제2항 전단에 따라 과징금 부과 대상이 된 약제가 **과징금이 부과된 날부터 5년의 범위에서** 대통령령으로 정하는 기간 내에 다시 제2항 전단에 따른 **과징금 부과 대상이 되는 경우**에는 대통령령으로 정하는 바에 따라 다음 각 호의 구분에 따른 범위에서 **과징금을 부과·징수할 수 있다.**

　　1. 제2항 제1호에서 정하는 사유로 과징금 부과대상이 되는 경우 : 해당 약제에 대한 요양급여비용 총액의 100분의 350을 넘지 아니하는 범위

　　2. 제2항 제2호에서 정하는 사유로 과징금 부과대상이 되는 경우 : 해당 약제에 대한 요양급여비용 총액의 100분의 100을 넘지 아니하는 범위

④ **요양급여비용 총액의 결정 :** 제2항 및 제3항에 따라 대통령령으로 해당 약제에 대한 요양급여비용 총액을 정할 때에는 그 약제의 과거 요양급여 실적 등을 고려하여 **1년간의 요양급여 총액을 넘지 않는 범위에서 정하여야 한다.**

⑤ **과징금 미납 시의 처분 :** 보건복지부장관은 제1항에 따른 과징금을 납부하여야 할 자가 납부기한까지 이를 내지 아니하면 대통령령으로 정하는 절차에 따라 그 과징금 부과 처분을 취소하고 제98조 제1항에 따른 업무정지 처분을 하거나 국세 체납처분의 예에 따라 이를 징수한다. 다만, 요양기관의 폐업 등으로 제98조 제1항에 따른 업무정지 처분을 할 수 없으면 국세 체납처분의 예에 따라 징수한다.

⑥ 보건복지부장관은 제2항 또는 제3항에 따른 과징금을 납부하여야 할 자가 납부기한까지 이를 내지 아니하면 **국세 체납처분의 예에 따라 징수한다.**

⑦ **과세정보의 요청 :** 보건복지부장관은 과징금을 징수하기 위하여 필요하면 다음 각 호의 사항을 적은 문서로 관할 세무관서의 장 또는 **지방자치단체의 장**에게 과세정보의 제공을 요청할 수 있다.

　　1. 납세자의 인적사항

　　2. 사용 목적

　　3. 과징금 부과 사유 및 부과 기준

⑧ **과징금의 용도 :** 제1항부터 제3항까지의 규정에 따라 징수한 과징금은 다음 각 호 외의 용도로는 사용할 수 없다. 이 경우 제2항 제1호 및 제3항 제1호에 따라 징수한 과징금은 제3호의 용도로 사용하여야 한다.

　　1. 제47조 제3항에 따라 공단이 **요양급여비용으로 지급하는 자금**

　　2. 응급의료에 관한 법률에 따른 **응급의료기금의 지원**

　　3. 재난적의료비 지원에 관한 법률에 따른 **재난적의료비 지원사업에 대한 지원**

⑨ 제1항부터 제3항까지의 규정에 따른 과징금의 금액과 그 납부에 필요한 사항 및 제8항에 따른 과징금의 용도별 지원 규모, 사용 절차 등에 필요한 사항은 대통령령으로 정한다.

(2) 위반사실의 공표(제100조)

① **공표 사항 :** 보건복지부장관은 관련 서류의 위조·변조로 요양급여비용을 거짓으로 청구하여 제98조 또는 제99조에 따른 행정처분을 받은 요양기관이 다음 각 호의 어느 하나에 해당하면 그 **위반 행위, 처분 내용, 해당 요양기관의 명칭·주소 및 대표자 성명,** 그 밖에 다른 요양기관과의 구별에 **필요한 사항**으로서 대통령령으로 정하는 사항을 공표할 수 있다. 이 경우 공표 여부를 결정할 때에는 그 위반행위의 동기, 정도, 횟수 및 결과 등을 고려하여야 한다.

　　1. 거짓으로 청구한 금액이 1,500만 원 이상인 경우

　　2. 요양급여비용 총액 중 거짓으로 청구한 금액의 비율이 100분의 20 이상인 경우

② 공표심의위원회의 설치 : 보건복지부장관은 제1항에 따른 공표 여부 등을 심의하기 위하여 건강보험 공표심의위원회("공표심의위원회")를 설치·운영한다.

③ 진술 기회 부여 : 보건복지부장관은 공표심의위원회의 심의를 거친 공표대상자에게 공표대상자인 사실을 알려 소명자료를 제출하거나 출석하여 의견을 진술할 기회를 주어야 한다.

④ 공표대상자의 선정 : 보건복지부장관은 공표심의위원회가 제3항에 따라 제출된 소명자료 또는 진술된 의견을 고려하여 공표대상자를 재심의한 후 공표대상자를 선정한다.

⑤ 제1항부터 제4항까지에서 규정한 사항 외에 공표의 절차·방법, 공표심의위원회의 구성·운영 등에 필요한 사항은 대통령령으로 정한다.

(3) 제조업자 등의 금지행위 등(제101조)

① 금지행위의 기준 : 약사법에 따른 의약품의 제조업자·위탁제조판매업자·수입자·판매업자 및 의료기기법에 따른 의료기기 제조업자·수입업자·수리업자·판매업자·임대업자("제조업자 등")는 약제·치료재료와 관련하여 제41조의3에 따라 요양급여대상 여부를 결정하거나 제46조에 따라 요양급여비용을 산정할 때에 다음 각 호의 행위를 하여 보험자·가입자 및 피부양자에게 손실을 주어서는 아니 된다.

1. 제98조 제1항 제1호에 해당하는 요양기관의 행위에 개입

2. 보건복지부, 공단 또는 심사평가원에 거짓 자료의 제출

3. 그 밖에 속임수나 보건복지부령으로 정하는 부당한 방법으로 요양급여대상 여부의 결정과 요양 급여비용의 산정에 영향을 미치는 행위

② 위반 사실의 조사 : 보건복지부장관은 제조업자 등이 제1항에 위반한 사실이 있는지 여부를 확인하기 위하여 그 제조업자 등에게 관련 서류의 제출을 명하거나 소속 공무원이 관계인에게 질문을 하게 하거나 관계 서류를 검사하게 하는 등 필요한 조사를 할 수 있다. 이 경우 소속 공무원은 그 권한을 표시하는 증표를 지니고 이를 관계인에게 보여주어야 한다.

③ 손실 상당액의 징수 : 공단은 제1항을 위반하여 보험자·가입자 및 피부양자에게 손실을 주는 행위를 한 제조업자 등에 대하여 손실에 상당하는 금액("손실 상당액")을 징수한다.

④ 손실 상당액의 지급 : 공단은 제3항에 따라 징수한 손실 상당액 중 가입자 및 피부양자의 손실에 해당되는 금액을 그 가입자나 피부양자에게 지급하여야 한다. 이 경우 공단은 가입자나 피부양자에게 지급하여야 하는 금액을 그 가입자 및 피부양자가 내야 하는 보험료 등과 상계할 수 있다.

⑤ 제3항에 따른 손실 상당액의 산정, 부과·징수절차 및 납부방법 등에 관하여 필요한 사항은 대통령령으로 정한다.

(4) 약제에 대한 쟁송 시 손실상당액의 징수 및 지급(제101조의2)

① 공단은 제41조의2에 따른 요양급여비용 상한금액의 감액 및 요양급여의 적용 정지 또는 제41조의3에 따른 조정("조정 등")에 대하여 약제의 제조업자등이 청구 또는 제기한 행정심판법에 따른 행정심판 또는 행정소송법에 따른 행정소송에 대하여 행정심판위원회 또는 법원의 결정이나 재결, 판결이 다음 각 호의 요건을 모두 충족하는 경우에는 조정 등이 집행정지된 기간 동안 공단에 발생한 손실에 상당하는 금액을 약제의 제조업자 등에게서 징수할 수 있다.

1. 행정심판위원회 또는 법원이 집행정지 결정을 한 경우

2. 행정심판이나 행정소송에 대한 각하 또는 기각(일부 기각을 포함한다) 재결 또는 판결이 확정되거나 청구취하 또는 소취하로 심판 또는 소송이 종결된 경우

② 공단은 제1항의 심판 또는 소송에 대한 결정이나 재결, 판결이 다음 각 호의 요건을 모두 충족하는 경우에는 조정 등으로 인하여 약제의 제조업자 등에게 발생한 손실에 상당하는 금액을 지급하여야 한다.

    1. 행정심판위원회 또는 법원의 집행정지 결정이 없거나 집행정지 결정이 취소된 경우

    2. 행정심판이나 행정소송에 대한 인용(일부 인용을 포함한다) 재결 또는 판결이 확정된 경우

③ 제1항에 따른 손실에 상당하는 금액은 집행정지 기간 동안 공단이 지급한 요양급여비용과 집행정지가 결정되지 않았다면 공단이 지급하여야 할 **요양급여비용의 차액**으로 산정한다. 다만, 요양급여대상에서 제외되거나 요양급여의 적용을 정지하는 내용의 조정 등의 경우에는 요양급여비용 차액의 100분의 40을 초과할 수 없다.

④ 제2항에 따른 손실에 상당하는 금액은 해당 조정 등이 없었다면 공단이 지급하여야 할 요양급여비용과 조정 등에 따라 공단이 지급한 **요양급여비용의 차액**으로 산정한다. 다만, 요양급여대상에서 제외되거나 요양급여의 적용을 정지하는 내용의 조정 등의 경우에는 요양급여비용 차액의 100분의 40을 초과할 수 없다.

⑤ 공단은 제1항 또는 제2항에 따라 손실에 상당하는 금액을 징수 또는 지급하는 경우 **대통령령**으로 정하는 이자를 가산하여야 한다.

⑥ 그 밖에 제1항에 따른 징수절차, 제2항에 따른 지급절차, 제3항 및 제4항에 따른 손실에 상당하는 금액의 산정기준 및 기간, 제5항에 따른 가산금 등 징수 및 지급에 필요한 세부사항은 **보건복지부령**으로 정한다.

PART 3

5. 정보의 유지 및 공단에 대한 감독

(1) 정보의 유지 등(제102조)

공단, 심사평가원 및 대행청구단체에 종사하였던 사람 또는 종사하는 사람은 다음 각 호의 행위를 하여서는 아니 된다.

1. 가입자 및 피부양자의 **개인정보**(개인정보 보호법 제2조 제1호의 개인정보를 말한다. 이하 "개인정보"라 한다)를 누설하거나 직무상 목적 외의 용도로 이용 또는 정당한 사유 없이 제3자에게 제공하는 행위

> **더 알아보기**
>
> 개인정보(개인정보 보호법 제2조 제1호)
> "개인정보"란 살아 있는 개인에 관한 정보로서 다음 각 목의 어느 하나에 해당하는 정보를 말한다.
> 가. 성명, 주민등록번호 및 영상 등을 통하여 개인을 알아볼 수 있는 정보
> 나. 해당 정보만으로는 특정 개인을 알아볼 수 없더라도 다른 정보와 쉽게 결합하여 알아볼 수 있는 정보. 이 경우 쉽게 결합할 수 있는지 여부는 다른 정보의 입수 가능성 등 개인을 알아보는 데 소요되는 시간, 비용, 기술 등을 합리적으로 고려하여야 한다.
> 다. 가목 또는 나목을 가명처리함으로써 원래의 상태로 복원하기 위한 추가 정보의 사용·결합 없이는 특정 개인을 알아볼 수 없는 정보("가명정보")

2. 업무를 수행하면서 알게 된 정보(제1호의 개인정보는 제외한다)를 누설하거나 직무상 목적 외의 용도로 이용 또는 제3자에게 제공하는 행위

(2) 공단 등에 대한 감독 등(제103조)

① 보건복지부장관은 공단과 심사평가원의 경영목표를 달성하기 위하여 다음 각 호의 사업이나 업무에 대하여 보고를 명하거나 그 사업이나 업무 또는 재산상황을 검사하는 등 감독을 할 수 있다.

1. 제14조 제1항 제1호부터 제13호까지의 규정에 따른 **공단의 업무** 및 제63조 제1항 제1호부터 제8호까지의 규정에 따른 **심사평가원의 업무**

2. 공공기관의 운영에 관한 법률 제50조에 따른 **경영지침의 이행과 관련된 사업**

> **더 알아보기**
>
> 경영지침(공공기관의 운영에 관한 법률 제50조)
> ① 기획재정부장관은 공기업・준정부기관의 운영에 관한 일상적 사항과 관련하여 공공기관운영위원회의 심의・의결을 거쳐 다음 각 호의 사항에 관한 지침("경영지침")을 정하고, 이를 공기업・준정부기관 및 주무기관의 장에게 통보하여야 한다.
> 1. <u>조직 운영과 정원・인사 관리에 관한 사항</u>
> 2. 예산과 자금 운영에 관한 사항
> 3. 그 밖에 공기업・준정부기관의 <u>재무건전성 확보를 위하여 기획재정부장관이 필요하다고 인정하는 사항</u>
> ② 공기업・준정부기관의 투명하고 공정한 인사운영과 윤리경영 등을 위하여 필요한 경우 소관 정책을 관장하는 관계 행정기관의 장은 경영지침에 관한 의견을 기획재정부장관에게 제시할 수 있다.

3. 국민건강보험법 또는 다른 법령에서 공단과 심사평가원이 위탁받은 업무

4. 그 밖에 관계 법령에서 정하는 사항과 관련된 사업

② 보건복지부장관은 제1항에 따른 감독상 필요한 경우에는 **정관이나 규정의 변경** 또는 그 밖에 필요한 처분을 명할 수 있다.

6. 포상금 및 유사명칭의 사용금지

(1) 포상금 등의 지급(제104조)

① **포상금의 지급** : 공단은 다음 각 호의 어느 하나에 해당하는 자 또는 재산을 신고한 사람에 대하여 **포상금**을 지급할 수 있다. 다만, 공무원이 그 직무와 관련하여 제4호에 따른 은닉재산을 신고한 경우에는 그러하지 아니한다.

1. 속임수나 그 밖의 부당한 방법으로 보험급여를 받은 사람

2. 속임수나 그 밖의 부당한 방법으로 다른 사람이 보험급여를 받도록 한 자

3. 속임수나 그 밖의 부당한 방법으로 보험급여 비용을 받은 요양기관 또는 보험급여를 받은 준요양기관 및 보조기기 판매업자

4. 제57조에 따라 징수금을 납부하여야 하는 자의 은닉재산

② **장려금의 지급** : 공단은 건강보험 재정을 효율적으로 운영하는 데에 이바지한 **요양기관에 대하여 장려금**을 지급할 수 있다.

③ **은닉재산에서 제외되는 재산** : 제1항 제4호의 "은닉재산"이란 징수금을 납부하여야 하는 자가 은닉한 현금, 예금, 주식, 그 밖에 재산적 가치가 있는 유형・무형의 재산을 말한다. 다만, 다음 각 호의 어느 하나에 해당하는 재산은 제외한다.

1. 민법 제406조 등 관계 법령에 따라 사해행위 취소소송의 대상이 되어 있는 재산

2. 공단이 은닉사실을 알고 조사 또는 강제징수 절차에 착수한 재산

3. 그 밖에 은닉재산 신고를 받을 필요가 없다고 인정되어 대통령령으로 정하는 재산

④ 제1항 및 제2항에 따른 포상금 및 장려금의 지급 기준과 범위, 절차 및 방법 등에 필요한 사항은 대통령령으로 정한다.

(2) 유사명칭의 사용금지(제105조)

① 공단이나 심사평가원이 아닌 자는 국민건강보험공단, 건강보험심사평가원 또는 이와 유사한 **명칭**을 사용하지 못한다.

② 국민건강보험법으로 정하는 건강보험사업을 수행하는 자가 아닌 자는 보험계약 또는 보험계약의 명칭에 국민건강보험이라는 용어를 사용하지 못한다.

7. 소액 처리 및 정부지원

(1) 소액 처리(제106조)

공단은 징수하여야 할 금액이나 반환하여야 할 금액이 1건당 2,000원 미만인 경우(제47조 제5항, 제57조 제5항 후단 및 제101조 제4항 후단에 따라 각각 상계 처리할 수 있는 본인일부부담금 환급금 및 가입자나 피부양자에게 지급하여야 하는 금액은 제외한다)에는 징수 또는 반환하지 아니한다.

(2) 끝수 처리(제107조)

보험료 등과 보험급여에 관한 비용을 계산할 때 국고금관리법 제47조에 따른 끝수는 계산하지 아니한다.

> **더 알아보기**
>
> 국고금의 끝수 계산(국고금관리법 제47조, 동법 시행령 제109조의2)
> ① 국고금의 수입 또는 지출에서 10원 미만의 끝수가 있을 때에는 그 끝수는 계산하지 아니하고, 전액이 10원 미만일 때에도 그 전액을 계산하지 아니한다. 다만, 국고금을 분할하여 징수 또는 수납하거나 지급할 때 그 분할금액이 10원 미만일 때 또는 그 분할금액에 10원 미만의 끝수가 있을 때에 해당하여 그 분할금액 또는 끝수를 최초의 수입금 또는 지급금에 합산하는 경우에는 그러하지 아니하다.
> ② 국세의 과세표준액을 산정할 때 1원 미만의 끝수가 있으면 이를 계산하지 아니한다.
> ③ 지방자치단체, 그 밖에 대통령령으로 정하는 공공단체와 공공기관의 경우에는 제1항 및 제2항을 준용할 수 있다. 다만, 한국산업은행, 중소기업은행의 경우에는 그러하지 아니하다.

(3) 삭제(제108조)

(4) 보험재정에 대한 정부지원(제108조2)

① 국가는 매년 예산의 범위에서 해당 연도 보험료 **예상 수입액**의 100분의 14에 상당하는 금액을 국고에서 공단에 지원한다.

② 공단은 국민건강증진법에서 정하는 바에 따라 같은 법에 따른 국민건강증진기금에서 자금을 지원받을 수 있다.

③ 공단은 제1항에 따라 지원된 재원을 다음 각 호의 사업에 사용한다.

1. 가입자 및 피부양자에 대한 보험급여
2. 건강보험사업에 대한 운영비
3. 제75조 및 제110조 제4항에 따른 보험료 경감에 대한 지원

④ 공단은 제2항에 따라 지원된 재원을 다음 각 호의 사업에 사용한다.

  1. 건강검진 등 건강증진에 관한 사업

  2. 가입자와 피부양자의 흡연으로 인한 질병에 대한 보험급여

  3. 가입자와 피부양자 중 65세 이상 노인에 대한 보험급여

8. 특례 조항

(1) 외국인 등에 대한 특례(제109조)

① **사용자가 외국 정부인 경우** : 정부는 외국 정부가 사용자인 사업장의 근로자의 건강보험에 관하여는 외국 정부와 한 합의에 따라 이를 따로 정할 수 있다.

② **직장가입자가 되는 기준** : 국내에 체류하는 재외국민 또는 외국인("국내체류 외국인 등")이 적용대상 사업장의 근로자, 공무원 또는 교직원이고 제6조 제2항 각 호의 어느 하나에 해당하지 아니하면서 다음 각 호의 어느 하나에 해당하는 경우에는 제5조에도 불구하고 **직장가입자가 된다.**

  1. 주민등록법 제6조 제1항 제3호에 따라 **등록한 사람**

> **더 알아보기**
>
> 주민등록 대상자(주민등록법 제6조 제1항 제3호)
> 시장·군수 또는 구청장은 30일 이상 거주할 목적으로 그 관할 구역에 주소나 거소("거주지")를 가진 다음 각호의 사람("주민")을 주민등록법의 규정에 따라 등록하여야 한다. 다만, 외국인은 예외로 한다.
> 3. 재외국민 : 재외동포의 출입국과 법적 지위에 관한 법률에 따른 국민으로서 해외이주법에 따른 영주귀국의 신고를 하지 아니한 사람 중 다음 각 목의 어느 하나의 경우
>   가. 주민등록이 말소되었던 사람이 귀국 후 재등록 신고를 하는 경우
>   나. 주민등록이 없었던 사람이 귀국 후 최초로 주민등록 신고를 하는 경우

  2. 재외동포의 출입국과 법적 지위에 관한 법률 제6조에 따라 **국내거소신고를 한 사람**

> **더 알아보기**
>
> 국내거소신고(재외동포의 출입국과 법적 지위에 관한 법률 제6조)
> ① 재외동포체류자격으로 입국한 외국국적동포는 필요하면 대한민국 안에 거소를 정하여 그 거소를 관할하는 지방출입국·외국인관서의 장에게 국내거소신고를 할 수 있다.
> ② 제1항에 따라 신고한 국내거소를 이전한 때에는 14일 이내에 그 사실을 신거소가 소재한 시·군·구(자치구가 아닌 구를 포함한다. 이하 같다) 또는 읍·면·동의 장이나 신거소를 관할하는 지방출입국·외국인관서의 장에게 신고하여야 한다.
> ③ 제2항에 따라 거소이전 신고를 받은 지방출입국·외국인관서의 장은 신거소가 소재한 시·군·구 또는 읍·면·동의 장에게, 시·군·구 또는 읍·면·동의 장은 신거소를 관할하는 지방출입국·외국인관서의 장에게 각각 이를 통보하여야 한다.
> ④ 국내거소신고서의 기재 사항, 첨부 서류, 그 밖에 신고의 절차에 관하여 필요한 사항은 대통령령으로 정한다.

  3. 출입국관리법 제31조에 따라 **외국인등록을 한 사람**

③ **지역가입자가 되는 기준** : 제2항에 따른 직장가입자에 해당하지 아니하는 국내체류 외국인 등이 다음 각 호의 요건을 모두 갖춘 경우에는 제5조에도 불구하고 **지역가입자가 된다.**

1. 보건복지부령으로 정하는 기간 동안 국내에 거주하였거나 해당 기간 동안 국내에 지속적으로 거주할 것으로 예상할 수 있는 사유로서 보건복지부령으로 정하는 사유에 해당될 것

2. 다음 각 목의 어느 하나에 해당할 것

　가. 제2항 제1호 또는 제2호에 해당하는 사람

　나. 출입국관리법 제31조에 따라 외국인등록을 한 사람으로서 보건복지부령으로 정하는 체류자격이 있는 사람

④ 피부양자가 되는 기준 : 제2항 각 호의 어느 하나에 해당하는 국내체류 외국인 등이 다음 각 호의 요건을 모두 갖춘 경우에는 제5조에도 불구하고 공단에 신청하면 피부양자가 될 수 있다.

1. 직장가입자와의 관계가 제5조 제2항 각 호의 어느 하나에 해당할 것

2. 제5조 제3항에 따른 피부양자 자격의 인정 기준에 해당할 것

3. 국내 거주기간 또는 거주사유가 제3항 제1호에 따른 기준에 해당할 것. 다만, 직장가입자의 배우자 및 19세 미만 자녀(배우자의 자녀를 포함한다)에 대해서는 그러하지 아니하다.

⑤ 가입자・피부양자가 될 수 없는 경우 : 제2항부터 제4항까지의 규정에도 불구하고 다음 각 호에 해당되는 경우에는 가입자 및 피부양자가 될 수 없다.

1. 국내체류가 법률에 위반되는 경우로서 대통령령으로 정하는 사유가 있는 경우

2. 국내체류 외국인 등이 외국의 법령, 외국의 보험 또는 사용자와의 계약 등에 따라 제41조에 따른 요양급여에 상당하는 의료보장을 받을 수 있어 사용자 또는 가입자가 보건복지부령으로 정하는 바에 따라 가입 제외를 신청한 경우

⑥ 자격의 취득・상실에 관한 준용 : 제2항부터 제5항까지의 규정에서 정한 사항 외에 국내체류 외국인 등의 가입자 또는 피부양자 자격의 취득 및 상실에 관한 시기・절차 등에 필요한 사항은 제5조부터 제11조까지의 규정을 준용한다. 다만, 국내체류 외국인 등의 특성을 고려하여 특별히 규정해야 할 사항은 대통령령으로 다르게 정할 수 있다.

⑦ 자격 상실 시의 보험료 징수 : 가입자인 국내체류 외국인 등이 매월 2일 이후 지역가입자의 자격을 취득하고 그 자격을 취득한 날이 속하는 달에 보건복지부장관이 고시하는 사유로 해당 자격을 상실한 경우에는 제69조 제2항 본문에도 불구하고 그 자격을 취득한 날이 속하는 달의 보험료를 부과하여 징수한다.

⑧ 국내체류 외국인 등이 지역가입자인 경우 보험료 납부기한 : 국내체류 외국인 등(제9항 단서의 적용을 받는 사람에 한정한다)에 해당하는 지역가입자의 보험료는 제78조 제1항 본문에도 불구하고 그 직전 월 25일까지 납부하여야 한다. 다만, 다음 각 호에 해당되는 경우에는 공단이 정하는 바에 따라 납부하여야 한다.

1. 자격을 취득한 날이 속하는 달의 보험료를 징수하는 경우

2. 매월 26일 이후부터 말일까지의 기간에 자격을 취득한 경우

⑨ 보험료 부과・징수에 관한 준용 : 제7항과 제8항에서 정한 사항 외에 가입자인 국내체류 외국인 등의 보험료 부과・징수에 관한 사항은 제69조부터 제86조까지의 규정을 준용한다. 다만, 대통령령으로 정하는 국내체류 외국인 등의 보험료 부과・징수에 관한 사항은 그 특성을 고려하여 보건복지부장관이 다르게 정하여 고시할 수 있다.

⑩ 보험급여의 정지 : 공단은 지역가입자인 국내체류 외국인 등(제9항 단서의 적용을 받는 사람에 한정한다)이 보험료를 대통령령으로 정하는 기간 이상 체납한 경우에는 제53조 제3항에도 불구하고 체납일부터 체납한 보험료를 완납할 때까지 보험급여를 하지 아니한다. 이 경우 제53조 제3항 각 호외의 부분 단서 및 같은 조 제5항・제6항은 적용하지 아니한다.

⑪ 제10항에도 불구하고 체류자격 및 체류기간 등 국내체류 외국인 등의 특성을 고려하여 특별히 규정하여야 할 사항은 대통령령으로 다르게 정할 수 있다.

(2) 실업자에 대한 특례(제110조)

① 자격 유지의 신청 : 사용관계가 끝난 사람 중 직장가입자로서의 자격을 유지한 기간이 보건복지부령으로 정하는 기간 동안 통산 1년 이상인 사람은 지역가입자가 된 이후 최초로 제79조에 따라 지역가입자 보험료를 고지받은 날부터 그 납부기한에서 2개월이 지나기 이전까지 공단에 직장가입자로서의 자격을 유지할 것을 신청할 수 있다.

② 임의계속가입자의 자격 유지 : 제1항에 따라 공단에 신청한 가입자("임의계속가입자")는 제9조에도 불구하고 대통령령으로 정하는 기간 동안 직장가입자의 자격을 유지한다. 다만, 제1항에 따른 신청 후 최초로 내야 할 직장가입자 보험료를 그 납부기한부터 2개월이 지난 날까지 내지 아니한 경우에는 그 자격을 유지할 수 없다.

③ 임의계속가입자의 보수월액 : 보수월액보험료가 산정된 최근 12개월간의 보수월액을 평균한 금액으로 한다.

④ 임의계속가입자의 보험료 경감 : 임의계속가입자의 보험료는 보건복지부장관이 정하여 고시하는 바에 따라 그 일부를 경감할 수 있다.

⑤ 임의계속가입자의 보수월액보험료 납부 주체 : 임의계속가입자의 보수월액보험료는 제76조 제1항 및 제77조 제1항 제1호에도 불구하고 그 임의계속가입자가 전액을 부담하고 납부한다.

⑥ 급여제한에 관한 준용 : 임의계속가입자가 보험료를 납부기한까지 내지 아니하는 경우 그 급여제한에 관하여는 제53조 제3항·제5항 및 제6항을 준용한다. 이 경우 "제69조 제5항에 따른 세대단위의 보험료"는 "제110조 제5항에 따른 보험료"로 본다.

⑦ 임의계속가입자의 신청 방법·절차 등에 필요한 사항은 보건복지부령으로 정한다.

9. 위임·위탁 및 출연금

(1) 권한의 위임 및 위탁(제111조)

국민건강보험법에 따른 보건복지부장관의 권한은 대통령령으로 정하는 바에 따라 그 일부를 특별시장·광역시장·특별자치시장·도지사 또는 특별자치도지사에게 위임할 수 있다.

(2) 업무의 위탁(제112조)

① 위탁할 수 있는 업무 : 공단은 대통령령으로 정하는 바에 따라 다음 각 호의 업무를 체신관서, 금융기관 또는 그 밖의 자에게 위탁할 수 있다.

1. 보험료의 수납 또는 보험료납부의 확인에 관한 업무
2. 보험급여 비용의 지급에 관한 업무
3. 징수위탁근거법의 위탁에 따라 징수하는 연금보험료, 고용보험료, 산업재해보상보험료, 부담금 및 분담금 등("징수위탁보험료 등")의 수납 또는 그 납부의 확인에 관한 업무

② 업무의 위탁 대상 : 공단은 그 업무의 일부를 국가기관, 지방자치단체 또는 다른 법령에 따른 사회보험 업무를 수행하는 법인이나 그 밖의 자에게 위탁할 수 있다. 다만, 보험료와 징수위탁보험료 등의 징수 업무는 그러하지 아니하다.

③ 제2항에 따라 공단이 위탁할 수 있는 업무 및 위탁받을 수 있는 자의 범위는 보건복지부령으로 정한다.

(3) 징수위탁보험료 등의 배분 및 납입 등(제113조)

① 징수위탁보험료 등의 배분 : 공단은 자신이 징수한 보험료와 그에 따른 징수금 또는 징수위탁보험료 등의 금액이 징수하여야 할 총액에 부족한 경우에는 대통령령으로 정하는 기준, 방법에 따라 이를 배분하여 납부 처리하여야 한다. 다만, 납부의무자가 다른 의사를 표시한 때에는 그에 따른다.
② 징수위탁보험료 등의 납입 : 공단은 징수위탁보험료 등을 징수한 때에는 이를 지체 없이 해당 보험별 기금에 납입하여야 한다.

(4) 출연금의 용도 등(제114조)

① 출연금의 사용처 : 공단은 국민연금법, 산업재해보상보험법, 고용보험법 및 임금채권보장법에 따라 국민연금기금, 산업재해보상보험및예방기금, 고용보험기금 및 임금채권보장기금으로부터 각각 지급받은 출연금을 제14조 제1항 제11호에 따른 업무에 소요되는 비용에 사용하여야 한다.
② 제1항에 따라 지급받은 출연금의 관리 및 운용 등에 필요한 사항은 대통령령으로 정한다.

(5) 벌칙 적용에서 공무원 의제(제114조의2)

제4조 제1항에 따른 심의위원회 및 제100조 제2항에 따른 건강보험공표심의위원회 위원 중 공무원이 아닌 사람은 형법 제127조 및 제129조부터 제132조까지의 규정을 적용할 때에는 공무원으로 본다.

> **더 알아보기**
>
> 공무원의 직무에 관한 죄(형법 제127조 및 제129조부터 제132조)
> • 공무상 비밀의 누설(제127조) : 공무원 또는 공무원이었던 자가 법령에 의한 직무상 비밀을 누설한 때에는 2년 이하의 징역이나 금고 또는 5년 이하의 자격정지에 처한다.
> • 수뢰, 사전수뢰(제129조)
> • 제3자 뇌물제공(제130조)
> • 수뢰후부정처사, 사후수뢰(제131조)
> • 알선수뢰(제132조)

1. 벌칙

(1) 벌칙(제115조)

① 제102조 제1호를 위반하여 가입자 및 피부양자의 개인정보를 누설하거나 직무상 목적 외의 용도로 이용 또는 정당한 사유 없이 제3자에게 제공한 자는 5년 이하의 징역 또는 5,000만 원 이하의 벌금에 처한다.

② 다음 각 호의 어느 하나에 해당하는 자는 3년 이하의 징역 또는 3,000만 원 이하의 벌금에 처한다.
  1. 대행청구단체의 종사자로서 거짓이나 그 밖의 부정한 방법으로 요양급여비용을 청구한 자
  2. 제102조 제2호를 위반하여 업무를 수행하면서 알게 된 정보를 누설하거나 직무상 목적 외의 용도로 이용 또는 제3자에게 제공한 자

③ 제96조의3 제3항을 위반하여 공동이용하는 전산정보자료를 같은 조 제1항에 따른 목적 외의 용도로 이용하거나 활용한 자는 3년 이하의 징역 또는 1,000만 원 이하의 벌금에 처한다.

④ 거짓이나 그 밖의 부정한 방법으로 보험급여를 받거나 타인으로 하여금 보험급여를 받게 한 사람은 2년 이하의 징역 또는 2,000만 원 이하의 벌금에 처한다.

⑤ 다음 각 호의 어느 하나에 해당하는 자는 1년 이하의 징역 또는 1,000만 원 이하의 벌금에 처한다.
  1. 제42조의2 제1항 및 제3항을 위반하여 선별급여를 제공한 요양기관의 개설자

> **더 알아보기**
>
> 요양기관의 선별급여 실시에 대한 관리(법 제42조의2 제1항 및 제3항)
> ① 선별급여 중 자료의 축적 또는 의료 이용의 관리가 필요한 경우에는 보건복지부장관이 해당 선별급여의 실시 조건을 사전에 정하여 이를 충족하는 요양기관만이 해당 선별급여를 실시할 수 있다.
> ③ 보건복지부장관은 요양기관이 선별급여의 실시 조건을 충족하지 못하거나 자료를 제출하지 아니할 경우에는 해당 선별급여의 실시를 제한할 수 있다.

  2. 제47조 제7항을 위반하여 대행청구단체가 아닌 자로 하여금 대행하게 한 자

> **더 알아보기**
>
> 요양급여비용의 청구와 지급 등(법 제47조 제7항)
> 요양기관은 심사청구를 다음 각 호의 단체가 대행하게 할 수 있다.
> 1. 의료법 제28조 제1항에 따른 의사회 · 치과의사회 · 한의사회 · 조산사회 또는 같은 조 제16항에 따라 신고한 각각의 지부 및 분회
> 2. 의료법 제52조에 따른 의료기관 단체
> 3. 약사법 제11조에 따른 약사회 또는 같은 법 제14조에 따라 신고한 지부 및 분회

  3. 제93조를 위반한 사용자

> **더 알아보기**
>
> 근로자의 권익 보호(법 제93조)
> 제6조 제2항 각 호의 어느 하나에 해당하지 아니하는 모든 사업장의 근로자를 고용하는 사용자는 그가 고용한 근로자가 국민건강보험법에 따른 직장가입자가 되는 것을 방해하거나 자신이 부담하는 부담금이 증가되는 것을 피할 목적으로 정당한 사유 없이 근로자의 승급 또는 임금 인상을 하지 아니하거나 해고나 그 밖의 불리한 조치를 할 수 없다.

4. 제98조 제2항을 위반한 요양기관의 개설자

> **더 알아보기**
>
> 업무정지(법 제98조 제2항)
> 업무정지 처분을 받은 자는 해당 <u>업무정지기간 중에는 요양급여를 하지 못한다.</u>

(2) 벌칙(제116조)

제97조 제2항을 위반하여 보고 또는 서류 제출을 하지 아니한 자, 거짓으로 보고하거나 거짓 서류를
제출한 자, 검사나 질문을 거부·방해 또는 기피한 자는 1,000만 원 이하의 벌금에 처한다.

> **더 알아보기**
>
> 보고와 검사(법 제97조 제2항)
> 보건복지부장관은 요양기관(요양을 실시한 기관을 포함한다)에 대하여 요양·약제의 지급 등 보험급여에 관한 <u>보고</u>
> <u>또는 서류 제출</u>을 명하거나 소속 공무원이 관계인에게 질문하게 하거나 관계 서류를 검사하게 할 수 있다.

(3) 벌칙(제117조)

제42조 제5항을 위반한 자 또는 제49조 제2항을 위반하여 요양비 명세서나 요양 명세를 적은 영수증을
내주지 아니한 자는 500만 원 이하의 벌금에 처한다.

> **더 알아보기**
>
> 요양기관(법 제42조 제5항)
> 요양기관은 정당한 이유 없이 <u>요양급여를 거부하지 못한다.</u>
>
> 요양비(법 제49조 제2항)
> 준요양기관은 보건복지부장관이 정하는 요양비 명세서나 요양 명세를 적은 영수증을 <u>요양을 받은 사람에게 내주어야</u>
> <u>하며,</u> 요양을 받은 사람은 그 명세서나 영수증을 공단에 제출하여야 한다.

2. 양벌 규정 및 과태료

(1) 양벌 규정(제118조)

법인의 대표자나 법인 또는 개인의 대리인, 사용인, 그 밖의 종사자가 그 법인 또는 개인의 업무에 관하
여 제115조부터 제117조까지의 규정 중 어느 하나에 해당하는 위반행위를 하면 그 행위자를 벌하는 외
에 그 법인 또는 개인에게도 해당 조문의 벌금형을 과한다. 다만, 법인 또는 개인이 그 위반행위를 방지
하기 위하여 해당 업무에 관하여 상당한 주의와 감독을 게을리하지 아니한 경우에는 그러하지 아니하다.

(2) 과태료(제119조)

① 삭제
② 삭제

③ 다음 각 호의 어느 하나에 해당하는 자에게는 500만 원 이하의 과태료를 부과한다.
  1. 제7조를 위반하여 신고를 하지 아니하거나 거짓으로 신고한 사용자

더 알아보기

사업장의 신고(법 제7조)
사업장의 사용자는 다음 각 호의 어느 하나에 해당하게 되면 그때부터 14일 이내에 보건복지부령으로 정하는
바에 따라 보험자에게 신고하여야 한다. 제1호에 해당되어 보험자에게 신고한 내용이 변경된 경우에도 또한 같다.
1. 제6조 제2항에 따라 직장가입자가 되는 근로자·공무원 및 교직원을 사용하는 사업장("적용대상사업장")이
   된 경우
2. 휴업·폐업 등 보건복지부령으로 정하는 사유가 발생한 경우

  2. 정당한 사유 없이 제94조 제1항을 위반하여 신고·서류제출을 하지 아니하거나 거짓으로 신고·서
     류제출을 한 자

더 알아보기

신고 등(법 제94조 제1항)
공단은 사용자, 직장가입자 및 세대주에게 다음 각 호의 사항을 신고하게 하거나 관계 서류(전자적 방법으로 기록
된 것을 포함한다)를 제출하게 할 수 있다.
1. 가입자의 거주지 변경
2. 가입자의 보수·소득
3. 그 밖에 건강보험사업을 위하여 필요한 사항

  3. 정당한 사유 없이 제97조 제1항, 제3항, 제4항, 제5항을 위반하여 보고·서류제출을 하지 아니
     하거나 거짓으로 보고·서류제출을 한 자

더 알아보기

보고와 검사(법 제97조 제1항, 제3항, 제4항, 제5항)
① 보건복지부장관은 사용자, 직장가입자 또는 세대주에게 가입자의 이동·보수·소득이나 그 밖에 필요한 사항
  에 관한 보고 또는 서류 제출을 명하거나 소속 공무원이 관계인에게 질문하게 하거나 관계 서류를 검사하게
  할 수 있다.
③ 보건복지부장관은 보험급여를 받은 자에게 해당 보험급여의 내용에 관하여 보고하게 하거나 소속 공무원이
  질문하게 할 수 있다.
④ 보건복지부장관은 요양급여비용의 심사청구를 대행하는 단체("대행청구단체")에 필요한 자료의 제출을 명하거
  나 소속 공무원이 대행청구에 관한 자료 등을 조사·확인하게 할 수 있다.
⑤ 보건복지부장관은 약제에 대한 요양급여비용 상한금액의 감액 및 요양급여의 적용 정지를 위하여 필요한 경우
  에는 약사법에 따른 의약품공급자에 대하여 금전, 물품, 편익, 노무, 향응, 그 밖의 경제적 이익 등 제공으로
  인한 의약품 판매 질서 위반 행위에 관한 보고 또는 서류 제출을 명하거나 소속 공무원이 관계인에게 질문하게
  하거나 관계 서류를 검사하게 할 수 있다.

4. 제98조 제4항을 위반하여 행정처분을 받은 사실 또는 행정처분절차가 진행 중인 사실을 지체 없이 알리지 아니한 자

더 알아보기

업무정지(법 제98조 제4항)
업무정지 처분을 받았거나 업무정지 처분의 절차가 진행 중인 자는 <u>행정처분을 받은 사실 또는 행정처분절차가 진행 중인 사실</u>을 보건복지부령으로 정하는 바에 따라 양수인 또는 합병 후 존속하는 법인이나 합병으로 설립되는 법인에 <u>지체 없이 알려야 한다.</u>

5. 정당한 사유 없이 제101조 제2항을 위반하여 서류를 제출하지 아니하거나 거짓으로 제출한 자

더 알아보기

제조업자 등의 금지행위 등(법 제101조 제2항)
보건복지부장관은 제조업자 등이 제1항에 위반한 사실이 있는지 여부를 확인하기 위하여 그 제조업자 등에게 관련 <u>서류의 제출</u>을 명하거나 소속 공무원이 관계인에게 질문을 하게 하거나 관계 서류를 검사하게 하는 등 필요한 조사를 할 수 있다. 이 경우 소속 공무원은 그 권한을 표시하는 증표를 지니고 이를 관계인에게 보여주어야 한다.

④ 다음 각 호의 어느 하나에 해당하는 자에게는 100만 원 이하의 과태료를 부과한다.
1. 삭제
2. 삭제
3. 제12조 제4항을 위반하여 정당한 사유 없이 건강보험증이나 신분증명서로 가입자 또는 피부양자의 본인 여부 및 그 자격을 확인하지 아니하고 요양급여를 실시한 자

더 알아보기

건강보험증(법 12조 제4항)
요양기관은 가입자 또는 피부양자에게 요양급여를 실시하는 경우 보건복지부령으로 정하는 바에 따라 <u>건강보험증이나 신분증명서로 본인 여부 및 그 자격을 확인하여야 한다.</u> 다만, 요양기관이 가입자 또는 피부양자의 본인 여부 및 그 자격을 확인하기 곤란한 경우로서 보건복지부령으로 정하는 정당한 사유가 있을 때에는 그러하지 아니하다.

4. 제96조의4를 위반하여 서류를 보존하지 아니한 자

더 알아보기

서류의 보존(법 제96조의4)
① 요양기관은 요양급여가 끝난 날부터 <u>5년간</u> 보건복지부령으로 정하는 바에 따라 <u>요양급여비용의 청구에 관한 서류</u>를 보존하여야 한다. 다만, 약국 등 보건복지부령으로 정하는 요양기관은 <u>처방전</u>을 요양급여비용을 청구한 날부터 <u>3년간</u> 보존하여야 한다.
② 사용자는 <u>3년간</u> 보건복지부령으로 정하는 바에 따라 자격 관리 및 보험료 산정 등 <u>건강보험에 관한 서류</u>를 보존하여야 한다.
③ 요양비를 청구한 준요양기관은 요양비를 지급받은 날부터 <u>3년간</u> 보건복지부령으로 정하는 바에 따라 <u>요양비 청구에 관한 서류</u>를 보존하여야 한다.
④ 보조기기에 대한 보험급여를 청구한 자는 보험급여를 지급받은 날부터 <u>3년간</u> 보건복지부령으로 정하는 바에 따라 <u>보험급여 청구에 관한 서류</u>를 보존하여야 한다.

5. 제103조에 따른 명령을 위반한 자

더 알아보기

공단 등에 대한 감독 등(법 제103조)
① 보건복지부장관은 공단과 심사평가원의 경영목표를 달성하기 위하여 다음 각 호의 사업이나 업무에 대하여 <u>보고를 명하거나</u> 그 사업이나 업무 또는 재산상황을 검사하는 등 감독을 할 수 있다.
　　1. 공단의 업무 및 심사평가원의 업무
　　2. 공공기관의 운영에 관한 법률에 따른 경영지침의 이행과 관련된 사업
　　3. 국민건강보험법 또는 다른 법령에서 공단과 심사평가원이 위탁받은 업무
　　4. 그 밖에 관계 법령에서 정하는 사항과 관련된 사업
② 보건복지부장관은 감독상 필요한 경우에는 정관이나 규정의 변경 또는 그 밖에 <u>필요한 처분을 명할 수 있다.</u>

6. 제105조를 위반한 자

더 알아보기

유사명칭의 사용금지(법 제105조)
① 공단이나 심사평가원이 아닌 자는 국민건강보험공단, 건강보험심사평가원 또는 이와 <u>유사한 명칭을 사용하지</u> <u>못한다.</u>
② 국민건강보험법으로 정하는 건강보험사업을 수행하는 자가 아닌 자는 보험계약 또는 보험계약의 명칭에 <u>국민</u> <u>건강보험이라는 용어를 사용하지 못한다.</u>

⑤ 제3항 및 제4항에 따른 과태료는 대통령령으로 정하는 바에 따라 보건복지부장관이 부과·징수한다.

02 | 노인장기요양보험법

※ 수록 기준 : 법제처 법률 제20213호(시행 2025.2.7.)

01 총칙

1. 목적 및 정의

(1) 목적(제1조)

노인장기요양보험법은 고령이나 노인성 질병 등의 사유로 **일상생활을 혼자서 수행하기 어려운 노인 등**에게 제공하는 **신체활동** 또는 **가사활동 지원** 등의 장기요양급여에 관한 사항을 규정하여 노후의 **건강증진** 및 **생활안정**을 도모하고 그 가족의 부담을 덜어줌으로써 국민의 삶의 질을 향상하도록 함을 목적으로 한다.

(2) 정의(제2조)

1. **노인 등** : 65세 이상의 노인 또는 65세 미만의 자로서 치매·뇌혈관성질환 등 **대통령령**으로 정하는 노인성 질병을 가진 자
2. **장기요양급여** : 6개월 이상 동안 혼자서 일상생활을 수행하기 어렵다고 인정되는 자에게 **신체활동·가사활동의 지원** 또는 간병 등의 서비스나 이에 갈음하여 지급하는 **현금** 등
3. **장기요양사업** : 장기요양보험료, 국가 및 지방자치단체의 부담금 등을 재원으로 하여 노인 등에게 **장기요양급여를 제공하는 사업**
4. **장기요양기관** : 장기요양기관의 지정을 받은 기관으로서 **장기요양급여를 제공하는 기관**
5. **장기요양요원** : 장기요양기관에 소속되어 노인 등의 신체활동 또는 가사활동 지원 등의 **업무를 수행하는 자**

2. 장기요양급여 제공과 국가 및 지방자치단체의 책무

(1) 장기요양급여 제공의 기본원칙(제3조)

① **노인 등의 자립 도모** : 장기요양급여는 노인 등이 자신의 의사와 능력에 따라 **최대한 자립적으로** 일상생활을 수행할 수 있도록 제공하여야 한다.

② **고려 사항** : 장기요양급여는 노인 등의 **심신상태·생활환경**과 노인 등 및 그 가족의 **욕구·선택**을 종합적으로 고려하여 필요한 범위 안에서 이를 적정하게 제공하여야 한다.

③ **재가급여의 제공 우선** : 장기요양급여는 노인 등이 가족과 함께 생활하면서 가정에서 장기요양을 받는 **재가급여를 우선적으로 제공**하여야 한다.

④ **의료서비스와의 연계** : 장기요양급여는 노인 등의 심신상태나 건강 등이 악화되지 아니하도록 **의료서비스와 연계**하여 이를 제공하여야 한다.

(2) 국가 및 지방자치단체의 책무 등(제4조)

① 노인성질환예방사업의 실시 : 국가 및 지방자치단체는 노인이 일상생활을 혼자서 수행할 수 있는 온전한 심신상태를 유지하는 데 필요한 사업("노인성질환예방사업")을 실시하여야 한다.

② 비용의 지원 : 국가는 노인성질환예방사업을 수행하는 지방자치단체 또는 국민건강보험법에 따른 국민건강보험공단("공단")에 대하여 이에 소요되는 비용을 지원할 수 있다.

③ 장기요양기관의 확충·지원 : 국가 및 지방자치단체는 노인인구 및 지역특성 등을 고려하여 장기요 양급여가 원활하게 제공될 수 있도록 적정한 수의 장기요양기관을 확충하고 장기요양기관의 설립을 지원하여야 한다.

④ 공단에 대한 지원 : 국가 및 지방자치단체는 장기요양급여가 원활히 제공될 수 있도록 공단에 필요 한 행정적 또는 재정적 지원을 할 수 있다.

⑤ 장기요양요원에 대한 지원 : 국가 및 지방자치단체는 장기요양요원의 처우를 개선하고 복지를 증진 하며 지위를 향상시키기 위하여 적극적으로 노력하여야 한다.

⑥ 국가 및 지방자치단체는 지역의 특성에 맞는 장기요양사업의 표준을 개발·보급할 수 있다.

(3) 장기요양급여에 관한 국가정책방향(제5조)

국가는 장기요양기본계획을 수립·시행함에 있어서 노인뿐만 아니라 장애인 등 일상생활을 혼자서 수 행하기 어려운 모든 국민이 장기요양급여, 신체활동지원서비스 등을 제공받을 수 있도록 노력하고 나아 가 이들의 생활안정과 자립을 지원할 수 있는 시책을 강구하여야 한다.

3. 장기요양기본계획 및 실태조사

(1) 장기요양기본계획(제6조)

① 장기요양기본계획의 실시 : 보건복지부장관은 노인 등에 대한 장기요양급여를 원활하게 제공하기 위하여 5년 단위로 다음 각 호의 사항이 포함된 장기요양기본계획을 수립·시행하여야 한다.
  1. 연도별 장기요양급여 대상인원 및 재원조달 계획
  2. 연도별 장기요양기관 및 장기요양전문인력 관리 방안
  3. 장기요양요원의 처우에 관한 사항
  4. 그 밖에 노인 등의 장기요양에 관한 사항으로서 대통령령으로 정하는 사항

② 지방자치단체의 장은 장기요양기본계획에 따라 세부시행계획을 수립·시행하여야 한다.

(2) 실태조사(제6조의2)

① 실태조사 실시 주기 : 보건복지부장관은 장기요양사업의 실태를 파악하기 위하여 3년마다 다음 각 호의 사항에 관한 조사를 정기적으로 실시하고 그 결과를 공표하여야 한다.
  1. 장기요양인정에 관한 사항
  2. 장기요양등급판정위원회("등급판정위원회")의 판정에 따라 장기요양급여를 받을 사람("수급자") 의 규모, 그 급여의 수준 및 만족도에 관한 사항
  3. 장기요양기관에 관한 사항
  4. 장기요양요원의 근로조건, 처우 및 규모에 관한 사항
  5. 그 밖에 장기요양사업에 관한사항으로서 보건복지부령으로 정하는 사항

② 실태조사의 방법과 내용 등에 필요한 사항은 보건복지부령으로 정한다.

1. 장기요양보험료

(1) 장기요양보험(제7조)

① 관장 주체 : 장기요양보험사업은 보건복지부장관이 관장한다.

② 보험자 : 장기요양보험사업의 보험자는 국민건강보험공단으로 한다.

③ 장기요양보험가입자의 범위 : 장기요양보험의 가입자("장기요양보험가입자")는 국민건강보험법에 따른 가입자(건강보험의 가입자, 피부양자, 외국인 등에 대한 특례에 따라 가입자가 된 국내체류 외국인 등)로 한다.

> **더 알아보기**
>
> 적용 대상 등(국민건강보험법 제5조)
> ① 국내에 거주하는 국민은 건강보험의 가입자("가입자") 또는 피부양자가 된다. 다만, 다음 각 호의 어느 하나에 해당하는 사람은 제외한다.
> 　1. 의료급여법에 따라 의료급여를 받는 사람("수급권자")
> 　2. 독립유공자예우에 관한 법률 및 국가유공자 등 예우 및 지원에 관한 법률에 따라 의료보호를 받는 사람("유공자 등 의료보호대상자"). 다만, 다음 각 목의 어느 하나에 해당하는 사람은 가입자 또는 피부양자가 된다.
> 　　가. 유공자 등 의료보호대상자 중 건강보험의 적용을 보험자에게 신청한 사람
> 　　나. 건강보험을 적용받고 있던 사람이 유공자 등 의료보호대상자로 되었으나 건강보험의 적용배제신청을 보험자에게 하지 아니한 사람
> ② 제1항의 피부양자는 다음 각 호의 어느 하나에 해당하는 사람 중 직장가입자에게 주로 생계를 의존하는 사람으로서 소득 및 재산이 보건복지부령으로 정하는 기준 이하에 해당하는 사람을 말한다.
> 　1. 직장가입자의 배우자
> 　2. 직장가입자의 직계존속(배우자의 직계존속을 포함한다)
> 　3. 직장가입자의 직계비속(배우자의 직계비속을 포함한다)과 그 배우자
> 　4. 직장가입자의 형제 · 자매

④ 장기요양보험가입자의 제외 : 공단은 제3항에도 불구하고 외국인근로자의 고용 등에 관한 법률에 따른 외국인근로자 등 대통령령으로 정하는 외국인이 신청하는 경우 보건복지부령으로 정하는 바에 따라 장기요양보험가입자에서 제외할 수 있다.

> **더 알아보기**
>
> 외국인근로자의 정의(외국인근로자의 고용 등에 대한 법률 제2조)
> 이 법에서 "외국인근로자"란 대한민국의 국적을 가지지 아니한 사람으로서 국내에 소재하고 있는 사업 또는 사업장에서 임금을 목적으로 근로를 제공하고 있거나 제공하려는 사람을 말한다. 다만, 출입국관리법 따라 취업활동을 할 수 있는 체류자격을 받은 외국인 중 취업분야 또는 체류기간 등을 고려하여 대통령령으로 정하는 사람은 제외한다.
>
> 외국인 고용의 제한(출입국관리법 제18조 제1항)
> 외국인이 대한민국에서 취업하려면 대통령령으로 정하는 바에 따라 취업활동을 할 수 있는 체류자격을 받아야 한다.

PART 3

(2) 장기요양보험료의 징수(제8조)

① 징수 목적 : 공단은 장기요양사업에 사용되는 비용에 충당하기 위하여 장기요양보험료를 징수한다.

② 통합 징수 : 장기요양보험료는 국민건강보험법에 따른 보험료("건강보험료")와 통합하여 징수한다. 이 경우 공단은 장기요양보험료와 건강보험료를 구분하여 고지하여야 한다.

> **더 알아보기**
>
> 보험료(국민건강보험법 제69조 제1항부터 제3항)
> ① 공단은 건강보험사업에 드는 비용에 충당하기 위하여 보험료의 납부의무자로부터 보험료를 징수한다.
> ② 보험료는 가입자의 자격을 취득한 날이 속하는 달의 다음 달부터 가입자의 자격을 잃은 날의 전날이 속하는 달까지 징수한다. 다만, 가입자의 자격을 매월 1일에 취득한 경우 또는 제5조(적용 대상 등) 제1항 제2호 가목(유공자 등 의료보호대상자 중 건강보험의 적용을 보험자에게 신청한 사람)에 따른 건강보험 적용 신청으로 가입자의 자격을 취득하는 경우에는 그 달부터 징수한다.
> ③ 보험료를 징수할 때 가입자의 자격이 변동된 경우에는 변동된 날이 속하는 달의 보험료는 변동되기 전의 자격을 기준으로 징수한다. 다만, 가입자의 자격이 매월 1일에 변동된 경우에는 변동된 자격을 기준으로 징수한다.

③ 보험료의 관리 : 공단은 통합 징수한 장기요양보험료와 건강보험료를 각각의 독립회계로 관리하여 야 한다.

(3) 장기요양보험료의 산정(제9조)

① 금액 산정 기준 : 장기요양보험료는 국민건강보험법 제69조(보험료) 제4항·제5항 및 제109조(외국 인 등에 대한 특례) 제9항 단서에 따라 산정한 보험료액에서 같은 법 제74조(보험료의 면제) 또는 제75조(보험료의 경감 등)에 따라 경감 또는 면제되는 비용을 공제한 금액에 같은 법 제73조(보험료 율) 제1항에 따른 건강보험료율 대비 장기요양보험료율의 비율을 곱하여 산정한 금액으로 한다.

> **더 알아보기**
>
> 보험료(국민건강보험법 제69조 제4항·제5항)
> ④ 직장가입자의 월별 보험료액은 다음 각 호에 따라 산정한 금액으로 한다.
> 　1. 보수월액보험료 : 보수월액에 보험료율을 곱하여 얻은 금액
> 　2. 보수 외 소득월액보험료 : 보수 외 소득월액에 보험료율을 곱하여 얻은 금액
> ⑤ 지역가입자의 월별 보험료액은 다음 각 호의 구분에 따라 산정한 금액을 합산한 금액으로 한다. 이 경우 보험료액은 세대 단위로 산정한다.
> 　1. 소득 : 소득월액에 보험료율을 곱하여 얻은 금액
> 　2. 재산 : 재산보험료부과점수에 재산보험료부과점수당 금액을 곱하여 얻은 금액
>
> 외국인 등에 대한 특례(국민건강보험법 제109조 제9항 단서)
> 대통령령으로 정하는 국내체류 외국인 등의 보험료 부과·징수에 관한 사항은 그 특성을 고려하여 보건복지부장관이 다르게 정하여 고시할 수 있다.
>
> 보험료의 면제(국민건강보험법 제74조)
> ① 공단은 직장가입자가 제54조 제2호부터 제4호까지의 어느 하나에 해당하는 경우(같은 조 제2호에 해당하는 경우에 는 1개월 이상의 기간으로서 대통령령으로 정하는 기간 이상 국외에 체류하는 경우에 한정한다. 이하 이 조에서 같다) 그 가입자의 보험료를 면제한다. 다만, 제54조 제2호에 해당하는 직장가입자의 경우에는 국내에 거주하는 피부양자가 없을 때에만 보험료를 면제한다.
> ② 지역가입자가 제54조 제2호부터 제4호까지의 어느 하나에 해당하면 그 가입자가 속한 세대의 보험료를 산정할 때 그 가입자의 소득월액에 따른 재산보험료부과점수를 제외한다.

③ 보험료의 면제나 보험료의 산정에서 제외되는 보험료부과점수에 대하여는 제54조 제2호부터 제4호까지의 어느 하나에 해당하는 급여정지 사유가 생긴 날이 속하는 달의 다음 달부터 사유가 없어진 날이 속하는 달까지 적용한다. 다만, 다음 각 호의 어느 하나에 해당하는 경우에는 그 달의 보험료를 면제하지 아니하거나 보험료의 산정에서 소득월액 및 재산보험료부과점수를 제외하지 아니한다.
  1. 급여정지 사유가 매월 1일에 없어진 경우
  2. 제54조 제2호에 해당하는 가입자 또는 그 피부양자가 국내에 입국하여 입국일이 속하는 달에 보험급여를 받고 그 달에 출국하는 경우

보험료의 경감 등(국민건강보험법 제75조 제1항부터 제2항)
① 다음 각 호의 어느 하나에 해당하는 가입자 중 보건복지부령으로 정하는 가입자에 대하여는 그 가입자 또는 그 가입자가 속한 세대의 보험료의 일부를 경감할 수 있다.
  1. 섬, 벽지, 농어촌 등 대통령령으로 정하는 지역에 거주하는 사람
  2. 65세 이상인 사람
  3. 장애인복지법에 따라 등록한 장애인
  4. 국가유공자 등 예우 및 지원에 관한 법률 제4조 제1항 제4호, 제6호, 제12호, 제15호 및 제17호에 따른 국가유공자
  5. 휴직자
  6. 그 밖에 생활이 어렵거나 천재지변 등의 사유로 보험료를 경감할 필요가 있다고 보건복지부장관이 정하여 고시하는 사람
② 보험료 납부의무자가 다음 각 호의 어느 하나에 해당하는 경우에는 대통령령으로 정하는 바에 따라 보험료를 감액하는 등 재산상의 이익을 제공할 수 있다.
  1. 보험료의 납입 고지 또는 독촉을 전자문서로 받는 경우
  2. 보험료를 계좌 또는 신용카드 자동이체의 방법으로 내는 경우

보험료율 등(국민건강보험법 제73조 제1항)
① 직장가입자의 보험료율은 1,000분의 80의 범위에서 심의위원회의 의결을 거쳐 대통령령으로 정한다.

② 장기요양보험료율은 장기요양위원회의 심의를 거쳐 대통령령으로 정한다.
③ 장기요양보험의 특성을 고려하여 국민건강보험법에 따라 경감 또는 면제되는 비용을 달리 적용할 필요가 있는 경우에는 대통령령으로 정하는 바에 따라 경감 또는 면제되는 비용의 공제 수준을 달리 정할 수 있다.

2. 장기요양보험료의 감면 및 자격 등에 관한 준용

(1) 장애인 등에 대한 장기요양보험료의 감면(제10조)

공단은 장애인복지법에 따른 장애인 또는 이와 유사한 자로서 대통령령으로 정하는 자가 장기요양보험 가입자 또는 그 피부양자인 경우 수급자로 결정되지 못한 때 대통령령으로 정하는 바에 따라 장기요양보험료의 전부 또는 일부를 감면할 수 있다.

더 알아보기

장애인의 정의 등(장애인복지법 제2조)
① "장애인"이란 신체적·정신적 장애로 오랫동안 일상생활이나 사회생활에서 상당한 제약을 받는 자를 말한다.
② 이 법을 적용받는 장애인은 제1항에 따른 장애인 중 다음 각 호의 어느 하나에 해당하는 장애가 있는 자로서 대통령령으로 정하는 장애의 종류 및 기준에 해당하는 자를 말한다.
  1. "신체적 장애"란 주요 외부 신체 기능의 장애, 내부기관의 장애 등을 말한다.
  2. "정신적 장애"란 발달장애 또는 정신 질환으로 발생하는 장애를 말한다.

(2) 장기요양보험가입 자격 등에 관한 준용(제11조)

국민건강보험법 제5조(적용 대상 등), 제6조(가입자의 종류), 제8조(자격의 취득 시기 등)부터 제11조(자격취득 등의 확인)까지, 제69조(보험료) 제1항부터 제3항까지, 제76조(보험료의 부담)부터 제86조(보험료 등의 충당과 환급)까지, 제109조(외국인 등에 대한 특례) 제1항부터 제9항까지 및 제110조(실업자에 대한 특례)는 장기요양보험가입자·피부양자의 자격취득·상실, 장기요양보험료 등의 납부·징수 및 결손처분 등에 관하여 이를 준용한다. 이 경우 "보험료"는 "장기요양보험료"로, "건강보험"은 "장기요양보험"으로, "가입자"는 "장기요양보험가입자"로 본다.

---

03 장기요양인정

1. 장기요양인정의 신청

(1) 장기요양인정의 신청자격(제12조)

장기요양인정을 신청할 수 있는 자는 노인 등으로서 다음 각 호의 어느 하나에 해당하는 자격을 갖추어야 한다.
1. 장기요양보험가입자 또는 그 피부양자
2. 의료급여법에 따른 수급권자("의료급여수급권자")

더 알아보기

수급권자(의료급여법 제3조 제1항)
이 법에 따른 수급권자는 다음 각 호와 같다.
1. 국민기초생활 보장법에 따른 의료급여수급자
2. 재해구호법에 따른 이재민으로서 보건복지부장관이 의료급여가 필요하다고 인정한 사람
3. 의사상자 등 예우 및 지원에 관한 법률에 따라 의료급여를 받는 사람
4. 입양특례법에 따라 국내에 입양된 18세 미만의 아동
5. 독립유공자예우에 관한 법률, 국가유공자 등 예우 및 지원에 관한 법률 및 보훈보상대상자 지원에 관한 법률의 적용을 받고 있는 사람과 그 가족으로서 국가보훈부장관이 의료급여가 필요하다고 추천한 사람 중에서 보건복지부장관이 의료급여가 필요하다고 인정한 사람
6. 무형문화재 보전 및 진흥에 관한 법률에 따라 지정된 국가무형문화재의 보유자(명예보유자를 포함한다)와 그 가족으로서 문화재청장이 의료급여가 필요하다고 추천한 사람 중에서 보건복지부장관이 의료급여가 필요하다고 인정한 사람
7. 북한이탈주민의 보호 및 정착지원에 관한 법률의 적용을 받고 있는 사람과 그 가족으로서 보건복지부장관이 의료급여가 필요하다고 인정한 사람
8. 5·18민주화운동 관련자 보상 등에 관한 법률에 따라 보상금 등을 받은 사람과 그 가족으로서 보건복지부장관이 의료급여가 필요하다고 인정한 사람
9. 노숙인 등의 복지 및 자립지원에 관한 법률에 따른 노숙인 등으로서 보건복지부장관이 의료급여가 필요하다고 인정한 사람
10. 그 밖에 생활유지 능력이 없거나 생활이 어려운 사람으로서 대통령령으로 정하는 사람

(2) 장기요양인정의 신청(제13조)

① 서류 제출 : 장기요양인정을 신청하는 자("신청인")는 공단에 보건복지부령으로 정하는 바에 따라 장기요양인정신청서("신청서")에 의사 또는 한의사가 발급하는 소견서("의사소견서")를 첨부하여 제출하여야 한다. 다만, 의사소견서는 공단이 등급판정위원회에 자료를 제출하기 전까지 제출할 수 있다.

② 서류 제출 면제 : 제1항에도 불구하고 거동이 현저하게 불편하거나 도서·벽지 지역에 거주하여 의료기관을 방문하기 어려운 자 등 대통령령으로 정하는 자는 의사소견서를 제출하지 아니할 수 있다.

③ 의사소견서의 발급비용·비용부담방법·발급자의 범위, 그 밖에 필요한 사항은 보건복지부령으로 정한다.

(3) 장기요양인정 신청의 조사(제14조)

① 조사 내용 : 공단은 신청서를 접수한 때 보건복지부령으로 정하는 바에 따라 소속 직원으로 하여금 다음 각 호의 사항을 조사하게 하여야 한다. 다만, 지리적 사정 등으로 직접 조사하기 어려운 경우 또는 조사에 필요하다고 인정하는 경우 특별자치시·특별자치도·시·군·구(자치구를 말한다. 이하 같다)에 대하여 조사를 의뢰하거나 공동으로 조사할 것을 요청할 수 있다.
1. 신청인의 심신상태
2. 신청인에게 필요한 장기요양급여의 종류 및 내용
3. 그 밖에 장기요양에 관하여 필요한 사항으로서 보건복지부령으로 정하는 사항

② 공단은 제1항 각 호의 사항을 조사하는 경우 2명 이상의 소속 직원이 조사할 수 있도록 노력하여야 한다.

③ 조사를 하는 자는 조사일시, 장소 및 조사를 담당하는 자의 인적사항 등을 미리 신청인에게 통보하여야 한다.

④ 공단 또는 조사를 의뢰받은 특별자치시·특별자치도·시·군·구는 조사를 완료한 때 조사결과서를 작성하여야 한다. 조사를 의뢰받은 특별자치시·특별자치도·시·군·구는 지체 없이 공단에 조사결과서를 송부하여야 한다.

2. 장기요양등급판정

(1) 등급판정 등(제15조)

① 자료의 제출 : 공단은 장기요양인정 신청의 조사가 완료된 때 조사결과서, 신청서, 의사소견서, 그 밖에 심의에 필요한 자료를 등급판정위원회에 제출하여야 한다.

② 수급자 판정 기준 : 등급판정위원회는 신청인이 신청자격요건을 충족하고 6개월 이상 동안 혼자서 일상생활을 수행하기 어렵다고 인정하는 경우 심신상태 및 장기요양이 필요한 정도 등 대통령령으로 정하는 등급판정기준에 따라 수급자로 판정한다.

③ 의견 청취 : 등급판정위원회는 심의·판정을 하는 때 신청인과 그 가족, 의사소견서를 발급한 의사 등 관계인의 의견을 들을 수 있다.

④ 조사 결과의 제출 : 공단은 장기요양급여를 받고 있거나 받을 수 있는 자가 다음 각 호의 어느 하나에 해당하는 것으로 의심되는 경우에는 신청인의 심신상태, 신청인에게 필요한 장기요양급여의 종류 및 내용, 그 밖에 장기요양에 관하여 필요한 사항으로서 보건복지부령으로 정하는 사항 등을 조사하여 그 결과를 등급판정위원회에 제출하여야 한다.

1. 거짓이나 그 밖의 부정한 방법으로 장기요양인정을 받은 경우

2. 고의로 사고를 발생하도록 하거나 본인의 위법행위에 기인하여 장기요양인정을 받은 경우

⑤ 등급판정위원회는 제4항에 따라 제출된 조사 결과를 토대로 제2항에 따라 다시 수급자 등급을 조정하고 수급자 여부를 판정할 수 있다.

(2) 장기요양등급판정기간(제16조)

① 판정 완료 기간 : 등급판정위원회는 신청인이 **신청서를 제출한 날부터 30일 이내**에 장기요양등급판정을 완료하여야 한다. 다만, 신청인에 대한 정밀조사가 필요한 경우 등 기간 이내에 등급판정을 완료할 수 없는 부득이한 사유가 있는 경우 30일 이내의 범위에서 이를 연장할 수 있다.

② 통보 사항 : 공단은 등급판정위원회가 장기요양인정심의 및 등급판정기간을 연장하고자 하는 경우 신청인 및 대리인에게 그 내용·사유 및 기간을 통보하여야 한다.

3. 장기요양인정서

(1) 장기요양인정서(제17조)

① 장기요양인정서의 작성·송부 : 공단은 등급판정위원회가 장기요양인정 및 등급판정의 심의를 완료한 경우 지체 없이 다음 각 호의 사항이 포함된 장기요양인정서를 작성하여 수급자에게 송부하여야 한다.

1. 장기요양등급

2. 장기요양급여의 종류 및 내용

3. 그 밖에 장기요양급여에 관한 사항으로서 **보건복지부령**으로 정하는 사항

② 신청인에 대한 통보 : 공단은 등급판정위원회가 장기요양인정 및 등급판정의 심의를 완료한 경우 **수급자로 판정받지 못한 신청인에게 그 내용 및 사유를 통보**하여야 한다. 이 경우 특별자치시장·특별자치도지사·시장·군수·구청장(자치구의 구청장을 말한다. 이하 같다)은 공단에 대하여 이를 통보하도록 요청할 수 있고, 요청을 받은 공단은 이에 응하여야 한다.

③ 개인별장기요양이용계획서의 작성·송부 : 공단은 제1항에 따라 장기요양인정서를 송부하는 때 장기요양급여를 원활히 이용할 수 있도록 제28조에 따른 **월 한도액 범위 안에서 개인별장기요양이용계획서를 작성**하여 이를 함께 송부하여야 한다.

④ 제1항 및 제3항에 따른 장기요양인정서 및 개인별장기요양이용계획서의 작성방법에 관하여 필요한 사항은 보건복지부령으로 정한다.

(2) 장기요양인정서를 작성할 경우 고려사항(제18조)

공단은 장기요양인정서를 작성할 경우 **장기요양급여의 종류 및 내용을 정하는 때** 다음 각 호의 사항을 고려하여 정하여야 한다.

1. 수급자의 **장기요양등급 및 생활환경**

2. 수급자와 그 가족의 **욕구 및 선택**

3. 시설급여를 제공하는 경우 장기요양기관이 운영하는 **시설 현황**

(3) 장기요양인정의 유효기간(제19조)

① 최소 유효기간 : 장기요양인정의 유효기간은 최소 1년 이상으로서 대통령령으로 정한다.
② 유효기간의 산정방법과 그 밖에 필요한 사항은 보건복지부령으로 정한다.

(4) 장기요양인정의 갱신(제20조)

① 갱신신청 : 수급자는 장기요양인정의 유효기간이 만료된 후 장기요양급여를 계속하여 받고자 하는 경우 공단에 장기요양인정의 갱신을 신청하여야 한다.
② 신청 기한 : 장기요양인정의 갱신 신청은 유효기간이 만료되기 전 30일까지 이를 완료하여야 한다.
③ 제12조부터 제19조까지의 규정은 장기요양인정의 갱신절차에 관하여 준용한다.

4. 장기요양등급의 변경 및 대리

(1) 장기요양등급 등의 변경(제21조)

① 변경 신청 : 장기요양급여를 받고 있는 수급자는 장기요양등급, 장기요양급여의 종류 또는 내용을 변경하여 장기요양급여를 받고자 하는 경우 공단에 변경 신청을 하여야 한다.
② 제12조부터 제19조까지의 규정은 장기요양등급의 변경절차에 관하여 준용한다.

(2) 장기요양인정 신청 등에 대한 대리(제22조)

① 대리신청의 기준 : 장기요양급여를 받고자 하는 자 또는 수급자가 신체적·정신적인 사유로 노인장기요양보험법에 따른 장기요양인정의 신청, 장기요양인정의 갱신신청 또는 장기요양등급의 변경신청 등을 직접 수행할 수 없을 때 본인의 가족이나 친족, 그 밖의 이해관계인은 이를 대리할 수 있다.
② 장기요양인정신청의 대리 : 다음 각 호의 어느 하나에 해당하는 사람은 관할 지역 안에 거주하는 사람 중 장기요양급여를 받고자 하는 사람 또는 수급자가 장기요양인정신청 등을 직접 수행할 수 없을 때 본인 또는 가족의 동의를 받아 그 신청을 대리할 수 있다.
1. 사회보장급여의 이용·제공 및 수급권자 발굴에 관한 법률에 따른 사회복지전담공무원

> **더 알아보기**
>
> 사회복지전담공무원(사회보장급여의 이용·제공 및 수급권자 발굴에 관한 법률 제43조 제1항부터 제3항)
> ① 사회복지사업에 대한 업무를 담당하게 하기 위하여 시·도, 시·군·구, 읍·면·동 또는 사회보장사무 전담 기구에 사회복지전담공무원을 둘 수 있다.
> ② 사회복지전담공무원은 사회복지사업법에 따른 사회복지사의 자격을 가진 사람으로 하며, 그 임용 등에 필요한 사항은 대통령령으로 정한다.
> ③ 사회복지전담공무원은 사회보장급여에 대한 업무 중 취약계층에 대한 상담과 지도, 생활실태의 조사 등 보건복지부령으로 정하는 사회복지에 대한 전문적 업무를 담당한다.

2. 치매관리법에 따른 **치매안심센터의 장**(장기요양급여를 받고자 하는 사람 또는 수급자가 같은 법에 따른 치매환자인 경우로 한정한다)

더 알아보기

치매안심센터의 설치(치매관리법 제17조 제1항)
<u>시·군·구의 관할 보건소에</u> 치매예방과 치매환자 및 그 가족에 대한 종합적인 지원을 위하여 <u>치매안심센터를 설치</u>한다.

치매환자의 정의(치매관리법 제2조 제2호)
"치매환자"란 치매로 인한 임상적 특징이 나타나는 사람으로서 의사 또는 한의사로부터 <u>치매로 진단받은 사람을</u> 말한다.

③ 장기요양급여를 받고자 하는 자 또는 수급자가 장기요양인정신청 등을 할 수 없는 경우 **특별자치시장·특별자치도지사·시장·군수·구청장이 지정하는 자**는 이를 대리할 수 있다.
④ 장기요양인정신청 등의 방법 및 절차 등에 관하여 필요한 사항은 **보건복지부령**으로 정한다.

---

04 장기요양급여의 종류

1. 장기요양급여의 종류

(1) 장기요양급여의 종류(제23조)

① 노인장기요양보험법에 따른 장기요양급여의 종류

1. 재가급여

가. 방문요양 : 장기요양요원이 수급자의 가정 등을 방문하여 신체활동 및 가사활동 등을 지원하는 장기요양급여

나. 방문목욕 : 장기요양요원이 목욕설비를 갖춘 장비를 이용하여 수급자의 가정 등을 방문하여 목욕을 제공하는 장기요양급여

다. 방문간호 : 장기요양요원인 간호사 등이 의사, 한의사 또는 치과의사의 지시서("방문간호지시서")에 따라 수급자의 가정 등을 방문하여 간호, 진료의 보조, 요양에 관한 상담 또는 구강위생 등을 제공하는 장기요양급여

라. 주·야간보호 : 수급자를 하루 중 일정한 시간 동안 장기요양기관에 보호하여 신체활동 지원 및 심신기능의 유지·향상을 위한 교육·훈련 등을 제공하는 장기요양급여

마. 단기보호 : 수급자를 보건복지부령으로 정하는 범위 안에서 일정 기간 동안 장기요양기관에 보호하여 신체활동 지원 및 심신기능의 유지·향상을 위한 교육·훈련 등을 제공하는 장기요양급여

바. 기타재가급여 : 수급자의 일상생활·신체활동 지원 및 인지기능의 유지·향상에 필요한 용구를 제공하거나 가정을 방문하여 재활에 관한 지원 등을 제공하는 장기요양급여로서 대통령령으로 정하는 것

    2. 시설급여 : 장기요양기관에 장기간 입소한 수급자에게 신체활동 지원 및 심신기능의 유지·향상을 위한 교육·훈련 등을 제공하는 장기요양급여

    3. 특별현금급여
        가. 가족요양비 : 제24조(가족요양비)에 따라 지급하는 **가족장기요양급여**
        나. 특례요양비 : 제25조(특례요양비)에 따라 지급하는 **특례장기요양급여**
        다. 요양병원간병비 : 제26조(요양병원간병비)에 따라 지급하는 **요양병원장기요양급여**

② 장기요양급여를 제공할 수 있는 장기요양기관의 종류 및 기준과 장기요양급여 종류별 장기요양요원의 범위·업무·보수교육 등에 관하여 필요한 사항은 **대통령령**으로 정한다.

③ 장기요양기관은 제1항 제1호 가목에서 마목까지의 재가급여 전부 또는 일부를 통합하여 제공하는 서비스(**"통합재가서비스"**)를 제공할 수 있다.

④ 제3항에 따라 통합재가서비스를 제공하는 장기요양기관은 보건복지부령으로 정하는 인력, 시설, 운영 등의 기준을 준수하여야 한다.

⑤ 장기요양급여의 제공 기준·절차·방법·범위, 그 밖에 필요한 사항은 **보건복지부령**으로 정한다.

2. 요양비 및 간병비

(1) 가족요양비(제24조)

① 지급 기준 : 공단은 다음 각 호의 어느 하나에 해당하는 수급자가 가족 등으로부터 방문요양에 상당한 장기요양급여를 받은 때 대통령령으로 정하는 기준에 따라 해당 수급자에게 가족요양비를 지급할 수 있다.

    1. 도서·벽지 등 장기요양기관이 현저히 부족한 지역으로서 보건복지부장관이 정하여 고시하는 지역에 거주하는 자

    2. 천재지변이나 그 밖에 이와 유사한 사유로 인하여 장기요양기관이 제공하는 장기요양급여를 이용하기가 어렵다고 보건복지부장관이 인정하는 자

    3. 신체·정신 또는 성격 등 대통령령으로 정하는 사유로 인하여 가족 등으로부터 장기요양을 받아야 하는 자

② 가족요양비의 지급절차와 그 밖에 필요한 사항은 **보건복지부령**으로 정한다.

(2) 특례요양비(제25조)

① 지급 기준 : 공단은 수급자가 장기요양기관이 아닌 노인요양시설 등의 기관 또는 시설에서 재가급여 또는 시설급여에 상당한 장기요양급여를 받은 경우 대통령령으로 정하는 기준에 따라 해당 장기요양급여비용의 일부를 해당 수급자에게 특례요양비로 지급할 수 있다.

② 장기요양급여가 인정되는 기관 또는 시설의 범위, 특례요양비의 지급절차, 그 밖에 필요한 사항은 보건복지부령으로 정한다.

(3) 요양병원간병비(제26조)

① 지급 기준 : 공단은 수급자가 의료법에 따른 **요양병원에 입원한 때** 대통령령으로 정하는 기준에 따라 장기요양에 사용되는 비용의 일부를 요양병원간병비로 지급할 수 있다.

요양병원(의료법 제3조 제2항 제3호 라목 및 제3조의2)

장애인복지법에 따른 <u>의료재활시설</u>(장애인을 입원 또는 통원하게 하여 상담, 진단・판정, 치료 등 의료재활서비스를 제공하는 <u>장애인 의료재활시설</u>)로서 병원・치과병원・한방병원 및 요양병원("병원 등")은 30개 이상의 병상(병원・한방병원만 해당한다) 또는 요양병상(요양병원만 해당하며, 장기입원이 필요한 환자를 대상으로 의료행위를 하기 위하여 설치한 병상을 말한다)을 갖춘 의료기관을 포함한다.

② 요양병원간병비의 지급절차와 그 밖에 필요한 사항은 **보건복지부령**으로 정한다.

05 장기요양급여의 제공

1. 장기요양급여의 제공 및 특별현금급여수급계좌

(1) 장기요양급여의 제공(제27조)

① 수급자는 제17조 제1항에 따른 장기요양인정서와 같은 조 제3항에 따른 개인별장기요양이용계획서가 도달한 날부터 장기요양급여를 받을 수 있다.

② 수급자는 돌볼 가족이 없는 경우 등 대통령령으로 정하는 사유가 있는 경우 신청서를 제출한 날부터 장기요양인정서가 도달되는 날까지의 기간 중에도 장기요양급여를 받을 수 있다.

③ 수급자는 장기요양급여를 받으려면 장기요양기관에 장기요양인정서와 개인별장기요양이용계획서를 제시하여야 한다. 다만, 수급자가 장기요양인정서 및 개인별장기요양이용계획서를 제시하지 못하는 경우 장기요양기관은 공단에 전화나 인터넷 등을 통하여 그 자격 등을 확인할 수 있다.

④ 장기요양기관은 제3항에 따라 수급자가 제시한 장기요양인정서와 개인별장기요양이용계획서를 바탕으로 장기요양급여 제공 계획서를 작성하고 수급자의 동의를 받아 그 내용을 공단에 **통보**하여야 한다.

⑤ 장기요양급여 인정 범위와 절차, 장기요양급여 제공 계획서 작성 절차에 관한 구체적인 사항 등은 **대통령령**으로 정한다.

(2) 특별현금급여수급계좌(제27조의2)

① 특별현금급여의 지급 : 공단은 특별현금급여를 받는 수급자의 신청이 있는 경우에는 **특별현금급여**를 수급자 명의의 지정된 계좌("**특별현금급여수급계좌**")로 입금하여야 한다. 다만, 정보통신장애나 그 밖에 대통령령으로 정하는 불가피한 사유로 특별현금급여수급계좌로 이체할 수 없을 때에는 현금지급 등 대통령령으로 정하는 바에 따라 특별현금급여를 지급할 수 있다.

② 특별현금급여수급계좌의 관리 : 특별현금급여수급계좌가 개설된 금융기관은 **특별현금급여만이 특별현금급여수급계좌**에 입금되도록 관리하여야 한다.

③ 특별현금급여의 신청방법・절차와 특별현금급여수급계좌의 관리에 필요한 사항은 **대통령령**으로 정한다.

2. 장기요양급여의 월 한도액 및 급여외행위의 제공 금지

(1) 장기요양급여의 월 한도액(제28조)

① 제공 범위 : 장기요양급여는 월 한도액 범위 안에서 제공한다. 이 경우 월 한도액은 장기요양등급 및 장기요양급여의 종류 등을 고려하여 산정한다.

② 월 한도액의 산정기준 및 방법, 그 밖에 필요한 사항은 보건복지부령으로 정한다.

(2) 급여외행위의 제공 금지(제28조의2)

① 급여외행위의 범위 : 수급자 또는 장기요양기관은 장기요양급여를 제공받거나 제공할 경우 다음 각 호의 행위("급여외행위")를 요구하거나 제공하여서는 아니 된다.

　　1. 수급자의 가족만을 위한 행위

　　2. 수급자 또는 그 가족의 생업을 지원하는 행위

　　3. 그 밖에 수급자의 일상생활에 지장이 없는 행위

② 그 밖에 급여외행위의 범위 등에 관한 구체적인 사항은 보건복지부령으로 정한다.

3. 장기요양급여의 제한

(1) 장기요양급여의 제한(제29조)

① 장기요양급여를 제공하지 않는 경우 : 공단은 장기요양급여를 받고 있는 자가 정당한 사유 없이 제15조(등급판정 등) 제4항에 따른 조사나 제60조(자료의 제출 등) 또는 제61조(보고 및 검사)에 따른 요구에 응하지 아니하거나 답변을 거절한 경우 장기요양급여의 전부 또는 일부를 제공하지 아니하게 할 수 있다.

② 장기요양급여의 중단 및 제공 제한 기간 : 공단은 장기요양급여를 받고 있거나 받을 수 있는 자가 장기요양기관이 거짓이나 그 밖의 부정한 방법으로 장기요양급여비용을 받는 데에 가담한 경우 장기요양급여를 중단하거나 1년의 범위에서 장기요양급여의 횟수 또는 제공 기간을 제한할 수 있다.

③ 제2항에 따른 장기요양급여의 중단 및 제한 기준과 그 밖에 필요한 사항은 보건복지부령으로 정한다.

(2) 장기요양급여의 제한 등에 관한 준용(제30조)

국민건강보험법 제53조(급여의 제한) 제1항 제4호, 같은 조 제2항부터 제6항까지 및 제54조(급여의 정지) 및 제109조(외국인 등에 대한 특례) 제10항은 노인장기요양보험법에 따른 보험료 체납자 등에 대한 장기요양급여의 제한 및 장기요양급여의 정지에 관하여 준용한다. 이 경우 "가입자"는 "장기요양보험가입자"로, "보험급여"는 "장기요양급여"로 본다.

1. 장기요양기관의 지정 · 결격사유 · 갱신 및 변경

(1) 장기요양기관의 지정(제31조)

① 지정권자 : 재가급여 또는 시설급여를 제공하는 장기요양기관을 운영하려는 자는 보건복지부령으로 정하는 장기요양에 필요한 시설 및 인력을 갖추어 소재지를 관할 구역으로 하는 **특별자치시장·특별 자치도지사·시장·군수·구청장**으로부터 지정을 받아야 한다.

② 지정 가능한 시설 : 제1항에 따라 장기요양기관으로 지정을 받을 수 있는 시설은 노인복지법 제31조에 따른 **노인복지시설** 중 대통령령으로 정하는 시설(노인의료복지시설 및 재가노인복지시설)로 한다.

③ 검토 사항 : 특별자치시장·특별자치도지사·시장·군수·구청장이 제1항에 따른 지정을 하려는 경우에는 다음 각 호의 사항을 검토하여 장기요양기관을 지정하여야 한다. 이 경우 특별자치시장· 특별자치도지사·시장·군수·구청장은 공단에 관련 **자료의 제출**을 요청하거나 그 의견을 들을 수 있다.

1. 장기요양기관을 운영하려는 자의 **장기요양급여 제공 이력**

2. 장기요양기관을 운영하려는 자 및 그 기관에 종사하려는 자가 노인장기요양보험법, 사회복지사 업법 또는 노인복지법 등 장기요양기관의 운영과 관련된 법에 따라 받은 **행정처분의 내용**

3. 장기요양기관의 **운영 계획**

4. 해당 지역의 노인인구 수, 치매 등 노인성질환 환자 및 장기요양급여 수요 등 **지역 특성**

5. 그 밖에 특별자치시장·특별자치도지사·시장·군수·구청장이 장기요양기관으로 지정하는 데 **필요하다고 인정하여 정하는 사항**

④ 지정 명세의 통보 : 특별자치시장·특별자치도지사·시장·군수·구청장은 장기요양기관을 지정한 때 지체 없이 **지정 명세를 공단에 통보**하여야 한다.

⑤ 방문간호의 관리책임자 : 재가급여를 제공하는 장기요양기관 중 의료기관이 아닌 자가 설치·운영 하는 장기요양기관이 방문간호를 제공하는 경우에는 **방문간호의 관리책임자로서 간호사를 둔다.**

⑥ 장기요양기관의 지정절차와 그 밖에 필요한 사항은 보건복지부령으로 정한다.

(2) 재가장기요양기관의 설치(제32조)

삭제

(3) 결격사유(제32조의2)

다음 각 호의 어느 하나에 해당하는 자는 장기요양기관으로 지정받을 수 없다.

1. 미성년자, 피성년후견인 또는 **피한정후견인**

2. 정신건강증진 및 정신질환자 복지서비스 지원에 관한 법률의 **정신질환자.** 다만, 전문의가 장기요양 기관 설립·운영 업무에 종사하는 것이 적합하다고 인정하는 사람은 그러하지 아니하다.

정신질환자(정신건강증진 및 정신질환자 복지서비스 지원에 관한 법률 제3조 제1호)
"정신질환자"란 망상, 환각, 사고(思考)나 기분의 장애 등으로 인하여 <u>독립적으로 일상생활을 영위하는 데 중대한</u> <u>제약이 있는 사람</u>을 말한다.

3. 마약류 관리에 관한 법률의 마약류에 중독된 사람

마약류(마약류 관리에 대한 법률 제2조 제1호)
"마약류"란 <u>마약·향정신성의약품</u> 및 <u>대마</u>를 말한다.

4. 파산선고를 받고 **복권되지 아니한 사람**
5. 금고 이상의 실형을 선고받고 그 집행이 종료(집행이 종료된 것으로 보는 경우를 포함한다)되거나 집행이 면제된 날부터 5년이 경과되지 아니한 사람
6. 금고 이상의 형의 집행유예를 선고받고 그 유예기간 중에 있는 사람
7. 대표자가 제1호부터 제6호까지의 규정 중 어느 하나에 해당하는 **법인**

(4) 장기요양기관 지정의 유효기간(제32조의3)

장기요양기관 지정의 유효기간은 지정을 받은 날부터 6년으로 한다.

(5) 장기요양기관 지정의 갱신(제32조의4)

① 신청 기한 : 장기요양기관의 장은 지정의 유효기간이 끝난 후에도 계속하여 그 지정을 유지하려는 경우에는 소재지를 관할구역으로 하는 특별자치시장·특별자치도지사·시장·군수·구청장에게 **지정 유효기간이 끝나기 90일 전까지** 지정 갱신을 신청하여야 한다.
② 자료의 제출 요구 및 현장심사 : 지정 갱신 신청을 받은 특별자치시장·특별자치도지사·시장·군수·구청장은 갱신 심사에 필요하다고 판단되는 경우에는 장기요양기관에 **추가자료의 제출을 요구** 하거나 소속 공무원으로 하여금 **현장심사**를 하게 할 수 있다.
③ 지정의 유효 지속 : 지정 갱신이 지정 유효기간 내에 완료되지 못한 경우에는 **심사 결정이 이루어질 때까지 지정이 유효한 것으로 본다.**
④ 심사 결과의 통보 : 특별자치시장·특별자치도지사·시장·군수·구청장은 갱신 심사를 완료한 경우 그 결과를 지체 없이 해당 장기요양기관의 장에게 통보하여야 한다.
⑤ 지정의 갱신 거부 시 준용 : 특별자치시장·특별자치도지사·시장·군수·구청장이 지정의 갱신을 거부하는 경우 그 내용의 통보 및 수급자의 권익을 보호하기 위한 조치에 관하여는 제37조(장기요양기관 지정의 취소 등) 제2항 및 제5항을 준용한다.
⑥ 그 밖에 지역별 장기요양급여의 수요 등 지정 갱신의 기준, 절차 및 방법 등에 필요한 사항은 보건복지부령으로 정한다.

PART 3

(6) 장기요양기관의 시설·인력에 대한 변경(제33조)

① 변경 지정 : 장기요양기관의 장은 시설 및 인력 등 보건복지부령으로 정하는 **중요한 사항을 변경하려는** 경우에는 보건복지부령으로 정하는 바에 따라 특별자치시장·특별자치도지사·시장·군수·구청장의 **변경 지정**을 받아야 한다.

② 변경 신고 : 제1항에 따른 사항 외의 사항을 변경하려는 경우에는 보건복지부령으로 정하는 바에 따라 특별자치시장·특별자치도지사·시장·군수·구청장에게 **변경 신고**를 하여야 한다.

③ 변경 사항의 통보 : 변경지정을 하거나 변경신고를 받은 특별자치시장·특별자치도지사·시장·군수·구청장은 지체 없이 해당 **변경 사항**을 공단에 **통보**하여야 한다.

(7) 폐쇄회로 텔레비전의 설치 등(제33조의2)

① 장기요양기관을 운영하는 자는 노인학대 방지 등 수급자의 안전과 장기요양기관의 보안을 위하여 개인정보 보호법 및 관련 법령에 따른 폐쇄회로 텔레비전("폐쇄회로 텔레비전")을 설치·관리하여야 한다. 다만, 다음 각 호의 어느 하나에 해당하는 경우에는 그러하지 아니하다.

  1. 재가급여(제23조 제1항 제1호)만을 제공하는 경우

  2. 장기요양기관을 운영하는 자가 수급자 전원 또는 그 보호자 전원의 동의를 받아 특별자치시장·특별자치도지사·시장·군수·구청장에게 신고한 경우

  3. 장기요양기관을 설치·운영하는 자가 수급자, 그 보호자 및 장기요양기관 종사자 전원의 동의를 받아 개인정보 보호법 및 관련 법령에 따른 **네트워크 카메라**를 설치한 경우

② 제1항에 따라 폐쇄회로 텔레비전을 설치·관리하는 자는 수급자 및 장기요양기관 종사자 등 정보주체의 권리가 침해되지 아니하도록 다음 각 호의 사항을 준수하여야 한다.

  1. 노인학대 방지 등 수급자의 안전과 장기요양기관의 보안을 위하여 최소한의 영상정보만을 적법하고 정당하게 수집하고, 목적 외의 용도로 활용하지 아니하도록 할 것

  2. 수급자 및 장기요양기관 종사자 등 정보주체의 권리가 침해받을 가능성과 그 위험 정도를 고려하여 영상정보를 안전하게 관리할 것

  3. 수급자 및 장기요양기관 종사자 등 정보주체의 사생활 침해를 최소화하는 방법으로 영상정보를 처리할 것

③ 장기요양기관을 운영하는 자는 폐쇄회로 텔레비전에 기록된 영상정보를 **60일 이상 보관**하여야 한다.

④ 국가 또는 지방자치단체는 제1항에 따른 폐쇄회로 텔레비전 설치비의 **전부 또는 일부를 지원**할 수 있다.

⑤ 제1항에 따른 폐쇄회로 텔레비전의 설치·관리 기준 및 동의 또는 신고의 방법·절차·요건, 제3항에 따른 영상정보의 보관기준 및 보관기간 등에 필요한 사항은 보건복지부령으로 정한다.

(8) 영상정보의 열람금지 등(제33조의3)

① 폐쇄회로 텔레비전을 설치·관리하는 자는 다음 각 호의 어느 하나에 해당하는 경우를 제외하고는 제33조의2 제3항의 영상정보를 열람하게 하여서는 아니 된다.

  1. 수급자가 자신의 생명·신체·재산상의 이익을 위하여 본인과 관련된 사항을 확인할 목적으로 열람 시기·절차 및 방법 등 **보건복지부령**으로 정하는 바에 따라 요청하는 경우

  2. 수급자의 보호자가 수급자의 안전을 확인할 목적으로 열람 시기·절차 및 방법 등 보건복지부령으로 정하는 바에 따라 요청하는 경우

3. 개인정보 보호법 제2조 제6호 가목에 따른 공공기관이 노인복지법 제39조의11 등 법령에서 정하는 노인의 안전업무 수행을 위하여 요청하는 경우

4. 범죄의 수사와 공소의 제기 및 유지, 법원의 재판업무 수행을 위하여 필요한 경우

5. 그 밖에 노인 관련 안전업무를 수행하는 기관으로서 **보건복지부령**으로 정하는 자가 업무의 수행을 위하여 열람시기·절차 및 방법 등 **보건복지부령**으로 정하는 바에 따라 요청하는 경우

② 장기요양기관을 운영하는 자는 다음 각 호의 어느 하나에 해당하는 행위를 하여서는 아니 된다.

1. 제33조의2 제1항의 설치 목적과 다른 목적으로 폐쇄회로 텔레비전을 임의로 조작하거나 다른 곳을 비추는 행위

2. 녹음기능을 사용하거나 보건복지부령으로 정하는 저장장치 이외의 장치 또는 기기에 영상정보를 저장하는 행위

③ 장기요양기관을 운영하는 자는 제33조의2 제3항의 영상정보가 분실·도난·유출·변조 또는 훼손되지 아니하도록 내부 관리계획의 수립, 접속기록 보관 등 **대통령령**으로 정하는 바에 따라 안전성 확보에 필요한 기술적·관리적·물리적 조치를 하여야 한다.

④ 국가 및 지방자치단체는 장기요양기관에 설치한 폐쇄회로 텔레비전의 설치·관리와 그 영상정보의 열람으로 수급자 및 장기요양기관 종사자 등 정보주체의 권리가 침해되지 아니하도록 설치·관리 및 열람 실태를 보건복지부령으로 정하는 바에 따라 **매년 1회 이상 조사·점검**하여야 한다.

⑤ 폐쇄회로 텔레비전의 설치·관리와 그 영상정보의 열람에 관하여 이 법에서 규정된 것을 제외하고는 **개인정보 보호법**(제25조는 제외)을 적용한다.

2. 장기요양기관의 정보의 안내 및 의무

(1) 장기요양기관 정보의 안내 등(제34조)

① 정보의 게시 수단 : 장기요양기관은 수급자가 장기요양급여를 쉽게 선택하도록 하고 장기요양기관이 제공하는 급여의 질을 보장하기 위하여 장기요양기관별 급여의 내용, 시설·인력 등 현황자료 등을 공단이 운영하는 인터넷 홈페이지에 게시하여야 한다.

② 게시 내용, 방법, 절차, 그 밖에 필요한 사항은 보건복지부령으로 정한다.

(2) 장기요양기관의 의무 등(제35조)

① 제공의 거부 금지 : 장기요양기관은 수급자로부터 장기요양급여신청을 받은 때 장기요양급여의 제공을 거부하여서는 아니 된다. 다만, 입소정원에 여유가 없는 경우 등 정당한 사유가 있는 경우는 그러하지 아니하다.

② 제공 기준 : 장기요양기관은 보건복지부령으로 정하는 **장기요양급여의 제공 기준·절차 및 방법** 등에 따라 장기요양급여를 제공하여야 한다.

③ 명세서의 교부 : 장기요양기관의 장은 장기요양급여를 제공한 수급자에게 장기요양급여비용에 대한 **명세서를 교부**하여야 한다.

④ 기록의 작성·관리 : 장기요양기관의 장은 장기요양급여 제공에 관한 자료를 기록·관리하여야 하며, 장기요양기관의 장 및 그 종사자는 장기요양급여 제공에 관한 자료를 거짓으로 작성하여서는 아니 된다.

⑤ 본인부담금의 면제·감경 금지 : 장기요양기관은 제40조(본인부담금) 제2항에 따라 면제받거나 같은 조 제4항에 따라 감경받는 금액 외에 영리를 목적으로 수급자가 부담하는 재가 및 시설 급여비용("본인부담금")을 면제하거나 감경하는 행위를 하여서는 아니 된다.

더 알아보기

본인부담금(법 제40조 제2항 및 제4항)
② 제1항에도 불구하고 수급자 중 의료급여법에 따른 수급자(<u>의료급여 수급자</u>)는 <u>본인부담금을 부담하지 아니한다.</u>
④ 다음 각 호의 어느 하나에 해당하는 자에 대해서는 <u>본인부담금의 100분의 60의 범위</u>에서 보건복지부장관이 정하는 바에 따라 <u>차등하여 감경</u>할 수 있다.
  1. 의료급여법 제3조 제1항 제2호부터 제9호까지의 규정에 따른 <u>수급권자</u>
  2. <u>소득·재산 등이</u> 보건복지부장관이 정하여 고시하는 <u>일정 금액 이하인</u> 자. 다만, 도서·벽지·농어촌 등의 지역에 거주하는 자에 대하여 따로 금액을 정할 수 있다.
  3. 천재지변 등 보건복지부령으로 정하는 사유로 인하여 <u>생계가 곤란한 자</u>

⑥ 금지 행위 : 누구든지 영리를 목적으로 금전, 물품, 노무, 향응, 그 밖의 이익을 제공하거나 제공할 것을 약속하는 방법으로 수급자를 장기요양기관에 소개, 알선 또는 유인하는 행위 및 이를 조장하는 행위를 하여서는 아니 된다.
⑦ 장기요양급여비용의 명세서, 기록·관리하여야 할 장기요양급여 제공 자료의 내용 및 보존기한, 그 밖에 필요한 사항은 보건복지부령으로 정한다.

(3) 장기요양기관 재무·회계기준(제35조의2)

① 장기요양기관의 장은 보건복지부령으로 정하는 재무·회계에 관한 기준("장기요양기관 재무·회계 기준")에 따라 장기요양기관을 투명하게 운영하여야 한다. 다만, 장기요양기관 중 사회복지사업법 제34조(사회복지시설의 설치)에 따라 설치한 사회복지시설은 같은 조 제4항에 따른 재무·회계에 관한 기준에 따른다.

더 알아보기

사회복지시설의 설치(사회복지사업법 제34조)
① <u>국가나 지방자치단체</u>는 사회복지시설("시설")을 설치·운영할 수 있다.
② 국가 또는 지방자치단체 외의 자가 시설을 설치·운영하려는 경우에는 보건복지부령으로 정하는 바에 따라 <u>시장·군수·구청장에게 신고</u>하여야 한다. 다만, 다음 각 호의 어느 하나에 해당하는 자는 시설의 설치·운영 신고를 할 수 없다.
  1. 제40조(시설의 개선, 사업의 정지, 시설의 폐쇄 등)에 따라 폐쇄명령을 받고 3년이 지나지 아니한 자
  2. 제19조(임원의 결격사유) 제1항 제1호 및 제1호의2부터 제1호의8까지의 어느 하나에 해당하는 개인 또는 그 개인이 임원인 법인
③ 시장·군수·구청장은 시설의 설치 신고를 받은 경우 그 내용을 검토하여 이 법에 적합하면 신고를 수리하여야 한다. 관하여 필요한 사항은 보건복지부령으로 정한다.
④ <u>시설을 설치·운영하는 자는 보건복지부령으로 정하는 재무·회계에 대한 기준</u>에 따라 시설을 투명하게 운영하여야 한다.
⑤ 국가나 지방자치단체가 설치한 시설은 필요한 경우 <u>사회복지법인이나 비영리법인에 위탁</u>하여 운영하게 할 수 있다.
⑥ 위탁운영의 기준·기간 및 방법 등에 관하여 필요한 사항은 보건복지부령으로 정한다.

② 보건복지부장관은 장기요양기관 재무·회계기준을 정할 때에는 장기요양기관의 특성 및 그 시행시기 등을 고려하여야 한다.

(4) 인권교육(제35조의3)

① 교육을 받을 의무 : 장기요양기관 중 대통령령으로 정하는 기관을 운영하는 자와 그 종사자는 인권에 관한 교육("인권교육")을 받아야 한다.

② 수급자에 대한 인권교육의 실시 : 장기요양기관 중 대통령령으로 정하는 기관을 운영하는 자는 해당 기관을 이용하고 있는 장기요양급여 수급자에게 인권교육을 실시할 수 있다.

③ 인권교육기관의 지정 : 보건복지부장관은 인권교육을 효율적으로 실시하기 위하여 인권교육기관을 지정할 수 있다. 이 경우 예산의 범위에서 인권교육에 소요되는 비용을 지원할 수 있으며, 지정을 받은 인권교육기관은 보건복지부장관의 승인을 받아 인권교육에 필요한 비용을 교육대상자로부터 징수할 수 있다.

④ 지정취소 및 업무정지 사유 : 보건복지부장관은 지정을 받은 인권교육기관이 다음 각 호의 어느 하나에 해당하면 그 지정을 취소하거나 6개월 이내의 기간을 정하여 업무의 정지를 명할 수 있다. 다만, 제1호에 해당하면 그 지정을 취소하여야 한다.
   1. 거짓이나 그 밖의 부정한 방법으로 지정을 받은 경우
   2. 제5항에 따라 보건복지부령으로 정하는 지정요건을 갖추지 못하게 된 경우
   3. 인권교육의 수행능력이 현저히 부족하다고 인정되는 경우

⑤ 인권교육의 대상·내용·방법, 인권교육기관의 지정 및 인권교육기관의 지정취소·업무정지 처분의 기준 등에 필요한 사항은 보건복지부령으로 정한다.

(5) 장기요양요원의 보호(제35조의4)

① 보호 조치를 해야 하는 경우 : 장기요양기관의 장은 장기요양요원이 다음 각 호의 어느 하나에 해당하는 경우로 인한 고충의 해소를 요청하는 경우 업무의 전환 등 대통령령으로 정하는 바에 따라 적절한 조치를 하여야 한다.
   1. 수급자 및 그 가족이 장기요양요원에게 폭언·폭행·상해 또는 성희롱·성폭력 행위를 하는 경우
   2. 수급자 및 그 가족이 장기요양요원에게 제28조의2(급여외행위의 제공 금지) 제1항 각 호에 따른 급여외행위의 제공을 요구하는 경우

> **더 알아보기**
>
> 급여외행위의 제공 금지(법 제28조의2 제1항)
> 수급자 또는 장기요양기관은 장기요양급여를 제공받거나 제공할 경우 다음 각 호의 행위("급여외행위")를 요구하거나 제공하여서는 아니 된다.
> 1. 수급자의 가족만을 위한 행위
> 2. 수급자 또는 그 가족의 생업을 지원하는 행위
> 3. 그 밖에 수급자의 일상생활에 지장이 없는 행위

② 금지 행위 : 장기요양기관의 장은 장기요양요원에게 다음 각 호의 행위를 하여서는 아니 된다.
   1. 장기요양요원에게 제28조의2(급여외행위의 제공 금지) 제1항 각 호에 따른 급여외행위의 제공을 요구하는 행위
   2. 수급자가 부담하여야 할 본인부담금의 전부 또는 일부를 부담하도록 요구하는 행위

③ 장기요양기관의 장은 보건복지부령으로 정하는 바에 따라 장기요양 수급자와 그 가족에게 장기요양요원의 업무범위, 직무상 권리와 의무 등 권익보호를 위한 사항을 안내할 수 있다.

PART 3

④ 장기요양요원은 장기요양기관의 장이 제1항에 따른 적절한 조치를 하지 아니한 경우에는 장기요양기관을 지정한 **특별자치시장·특별자치도지사·시장·군수·구청장**에게 그 시정을 신청할 수 있다.

⑤ 제4항에 따른 신청을 받은 특별자치시장·특별자치도지사·시장·군수·구청장은 제1항에 따른 장기요양요원의 고충에 대한 사실 확인을 위한 조사를 실시한 후 필요하다고 인정되는 경우에는 장기요양기관의 장에게 적절한 조치를 하도록 통보하여야 한다. 이 경우 적절한 조치를 하도록 통보받은 장기요양기관의 장은 특별한 사유가 없으면 이에 따라야 한다.

⑥ 제4항 및 제5항에 따른 시정신청의 절차, 사실 확인 조사 및 통보 등에 필요한 사항은 **대통령령**으로 정한다.

(6) 보험 가입(제35조의5)

① 전문인 배상책임보험의 가입 : 장기요양기관은 종사자가 장기요양급여를 제공하는 과정에서 발생할 수 있는 수급자의 상해 등 법률상 손해를 배상하는 보험("전문인 배상책임보험")에 가입할 수 있다.

② 장기요양급여비용의 감액 : 공단은 장기요양기관이 전문인 배상책임보험에 가입하지 않은 경우 그 기간 동안 해당 장기요양기관에 지급하는 장기요양급여비용의 일부를 **감액**할 수 있다.

③ 장기요양급여비용의 감액 기준 등에 관하여 필요한 사항은 보건복지부령으로 정한다.

3. 장기요양기관의 폐업 신고 및 행정처분

(1) 장기요양기관의 폐업 등의 신고 등(제36조)

① 폐업·휴업신고 기한 : 장기요양기관의 장은 폐업하거나 휴업하고자 하는 경우 **폐업이나 휴업 예정일 전 30일까지** 특별자치시장·특별자치도지사·시장·군수·구청장에게 신고하여야 한다. 신고를 받은 특별자치시장·특별자치도지사·시장·군수·구청장은 지체 없이 신고 명세를 공단에 통보하여야 한다.

② 지정 갱신 만료 통보 : 특별자치시장·특별자치도지사·시장·군수·구청장은 장기요양기관의 장이 유효기간이 끝나기 30일 전까지 지정 갱신 신청을 하지 아니하는 경우 그 사실을 공단에 통보하여야 한다.

③ 수급자의 권익 보호 : 장기요양기관의 장은 장기요양기관을 폐업하거나 휴업하려는 경우 또는 장기요양기관의 지정 갱신을 하지 아니하려는 경우 보건복지부령으로 정하는 바에 따라 **수급자의 권익을 보호**하기 위하여 다음 각 호의 조치를 취하여야 한다.

    1. 해당 장기요양기관을 이용하는 수급자가 **다른 장기요양기관을 선택**하여 이용할 수 있도록 계획을 수립하고 이행하는 조치

    2. 해당 장기요양기관에서 수급자가 제40조(본인부담금) 제1항 및 제3항에 따라 부담한 비용 중 **정산하여야 할 비용**이 있는 경우 이를 **정산**하는 조치

    3. 그 밖에 수급자의 권익 보호를 위하여 필요하다고 인정되는 조치로서 보건복지부령으로 정하는 조치

④ 수급자의 권익 보호 조치 확인 : 특별자치시장·특별자치도지사·시장·군수·구청장은 **폐업·휴업 신고**를 접수한 경우 또는 장기요양기관의 장이 유효기간이 끝나기 30일 전까지 **지정 갱신 신청**을 하지 아니한 경우 장기요양기관의 장이 수급자의 권익을 보호하기 위한 조치를 취하였는지의 여부를 확인하고, 인근지역에 대체 장기요양기관이 없는 경우 등 장기요양급여에 중대한 차질이 우려되는

때에는 장기요양기관의 **폐업·휴업 철회** 또는 **지정 갱신 신청을 권고**하거나 그 밖의 다른 조치를 강구하여야 한다.

⑤ **공단에 대한 통보** : 특별자치시장·특별자치도지사·시장·군수·구청장은 노인복지법에 따라 노인의료복지시설 등(장기요양기관이 운영하는 시설인 경우에 한한다)에 대하여 **사업정지 또는 폐지 명령**을 하는 경우 지체 없이 공단에 그 내용을 통보하여야 한다.

사업의 정지 등(노인복지법 제43조)

① 시·도지사 또는 시장·군수·구청장은 노인주거복지시설, <u>노인의료복지시설</u> 또는 노인일자리지원기관이 다음 각 호의 어느 하나에 해당하는 때에는 <u>1개월의 범위에서 사업의 정지 또는 폐지</u>를 명할 수 있다.
  1. 제33조(노인주거복지시설의 설치) 제4항, 제35조(노인의료복지시설의 설치) 제4항 또는 노인 일자리 및 사회활동 지원에 관한 법률 제9조(노인일자리전담기관) 제6항에 따른 시설 등에 관한 기준에 미달하게 된 때
  2. 제41조(수탁의무)의 규정에 위반하여 수탁을 거부한 때
  3. 정당한 이유없이 제42조(감독)의 규정에 의한 보고 또는 자료제출을 하지 아니하거나 허위로 한 때 또는 조사·검사를 거부·방해하거나 기피한 때
  4. 제46조(비용의 수납 및 청구) 제5항의 규정에 위반한 때
  5. 해당 시설이나 기관을 설치·운영하는 자 또는 그 종사자가 입소자나 이용자를 학대한 때

② 시장·군수·구청장은 노인여가복지시설 또는 재가노인복지시설이 다음 각 호의 어느 하나에 해당하는 때에는 1개월의 범위에서 사업의 정지 또는 폐지를 명할 수 있다.
  1. 제37조(노인여가복지시설의 설치) 제4항 또는 제39조(재가노인복지시설의 설치) 제4항의 시설 등에 대한 기준에 미달하게 된 때
  2. 제41조(수탁의무)의 규정에 위반하여 수탁을 거부한 때(재가노인복지시설의 경우로 한정한다)
  3. 정당한 이유없이 제42조(감독)의 규정에 의한 보고 또는 자료제출을 하지 아니하거나 허위로 한 때 또는 조사·검사를 거부·방해하거나 기피한 때
  4. 제46조(비용의 수납 및 청구) 제7항의 규정에 위반한 때
  5. 해당 시설을 설치·운영하는 자 또는 그 종사자가 입소자나 이용자를 학대한 때

③ 시·도지사 또는 시장·군수·구청장은 노인주거복지시설 또는 <u>노인의료복지시설이 사업이 정지 또는 폐지되거나</u> 노인여가복지시설 또는 재가노인복지시설이 사업이 정지 또는 폐지되는 경우에는 <u>해당 시설의 이용자를 다른 시설로 옮기도록 하는 등 시설 이용자의 권익을 보호하기 위하여 필요한 조치</u>를 하여야 한다.

④ 제1항 및 제2항에 따른 행정처분의 세부적인 기준은 위반의 정도 등을 참작하여 보건복지부령으로 정한다.

⑥ **자료의 이관** : 장기요양기관의 장은 폐업·휴업 신고를 할 때 또는 장기요양기관의 지정 갱신을 하지 아니하여 유효기간이 만료될 때 보건복지부령으로 정하는 바에 따라 **장기요양급여 제공 자료를 공단으로 이관**하여야 한다. 다만, 휴업 신고를 하는 장기요양기관의 장이 휴업 예정일 전까지 공단의 허가를 받은 경우에는 장기요양급여 제공 자료를 직접 보관할 수 있다.

(2) 시정명령(제36조의2)

특별자치시장·특별자치도지사·시장·군수·구청장은 다음 각 호의 어느 하나에 해당하는 장기요양기관에 대하여 **6개월 이내의 범위**에서 일정한 기간을 정하여 **시정**을 명할 수 있다.

1. 폐쇄회로 텔레비전의 설치·관리 및 영상정보의 보관기준을 위반한 경우
2. 장기요양기관 재무·회계기준을 위반한 경우

CHAPTER 02 노인장기요양보험법 • 263

(3) 장기요양기관 지정의 취소 등(제37조)

① 업무정지 및 지정의 취소 사유 : 특별자치시장·특별자치도지사·시장·군수·구청장은 장기요양기관이 다음 각 호의 어느 하나에 해당하는 경우 그 지정을 취소하거나 6개월의 범위에서 업무정지를 명할 수 있다. 다만, 제1호, 제2호의2, 제3호의5, 제7호, 또는 제8호에 해당하는 경우에는 지정을 취소하여야 한다.

1. 거짓이나 그 밖의 부정한 방법으로 지정을 받은 경우

1의2. 제28조의2(급여외행위의 제공 금지)를 위반하여 급여외행위를 제공한 경우. 다만, 장기요양기관의 장이 그 위반행위를 방지하기 위하여 해당 업무에 관하여 상당한 주의와 감독을 게을리하지 아니한 경우는 제외한다.

2. 제31조(장기요양기관의 지정) 제1항에 따른 지정기준에 적합하지 아니한 경우

2의2. 제32조의2(결격 사유) 각 호의 어느 하나에 해당하게 된 경우. 다만, 제32조의2 제7호에 해당하게 된 법인(대표자가 제32조의2 제1호부터 제6호까지의 규정 중 어느 하나에 해당하는 법인)의 경우 3개월 이내에 그 대표자를 변경하는 때에는 그러하지 아니하다.

3. 제35조(장기요양기관의 의무 등) 제1항을 위반하여 장기요양급여를 거부한 경우

3의2. 제35조(장기요양기관의 의무 등) 제5항을 위반하여 본인부담금을 면제하거나 감경하는 행위를 한 경우

3의3. 제35조(장기요양기관의 의무 등) 제6항을 위반하여 수급자를 소개, 알선 또는 유인하는 행위 및 이를 조장하는 행위를 한 경우

3의4. 제35조의4(장기요양요원의 보호) 제2항 각 호의 어느 하나를 위반한 경우

3의5. 제36조(장기요양기관의 폐업 등의 신고 등) 제1항에 따른 폐업 또는 휴업 신고를 하지 아니하고 1년 이상 장기요양급여를 제공하지 아니한 경우

3의6. 제36조의2(시정명령)에 따른 시정명령을 이행하지 아니하거나 회계부정 행위가 있는 경우

3의7. 정당한 사유 없이 제54조(장기요양급여의 관리·평가)에 따른 평가를 거부·방해 또는 기피하는 경우

4. 거짓이나 그 밖의 부정한 방법으로 재가 및 시설 급여비용을 청구한 경우

5. 제61조(보고 및 검사) 제2항에 따른 자료제출 명령에 따르지 아니하거나 거짓으로 자료제출을 한 경우나 질문 또는 검사를 거부·방해 또는 기피하거나 거짓으로 답변한 경우

6. 장기요양기관의 종사자 등이 다음 각 목의 어느 하나에 해당하는 행위를 한 경우. 다만, 장기요양기관의 장이 그 행위를 방지하기 위하여 해당 업무에 관하여 상당한 주의와 감독을 게을리하지 아니한 경우는 제외한다.

　　가. 수급자의 신체에 폭행을 가하거나 상해를 입히는 행위

　　나. 수급자에게 성적 수치심을 주는 성폭행, 성희롱 등의 행위

　　다. 자신의 보호·감독을 받는 수급자를 유기하거나 의식주를 포함한 기본적 보호 및 치료를 소홀히 하는 방임행위

　　라. 수급자를 위하여 증여 또는 급여된 금품을 그 목적 외의 용도에 사용하는 행위

　　마. 폭언, 협박, 위협 등으로 수급자의 정신건강에 해를 끼치는 정서적 학대행위

7. 업무정지기간 중에 장기요양급여를 제공한 경우

8. 부가가치세법에 따른 사업자등록 또는 소득세법에 따른 사업자등록이나 고유번호가 말소된 경우

사업자등록(부가가치세법 제8조 제1항부터 제3항)

① 사업자는 사업장마다 대통령령으로 정하는 바에 따라 사업 개시일부터 20일 이내에 사업장 관할 세무서장에게 사업자등록을 신청하여야 한다. 다만, 신규로 사업을 시작하려는 자는 사업 개시일 이전이라도 사업자등록을 신청할 수 있다.

② 사업자는 사업자등록의 신청을 사업장 관할 세무서장이 아닌 다른 세무서장에게도 할 수 있다. 이 경우 사업장 관할 세무서장에게 사업자등록을 신청한 것으로 본다.

③ 사업장이 둘 이상인 사업자(사업장이 하나이나 추가로 사업장을 개설하려는 사업자를 포함한다)는 사업자 단위로 해당 사업자의 본점 또는 주사무소 관할 세무서장에게 등록을 신청할 수 있다. 이 경우 등록한 사업자를 사업자 단위 과세 사업자라 한다.

사업자등록 및 고유번호의 부여(소득세법 제168조)

① 새로 사업을 시작하는 사업자는 대통령령으로 정하는 바에 따라 사업장 소재지 관할 세무서장에게 등록하여야 한다.

② 부가가치세법에 따라 사업자등록을 한 사업자는 해당 사업에 관하여 등록을 한 것으로 본다.

③ 이 법에 따라 사업자등록을 하는 사업자에 대해서는 부가가치세법 제8조를 준용한다.

④ 삭제

⑤ 사업장 소재지나 법인으로 보는 단체 외의 사단·재단 또는 그 밖의 단체의 소재지 관할 세무서장은 다음 각 호의 어느 하나에 해당하는 자에게 대통령령으로 정하는 바에 따라 고유번호를 매길 수 있다.

  1. 종합소득이 있는 자로서 사업자가 아닌 자

  2. 비영리민간단체 지원법에 따라 등록된 단체 등 과세자료의 효율적 처리 및 소득공제 사후 검증 등을 위하여 필요하다고 인정되는 자사업자 단위 과세 사업자라 한다.

② **지정의 취소 및 업무정지명령의 통보** : 특별자치시장·특별자치도지사·시장·군수·구청장은 지정을 취소하거나 업무정지명령을 한 경우에는 지체 없이 그 내용을 공단에 통보하고, 보건복지부령으로 정하는 바에 따라 보건복지부장관에게 통보한다. 이 경우 시장·군수·구청장은 관할 특별시장·광역시장 또는 도지사를 거쳐 보건복지부장관에게 통보하여야 한다.

③ 삭제

④ 삭제

⑤ **수급자의 권익 보호** : 특별자치시장·특별자치도지사·시장·군수·구청장은 장기요양기관이 지정 취소 또는 업무정지되는 경우에는 해당 장기요양기관을 이용하는 수급자의 권익을 보호하기 위하여 적극적으로 노력하여야 한다.

⑥ **수급자의 권익 보호 조치** : 특별자치시장·특별자치도지사·시장·군수·구청장은 수급자의 권익을 보호하기 위하여 보건복지부령으로 정하는 바에 따라 다음 각 호의 조치를 하여야 한다.

  1. 제1항에 따른 행정처분(지정의 취소 또는 6개월 이내의 업무정지)의 내용을 우편 또는 정보통신망 이용 등의 방법으로 수급자 또는 그 보호자에게 통보하는 조치

  2. 해당 장기요양기관을 이용하는 수급자가 다른 장기요양기관을 선택하여 이용할 수 있도록 하는 조치

⑦ **비용의 정산** : 지정취소 또는 업무정지되는 장기요양기관의 장은 해당 기관에서 수급자가 제40조(본인부담금) 제1항 및 제3항에 따라 부담한 비용 중 정산하여야 할 비용이 있는 경우 이를 정산하여야 한다.

⑧ 지정의 제한 : 다음 각 호의 어느 하나에 해당하는 자는 장기요양기관으로 지정받을 수 없다.
  1. 지정취소를 받은 후 3년이 지나지 아니한 자(법인인 경우 그 대표자를 포함한다)
  2. 업무정지명령을 받고 업무정지기간이 지나지 아니한 자(법인인 경우 그 대표자를 포함한다)
⑨ 제1항에 따른 행정처분의 기준은 보건복지부령으로 정한다.

(4) 과징금의 부과 등(제37조의2)

① 업무정지명령을 갈음하는 과징금(제1항·제2항)
  ㉠ 2억 원 이하의 과징금 : 특별자치시장·특별자치도지사·시장·군수·구청장은 제37조(장기요양기관 지정의 취소 등) 제1항 각 호의 어느 하나(같은 항 제4호는 제외한다)에 해당하는 행위를 이유로 업무정지명령을 하여야 하는 경우로서 그 업무정지가 해당 장기요양기관을 이용하는 수급자에게 심한 불편을 줄 우려가 있는 등 보건복지부장관이 정하는 특별한 사유가 있다고 인정되는 경우에는 업무정지명령을 갈음하여 2억 원 이하의 과징금을 부과할 수 있다. 다만, 제37조 제1항 제6호를 위반한 행위로서 보건복지부령으로 정하는 경우에는 그러하지 아니하다(제1항).
  ㉡ 청구한 금액의 5배 이하의 과징금 : 특별자치시장·특별자치도지사·시장·군수·구청장은 제37조(장기요양기관 지정의 취소 등) 제1항 제4호(거짓이나 그 밖의 부정한 방법으로 재가 및 시설 급여비용을 청구한 경우)에 해당하는 행위를 이유로 업무정지명령을 하여야 하는 경우로서 그 업무정지가 해당 장기요양기관을 이용하는 수급자에게 심한 불편을 줄 우려가 있는 등 보건복지부장관이 정하는 특별한 사유가 있다고 인정되는 경우에는 업무정지명령을 갈음하여 거짓이나 그 밖의 부정한 방법으로 청구한 금액의 5배 이하의 금액을 과징금으로 부과할 수 있다(제2항).
② 과징금을 부과하는 위반행위의 종류 및 위반의 정도 등에 따른 과징금의 금액과 과징금의 부과절차 등에 필요한 사항은 대통령령으로 정한다(제3항).
③ 납부기한 경과 시 : 특별자치시장·특별자치도지사·시장·군수·구청장은 과징금을 내야 할 자가 납부기한까지 내지 아니한 경우에는 지방세 체납처분의 예에 따라 징수한다(제4항).
④ 과징금 기록의 작성·관리 : 특별자치시장·특별자치도지사·시장·군수·구청장은 과징금의 부과와 징수에 관한 사항을 보건복지부령으로 정하는 바에 따라 기록·관리하여야 한다(제5항).

(5) 위반사실 등의 공표(제37조의3)

① 보건복지부장관 또는 특별자치시장·특별자치도지사·시장·군수·구청장은 장기요양기관이 거짓으로 재가·시설 급여비용을 청구하였다는 이유로 제37조(장기요양기관 지정의 취소 등) 또는 제37조의2(과징금의 부과 등)에 따른 처분이 확정된 경우로서 다음 각 호의 어느 하나에 해당하는 경우에는 위반사실, 처분내용, 장기요양기관의 명칭·주소, 장기요양기관의 장의 성명, 그 밖에 다른 장기요양기관과의 구별에 필요한 사항으로서 대통령령으로 정하는 사항을 공표하여야 한다. 다만, 장기요양기관의 폐업 등으로 공표의 실효성이 없는 경우에는 그러하지 아니하다.
  1. 거짓으로 청구한 금액이 1,000만 원 이상인 경우
  2. 거짓으로 청구한 금액이 장기요양급여비용 총액의 100분의 10 이상인 경우

② 보건복지부장관 또는 특별자치시장·특별자치도지사·시장·군수·구청장은 장기요양기관이 제61조(보고 및 검사) 제2항에 따른 **자료제출 명령**에 따르지 아니하거나 **거짓으로 자료제출**을 한 경우나 질문 또는 검사를 거부·방해 또는 기피하거나 거짓으로 답변하였다는 이유로 제37조 또는 제37조의2에 따른 처분이 확정된 경우 위반사실, 처분내용, 장기요양기관의 명칭·주소, 장기요양기관의 장의 성명, 그 밖에 다른 장기요양기관과의 구별에 필요한 사항으로서 대통령령으로 정하는 사항을 공표하여야 한다. 다만, 장기요양기관의 폐업 등으로 공표의 실효성이 없는 경우 또는 장기요양기관이 위반사실 등의 공표 전에 제61조 제2항에 따른 자료를 제출하거나 질문 또는 검사에 응하는 경우에는 그러하지 아니하다.

③ 보건복지부장관 또는 특별자치시장·특별자치도지사·시장·군수·구청장은 제1항 및 제2항에 따른 공표 여부 등을 심의하기 위하여 **공표심의위원회**를 설치·운영할 수 있다.

④ 제1항 및 제2항에 따른 공표 여부의 결정 방법, 공표 방법·절차 및 제3항에 따른 공표심의위원회의 구성·운영 등에 필요한 사항은 대통령령으로 정한다.

(6) 행정제재처분 효과의 승계(제37조의4)

① **효과의 승계 기준** : 제37조(장기요양기관 지정의 취소 등) 제1항 각 호의 어느 하나에 해당하는 행위를 이유로 한 행정제재처분의 효과는 그 처분을 한 날부터 3년간 다음 각 호의 어느 하나에 해당하는 자에게 승계된다.
  1. 장기요양기관을 양도한 경우 양수인
  2. 법인이 합병된 경우 합병으로 신설되거나 합병 후 존속하는 법인
  3. 장기요양기관 폐업 후 같은 장소에서 장기요양기관을 운영하는 자 중 종전에 **행정제재처분을 받은 자**(법인인 경우 그 대표자를 포함한다)나 그 배우자 또는 직계혈족

② **절차의 계속** : 행정제재처분의 절차가 진행 중일 때에는 다음 각 호의 어느 하나에 해당하는 자에 대하여 그 절차를 계속 이어서 할 수 있다.
  1. 장기요양기관을 양도한 경우 양수인
  2. 법인이 합병된 경우 합병으로 신설되거나 합병 후 존속하는 법인
  3. 장기요양기관 폐업 후 3년 이내에 같은 장소에서 장기요양기관을 운영하는 자 중 종전에 **위반행위를 한 자**(법인인 경우 그 대표자를 포함한다)나 그 배우자 또는 직계혈족

③ **예외 조항** : 제1항 및 제2항에도 불구하고 제1항 각 호의 어느 하나 또는 제2항 각 호의 어느 하나에 해당하는 자("양수인 등")가 양수, 합병 또는 운영 시에 행정제재처분 또는 위반사실을 알지 못하였음을 증명하는 경우에는 그러하지 아니하다.

④ **고지 의무** : 행정제재처분을 받았거나 그 절차가 진행 중인 자는 보건복지부령으로 정하는 바에 따라 지체 없이 그 사실을 양수인 등에게 알려야 한다.

(7) 장기요양급여 제공의 제한(제37조의5)

① **제한 기간** : 특별자치시장·특별자치도지사·시장·군수·구청장은 장기요양기관의 종사자가 거짓이나 그 밖의 부정한 방법으로 재가급여비용 또는 시설급여비용을 청구하는 행위에 가담한 경우 해당 종사자가 장기요양급여를 제공하는 것을 1년의 범위에서 제한하는 처분을 할 수 있다.

② **공단에 대한 통보** : 특별자치시장·특별자치도지사·시장·군수·구청장은 제1항에 따른 처분을 한 경우 지체 없이 그 내용을 공단에 통보하여야 한다.

③ 장기요양급여 제공 제한 처분의 기준·방법, 통보의 방법·절차, 그 밖에 필요한 사항은 보건복지부령으로 정한다.

07   재가 및 시설 급여비용 등

1. 재가 및 시설 급여비용

(1) 재가 및 시설 급여비용의 청구 및 지급 등(제38조)

① 비용의 청구 : 장기요양기관은 수급자에게 재가급여 또는 시설급여를 제공한 경우 공단에 장기요양 급여비용을 청구하여야 한다.

② 공단부담금의 지급 : 공단은 장기요양기관으로부터 재가 또는 시설 급여비용의 청구를 받은 경우 이를 심사하여 그 내용을 장기요양기관에 통보하여야 하며, 장기요양에 사용된 비용 중 **공단부담금** (재가 및 시설 급여비용 중 **본인부담금을 공제한 금액**)을 해당 장기요양기관에 지급하여야 한다.

③ 조정 지급 : 공단은 제54조(장기요양급여의 관리 · 평가) 제2항에 따른 장기요양기관의 장기요양급 여평가 결과에 따라 장기요양급여비용을 **가산 또는 감액조정**하여 지급할 수 있다.

> **더 알아보기**
>
> 장기요양급여의 관리 · 평가(법 제54조 제2항)
> 공단은 장기요양기관이 제23조(장기요양급여의 종류) 제3항에 따른 장기요양급여의 제공 기준 · 절차 · 방법 등에 따라 적정하게 장기요양급여를 제공하였는지 평가를 실시하고 그 결과를 공단의 홈페이지 등에 공표하는 등 필요한 조치를 할 수 있다.

④ 차액의 공제 : 공단은 제2항에도 불구하고 장기요양급여비용을 심사한 결과 수급자가 이미 낸 본인 부담금이 제2항에 따라 통보한 본인부담금보다 더 많으면 두 금액 간의 **차액을 장기요양기관에 지급** 할 금액에서 공제하여 수급자에게 지급하여야 한다.

⑤ 장기요양보험료 등과의 상계 : 공단은 제4항에 따라 수급자에게 지급하여야 하는 금액을 그 수급자 가 납부하여야 하는 장기요양보험료 및 그 밖에 노인장기요양보험법에 따른 징수금("장기요양보험료 등")과 상계할 수 있다.

⑥ 인건비로의 지출 : 장기요양기관은 지급받은 장기요양급여비용 중 보건복지부장관이 정하여 고시하 는 비율에 따라 그 일부를 **장기요양요원**에 대한 **인건비**로 지출하여야 한다.

⑦ 지급의 보류 : 공단은 장기요양기관이 정당한 사유 없이 제61조(보고 및 검사) 제2항에 따른 자료제 출 명령에 따르지 아니하거나 질문 또는 검사를 거부 · 방해 또는 기피하는 경우 이에 응할 때까지 해당 장기요양기관에 지급하여야 할 **장기요양급여비용의 지급을 보류**할 수 있다. 이 경우 공단은 장 기요양급여비용의 지급을 보류하기 전에 해당 장기요양기관에 의견 **제출의 기회**를 주어야 한다.

⑧ 제1항부터 제3항까지 및 제7항의 규정에 따른 재가 및 시설 급여비용의 심사기준, 장기요양급여비 용의 가감지급의 기준, 청구절차, 지급방법 및 지급 보류의 절차 · 방법 등에 관한 사항은 **보건복지 부령**으로 정한다.

(2) 장기요양급여비용 등의 산정(제39조)

① 비용의 산정 : 보건복지부장관은 매년 급여종류 및 장기요양등급 등에 따라 **장기요양위원회의 심의** 를 거쳐 다음 연도의 재가 및 시설 급여비용과 특별현금급여의 지급금액을 정하여 고시하여야 한다

② 고려 사항 : 보건복지장관은 재가 및 시설 급여비용을 정할 때 **대통령령**으로 정하는 바에 따라 국가 및 지방자치단체로부터 장기요양기관의 설립비용을 지원받았는지 여부 등을 고려할 수 있다.

③ 재가 및 시설 급여비용과 특별현금급여의 지급금액의 구체적인 산정방법 및 항목 등에 관하여 필요한 사항은 **보건복지부령**으로 정한다.

2. 본인부담금 및 장기요양에 대한 보상

(1) 본인부담금(제40조)

① 일부 부담 : 장기요양급여(특별현금급여는 제외한다. 이하 이 조에서 같다)를 받는 자는 대통령령으로 정하는 바에 따라 비용의 일부를 본인이 부담한다. 이 경우 장기요양급여를 받는 수급자의 장기요양등급, 이용하는 장기요양급여의 종류 및 수준 등에 따라 본인부담의 수준을 달리 정할 수 있다.

② 부담의 면제 : 제1항에도 불구하고 수급자 중 의료급여법 제3조 제1항 제1호에 따른 **수급자**(국민기초생활 보장법에 따른 **의료급여 수급자**)는 본인부담금을 부담하지 아니한다.

③ 전부 부담 : 다음 각 호의 장기요양급여에 대한 비용은 수급자 본인이 전부 부담한다.

1. 노인장기요양보험법의 규정에 따른 급여의 범위 및 대상에 포함되지 아니하는 장기요양급여
2. 수급자가 장기요양인정서에 기재된 장기요양급여의 종류 및 내용과 다르게 선택하여 장기요양급여를 받은 경우 그 차액
3. 장기요양급여의 월 한도액을 초과하는 장기요양급여

④ 차등 감경 : 다음 각 호의 어느 하나에 해당하는 자에 대해서는 본인부담의 100분의 60의 범위에서 보건복지부장관이 정하는 바에 따라 **차등하여 감경**할 수 있다

1. 의료급여법 제3조 제1항 제2호부터 제9호까지의 규정에 따른 수급권자

> **더 알아보기**
>
> 수급권자(의료급여법 제3조 제1항 제2호부터 제9호)
> 2. 재해구호법에 따른 <u>이재민</u>으로서 보건복지부장관이 의료급여가 필요하다고 인정한 사람
> 3. 의사상자 등 예우 및 지원에 관한 법률에 따라 <u>의료급여를 받는 사람</u>
> 4. 입양특례법에 따라 <u>국내에 입양된 18세 미만의 아동</u>
> 5. 독립유공자예우에 관한 법률, 국가유공자 등 예우 및 지원에 관한 법률 및 보훈보상대상자 지원에 관한 법률의 <u>적용을 받고 있는 사람</u>과 그 가족으로서 국가보훈부장관이 의료급여가 필요하다고 추천한 사람 중에서 보건복지부장관이 의료급여가 필요하다고 인정한 사람
> 6. 무형문화재 보전 및 진흥에 관한 법률에 따라 지정된 <u>국가무형문화재의 보유자</u>(명예보유자를 포함한다)와 그 가족으로서 문화재청장이 의료급여가 필요하다고 추천한 사람 중에서 보건복지부장관이 의료급여가 필요하다고 인정한 사람
> 7. 북한이탈주민의 보호 및 정착지원에 관한 법률의 <u>적용을 받고 있는 사람</u>과 그 가족으로서 보건복지부장관이 의료급여가 필요하다고 인정한 사람
> 8. 5·18민주화운동 관련자 보상 등에 관한 법률에 따라 <u>보상금 등을 받은 사람</u>과 그 가족으로서 보건복지부장관이 의료급여가 필요하다고 인정한 사람
> 9. 노숙인 등의 복지 및 자립지원에 관한 법률에 따른 <u>노숙인 등</u>으로서 보건복지부장관이 의료급여가 필요하다고 인정한 사람

2. 소득·재산 등이 보건복지부장관이 정하여 고시하는 **일정 금액 이하인 자**. 다만, 도서·벽지·농어촌 등의 지역에 거주하는 자에 대하여 따로 금액을 정할 수 있다.
3. 천재지변 등 보건복지부령으로 정하는 사유로 인하여 **생계가 곤란한 자**

⑤ 본인부담금의 산정방법, 감경절차 및 감경방법 등에 관하여 필요한 사항은 **보건복지부령**으로 정한다.

(2) 가족 등의 장기요양에 대한 보상(제41조)

① 본인부담금의 일부 감면 : 공단은 장기요양급여를 받은 금액의 총액이 보건복지부장관이 정하여 고시하는 금액 이하에 해당하는 수급자가 가족 등으로부터 제23조(장기요양급여의 종류) 제1항 제1호 가목에 따른 방문요양에 상당한 장기요양을 받은 경우 보건복지부령으로 정하는 바에 따라 본인부담금의 일부를 감면하거나 이에 갈음하는 조치를 할 수 있다.

> **더 알아보기**
>
> "방문요양"의 정의(법 제23조 제1항 제1호 가목)
> 장기요양요원이 수급자의 가정 등을 방문하여 신체활동 및 가사활동 등을 지원하는 장기요양급여

② 본인부담금의 감면방법 등 필요한 사항은 **보건복지부령**으로 정한다.

(3) 방문간호지시서 발급비용의 산정 등(제42조)

제23조(장기요양급여의 종류) 제1항 제1호 다목에 따라 방문간호지시서를 발급하는 데 사용되는 비용, 비용부담방법 및 비용 청구·지급절차 등에 관하여 필요한 사항은 **보건복지부령**으로 정한다.

> **더 알아보기**
>
> "방문간호"의 정의(법 제23조 제1항 제1호 다목)
> 장기요양요원인 간호사 등이 의사, 한의사 또는 치과의사의 지시서("방문간호지시서")에 따라 수급자의 가정 등을 방문하여 간호, 진료의 보조, 요양에 관한 상담 또는 구강위생 등을 제공하는 장기요양급여

3. 부당이득의 징수 및 구상권

(1) 부당이득의 징수(제43조)

① 부당이득의 징수 : 공단은 장기요양급여를 받은 자, 장기요양급여비용을 받은 자 또는 **의사소견서·방문간호지시서 발급비용**("의사소견서 등 발급비용")을 받은 자가 다음 각 호의 어느 하나에 해당하는 경우 그 장기요양급여, 장기요양급여비용 또는 의사소견서 등 발급비용에 상당하는 금액을 징수한다. 이 경우 의사소견서 등 발급비용에 관하여는 국민건강보험법 제57조(부당이득의 징수) 제2항을 준용하며, "보험급여 비용"은 "의사소견서 등 발급비용"으로, "요양기관"은 "의료기관"으로 본다.

1. 제15조(등급판정 등) 제5항에 따른 등급판정 결과 같은 조 제4항 각 호의 어느 하나에 해당하는 것으로 확인된 경우
2. 월 한도액 범위를 초과하여 장기요양급여를 받은 경우
3. 장기요양급여의 제한 등을 받을 자가 장기요양급여를 받은 경우
4. 제37조(장기요양기관 지정의 취소 등) 제1항 제4호에 따른 거짓이나 그 밖의 부정한 방법으로 재가 및 시설 급여비용을 청구하여 이를 지급받은 경우
4의2. 거짓이나 그 밖의 부정한 방법으로 의사소견서 등 발급비용을 청구하여 이를 지급받은 경우
5. 그 밖에 노인장기요양보험법상의 원인 없이 공단으로부터 장기요양급여를 받거나 장기요양급여비용을 지급받은 경우

② 연대 납부(제2항 · 제3항)
  ㉠ 공단은 제1항의 경우 거짓 보고 또는 증명에 의하거나 거짓 진단에 따라 장기요양급여가 제공된 때 거짓의 행위에 관여한 자에 대하여 장기요양급여를 받은 자와 연대하여 제1항에 따른 **징수금**을 납부하게 할 수 있다(제2항).
  ㉡ 공단은 제1항의 경우 거짓이나 그 밖의 부정한 방법으로 장기요양급여를 받은 자와 **같은 세대에 속한 자**(장기요양급여를 받은 자를 부양하고 있거나 다른 법령에 따라 장기요양급여를 받은 자를 부양할 의무가 있는 자)에 대하여 거짓이나 그 밖의 부정한 방법으로 장기요양급여를 받은 자와 **연대하여** 제1항에 따른 **징수금**을 납부하게 할 수 있다(제3항).
③ **수급자에 대한 지급** : 공단은 제1항의 경우 장기요양기관이나 의료기관이 수급자 또는 신청인으로부터 거짓이나 그 밖의 부정한 방법으로 장기요양급여비용 또는 의사소견서 등 발급비용을 받은 때 해당 장기요양기관 또는 의료기관으로부터 이를 징수하여 수급자 또는 신청인에게 지체 없이 지급하여야 한다. 이 경우 공단은 수급자 또는 신청인에게 지급하여야 하는 금액을 그 수급자 또는 신청인이 납부하여야 하는 장기요양보험료 등과 상계할 수 있다(제4항).

(2) 구상권(제44조)
① 공단은 제3자의 행위로 인한 장기요양급여의 제공사유가 발생하여 수급자에게 장기요양급여를 행한 때 그 급여에 사용된 비용의 한도 안에서 그 **제3자에 대한 손해배상**의 권리를 얻는다.
② 공단은 제1항의 경우 장기요양급여를 받은 자가 제3자로부터 **이미 손해배상을 받은 때** 그 손해배상액의 한도 안에서 장기요양급여를 행하지 아니한다.

08 장기요양위원회 및 장기요양요원지원센터

1. 장기요양위원회의 심의사항

(1) 장기요양위원회의 설치 및 기능(제45조)
다음 각 호의 사항을 심의하기 위하여 보건복지부장관 소속으로 **장기요양위원회**를 둔다.
1. 장기요양보험료율
2. 가족요양비, 특례요양비 및 요양병원간병비의 지급기준
3. 재가 및 시설 급여비용
4. 그 밖에 대통령령으로 정하는 주요 사항

2. 장기요양위원회의 구성 및 운영

(1) 장기요양위원회의 구성(제46조)

① 위원의 수 : 장기요양위원회는 위원장 1인, 부위원장 1인을 포함한 16인 이상 ~ 22인 이하의 위원으로 구성한다.

② 위원 구성의 기준 : 위원장이 아닌 위원은 다음 각 호의 자 중에서 **보건복지부장관이 임명 또는 위촉**한 자로 하고, 각 호에 해당하는 자를 각각 **동수로 구성**하여야 한다.

    1. 근로자단체, 사용자단체, 시민단체(비영리민간단체 지원법에 따른 비영리민간단체를 말한다), 노인단체, 농어업인단체 또는 자영자단체를 대표하는 자

> **더 알아보기**
>
> 비영리민간단체(비영리민간단체 지원법 제2조)
> 이 법에 있어서 "비영리민간단체"라 함은 영리가 아닌 공익활동을 수행하는 것을 주된 목적으로 하는 민간단체로서 다음 각 호의 요건을 갖춘 단체를 말한다.
> 1. 사업의 직접 수혜자가 불특정 다수일 것
> 2. 구성원 상호간에 이익분배를 하지 아니할 것
> 3. 사실상 특정정당 또는 선출직 후보를 지지·지원 또는 반대할 것을 주된 목적으로 하거나, 특정 종교의 교리전파를 주된 목적으로 설립·운영되지 아니할 것
> 4. 상시 구성원수가 100인 이상일 것
> 5. 최근 1년 이상 공익활동실적이 있을 것
> 6. 법인이 아닌 단체일 경우에는 대표자 또는 관리인이 있을 것

    2. 장기요양기관 또는 의료계를 대표하는 자

    3. 대통령령으로 정하는 관계 중앙행정기관의 고위공무원단 소속 공무원, 장기요양에 관한 학계 또는 연구계를 대표하는 자, 공단 이사장이 추천하는 자

③ 위원장과 부위원장 : 위원장은 **보건복지부차관**이 되고, 부위원장은 위원 중에서 **위원장이 지명**한다.

④ 위원의 임기 : 장기요양위원회 위원의 임기는 3년으로 한다. 다만, 공무원인 위원의 임기는 재임기간으로 한다.

(2) 장기요양위원회의 운영(제47조)

① 개의·의결 정족수 : 장기요양위원회 회의는 구성원 과반수의 출석으로 개의하고 출석위원 과반수의 찬성으로 의결한다.

② 실무위원회의 설치 : 장기요양위원회의 효율적 운영을 위하여 분야별로 실무위원회를 둘 수 있다.

③ 노인장기요양보험법에서 정한 것 외에 장기요양위원회의 구성·운영, 그 밖에 필요한 사항은 **대통령령**으로 정한다.

3. 장기요양요원지원센터

(1) 장기요양요원지원센터의 설치 등(제47조의2)

① 설치 주체·목적 : 국가와 지방자치단체는 장기요양요원의 권리를 보호하기 위하여 장기요양요원지원센터를 설치·운영할 수 있다.

② 수행 업무 : 장기요양요원지원센터는 다음 각 호의 업무를 수행한다.

  1. 장기요양요원의 권리 침해에 관한 상담 및 지원

  2. 장기요양요원의 역량강화를 위한 교육지원

  3. 장기요양요원에 대한 건강검진 등 건강관리를 위한 사업

  4. 그 밖에 장기요양요원의 업무 등에 필요하여 대통령령으로 정하는 사항

③ 장기요양요원지원센터의 설치·운영 등에 필요한 사항은 **보건복지부령**으로 정하는 바에 따라 해당 지방자치단체의 조례로 정한다.

---

1. 장기요양사업의 관리운영기관 및 조직

(1) 관리운영기관 등(제48조)

① 관리운영 주체 : 장기요양사업의 관리운영기관은 **국민건강보험공단**으로 한다.

② 관장 업무 : 공단은 다음 각 호의 업무를 관장한다.

  1. 장기요양보험가입자 및 그 피부양자와 의료급여수급권자의 자격 관리

  2. 장기요양보험료의 부과·징수

  3. 신청인에 대한 조사

  4. 등급판정위원회의 운영 및 장기요양등급 판정

  5. 장기요양인정서의 작성 및 개인별장기요양이용계획서의 제공

  6. 장기요양급여의 관리 및 평가

  7. 수급자 및 그 가족에 대한 정보제공·안내·상담 등 장기요양급여 관련 이용지원에 관한 사항

  8. 재가 및 시설 급여비용의 심사 및 지급과 특별현금급여의 지급

  9. 장기요양급여 제공내용 확인

  10. 장기요양사업에 관한 조사·연구, 국제협력 및 홍보

  11. 노인성질환예방사업

  12. 노인장기요양보험법에 따른 부당이득금의 부과·징수 등

  13. 장기요양급여의 제공기준을 개발하고 장기요양급여비용의 적정성을 검토하기 위한 장기요양기관의 설치 및 운영

  14. 그 밖에 장기요양사업과 관련하여 보건복지부장관이 위탁한 업무

③ 설치 시 고려 사항 : 공단은 제2항 제13호의 장기요양기관을 설치할 때 노인인구 및 지역특성 등을 고려한 **지역 간 불균형 해소**를 고려하여야 하고, **설치 목적에 필요한 최소한의 범위**에서 이를 설치·운영하여야 한다.

④ 정관 포함·기재 사항 : 국민건강보험법에 따른 **공단의 정관**은 장기요양사업과 관련하여 다음 각 호의 사항을 포함·기재한다.

1. 장기요양보험료
2. 장기요양급여
3. 장기요양사업에 관한 예산 및 결산
4. 그 밖에 대통령령으로 정하는 사항

더 알아보기

정관(국민건강보험법 제17조 제1항)
공단의 정관에는 다음 각 호의 사항을 적어야 한다.
1. 목적
2. 명칭
3. 사무소의 소재지
4. 임직원에 관한 사항
5. 이사회의 운영
6. 재정운영위원회에 관한 사항
7. 보험료 및 보험급여에 관한 사항
8. 예산 및 결산에 관한 사항
9. 자산 및 회계에 관한 사항
10. 업무와 그 집행
11. 정관의 변경에 관한 사항
12. 공고에 관한 사항

(2) 공단의 장기요양사업 조직 등(제49조)

공단은 국민건강보험법에 따라 공단의 조직 등에 대한 규정을 정할 때 장기요양사업을 수행하기 위하여 두는 조직 등을 건강보험사업을 수행하는 조직 등과 구분하여 따로 두어야 한다. 다만, 제48조(관리운영기관 등) 제2항 제1호 및 제2호의 자격 관리와 보험료 부과·징수업무는 그러하지 아니하다.

더 알아보기

규정 등(국민건강보험법 제29조)
공단의 조직·인사·보수 및 회계에 관한 규정은 이사회의 의결을 거쳐 보건복지부장관의 승인을 받아 정한다.

관리운영기관 등(법 제48조 제2항 제1호 및 제2호)
공단은 다음 각 호의 업무를 관장한다.
1. 장기요양보험가입자 및 그 피부양자와 의료급여수급권자의 자격 관리
2. 장기요양보험료의 부과·징수

2. 장기요양사업의 회계 및 권한의 위임

(1) 장기요양사업의 회계(제50조)

① 독립회계의 설치 : 공단은 장기요양사업에 대하여 **독립회계**를 설치 · 운영하여야 한다.

② 재정의 구분 : 공단은 장기요양사업 중 장기요양보험료를 재원으로 하는 사업과 국가 · 지방자치단체의 부담금을 재원으로 하는 사업의 **재정을 구분**하여 운영하여야 한다. 다만, 관리운영에 필요한 재정은 구분하여 운영하지 아니할 수 있다.

(2) 권한의 위임 등에 관한 준용(제51조)

국민건강보험법 제32조 및 제38조는 노인장기요양보험법에 따른 이사장의 권한의 위임 및 준비금에 관하여 준용한다. 이 경우 "보험급여"는 "장기요양급여"로 본다.

> **더 알아보기**
>
> 이사장 권한의 위임(국민건강보험법 제32조)
> 국민건강보험법에 규정된 이사장의 권한 중 급여의 제한, 보험료의 납입 고지 등 대통령령으로 정하는 사항은 정관으로 정하는 바에 따라 <u>분사무소의 장에게 위임</u>할 수 있다.
>
> 준비금(국민건강보험법 제38조)
> ① 공단은 회계연도마다 결산상의 잉여금 중에서 그 연도의 보험급여에 든 비용의 100분의 5 이상에 상당하는 금액을 그 연도에 든 비용의 100분의 50에 이를 때까지 <u>준비금으로 적립</u>하여야 한다.
> ② 준비금은 부족한 보험급여 비용에 충당하거나 지출할 <u>현금이 부족할 때 외에는 사용할 수 없으며</u>, 현금 지출에 준비금을 사용한 경우에는 <u>해당 회계연도 중에 이를 보전(補塡)</u>하여야 한다.
> ③ 준비금의 관리 및 운영 방법 등에 필요한 사항은 <u>보건복지부장관</u>이 정한다.

3. 등급판정위원회 및 장기요양급여의 관리

(1) 등급판정위원회의 설치(제52조)

① 설치 목적 : 장기요양인정 및 장기요양등급 판정 등을 심의하기 위하여 공단에 장기요양등급판정위원회를 둔다.

② 설치 단위 : 등급판정위원회는 **특별자치시 · 특별자치도 · 시 · 군 · 구** 단위로 설치한다. 다만, 인구 수 등을 고려하여 하나의 특별자치시 · 특별자치도 · 시 · 군 · 구에 2개 이상의 등급판정위원회를 설치하거나 2군데 이상의 특별자치시 · 특별자치도 · 시 · 군 · 구를 통합하여 하나의 등급판정위원회를 설치할 수 있다.

③ 위원의 구성 : 등급판정위원회는 위원장 1인을 포함하여 15인의 위원으로 구성한다.

④ 위원의 위촉 : 등급판정위원회 위원은 다음 각 호의 자 중에서 **공단 이사장이 위촉**한다. 이 경우 특별자치시장 · 특별자치도지사 · 시장 · 군수 · 구청장이 추천한 위원은 7인, 의사 또는 한의사가 1인 이상 각각 포함되어야 한다.

1. 의료법에 따른 **의료인**
2. 사회복지사업법에 따른 **사회복지사**
3. 특별자치시 · 특별자치도 · 시 · 군 · 구 소속 **공무원**
4. 그 밖에 법학 또는 장기요양에 관한 학식과 경험이 풍부한 자

⑤ 위원의 임기 : 등급판정위원회 위원의 임기는 3년으로 하되, 한 차례만 연임할 수 있다. 다만, 공무원인 위원의 임기는 재임기간으로 한다.

(2) 등급판정위원회의 운영(제53조)

① 위원장의 위촉 : 등급판정위원회 위원장은 위원 중에서 특별자치시장·특별자치도지사·시장·군수·구청장이 위촉한다. 이 경우 제52조(등급판정위원회의 설치) 제2항 단서에 따라 2 이상의 특별자치시·특별자치도·시·군·구를 통합하여 하나의 등급판정위원회를 설치하는 때 해당 특별자치시장·특별자치도지사·시장·군수·구청장이 **공동으로** 위촉한다.

② 개의·의결 정족수 : 등급판정위원회 회의는 구성원 **과반수의 출석**으로 개의하고 출석위원 **과반수**의 찬성으로 의결한다.

③ 노인장기요양보험법에 정한 것 외에 등급판정위원회의 구성·운영, 그 밖에 필요한 사항은 **대통령령**으로 정한다.

(3) 장기요양급여심사위원회의 설치(제53조의2)

① 다음 각 호의 사항을 심의하기 위하여 공단에 장기요양급여심사위원회("급여심사위원회")를 둔다.
   1. 장기요양급여 제공 기준의 세부사항 설정 및 보완에 관한 사항
   2. 장기요양급여비용 및 산정방법의 세부사항 설정 및 보완에 관한 사항
   3. 장기요양급여비용 심사기준 개발 및 심사조정에 관한 사항
   4. 그 밖에 공단 이사장이 필요하다고 인정한 사항

② 급여심사위원회는 위원장 1명을 포함하여 10명 이하의 위원으로 구성한다.

③ 이 법에서 정한 것 외에 급여심사위원회의 구성·운영, 그 밖에 필요한 사항은 **대통령령**으로 정한다.

(4) 장기요양급여의 관리·평가(제54조)

① 공단은 장기요양기관이 제공하는 **장기요양급여 내용을 지속적으로 관리·평가**하여 장기요양급여의 수준이 향상되도록 노력하여야 한다.

② 공단은 장기요양기관이 제23조(장기요양급여의 종류) 제5항에 따른 장기요양급여의 제공 기준·절차·방법 등에 따라 적정하게 장기요양급여를 제공하였는지 평가를 실시하고 그 **결과를 공단의 홈페이지 등에 공표**하는 등 필요한 조치를 할 수 있다.

> **더 알아보기**
>
> 장기요양급여의 종류(법 제23조 제5항)
> 장기요양급여의 제공 기준·절차·방법·범위, 그 밖에 필요한 사항은 보건복지부령으로 정한다.

③ 장기요양급여 제공내용의 평가 방법 및 평가 결과의 공표 방법, 그 밖에 필요한 사항은 **보건복지부령**으로 정한다.

1. 심사청구와 재심사청구

(1) 심사청구(제55조)

① 공단에 대한 심사청구 : 장기요양인정·장기요양등급·장기요양급여·부당이득·장기요양급여비용 또는 장기요양보험료 등에 관한 공단의 처분에 이의가 있는 자는 **공단에 심사청구**를 할 수 있다.

② 심사청구 기한 : 심사청구는 그 처분이 있음을 안 날부터 **90일 이내**에 문서(전자정부법에 따른 전자문서를 포함한다)로 하여야 하며, 처분이 있은 날부터 **180일**을 경과하면 이를 제기하지 못한다. 다만, 정당한 사유로 그 기간에 심사청구를 할 수 없었음을 증명하면 그 기간이 지난 후에도 심사청구를 할 수 있다.

> **더 알아보기**
>
> 전자문서(전자정부법 제2조 제7호)
> "전자문서"란 컴퓨터 등 정보처리능력을 지닌 장치에 의하여 <u>전자적인 형태로 작성되어 송수신되거나 저장되는 표준화된 정보</u>를 말한다.

③ 심사위원회의 설치(제3항부터 제5항)
  ㉠ 심사청구 사항을 심사하기 위하여 공단에 **장기요양심사위원회**("**심사위원회**")를 둔다(제3항).
  ㉡ 심사위원회는 위원장 1명을 포함한 **50명 이내**의 위원으로 구성한다(제4항).
  ㉢ 노인장기요양보험법에서 정한 것 외에 심사위원회의 구성·운영, 그 밖에 필요한 사항은 **대통령령**으로 정한다(제5항).

(2) 재심사청구(제56조)

① 재심사청구 기한 : 심사청구에 대한 결정에 불복하는 사람은 그 결정통지를 받은 날부터 **90일 이내**에 장기요양재심사위원회("**재심사위원회**")에 재심사를 청구할 수 있다.

② 재심사위원회의 설치(제2항부터 제4항)
  ㉠ 재심사위원회는 **보건복지부장관 소속**으로 두고, 위원장 1인을 포함한 **20인 이내**의 위원으로 구성한다(제2항).
  ㉡ 재심사위원회의 위원은 관계 공무원, 법학, 그 밖에 장기요양사업 분야의 학식과 경험이 풍부한 자 중에서 **보건복지부장관**이 임명 또는 위촉한다. 이 경우 **공무원이 아닌 위원**이 전체 위원의 **과반수**가 되도록 하여야 한다(제3항).
  ㉢ 노인장기요양보험법에서 정한 것 외에 재심사위원회의 구성·운영, 그 밖에 필요한 사항은 **대통령령**으로 정한다(제4항).

2. 행정심판 및 행정소송

(1) 행정심판과의 관계(제56조의2)

① 재심사위원회의 재심사에 관한 절차에 관하여는 **행정심판법**을 준용한다.

② 재심사청구 사항에 대한 재심사위원회의 재심사를 거친 경우에는 행정심판법에 따른 **행정심판을 청구할 수 없다.**

(2) 행정소송(제57조)

공단의 처분에 이의가 있는 자와 심사청구 또는 재심사청구에 대한 결정에 불복하는 자는 **행정소송법**으로 정하는 바에 따라 **행정소송을 제기할 수 있다.**

11 보칙

1. 국가의 부담 및 전자문서의 사용

(1) 국가의 부담(제58조)

① **일부 부담** : 국가는 매년 예산의 범위 안에서 해당 연도 **장기요양보험료 예상수입액의 100분의 20**에 상당하는 금액을 공단에 지원한다.

② **전액 부담** : 국가와 지방자치단체는 대통령령으로 정하는 바에 따라 **의료급여수급권자**의 장기요양급여비용, 의사소견서 발급비용, 방문간호지시서 발급비용 중 공단이 **부담하여야 할 비용**(제40조 제2항 및 제4항 제1호에 따라 면제 및 감경됨으로 인하여 공단이 부담하게 되는 비용을 포함한다) 및 관리운영비의 전액을 부담한다.

> **더 알아보기**
>
> 본인부담금(법 제40조 제2항 및 제4항 제1호)
> ② 제1항에도 불구하고 수급자 중 의료급여법 제3조 제1항 제1호에 따른 수급자는 <u>본인부담금을 부담하지 아니한다.</u>
> ④ 다음 각 호의 어느 하나에 해당하는 자에 대해서는 본인부담금의 <u>100분의 60의 범위</u>에서 보건복지부장관이 정하는 바에 따라 <u>차등하여 감경</u>할 수 있다.
>   1. 의료급여법 제3조 제1항 제2호부터 제9호까지의 규정에 따른 수급권자

③ **금액의 분담** : 지방자치단체가 부담하는 금액은 보건복지부령으로 정하는 바에 따라 **특별시·광역시·특별자치시·도·특별자치도**와 **시·군·구**가 분담한다.

④ 지방자치단체의 부담액 부과, 징수 및 재원관리, 그 밖에 필요한 사항은 **대통령령**으로 정한다.

(2) 전자문서의 사용(제59조)

① 장기요양사업에 관련된 각종 **서류의 기록, 관리 및 보관**은 보건복지부령으로 정하는 바에 따라 **전자문서**로 한다.

② 공단 및 장기요양기관은 장기요양기관의 지정신청, 재가·시설 급여비용의 청구 및 지급, 장기요양기관의 재무·회계정보 처리 등에 대하여 **전산매체** 또는 **전자문서교환방식**을 이용하여야 한다.

③ 제1항 및 제2항에도 불구하고 정보통신망 및 정보통신서비스 시설이 열악한 지역 등 보건복지부장관이 정하는 지역의 경우 전자문서·전산매체 또는 전자문서교환방식을 이용하지 아니할 수 있다.

2. 자료의 제출과 보고 및 검사

(1) 자료의 제출 등(제60조)

① 공단은 장기요양급여 제공내용 확인, 장기요양급여의 관리·평가 및 장기요양보험료 산정 등 장기요양사업 수행에 필요하다고 인정할 때 다음 각 호의 어느 하나에 해당하는 자에게 **자료의 제출을 요구**할 수 있다.

    1. 장기요양보험가입자 또는 그 피부양자 및 의료급여수급권자

    2. 수급자, 장기요양기관 및 의료기관

② 자료의 제출을 요구받은 자는 성실히 이에 응하여야 한다.

(2) 보고 및 검사(제61조)

① 보수·소득 관련 자료 : 보건복지부장관, 특별시장·광역시장·도지사 또는 특별자치시장·특별자치도지사·시장·군수·구청장은 다음 각 호의 어느 하나에 해당하는 자에게 보수·소득이나 그 밖에 보건복지부령으로 정하는 사항의 **보고** 또는 **자료의 제출**을 명하거나 소속 공무원으로 하여금 관계인에게 **질문**을 하게 하거나 **관계 서류를 검사**하게 할 수 있다.

    1. 장기요양보험가입자

    2. 피부양자

    3. 의료급여수급권자

② 장기요양급여 관련 자료 : 보건복지부장관, 특별시장·광역시장·도지사 또는 특별자치시장·특별자치도지사·시장·군수·구청장은 다음 각 호의 어느 하나에 해당하는 자에게 장기요양급여의 제공 명세, 재무·회계에 관한 사항 등 **장기요양급여에 관련된 자료의 제출**을 명하거나 소속 공무원으로 하여금 관계인에게 **질문**을 하게 하거나 **관계 서류를 검사**하게 할 수 있다.

    1. 장기요양기관 및 의료기관

    2. 장기요양급여를 받은 자

③ 공단에 대한 행정응원 요청 : 보건복지부장관, 특별시장·광역시장·도지사 또는 특별자치시장·특별자치도지사·시장·군수·구청장은 제1항 및 제2항에 따른 보고 또는 자료제출 명령이나 질문 또는 검사 업무를 효율적으로 수행하기 위하여 필요한 경우에는 **공단에 행정응원**을 요청할 수 있다. 이 경우 공단은 특별한 사유가 없으면 이에 따라야 한다.

④ 제1항 및 제2항의 경우에 소속 공무원은 그 권한을 표시하는 증표 및 조사기간, 조사범위, 조사담당자, 관계 법령 등 보건복지부령으로 정하는 사항이 기재된 서류를 지니고 이를 관계인에게 내보여야 한다.

⑤ 제1항 및 제2항에 따른 질문 또는 검사의 절차·방법 등에 관하여는 노인장기요양보험법에서 정하는 사항을 제외하고는 **행정조사기본법**에서 정하는 바에 따른다.

⑥ 제3항에 따른 행정응원의 절차·방법 등에 관하여 필요한 사항은 **대통령령**으로 정한다.

3. 비밀누설금지 및 청문

(1) 비밀누설금지(제62조)

다음 각 호에 해당하는 자는 **업무수행 중 알게 된 비밀을** 누설하여서는 아니 된다.
1. 특별자치시·특별자치도·시·군·구, 공단, 등급판정위원회, 장기요양위원회, 공표심의위원회, 심사위원회, 재심사위원회 및 장기요양기관에 종사하고 있거나 종사한 자
2. 가족요양비·특례요양비 및 요양병원간병비와 관련된 급여를 제공한 자

(2) 유사명칭의 사용금지(제62조의2)

노인장기요양보험법에 따른 장기요양보험 사업을 수행하는 자가 아닌 자는 보험계약 또는 보험계약의 명칭에 노인장기요양보험 또는 이와 유사한 용어를 사용하지 못한다.

(3) 청문(제63조)

특별자치시장·특별자치도지사·시장·군수·구청장은 다음 각 호의 어느 하나에 해당하는 **처분 또는 공표를** 하려는 경우에는 청문을 하여야 한다.
1. 제37조(장기요양기관 지정의 취소 등) 제1항에 따른 장기요양기관 지정취소 또는 업무정지명령
2. 삭제
3. 제37조의3(위반사실 등의 공표)에 따른 위반사실 등의 공표
4. 제37조의5(장기요양급여 제공의 제한) 제1항에 따른 장기요양급여 제공의 제한 처분

4. 시효에 관한 준용 및 수급권의 보호

(1) 시효 등에 관한 준용(제64조)

국민건강보험법 제91조(시효), 제92조(기간 계산), 제96조(자료의 제공), 제103조(공단 등에 대한 감독 등), 제104조(포상금 등의 지급), 제107조(끝수 처리), 제111조(권한의 위임 및 위탁) 및 제112조(업무의 위탁)는 시효, 기간의 계산, 자료의 제공, 공단 등에 대한 감독, 권한의 위임 및 위탁, 업무의 위탁, 단수처리 등에 관하여 준용한다. 이 경우 "보험료"를 "장기요양보험료"로, "보험급여"를 "장기요양급여"로, "요양기관"을 "장기요양기관"으로, "건강보험사업"을 "장기요양사업"으로 본다.

(2) 다른 법률에 따른 소득 등의 의제금지(제65조)

노인장기요양보험법에 따른 장기요양급여로 지급된 현금 등은 국민기초생활 보장법 제2조 제9호의 소득 또는 재산으로 보지 아니한다.

> **더 알아보기**
>
> "소득인정액"의 정의(국민기초생활 보장법 제2조 제9호)
> "소득인정액"이란 보장기관이 급여의 결정 및 실시 등에 사용하기 위하여 산출한 개별가구의 소득평가액과 재산의 소득환산액을 합산한 금액을 말한다.

(3) 수급권의 보호(제66조)

① 장기요양급여를 받을 권리는 양도 또는 압류하거나 담보로 제공할 수 없다.

② 제27조의2(특별현금급여수급계좌) 제1항에 따른 특별현금급여수급계좌의 예금에 관한 채권은 압류할 수 없다.

> **더 알아보기**
>
> 특별현금급여수급계좌(법 제27조의2 제1항)
> 공단은 특별현금급여를 받는 수급자의 신청이 있는 경우에는 특별현금급여를 수급자 명의의 지정된 계좌("특별현금급여수급계좌")로 입금하여야 한다. 다만, 정보통신장애나 그 밖에 대통령령으로 정하는 불가피한 사유로 특별현금급여수급계좌로 이체할 수 없을 때에는 현금 지급 등 대통령령으로 정하는 바에 따라 특별현금급여를 지급할 수 있다.

5. 공무원 의제와 소액 처리

(1) 벌칙 적용에서 공무원 의제(제66조의2)

등급판정위원회, 장기요양위원회, 공표심의위원회, 심사위원회 및 재심사위원회 위원 중 공무원이 아닌 사람은 형법 제129조부터 제132조까지의 규정을 적용할 때에는 공무원으로 본다.

> **더 알아보기**
>
> 공무원의 직무에 대한 죄(형법 제127조 및 제129조부터 제132조)
> • **공무상 비밀의 누설**(제127조) : 공무원 또는 공무원이었던 자가 법령에 의한 직무상 비밀을 누설한 때에는 2년 이하의 징역이나 금고 또는 5년 이하의 자격정지에 처한다.
> • **수뢰, 사전수뢰**(제129조)
> ① 공무원 또는 중재인이 그 직무에 관하여 뇌물을 수수, 요구 또는 약속한 때에는 5년 이하의 징역 또는 10년 이하의 자격정지에 처한다.
> ② 공무원 또는 중재인이 될 자가 그 담당할 직무에 관하여 청탁을 받고 뇌물을 수수, 요구 또는 약속한 후 공무원 또는 중재인이 된 때에는 3년 이하의 징역 또는 7년 이하의 자격정지에 처한다.
> • **제3자뇌물제공**(제130조) : 공무원 또는 중재인이 그 직무에 관하여 부정한 청탁을 받고 제3자에게 뇌물을 공여하게 하거나 공여를 요구 또는 약속한 때에는 5년 이하의 징역 또는 10년 이하의 자격정지에 처한다.
> • **수뢰후부정처사, 사후수뢰**(제131조)
> ① 공무원 또는 중재인이 전2조의 죄를 범하여 부정한 행위를 한 때에는 1년 이상의 유기징역에 처한다.
> ② 공무원 또는 중재인이 그 직무상 부정한 행위를 한 후 뇌물을 수수, 요구 또는 약속하거나 제3자에게 이를 공여하게 하거나 공여를 요구 또는 약속한 때에도 전항의 형과 같다.
> ③ 공무원 또는 중재인이었던 자가 그 재직 중에 청탁을 받고 직무상 부정한 행위를 한 후 뇌물을 수수, 요구 또는 약속한 때에는 5년 이하의 징역 또는 10년 이하의 자격정지에 처한다.
> ④ 전3항의 경우에는 10년 이하의 자격정지를 병과할 수 있다.
> • **알선수뢰**(제132조) : 공무원이 그 지위를 이용하여 다른 공무원의 직무에 속한 사항의 알선에 관하여 뇌물을 수수, 요구 또는 약속한 때에는 3년 이하의 징역 또는 7년 이하의 자격정지에 처한다.

(2) 소액 처리(제66조의3)

공단은 징수 또는 반환하여야 할 금액이 1건당 1,000원 미만인 경우(제38조 제5항 및 제43조 제4항 후단에 따라 각각 상계할 수 있는 지급금 및 장기요양보험료 등은 제외한다)에는 징수 또는 반환하지 아니한다. 다만, 국민건강보험법 제106조(소액 처리)에 따른 소액 처리 대상에서 제외되는 건강보험료 와 통합하여 징수 또는 반환되는 장기요양보험료의 경우에는 그러하지 아니하다.

> **더 알아보기**
>
> 재가 및 시설 급여비용의 청구 및 지급 등(법 제38조 제5항)
> 공단은 제4항에 따라 수급자에게 지급하여야 하는 금액을 그 수급자가 납부하여야 하는 장기요양보험료 및 그 밖에 노인장기요양보험법에 따른 징수금("장기요양보험료 등")과 상계(相計)할 수 있다.
>
> 부당이득의 징수(법 제43조 제4항)
> 공단은 제1항의 경우 장기요양기관이나 의료기관이 수급자 또는 신청인으로부터 거짓이나 그 밖의 부정한 방법으로 장기요양급여비용 또는 의사소견서 등 발급비용을 받은 때 해당 장기요양기관 또는 의료기관으로부터 이를 징수하여 수급자 또는 신청인에게 지체 없이 지급하여야 한다. 이 경우 공단은 수급자 또는 신청인에게 지급하여야 하는 금액을 그 수급자 또는 신청인이 납부하여야 하는 장기요양보험료 등과 상계할 수 있다.
>
> 소액 처리(국민건강보험법 제106조)
> 공단은 징수하여야 할 금액이나 반환하여야 할 금액이 1건당 2,000원 미만인 경우(상계 처리할 수 있는 본인일부부담금 환급금 및 가입자나 피부양자에게 지급하여야 하는 금액은 제외한다)에는 징수 또는 반환하지 아니한다.

12 벌칙

1. 벌칙

(1) 벌칙(제67조)

① 다음 각 호의 어느 하나에 해당하는 자는 3년 이하의 징역 또는 3천만 원 이하의 벌금에 처한다.
  1. 거짓이나 그 밖의 부정한 방법으로 장기요양급여비용을 청구한 자
  2. 제33조의3 제2항 제1호를 위반하여 폐쇄회로 텔레비전의 설치 목적과 다른 목적으로 폐쇄회로 텔레비전을 임의로 조작하거나 다른 곳을 비추는 행위를 한 자
  3. 제33조의3 제2항 제2호를 위반하여 녹음기능을 사용하거나 보건복지부령으로 정하는 저장장치 이외의 장치 또는 기기에 영상정보를 저장한 자
② 다음 각 호의 어느 하나에 해당하는 자는 2년 이하의 징역 또는 2천만 원 이하의 벌금에 처한다.
  1. 제31조를 위반하여 지정받지 아니하고 장기요양기관을 운영하거나 거짓이나 그 밖의 부정한 방법으로 지정받은 자
  2. 제33조의3 제3항에 따른 안전성 확보에 필요한 조치를 하지 아니하여 영상정보를 분실·도난·유출·변조 또는 훼손당한 자

3. 제35조(장기요양기관의 의무 등) 제5항을 위반하여 본인부담금을 면제 또는 감경하는 행위를 한 자

4. 제35조(장기요양기관의 의무 등) 제6항을 위반하여 수급자를 소개, 알선 또는 유인하는 행위를 하거나 이를 조장한 자

5. 제62조(비밀누설금지)를 위반하여 업무수행 중 알게 된 비밀을 누설한 자

③ 다음 각 호의 어느 하나에 해당하는 자는 1년 이하의 징역 또는 1,000만 원 이하의 벌금에 처한다.
　1. 제35조(장기요양기관의 의무 등) 제1항을 위반하여 정당한 사유 없이 장기요양급여의 제공을 거부한 자

　2. 거짓이나 그 밖의 부정한 방법으로 장기요양급여를 받거나 다른 사람으로 하여금 장기요양급여를 받게 한 자

3. 정당한 사유 없이 제36조(장기요양기관의 폐업 등의 신고 등) 제3항 각 호에 따른 권익보호조치를 하지 아니한 사람

더 알아보기

장기요양기관의 폐업 등의 신고 등(법 제36조 제3항)
장기요양기관의 장은 장기요양기관을 폐업하거나 휴업하려는 경우 또는 장기요양기관의 지정 갱신을 하지 아니하려는 경우 보건복지부령으로 정하는 바에 따라 <u>수급자의 권익을 보호하기 위하여</u> 다음 각 호의 조치를 취하여야 한다.
1. 해당 장기요양기관을 이용하는 수급자가 다른 장기요양기관을 선택하여 이용할 수 있도록 계획을 수립하고 이행하는 조치
2. 해당 장기요양기관에서 수급자가 제40조(본인부담금) 제1항 및 제3항에 따라 부담한 비용 중 정산하여야 할 비용이 있는 경우 이를 정산하는 조치
3. 그 밖에 수급자의 권익 보호를 위하여 필요하다고 인정되는 조치로서 <u>보건복지부령으로 정하는 조치</u>

4. 제37조(장기요양기관 지정의 취소 등) 제7항을 위반하여 수급자가 부담한 비용을 정산하지 아니한 자

더 알아보기

장기요양기관 지정의 취소 등(법 제37조 제7항)
지정취소 또는 업무정지되는 장기요양기관의 장은 해당 기관에서 수급자가 제40조(본인부담금) 제1항 및 제3항에 따라 부담한 비용 중 <u>정산하여야 할 비용이 있는 경우 이를 정산하여야</u> 한다.

④ 제61조(보고 및 검사) 제2항에 따른 자료제출 명령에 따르지 아니하거나 거짓으로 자료제출을 한 장기요양기관 또는 의료기관이나 질문 또는 검사를 거부·방해 또는 기피하거나 거짓으로 답변한 장기요양기관 또는 의료기관은 1,000만 원 이하의 벌금에 처한다.

2. 양벌규정 및 과태료

(1) 양벌규정(제68조)

법인의 대표자, 법인이나 개인의 대리인·사용인 및 그 밖의 종사자가 그 법인 또는 개인의 업무에 관하여 제67조(벌칙)에 해당하는 위반행위를 한 때에는 그 행위자를 벌하는 외에 그 **법인 또는 개인에 대하여도 해당 조의 벌금형을 과한다.** 다만, 법인 또는 개인이 그 위반행위를 방지하기 위하여 해당 업무에 관하여 상당한 주의와 감독을 게을리하지 아니한 경우에는 그러하지 아니하다.

(2) 과태료(제69조)

① 정당한 사유 없이 다음 각 호의 어느 하나에 해당하는 자에게는 500만 원 이하의 과태료를 부과한다.

1. 삭제
2. 제33조(장기요양기관의 시설·인력에 대한 변경)를 위반하여 변경지정을 받지 아니하거나 변경 신고를 하지 아니한 자 또는 거짓이나 그 밖의 부정한 방법으로 변경지정을 받거나 변경신고를 한 자

> **더 알아보기**
>
> 장기요양기관의 시설·인력에 관한 변경(법 제33조 제1항부터 제2항)
> ① 장기요양기관의 장은 시설 및 인력 등 보건복지부령으로 정하는 중요한 사항을 변경하려는 경우에는 보건복지부령으로 정하는 바에 따라 특별자치시장·특별자치도지사·시장·군수·구청장의 변경지정을 받아야 한다.
> ② 제1항에 따른 사항 외의 사항을 변경하려는 경우에는 보건복지부령으로 정하는 바에 따라 특별자치시장·특별자치도지사·시장·군수·구청장에게 변경신고를 하여야 한다.

2의2. 제34조(장기요양기관 정보의 안내 등)를 위반하여 장기요양기관에 관한 정보를 게시하지 아니하거나 거짓으로 게시한 자

> **더 알아보기**
>
> 장기요양기관 정보의 안내 등(법 제34조)
> ① 장기요양기관은 수급자가 장기요양급여를 쉽게 선택하도록 하고 장기요양기관이 제공하는 급여의 질을 보장하기 위하여 장기요양기관별 급여의 내용, 시설·인력 등 현황자료 등을 공단이 운영하는 인터넷 홈페이지에 게시하여야 한다.
> ② 제1항에 따른 게시 내용, 방법, 절차, 그 밖에 필요한 사항은 보건복지부령으로 정한다.

2의3. 제35조(장기요양기관의 의무 등) 제3항을 위반하여 수급자에게 장기요양급여비용에 대한 명세서를 교부하지 아니하거나 거짓으로 교부한 자

> **더 알아보기**
>
> 장기요양기관의 의무 등(법 제35조 제3항)
> 장기요양기관의 장은 장기요양급여를 제공한 수급자에게 장기요양급여비용에 대한 명세서를 교부하여야 한다.

3. 제35조(장기요양기관의 의무 등) 제4항을 위반하여 장기요양급여 제공 자료를 기록·관리하지 아니하거나 거짓으로 작성한 사람

> **더 알아보기**
>
> 장기요양기관의 의무 등(법 제35조 제4항)
> 장기요양기관의 장은 장기요양급여 제공에 관한 자료를 기록·관리하여야 하며, 장기요양기관의 장 및 그 종사자는 장기요양급여 제공에 관한 자료를 거짓으로 작성하여서는 아니 된다.

3의2. 제35조의4(장기요양요원의 보호) 제2항 각 호의 어느 하나를 위반한 자

더 알아보기

장기요양요원의 보호(법 제35조의4 제2항)
장기요양기관의 장은 장기요양요원에게 다음 각 호의 행위를 하여서는 아니 된다.
1. 장기요양요원에게 제28조의2(급여외행위의 제공 금지) 제1항 각 호에 따른 급여외행위의 제공을 요구하는
   행위
2. 수급자가 부담하여야 할 본인부담금의 전부 또는 일부를 부담하도록 요구하는 행위

3의3. 제35조의4(장기요양요원의 보호) 제5항에 따른 적절한 조치를 하지 아니한 자

더 알아보기

장기요양요원의 보호(법 제35조의4 제5항)
제4항에 따른 신청을 받은 특별자치시장·특별자치도지사·시장·군수·구청장은 제1항에 따른 장기요양요원
의 고충에 대한 사실 확인을 위한 조사를 실시한 후 필요하다고 인정되는 경우에는 장기요양기관의 장에게 적절한
조치를 하도록 통보하여야 한다. 이 경우 적절한 조치를 하도록 통보받은 장기요양기관의 장은 특별한 사유가
없으면 이에 따라야 한다.

4. 제36조(장기요양기관의 폐업 등의 신고 등) 제1항 또는 제6항을 위반하여 폐업·휴업 신고 또는
   자료이관을 하지 아니하거나 거짓이나 그 밖의 부정한 방법으로 신고한 자

더 알아보기

장기요양기관의 폐업 등의 신고 등(법 제36조 제1항 및 제6항)
① 장기요양기관의 장은 폐업하거나 휴업하고자 하는 경우 폐업이나 휴업 예정일 전 30일까지 특별자치시장·특
   별자치도지사·시장·군수·구청장에게 신고하여야 한다. 신고를 받은 특별자치시장·특별자치도지사·시
   장·군수·구청장은 지체 없이 신고 명세를 공단에 통보하여야 한다.
⑥ 장기요양기관의 장은 폐업·휴업 신고를 할 때 또는 장기요양기관의 지정 갱신을 하지 아니하여 유효기간이
   만료될 때 보건복지부령으로 정하는 바에 따라 장기요양급여 제공 자료를 공단으로 이관하여야 한다. 다만,
   휴업 신고를 하는 장기요양기관의 장이 휴업 예정일 전까지 공단의 허가를 받은 경우에는 장기요양급여 제공
   자료를 직접 보관할 수 있다.

4의2. 제37조의4(행정제재처분 효과의 승계) 제4항을 위반하여 행정제재처분을 받았거나 그 절차
   가 진행 중인 사실을 양수인 등에게 지체 없이 알리지 아니한 자

더 알아보기

행정제재처분 효과의 승계(법 제37조의4 제4항)
행정제재처분을 받았거나 그 절차가 진행 중인 자는 보건복지부령으로 정하는 바에 따라 지체 없이 그 사실을
양수인 등에게 알려야 한다.

5. 삭제
6. 거짓이나 그 밖의 부정한 방법으로 수급자에게 장기요양급여비용을 부담하게 한 자
7. 제60조(자료의 제출 등), 제61조(보고 및 검사) 제1항 또는 제2항(같은 항 제1호에 해당하는 자
   는 제외한다)에 따른 보고 또는 자료제출 요구·명령에 따르지 아니하거나 거짓으로 보고 또는
   자료제출을 한 자나 질문 또는 검사를 거부·방해 또는 기피하거나 거짓으로 답변한 자

자료의 제출 등(법 제60조)
① 공단은 장기요양급여 제공내용 확인, 장기요양급여의 관리·평가 및 장기요양보험료 산정 등 장기요양사업 수행에 필요하다고 인정할 때 다음 각 호의 어느 하나에 해당하는 자에게 자료의 제출을 요구할 수 있다.
  1. 장기요양보험가입자 또는 그 피부양자 및 의료급여수급권자
  2. 수급자, 장기요양기관 및 의료기관
② 자료의 제출을 요구받은 자는 성실히 이에 응하여야 한다.

보고 및 검사(법 제61조 제1항부터 제2항)
① 보건복지부장관, 특별시장·광역시장·도지사 또는 특별자치시장·특별자치도지사·시장·군수·구청장은 다음 각 호의 어느 하나에 해당하는 자에게 보수·소득이나 그 밖에 보건복지부령으로 정하는 사항의 보고 또는 자료의 제출을 명하거나 소속 공무원으로 하여금 관계인에게 질문을 하게 하거나 관계 서류를 검사하게 할 수 있다.
  1. 장기요양보험가입자
  2. 피부양자
  3. 의료급여수급권자
② 보건복지부장관, 특별시장·광역시장·도지사 또는 특별자치시장·특별자치도지사·시장·군수·구청장은 다음 각 호의 어느 하나에 해당하는 자에게 장기요양급여의 제공 명세, 재무·회계에 관한 사항 등 장기요양급여에 관련된 자료의 제출을 명하거나 소속 공무원으로 하여금 관계인에게 질문을 하게 하거나 관계 서류를 검사하게 할 수 있다.
  1. 장기요양기관 및 의료기관
  2. 장기요양급여를 받은 자

8. 거짓이나 그 밖의 부정한 방법으로 장기요양급여비용 청구에 가담한 사람
9. 제62조의2(유사명칭의 사용금지)를 위반하여 노인장기요양보험 또는 이와 유사한 용어를 사용한 자

유사명칭의 사용금지(법 제62조의2)
노인장기요양보험법에 따른 장기요양보험 사업을 수행하는 자가 아닌 자는 보험계약 또는 보험계약의 명칭에 노인장기요양보험 또는 이와 유사한 용어를 사용하지 못한다.

② 다음 각 호의 어느 하나에 해당하는 자에게는 300만 원 이하의 과태료를 부과한다.
  1. 제33조의2에 따른 폐쇄회로 텔레비전을 설치하지 아니하거나 설치·관리의무를 위반한 자
  2. 제33조의3 제1항 각 호에 따른 열람 요청에 응하지 아니한 자
③ 과태료는 대통령령으로 정하는 바에 따라 관할 특별자치시장·특별자치도지사·시장·군수·구청장이 부과·징수한다.

(3) 과태료의 부과·징수절차(제70조)

삭제

(4) 부칙(법률 제17777호, 2020. 12. 29)

① 시행일(제1조) : 노인장기요양보험법은 공포 후 6개월이 경과한 날부터 시행한다.

② 표준장기요양이용계획서에 관한 경과조치(제2조) : 노인장기요양보험법 시행 당시 종전의 규정에 따른 표준장기요양이용계획서는 제17조의 개정규정에 따른 개인별장기요양이용계획서로 본다.

③ 장기요양기관의 지정에 관한 경과조치(제3조) : 장기요양기관으로 지정받으려는 자가 다음 각 호의 어느 하나에 해당하는 경우에는 제31조의 개정규정에도 불구하고 종전의 규정에 따른다.

　1. 노인장기요양보험법 시행 당시 노인장기요양보험법 시행규칙 제23조에 따라 장기요양기관 지정 신청서를 제출한 경우

　2. 장기요양기관으로 지정받을 목적으로 노인장기요양보험법 시행 당시 노인복지법 제35조 제2항에 따른 노인의료복지시설의 설치신고 및 같은 법 제39조 제2항에 따른 재가노인복지시설의 설치신고를 한 경우

　3. 장기요양기관으로 지정받을 목적으로 노인복지법에 따른 노인의료복지시설 또는 재가노인복지시설을 설치하기 위하여 노인장기요양보험법 시행 당시 건축법 제11조 제3항에 따른 허가신청서를 제출하거나 같은 법 제14조 제1항에 따른 건축신고를 한 경우

(5) 부칙(법률 제18328호, 2021. 7. 27)

노인장기요양보험법은 공포 후 6개월이 경과한 날부터 시행한다.

(6) 부칙(법률 제18610호, 2021. 12. 21)

① 시행일(제1조) : 노인장기요양보험법은 공포 후 6개월이 경과한 날부터 시행한다. 다만, 제9조 제1항의 개정규정 중 국민건강보험법 제109조 제9항 단서에 관한 부분, 제11조·제35조의2 제1항·제65조의 개정규정은 공포한 날부터 시행하고, 제33조의2(폐쇄회로 텔레비전의 설치 등)·제33조의3(영상정보의 열람금지 등)·제36조의2·제67조 제1항 및 제2항, 제69조의 개정규정은 공포 후 1년 6개월이 경과한 날부터 시행한다.

② 장기요양보험료율에 관한 적용례(제2조) : 제9조 제1항의 개정규정은 노인장기요양보험법 시행일 이후 제45조에 따른 장기요양위원회가 심의하여 정하는 장기요양보험료율부터 적용한다.

③ 의사소견서 등 발급비용 부당이득 징수에 관한 적용례(제3조) : 제43조 제1항의 개정규정은 노인장기요양보험법 시행 후 거짓이나 그 밖의 부정한 방법으로 의사소견서 등 발급비용을 청구하여 이를 지급받은 경우부터 적용한다.

④ 폐쇄회로 텔레비전 설치에 관한 경과조치(제4조) : 제33조의2(폐쇄회로 텔레비전의 설치 등)의 개정규정 시행 당시 종전의 규정에 따라 장기요양기관을 운영하는 자는 같은 개정규정 시행일부터 6개월 이내에 같은 개정규정에 따른 폐쇄회로 텔레비전을 설치하여야 한다. 다만, 제33조의2 제1항 단서의 개정규정에 따라 폐쇄회로 텔레비전을 설치하지 아니하거나 네트워크 카메라를 설치한 경우에는 그러하지 아니하다.

03 | 직무시험
적중예상문제

정답 및 해설 p.058

01 국민건강보험법

01 다음 중 빈칸 ㉠ ~ ㉢에 들어갈 말을 순서대로 바르게 나열한 것은?

> 국민건강보험법은 국민의 질병·부상에 대한 예방·진단·치료· ㉠ 과 출산·사망 및 ㉡ 에 대하여 보험급여를 실시함으로써 ㉢ 향상과 사회보장 증진에 이바지함을 목적으로 한다.

	㉠	㉡	㉢
①	요양	간호	의료수준
②	요양	검사	의료수준
③	재활	건강증진	국민보건
④	재활	건강증진	의료서비스

02 다음 중 국민건강보험법상 과징금에 대한 설명으로 옳지 않은 것은?

① 보건복지부장관이 정하는 특별한 사유가 있다고 인정되면 부당한 방법으로 부담하게 한 금액의 7배 이하의 금액을 과징금으로 부과·징수할 수 있다.

② 특별한 사유가 있다고 인정되는 때에는 해당 약제에 대한 요양급여비용 총액의 100분의 60을 넘지 아니하는 범위에서 과징금을 부과·징수할 수 있다.

③ 해당 약제에 대한 요양급여비용 총액을 정할 때에는 1년간의 요양급여 총액을 넘지 않는 범위에서 정하여야 한다.

④ 과징금을 납부하여야 할 자가 납부기한까지 이를 내지 아니하면 업무정지 처분을 하거나 국세 체납처분의 예에 따라 이를 징수한다.

03 다음 중 건강보험의 가입자 또는 피부양자의 적용 대상에 포함되지 않는 사람은?

① 의료급여법에 따라 의료급여를 받는 사람

② 유공자 등 의료보호대상자 중 건강보험의 적용을 보험자에게 신청한 사람

③ 직장가입자에게 주로 생계를 의존하는 사람으로서 직장가입자의 배우자의 직계존속

④ 건강보험을 적용받고 있던 사람이 유공자 등 의료보호대상자로 되었으나 건강보험의 적용배제신청을 보험자에게 하지 아니한 사람

04 다음 중 국민건강보험공단 재정운영위원회의 위원은 총 몇 명인가?

① 25명   ② 30명

③ 35명   ④ 40명

05 국민건강보험법상 보험급여의 정지 사유에 해당하는 것은?

① 고의로 인한 범죄행위에 그 원인이 있는 경우

② 국외에서 업무에 종사하고 있는 경우

③ 고의로 국민건강보험공단의 지시를 따르지 않은 경우

④ 중대한 과실로 국민건강보험공단에서 요구하는 문서나 물건을 제출하지 않은 경우

06 다음 중 국민건강보험공단의 결산보고서 작성의 시기 및 보고 대상에 대한 설명으로 옳은 것은?

① 다음해 1월 말일까지 보건복지부장관에게 보고한다.

② 다음해 2월 말일까지 보건복지부장관에게 보고한다.

③ 다음해 1월 말일까지 대통령에게 보고한다.

④ 다음해 2월 말일까지 대통령에게 보고한다.

07 다음 중 국민건강보험공단이 체신관서나 금융기관에 위탁할 수 있는 업무로 옳지 않은 것은?

① 보험료의 수납

② 보험급여 비용의 지급

③ 연금보험료의 수납

④ 보험료의 징수

08 다음 중 보험급여의 수급권 및 국민건강보험공단의 구상권에 대한 설명으로 옳지 않은 것은?

① 보험급여를 받을 권리는 양도하거나 압류할 수 없다.

② 요양비 등 수급계좌에 입금된 요양비 등은 압류할 수 없다.

③ 보험급여를 받은 사람이 제3자로부터 이미 손해배상을 받으면 국민건강보험공단은 그 배상액의 3배 이하로 보험급여를 하지 않는다.

④ 국민건강보험공단은 제3자의 행위로 보험급여사유가 생겨 가입자에게 보험급여를 하면 그 급여에 들어간 비용 한도에서 그 제3자에게 손해배상을 청구할 수 있다.

09 다음 중 국민건강보험법상 직장가입자의 제외 대상자가 아닌 것은?

① 2주간 단기 고용된 일용근로자

② 비상근 교직원

③ 근로자가 3인 미만인 사업장의 사업주

④ 군복무 중인 휴학생

10 다음 중 건강보험가입자의 자격상실 시기로 옳은 것은?

① 직장가입자의 피부양자가 된 날의 다음 날

② 국적을 잃은 날

③ 사망한 날의 다음 날

④ 건강보험의 적용배제신청을 한 날의 다음 날

11 보수월액의 산정에 포함된 직장가입자의 보수 외 소득이 대통령령으로 정하는 금액을 초과하는 경우에 소득월액을 산정하는 공식으로 옳은 것은?

① $[(연간\ 보수\ 외\ 소득) - (대통령령으로\ 정하는\ 금액)] \times \dfrac{1}{6}$

② $[(연간\ 보수\ 외\ 소득) - (대통령령으로\ 정하는\ 금액)] \times \dfrac{1}{12}$

③ $[(연간\ 보수\ 외\ 소득) - (대통령령으로\ 정하는\ 금액)] \times \dfrac{1}{6}$

④ $[(연간\ 보수\ 외\ 소득) - (대통령령으로\ 정하는\ 금액)] \times \dfrac{1}{12}$

12 다음 중 신용카드 등으로 보험료를 납부하는 경우에 대한 설명으로 옳지 않은 것은?

① 보험료 등 납부대행기관의 지정 및 운영, 수수료 등에 필요한 사항은 대통령령으로 정한다.
② 신용카드로 보험료 등을 납부하는 경우에는 보험료 등 납부대행기관의 승인일을 납부일로 본다.
③ 보험료 등 납부대행기관은 보험료를 납부하는 자로부터 납부를 대행하는 대가로 수수료를 받을 수 없다.
④ 보험료를 납부하는 자는 납부를 대행할 수 있도록 보험료 등 납부대행기관을 통해 신용카드, 직불카드 등으로 납부할 수 있다.

13 소멸시효기간, 시효 중단 및 시효 정지에 대해 국민건강보험법에서 정한 사항 외에는 무슨 법령을 따르는가?

① 민법   ② 보험업법
③ 국세기본법   ④ 노인장기요양보험법

14 다음 중 국민건강보험의 보험자는 누구인가?

① 대통령   ② 국민건강보험공단
③ 행정안전부장관   ④ 보건복지부장관

※ 다음 글을 읽고 이어지는 질문에 답하시오. [15~16]

- _____㉠_____은/는 국가, 지방자치단체, 요양기관, 보험회사 및 보험료율 산출 기관, 공공기관, 그 밖의 공공단체 등에 대해 요양급여비용을 심사하고 요양급여의 적정성을 평가하기 위하여 주민등록·출입국관리·진료기록·의약품공급 등의 자료의 제공을 요청할 수 있다.
- _____㉡_____은 관계 행정기관의 장에게 약제에 대한 요양급여비용 상한금액의 감액 및 요양급여의 적용 정지를 위해 필요한 자료의 제공을 요청할 수 있다.

15 다음 중 빈칸 ㉠에 들어갈 주체로 옳은 것은?

① 진료심사평가위원회
② 건강보험심사평가원
③ 건강보험정책심의위원회
④ 보험료부과제도개선위원회

16 다음 중 빈칸 ㉡에 들어갈 주체로 옳은 것은?

① 보건복지부장관
② 보건복지부차관
③ 건강보험심사평가원장
④ 국민건강보험공단 이사장

17 다음 중 보험급여 중 요양급여를 실시하지 않는 경우로 옳은 것은?

① 교도소에 수용되어 있는 경우
② 그 밖에 이에 준하는 시설에 수용되어 있는 경우
③ 국외에 체류하는 경우
④ 병역법에 따른 현역병, 전환복무된 사람 및 군간부후보생에 해당하게 된 경우

18 다음 글의 빈칸 ㉠, ㉡에 들어갈 내용을 순서대로 바르게 나열한 것은?

> 국민건강보험공단은 신고한 보수·소득 등에 축소 또는 탈루가 있다고 인정하는 경우에는 ___㉠___ 을 거쳐 소득의 축소 또는 탈루에 관한 사항을 문서로 ___㉡___에게 송부할 수 있다.

	㉠	㉡
①	기획재정부장관	검찰청장
②	기획재정부장관	국세청장
③	보건복지부장관	국세청장
④	보건복지부장관	검찰청장

19 다음 중 국민건강보험공단의 감사의 추천권 및 제청권에 대한 설명으로 옳은 것은?

① 감사는 재정운영위원회가 추천하고 기획재정부장관이 제청한다.
② 감사는 재정운영위원회가 추천하고 보건복지부장관이 제청한다.
③ 감사는 임원추천위원회가 추천하고 기획재정부장관이 제청한다.
④ 감사는 임원추천위원회가 추천하고 보건복지부장관이 제청한다.

20 다음 중 빈칸에 들어갈 내용으로 옳은 것은?

> 보험료 납부의무가 있는 자는 가입자에 대한 그 달의 보험료를 그 다음 달 _____까지 납부하여야
> 한다.

① 10일   ② 15일
③ 20일   ④ 말일

01 다음은 노인건강요양보험법의 목적에 대한 글이다. 빈칸 ㉠ ~ ㉢에 들어갈 말을 순서대로 바르게 나열한 것은?

노인건강요양보험법은 고령이나 _____㉠_____ 등의 사유로 일상생활을 혼자서 수행하기 어려운 노인 등에게 제공하는 신체활동 또는 _____㉡_____ 지원 등의 _____㉢_____에 관한 사항을 규정하여 노후의 건강증진 및 생활안정을 도모하고 그 가족의 부담을 덜어줌으로써 국민의 삶의 질을 향상하도록 함을 목적으로 한다.

	㉠	㉡	㉢
①	정신 질환	옥외활동	장기요양급여
②	정신 질환	가사활동	사회보장급여
③	노인성 질병	가사활동	장기요양급여
④	노인성 질병	옥외활동	사회보장급여

02 다음 중 노인장기요양보험법상 장기요양기관의 의무로 옳지 않은 것은?

① 장기요양급여신청을 받은 때 장기요양급여의 제공을 거부하여서는 아니 된다.
② 수급자에게 장기요양급여비용에 대한 명세서를 교부하여야 한다.
③ 장기요양급여 제공에 대한 자료를 거짓으로 작성하여서는 아니 된다.
④ 영리를 목적으로 수급자가 부담하는 본인부담금을 감경할 수 있다.

03 다음 중 장기요양보험사업에 대한 설명으로 옳지 않은 것은?

① 장기요양보험사업의 보험자는 국민건강보험공단이다.
② 장기요양보험사업을 관장하는 주체는 보건복지부장관이다.
③ 장기요양보험의 가입자는 국민건강보험법에 따른 가입자로 한다.
④ 외국인근로자 등은 어떠한 경우에도 장기요양보험의 가입자에서 제외될 수 없다.

04 다음 〈보기〉에서 전문인 배상책임보험에 대한 설명으로 옳지 않은 것을 모두 고르면?

> **보기**
>
> ㉠ 장기요양기관은 장기요양급여를 제공하면서 발생 가능한 수급자의 상해를 배상하는 전문인 배상책임보험에 반드시 가입해야 한다.
> ㉡ 국민건강보험단은 장기요양기관이 전문인 배상책임보험에 가입하지 않은 경우 그 기간 동안 장기요양급여비용의 일부를 감액할 수 없다.
> ㉢ 장기요양급여비용의 감액 기준 등에 관하여 필요한 사항은 보건복지부령으로 정한다.

① ㉠, ㉡   ② ㉠, ㉢
③ ㉡, ㉢   ④ ㉠, ㉡, ㉢

05 공단이 장기요양인정 신청서를 접수할 때, 소속 직원에게 조사하게 할 내용으로 옳은 것은?

① 신청인의 심신상태
② 장기요양급여의 수준 향상 방안
③ 노인성질환예방사업 추진계획
④ 소견서의 발급비용

06 다음 글에서 설명하고 있는 장기요양급여의 종류는 무엇인가?

> 장기요양급여를 받을 사람의 일상생활·신체활동 지원 및 인지기능의 유지·향상에 필요한 용구를 제공하거나 가정을 방문해 재활에 관한 지원 등을 제공하는 장기요양급여이다.

① 시설급여   ② 단기보호
③ 주·야간보호   ④ 기타재가급여

07 다음 중 장기요양기본계획의 수립 주체와 주기에 대한 설명으로 옳은 것은?

① 장기요양기본계획은 보건복지부장관이 3년마다 수립한다.
② 장기요양기본계획은 보건복지부장관이 5년마다 수립한다.
③ 장기요양기본계획은 국민건강보험공단 이사장이 3년마다 수립한다.
④ 장기요양기본계획은 국민건강보험공단 이사장이 5년마다 수립한다.

08 다음 중 빈칸에 들어갈 기간으로 옳은 것은?

> 행정제재처분의 절차가 진행 중일 때에는 장기요양기관이 폐업한 후 _____ 이내에 같은 장소에서 장기요양기관을 운영하는 자 중 종전에 위반행위를 한 자에 대해 그 절차를 계속 이어서 할 수 있다.

① 1년   ② 2년
③ 3년   ④ 4년

09 다음은 장기요양등급판정위원회에 대한 설명이다. 빈칸 ㉠, ㉡에 들어갈 내용을 순서대로 바르게 나열한 것은?

> • 장기요양인정 및 장기요양등급 판정 등을 심의하기 위해 _____㉠_____에 장기요양등급판정위원회를 둔다.
> • 장기요양등급판정위원회는 특별자치시·특별자치도·시·군·구 단위로 설치하되, 인구 수를 고려해 하나의 특별자치시·특별자치도·시·군·구에 ___㉡___ 이상의 등급판정위원회를 설치할 수 있다.

	㉠	㉡
①	보건복지부	2개
②	보건복지부	3개
③	국민건강보험공단	2개
④	국민건강보험공단	3개

10 다음은 장기요양보험료에 대한 지방자치단체의 부담에 대한 설명이다. 빈칸 ㉠, ㉡에 들어갈 내용을 순서대로 바르게 나열한 것은?

> • 지방자치단체가 부담하는 금액은 _____㉠_____으로 정하는 바에 따라 특별시·광역시·특별자치시·도·특별자치도와 시·군·구가 분담한다.
> • 지방자치단체의 부담액 부과, 징수 및 재원관리, 그 밖에 필요한 사항은 _____㉡_____으로 정한다.

	㉠	㉡
①	대통령령	대통령령
②	대통령령	보건복지부령
③	보건복지부령	대통령령
④	보건복지부령	보건복지부령

11 다음 〈보기〉 중 장기요양기관의 결격사유를 모두 고르면?

ㄱ. 미성년자   ㄴ. 피한정후견인
ㄷ. 정신질환자   ㄹ. 파산선고를 받고 복권이 된 사람
ㅁ. 마약류에 중독된 사람

① ㄱ, ㄴ, ㄷ, ㄹ   ② ㄱ, ㄴ, ㄷ, ㅁ
③ ㄱ, ㄴ, ㄹ, ㅁ   ④ ㄱ, ㄷ, ㄹ, ㅁ

12 수급자가 장기요양인정신청을 직접 수행할 수 없을 경우 가족의 동의를 받아 대리 신청할 수 있는 자는?

① 국민건강보험공단
② 건강보험심사평가원
③ 사회복지전담공무원
④ 시장·구청장

13 장기요양기관이 폐업하거나 휴업하고자 하는 경우 수급자의 권익을 보호하기 위하여 취하여야 할 조치가 아닌 것은?

① 해당 장기요양기관을 이용하는 수급자가 다른 장기요양기관을 선택하여 이용할 수 있도록 계획을 수립하는 조치
② 해당 장기요양기관에서 수급자가 부담한 비용 중 정산하여야 할 비용이 있는 경우 이를 정산하는 조치
③ 장기요양급여를 제공하였는지 평가를 실시하고 그 결과를 공단의 홈페이지 등에 공표하는 조치
④ 그 밖에 수급자의 권익 보호를 위하여 필요하다고 인정되는 조치로서 보건복지부령으로 정하는 조치

14 다음은 장기요양인정의 신청에 대한 설명이다. 빈칸에 공통으로 들어갈 용어로 옳은 것은?

> 장기요양인정을 신청하는 자는 공단에 장기요양인정신청서에 _____를 첨부하여 제출하여야
> 한다. 다만, _____는 공단이 등급판정위원회에 자료를 제출하기 전까지 제출할 수 있다.

① 의사소견서   ② 공단소견서

③ 요양원소견서   ④ 시장소견서

15 다음 중 장기요양기관의 시설·인력에 관한 변경지정에 대한 권한을 가진 자가 아닌 것은?

① 특별자치시장

② 특별자치도지사

③ 시장·군수·구청장

④ 국민건강보험공단 이사장

16 다음 중 장기요양급여에 대한 비용을 수급자 본인이 전액 부담하는 경우로 옳지 않은 것은?

① 노인장기요양보험법의 규정에 따른 급여의 범위 및 대상에 포함되지 아니하는 장기요양급여

② 천재지변으로 인하여 생계가 곤란한 자의 장기요양급여

③ 장기요양급여의 월 한도액을 초과하는 장기요양급여

④ 장기요양인정서에 기재된 장기요양급여의 종류 및 내용과 다르게 선택하여 장기요양급여를 받은
경우의 차액

17 다음은 장기요양기관 지정의 갱신에 대한 내용이다. 빈칸에 들어갈 말을 순서대로 바르게 나열한
것은?

> • 장기요양기관의 장은 지정의 유효기간이 끝난 후에도 계속하여 그 지정을 유지하려는 경우에는
> 지정 유효기간이 끝나기 _____ 전까지 지정 갱신을 신청하여야 한다.
> • 특별자치시장·특별자치도지사·시장·군수·구청장은 갱신 심사를 완료한 경우 그 결과를 지체
> 없이 해당 장기요양기관의 장에게 _____하여야 한다.

① 30일, 신고   ② 30일, 통보

③ 90일, 신고   ④ 90일, 통보

18 다음 〈보기〉 중 공단이 장기요양사업과 관련하여 정관에 포함·기재하여야 하는 사항으로 옳은 것을 모두 고르면?

> **보기**
>
> 가. 장기요양보험료
> 나. 장기요양급여
> 다. 장기요양사업에 관한 예산 및 결산
> 라. 장기요양사업에 관한 조사·연구 및 홍보

① 가, 라　　　　　　　　　　② 나, 라
③ 가, 나, 다　　　　　　　　④ 나, 다, 라

19 다음 중 장기요양기본계획에 포함되지 않는 내용은?

① 연도별 장기요양급여 대상인원
② 연도별 장기요양기관 관리 방안
③ 장기요양병원장의 처우에 관한 사항
④ 장기요양요원의 처우에 관한 사항

20 다음은 구상권에 대한 설명이다. 빈칸 ㉠, ㉡에 들어갈 내용을 순서대로 바르게 나열한 것은?

> 가. 국민건강보험공단은 제3자의 행위로 인한 장기요양급여의 제공사유가 생겨 수급자에게 장기요양급여를 행한 때 그 급여에 사용된 비용의 _____㉠_____ 그 제3자에 대한 손해배상의 권리가 있다.
> 나. 국민건강보험공단은 위 ㉠의 경우 장기요양급여를 받은 자가 제3자로부터 이미 손해배상을 받은 때 그 손해배상액의 _____㉡_____ 장기요양급여를 행하지 않는다.

	㉠	㉡
①	한도 안에서	한도 안에서
②	한도 안에서	100분의 120 범위에서
③	100분의 120 범위에서	한도 안에서
④	100분의 120 범위에서	100분의 120 범위에서

PART 4

최종점검 모의고사

최종점검 모의고사

※ 국민건강보험공단 최종점검 모의고사는 2024년 하반기 필기 후기 및 채용공고를 기준으로 구성한 것으로 실제 시험과 다를 수 있습니다.

※ 응시 직렬에 맞추어 해당 문항을 학습하시기 바랍니다.

■ 취약영역 분석

| 01 | 직업기초능력(공통)

번호	O/×	영역	번호	O/×	영역	번호	O/×	영역
01			21			41		
02			22			42		
03			23			43		
04			24			44		
05			25			45		
06			26			46		
07			27			47		
08			28			48		
09			29			49		
10			30			50		
11		의사소통능력	31		수리능력	51		문제해결능력
12			32			52		
13			33			53		
14			34			54		
15			35			55		
16			36			56		
17			37			57		
18			38			58		
19			39			59		
20			40			60		

| 02 | 국민건강보험법

번호	60	61	62	63	64	65	66	67	68	69	70	71	72	73	74	75	76	77	78	79	80
O/×																					

| 03 | 노인장기요양보험법

번호	60	61	62	63	64	65	66	67	68	69	70	71	72	73	74	75	76	77	78	79	80
O/×																					

평가문항	80문항	평가시간	80분
시작시간	:	종료시간	:
취약영역			

PART 4

최종점검 모의고사

응시시간 : 80분 문항 수 : 80문항

정답 및 해설 p.066

01 직업기초능력(공통)

01 다음 문단을 논리적 순서대로 바르게 나열한 것은?

(가) 교정 중에는 교정장치를 부착하고 있기 때문에 치아뿐 아니라 교정장치까지 닦아주어야 하는데요. 교정용 칫솔은 가운데 홈이 있어 장치와 치아를 닦을 수 있는 칫솔을 선택하게 되고, 가운데 파여진 곳을 교정장치에 위치시킨 후 옆으로 왔다 갔다 전체적으로 닦아줍니다. 그다음 칫솔을 비스듬히 하여 장치의 위아래를 꼼꼼하게 닦아줍니다.

(나) 치아를 가지런하게 하기 위해 교정하시는 분들 중에 간혹 교정 중에 칫솔질이 잘 되지 않아 충치가 생기고 잇몸이 내려가 버리는 경우를 종종 보곤 합니다. 그러므로 교정 중에는 더 신경써서 칫솔질을 해야 하죠.

(다) 마지막으로 칫솔질을 할 때 잊지 말아야 할 것은 우리 입안에 치아만 있는 것이 아니므로 혀와 잇몸에 있는 플라그들도 제거해 주셔야 입 냄새도 예방할 수 있다는 것입니다. 올바른 칫솔질 방법으로 건강한 치아를 잘 유지하시길 바랍니다.

(라) 또 장치 때문에 닦이지 않는 부위는 치간 칫솔을 이용해 위아래 오른쪽 왼쪽 넣어 잘 닦아줍니다. 치실은 치아에 C자 모양으로 감아준 후 치아 방향으로 쓸어내려 줍니다. 그리고 교정 중에는 워터픽이라는 물 분사 장치를 이용해 양치해 주시는 것도 많은 도움이 됩니다. 잘하실 수 있으시겠죠?

① (가) – (나) – (라) – (다)
② (가) – (다) – (나) – (라)
③ (나) – (가) – (라) – (다)
④ (나) – (라) – (다) – (가)

02 다음 중 제시된 의미를 가진 단어는?

주로 봄날 햇빛이 강하게 쬘 때 공기가 공중에서 아른아른 움직이는 현상

① 서리
② 아지랑이
③ 그림자
④ 열구름

소리는 물체가 움직이면서 공기 중에 만들어내는 진동이다. 우리 귀는 진동수가 20Hz에서 20,000Hz 사이의 소리를 들을 수 있는데, 생활 속 필요한 소리는 모두 이 범위 안에 있다고 보면 된다(1Hz는 1초당 진동이 1번 왕복한다는 의미이다). 우리 주변에 소리가 생기면 귓바퀴는 이 소리를 모아 고막으로 전달한다. 고막은 소리가 와닿으면 진동하는 막이다. 고막의 진동은 청소골에 의해 더욱 확장되어 곧바로 달팽이관으로 전달된다. 달팽이관 속에는 수많은 청세포가 있는데, 진동으로 인해 흥분된 청세포가 청신경을 통해 대뇌에 전달되면서 소리를 인식할 수 있는 것이다. 단, 고막이 제 기능을 하려면 고막 안과 밖의 기압이 똑같아야 한다. 우리가 높은 곳에 올라갔을 때 귀가 멍해지는 현상은 기압 변화에 따라 열리고 닫히는 유스타키오관이 제대로 역할을 하지 못하기 때문이다. 이때 침을 삼키거나 하품을 하면 유스타키오관이 열리면서 고막 안팎의 기압을 맞출 수 있다.

귀는 소리를 듣는 것뿐만 아니라 몸의 균형을 잡아주는 역할을 한다. '반고리관'과 '전정기관'을 통해서다. 우리 몸이 회전할 경우 반고리관에 있는 림프액이 같이 회전하면서 회전 감각을 느끼게 만든다. 제 자리에서 코끼리 코를 여러 번 한 후 똑바로 섰을 때 어지럼증을 느끼는 것은 림프액이 관성에 의해 계속 회전하고 있기 때문이다. 전정기관은 우리 몸의 기울기와 관련돼 있다. 전정기관 속에 있는 이석(耳石)이라는 물질이 기울기에 따라 이리저리 쏠리면서 감각 세포를 자극해 기울기를 느끼게 하는 것이다.

03 다음 중 윗글의 내용으로 적절하지 않은 것은?

① 진동 수 20,000Hz 밖의 소리는 사람이 들을 수 없다.

② 유스타키오관이 닫히면서 고막 안과 밖의 기압이 같아진다.

③ 림프액도 관성의 법칙이 적용된다.

④ 이석(耳石)이 없다면 우리 몸은 기울기를 느끼지 못할 것이다.

04 다음 중 소리가 전달되는 과정을 순서대로 바르게 나열한 것은?

① 진동 → 귓바퀴 → 고막 → 청소골 → 달팽이관 → 청신경 → 대뇌

② 진동 → 귓바퀴 → 청소골 → 고막 → 달팽이관 → 청세포 → 대뇌

③ 진동 → 고막 → 청신경 → 청소골 → 청세포 → 달팽이관 → 대뇌

④ 진동 → 고막 → 귓바퀴 → 달팽이관 → 청신경 → 청소골 → 대뇌

05 다음 글을 읽고 이어질 내용을 논리적 순서대로 바르게 나열한 것은?

> AIDS(Acquired Immune Deficiency Syndrome)는 HIV(Human Immunodeficiency Virus)의 감염으로 인해 일어나는 증후군으로서, HIV에 의해 면역세포가 파괴되어 정상적인 면역력을 갖지 못하게 되는 상태를 말한다. HIV 감염 몇 년 후에 면역세포가 일정량 이상 파괴된 상태를 AIDS라 부른다. 따라서 대부분의 감염자는 AIDS보다는 HIV 감염으로 부르는 것이 정확하다.

> (가) HIV에 감염되면 몇 주 내에 감염 초기증상이 발생할 수 있으나, 이는 HIV 감염에서만 일어나는 특이한 증상이 아니므로 증상을 가지고 HIV 감염을 논하기는 어렵다. 의사들의 의견 또한 이러하며, 검사만이 HIV 감염여부에 대해 알 수 있는 통로라고 한다.
>
> (나) 그럼에도 불구하고 HIV는 현재 완치될 수 없는 병이며 감염자에게 심대한 정신적 고통을 주게 되므로, HIV를 예방하기 위해서 불건전한 성행위를 하지 않는 것이 가장 중요하다 할 것이다.
>
> (다) HIV의 감염은 일반적으로 체액과 체액의 교환으로 이루어지는데, 일반적으로 생각하는 성행위에 의한 감염은 이러한 경로로 일어난다. 대부분의 체액에는 HIV가 충분히 있지 않아, 실제로는 성행위 중 상처가 나는 경우의 감염확률이 높다고 한다.
>
> (라) 이와 같은 경로를 거쳐 HIV 감염이 확인되어도 모든 사람이 AIDS로 진행하는 것은 아니다. 현재 HIV는 완치는 불가능하지만 당뇨병과 같이 악화를 최대한 늦출 수 있는 질병으로서, 의학 기술의 발전으로 약을 잘 복용한다면 일반인과 같이 생활할 수 있다고 한다.

① (가) – (나) – (라) – (다) ② (가) – (다) – (라) – (나)
③ (다) – (가) – (라) – (나) ④ (라) – (가) – (나) – (다)

06 다음 글의 주제로 가장 적절한 것은?

> 분노는 공격과 복수의 행동을 유발한다. 분노 감정의 처리에는 '눈에는 눈, 이에는 이'라는 탈리오 법칙이 적용된다. 분노의 감정을 느끼게 되면 상대방에 대해 공격적인 행동을 하고 싶은 공격 충동이 일어난다. 동물의 경우, 분노를 느끼면 이빨을 드러내게 되고 발톱을 세우는 등 공격을 위한 준비 행동을 나타내게 된다. 사람의 경우에도 분노를 느끼면 자율신경계가 활성화되고 눈매가 사나워지며 이를 꽉 깨물고 주먹을 불끈 쥐는 등 공격 행위와 관련된 행동들이 나타나게 된다. 특히 분노 감정이 강하고 상대방이 약할수록 공격 충동은 행동화되는 경향이 있다.

① 공격을 유발하게 되는 원인 ② 분노가 야기하는 행동의 변화
③ 탈리오 법칙의 정의와 실제 사례 ④ 동물과 인간의 분노 감정의 차이

07 다음 중 빈칸에 들어갈 접속사로 가장 적절한 것은?

> 날이 추우면 통증이 커질 수 있는 질환이 몇 가지 있다. 골관절염이나 류마티스 관절염 등 관절 관련 질환이 여기에 해당한다. 통증은 신체에 어떤 이상이 있으니 상황이 악화되지 않도록 피할 방법을 준비하라고 스스로에게 알리는 경고이다.
>
> 골관절염과 류마티스 관절염은 여러 면에서 차이가 있으나 환절기에 추워지면 증상이 악화될 수 있다는 공통점이 있다. 날씨에 따라 관절염 증상이 악화되는 이유를 의학적으로 명확하게 설명할 수 있는 근거는 다소 부족하지만 추위로 인해 관절염 통증이 심해질 수 있다. 우리는 신체의 신경을 통해 통증을 느끼는데, 날이 추워지면 신체의 열을 빼앗기지 않고자 조직이 수축한다. 이 과정에서 신경이 자극을 받아 통증을 느끼게 되는 것이다. 즉, 관절염의 질환 상태에는 큰 변화가 없을지라도 평소보다 더 심한 통증을 느끼게 된다.
>
> _____ 날이 추워질수록 외부 온도 변화에 대응할 수 있도록 가벼운 옷을 여러 개 겹쳐 입어 체온을 일정하게 유지해야 한다. 특히 일교차가 큰 환절기에는 아침, 점심, 저녁으로 변화하는 기온에 따라 옷을 적절하게 입고 벗을 필요가 있다. 오전에 첫 활동을 시작할 때는 가벼운 스트레칭을 통해 체온을 올린 후 활동하는 것도 효과적이다. 춥다고 웅크린 상태에서 움직이지 않으면 체온이 유지되지 않을 수 있으므로 적절한 활동을 지속하는 것이 중요하다.

① 그러나   ② 따라서
③ 한편   ④ 그리고

08 다음 밑줄 친 부분이 맞춤법에 맞지 않는 것은?

① <u>쉬이</u> 넘어갈 문제가 아니다.
② 가정을 <u>소홀히</u> 해서는 안 된다.
③ 소파에 <u>깊숙이</u> 기대어 앉았다.
④ 헛기침이 <u>간간히</u> 섞여 나왔다.

09 다음 밑줄 친 ㉠ ~ ㉢ 중 단어의 사용이 적절하지 않은 것은?

보건복지부는 포용적 사회보장의 기반 마련을 위해 복지 대상자를 중심에 두고 필요한 정보를 연계·통합한 '차세대 사회보장 정보시스템' ㉠ 창안(創案) 계획을 발표했다. 이에 포괄적 사회 보장 지원을 원하는 국민은 누구나 '복지 멤버십'의 회원으로 등록할 수 있다. 등록 시 조사에 동의한 가구·소득·재산 정보를 토대로 사회 보장 급여·서비스의 지원기준에 맞춰 정보시스템이 우선 대상자를 ㉡ 판정(判定)한다. 임신·출산·입학·실직·퇴직·중대 질병·장애 발생·입원 등 경제 상황 변동에 따른 사회보장 정보를 제공한다. 보건복지부 관계자는 "안내를 받은 국민이 사회보장 급여와 서비스를 편리하게 신청할 수 있도록 하여 복지 ㉢ 사각(四角)지대를 해소하고, 정책개선 체감도를 높이고자 한다."라고 말했다.
빅데이터를 활용한 시스템도 도입한다. 기존에 단전·단수 정보나 건강 보험료 체납정보 등의 빅데이터 정보를 활용했지만, 앞으로는 단순 빈곤을 넘어 고립·관계단절·정신적·인지적 문제가 있는 경우까지 발굴할 수 있는 방안을 연구하고, 이에 대한 사회적 논의를 신중히 진행할 예정이다. 이를 위해 정부는 보건복지콜센터 상담사나 민간 복지기관 ㉣ 종사(從事)자 등 다양한 인적 안전망을 통해 들어오는 위기 정보를 체계적으로 관리하여 빅데이터 분석에 활용할 계획이다. 또 고용 위기 등 기초자치단체에서 지역 특성을 고려해 자체적으로 위기가구를 분석하고, 원룸·고시원·판자촌 등 주민등록정보 관리가 어려운 지역은 위기 징표가 밀집된 곳의 위치정보를 제공할 계획이다.

① ㉠ 창안
② ㉡ 판정
③ ㉢ 사각
④ ㉣ 종사

10 K회사의 신입사원인 A ~ E는 회사에서 문서작성 시 주의해야 할 사항에 대한 교육을 받은 뒤 서로 이야기를 나누었다. 다음 중 잘못된 내용을 이야기하고 있는 사람을 〈보기〉에서 모두 고르면?

> **보기**
>
> A사원 : 문서를 작성할 때는 주로 '누가, 언제, 어디서, 무엇을, 어떻게, 왜'의 육하원칙에 따라 작성해야 해.
> B사원 : 물론 육하원칙에 따라 글을 작성하는 것도 중요하지만, 되도록 글이 한눈에 들어올 수 있도록 하나의 사안은 한 장의 용지에 작성해야 해.
> C사원 : 글은 한 장의 용지에 작성하되, 자료는 최대한 많이 첨부하여 문서를 이해하는 데 어려움이 없도록 하는 것이 좋아.
> D사원 : 문서를 작성한 후에는 내용을 다시 한 번 검토해 보면서 높임말로 쓰인 부분은 없는지 살펴보고, 있다면 이를 낮춤말인 '해라체'로 고쳐 써야 해.
> E사원 : 특히 문서나 첨부 자료에 금액이나 수량, 일자 등이 사용되었다면 정확하게 쓰였는지 다시 한 번 꼼꼼하게 검토하는 것이 좋겠지.

① A사원, B사원
② A사원, C사원
③ B사원, D사원
④ C사원, D사원

11 다음 글을 근거로 추론할 때, 언급된 작품 중 가장 마지막에 완성된 작품은?

반 고흐가 여동생 윌에게

재작년 누에넨에서 완성한 「감자 먹는 사람들」이 내가 그린 그림 중 제일 낫다고 생각해. 그 후로는 알맞은 모델을 구할 수 없었어. 그 대신 색채 문제를 고민할 기회를 가질 수 있었지. 작년에는 「장미와 해바라기가 있는 정물」을 완성하면서 분홍색, 노란색, 주황색, 찬란한 빨간색에 익숙해질 수 있었단다. 그 덕에 올 여름 「아시니에르의 음식점」을 완성하면서 과거보다 더 많은 색을 볼 수 있었어.

1887년 여름

반 고흐가 베르나르에게

이제 막 다 그린 「씨 뿌리는 사람」을 보내네. 태양만큼이나 환한 그림일세. 「별이 빛나는 밤」은 언제쯤이면 완성할 수 있을까? 완벽한 자연의 아름다움 앞에서 아무리 큰 무력감을 느끼더라도 우선 노력은 해야겠다고 다짐하네.

1888년 6월

반 고흐가 동생 테오에게

근래 아프기는 했지만 「수확하는 사람」을 드디어 완성했어. 수확하느라 뙤약볕에서 온 힘을 다하고 있는 흐릿한 인물에서 나는 죽음의 이미지를 발견하곤 해. 그래서 「씨 뿌리는 사람」과는 반대의 그림이라 해야겠지.

1889년 9월 5일

테오가 형 반 고흐에게

앵데팡당 전이 열렸어. 올 초에 받은 형의 두 작품 「장미와 해바라기가 있는 정물」과 「별이 빛나는 밤」도 그곳에 전시되었어. 멀리서도 시선을 확 잡아끄는 아름다운 그림이야.

1889년 9월 12일

---

① 「감자 먹는 사람들」
② 「별이 빛나는 밤」
③ 「수확하는 사람」
④ 「씨 뿌리는 사람」

12 국민건강보험공단의 A사원은 건강보험 보장성 강화대책에 관한 질문에 다음과 같이 답을 하였다. A사원의 글을 읽고 이해한 내용으로 적절하지 않은 것은?

<건강보험 보장성 강화대책>

1. **국민의료비 경감대책은 왜 필요한가요?**

   건강보험 혜택을 지속적으로 넓혀왔음에도 불구하고, 아직 국민이 직접 부담하는 의료비 수준이 선진국에 비해 높은 편입니다. 우리나라 건강보험은 우수한 제도이나, 국민이 직접 부담하는 의료비가 OECD 국가 중 멕시코에 이어 두 번째로 높으며, 그 결과 저소득층은 의료비로 인해 빈곤층으로 전락할 위험에 쉽게 노출되고 있습니다. 따라서 건강보험에서 부담하는 의료비의 비율을 높이는 것(보장성 강화)이 국민의 의료비 부담을 줄이는 최선의 선택이며, 상당 규모의 적립금이 쌓여있는 현 시점이 의료비 경감대책을 추진하기에 최적의 시기입니다. 이에, 전면적인 건강보험 보장성 강화대책을 실시하여 비급여 의료비를 체계적으로 관리하고 국민의료비의 획기적인 경감을 추진하도록 하겠습니다.

2. **이 대책이 시행되면 무엇이 좋아지나요?**

   첫째, 국민의 의료비 부담이 크게 줄어들게 됩니다. 건강보험이 적용되지 않는 비급여 영역이 현재의 1/3로 줄어들어서, 1인당 평균 국민 의료비 부담이 18% 감소하고, 비급여 부담도 64% 감소할 것으로 기대됩니다.

   둘째, 고액의료비로 인한 가계파탄을 막을 수 있습니다. 본인부담상한제가 적용되지 않는 비급여 항목이 감소됨에 따라 본인부담상한제 혜택을 받는 중증질환자가 크게 증가하고, 비급여 의료비에 대해 지원하는 '재난적 의료비 지원사업'이 제도화되어 고액의료비로 인한 가계 부담이 더욱 완화될 예정입니다. 이에 따라 연간 5백만 원 이상 의료비 부담 환자가 전체적으로는 약 66% 감소하고, 저소득층의 경우에는 95%까지 감소할 것으로 기대됩니다.

3. **대상별로 어떻게 좋아지는 건가요?**

   먼저 어르신의 치매의료비와 틀니·치과임플란트 비용이 크게 줄어듭니다. 중증 치매 어르신의 경우 건강보험 본인부담률이 20 ~ 60%이었으나, 2017년 10월부터 10%만 부담하게 되며, 치매 여부를 확인하기 위해 필요한 정밀 신경인지검사, MRI 등 고가의 검사도 건강보험을 적용하여 의료비 부담이 줄어듭니다. 65세 이상 어르신의 틀니·치과임플란트 본인부담률도 50%에서 30%로 인하됩니다(틀니 2017년 11월, 치과임플란트 2018년 7월).

   두 번째, 아동과 청소년의 입원진료비와 치과 의료비 부담이 경감됩니다. 15세 이하 아동·청소년이 입원하여 치료를 받을 경우 의료비의 10 ~ 20%를 본인이 부담하나, 2017년 10월부터는 5%만 부담하면 됩니다. 충치예방 효과가 뛰어나 18세 이하 아동에게 건강보험 적용하고 있는 '치아홈메우기'의 본인부담률이 현재 의료기관 종류별(의원·병원 등) 30 ~ 60%에서 2017년 10월부터 10%로 인하되고, 12세 이하 아동의 충치치료(광중합형 복합레진 충전)도 '18년 중 건강보험이 적용되어 의료비 부담이 줄어듭니다.

   세 번째, 여성의 난임시술과 부인과 초음파검사의 건강보험 혜택이 넓어집니다. 난임시술(인공수정, 체외수정)은 건강보험이 적용되지 않고, 소득수준에 따라 국가에서 시술 비용 중 일부를 지원하고 있었으나, 2017년 10월부터 필수적인 시술은 건강보험이 적용됩니다. 부인과 초음파도 현재는 암·희귀난치성 질환 등 4대 중증질환자에 한정하여 건강보험이 적용되고 있으나, 앞으로는 모든 여성의 부인과 질환 진단·치료에 필요한 모든 범위까지 건강보험이 지원할 예정입니다.

① 건강보험 보장성 강화는 의료비 부담으로 빈곤층으로 전락하는 저소득층을 보호할 수 있다.

② 치매 여부를 확인하기 위한 고가의 검사에도 건강보험이 적용되어 의료비 부담이 줄어든다.

③ 2017년 10월부터 필수적인 난임시술에 건강보험이 적용된다.

④ 본인부담상한제가 적용되었던 비급여 항목이 감소하여 고액의료비로 인한 가계 부담이 완화될 수 있다.

13 다음 글의 빈칸에 들어갈 내용으로 가장 적절한 것은?

> 어느 시대든 사람들은 원인이 무엇인지 알고 있다고 믿었다. 사람들은 그런 앎을 어디서 얻는가? 원인을 안다고 믿는 사람들의 믿음은 어디서 생기는 것일까?
>
> 새로운 것, 체험되지 않은 것, 낯선 것은 원인이 될 수 없다. 알려지지 않은 것에서는 위험, 불안정, 걱정, 공포감이 뒤따르기 때문이다. 우리 마음의 불안한 상태를 없애고자 한다면, 우리는 알려지지 않은 것을 알려진 것으로 환원해야 한다. 이러한 환원은 우리 마음을 편하게 해주고 안심시키며 만족을 느끼게 한다. 이 때문에 우리는 이미 알려진 것, 체험된 것, 기억에 각인된 것을 원인으로 설정하게 된다. '왜?'라는 물음의 답으로 나온 것은 그것이 진짜 원인이기 때문에 우리에게 떠오른 것이 아니다. 그것이 우리에게 떠오른 것은 그것이 우리를 안정시켜주고 성가신 것을 없애주며 무겁고 불편한 마음을 가볍게 해주기 때문이다. 따라서 원인을 찾으려는 우리의 본능은 위험, 불안정, 걱정, 공포감 등에 의해 촉발되고 자극받는다.
>
> 우리는 '설명이 없는 것보다 설명이 있는 것이 언제나 더 낫다.'고 믿는다. 우리는 특별한 유형의 원인만을 써서 설명을 만들어 낸다. _____ 그래서 특정 유형의 설명만이 점점 더 우세해지고, 그러한 설명들이 하나의 체계로 모아져 결국 그런 설명이 우리의 사고방식을 지배하게 된다. 기업인은 즉시 이윤을 생각하고, 기독교인은 즉시 원죄를 생각하며 소녀는 즉시 사랑을 생각한다.

① 이것은 우리의 호기심과 모험심을 자극한다.

② 이것은 인과관계에 대한 우리의 지식을 확장시킨다.

③ 이것은 우리가 왜 불안한 심리 상태에 있는지를 설명해 준다.

④ 이것은 낯설고 체험하지 않았다는 느낌을 가장 빠르고 가장 쉽게 제거해 버린다.

14　다음 글의 수정 방안으로 적절하지 않은 것은?

심폐소생술은 심장과 폐의 활동이 갑자기 멈췄을 때 실시하는 응급조치를 말합니다. 심폐소생술은 크게 '의식 확인 및 119 신고 단계', '가슴 압박 단계', '인공호흡 단계'로 나눌 수 있습니다. 먼저 '의식 확인 및 119 신고 단계'에서는 환자를 바로 ⊙ 누운 후 어깨를 가볍게 치면서 상태를 확인합니다. 만약 의식이나 호흡이 없거나 자발적인 움직임이 없고 헐떡이는 등의 상태가 ⓒ 나타나지 않는다면, 즉시 주변 사람들 중 한 명을 지목해서 119에 신고하도록 하고 주변에 자동제세동기가 있다면 가져올 것을 요청합니다.

다음은 '가슴 압박 단계'입니다. 이 단계에서는 환자의 양쪽 젖꼭지 부위를 잇는 선의 정중앙 부분을 깍지 낀 손의 손바닥으로 힘껏 누릅니다. 이때, 팔꿈치는 ⓒ 펴고 팔은 환자의 가슴과 수직이 되어야 합니다. 가슴 압박 깊이는 적어도 5cm 이상으로 하고, 압박 속도는 분당 100회 이상 실시해야 합니다.

마지막으로 '인공호흡 단계'에서는 한 손으로는 환자의 이마를 뒤로 젖히고 다른 한 손으로는 턱을 들어 올려 ⓔ 열어줍니다. 그리고 이마를 젖힌 손의 엄지와 검지로 코를 막은 뒤 환자의 입에 숨을 2회 불어 넣습니다. 이때 곁눈질로 환자의 가슴이 상승하는지를 잘 살펴보아야 합니다. 119 구급대나 자동제세동기가 도착할 때까지 가슴 압박과 인공호흡을 30 : 2의 비율로 반복합니다. 이후 환자가 스스로 숨을 쉬거나 움직임이 명확하게 나타난다면 심폐소생술을 중단할 수 있습니다.

① ⊙ : 목적어와 서술어의 호응 관계를 고려하여 '눕힌'으로 고친다.

② ⓒ : 문맥의 흐름을 고려하여 '나타나면'으로 고친다.

③ ⓒ : 맞춤법에 어긋나므로 '피고'로 고친다.

④ ⓔ : 필요한 문장 성분이 생략되었으므로 목적어 '기도를'을 앞에 추가한다.

매실은 유기산 중에서도 구연산(시트르산)의 함량이 다른 과일에 비해 월등히 많다. 구연산은 섭취한 음식을 에너지로 바꾸는 대사 작용을 돕고, 근육에 쌓인 젖산을 분해하여 피로를 풀어주며 칼슘의 흡수를 촉진하는 역할도 한다. 피로를 느낄 때, 매실 식초와 생수를 1 : 3 비율로 희석하여 마시면 피로회복에 효과가 있다.

매실의 유기산 성분은 위장 기능을 활발하게 한다고 알려졌다. 매실의 신맛은 소화기관에 영향을 주어 위장, 십이지장 등에서 소화액 분비를 촉진시켜 소화불량에 효능이 있다. 소화가 안 되거나 체했을 때 매실청을 타먹는 것도 매실의 소화액 분비 촉진 작용 때문이다. 또한, 장내부를 청소하는 정장작용은 물론 장의 연동 운동을 도와 변비 예방과 피부까지 맑아질 수 있다.

매실의 해독작용은 동의보감도 인정하고 있다. 매실에 함유된 피루브산은 간의 해독작용을 도와주며, 카테 키산은 장 속 유해 세균의 번식을 억제하는 효과가 있다. 매실의 해독작용은 숙취 해소에도 효과가 있다. 매실즙이 알콜 분해 효소의 활성을 높여주기 때문이다. 또 이질균, 장티푸스균, 대장균의 발육을 억제하는 것은 물론, 장염 비브리오균에도 항균작용을 하는 것으로 알려져 있다.

매실의 유기산 성분은 참으로 다양한 곳에서 효능을 발휘하는데, 혈액을 맑게 해주고 혈액순환을 돕는다. 혈액순환이 좋아지면 신진대사가 원활해지고 이는 피부를 촉촉하고 탄력 있게 만들어 준다. 또한, 매실은 인스턴트나 육류 등으로 인해 점점 몸이 산성화되어가는 체질을 중화시켜 주는 역할도 한다.

매실은 칼슘이 풍부하여 여성에게서 나타날 수 있는 빈혈이나 생리 불순, 골다공증에도 좋다고 한다. 특히 갱년기 장애를 느낄 때 매실로 조청을 만들어 꾸준히 먹는 것이 좋다. 꾸준한 복용을 추천하지만 적은 양으로도 농축된 효과가 나타나므로 중년의 불쾌한 증세에 빠른 효과를 나타낸다고 알려져 있다. 또한, 매실은 체지방을 분해해주어 다이어트에도 효능이 있다.

15 다음 중 윗글의 제목으로 가장 적절한 것은?

① 알뜰살뜰, 매실청 집에서 담그는 법

② 여름철 '푸른 보약' 매실의 힘

③ 장수비법 – 제철 과일의 효과

④ 색깔의 효능 : 초록색편 – 매실

16 다음 중 매실의 성분과 그 효능을 연결한 내용으로 적절하지 않은 것은?

① 구연산 – 숙취

② 유기산 – 소화작용 촉진

③ 피루브산 – 해독작용

④ 칼슘 – 빈혈 완화

17 다음 글의 빈칸에 들어갈 문장을 〈보기〉에서 찾아 순서대로 바르게 나열한 것은?

세포의 DNA는 생물의 모든 유전 정보를 가지고 있다. DNA의 유전 정보들 중 단백질 합성을 위한 정보는 mRNA(messenger RNA)를 통해 리보솜(Ribosome)에 전달되고, 이를 바탕으로 리보솜에서 단백질이 합성된다. ＿＿＿＿＿＿＿＿＿＿＿＿＿＿＿ 예를 들어 세포가 독성 물질에 노출되면 특정한 단백질들이 합성되는데, 이러한 단백질들은 독성 물질로부터 세포를 보호하는 역할을 한다. 그런데 이러한 단백질들이 만들어질 때에는 특정 단백질 합성과 관련된 mRNA들의 양도 증가한다. ＿＿＿＿＿＿＿＿＿＿＿＿＿＿＿ 특정 상황에서 증가된 mRNA들의 종류를 분석하면 그 상황에 대응하기 위해 어떤 유전자가 발현되었는지 구체적으로 알 수 있다.

＿＿＿＿＿＿＿＿＿＿＿＿＿＿＿ 이러한 번거로움은, 이미 밝혀진 DNA 정보에 따라 유전자 조각을 작은 슬라이드에 규칙적으로 배열한 DNA칩을 이용한 검사를 통해 해결할 수 있다. DNA칩과 mRNA를 통해 특정 상황에서 발현되는 유전자를 찾으려면, 먼저 세포에서 mRNA들을 추출한다. 추출한 mRNA들을 DNA칩의 유전자 조각과 결합할 수 있는 유전자 조각들로 만들고, 이들이 결합할 때 형광이 나타나도록 형광물질을 부착한다. 그런 다음 이를 DNA칩 위에 뿌리면 DNA칩에 나열된 유전자 조각과 mRNA로 만든 유전자 조각이 결합된다. 이 결합에 따라 나타난 형광 정보를 컴퓨터 프로그램으로 분석할 수 있다.

이와 같은 검사를 통해 mRNA로 만든 유전자 조각에서 나타나는 특정 단백질 합성과 관련된 유전자를 한눈에 파악할 수 있다. 이러한 방법을 활용하면 특정 상황에서 나타나는 단백질 합성과 관련된 유전자의 변화를 알 수 있기 때문에 어떤 개체가 독성 물질에 노출되었을 때 그에 따라 나타난 유전자의 변화를 확인할 수 있다.

> **보기**
>
> ㉠ 따라서 특정 상황에서 mRNA가 갑자기 많이 나타난다면 그 상황이 세포에게 유해한 상황이라는 것을 짐작할 수 있다.
> ㉡ 그런데 mRNA들은 다양한 종류가 한꺼번에 발현되는 특성이 있기 때문에 특정 단백질 합성과 관련된 것들만 일일이 구분하려면 시간이 오래 걸리고 번거롭다.
> ㉢ 단백질들은 생체의 구성 성분이 될 뿐만 아니라 상황에 따라서는 세포를 보호하는 역할도 한다.

① ㉠, ㉡, ㉢

② ㉡, ㉠, ㉢

③ ㉡, ㉢, ㉠

④ ㉢, ㉠, ㉡

18 의사 G씨는 신문에 의료칼럼을 실어왔다. 이번 칼럼의 주제는 '류마티스 관절염'이라고 했을 때, G씨가 글을 싣기 위해 구상한 내용으로 적절하지 않은 것은?

<내 몸이 나를 공격한다, 류마티스 관절염>

관절은 뼈와 뼈가 만나는 부위를 말하며, 연골과 관절액이 뼈와 뼈가 맞닿은 부위를 부드럽게 한다. 관절액은 자동차의 윤활유 같은 역할을 하며, 활막이라는 곳에서 만들어진다. 류마티스 관절염이란 관절액을 만드는 활막을 내 면역체계가 공격해서 생기는 자가면역질환의 일종으로, 만성 전신성 염증관절염이다. 여성이 좀 더 많으며 30 ~ 40대에 많이 생긴다.

류마티스 관절염의 원인을 한 가지로 단언하기는 어려우나, 유전적 요인과 아울러 흡연, 감염, 여성호르몬 등의 환경적 요인이 복합적으로 관여하는 것으로 알려져 있다.

초기 증상으로는 손마디가 붓고 아프면서 자고 일어나면 뻣뻣함(아침 경직)을 느끼는 것이다. 특히 아침 경직은 대부분 한 시간 이상 지속되며, 손목이나 발, 발목, 팔꿈치, 무릎 등에도 올 수 있고 좌우 대칭으로 오는 경향이 있다. 이러한 증상이 한두 달 이상 지속되면 전문의의 진료를 받아보는 것이 좋다.

의사는 환자에게 어느 관절이 얼마나 오랫동안 아팠는지, 언제 가장 아픈지, 아침 경직은 없는지 등을 질문하고, 진찰을 통해 관절의 염증 여부를 파악하며, 혈액 검사로 류마티스 관절염 관련 자가항체(류마티스인자, 항씨씨피인자)가 양성인지, 염증수치는 올라가지 않았는지를 확인하고, X-선 검사 결과를 종합하여 진단하게 된다.

류마티스 관절염을 치료하는 이유는 염증을 가라앉히고 통증을 없애주며 관절의 변형을 최소화하고 손상된 관절도 다시 사용할 수 있게 하도록 하기 위함이다. 약물 치료가 중심이 되고, 관절 보호를 위한 보호대 사용이나 물리치료도 병행할 수 있다. 약물치료는 흔히 면역치료제로 알려져 있는 항류마티스약제를 기본으로 하여 스테로이드와 소염진통제를 병용할 수 있고 필요에 따라 생물학적 제제를 사용할 수 있다. 약물치료와 함께 관절을 보호하는 생활습관을 터득하는 것이 필요하고, 무리가 되지 않는 범위 내에서 운동을 꾸준히 하는 것이 좋다. 류마티스 관절염에 특별히 좋은 음식은 없으므로 균형 있는 식사를 하는 것이 좋다.

① 류마티스 관절염의 원인 ② 류마티스 관절염의 증상
③ 류마티스 관절염의 진단 ④ 류마티스 관절염의 예후

19 다음 중 A씨가 이 글을 읽고 할 행동으로 가장 적절한 것은?

더위에 지치고 자외선에 지치고 땀에 지치고 피지에 지치는 여름철, 피부는 한마디로 총체적 난국이다. 번들거리고 끈적이고 더워서 관리 자체가 어렵다. 더 괴로운 것은 기온이 오를수록 늘어나는 피지와 트러블이다. 참고로 피지는 기온이 1℃ 오를 때마다 10% 더 분비된다. 그렇다면 여름철 피부 관리를 어떻게 해야 하는지 알아보자.

끈적이는 여름, 피부에 무언가를 덧바르기 싫다면서 기초케어조차 하지 않는다면 계절이 끝날 즈음에는 상상 이상의 피부 트러블을 각오해야 할 것이다. 스킨케어 단계를 줄이면 이를 극복하기 위해 피부는 더 많은 피지를 생성하게 되고 이로 인해 피부 트러블도 더 많이 발생할 수밖에 없기 때문이다. 한번 유·수분 밸런스가 깨진 피부는 회복하는 데 상당한 노력과 시간을 요구한다. 촉촉하고 탄력 있는 피부를 원한다면 여름철 기초케어는 선택이 아니라 필수이다.

자외선 차단제는 숫자가 중요한 것이 아니라 자주 덧발라주는 것이 중요하다. 자외선 차단 지수는 SPF 15부터 75까지 그 종류가 다양한데, 숫자는 자외선 차단 정도를 뜻하며 SPF 30 ~ 50 이상이 야외활동용으로 알려져 있다. 그러나 아무리 높은 수치의 자외선 차단제라고 해도 지속력은 2시간 정도 밖에 되지 않는다. 즉, 차단제를 발랐다고 해서 무조건 자외선을 막을 수 있는 것은 아니므로 여름철 피부 손상을 막기 위해선 자외선 차단제를 2시간에 한 번씩 덧발라주는 것을 잊지 않아야 한다.

미스트를 뿌리면 피부에 수분이 닿으니 촉촉해진 것처럼 느껴진다. 그러나 이것은 촉감의 착각일 뿐 미스트를 뿌린 후에는 피부 내 수분의 삼투압 차이로 오히려 수분을 빼앗기는 현상이 일어난다. 미스트가 증발하면서 피부의 수분까지 빼앗아 가기 때문이다. 물론 미스트의 성분에 따라 차이는 있겠지만 일반적으로 탈수가 일어나기 쉬우니 주의해서 사용하는 것이 좋다.

피지 분비가 많은 지성피부는 여름철에 과도한 피지분비로 트러블이 생기기 쉽다. 더 자주, 더 깨끗하게 세안하면 좋아지지 않을까 생각하지만 실상은 그렇지 않다. 과도한 세안은 오히려 피지선을 자극하거나 피부 건조증을 일으킬 수 있다. 너무 번들거리고 트러블이 심하다면 모공을 열어주는 따뜻한 물로 먼저 깨끗하게 세안한 다음 차가운 물로 마무리하여 모공을 수축해야 한다. 여름철이라도 세안은 하루 2 ~ 3회면 적당하다.

① 여름철은 수분 부족으로 피지분비가 이루어지지 않으므로 피지관리에 신경을 쓴다.
② 여름철엔 기초케어가 오히려 모공을 막을 수 있으므로 이틀에 한 번만 한다.
③ 외출하기 전 자외선 차단제를 여러 번 꼼꼼하게 바르면 덧바르지 않아도 된다.
④ 과도한 세안은 피부를 자극할 수 있으므로 하루에 2 ~ 3번 깨끗하게 세안한다.

20 다음 중 〈보기〉가 들어갈 위치로 가장 적절한 곳은?

(가) 턱관절(악관절)이란 양쪽 손가락을 바깥귀길(외이도) 앞쪽에 대고 입을 벌릴 때 움직이는 것을 알 수 있는 얼굴 부위의 유일한 관절이다. 사람의 머리뼈는 여러 개의 뼈가 맞물려 뇌를 보호하도록 되어 있는 구조인데, 그중 머리 옆을 덮고 있는 좌우 관자뼈의 아래쪽에는 턱관절오목(하악와, 하악골과 접하기 때문에 붙여진 이름)이라 불리는 오목한 곳이 있다. (나) 국민건강보험공단이 2010년 부터 2015년까지 건강보험 지급 자료를 분석한 내용에 따르면, 주 진단명으로 '턱관절 장애'를 진료 받은 환자는 2010년 25만 명에서 2015년 35만 명으로 40.5% 증가하였으며, 여성이 남성보다 1.5 배 정도 더 많은 것으로 나타났다. (다) 2015년 성별·연령대별 진료 현황을 살펴보면, 20대(9만 4천 명, 26.9%)가 가장 많았고, 10대(6만 명, 17.1%), 30대(5만 6천 명, 16.1%) 순이었으며, 젊은 연령층의 여성 진료 인원이 많은 것으로 나타났다. 20대 여성이 5만 5천 명으로 같은 연령대 남성 3만 8천 명보다 1.4배 많았으며, 30대와 40대는 1.7배 등 9세 이하를 제외한 전 연령대에서 여성 진료 인원이 많았다. (라) 2015년 연령대별 인구 10만 명당 진료 인원에서도 20대 여성이 1,736명 으로 가장 많았고, 다음으로 10대 1,283명, 30대 927명 순으로 나타났다. 남성은 20대가 1,071명 으로 가장 많았고, 9세 이하가 45명으로 가장 적었다. 진료 형태별로 '턱관절 장애' 진료 인원을 비교해 본 결과, 외래 진료 인원은 2010년 24만 8천 명에서 2015년 34만 8천 명으로 40.4%로 증가하였고, 입원 진료자 수도 2010년 322명에서 2015년 445명으로 38.2% 증가하였다.

보기

국민건강보험공단 일산병원 치과 김○○ 교수는 20대 여성 환자가 많은 이유에 대해 "턱관절 장애 는 턱관절과 주위 저작근 등의 이상으로 나타나는 기질적 요인도 있으나, 정서적(또는 정신적) 기여 요인 또한 영향을 미치는 것으로 알려져 있다. 턱관절 장애는 스트레스, 불안감 또는 우울증 등이 요인으로 작용할 수 있다. 일반적으로 여성이 턱관절 이상 증상에 대해서 더 민감하게 받아들이는 것으로 알려져 있다. 한 가지 고려 사항으로는 아직 명확하게 밝혀진 것은 아니나, 최근 여성호르몬 이 턱관절 장애의 병인에 영향을 줄 수 있는 것으로 보고된 바 있다."라고 설명하였다.

① (가)   ② (나)
③ (다)   ④ (라)

21 A는 스키장에 가서 초급, 중급, 고급 세 가지 슬로프를 타기로 했다. 초급에서 넘어질 확률은 $\frac{1}{5}$, 중급에서 넘어질 확률은 $\frac{1}{4}$, 고급에서 넘어질 확률은 $\frac{1}{3}$일 때, 슬로프를 4번 타고 한 번도 넘어지지 않을 확률은?(단, 모든 난이도의 슬로프를 한 번 이상 타야 하고 세 가지 슬로프를 다 탈 확률은 같다)

① $\frac{103}{150}$

② $\frac{113}{150}$

③ $\frac{123}{150}$

④ $\frac{133}{150}$

22 내일 비가 올 확률은 $\frac{1}{3}$이다. 비가 온 다음 날 비가 올 확률은 $\frac{1}{4}$, 비가 안 온 다음 날 비가 올 확률은 $\frac{1}{5}$일 때, 모레 비가 올 확률은?

① $\frac{13}{60}$

② $\frac{9}{20}$

③ $\frac{11}{20}$

④ $\frac{29}{60}$

23 민호는 자신의 집에서 수지네 집으로 3m/s의 속력으로 가고 수지는 자신의 집에서 민호네 집으로 2m/s의 속력으로 간다. 수지와 민호네 집은 900m 떨어져 있고 수지가 민호보다 3분 늦게 출발했을 때, 민호는 집에서 출발한 지 얼마 만에 수지와 만나는가?(단, 민호와 수지네 집 사이의 길은 한 가지밖에 없다)

① 1분 12초

② 2분 12초

③ 3분 12초

④ 4분 12초

24 농도가 5%인 소금물 800g에서 물이 증발한 후 소금 30g을 더 넣었더니 14%의 소금물이 되었다. 이때, 증발한 물의 양은 몇 g인가?

① 270g
② 290g
③ 310g
④ 330g

25 다음은 마트 및 편의점의 봉투 사용률에 대한 자료이다. 이에 대한 설명으로 옳은 것을 〈보기〉에서 모두 고르면?

〈마트 및 편의점 봉투 사용률〉

구분	대형마트 (2,000명 대상)	중형마트 (800명 대상)	개인마트 (300명 대상)	편의점 (200명 대상)
비닐봉투	7%	18%	21%	78%
종량제봉투	28%	37%	43%	13%
종이봉투	5%	2%	1%	0%
에코백	16%	7%	6%	0%
개인 장바구니	44%	36%	29%	9%

※ 마트별 전체 조사자 수는 상이하다.

보기

ㄱ. 대형마트의 종이봉투 사용자 수는 중형마트의 종이봉투 사용자 수의 6배 이상이다.
ㄴ. 대형마트의 종량제봉투 사용자 수는 전체 종량제봉투 사용자 수의 절반 이하이다.
ㄷ. 비닐봉투 사용률이 가장 높은 곳과 비닐봉투 사용자 수가 가장 많은 곳은 동일하다.
ㄹ. 편의점을 제외한 마트의 규모가 커질수록 개인 장바구니의 사용률은 증가한다.

① ㄱ, ㄹ
② ㄱ, ㄴ, ㄷ
③ ㄱ, ㄷ, ㄹ
④ ㄴ, ㄷ, ㄹ

26 다음은 T자동차 회사의 TV 광고모델 후보 4명에 대한 자료이다. 〈조건〉을 적용하여 광고모델을 선정할 때, 총광고효과가 가장 큰 모델은?(단, 광고는 TV를 통해서만 1년 이내에 모두 방송된다)

〈광고모델별 1년 계약금 및 광고 1회당 광고효과〉

(단위 : 만 원)

광고모델	1년 계약금	1회당 광고효과	
		수익 증대 효과	브랜드 가치 증대 효과
지후	1,000	100	100
문희	600	60	100
석이	700	60	110
서현	800	50	140

※ 1회당 광고비는 20만 원이다.

조건

• (총광고효과)＝(1회당 광고효과)×(1년 광고횟수)
• (1회당 광고효과)＝(1회당 수익 증대 효과)＋(1회당 브랜드 가치 증대 효과)
• (1년 광고횟수)＝(1년 광고비)÷(1회당 광고비)
• (1년 광고비)＝3,000만 원－(1년 계약금)

① 지후
② 문희
③ 석이
④ 서현

27 다음은 동일한 상품군을 판매하는 백화점과 TV홈쇼핑의 상품군별 2024년 판매수수료율에 대한 자료이다. 이에 대한 〈보기〉의 설명으로 옳은 것을 모두 고르면?

〈백화점 판매수수료율 순위〉

(단위 : %)

판매수수료율 상위 5개			판매수수료율 하위 5개		
순위	상품군	판매수수료율	순위	상품군	판매수수료율
1	셔츠	33.9	1	디지털기기	11.0
2	레저용품	32.0	2	대형가전	14.4
3	잡화	31.8	3	소형가전	18.6
4	여성정장	31.7	4	문구	18.7
5	모피	31.1	5	신선식품	20.8

〈TV홈쇼핑 판매수수료율 순위〉

(단위 : %)

판매수수료율 상위 5개			판매수수료율 하위 5개		
순위	상품군	판매수수료율	순위	상품군	판매수수료율
1	셔츠	42.0	1	여행패키지	8.4
2	여성캐주얼	39.7	2	디지털기기	21.9
3	진	37.8	3	유아용품	28.1
4	남성정장	37.4	4	건강용품	28.2
5	화장품	36.8	5	보석	28.7

보기

㉠ 백화점과 TV홈쇼핑 모두 셔츠 상품군의 판매수수료율이 전체 상품군 중 가장 높았다.
㉡ 여성정장 상품군과 모피 상품군의 판매수수료율은 TV홈쇼핑이 백화점보다 더 낮았다.
㉢ 디지털기기 상품군의 판매수수료율은 TV홈쇼핑이 백화점보다 더 높았다.
㉣ 여행패키지 상품군의 판매수수료율은 백화점이 TV홈쇼핑의 2배 이상이었다.

① ㉠, ㉡ 　　　　　　　　　② ㉠, ㉢
③ ㉡, ㉣ 　　　　　　　　　④ ㉠, ㉢, ㉣

※ 다음은 K공단 직원 1,200명의 통근현황이다. 이어지는 질문에 답하시오. [28~29]

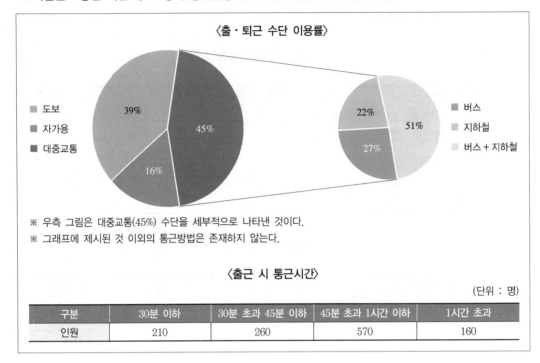

〈출·퇴근 수단 이용률〉

- 도보
- 자가용
- 대중교통

39%
45%
16%

- 버스
- 지하철
- 버스 + 지하철

22%
51%
27%

※ 우측 그림은 대중교통(45%) 수단을 세부적으로 나타낸 것이다.
※ 그래프에 제시된 것 이외의 통근방법은 존재하지 않는다.

〈출근 시 통근시간〉

(단위 : 명)

구분	30분 이하	30분 초과 45분 이하	45분 초과 1시간 이하	1시간 초과
인원	210	260	570	160

28 다음 중 자료에 대한 설명으로 옳지 않은 것은?(단, 소수점 첫째 자리에서 반올림한다)

① 통근시간이 30분 이하인 직원은 전체의 17.5%이다.

② 통근시간이 45분 이하인 직원 수는 1시간 초과인 직원 수의 3.5배 미만이다.

③ 버스와 지하철 모두 이용하는 직원 수는 도보를 이용하는 직원 수보다 174명 적다.

④ 대중교통을 이용하는 직원 모두 통근시간이 45분을 초과하고, 그중 25%의 통근시간이 1시간 초과일 때, 대중교통을 이용하면서 통근시간이 1시간 초과인 직원은 통근시간이 1시간 초과인 전체 인원의 80% 이상을 차지한다.

29 도보 또는 버스만 이용하는 직원 중 25%의 통근시간이 30분 초과 45분 이하 소요된다. 통근시간이 30분 초과 45분 이하인 인원에서 도보 또는 버스만 이용하는 직원 외에는 모두 자가용을 이용한다고 할 때, 이 인원이 자가용으로 출근하는 전체 인원에서 차지하는 비율은 얼마인가?(단, 비율은 소수점 첫째 자리에서 반올림한다)

① 56% ② 67%

③ 74% ④ 80%

※ 다음은 이산가족 교류 성사에 대한 자료이다. 이어지는 질문에 답하시오. [30~31]

<이산가족 교류 성사 현황>

(단위 : 건)

구분	3월	4월	5월	6월	7월	8월
접촉신청	18,193	18,200	18,204	18,205	18,206	18,221
생사확인	11,791	11,793	11,795	11,795	11,795	11,798
상봉	6,432	6,432	6,432	6,432	6,432	6,432
서신교환	12,267	12,272	12,274	12,275	12,276	12,288

30 다음 <보기> 중 이산가족 교류 성사 현황에 대한 설명으로 옳은 것을 모두 고르면?

보기

ㄱ. 접촉신청 건수는 4월부터 7월까지 매월 증가하였다.
ㄴ. 3월부터 8월까지 생사확인 건수와 서신교환 건수의 증감 추세는 동일하다.
ㄷ. 6월 생사확인 건수는 접촉신청 건수의 70% 이하이다.
ㄹ. 5월보다 8월에 상봉 건수 대비 서신교환 건수 비율은 감소하였다.

① ㄱ, ㄴ
② ㄱ, ㄷ
③ ㄴ, ㄷ
④ ㄴ, ㄹ

31 다음은 이산가족 교류 성사 현황을 토대로 작성한 보고서이다. 밑줄 친 부분 중 옳지 않은 것을 모두 고르면?

통일부는 올해 3월부터 8월까지 이산가족 교류 성사 현황을 발표하였다. 발표한 자료에 따르면 ㉠ 3월부터 생사확인 건수는 꾸준히 증가하였다. 그러나 상봉 건수는 남북 간의 조율 결과 매월 일정 수준을 유지하고 있다. ㉡ 서신교환의 경우 3월 대비 8월 증가율은 2% 미만이나, 꾸준한 증가 추세를 보이고 있다. ㉢ 접촉신청 건수는 7월 전월 대비 불변한 것을 제외하면 꾸준히 증가 추세를 보이고 있다. 통일부는 접촉신청, 생사확인, 상봉, 서신교환 외에도 다른 형태의 이산가족 교류를 추진하고 특히 상봉을 확대할 계획이라고 밝혔다. ㉣ 전문가들은 총 이산가족 교류 건수가 증가 추세에 있음을 긍정적으로 평가하고 있다.

① ㉠, ㉡
② ㉠, ㉢
③ ㉡, ㉢
④ ㉡, ㉣

32 스포츠용품 쇼핑몰에 재직 중인 A대리는 최근 축구사랑재단으로부터 대량주문을 접수받았다. 다음 대화를 토대로 거래가 원활히 성사되었을 때, 해당 거래에 의한 매출액은 총 얼마인가?

> 구매자 : 안녕하세요? 축구사랑재단 구매담당자입니다. 이번에 축구공 기부행사를 진행할 예정이어서 견적을 받아보았으면 합니다. 초등학교 2곳, 중학교 3곳, 고등학교 1곳에 각 용도에 맞는 축구공으로 300개씩 배송했으면 합니다. 그리고 견적서에 배송료 등 기타 비용이 있다면 함께 추가해서 보내 주세요.
>
> A대리 : 네, 저희 쇼핑몰을 이용해주셔서 감사합니다. 5,000만 원 이상의 대량구매 건에 대해서 전체 주문금액의 10% 할인해 드리고 있습니다. 또한, 기본 배송료는 5,000원이지만 3,000만 원 이상 구매 시 무료 배송을 제공해 드리고 있습니다. 알려주신 정보로 견적서를 보내드리겠습니다. 감사합니다.

〈쇼핑몰 취급 축구공 규격 및 가격〉

구분	3호	4호	5호
무게(g)	300 ~ 320	350 ~ 390	410 ~ 450
둘레(mm)	580	640	680
지름(mm)	180	200	220
용도	8세 이하 어린이용	8 ~ 13세 초등학생용	14세 이상 사용, 시합용
판매가격	25,000원	30,000원	35,000원

① 5,100만 원
② 5,400만 원
③ 5,670만 원
④ 6,000만 원

※ K공단 인사팀에 근무하고 있는 E대리는 다른 부서의 D대리와 B과장의 승진심사를 위해 다음 표를 작성하였다. 이어지는 질문에 답하시오. [33~34]

〈승진심사 점수〉

(단위 : 점)

구분	기획력	업무실적	조직 성과업적	청렴도	승진심사 평점
B과장	80	72	78	70	
D대리	60	70	48		63.6

※ 승진심사 평점은 기획력 30%, 업무실적 30%, 조직 성과업적 25%, 청렴도 15%로 계산한다.
※ 각 부문별 만점 기준점수는 100점이다.

33 D대리의 청렴도 점수로 옳은 것은?

① 80점 ② 81점
③ 82점 ④ 84점

34 K공단에서 과장이 승진후보에 오르기 위해서는 승진심사 평점이 80점 이상이어야 한다. B과장이 과장 승진후보가 되려면 몇 점이 더 필요한가?

① 4.2점 ② 4.4점
③ 4.6점 ④ 4.8점

다음 중 빈칸 (가), (나)에 들어갈 값을 순서대로 바르게 나열한 것은?

〈팀별 인원수 및 평균점수〉

(단위 : 명, 점)

구분	A	B	C
인원수	( )	( )	( )
평균 점수	40.0	60.0	90.0

※ 각 참가자는 A, B, C팀 중 하나의 팀에만 속하고, 개인별로 점수를 획득함

※ (팀 평균점수)$=\dfrac{(해당 팀 참가자 개인별 점수의 합)}{(해당 팀 참가자 인원수)}$

〈팀 연합 인원수 및 평균점수〉

(단위 : 명, 점)

구분	A+B	B+C	C+A
인원수	80	120	(가)
평균 점수	52.5	77.5	(나)

※ A+B는 A팀과 B팀, B+C는 B팀과 C팀, C+A는 C팀과 A팀의 인원을 합친 팀 연합임

※ (팀 연합 평균점수)$=\dfrac{(해당 팀 연합 참가자 개인별 점수의 합)}{(해당 팀 연합 참가자 인원수)}$

	(가)	(나)
①	90	72.5
②	90	75.0
③	100	72.5
④	100	75.0

※ 다음은 한 사람이 하루에 받는 스팸 수신량을 그래프로 나타낸 자료이다. 이어지는 질문에 답하시오.
[36~38]

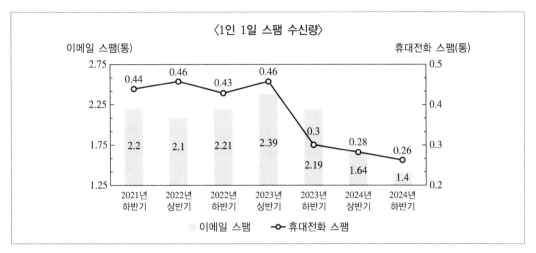

36 전체 스팸 수신량이 가장 많은 때와 가장 적은 때의 차이는 얼마인가?

① 1.18   ② 1.28

③ 1.29   ④ 1.19

37 2024년 상반기 대비 2024년 하반기 이메일 스팸의 감소량은 얼마인가?(단, 소수점 둘째 자리에서 반올림한다)

① 12.6%   ② 13.6%

③ 14.6%   ④ 15.6%

38 다음 중 자료에 대한 내용으로 옳지 않은 것은?

① 2022년 하반기 한 사람이 하루에 받은 이메일 스팸은 2.21통을 기록했다.

② 2024년 하반기에 이메일 스팸은 2021년 하반기보다 0.8통 감소했다.

③ 2022년 하반기부터 1인 1일 스팸 수신량은 계속해서 감소하고 있다.

④ 2021년 하반기 휴대전화를 통한 1인 1일 스팸 수신량은 2024년 하반기보다 약 1.69배 높았다.

39 다음 자료를 근거로 할 때, 하루 동안 고용할 수 있는 최대 인원은 몇 명인가?

총예산	본예산	500,000원
	예비비	100,000원
인건비	1인당 수당	50,000원
	산재보험료	(수당)×0.504%
	고용보험료	(수당)×1.3%

① 10명   ② 11명

③ 12명   ④ 13명

40 다음은 지역별 의료인력 분포 현황을 나타낸 자료이다. 이에 대한 내용으로 옳지 않은 것은?

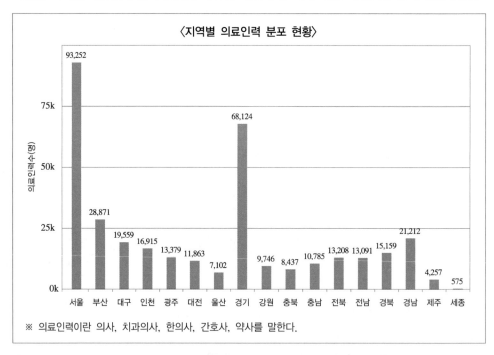

〈지역별 의료인력 분포 현황〉

※ 의료인력이란 의사, 치과의사, 한의사, 간호사, 약사를 말한다.

① 의료인력은 수도권에 편중된 불균형상태를 보이고 있다.

② 전라도 지역에서 광주가 차지하는 비중이 충청도 지역에서 대전이 차지하는 비중보다 크다.

③ 의료인력이 많을수록 의료인력 비중이 고르다고 할 수 없다.

④ 서울과 경기를 제외한 나머지 지역 중 의료인력이 가장 많은 지역과 가장 적은 지역의 차는 경남의 의료인력보다 크다.

41 다음 〈조건〉을 근거로 할 때, 반드시 참인 것은?

> **조건**
> • 물을 녹색으로 만드는 조류는 냄새 물질을 배출한다.
> • 독소 물질을 배출하는 조류는 냄새 물질을 배출하지 않는다.
> • 물을 황색으로 만드는 조류는 물을 녹색으로 만들지 않는다.

① 독소 물질을 배출하는 조류는 물을 녹색으로 만들지 않는다.

② 물을 녹색으로 만들지 않는 조류는 냄새 물질을 배출하지 않는다.

③ 독소 물질을 배출하지 않는 조류는 물을 녹색으로 만든다.

④ 냄새 물질을 배출하지 않는 조류는 물을 황색으로 만들지 않는다.

42 K사는 신제품의 품번을 다음과 같은 규칙에 따라 정한다. 제품에 설정된 임의의 영단어가 'INTELLECTUAL'일 때, 이 제품의 품번으로 옳은 것은?

> **〈규칙〉**
> 1단계 : 알파벳 A ~ Z를 숫자 1, 2, 3, …으로 변환하여 계산한다.
> 2단계 : 제품에 설정된 임의의 영단어를 숫자로 변환한 값의 합을 구한다.
> 3단계 : 임의의 영단어 속 자음의 합에서 모음의 합을 뺀 값의 절댓값을 구한다.
> 4단계 : 2단계와 3단계의 값을 더한 다음 4로 나누어 2단계의 값에 더한다.
> 5단계 : 4단계의 값이 정수가 아닐 경우에는 소수점 첫째 자리에서 버림한다.

① 120   ② 140

③ 160   ④ 180

43 K놀이공원은 수능을 마친 수험생과 그 가족들을 대상으로 수능 이벤트를 진행 중이다. 다음은 K놀이공원의 자유이용권 금액과 이벤트에 대한 자료이다. 이를 바탕으로 자유이용권 금액을 바르게 계산한 것은?

〈K놀이공원 자유이용권 금액〉

구분		정상가
1일권 (놀이공원 오픈 시부터)	어른	46,000원
	청소년	40,000원
	어린이	36,000원
야간권 (오후 4시 이후부터)	어른	37,000원
	청소년	32,000원
	어린이	28,000원

※ 청소년은 만 13 ~ 18세, 어린이는 36개월 ~ 만 12세에 해당한다.
※ 36개월 미만은 무료 이용

〈K놀이공원 수능 이벤트〉

• 수험생은 15,000원 할인을, 수험생을 동반한 가족의 경우 1인당 12,000원을 할인받을 수 있습니다.
※ 수험생임을 확인하기 위해 반드시 수험표를 지참하여야 합니다.

① 1일권 구매를 원하는 수험생 A와 22살인 친누나 B → 56,000원
② 야간권 구매를 원하는 수험생 C와 그의 친구 수험생 D → 32,000원
③ 1일권 구매를 원하는 수험생 E와 그의 부모님 F와 G → 91,000원
④ 야간권 구매를 원하는 수험생 H와 만 12살인 친동생 I와 만 10살인 친동생 J → 49,000원

44 다음은 K기업의 레저용 차량 생산에 대한 SWOT 분석 결과이다. 이를 바탕으로 경영전략을 세웠을 때, 〈보기〉에서 적절한 것을 모두 고르면?

〈K기업의 SWOT 분석결과〉

강점(Strength)	약점(Weakness)
• 높은 브랜드 이미지·평판 • 훌륭한 서비스와 판매 후 보증수리 • 확실한 거래망, 딜러와의 우호적인 관계 • 막대한 R&D 역량 • 자동화된 공장 • 대부분의 차량 부품 자체 생산	• 한 가지 차종에만 집중 • 고도의 기술력에 대한 과도한 집중 • 생산설비에 막대한 투자 → 차량모델 변경의 어려움 • 한 곳의 생산 공장만 보유 • 전통적인 가족형 기업 운영
기회(Opportunity)	위협(Threat)
• 소형 레저용 차량에 대한 수요 증대 • 새로운 해외시장의 출현 • 저가형 레저용 차량에 대한 선호 급증	• 휘발유의 부족 및 가격의 급등 • 레저용 차량 전반에 대한 수요 침체 • 다른 회사들과의 경쟁 심화 • 차량 안전 기준의 강화

보기

ㄱ. ST전략 – 기술개발을 통하여 연비를 개선한다.
ㄴ. SO전략 – 대형 레저용 차량을 생산한다.
ㄷ. WO전략 – 규제강화에 대비하여 보다 안전한 레저용 차량을 생산한다.
ㄹ. WT전략 – 생산량 감축을 고려한다.
ㅁ. WO전략 – 국내 다른 지역이나 해외에 공장들을 분산 설립한다.
ㅂ. ST전략 – 경유용 레저 차량 생산을 고려한다.
ㅅ. SO전략 – 해외 시장 진출보다는 내수 확대에 집중한다.

① ㄱ, ㄴ, ㅁ, ㅂ
② ㄱ, ㄹ, ㅁ, ㅂ
③ ㄴ, ㄹ, ㅂ, ㅅ
④ ㄴ, ㄹ, ㅁ, ㅂ

45 다음은 청약가점제의 청약가점 기준표를 나타낸 자료이다. 청약가점이 가장 높은 경우는?

〈청약가점 기준표〉

(단위 : 점)

가점항목	가점상한	가점구분	점수	가점구분	점수
무주택 기간 ㈀	32	1년 미만	2	8년 이상 9년 미만	18
		1년 이상 2년 미만	4	9년 이상 10년 미만	20
		2년 이상 3년 미만	6	10년 이상 11년 미만	22
		3년 이상 4년 미만	8	11년 이상 12년 미만	24
		4년 이상 5년 미만	10	12년 이상 13년 미만	26
		5년 이상 6년 미만	12	13년 이상 14년 미만	28
		6년 이상 7년 미만	14	14년 이상 15년 미만	30
		7년 이상 8년 미만	16	15년 이상	32
부양 가족 수 ㈁	35	0명	5	4명	25
		1명	10	5명	30
		2명	15	6명 이상	35
		3명	20		
입주자 저축 가입기간 ㈂	17	6개월 미만	1	8년 이상 9년 미만	10
		6개월 이상 1년 미만	2	9년 이상 10년 미만	11
		1년 이상 2년 미만	3	10년 이상 11년 미만	12
		2년 이상 3년 미만	4	11년 이상 12년 미만	13
		3년 이상 4년 미만	5	12년 이상 13년 미만	14
		4년 이상 5년 미만	6	13년 이상 14년 미만	15
		5년 이상 6년 미만	7	14년 이상 15년 미만	16
		6년 이상 7년 미만	8	15년 이상	17
		7년 이상 8년 미만	9		

※ 청약가점 : ㈀+㈁+㈂

	무주택 기간	부양가족 수	입주자 저축 가입기간
①	1,265일	4명	73개월
②	2,564일	2명	62개월
③	1,956일	2명	142개월
④	3,214일	3명	95개월

46 K공단에서는 지역가입자의 생활수준 및 연간 자동차세액 점수표를 기준으로 지역보험료를 산정한다. 지역가입자 A ~ D의 조건을 보고 보험료를 계산한 내용으로 옳은 것은?(단, 원 단위는 절사한다)

〈생활수준 및 경제활동 점수표〉

구분		1구간	2구간	3구간	4구간	5구간	6구간	7구간
가입자 성별 및 연령별	남성	20세 미만 / 65세 이상	60세 이상 65세 미만	20세 이상 30세 미만 / 50세 이상 60세 미만	30세 이상 50세 미만	–	–	–
	점수	1.4점	4.8점	5.7점	6.6점			
	여성	20세 미만 / 65세 이상	60세 이상 65세 미만	25세 이상 30세 미만 / 50세 이상 60세 미만	20세 이상 25세 미만 / 30세 이상 50세 미만	–	–	–
	점수	1.4점	3점	4.3점	5.2점			
재산정도 (만 원)		450 이하	450 초과 900 이하	900 초과 1,500 이하	1,500 초과 3,000 이하	3,000 초과 7,500 이하	7,500 초과 15,000 이하	15,000 초과
점수		1.8점	3.6점	5.4점	7.2점	9점	10.9점	12.7점
연간 자동차세액 (만 원)		6.4 이하	6.4 초과 10 이하	10 초과 22.4 이하	22.4 초과 40 이하	40 초과 55 이하	55 초과 66 이하	66 초과
점수		3점	6.1점	9.1점	12.2점	15.2점	18.3점	21.3점

※ (지역보험료)=[(생활수준 및 경제활동 점수)+(재산등급별 점수)+(자동차등급별 점수)]×(부과점수당 금액)
※ 모든 사람의 재산등급별 점수는 200점, 자동차등급별 점수는 100점으로 가정한다.
※ 부과점수당 금액은 183원이다.

		성별	연령	재산정도	연간 자동차세액	지역보험료
①	A	남성	32세	2,500만 원	12.5만 원	57,030원
②	B	여성	56세	5,700만 원	35만 원	58,130원
③	C	남성	55세	20,000만 원	43만 원	60,010원
④	D	여성	23세	1,400만 원	6만 원	57,380원

47 A씨는 영업비밀 보호를 위해 자신의 컴퓨터 속 각 문서의 암호를 규칙에 따라 만들었다. 파일 이름이 다음과 같을 때, 이 파일의 암호는 무엇인가?

〈규칙〉

1. 비밀번호 중 첫 번째 자리에는 파일 이름의 첫 문자가 한글일 경우 @, 영어일 경우 #, 숫자일 경우 *로 특수문자를 입력한다.
   → 고슴Dochi＝@, haRAMY801＝#, 1app루＝*
2. 두 번째 자리에는 파일 이름의 총 자리 개수를 입력한다.
   → 고슴Dochi＝@7, haRAMY801＝#9, 1app루＝*5
3. 세 번째 자리부터는 파일 이름 내에 숫자를 순서대로 입력한다. 숫자가 없을 경우 0을 두 번 입력한다.
   → 고슴Dochi＝@700, haRAMY801＝#9801, 1app루＝*51
4. 그 다음 자리에는 파일 이름 중 한글이 있을 경우 초성만 순서대로 입력한다. 없다면 입력하지 않는다.
   → 고슴Dochi＝@700ㄱㅅ, haRAMY801＝#9801, 1app루＝*51ㄹ
5. 그 다음 자리에는 파일 이름 중 영어가 있다면 뒤에 덧붙여 순서대로 입력하되, a, e, I, o, u만 'a＝1, e＝2, I＝3, o＝4, u＝5'로 변형하여 입력한다(대문자·소문자 구분 없이 모두 소문자로 입력한다).
   → 고슴Dochi＝@700ㄱㅅd4ch3, haRAMY801＝#9801h1r1my, 1app루＝*51ㄹ1pp

---

2024매운전골Cset3인기준recipe8

---

① @23202438ㅁㅇㅈㄱㅇㄱㅈcs2trecipe
② @23202438ㅁㅇㅈㄱㅇㄱㅈcs2tr2c3p2
③ *23202438ㅁㅇㅈㄱㅇㄱㅈcs2trecipe
④ *23202438ㅁㅇㅈㄱㅇㄱㅈcs2tr2c3p2

※ A씨는 다음 규칙에 따라 자신의 금고 암호를 요일별로 바꾸어 사용하려 한다. 이어지는 질문에 답하시오. [48~49]

<규칙>

1. 한글 자음은 알파벳 a ~ n으로 치환하여 입력한다.
   예 ㄱ, ㄴ, ㄷ → a, b, c
   − 된소리 ㄲ, ㄸ, ㅃ, ㅆ, ㅉ는 치환하지 않고 그대로 입력한다.
2. 한글 모음 ㅏ, ㅑ, ㅓ, ㅕ, ㅗ, ㅛ, ㅜ, ㅠ, ㅡ, ㅣ는 알파벳 대문자 A ~ J로 치환하여 입력한다.
   예 ㅏ, ㅑ, ㅓ → A, B, C
   − 위에 해당하지 않는 모음은 치환하지 않고 그대로 입력한다.
3. 띄어쓰기는 반영하지 않는다.
4. 숫자 1 ~ 7을 요일별로 요일 순서에 따라 암호 첫째 자리에 입력한다.
   예 월요일 → 1, 화요일 → 2 … 일요일 → 7

48 A씨가 자신의 금고에 목요일의 암호인 '완벽해'를 치환하여 입력하려 할 때, 입력할 암호로 옳은 것은?

① 3h⊥ㅓbfDan ㅐ
② 4h⊥ㅓbfDan ㅐ
③ 4hEAbfDan ㅐ
④ 4jJgAn ㅐ

49 다음 중 암호와 치환하기 전의 문구가 바르게 연결된 것은?

① 7hEeFnAcA → 일요일의 암호 '조묘하다'
② 3iJfh ㅔaAbcA → 수요일의 암호 '집에가다'
③ 2bAaAbEdcA → 화요일의 암호 '나가돌다'
④ 6cEbhIdeCahIe → 토요일의 암호 '돈을먹음'

50 K베이커리에서는 A ~ D단체에 우유식빵, 밤식빵, 옥수수식빵, 호밀식빵을 다음 〈조건〉에 따라 한 종류씩 납품하려고 한다. 이때 반드시 참인 것은?

> **조건**
> • 한 단체에 납품하는 빵의 종류는 겹치지 않도록 한다.
> • 우유식빵과 밤식빵은 A에 납품된 적이 있다.
> • 옥수수식빵과 호밀식빵은 C에 납품된 적이 있다.
> • 옥수수식빵은 D에 납품된다.

① 우유식빵은 B에 납품된 적이 있다.
② 옥수수식빵은 A에 납품된 적이 있다.
③ 호밀식빵은 A에 납품될 것이다.
④ 우유식빵은 C에 납품된 적이 있다.

51 K공단의 건물에서는 엘리베이터 여섯 대(1 ~ 6호기)를 6시간에 걸쳐 검사하고자 한다. 한 시간에 한 대씩만 검사한다고 할 때, 다음 〈조건〉에 근거하여 바르게 추론한 것은?

> **조건**
> • 제일 먼저 검사하는 엘리베이터는 5호기이다.
> • 가장 마지막에 검사하는 엘리베이터는 6호기가 아니다.
> • 2호기는 6호기보다 먼저 검사한다.
> • 3호기는 두 번째로 먼저 검사하며, 그 다음으로 검사하는 엘리베이터는 1호기이다.

① 6호기는 4호기보다 늦게 검사한다.
② 마지막으로 검사하는 엘리베이터는 4호기가 아니다.
③ 4호기 다음으로 검사할 엘리베이터는 2호기이다.
④ 6호기는 1호기 다다음에 검사하며, 다섯 번째로 검사하게 된다.

52 다음은 K기업의 국내 원자력 산업에 대한 SWOT 분석 결과이다. 이를 바탕으로 경영전략을 세웠을 때, 〈보기〉에서 적절하지 않은 것을 모두 고르면?

〈국내 원자력 산업에 대한 SWOT 분석결과〉

구분	분석 결과
강점(Strength)	• 우수한 원전 운영 기술력 • 축적된 풍부한 수주 실적
약점(Weakness)	• 낮은 원전해체 기술 수준 • 안전에 대한 우려
기회(Opportunity)	• 해외 원전수출 시장의 지속적 확대 • 폭염으로 인한 원전 효율성 및 필요성 부각
위협(Threat)	• 현 정부의 강한 탈원전 정책 기조

보기

㉠ 뛰어난 원전 기술력을 바탕으로 동유럽 원전수출 시장에서 우위를 점하는 것은 SO전략으로 적절하겠어.
㉡ 안전성을 제고하여 원전 운영 기술력을 향상시키는 것은 WO전략으로 적절하겠어.
㉢ 우수한 기술력과 수주 실적을 바탕으로 국내 원전 사업을 확장하는 것은 ST전략으로 적절하겠어.
㉣ 안전에 대한 우려가 있는 만큼 안전점검을 강화하고 당분간 정부의 탈원전 정책 기조에 협조하는 것은 WT전략으로 적절하겠어.

① ㉠, ㉡
② ㉠, ㉢
③ ㉡, ㉢
④ ㉡, ㉣

PART 4 최종점검 모의고사 • 337

53 성경책을 리폼하는 K사는 현재 다음과 같은 할인 이벤트를 진행 중이다. 이를 이해한 내용으로 적절하지 않은 것은?(단, 할인되지 않은 모든 디자인의 성경 리폼 기존 원가는 30,000원이다)

〈성경 리폼 20% + 10% 할인 이벤트〉

• 행사기간 : 오픈형 성경 리폼 기존 20% 할인 + 10% 추가할인 행사
• 대상 : 오픈형 성경책 리폼만 해당됨(지퍼형, 지갑결합형의 경우 10% 할인 행사 중)
• 주문 및 할인방법
  – 검색어에 K사 성경 리폼을 검색하여 N쇼핑에서 주문합니다.
  – 본 용지를 프린트하여 아래 빈칸을 작성한 후 보내주실 성경책에 동봉해 주셔야 추가 10% 할인을 받으실 수 있습니다.
  – 10% 추가 할인은 작업이 끝나는 동시에 고객님이 원하시는 방법으로 돌려드립니다.

성함		연락처	

신청 디자인	• 오픈형( )
	• 지퍼형( )
	• 지갑결합형( )
		10%
		환불 방법
			• 성경책 받으실 때 10% 현금 동봉( )
			• 작업완료 시 아래의 계좌로 입금( )
			  – 은행명 : ( )
			  – 예금주 : ( )
			  – 계좌번호 : ( )

택배 받을 주소			

〈성경 리폼 구매평 이벤트〉

• 회원 가입 후 댓글을 통해 리폼된 성경책의 구매평을 남기면 1,000원 할인 쿠폰 지급
• 회원 가입 후 리폼된 성경책 사진과 함께 댓글로 구매평을 남기면 3,000원 할인 쿠폰 지급

① 10% 추가 할인 전에 오픈형 성경 리폼의 가격은 24,000원이었을 것이다.
② 사진과 함께 댓글로 구매평을 남길 경우 기존 원가의 20% 가격이 환급된다.
③ 지퍼형으로 성경을 리폼하고 사진과 함께 구매평을 남길 경우 기존 원가보다 6,000원 더 이익이다.
④ 오픈형으로 성경을 리폼하고 사진 없이 댓글로 구매평을 남길 경우 기존 원가보다 10,000원 더 이익이다.

54 다음은 물류창고 재고 코드에 대한 자료이다. 재고 코드가 '5rUSA2'인 재고에 대한 설명으로 옳은 것은?

〈물류창고 재고 코드〉

- 물류창고 재고 코드 부여방식
  [상품유형] – [보관유형] – [생산국가] – [유통기한] 순의 기호
- 상품유형

식품	공산품	원자재	화학품	약품	그 외
1	2	3	4	5	6

- 보관유형

완충 필요	냉장 필요	냉동 필요	각도 조정 필요	특이사항 없음
f	r	c	t	n

- 생산국가

대한민국	중국	러시아	미국	일본	그 외
KOR	CHN	RUS	USA	JAP	ETC

- 유통기한

2주 미만	1개월 미만	3개월 미만	6개월 미만	1년 미만	3년 미만
0	1	2	3	4	5
5년 미만	10년 미만	유통기한 없음	–	–	–
6	7	8	–	–	–

---

① 화학품이다.

② 러시아에서 생산되었다.

③ 특정 각도에서의 보관이 필요하다.

④ 냉장보관이 필요하다.

55 이벤트에 당첨된 A ~ C에게 〈조건〉에 따라 경품을 지급하였다. 다음 중 이에 대한 설명으로 옳은 것을 〈보기〉에서 모두 고르면?

조건

- 지급된 경품은 냉장고, 세탁기, 에어컨, 청소기가 각각 프리미엄형과 일반형 1대씩이었고, 전자레인지는 1대였다.
- 당첨자 중 1등은 A, 2등은 B, 3등은 C였으며, 이 순서대로 경품을 각각 3개씩 가져갔다.
- A는 프리미엄형 경품을 총 2개 골랐는데, 청소기 프리미엄형은 가져가지 않았다.
- B는 청소기를 고르지 않았다.
- C가 가져간 경품 중 A와 겹치는 종류가 1개 있다.
- B와 C가 가져간 경품 중 겹치는 종류가 1개 있다.
- 한 사람이 같은 종류의 경품을 2개 이상 가져가지 않았다.

보기

㉠ C는 반드시 전자레인지를 가져갔을 것이다.
㉡ A는 청소기를 가져갔을 수도, 그렇지 않을 수도 있다.
㉢ B가 가져간 프리미엄형 가전은 최대 1개이다.
㉣ C는 프리미엄형 가전을 가져가지 못했을 것이다.

① ㉠, ㉡
② ㉢, ㉣
③ ㉠, ㉢
④ ㉡, ㉣

56 다음은 아이 돌봄 서비스 종류 중 하나인 시간제 돌봄(일반형) 서비스에 대한 자료이다. 이를 참고할 때, 〈보기〉 중 본인부담금을 가장 많이 납부하는 사람은?(단, 서비스 이용요금은 하루를 기준으로 하며, 갑 ~ 정은 모두 정부지원 대상이다)

〈시간제 돌봄(일반형) 서비스〉

- 이용대상 : 만 3개월 이상 만 12세 이하 아동
- 이용시간 : 1회 2시간 이상 사용
  - 양육공백이 발생하는 가정(취업한부모, 장애부모, 맞벌이 가정, 다자녀 가정, 기타 양육부담 가정)은 연 600시간 내에서 정부지원
  - 양육공백이 발생하지 않은 정부미지원 가정(전업주부 등) 및 정부지원시간을 모두 사용한 가정은 전액 본인부담으로 서비스 이용 가능
- 서비스 내용(가사활동은 제외)
  - 부모가 올 때까지 임시 보육, 놀이활동, 준비된 식사 및 간식 챙겨주기, 보육시설 및 학교 등 · 하원, 준비물 보조 등(영아를 대상으로 시간제 돌봄을 제공할 경우 영아종일제 업무 병행)
- 서비스 이용요금 : 시간당 7,800원
  - 야간(오후 10시 ~ 오전 6시) · 휴일에는 시간당 3,900원의 본인부담금 추가
  - 한 가정에 돌봄 아동이 2명일 경우 총 금액의 15% 할인, 돌봄 아동이 3명일 경우 총 금액의 33.3% 할인

구분	소득기준 (4인 가족 기준 중위소득)	시간제(시간당 7,800원)			
		A형(2021. 01. 01. 이후 출생 아동)		B형(2020. 12. 31. 이전 출생 아동)	
		정부지원	본인부담	정부지원	본인부담
가형	60% 이하	6,240원 (80%)	1,560원 (20%)	5,460원 (70%)	2,340원 (30%)
나형	85% 이하	3,900원 (50%)	3,900원 (50%)	–	7,800원
다형	120% 이하	2,340원 (30%)	5,460원 (70%)	–	7,800원
라형	120% 초과	–	7,800원	–	7,800원

※ 본인부담금 계산 시 원 단위 이하는 절사한다.

보기

신청자	소득기준	신청시간	돌봄대상
갑	130%	오전 10시 ~ 오후 4시	2021년생 남아 1명
을	84%	오후 4시 ~ 오후 9시	2022년생 여아 1명, 2024년생 남아 2명
병	100%	오후 6시 ~ 오후 11시	2019년생 여아 1명
정	50%	오후 3시 ~ 자정	2018년생 남아 1명, 2021년생 여아 1명

① 갑
② 을
③ 병
④ 정

※ 다음은 퇴직연금신탁의 확정급여형(DB)과 확정기여형(DC)에 대한 비교 자료이다. 이어지는 질문에 답하시오. [57~58]

구분	확정급여형(DB)	확정기여형(DC)
운영방법	• 노사가 사전에 급여수준 및 내용을 약정 • 퇴직 후 약정에 따른 급여 지급	• 노사가 사전에 부담할 기여금을 확정 • 퇴직 후 상품 운용 결과에 따라 급여 지급
기업부담금	• 산출기초율(자산운용 수익률, 퇴직률 변경 시 변동)	• 확정(근로자 연간 임금 총액의 1/12 이상)
적립공금 운용지시	• 사용자	• 근로자
운용위험 부담	• 사용자	• 근로자
직장이동 시 합산	• 어려움(단, IRA / IRP 활용 가능)	• 쉬움

57 K공단의 A사원은 퇴직연금신탁 유형에 대한 발표 자료를 제작하기 위해 위 자료를 참고하려고 한다. 이에 대한 A사원의 해석으로 옳지 않은 것은?

① 같은 급여를 받는 직장인이라도 퇴직연금신탁 유형에 따라 퇴직연금 수준이 달라지겠군.

② 확정급여형은 자산운용 수익률에 따라 기업부담이 달라지는군.

③ 이직이 잦은 근로자들은 아무래도 확정기여형을 선호하겠군.

④ 확정기여형으로 퇴직연금을 가입하면 근로자 본인의 선택이 퇴직 후 급여에 별 영향을 미치지 않는군.

58 A사원은 다음과 같이 다양한 조건에 적합한 퇴직연금신탁 유형을 발표 자료에 추가할 예정이다. (가) ~ (라) 중 분류가 옳지 않은 것은?

확정급여형(DB)	확정기여형(DC)
(가) 장기근속을 유도하는 기업 (나) 운용 현황에 관심이 많은 근로자	(다) 연봉제를 실시하는 기업 (라) 임금 체불위험이 높은 사업장의 근로자

① (가)   ② (나)

③ (다)   ④ (라)

59 K공단에 근무하는 A사원은 사무실 배치 담당으로, 다음 고려사항을 참고하여 본부장실을 재배치해야 한다. 다음 중 (가로) 3,000mm×(세로) 3,400mm인 직사각형의 사무실에 가능한 가구 배치는?

〈배치 시 고려사항〉

- 사무실 문을 여닫는 데 1,000mm의 간격이 필요함
- 서랍장의 서랍(• 로 표시하며, 가로면 전체에 위치)을 열려면 400mm의 간격이 필요(회의 탁자, 책상, 캐비닛은 서랍 없음)하며, 반드시 여닫을 수 있어야 함
- 붙박이 수납장 문을 열려면 앞면 전체에 550mm의 간격이 필요하며, 반드시 여닫을 수 있어야 함
- 가구들은 쌓을 수 없음
- 각각의 가구는 사무실에 넣을 수 있는 것으로 가정함
  - 회의 탁자 : (가로) 1,500mm×(세로) 2,110mm
  - 책상 : (가로) 450mm×(세로) 450mm
  - 서랍장 : (가로) 1,100mm×(세로) 500mm
  - 캐비닛 : (가로) 1,000mm×(세로) 300mm
  - 붙박이 수납장은 벽 한 면 전체를 남김없이 차지함
    (깊이 650mm)

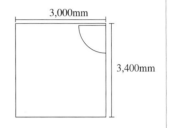

①

②

③

④

60 K공단의 S직원은 팀 회식을 위해 회식장소를 예약하고자 한다. 제시된 회식장소 정보와 〈조건〉을 참고할 때, 가장 적절한 회식장소는?

〈회식장소 정보〉

구분	상세정보
A수산	• 예상비용 : 총 377,200원 • 영업시간 : 11:00 ~ 23:00 • 특이사항 : 하루 전 예약 필요
B치킨	• 예상비용 : 총 292,000원 • 영업시간 : 19:00 ~ 02:00 • 특이사항 : 예약 필요 없음
C갈비	• 예상비용 : 총 375,300원 • 영업시간 : 11:00 ~ 23:00 • 특이사항 : 하루 전 예약 필요
D뷔페	• 예상비용 : 총 388,700원 • 영업시간 : 17:30 ~ 21:00 • 특이사항 : 일주일 전 예약 필요

조건

• 회식은 팀의 모든 직원(13명)이 참여한다.
• 책정된 회식비는 1인당 3만 원이다.
• 회식은 3일 뒤인 1월 12일 18시에 진행한다.
• 팀원 중 해산물을 먹지 못하는 사람이 있다.

① A수산　　　　　　　　　　② B치킨
③ C갈비　　　　　　　　　　④ D뷔페

61 다음 중 국민건강보험법에서 규정하는 용어의 풀이로 옳지 않은 것은?

① 근로자에는 공무원은 포함되지만, 법인의 이사와 임원진이 포함되지 않는다.

② 공무원은 국가나 지방자치단체에서 상시 공무에 종사하는 사람을 말한다.

③ 사용자에는 교직원이 소속되어 있는 사립학교를 설립·운영하는 자가 포함된다.

④ 교직원은 사립학교나 사립학교의 경영기관에서 근무하는 교원과 직원을 말한다.

62 다음 중 국민건강보험법상 부가급여에 해당되는 것은?

① 건강 검진료 ② 감염병 진료비

③ 임신 진료비 ④ 중증외상 진료비

63 다음 중 피부양자가 될 수 없는 사람은 누구인가?

① 직장가입자의 장모 ② 직장가입자의 배우자

③ 직장가입자의 남동생 ④ 직장가입자의 며느리의 아버지

64 다음 중 국민건강보험공단의 비상임이사는 몇 명인가?

① 5명 ② 9명

③ 14명 ④ 17명

65 다음 중 국민건강보험공단의 징수이사에 대한 설명으로 옳지 않은 것은?

① 징수이사추천위원회의 추천을 받아 이사장이 지명한다.

② 징수이사추천위원회는 주요 일간신문에 징수이사 후보의 모집 공고를 해야 한다.

③ 징수이사추천위원회는 징수이사 후보로 추천될 사람과 계약 조건에 관하여 협의하여야 한다.

④ 징수이사추천위원회는 징수이사 후보와 계약을 체결해야 하며, 이 경우 징수이사는 비상임이사의 임명으로 본다.

66 다음 중 국민건강보험법상 임원의 당연퇴임 및 해임에 대한 설명으로 옳지 않은 것은?

① 대한민국 국민이 아닌 사람으로 확인된 임원은 당연퇴임한다.

② 직무 여부와 관계없이 품위를 손상하는 행위를 한 임원은 해임될 수 있다.

③ 고의나 중대한 과실로 공단에 손실이 생기게 한 임원은 해임될 수 있다.

④ 비영리 목적의 업무를 겸하는 임원은 당연퇴임한다.

67 다음 중 본인일부부담금 및 본인부담상한액 등에 대한 설명으로 옳은 것은?

① 본인부담상한액은 가입자가 부양하는 피부양자의 숫자에 따라 정한다.

② 본인일부부담금의 총액이 대통령령으로 정하는 금액을 초과한 경우에는 가입자 자신이 그 초과 금액을 부담해야 한다.

③ 본인일부부담금 총액 산정 방법, 본인부담상한액을 넘는 금액의 지급 방법 등에 필요한 사항은 국민보험공단 재정운용위원회에서 정한다.

④ 요양급여를 받는 자는 본인일부부담금을 본인이 부담하며, 이 경우 선별급여에 대해서는 다른 요양급여에 비해 본인일부부담금을 상향 조정할 수 있다.

68 다음 중 보고와 검사 등에 대한 설명으로 옳지 않은 것은?

① 보건복지부장관은 요양기관에 대해 요양·약제의 지급 등 보험급여에 관한 보고 또는 서류 제출을 명할 수 있다.

② 국민건강보험공단 이사장은 소속 직원으로 하여금 가입자의 이동·보수·소득 등에 관련한 서류를 검사하게 할 수 있다.

③ 보건복지부장관은 요양급여비용의 심사청구를 대행하는 단체에 대해 소속 공무원이 대행청구에 관한 자료 등을 조사하게 할 수 있다.

④ 보건복지부장관은 약제에 대한 요양급여비용 상한금액의 감액을 위해 의약품공급자에 대해 의약품 판매 질서 위반 행위에 관한 서류 제출을 할 수 있다.

69 체납된 보험료 등의 처분과 관련한 공매에 대하여 국민건강보험공단을 대행할 수 있는 기관은 무엇인가?

① 예금보험공사   ② 국민연금공단

③ 한국재정정보원   ④ 한국자산관리공사

70 다음 중 국내체류 외국인 등에 관한 특례에 대한 설명으로 옳지 않은 것은?

① 매월 26일부터 말일까지의 기간에 자격을 취득한 경우가 아닐 때는 지역가입자인 국내체류 외국인의 보험료는 그 직전 월 25일까지 납부해야 한다.

② 자격을 취득한 날이 속하는 달의 보험료를 징수하는 경우에는 지역가입자인 국내체류 외국인의 보험료는 국민건강보험공단이 정하는 바에 따라 납부해야 한다

③ 대통령령으로 정하는 국내체류 외국인으로서 지역가입자인 사람이 보험료를 체납하면 체납일부터 체납한 보험료를 완납할 때까지 보험급여를 하지 않는다.

④ 국내체류 외국인이 매월 2일 이후 지역가입자의 자격을 취득한 후 그 자격 취득일이 속하는 달에 해당 자격을 상실한 경우에는 그 달에는 보험료를 징수하지 않는다.

71 국민건강보험법상 보험료, 연체금 및 가산금을 징수할 권리의 소멸시효는 몇 년인가?

① 1년   ② 3년

③ 5년   ④ 10년

72 다음 중 국민건강보험법상 보험료의 납부에 대한 설명으로 옳지 않은 것은?

① 신용카드를 통해 보험료를 납부할 수 있다.

② 보험료 등 납부대행기관은 납부자로부터 납부를 대행하는 대가로 수수료를 받을 수 있다.

③ 보험료 등 납부대행기관의 지정 및 운영은 보건복지부령으로 정한다.

④ 보험료 등 납부대행기관의 수수료는 대통령령으로 정한다.

PART 4

73 다음 중 위반사실의 공표에 대한 설명으로 옳지 않은 것은?

① 공표대상자에게는 소명자료의 제출 또는 의견 진술의 기회가 주어진다.

② 공표대상자의 소명자료 또는 의견을 고려해 공표대상자를 재심의한다.

③ 위반사실의 공표의 절차·방법 등에 필요한 사항은 보건복지부령으로 정한다.

④ 위반사실의 공표를 심의하는 위원회의 운영에 필요한 사항은 대통령령으로 정한다.

74 다음 중 국민건강보험공단 또는 건강보험심사평가원의 처분에 거듭해서 불복해 이의를 제기하는 단계를 순서대로 바르게 나열한 것은?

① 심판청구 → 이의신청 → 행정소송

② 심판청구 → 행정소송 → 이의신청

③ 이의신청 → 심판청구 → 행정소송

④ 이의신청 → 행정소송 → 심판청구

75 다음 중 국민건강보험 가입자의 보험료의 일부를 경감할 수 있는 자로 옳지 않은 것은?

① 휴직자

② 60세 이상인 사람

③ 장애인복지법에 따라 등록한 장애인

④ 국가유공자 등 예우 및 지원에 관한 법률에 따른 국가유공자

76 국민건강보험공단의 이익과 이사장 자신의 이익이 상반될 경우 공단을 대표하는 사람은 누구인가?

① 감사

② 징수이사

③ 보건복지부장관

④ 상임이사 중 임원추천위원회에서 지명한 1인

77 국민건강보험공단 재정운영위원회 위원의 임기는 몇 년인가?

① 1년   ② 2년

③ 3년   ④ 4년

78 다음 중 요양급여비용의 청구, 지급에 대한 설명으로 옳지 않은 것은?

① 요양급여비용을 청구하려는 요양기관은 건강보험심사평가원에 요양급여비용의 심사청구를 해야 한다.

② 심사청구를 받은 심사평가원은 이를 심사한 후 14일 이내에 그 내용을 국민건강보험공단과 요양기관에 알려야 한다.

③ 국민건강보험공단은 가입자에게 지급해야 하는 금액을 그 가입자가 내야 하는 보험료와 그 밖에 국민건강보험법에 따른 징수금과 상계할 수 있다.

④ 건강보험심사평가원이 요양급여의 적정성을 평가해 국민건강보험공단에 통보하면 공단은 그 평가 결과에 따라 요양급여비용을 가산 또는 감액 조정해 지급한다.

79 다음 〈보기〉 중 국민건강보험공단이 요양급여 외에 부가급여를 실시할 수 있는 것을 모두 고르면?

> **보기**
>
> ㉠ 장제비   ㉡ 상병수당
>
> ㉢ 임신 진료비   ㉣ 출산 진료비

① ㉠, ㉡   ② ㉡, ㉣

③ ㉡, ㉢, ㉣   ④ ㉠, ㉡, ㉢, ㉣

80 국민건강보험법상 보건복지부장관이 임명 또는 위촉하는 건강보험정책심의위원회 위원으로 적절하지 않은 사람은?

① 의료계를 대표하는 단체가 추천하는 자

② 보건복지부령으로 정하는 중앙행정기관 소속 공무원

③ 소비자단체가 추천하는 자

④ 근로자단체 및 사용자단체가 추천하는 자

61 다음 중 공단의 이사장이 위촉하는 등급판정위원회의 위원이 될 수 없는 사람은?

① 의료인

② 시·군·구 소속 공무원

③ 장기요양에 대한 학식과 경험이 풍부한 자

④ 장기요양기관 또는 의료계를 대표하는 자

62 다음 중 빈칸에 공통으로 들어갈 내용으로 옳은 것은?

> "노인 등"이란 _____ 이상의 노인 또는 _____ 미만의 자로서 치매·뇌혈관성질환 등 대통령령으로 정하는 노인성 질병을 가진 자를 말한다.

① 60세   ② 65세

③ 70세   ④ 75세

63 다음 중 빈칸에 들어갈 내용으로 옳은 것은?

> "장기요양기관"이란 장기요양기관의 지정을 받은 기관으로서 _____를 제공하는 기관을 말한다.

① 의료급여   ② 재가급여

③ 시설급여   ④ 장기요양급여

64 등급판정위원회가 노인장기요양보험법에서 정한 장기요양등급판정기간 내에 등급판정을 완료할 수 없는 경우에 추가로 연장 가능한 기간은 며칠인가?

① 15일 이내   ② 30일 이내

③ 45일 이내   ④ 60일 이내

65 수급자가 장기요양인정의 갱신을 하려고 할 경우, 어느 기관에 신청해야 하는가?

① 기획재정부

② 보건복지부

③ 국민건강보험공단

④ 특별자치시・특별자치도・시・군・자치구

66 다음 중 공표 여부 등을 심의하기 위하여 설치・운영하는 위원회의 명칭은?

① 공표심의위원회   ② 공표합의위원회

③ 등급판정위원회   ④ 장기요양위원회

67 다음 〈보기〉 중 1년 이하의 징역 또는 1,000만 원 이하의 벌금 내용을 모두 고르면?

> **보기**
>
> ㄱ. 본인부담금을 면제 또는 감경하는 행위를 한 자
> ㄴ. 거짓이나 그 밖의 부정한 방법으로 변경지정을 받거나 변경신고를 한 자
> ㄷ. 정당한 사유 없이 장기요양급여의 제공을 거부한 자
> ㄹ. 업무수행 중 알게 된 비밀을 누설한 자
> ㅁ. 거짓이나 그 밖의 부정한 방법으로 장기요양급여를 받거나 다른 사람으로 하여금 장기요양급여를 받게 한 자
> ㅂ. 수급자가 부담한 비용을 정산하지 아니한 자

① ㄱ, ㄷ, ㄹ   ② ㄱ, ㄹ, ㅁ

③ ㄴ, ㄷ, ㅂ   ④ ㄷ, ㅁ, ㅂ

68 다음 중 장기요양보험료의 징수와 산정에 대한 내용으로 옳지 않은 것은?

① 공단은 장기요양사업에 사용되는 비용에 충당하기 위하여 장기요양보험료를 징수한다.

② 장기요양보험료는 건강보험료와 구분하여 징수한다.

③ 공단은 장기요양보험료와 건강보험료를 구분하여 고지하여야 한다.

④ 공단은 장기요양보험료와 건강보험료를 각각의 독립회계로 관리하여야 한다.

69 다음 중 장기요양기관이 게시하는 정보의 내용, 방법 등을 정하는 기준은 무엇인가?

① 대통령령

② 보건복지부령

③ 국민건강보험공단 이사회가 의결하는 내규

④ 특별자치시·특별자치도·시·군·자치구의 조례

70 다음 중 장기요양보험료율을 심의하는 곳은?

① 장기요양위원회　　　　　　　　② 건강보험심사평가원

③ 국민건강보험공단　　　　　　　　④ 보건복지부

71 장기요양인정신청 등의 방법 및 절차 등에 관하여 필요한 사항은 무엇으로 정하는가?

① 대통령령　　　　　　　　　　　② 총리령

③ 행정안전부령　　　　　　　　　　④ 보건복지부령

72 다음 중 장기요양급여 가운데 가족요양비를 지급할 수 있는 경우가 아닌 것은?

① 도서·벽지 등 장기요양기관이 현저히 부족한 지역에 거주하는 경우

② 천재지변으로 장기요양급여를 이용하기 어렵다고 보건복지부장관이 인정하는 경우

③ 시설에서 재가급여 또는 시설급여에 상당한 장기요양급여의 경우

④ 신체적 변형 등의 사유로 대인과의 접촉을 기피하는 경우

73 다음은 장기요양위원회의 구성에 대한 설명이다. ㉠∼㉢에 들어갈 숫자를 모두 더하면 얼마인가?

> 장기요양위원회는 위원장 1인, 부위원장 ___㉠___ 인을 포함한 ___㉡___ 인 이상 ___㉢___ 인 이하의 위원
> 으로 구성한다.

① 35　　　　　　　　　　　　　② 39

③ 48　　　　　　　　　　　　　④ 51

74 다음은 장기요양위원회의 운영에 대한 설명이다. 빈칸 ㉠, ㉡에 들어갈 내용을 순서대로 바르게 나열한 것은?

> • 장기요양위원회는 분야별로 _____㉠_____를 둘 수 있다.
> • 노인장기요양보험법에서 정한 것 외에 장기요양위원회의 구성·운영, 그 밖에 필요한 사항은 _____㉡_____으로 정한다.

	㉠	㉡
①	심사위원회	대통령령
②	실무위원회	대통령령
③	심사위원회	보건복지부령
④	실무위원회	보건복지부령

75 다음 중 장기요양급여 제공내용의 평가 방법 및 평가 결과의 공표 방법 등에 필요한 사항을 정하는 방법은 무엇인가?

① 대통령령으로 정한다.
② 보건복지부령으로 정한다.
③ 지방자치단체의 조례로 정한다.
④ 국민건강보험공단 이사회의 의결로 정한다.

76 다음 중 장기요양급여 중 가족요양비에 대한 설명으로 옳지 않은 것은?

① 가족요양비는 공단이 지급할 수 있다.
② 가족요양비는 대통령령으로 정하는 기준에 따라 지급할 수 있다.
③ 가족요양비는 천재지변 등의 사유로 장기요양기관이 제공하는 장기요양급여의 이용으로는 부족하다고 보건복지부장관이 인정하는 자가 받을 수 있다.
④ 가족요양비는 신체·정신 또는 성격 등 대통령령으로 정하는 사유로 인하여 가족 등으로부터 장기요양을 받아야 하는 자가 받을 수 있다.

77 다음 중 빈칸에 들어갈 내용으로 옳은 것은?

> 재심사위원회의 위원은 관계 공무원, _____, 그 밖에 장기요양사업 분야의 학식과 경험이 풍부한 자 중에서 임명 또는 위촉한다.

① 법학   ② 경제학
③ 보건학   ④ 사회복지학

78 다음 〈보기〉 중 보수·소득이나 그 밖에 보건복지부령으로 정하는 사항의 보고 또는 자료의 제출을 명할 수 있는 대상자를 모두 고르면?

> **보기**
> ㉠ 피부양자   ㉡ 의료급여수급권자
> ㉢ 의료기관   ㉣ 장기요양급여를 받은 자

① ㉠, ㉡   ② ㉡, ㉢
③ ㉠, ㉡, ㉣   ④ ㉠, ㉡, ㉢, ㉣

79 다음 중 노인장기요양보험법상 특별현금급여에 대한 설명으로 옳지 않은 것은?

① 특별현금급여에는 가족요양비, 특례요양비, 요양병원간병비가 있다.
② 특별현금급여의 지급 업무는 국민건강보험공단이 관리한다.
③ 특별현금급여는 반드시 특별현금급여수급계좌로 이체하여야 한다.
④ 특별현금급여수급계좌가 개설된 금융기관은 특별현금급여만이 특별현금급여수급계좌에 입금되도록 관리하여야 한다.

80 다음 중 장기요양기관의 의무 등에 대한 설명으로 옳은 것은?

① 장기요양기관의 장은 장기요양급여를 제공한 수급자에게 장기요양급여비용에 대한 명세서의 교부를 생략할 수 있다.
② 수급자로부터 장기요양급여신청을 받은 장기요양기관이 입소정원에 여유가 없어도 장기요양급여의 제공을 거부할 수 없다.
③ 장기요양기관은 보건복지부령으로 정하는 장기요양급여의 제공 기준·절차 및 방법 외의 자체 업무규정에 따라 장기요양급여를 제공할 수 있다.
④ 장기요양기관은 본인부담금을 면제 또는 감경받는 금액 외에 영리를 목적으로 수급자가 부담하는 본인부담금을 면제하거나 감경하는 행위를 할 수 없다.

PART 5

채용 가이드

01 │ 블라인드 채용 소개

1. 블라인드 채용이란?

채용 과정에서 편견이 개입되어 불합리한 차별을 야기할 수 있는 출신지, 가족관계, 학력, 외모 등의 편견요인은 제외하고, 직무능력만을 평가하여 인재를 채용하는 방식입니다.

2. 블라인드 채용의 필요성

- 채용의 공정성에 대한 사회적 요구
  - 누구에게나 직무능력만으로 경쟁할 수 있는 균등한 고용기회를 제공해야 하나, 아직도 채용의 공정성에 대한 불신이 존재
  - 채용상 차별금지에 대한 법적 요건이 권고적 성격에서 처벌을 동반한 의무적 성격으로 강화되는 추세
  - 시민의식과 지원자의 권리의식 성숙으로 차별에 대한 법적 대응 가능성 증가
- 우수인재 채용을 통한 기업의 경쟁력 강화 필요
  - 직무능력과 무관한 학벌, 외모 위주의 선발로 우수인재 선발기회 상실 및 기업경쟁력 약화
  - 채용 과정에서 차별 없이 직무능력중심으로 선발한 우수인재 확보 필요
- 공정한 채용을 통한 사회적 비용 감소 필요
  - 편견에 의한 차별적 채용은 우수인재 선발을 저해하고 외모·학벌 지상주의 등의 심화로 불필요한 사회적 비용 증가
  - 채용에서의 공정성을 높여 사회의 신뢰수준 제고

3. 블라인드 채용의 특징

편견요인을 요구하지 않는 대신 직무능력을 평가합니다.

블라인드 채용 = 편견유발 요인제외 + 직무능력 중심평가

※ 직무능력중심 채용이란?
기업의 역량기반 채용, NCS기반 능력중심 채용과 같이 직무수행에 필요한 능력과 역량을 평가하여 선발하는 채용방식을 통칭합니다.

4. 블라인드 채용의 평가요소

직무수행에 필요한 지식, 기술, 태도 등을 과학적인 선발기법을 통해 평가합니다.

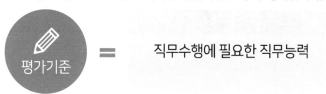

평가기준 = 직무수행에 필요한 직무능력

※ 과학적 선발기법이란?
직무분석을 통해 도출된 평가요소를 서류, 필기, 면접 등을 통해 체계적으로 평가하는 방법으로 입사지원서, 자기소개서, 직무수행능력평가, 구조화 면접 등이 해당됩니다.

5. 블라인드 채용 주요 도입 내용

• 입사지원서에 인적사항 요구 금지
 - 인적사항에는 출신지역, 가족관계, 결혼여부, 재산, 취미 및 특기, 종교, 생년월일(연령), 성별, 신장 및 체중, 사진, 전공, 학교명, 학점, 외국어 점수, 추천인 등이 해당
 - 채용 직무를 수행하는 데 있어 반드시 필요하다고 인정될 경우는 제외
  예 특수경비직 채용 시 : 시력, 건강한 신체 요구
  　　연구직 채용 시 : 논문, 학위 요구 등
• 블라인드 면접 실시
 - 면접관에게 응시자의 출신지역, 가족관계, 학교명 등 인적사항 정보 제공 금지
 - 면접관은 응시자의 인적사항에 대한 질문 금지

6. 블라인드 채용 도입의 효과성

• 구성원의 다양성과 창의성이 높아져 기업 경쟁력 강화
 - 편견을 없애고 직무능력 중심으로 선발하므로 다양한 직원 구성 가능
 - 다양한 생각과 의견을 통하여 기업의 창의성이 높아져 기업경쟁력 강화
• 직무에 적합한 인재선발을 통한 이직률 감소 및 만족도 제고
 - 사전에 지원자들에게 구체적이고 상세한 직무요건을 제시함으로써 허수 지원이 낮아지고, 직무에 적합한 지원자 모집 가능
 - 직무에 적합한 인재가 선발되어 직무이해도가 높아져 업무효율 증대 및 만족도 제고
• 채용의 공정성과 기업이미지 제고
 - 블라인드 채용은 사회적 편견을 줄인 선발 방법으로 기업에 대한 사회적 인식 제고
 - 채용과정에서 불합리한 차별을 받지 않고 실력에 의해 공정하게 평가를 받을 것이라는 믿음을 제공하고, 지원자들은 평등한 기회와 공정한 선발과정 경험

02 | 서류전형 가이드

01 채용공고문

1. 채용공고문의 변화

기존 채용공고문	변화된 채용공고문
• 취업준비생에게 불충분하고 불친절한 측면 존재 • 모집분야에 대한 명확한 직무관련 정보 및 평가기준 부재 • 해당분야에 지원하기 위한 취업준비생의 무분별한 스펙 쌓기 현상 발생	• NCS 직무분석에 기반한 채용공고를 토대로 채용전형 진행 • 지원자가 입사 후 수행하게 될 업무에 대한 자세한 정보 공지 • 직무수행내용, 직무수행 시 필요한 능력, 관련된 자격, 직업기초능력 제시 • 지원자가 해당 직무에 필요한 스펙만을 준비할 수 있도록 안내
• 모집부문 및 응시자격 • 지원서 접수 • 전형절차 • 채용조건 및 처우 • 기타사항	• 채용절차 • 채용유형별 선발분야 및 예정인원 • 전형방법 • 선발분야별 직무기술서 • 우대사항

2. 지원 유의사항 및 지원요건 확인

채용 직무에 따른 세부사항을 공고문에 명시하여 지원자에게 적격한 지원 기회를 부여함과 동시에 채용과정에서의 공정성과 신뢰성을 확보합니다.

구성	내용	확인사항
모집분야 및 규모	고용형태(인턴 계약직 등), 모집분야, 인원, 근무지역 등	채용직무가 여러 개일 경우 본인이 해당되는 직무의 채용규모 확인
응시자격	기본 자격사항, 지원조건	지원을 위한 최소자격요건을 확인하여 불필요한 지원을 예방
우대조건	법정·특별·자격증 가점	본인의 가점 여부를 검토하여 가점 획득을 위한 사항을 사실대로 기재
근무조건 및 보수	고용형태 및 고용기간, 보수, 근무지	본인이 생각하는 기대수준에 부합하는지 확인하여 불필요한 지원을 예방
시험방법	서류·필기·면접전형 등의 활용방안	전형방법 및 세부 평가기법 등을 확인하여 지원전략 준비
전형일정	접수기간, 각 전형 단계별 심사 및 합격자 발표일 등	본인의 지원 스케줄을 검토하여 차질이 없도록 준비
제출서류	입사지원서(경력·경험기술서 등), 각종 증명서 및 자격증 사본 등	지원요건 부합 여부 및 자격 증빙서류 사전에 준비
유의사항	임용취소 등의 규정	임용취소 관련 법적 또는 기관 내부 규정을 검토하여 해당여부 확인

직무기술서란 직무수행의 내용과 필요한 능력, 관련 자격, 직업기초능력 등을 상세히 기재한 것으로 입사 후 수행하게 될 업무에 대한 정보가 수록되어 있는 자료입니다.

1. 채용분야

[설명]

NCS 직무분류 체계에 따라 직무에 대한 「대분류 – 중분류 – 소분류 – 세분류」 체계를 확인할 수 있습니다. 채용 직무에 대한 모든 직무기술서를 첨부하게 되며 실제 수행 업무를 기준으로 세부적인 분류정보를 제공합니다.

채용분야	분류체계			
사무행정	대분류	중분류	소분류	세분류
분류코드	02. 경영·회계·사무	03. 재무·회계	01. 재무	01. 예산
				02. 자금
			02. 회계	01. 회계감사
				02. 세무

2. 능력단위

[설명]

직무분류 체계의 세분류 하위능력단위 중 실질적으로 수행할 업무의 능력만 구체적으로 파악할 수 있습니다.

능력단위	(예산)	03. 연간종합예산수립	04. 추정재무제표 작성
		05. 확정예산 운영	06. 예산실적 관리
	(자금)	04. 자금운용	
	(회계감사)	02. 자금관리	04. 결산관리
		05. 회계정보시스템 운용	06. 재무분석
		07. 회계감사	
	(세무)	02. 결산관리	05. 부가가치세 신고
		07. 법인세 신고	

3. 직무수행내용

[설명]

세분류 영역의 기본정의를 통해 직무수행내용을 확인할 수 있습니다. 입사 후 수행할 직무내용을 구체적으로 확인할 수 있으며, 이를 통해 입사서류 작성부터 면접까지 직무에 대한 명확한 이해를 바탕으로 자신의 희망직무 인지 아닌지, 해당 직무가 자신이 알고 있던 직무가 맞는지 확인할 수 있습니다.

직무수행내용	(예산) 일정 기간 예상되는 수익과 비용을 편성, 집행하며 통제하는 일
	(자금) 자금의 계획 수립, 조달, 운용을 하고 발생 가능한 위험 관리 및 성과평가
	(회계감사) 기업 및 조직 내·외부에 있는 의사결정자들이 효율적인 의사결정을 할 수 있도록 유용한 정보를 제공, 제공된 회계정보의 적정성을 파악하는 일
	(세무) 세무는 기업의 활동을 위하여 주어진 세법범위 내에서 조세부담을 최소화시키는 조세전략을 포함하고 정확한 과세소득과 과세표준 및 세액을 산출하여 과세당국에 신고·납부하는 일

PART 5

4. 직무기술서 예시

태도	(예산) 정확성, 분석적 태도, 논리적 태도, 타 부서와의 협조적 태도, 설득력
	(자금) 분석적 사고력
	(회계 감사) 합리적 태도, 전략적 사고, 정확성, 적극적 협업 태도, 법률준수 태도, 분석적 태도, 신속성, 책임감, 정확한 판단력
	(세무) 규정 준수 의지, 수리적 정확성, 주의 깊은 태도
우대 자격증	공인회계사, 세무사, 컴퓨터활용능력, 변호사, 워드프로세서, 전산회계운용사, 사회조사분석사, 재경관리사, 회계관리 등
직업기초능력	의사소통능력, 문제해결능력, 자원관리능력, 대인관계능력, 정보능력, 조직이해능력

5. 직무기술서 내용별 확인사항

항목	확인사항
모집부문	해당 채용에서 선발하는 부문(분야)명 확인 예 사무행정, 전산, 전기
분류체계	지원하려는 분야의 세부직무군 확인
주요기능 및 역할	지원하려는 기업의 전사적인 기능과 역할, 산업군 확인
능력단위	지원분야의 직무수행에 관련되는 세부업무사항 확인
직무수행내용	지원분야의 직무군에 대한 상세사항 확인
전형방법	지원하려는 기업의 신입사원 선발전형 절차 확인
일반요건	교육사항을 제외한 지원 요건 확인(자격요건, 특수한 경우 연령)
교육요건	교육사항에 대한 지원요건 확인(대졸 / 초대졸 / 고졸 / 전공 요건)
필요지식	지원분야의 업무수행을 위해 요구되는 지식 관련 세부항목 확인
필요기술	지원분야의 업무수행을 위해 요구되는 기술 관련 세부항목 확인
직무수행태도	지원분야의 업무수행을 위해 요구되는 태도 관련 세부항목 확인
직업기초능력	지원분야 또는 지원기업의 조직원으로서 근무하기 위해 필요한 일반적인 능력사항 확인

1. 입사지원서의 변화

기존지원서		능력중심 채용 입사지원서
직무와 관련 없는 학점, 개인신상, 어학점수, 자격, 수상경력 등을 나열하도록 구성	VS	해당 직무수행에 꼭 필요한 정보들을 제시할 수 있도록 구성

직무기술서

직무수행내용

요구지식 / 기술

관련 자격증

사전직무경험

➡

인적사항	성명, 연락처, 지원분야 등 작성 (평가 미반영)
교육사항	직무지식과 관련된 학교교육 및 직업교육 작성
자격사항	직무관련 국가공인 또는 민간자격 작성
경력 및 경험사항	조직에 소속되어 일정한 임금을 받거나(경력) 임금 없이(경험) 직무와 관련된 활동 내용 작성

2. 교육사항

- 지원분야 직무와 관련된 학교 교육이나 직업교육 혹은 기타교육 등 직무에 대한 지원자의 학습 여부를 평가하기 위한 항목입니다.
- 지원하고자 하는 직무의 학교 전공교육 이외에 직업교육, 기타교육 등을 기입할 수 있기 때문에 전공 제한 없이 직업교육과 기타교육을 이수하여 지원이 가능하도록 기회를 제공합니다.
(기타교육 : 학교 이외의 기관에서 개인이 이수한 교육과정 중 지원직무와 관련이 있다고 생각되는 교육내용)

구분	교육과정(과목)명	교육내용	과업(능력단위)

PART 5

3. 자격사항

- 채용공고 및 직무기술서에 제시되어 있는 자격 현황을 토대로 지원자가 해당 직무를 수행하는 데 필요한 능력을 가지고 있는지를 평가하기 위한 항목입니다.
- 채용공고 및 직무기술서에 기재된 직무관련 필수 또는 우대자격 항목을 확인하여 본인이 보유하고 있는 자격사항을 기재합니다.

자격유형	자격증명	발급기관	취득일자	자격증번호

4. 경력 및 경험사항

- 직무와 관련된 경력이나 경험 여부를 표현하도록 하여 직무와 관련한 능력을 갖추었는지를 평가하기 위한 항목입니다.
- 해당 기업에서 직무를 수행함에 있어 필요한 사항만을 기록하게 되어 있기 때문에 직무와 무관한 스펙을 갖추지 않아도 됩니다.
- 경력 : 금전적 보수를 받고 일정 기간 동안 일했던 경우
- 경험 : 금전적 보수를 받지 않고 수행한 활동

※ 기업에 따라 경력 / 경험 관련 증빙자료 요구 가능

구분	조직명	직위 / 역할	활동기간(년 / 월)	주요과업 / 활동내용

Tip

입사지원서 작성 방법

○ 경력 및 경험사항 작성
- 직무기술서에 제시된 지식, 기술, 태도와 지원자의 교육사항, 경력(경험)사항, 자격사항과 연계하여 개인의 직무역량에 대해 스스로 판단 가능

○ 인적사항 최소화
- 개인의 인적사항, 학교명, 가족관계 등을 노출하지 않도록 유의

> 부적절한 입사지원서 작성 사례
> - 학교 이메일을 기입하여 학교명 노출
> - 거주지 주소에 학교 기숙사 주소를 기입하여 학교명 노출
> - 자기소개서에 부모님이 재직 중인 기업명, 직위, 직업을 기입하여 가족관계 노출
> - 자기소개서에 석 · 박사 과정에 대한 이야기를 언급하여 학력 노출
> - 동아리 활동에 대한 내용을 학교명과 더불어 언급하여 학교명 노출

1. 자기소개서의 변화

- 기존의 자기소개서는 지원자의 일대기나 관심 분야, 성격의 장·단점 등 개괄적인 사항을 묻는 질문으로 구성되어 지원자가 자신의 직무능력을 제대로 표출하지 못합니다.
- 능력중심 채용의 자기소개서는 직무기술서에 제시된 직업기초능력(또는 직무수행능력)에 대한 지원자의 과거 경험을 기술하게 함으로써 평가 타당도의 확보가 가능합니다.

1. 우리 회사와 해당 지원 직무분야에 지원한 동기에 대해 기술해 주세요.

2. 자신이 경험한 다양한 사회활동에 대해 기술해 주세요.

3. 지원 직무에 대한 전문성을 키우기 위해 받은 교육과 경험 및 경력사항에 대해 기술해 주세요.

4. 인사업무 또는 팀 과제 수행 중 발생한 갈등을 원만하게 해결해 본 경험이 있습니까? 당시 상황에 대한 설명과 갈등의 대상이 되었던 상대방을 설득한 과정 및 방법을 기술해 주세요.

5. 과거에 있었던 일 중 가장 어려웠던(힘들었었던) 상황을 고르고, 어떤 방법으로 그 상황을 해결했는지를 기술해 주세요.

PART 5

자기소개서 작성 방법
① 자기소개서 문항이 묻고 있는 평가 역량 추측하기

예시
- 팀 활동을 하면서 갈등 상황 시 상대방의 니즈나 의도를 명확히 파악하고 해결하여 목표 달성에 기여했던 경험에 대해서 작성해 주시기 바랍니다.
- 다른 사람이 생각해내지 못했던 문제점을 찾고 이를 해결한 경험에 대해 작성해 주시기 바랍니다.

② 해당 역량을 보여줄 수 있는 소재 찾기(시간×역량 매트릭스)

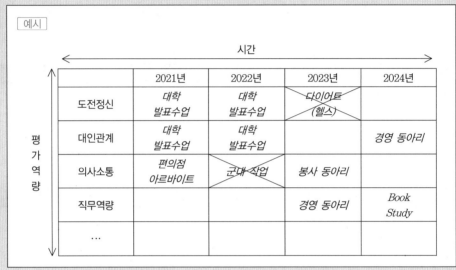

예시

	2021년	2022년	2023년	2024년
도전정신	대학 발표수업	대학 발표수업	~~다이어트 (헬스)~~	
대인관계	대학 발표수업	대학 발표수업		경영 동아리
의사소통	편의점 아르바이트	~~군대 작업~~	봉사 동아리	
직무역량			경영 동아리	Book Study
…				

(세로축: 평가역량, 가로축: 시간)

③ 자기소개서 작성 Skill 익히기
- 두괄식으로 작성하기
- 구체적 사례를 사용하기
- '나'를 중심으로 작성하기
- 직무역량 강조하기
- 경험 사례의 차별성 강조하기

03 | 인성검사 소개 및 모의테스트

01 인성검사 유형

인성검사는 지원자의 성격특성을 객관적으로 파악하고 그것이 각 기업에서 필요로 하는 인재상과 가치에 부합하는가를 평가하기 위한 검사입니다. 인성검사는 KPDI(한국인재개발진흥원), K-SAD(한국사회적성개발원), KIRBS(한국행동과학연구소), SHR(에스에이치알) 등의 전문기관을 통해 각 기업의 특성에 맞는 검사를 선택하여 실시합니다. 대표적인 인성검사의 유형에는 크게 다음과 같은 세 가지가 있으며, 채용 대행업체에 따라 달라집니다.

1. KPDI 검사

조직적응성과 직무적합성을 알아보기 위한 검사로 인성검사, 인성역량검사, 인적성검사, 직종별 인적성검사 등의 다양한 검사 도구를 구현합니다. KPDI는 성격을 파악하고 정신건강 상태 등을 측정하고, 직무검사는 해당 직무를 수행하기 위해 기본적으로 갖추어야 할 인지적 능력을 측정합니다. 역량검사는 특정 직무 역할을 효과적으로 수행하는 데 직접적으로 관련 있는 개인의 행동, 지식, 스킬, 가치관 등을 측정합니다.

2. KAD(Korea Aptitude Development) 검사

K-SAD(한국사회적성개발원)에서 실시하는 적성검사 프로그램입니다. 개인의 성향, 지적 능력, 기호, 관심, 흥미도를 종합적으로 분석하여 적성에 맞는 업무가 무엇인가 파악하고, 직무수행에 있어서 요구되는 기초능력과 실무능력을 분석합니다.

3. SHR 직무적성검사

직무수행에 필요한 종합적인 사고 능력을 다양한 적성검사(Paper and Pencil Test)로 평가합니다. SHR의 모든 직무능력검사는 표준화 검사입니다. 표준화 검사는 표본집단의 점수를 기초로 규준이 만들어진 검사이므로 개인의 점수를 규준에 맞추어 해석·비교하는 것이 가능합니다. S(Standardized Tests), H(Hundreds of Version), R(Reliable Norm Data)을 특징으로 하며, 직군·직급별 특성과 선발 수준에 맞추어 검사를 적용할 수 있습니다.

인성검사는 특히 면접질문과 관련성이 높습니다. 면접관은 지원자의 인성검사 결과를 토대로 질문을 하기 때문입니다. 일관적이고 이상적인 답변을 하는 것이 가장 좋지만, 실제 시험은 매우 복잡하여 전문가라 해도 일정 성격을 유지하면서 답변을 하는 것이 힘듭니다. 또한, 인성검사에는 라이 스케일(Lie Scale) 설문이 전체 설문 속에 교묘하게 섞여 들어가 있으므로 겉치레적인 답을 하게 되면 회답태도의 허위성이 그대로 드러나게 됩니다. 예를 들어 '거짓말을 한 적이 한 번도 없다.'에 '예'로 답하고, '때로는 거짓말을 하기도 한다.'에 '예'라고 답하여 라이 스케일의 득점이 올라가게 되면 모든 회답의 신빙성이 사라지고 '자신을 돋보이게 하려는 사람'이라는 평가를 받을 수 있으므로 주의해야 합니다. 따라서 모의테스트를 통해 인성검사의 유형과 실제 시험 시 어떻게 문제를 풀어야 하는지 연습해 보고 체크한 부분 중 자신의 단점과 연결되는 부분은 면접에서 질문이 들어왔을 때 어떻게 대처해야 하는지 생각해 보는 것이 좋습니다.

03　　**유의사항**

1. 기업의 인재상을 파악하라!

인성검사를 통해 개인의 성격 특성을 파악하고 그것이 기업의 인재상과 가치에 부합하는지를 평가하는 시험이기 때문에 해당 기업의 인재상을 먼저 파악하고 시험에 임하는 것이 좋습니다. 모의테스트에서 인재상에 맞는 가상의 인물을 설정하고 문제에 답해 보는 것도 많은 도움이 됩니다.

2. 일관성 있는 대답을 하라!

짧은 시간 안에 다양한 질문에 답을 해야 하는데, 그 안에는 중복되는 질문이 여러 번 나옵니다. 이때 앞서 자신이 체크했던 대답을 잘 기억해뒀다가 일관성 있는 답을 하는 것이 중요합니다.

3. 모든 문항에 대답하라!

많은 문제를 짧은 시간 안에 풀려다 보니 다 못 푸는 경우도 종종 생깁니다. 하지만 대답을 누락하거나 끝까지 다 못했을 경우 좋지 않은 결과를 가져올 수도 있으니 최대한 주어진 시간 안에 모든 문항에 답할 수 있도록 해야 합니다.

※ 모의테스트는 질문 및 답변 유형 연습을 위한 것으로 실제 시험과 다를 수 있습니다.
※ 인성검사는 정답이 따로 없는 유형의 검사이므로 결과지를 제공하지 않습니다.

번호	내용	예	아니요
001	나는 솔직한 편이다.	☐	☐
002	나는 리드하는 것을 좋아한다.	☐	☐
003	법을 어겨서 말썽이 된 적이 한 번도 없다.	☐	☐
004	거짓말을 한 번도 한 적이 없다.	☐	☐
005	나는 눈치가 빠르다.	☐	☐
006	나는 일을 주도하기보다는 뒤에서 지원하는 것을 선호한다.	☐	☐
007	앞일은 알 수 없기 때문에 계획은 필요하지 않다.	☐	☐
008	거짓말도 때로는 방편이라고 생각한다.	☐	☐
009	사람이 많은 술자리를 좋아한다.	☐	☐
010	걱정이 지나치게 많다.	☐	☐
011	일을 시작하기 전 재고하는 경향이 있다.	☐	☐
012	불의를 참지 못한다.	☐	☐
013	처음 만나는 사람과도 이야기를 잘 한다.	☐	☐
014	때로는 변화가 두렵다.	☐	☐
015	나는 모든 사람에게 친절하다.	☐	☐
016	힘든 일이 있을 때 술은 위로가 되지 않는다.	☐	☐
017	결정을 빨리 내리지 못해 손해를 본 경험이 있다.	☐	☐
018	기회를 잡을 준비가 되어 있다.	☐	☐
019	때로는 내가 정말 쓸모없는 사람이라고 느낀다.	☐	☐
020	누군가 나를 챙겨주는 것이 좋다.	☐	☐
021	자주 가슴이 답답하다.	☐	☐
022	나는 내가 자랑스럽다.	☐	☐
023	경험이 중요하다고 생각한다.	☐	☐
024	전자기기를 분해하고 다시 조립하는 것을 좋아한다.	☐	☐

PART 5

025	감시받고 있다는 느낌이 든다.	☐	☐
026	난처한 상황에 놓이면 그 순간을 피하고 싶다.	☐	☐
027	세상엔 믿을 사람이 없다.	☐	☐
028	잘못을 빨리 인정하는 편이다.	☐	☐
029	지도를 보고 길을 잘 찾아간다.	☐	☐
030	귓속말을 하는 사람을 보면 날 비난하고 있는 것 같다.	☐	☐
031	막무가내라는 말을 들을 때가 있다.	☐	☐
032	장래의 일을 생각하면 불안하다.	☐	☐
033	결과보다 과정이 중요하다고 생각한다.	☐	☐
034	운동은 그다지 할 필요가 없다고 생각한다.	☐	☐
035	새로운 일을 시작할 때 좀처럼 한 발을 떼지 못한다.	☐	☐
036	기분 상하는 일이 있더라도 참는 편이다.	☐	☐
037	업무능력은 성과로 평가받아야 한다고 생각한다.	☐	☐
038	머리가 맑지 못하고 무거운 느낌이 든다.	☐	☐
039	가끔 이상한 소리가 들린다.	☐	☐
040	타인이 내게 자주 고민상담을 하는 편이다.	☐	☐

※ 모의테스트는 질문 및 답변 유형 연습을 위한 것으로 실제 시험과 다를 수 있습니다.
※ 인성검사는 정답이 따로 없는 유형의 검사이므로 결과지를 제공하지 않습니다.

※ 이 성격검사의 각 문항에는 서로 다른 행동을 나타내는 네 개의 문장이 제시되어 있습니다. 이 문장들을 비교하여, 자신의 평소 행동과 가장 가까운 문장을 'ㄱ' 열에 표기하고, 가장 먼 문장을 'ㅁ' 열에 표기하십시오.

01 나는 _____

	ㄱ	ㅁ
A. 실용적인 해결책을 찾는다.	☐	☐
B. 다른 사람을 돕는 것을 좋아한다.	☐	☐
C. 세부 사항을 잘 챙긴다.	☐	☐
D. 상대의 주장에서 허점을 잘 찾는다.	☐	☐

02 나는 _____

	ㄱ	ㅁ
A. 매사에 적극적으로 임한다.	☐	☐
B. 즉흥적인 편이다.	☐	☐
C. 관찰력이 있다.	☐	☐
D. 임기응변에 강하다.	☐	☐

03 나는 _____

	ㄱ	ㅁ
A. 무서운 영화를 잘 본다.	☐	☐
B. 조용한 곳이 좋다.	☐	☐
C. 가끔 울고 싶다.	☐	☐
D. 집중력이 좋다.	☐	☐

04 나는 _____

	ㄱ	ㅁ
A. 기계를 조립하는 것을 좋아한다.	☐	☐
B. 집단에서 리드하는 역할을 맡는다.	☐	☐
C. 호기심이 많다.	☐	☐
D. 음악을 듣는 것을 좋아한다.	☐	☐

PART 5

05	나는 _____	ㄱ	ㅁ
A.	타인을 늘 배려한다.	☐	☐
B.	감수성이 예민하다.	☐	☐
C.	즐겨하는 운동이 있다.	☐	☐
D.	일을 시작하기 전에 계획을 세운다.	☐	☐

06	나는 _____	ㄱ	ㅁ
A.	타인에게 설명하는 것을 좋아한다.	☐	☐
B.	여행을 좋아한다.	☐	☐
C.	정적인 것이 좋다.	☐	☐
D.	남을 돕는 것에 보람을 느낀다.	☐	☐

07	나는 _____	ㄱ	ㅁ
A.	기계를 능숙하게 다룬다.	☐	☐
B.	밤에 잠이 잘 오지 않는다.	☐	☐
C.	한 번 간 길을 잘 기억한다.	☐	☐
D.	불의를 보면 참을 수 없다.	☐	☐

08	나는 _____	ㄱ	ㅁ
A.	종일 말을 하지 않을 때가 있다.	☐	☐
B.	사람이 많은 곳을 좋아한다.	☐	☐
C.	술을 좋아한다.	☐	☐
D.	휴양지에서 편하게 쉬고 싶다.	☐	☐

09 나는 _____

	ㄱ	ㅁ
A. 뉴스보다는 드라마를 좋아한다.	☐	☐
B. 길을 잘 찾는다.	☐	☐
C. 주말엔 집에서 쉬는 것이 좋다.	☐	☐
D. 아침에 일어나는 것이 힘들다.	☐	☐

10 나는 _____

	ㄱ	ㅁ
A. 이성적이다.	☐	☐
B. 할 일을 종종 미룬다.	☐	☐
C. 어른을 대하는 게 힘들다.	☐	☐
D. 불을 보면 매혹을 느낀다.	☐	☐

11 나는 _____

	ㄱ	ㅁ
A. 상상력이 풍부하다.	☐	☐
B. 예의 바르다는 소리를 자주 듣는다.	☐	☐
C. 사람들 앞에 서면 긴장한다.	☐	☐
D. 친구를 자주 만난다.	☐	☐

12 나는 _____

	ㄱ	ㅁ
A. 나만의 스트레스 해소 방법이 있다.	☐	☐
B. 친구가 많다.	☐	☐
C. 책을 자주 읽는다.	☐	☐
D. 활동적이다.	☐	☐

PART 5

04 | 면접전형 가이드

01 면접유형 파악

1. 면접전형의 변화

기존 면접전형에서는 일상적이고 단편적인 대화나 지원자의 첫인상 및 면접관의 주관적인 판단 등에 의해서 입사 결정 여부를 판단하는 경우가 많았습니다. 이러한 면접전형은 면접 내용의 일관성이 결여되거나 직무 관련 타당성이 부족하였고, 면접에 대한 신뢰도에 영향을 주었습니다.

기존 면접(전통적 면접)		능력중심 채용 면접(구조화 면접)

• 일상적이고 단편적인 대화
• 인상, 외모 등 외부 요소의 영향
• 주관적인 판단에 의존한 총점 부여
 	
⇩
 	
• 면접 내용의 일관성 결여
• 직무관련 타당성 부족
• 주관적인 채점으로 신뢰도 저하
	VS	• 일관성
		  – 직무관련 역량에 초점을 둔 구체적 질문 목록
		  – 지원자별 동일 질문 적용
		• 구조화
		  – 면접 진행 및 평가 절차를 일정한 체계에 의해 구성
		• 표준화
		  – 평가 타당도 제고를 위한 평가 Matrix 구성
		  – 척도에 따라 항목별 채점, 개인 간 비교
		• 신뢰성
		  – 면접진행 매뉴얼에 따라 면접위원 교육 및 실습

2. 능력중심 채용의 면접 유형

① 경험 면접
- 목적 : 선발하고자 하는 직무 능력이 필요한 과거 경험을 질문합니다.
- 평가요소 : 직업기초능력과 인성 및 태도적 요소를 평가합니다.

② 상황 면접
- 목적 : 특정 상황을 제시하고 지원자의 행동을 관찰함으로써 실제 상황의 행동을 예상합니다.
- 평가요소 : 직업기초능력과 인성 및 태도적 요소를 평가합니다.

③ 발표 면접
- 목적 : 특정 주제와 관련된 지원자의 발표와 질의응답을 통해 지원자 역량을 평가합니다.
- 평가요소 : 직무수행능력과 인지적 역량(문제해결능력)을 평가합니다.

④ 토론 면접
- 목적 : 토의과제에 대한 의견수렴 과정에서 지원자의 역량과 상호작용능력을 평가합니다.
- 평가요소 : 직무수행능력과 팀워크를 평가합니다.

1. 경험 면접

① 경험 면접의 특징

- 주로 직업기초능력에 관련된 지원자의 과거 경험을 심층 질문하여 검증하는 면접입니다.
- 직무능력과 관련된 과거 경험을 평가하기 위해 심층 질문을 하며, 이 질문은 지원자의 답변에 대하여 '꼬리에 꼬리를 무는 형식'으로 진행됩니다.

- 능력요소, 정의, 심사 기준
  - 평가하고자 하는 능력요소, 정의, 심사기준을 확인하여 면접위원이 해당 능력요소 관련 질문을 제시합니다.
- Opening Question
  - 능력요소에 관련된 과거 경험을 유도하기 위한 시작 질문을 합니다.
- Follow-up Question
  - 지원자의 경험 수준을 구체적으로 검증하기 위한 질문입니다.
  - 경험 수준 검증을 위한 상황(Situation), 임무(Task), 역할 및 노력(Action), 결과(Result) 등으로 질문을 구분합니다.

경험 면접의 형태

[면접관 1]　[면접관 2]　[면접관 3]　　　　[면접관 1]　[면접관 2]　[면접관 3]

[지원자]　　　　　　　　　　[지원자 1]　[지원자 2]　[지원자 3]

〈일대다 면접〉　　　　　　　　　　〈다대다 면접〉

② 경험 면접의 구조

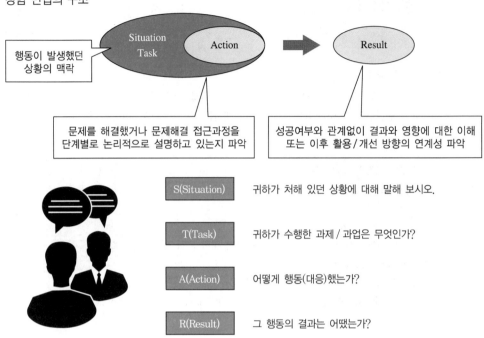

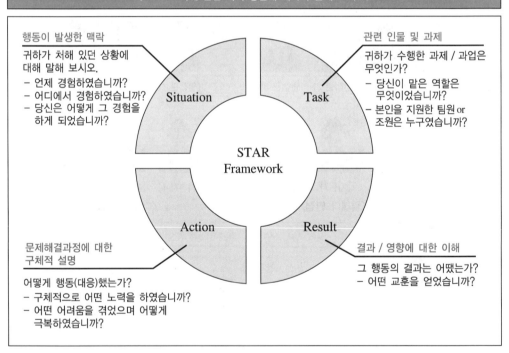

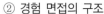
행동이 발생했던
상황의 맥락

문제를 해결했거나 문제해결 접근과정을
단계별로 논리적으로 설명하고 있는지 파악

성공여부와 관계없이 결과와 영향에 대한 이해
또는 이후 활용 / 개선 방향의 연계성 파악

S(Situation)　　귀하가 처해 있던 상황에 대해 말해 보시오.

T(Task)　　귀하가 수행한 과제 / 과업은 무엇인가?

A(Action)　　어떻게 행동(대응)했는가?

R(Result)　　그 행동의 결과는 어땠는가?

(　　　　)에 관한 과거 경험에 대하여 말해 보시오.

행동이 발생한 맥락
귀하가 처해 있던 상황에
대해 말해 보시오.
– 언제 경험하였습니까?
– 어디에서 경험하였습니까?
– 당신은 어떻게 그 경험을
　하게 되었습니까?

관련 인물 및 과제
귀하가 수행한 과제 / 과업은
무엇인가?
– 당신이 맡은 역할은
　무엇이었습니까?
– 본인을 지원한 팀원 or
　조원은 누구였습니까?

Situation

Task

STAR
Framework

Action

Result

문제해결과정에 대한
구체적 설명
어떻게 행동(대응)했는가?
– 구체적으로 어떤 노력을 하였습니까?
– 어떤 어려움을 겪었으며 어떻게
　극복하였습니까?

결과 / 영향에 대한 이해
그 행동의 결과는 어땠는가?
– 어떤 교훈을 얻었습니까?

③ 경험 면접 질문 예시(직업윤리)

시작 질문	
1	남들이 신경 쓰지 않는 부분까지 고려하여 절차대로 업무(연구)를 수행하여 성과를 낸 경험을 구체적으로 말해 보시오.
2	조직의 원칙과 절차를 철저히 준수하며 업무(연구)를 수행한 것 중 성과를 향상시킨 경험에 대해 구체적으로 말해 보시오.
3	세부적인 절차와 규칙에 주의를 기울여 실수 없이 업무(연구)를 마무리한 경험을 구체적으로 말해 보시오.
4	조직의 규칙이나 원칙을 고려하여 성실하게 일했던 경험을 구체적으로 말해 보시오.
5	타인의 실수를 바로잡고 원칙과 절차대로 수행하여 성공적으로 업무를 마무리하였던 경험에 대해 말해 보시오.

후속 질문		
상황 (Situation)	상황	구체적으로 언제, 어디에서 경험한 일인가?
		어떤 상황이었는가?
	조직	어떤 조직에 속해 있었는가?
		그 조직의 특성은 무엇이었는가?
		몇 명으로 구성된 조직이었는가?
	기간	해당 조직에서 얼마나 일했는가?
		해당 업무는 몇 개월 동안 지속되었는가?
	조직규칙	조직의 원칙이나 규칙은 무엇이었는가?
임무 (Task)	과제	과제의 목표는 무엇이었는가?
		과제에 적용되는 조직의 원칙은 무엇이었는가?
		그 규칙을 지켜야 하는 이유는 무엇이었는가?
	역할	당신이 조직에서 맡은 역할은 무엇이었는가?
		과제에서 맡은 역할은 무엇이었는가?
	문제의식	규칙을 지키지 않을 경우 생기는 문제점 / 불편함은 무엇인가?
		해당 규칙이 왜 중요하다고 생각하였는가?
역할 및 노력 (Action)	행동	업무 과정의 어떤 장면에서 규칙을 철저히 준수하였는가?
		어떻게 규정을 적용시켜 업무를 수행하였는가?
		규정은 준수하는 데 어려움은 없었는가?
	노력	그 규칙을 지키기 위해 스스로 어떤 노력을 기울였는가?
		본인의 생각이나 태도에 어떤 변화가 있었는가?
		다른 사람들은 어떤 노력을 기울였는가?
	동료관계	동료들은 규칙을 철저히 준수하고 있었는가?
		팀원들은 해당 규칙에 대해 어떻게 반응하였는가?
		규칙에 대한 태도를 개선하기 위해 어떤 노력을 하였는가?
		팀원들의 태도는 당신에게 어떤 자극을 주었는가?
	업무추진	주어진 업무를 추진하는 데 규칙이 방해되진 않았는가?
		업무수행 과정에서 규정을 어떻게 적용하였는가?
		업무 시 규정을 준수해야 한다고 생각한 이유는 무엇인가?

결과 (Result)	평가	규칙을 어느 정도나 준수하였는가?
		그렇게 준수할 수 있었던 이유는 무엇이었는가?
		업무의 성과는 어느 정도였는가?
		성과에 만족하였는가?
		비슷한 상황이 온다면 어떻게 할 것인가?
	피드백	주변 사람들로부터 어떤 평가를 받았는가?
		그러한 평가에 만족하는가?
		다른 사람에게 본인의 행동이 영향을 주었다고 생각하는가?
	교훈	업무수행 과정에서 중요한 점은 무엇이라고 생각하는가?
		이 경험을 통해 느낀 바는 무엇인가?

2. 상황 면접

① 상황 면접의 특징

직무 관련 상황을 가정하여 제시하고 이에 대한 대응능력을 직무관련성 측면에서 평가하는 면접입니다.

- 상황 면접 과제의 구성은 크게 2가지로 구분
  - 상황 제시(Description) / 문제 제시(Question or Problem)
- 현장의 실제 업무 상황을 반영하여 과제를 제시하므로 직무분석이나 직무전문가 워크숍 등을 거쳐 현장성을 높임
- 문제는 상황에 대한 기본적인 이해능력(이론적 지식)과 함께 실질적 대응이나 변수 고려능력(실천적 능력) 등을 고르게 질문해야 함

상황 면접의 형태

[면접관 1] [면접관 2]

[연기자 1] [연기자 2]　　　　　　　　[면접관 1] [면접관 2]

[지원자]　　　　　　　[지원자 1] [지원자 2] [지원자 3]

〈시뮬레이션〉　　　　　　　　〈문답형〉

② 상황 면접 예시

상황 제시	인천공항 여객터미널 내에는 다양한 용도의 시설(사무실, 통신실, 식당, 전산실, 창고, 면세점 등)이 설치되어 있습니다.	실제 업무 상황에 기반함
	금년에 소방배관의 누수가 잦아 메인 배관을 교체하는 공사를 추진하고 있으며, 당신은 이번 공사의 담당자입니다.	배경 정보
	주간에는 공항 운영이 이루어져 주로 야간에만 배관 교체 공사를 수행하던 중, 시공하는 기능공의 실수로 배관 연결 부위를 잘못 건드려 고압배관의 소화수가 누출되는 사고가 발생하였으며, 이로 인해 인근 시설물에 누수에 의한 피해가 발생하였습니다.	구체적인 문제 상황
문제 제시	일반적인 소방배관의 배관연결(이음)방식과 배관의 이탈(누수)이 발생하는 원인에 대해 설명해 보시오.	문제 상황 해결을 위한 기본 지식 문항
	담당자로서 본 사고를 현장에서 긴급히 처리하는 프로세스를 제시하고, 보수완료 후 사후적 조치가 필요한 부분 및 재발방지 방안에 대해 설명해 보시오.	문제 상황 해결을 위한 추가 대응 문항

3. 발표 면접

① 발표 면접의 특징

- 직무관련 주제에 대한 지원자의 생각을 정리하여 의견을 제시하고, 발표 및 질의응답을 통해 지원자의 직무능력을 평가하는 면접입니다.
- 발표 주제는 직무와 관련된 자료로 제공되며, 일정 시간 후 지원자가 보유한 지식 및 방안에 대한 발표 및 후속 질문을 통해 직무적합성을 평가합니다.

- 주요 평가요소
  - 설득적 말하기 / 발표능력 / 문제해결능력 / 직무관련 전문성
- 이미 언론을 통해 공론화된 시사 이슈보다는 해당 직무분야에 관련된 주제가 발표면접의 과제로 선정되는 경우가 최근 들어 늘어나고 있음
- 짧은 시간 동안 주어진 과제를 빠른 속도로 분석하여 발표문을 작성하고 제한된 시간 안에 면접관에게 효과적인 발표를 진행하는 것이 핵심

발표 면접의 형태

[면접관 1] [면접관 2]　　　　　　[면접관 1] [면접관 2]

[지원자]　　　　　[지원자 1] [지원자 2] [지원자 3]

〈**개별 과제 발표**〉　　　　〈**팀 과제 발표**〉

※ 면접관에게 시각적 효과를 사용하여 메시지를 전달하는 쌍방향 커뮤니케이션 방식

※ 심층면접을 보완하기 위한 방안으로 최근 많은 기업에서 적극 도입하는 추세

② 발표 면접 예시

---

1. 지시문

당신은 현재 A사에서 직원들의 성과평가를 담당하고 있는 팀원이다. 인사팀은 지난주부터 사내 조직문화관련 인터뷰를 하던 도중 성과평가제도에 관련된 개선 니즈가 제일 많다는 것을 알게 되었다. 이에 팀장님은 인터뷰 결과를 종합하려 성과평가제도 개선 아이디어를 A4용지에 정리하여 신속 보고할 것을 지시하셨다. 당신에게 남은 시간은 1시간이다. 자료를 준비하는 대로 당신은 팀원들이 모인 회의실에서 5분 간 발표할 것이며, 이후 질의응답을 진행할 것이다.

2. 배경자료

〈성과평가제도 개선에 대한 인터뷰〉

최근 A사는 회사 사세의 급성장으로 인해 작년보다 매출이 두 배 성장하였고, 직원 수 또한 두 배로 증가하였다. 회사의 성장은 임금, 복지에 대한 상승 등 긍정적인 영향을 주었으나 업무의 불균형 및 성과보상의 불평등 문제가 발생하였다. 또한 수시로 입사하는 신입직원과 경력직원, 퇴사하는 직원들까지 인원들의 잦은 변동으로 인해 평가해야 할 대상이 변경되어 현재의 성과평가제도로는 공정한 평가가 어려운 상황이다.

[생산부서 김상호]
우리 팀은 지난 1년 동안 생산량이 급증했기 때문에 수십 명의 신규인력이 급하게 채용되었습니다. 이 때문에 저희 팀장님은 신규 입사자들의 이름조차 기억 못할 때가 많이 있습니다. 성과평가를 제대로 하고 있는지 의문이 듭니다.

[마케팅 부서 김흥민]
개인의 성과평가의 취지는 충분히 이해합니다. 그러나 현재 평가는 실적기반이나 정성적인 평가가 많이 포함되어 있어 객관성과 공정성에는 의문이 드는 것이 사실입니다. 이러한 상황에서 평가제도를 재수립하지 않고, 인센티브에 계속 반영한다면, 평가제도에 대한 반감이 커질 것이 분명합니다.

[교육부서 홍경민]
현재 교육부서는 인사팀과 밀접하게 일하고 있습니다. 그럼에도 인사팀에서 실시하는 성과평가제도에 대한 이해가 부족한 것 같습니다.

[기획부서 김경호 차장]
저는 저의 평가자 중 하나가 연구부서의 팀장님인데, 일 년에 몇 번 같이 일하지 않는데 어떻게 저를 평가할 수 있을까요? 특히 연구팀은 저희가 예산을 배정하는데, 저에게는 좋지만….

4. 토론 면접

① 토론 면접의 특징

- 다수의 지원자가 조를 편성해 과제에 대한 토론(토의)을 통해 결론을 도출해가는 면접입니다.
- 의사소통능력, 팀워크, 종합인성 등의 평가에 용이합니다.

> - 주요 평가요소
>   - 설득적 말하기, 경청능력, 팀워크, 종합인성
> - 의견 대립이 명확한 주제 또는 채용분야의 직무 관련 주요 현안을 주제로 과제 구성
> - 제한된 시간 내 토론을 진행해야 하므로 적극적으로 자신 있게 토론에 임하고 본인의 의견을 개진할 수 있어야 함

토론 면접의 형태

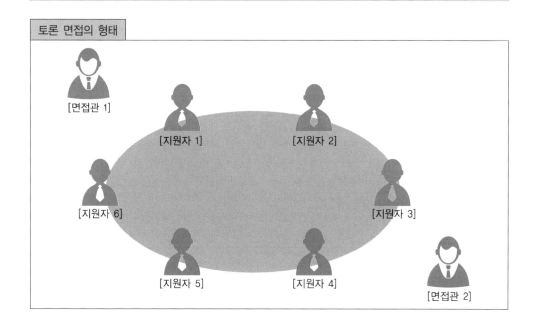

② 토론 면접 예시

고객 불만 고충처리

1. 들어가며

최근 우리 상품에 대한 고객 불만의 증가로 고객고충처리 TF가 만들어졌고 당신은 여기에 지원해 배치받았다. 당신의 업무는 불만을 가진 고객을 만나서 애로사항을 듣고 처리해 주는 일이다. 주된 업무로는 고객의 니즈를 파악해 방향성을 제시해 주고 그 해결책을 마련하는 일이다. 하지만 경우에 따라서 고객의 주관적인 의견으로 인해 제대로 된 방향으로 의사결정을 하지 못할 때가 있다. 이럴 경우 설득이나 논쟁을 해서라도 의견을 관철시키는 것이 좋을지 아니면 고객의 의견대로 진행하는 것이 좋을지 결정해야 할 때가 있다. 만약 당신이라면 이러한 상황에서 어떤 결정을 내릴 것인지 여부를 자유롭게 토론해 보시오.

2. 1분 자유 발언 시 준비사항

• 당신은 의견을 자유롭게 개진할 수 있으며 이에 따른 불이익은 없습니다.

• 토론의 방향성을 이해하고, 내용의 장점과 단점이 무엇인지 문제를 명확히 말해야 합니다.

• 합리적인 근거에 기초하여 개선방안을 명확히 제시해야 합니다.

• 제시한 방안을 실행 시 예상되는 긍정적·부정적 영향요인도 동시에 고려할 필요가 있습니다.

3. 토론 시 유의사항

• 토론 주제문과 제공해드린 메모지, 볼펜만 가지고 토론장에 입장할 수 있습니다.

• 사회자의 지정 또는 발표자가 손을 들어 발언권을 획득할 수 있으며, 사회자의 통제에 따릅니다.

• 토론회가 시작되면, 팀의 의견과 논거를 정리하여 1분간의 자유발언을 할 수 있습니다. 순서는 사회자가 지정합니다. 이후에는 자유롭게 상대방에게 질문하거나 답변을 하실 수 있습니다.

• 핸드폰, 서적 등 외부 매체는 사용하실 수 없습니다.

• 논제에 벗어나는 발언이나 지나치게 공격적인 발언을 할 경우, 위에서 제시한 유의사항을 지키지 않을 경우 불이익을 받을 수 있습니다.

1. 면접 Role Play 편성

- 교육생끼리 조를 편성하여 면접관과 지원자 역할을 교대로 진행합니다.
- 지원자 입장과 면접관 입장을 모두 경험해 보면서 면접에 대한 적응력을 높일 수 있습니다.

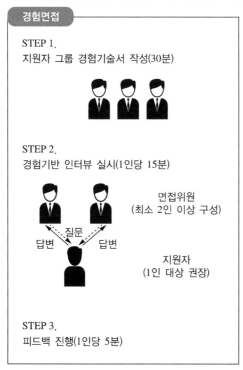

경험면접

STEP 1.
지원자 그룹 경험기술서 작성(30분)

STEP 2.
경험기반 인터뷰 실시(1인당 15분)

면접위원
(최소 2인 이상 구성)

질문

답변   답변

지원자
(1인 대상 권장)

STEP 3.
피드백 진행(1인당 5분)

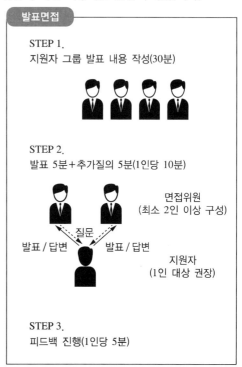

발표면접

STEP 1.
지원자 그룹 발표 내용 작성(30분)

STEP 2.
발표 5분+추가질의 5분(1인당 10분)

면접위원
(최소 2인 이상 구성)

질문

발표 / 답변   발표 / 답변

지원자
(1인 대상 권장)

STEP 3.
피드백 진행(1인당 5분)

> **Tip**
>
> 면접 준비하기
> 1. 면접 유형 확인 필수
>   - 기업마다 면접 유형이 상이하기 때문에 해당 기업의 면접 유형을 확인하는 것이 좋음
>   - 일반적으로 실무진 면접, 임원면접 2차례에 거쳐 면접을 실시하는 기업이 많고 실무진 면접과 임원 면접에서 평가요소가 다르기 때문에 유형에 맞는 준비방법이 필요
> 2. 후속 질문에 대한 사전 점검
>   - 블라인드 채용 면접에서는 주요 질문과 함께 후속 질문을 통해 지원자의 직무능력을 판단
>   → STAR 기법을 통한 후속 질문에 미리 대비하는 것이 필요

PART 5

05 | 국민건강보험공단 면접 기출질문

국민건강보험공단의 면접전형은 경험행동면접(BEI), 상황면접(SI), 그리고 토론면접(GD)으로 이루어진다. 경험행동면접은 개인의 과거 경험 등 질문을 통해 지원자의 직무 역량과 인성, 가치관, 태도 등 미래의 역량 수준을 예측하는 것이며, 사전에 인성검사 결과를 참고자료로 제출하여 맞춤형 면접으로 실시된다. 상황면접은 가상의 직무 관련 상황을 제시하고 그때 취해야 할 행동에 대한 질의응답으로 진행되며, 공단에서 하고 있는 사업에 대해 얼마나 준비했고 관심이 있는지를 물어보므로 평소 공단의 사업에 대해 관심 있게 지켜보는 것이 중요하다. 마지막으로 토론면접은 지원자 간 협업을 통한 공동의 문제 해결 과정을 관찰하고, 개인의 직무역량은 물론 소통과 협업능력을 평가한다. 토론면접이 추가되면서 예년과 달리 다대일 면접으로 조가 편성되었다.

01 | 2024년 기출질문

1. 토론면접

- 페루에 단일건강보험공단을 도입하려고 한다. 이때, 국민건강보험공단이 도울 수 있는 방안은 무엇인 가? [하반기]
- 희귀 질환 환자들의 의료 불편을 해소하기 위한 방안은 무엇인가? [하반기]
- 노인의료돌봄통합지원사업에서 의료기관의 참여를 독려하기 위한 방안에 대해 설명해 보시오. [하반기]
- 출생신고제와 보호출산제의 병행 방향을 제시해 보시오. [상반기]
- 섭식장애에 대한 지원 방향을 제시해 보시오. [상반기]
- 저소득층의 당뇨 관리 방안은 무엇인가? [상반기]
- 공단에 제시하고 싶은 개인정보보호 강화 방안은 무엇인가? [상반기]

2. 상황면접

- 직장 상사가 일이 많다고 기존 체계를 고수하는 상황에서 본인은 어떻게 할 것인가? [하반기]
- 기존 시스템과 새로운 시스템 사이에서 사람들이 기존 시스템을 더 많이 사용하고 있는 상황이다. 이때, 기존 시스템의 유예 기간이 곧 끝나간다면 어떻게 할 것인가? [하반기]
- 지원자 본인이 반드시 지방출장을 가야하는 상황과 지원자 본인의 업무 마감기한이 내일까지인 상황 사이에서 어떻게 대처할 것인지 말해 보시오. [하반기]
- 선임이 나에게는 잡일을 시키고 동기에게는 중요한 일을 시킨다면 본인은 어떻게 할 것인가? [상반기]

- 열심히 자료 조사를 했는데 선임이 상사에게 본인이 찾았다고 하는 상황에서 어떻게 대처할 것인가? [상반기]
- 선임 A와 선임 B의 업무방식이 다른데 각자의 방식대로 업무를 처리하라고 하는 경우 본인은 어떻게 할 것인가? [상반기]

3. 경험행동면접

- 관행 속에서 무언가를 개선해 본 경험에 대해 말해 보시오. [하반기]
- 같이 일하기 힘든 상사에 대해 말해 보시오. [하반기]
- 최고의 피드백과 최악의 피드백을 단어 위주로 설명해 보시오. [하반기]
- 성과를 이루기 위해 목표를 세워 노력한 경험에 대해 말해 보시오. [하반기]
- 조직 내에서 의견 차이로 갈등이 발생한 경험에 대해 말해 보시오. [하반기]

02 2023년 기출질문

1. 토론면접

- 국민건강보험공단의 보장성을 강화할 수 있는 방안은 무언인가? [하반기]
- 상병수당을 효과적으로 홍보할 수 있는 방안은 무엇인가? [하반기]
- 고령화시대에서 국민건강보험공단의 이상적인 사업 추진 방향은 무엇인가? [하반기]

2. 상황면접

- 갑작스럽게 전산 시스템이 먹통이 되어 고객 응대가 불가능한 상황일 때 어떻게 대처할 것인가? [하반기]
- 공단 사업에 불만을 가진 고객들이 지사 앞에서 시위를 하여 내방 민원인들이 지사를 들어오지 못하고 있다면 어떻게 행동할 것인가? [하반기]
- 지사에 방문한 고객이 비효율적인 제도를 논리적으로 지적하면서 화를 내고 있다면 신입사원으로서 어떻게 대응할 것인가? [하반기]
- 사후관리 대상자들이 전화를 받지 않고 상담을 진행하려 해도 대상자들이 본인의 검진결과를 모른다. 본인이 담당자라면 어떻게 하겠는가? [상반기]
- 해당 방안에서 가장 어려울 것이라고 생각하는 것은 무엇인가? [상반기]
- 노인들을 응대할 때 가장 중요한 것은 무엇인가? [상반기]
- 민원인이 자신의 생각만 고집하며 계속 우긴다면 신입사원으로서 어떻게 대처할 것인가? [상반기]

3. 경험행동면접

- 사회복지와 관련된 경험이 적은 편인데, 관련된 지식은 어떤 것들이 있는지 말해 보시오. [하반기]
- 성장의 동력이 되었던 실패 경험이 있는가? [하반기]
- 성실하다는 평을 들어본 경험이 있다면 이야기해 보시오. [하반기]
- 상사와 가치관이 대립된다면 어떻게 대처할 것인지 말해 보시오. [하반기]
- 본인이 가지고 있는 역량 중 어떤 업무에 전문성이 있다고 생각하는가? [상반기]
- 가장 자신 있는 업무와 이와 관련된 이슈를 아는 대로 말해 보시오. [상반기]
- 업무 중 모르는 것이 있다면 어떻게 대처하겠는가? [상반기]
- 업무를 숙지하는 노하우가 있다면 말해 보시오. [상반기]
- 악성 민원을 대처해 본 경험이 있다면 말해 보시오. [상반기]
- 상사의 긍정적 또는 부정적 피드백을 받은 경험이 있는가? [상반기]
- 동료와의 갈등상황이 생긴다면 어떻게 대처하겠는가? [상반기]
- 끈기를 가지고 노력했던 경험이 있는가? [상반기]
- 공공기관 직원이 갖춰야 할 중요한 가치나 덕목은 무엇이라고 생각하는가? [상반기]
- 실패하거나 힘들었던 경험에서 후회하는 부분은 무엇이며 지금 다시 돌아간다면 어떻게 할 것인가? [상반기]

03   2022년 기출질문

1. 상황면접

- 비대면 재택근무로 인해 업무의 효율성이 떨어질 뿐만 아니라 직원들의 고충도 늘어나고 있다. 본인이 인사 담당자라면 어떻게 할 것인가?
- 고액체납자들에게 올바른 체납을 요구하기 위해 앞으로 국민건강보험공단이 해야 할 일로 적절한 것은 무엇인가?
- 현재 2030세대와 4050세대 사이의 괴리감이 심각할 정도로 커지고 있다. 이러한 세대갈등을 해결하기 위한 방향으로 적절한 방법은 무엇인가?

2. 경험행동면접

- 자신이 갖고 있는 직무역량 및 강점을 가지고 요양직 직무 시 어떤 점을 발휘할 수 있는가?
- 예상치 못한 어려움 속에서 이를 해결했던 경험과 본인의 역할은 무엇이었는지 말해 보시오.
- 빠른 상황판단 능력을 통해 공단에서 기여할 수 있는 부분에 대해 말해 보시오.
- 민원 업무에 대한 자신의 가치관에 대해 이야기하고, 그 이유에 대해 설명해 보시오.
- 직무기술서에 대해 읽어본 적이 있는가? 읽어보았다면 어떤 내용이 있는지 말해 보시오.

- 공단에 들어오게 되면 개산시키고 싶은 사업이 있는가? 그 이유는 무엇인가?
- 현재 공단이 추진하고 있는 사업에 대해 아는 대로 말해 보시오.

04 2021년 기출질문

1. 상황면접

- 저출산 고령화로 인해 2030세대에 부양 부담이 가중되는 상황이다. 건강보험료의 인상과 이로 인한 2030세대의 부담 가중도 피할 수 없는 상황이 되었는데, 보험료 인상에 대한 2030세대의 저항이 굉장이 심하다. 이런 문제를 어떻게 해결할 수 있겠는가?
- 생계형 체납자들을 관리하기 위해 앞으로 국민건강보험공단이 해야 할 일로 적절한 것은 무엇인가?
- 지역사회 경제 활성화를 위해서 국민건강보험공단에서 할 수 있는 사업은 무엇인가?
- 영유아의 건강검진 수검률은 낮은 상태를 유지하고 있다. 저출산, 고령화의 상황에서 영유아 건강은 무엇보다 중요한 문제이다. 현재 국가에서 전액을 지원함에도 영유아 미수검율이 훨씬 높은데, 이때 공단 관계자로서 해결 방법은 무엇인가?
- 통계조사를 하기 위해서 어떤 능력이 필요한가? 혹시 관련된 프로그램을 쓸 줄 안다면 말해 보시오.

2. 경험행동면접

- 현재 다른 기관에 재직하고 있는가?
- 많은 공공기관 중에서도 하필 국민건강보험공단에 지원한 이유는 무엇인가?
- 본인이 업무를 수행할 때 부족한 역량이라고 생각되는 부분은 무엇인가? 그리고 그 이유는?
- 자신의 권한 내에서 민원을 효율적으로 응대한 경험이 있는가?
- 공공기관 직원에게 가장 중요한 직업윤리는 무엇인가? 그리고 그 이유에 대해 말해 보시오.
- 가장 응대하기 어려웠던 민원인의 유형은 누구였는가?
- 가장 일하기 힘든 동료는 어떤 유형인가? 그리고 그 동료가 왜 그렇게 행동했는지 말해 보시오.
- 오늘 면접보는 것을 친구들이나 부모님들께 말했는가? 그리고 동료들의 피드백은 어땠는가?
- 실수를 했음에도 불구하고 끝까지 일을 완수한 경험에 대해 말해 보시오.
- 원칙을 지키기 힘들었음에도 불구하고 끝까지 지킨 경험에 대해 말해 보시오.
- 성향이 달랐던 사람과 일해본 경험이 있는가? 있다면 말해 보시오.
- 일하면서 상사를 만족시켰던 경험이 있는가? 있다면 말해 보시오.
- 결정을 내릴 때 혼자 하는가? 혹은 주변 사람들의 의견을 많이 따르는 편인가?

05   2020년 기출질문

- 본인이 생각했을 때 친해지기 어려운 사람에 대해 말해 보시오.
- 스트레스 해소 방법이 있다면 말해 보시오.
- 상대방의 니즈를 파악해서 행동한 경험이 있는가?
- 남들과 다른 나만의 특별함이 있다면 말해 보시오.
- 친화력을 인정받은 경험이 있다면 말해 보시오.
- 코로나 시대에 건강보험공단이 해야 할 일에 대해 말해 보시오.
- 가장 일하기 싫은 동료 유형이 무엇인가?
- 인생에서 가장 위급했던 경험에 대해 말해 보시오.
- 본인은 리더와 팔로워 중 어느 쪽이 어울린다고 생각하는가?
- 원칙과 효율 사이에서 갈등한 경험이 있다면 말해 보시오.

06   2019년 기출질문

- 대학병원의 쏠림현상 완화방안에 대하여 토론해 보시오.
- 지역별 병상 과부족 현상의 해결방안에 대하여 토론해 보시오.
- 업무 중 힘들었던 대인관계 경험에 대해 말해 보시오.
- 지원자 본인은 노조의 권리와 회사의 일 중 중요한 것이 무엇인가?
- 지원자 본인이 가진 역량 중 업무에 가장 도움이 될 것 같은 역량은 무엇인가?
- 가치관이 다른 사람과 일 해본 경험이 있는가?
- 주변인들이 보는 나와 내가 보는 나의 공통점과 차이점에 대해 말해 보시오.
- 달성하기 어렵다고 생각했지만 성과를 낸 경험이 있는가?
- 지원자 본인이 생각하는 리더십이란 무엇인지 말해 보시오.
- 지원자 본인은 결과와 과정 중 무엇이 더 중요한가?
- 컨디션이 좋지 않았음에도 일처리를 해본 경험이 있는가?
- 주위 사람들이 나를 봤을 때 오해하는 것이 있다면 말해 보시오.
- 공공성 증진을 위한 제도개선 및 기획에 대해 토론해 보시오.
- 민원인 중에 난동을 부리고 기물을 파손하는 사람이 있다면 제일 먼저 무엇을 할 것인가?
- 일은 잘하는데 인성이 좋지 않은 사람과 일은 잘하지 못하는데 인성이 좋은 사람 중 어떤 사람과 일을 할 것인지 말해 보시오.
- 자신의 의사소통 방법에 대하여 설명해 보시오.
- 공직자로서의 태도에 대하여 자신의 생각을 말해 보시오.
- 공교육을 활성화할 수 있는 방안에 대해 말해 보시오.
- 국민건강보험공단을 제외하고 어떤 기업에 입사하고 싶은지 말해 보시오.

- 국민건강보험공단을 이용했을 때 좋았던 점과 개선할 점을 말해 보시오.
- 우리나라의 건강보험 보장률을 알고 있는가?
- 지원한 직무의 강점 및 약점을 말해 보시오.
- 귀하의 약점을 개선하기 위해 어떠한 노력을 했는지 말해 보시오.
- 조직에 적응하기 위해 어떠한 노력을 했는지 말해 보시오.
- 살면서 가장 힘들었던 경험이 무엇인가? 어떻게 극복했는지 설명해 보시오.
- 목표를 세우고 오랜 기간 꾸준히 준비해온 경험이 있는가?
- 공동과제를 수행하면서 하기 싫어하거나 소극적인 조원을 이끈 경험이 있는가?

07 2018년 기출질문

- 생계형 체납자에 대한 실효적인 관리 방안에 대하여 토론해 보시오.
- 장애인 건강권 보장에 대하여 토론해 보시오.
- 국민건강보험과 민간의료보험(사보험)의 차이에 대하여 말해 보시오.
- 지원자 본인이 가지고 있는 능력을 발전시키기 위해 어떠한 노력을 했는지 말해 보시오.
- 지원자가 경험한 일 중 요양직 업무에 기여할 수 있는 것은 무엇이 있는가?
- 공정하게 일을 처리한 경험을 말해 보시오.
- 까다로운 환자를 담당한 경험을 말해 보시오.
- 불만을 표시하는 상대를 설득한 경험을 말해 보시오.
- 조직생활이나 학교생활을 하면서 창의적으로 일을 처리했던 경험을 말해 보시오.
- 지원자가 생각하는 일을 잘한다는 기준은 무엇인가?
- 일을 잘하는 사람이 되기 위해서는 어떠한 노력을 해야 하는가?
- 지금까지 살면서 가장 후회했던 경험이 있는가?
- 요양직렬 업무 시 본인과 가장 잘 부합하는 부분은 무엇이라 생각하는가?
- 본인이 생각했을 때 가장 좋은 성품과 고치고 싶은 습관은 무엇인가?
- 단호하게 일 처리를 했던 적이 있는가?
- 갈등 상황에서 타인의 의견을 수용하고 해결한 경험을 말해 보시오.
- 지금까지의 경험으로 강화된 역량은 무엇인가?
- 책임감을 가지고 자신이 맡은 업무에 임한 경험이 있는가?
- 윤리적으로 잘못된 것이라고 판단하고 일을 하지 않은 경험을 말해 보시오.
- 고객과 소통하는 자신만의 노하우가 있는가?
- 자신만의 원칙으로 업무를 처리한 경험을 말해 보시오.

- 새로운 변화로 발생한 문제를 해결한 경험을 말해 보시오.
- 국민건강보험공단에서 하는 일이 무엇인가?
- 본인의 단점은 무엇인가?
- 국민건강보험공단에 지원한 이유가 무엇인가?
- 보험에 대해 아는 대로 말해 보시오.
- 살면서 가장 힘들었던 경험을 말해 보시오.
- 상사나 동료와의 갈등 경험이 있는가?
- 국민건강보험공단 면접장에 처음 왔을 때 기분이 어떠하였는가?
- 본인이 합격 혹은 불합격을 한다면 그 이유는 무엇이라고 생각하는가?
- 고객들을 위해 남들은 하지 않았지만 본인이 했던 행동이 있다면 무엇이었는가?
- 일을 주도적으로 한 경험이 있는가?
- 최근에 사람들에게 싫은 소리를 한 적이 있는가?
- 거절당한 경험을 말해 보시오.
- 평소에 하던 업무가 아닌 새로운 업무를 시작한 경험이 있는가?
- 새로운 조직이나 환경에 적응하기 위해 어떤 노력을 했는가?
- 부당한 대우를 당한 경험이 있는가?
- 새롭게 주어진 업무 중에서 가장 어려웠던 경험을 말해 보시오.
- 조직의 어떤 프로세스를 후배에게 전수한 경험을 말해 보시오.
- 다른 사람에게 없는 본인만의 강점은 무엇인가?
- 차마 어디서 말하기 부끄러웠던 나의 치명적인 약점이나 경험이 있다면 말해 보시오.
- 최근 2 ~ 3년 동안 본인에게 스트레스를 준 사람이 있었는가?
- 직장에서 부정적인 평가를 들었던 경험과 극복한 사례를 말해 보시오.
- 정보화시대에서 정보를 찾으려 노력해 성공적으로 일을 해결한 경험을 말해 보시오.
- 업무를 하는 중에 오해를 받았던 경험이 있는가?
- 전공 외에 요양직에 도움이 되는 경험 활동이 있다면 말해 보시오.
- 한정된 자원을 활용하여 성과를 낸 경험을 말해 보시오.
- 소통을 통해 문제를 해결했던 경험을 말해 보시오.
- 국민건강보험공단에 가장 필요한 역량은 무엇이라고 생각하는가?
- 안정적인 일과 도전적인 일 중 어떤 것을 선호하는가?
- 행정이 무엇이라고 생각하는가?
- 자신을 동물에 비유한다면 어떤 것이고 그 이유는 무엇인가?
- 주변 지인들에게 화를 내고 난 후 어떻게 대처하였는가?
- 본인과 국민건강보험공단은 어떤 점이 비슷하다고 생각하는가?
- 사랑과 일 중 어떤 것이 중요한가?
- 본인의 자료수집능력에 대해 말해 보시오.
- 기안문에서 중요한 것은 무엇인가?
- 기존에 있던 규정을 개선한 경험이 있는가?
- 국민건강보험의 가치는 국민에게 어떻게 적용되는가?
- 국민건강보험료 폭탄에 대한 해소 방안을 말해 보시오.

- 본인이 생각하는 국민건강보험공단의 가치는 무엇인가?
- 국민건강보험공단의 마스코트를 동물로 한다면 어떤 동물이 좋을 것 같은지 말하고 그 이유를 말해 보시오.
- 같이 일하기 싫은 사람은 어떤 유형인가?
- 고객을 위해 소속기관에서 하지 않은 일을 먼저 시행한 경험이 있는가?
- 논리적 설득이란 무엇이라고 생각하는가?
- 해야 할 일이 많을 때 우선순위를 어떤 기준으로 정하는가?
- 조직에 있어서 가장 중요한 것은 무엇인가?
- 조직의 발전을 위해 어떤 노력을 해야 하는가?

"오늘 당신의 노력은 아름다운 꽃의 물이 될 것입니다."

그러나, 이 꽃을 볼 때 사람들은 이 꽃의 아름다움과 향기만을 사랑하고 칭찬하였지, 이 꽃을 그렇게 아름답게 어여쁘게 만들어 주는 병 속의 물은 조금도 생각지 않는 것이 보통입니다.

만일 이 꽃병 속에 들어 있는 물을 죄다 쏟아 버리고 빈 병에다 이 꽃을 꽂아 보십시오.

아무리 아름답고 어여쁜 꽃이기로서니 단 한 송이의 꽃을 피울 수 있으며, 단 한 번이라도 꽃 향기를 날릴 수 있겠습니까?

우리는 여기서 아무리 본바탕이 좋고 아름다운 꽃이라도 보이지 않는 물의 숨은 힘이 없으면 도저히 그 빛과 향기를 자랑할 수 없는 것을 알았습니다.

— 방정환의 「우리 뒤에 숨은 힘」 중 —

많이 보고 많이 겪고 많이 공부하는 것은 배움의 세 기둥이다.

- 벤자민 디즈라엘리 -

현재 나의 실력을 객관적으로 파악해 보자!

모바일 OMR
답안채점 / 성적분석 서비스

도서에 수록된 모의고사에 대한 객관적인 결과(정답률, 순위)를 종합적으로 분석하여 제공합니다.

OMR 입력
성적분석
채점결과

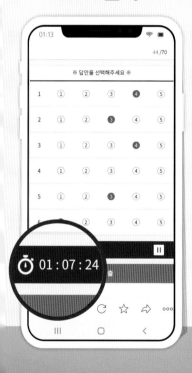
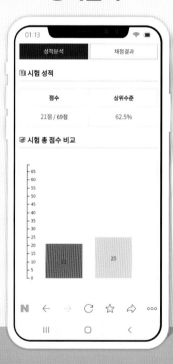

※OMR 답안채점 / 성적분석 서비스는 등록 후 30일간 사용 가능합니다.

 → → → → → → →

| 도서 내 모의고사 우측 상단에 위치한 QR코드 찍기 | 로그인 하기 | '시작하기' 클릭 | '응시하기' 클릭 | 나의 답안을 모바일 OMR 카드에 입력 | '성적분석 & 채점결과' 클릭 | 현재 내 실력 확인하기 |

S

2025
전면개정판

국민건강보험공단

정답 및 해설

5개년 기출＋NCS＋법률＋모의고사 3회

편저 | SDC(Sidae Data Center)

기출복원문제부터
대표기출유형 및
모의고사까지

한 권으로
마무리!

SDC

SDC는 시대에듀 데이터 센터의 약자로
약 30만 개의 NCS · 적성 문제 데이터를
바탕으로 최신 출제경향을 반영하여
문제를 출제합니다.

시대에듀

PART **1**

합격의 공식 시대에듀 www.sdedu.co.kr

국민건강보험공단 5개년 기출복원문제

끝까지 책임진다! 시대에듀!

QR코드를 통해 도서 출간 이후 발견된 오류나 개정법령, 변경된 시험 정보, 최신기출문제, 도서 업데이트
자료 등이 있는지 확인해 보세요! **시대에듀 합격 스마트 앱**을 통해서도 알려 드리고 있으니 구글 플레이나
앱 스토어에서 다운받아 사용하세요. 또한, 파본 도서인 경우에는 구입하신 곳에서 교환해 드립니다.

01

기출복원문제

01 　직업기초능력

01	02	03	04	05	06	07	08	09	10
③	③	①	④	③	③	②	②	①	②
11	12	13							
④	③	②							

01 　　　　　　　　　　　　　　　　　정답 ③

제시문은 상병 중인 근로자들이 질병 및 부상 중에 무리하게 일하지 않고 충분한 휴식과 치료를 받고 근로지로 복귀할 수 있도록 돕고, 의료비 부담과 소득상실로 인해 빈곤층으로 전락하지 않도록 일정부분에 대한 소득을 보장하는 제도인 상병수당 제도가 시행되고 있다고 설명하고 있다. 따라서 글의 주제로 ③이 가장 적절하다.

오답분석
① 산재보상에 대해서는 언급하고 있지 않으므로 글의 주제로 적절하지 않다.
② 상병수당은 빈곤 예방에만 국한된 것이 아닌 건강회복 및 증진과 사회보장 등 인권 보호도 함께 지키기 위해 시행하는 제도이므로 글의 주제로 적절하지 않다.
④ 제시문에 따르면 상병수당 제도는 신설된 것이 아니라 기존에 있던 제도를 실제로 시행할 수 있도록 그 하위법령을 제도화한 것이다.

02 　　　　　　　　　　　　　　　　　정답 ③

제시문은 공공기관인 국민건강보험공단이 가진 데이터와 국내 기업인 N사의 생성형 AI 기술력이 업무협약을 통해 합해지면서 국민들을 대상으로 이전보다 더 편리한 건강 정보 서비스가 실현되었다는 내용이다. 따라서 빈칸에 들어갈 내용으로 ③이 가장 적절하다.

03 　　　　　　　　　　　　　　　　　정답 ①

K공단에서 위촉한 자문 약사는 다제약물 관리사업 대상자가 먹고 있는 약물의 복용상태, 부작용, 중복 등을 종합적으로 검토하고 그 결과를 바탕으로 상담, 교육 및 처방조정 안내를 실시한다. 또한 우리나라는 2000년에 시행된 의약 분업의 결과, 일부 예외사항을 제외하면 약사는 환자에게 약물의 처방을 할 수 없다. 따라서 약사는 환자의 약물점검 결과를 의사에게 전달하여 처방에 반영될 수 있도록 할 뿐 직접적인 처방을 할 수는 없다.

오답분석
② 다제약물 관리사업으로 인해 중복되는 약물을 파악하고 조치할 수 있다. 실제로 세 번째 문단의 다제약물 관리사업 평가에서 효능이 유사한 약물을 중복해서 복용하는 환자가 40.2% 감소되는 등의 효과가 확인되었다.
③ 다제약물 관리사업은 10종 이상의 약을 복용하는 만성질환자를 대상으로 약물관리 서비스를 제공하는 사업이다.
④ 병원의 경우 입원 및 외래환자를 대상으로 의사, 약사 등으로 구성된 다학제팀이 약물관리 서비스를 제공하는 반면, 지역사회에서는 다학제 협업 시스템이 미흡하다는 의견이 나오고 있다. 이에 K공단은 도봉구 의사회와 약사회, 전문가로 구성된 지역협의체를 구성하여 의·약사 협업 모형을 개발하였다.

04 　　　　　　　　　　　　　　　　　정답 ④

제시문의 첫 번째 문단은 아토피 피부염의 정의를 나타내므로 이어서 연결될 수 있는 문단은 아토피 피부염의 원인을 설명하는 (라)이다. 또한, (가)의 앞부분 내용이 (라)의 뒷부분과 연계되므로 (가)가 다음에 오는 것이 적절하다. 그리고 (나)의 첫 번째 문장에서 앞의 약물치료와 더불어 일상생활에서의 예방법을 말하고 있으므로 (나)의 앞에는 아토피 피부염의 약물치료 방법인 (다)가 오는 것이 가장 자연스럽다. 따라서 (라) − (가) − (다) − (나)의 순서로 나열해야 한다.

05 　　　　　　　　　　　　　　　　　정답 ③

제시문은 뇌경색이 발생하는 원인과 발생했을 때 치료 방법을 소개하고 있다. 따라서 글의 주제로 가장 적절한 것은 '뇌경색의 발병 원인과 치료 방법'이다.

오답분석
① 뇌경색의 주요 증상에 대해서는 언급하고 있지 않다.
② 뇌경색 환자는 기전에 따라 항혈소판제나 항응고제 약물 치료를 한다고 하였지만, 전체 내용을 담는 주제는 아니다.
④ 뇌경색이 발생했을 때의 조치사항은 언급하고 있지 않다.

06

2021년의 건강보험료 부과 금액은 전년 대비 $69,480-63,120=6,360$십억 원 증가하였다. 이는 2020년 건강보험료 부과 금액의 10%인 $63,120\times0.1=6,312$십억 원보다 크므로 2021년의 건강보험료 부과 금액은 전년 대비 10% 이상 증가하였음을 알 수 있다.

2022년 또한 $76,775-69,480=7,295$십억 $>69,480\times0.1=6,948$십억 원이므로 건강보험료 부과 금액은 전년 대비 10% 이상 증가하였다.

오답분석
① 제시된 자료를 통해 확인할 수 있다.
② 연도별 전년 대비 1인당 건강보험 급여비 증가액을 구하면 다음과 같다.
  • 2020년 : $1,400,000-1,300,000=100,000$원
  • 2021년 : $1,550,000-1,400,000=150,000$원
  • 2022년 : $1,700,000-1,550,000=150,000$원
  • 2023년 : $1,900,000-1,700,000=200,000$원
  따라서 1인당 건강보험 급여비가 전년 대비 가장 크게 증가한 해는 2023년이다.
④ 2019년 대비 2023년의 1인당 건강보험 급여비 증가율은 $\frac{1,900,000-1,300,000}{1,300,000}\times100≒46\%$이므로 40% 이상 증가하였다.

07
정답 ②

P씨는 아이가 4명이므로 일반 다자녀가구 지원 대상자에 해당된다. 1~3월에는 동절기로 적용되어 월 18,000원씩 경감받고, 4~6월에는 동절기 외로 적용되어 월 2,470원씩 경감받을 수 있다. 따라서 P씨가 1~6월 동안 받을 수 있는 주택용 도시가스의 취사난방용 요금 경감금액은 $(18,000\times3)+(2,470\times3)=54,000+7,410=61,410$원이다.

08
정답 ②

북평택에서 동탄을 1회 왕복할 때 필요한 통행료는 $2,700+2,700=5,400$원이므로 3회 왕복할 때 필요한 통행료는 $5,400\times3=16,200$원이다. A씨의 고속도로 이용 비율은 20% 이상 70% 미만이고, 심야 시간에 이동한다. 하이패스를 이용하며 화물차 전용 단말기를 설치했으므로 30% 할인을 적용받아 통행료의 70%만 지불하면 된다. 따라서 A씨의 1주일 동안의 통행료는 $16,200\times6\times0.7=68,040$원이다.

09
정답 ①

통행료 면제 규정에 따르면 1~5급까지의 5.18 민주화운동 부상자 탑승차량은 통행료 면제 대상이다. 따라서 B씨는 통행료를 지불하지 않아도 된다.

10
정답 ②

'잎이 넓다.'를 P, '키가 크다.'를 Q, '더운 지방에서 자란다.'를 R, '열매가 많이 맺힌다.'를 S라 하면, 첫 번째 명제는 P → Q, 두 번째 명제는 ~P → ~R, 네 번째 명제는 R → S이다. 두 번째 명제의 대우인 R → P와 첫 번째 명제인 P → Q에 따라 R → P → Q이므로 네 번째 명제가 참이 되려면 Q → S인 명제 또는 이와 대우 관계인 ~S → ~Q인 명제가 필요하다.

오답분석
① ~P → S이므로 참인 명제가 아니다.
③ 제시된 모든 명제와 관련이 없는 명제이다.
④ R → Q와 대우 관계인 명제로, 네 번째 명제가 참임을 판단할 수 없다.

11
정답 ④

'풀을 먹는 동물'을 P, '몸집이 크다.'를 Q, '사막에서 산다.'를 R, '물속에서 산다.'를 S라 하면, 첫 번째 명제는 P → Q, 두 번째 명제는 R → ~S, 네 번째 명제는 S → Q이다. 네 번째 명제가 참이 되려면 두 번째 명제와 대우 관계인 S → ~R일 때 ~R → P인 명제 또는 이와 대우 관계인 ~P → R인 명제가 필요하다.

오답분석
① Q → S로 네 번째 명제의 역이지만, 어떤 명제가 참이라고 해서 그 역이 반드시 참이 될 수는 없다.
② 제시된 모든 명제와 관련이 없는 명제이다.
③ R → Q이므로 참인 명제가 아니다.

12
정답 ③

모든 1과 사원은 가장 실적이 많은 2과 사원보다 실적이 많고, 3과 사원 중 일부는 가장 실적이 많은 2과 사원보다 실적이 적다. 따라서 3과 사원 중 일부는 모든 1과 사원보다 실적이 적다.

13
정답 ②

• A : 초청 목적이 6개월가량의 외국인 환자의 간병이므로 G-1-10 비자를 발급받아야 한다.
• B : 초청 목적이 국내 취업조건을 모두 갖춘 자의 제조업체 취업이므로 E-9-1 비자를 발급받아야 한다.
• C : 초청 목적이 K대학교 교환학생이므로 D-2-6 비자를 발급받아야 한다.
• D : 초청 목적이 국제기구 정상회의 참석이므로 A-2 비자를 발급받아야 한다.

CHAPTER 01 2024년 시행 기출복원문제 • 3

01	02	03	04	05	06	07	08	09	10
①	③	①	②	③	③	④	①	④	②
11	12								
④	②								

01

정답 ①

피부양자의 인정기준 중 부양요건(규칙 별표 1) 중 6번 요건에 의해 직계비속의 배우자는 동거 시에만 피부양자 자격이 인정된다.

오답분석

② 배우자의 직계존속의 경우 동거 시 피부양자 자격이 인정되며, 비동거 시에도 동거하고 있는 배우자의 형제자매가 없거나, 있어도 보수 또는 소득이 없는 경우 부양이 인정된다(규칙 별표 1 7번 요건).
③ 배우자의 경우 동거의 유무와 상관없이 피부양자 자격이 인정된다(규칙 별표 1 1번 요건).
④ 한쪽 부모님과 재혼한 배우자 또한 부모인 직계존속으로 인정하며, 동거 시 부양을 인정한다. 또한 비동거 시에도 부모와 동거하고 있는 형제자매가 없거나, 있어도 보수 또는 소득이 없는 경우 부양이 인정된다(규칙 별표 1 2번 요건).

02

정답 ③

요양기관이 속임수나 부당한 방법으로 가입자 및 피부양자에게 50만 원의 요양급여비용을 부담하게 한 경우 부당한 방법으로 부담하게 한 금액의 5배 이하의 금액을 과징금으로 부과할 수 있으므로 최대 50×5=250만 원이다.

과징금(법 제99조 제1항)
보건복지부장관은 요양기관이 속임수나 그 밖의 부당한 방법으로 보험자·가입자 및 피부양자에게 요양급여비용을 부담하게 한 경우에 해당하여 업무정지 처분을 하여야 하는 경우로서 그 업무정지 처분이 해당 요양기관을 이용하는 사람에게 심한 불편을 주거나 보건복지부장관이 정하는 특별한 사유가 있다고 인정되면 업무정지 처분을 갈음하여 속임수나 그 밖의 부당한 방법으로 부담하게 한 금액의 5배 이하의 금액을 과징금으로 부과·징수할 수 있다.

03

정답 ①

2차 감액의 경우 요양급여비용 상한금액의 100분의 40을 넘지 아니하는 범위에서 요양급여비용 상한금액의 일부를 감액할 수 있다(법 제41조의2 제2항).

오답분석

ㄱ. 법 제41조의2 제1항에 해당한다.
ㄷ. 법 제41조의2 제2항, 영 제18조의2 제2항에 해당한다.
ㄹ. 법 제41조의2 제4항에 해당한다.

04

정답 ②

공단은 보험료를 3회 이상 체납한 자가 신청하는 경우 보건복지부령으로 정하는 바에 따라 분할납부를 승인할 수 있다. 이때, 분할납부 승인을 받은 자가 정당한 사유 없이 5회 이상 그 승인된 보험료를 납부하지 아니하면 그 분할납부의 승인을 취소한다(법 제82조 제1항·제3항).
따라서 3+5=8이다.

05

정답 ③

ⓒ 법 제41조의4 제2항에 해당한다.
ⓔ 영 제18조의4 제2항 제2호에 해당한다.

오답분석

㉠ 선별급여는 치료효과성 등이 불확실하여 그 검증을 위하여 추가적인 근거가 필요한 경우 실시한다(법 제41조의4 제1항).
ⓛ 적합성평가의 평가주기는 선별급여를 실시한 날부터 5년마다 평가할 수 있다(영 제18조의4 제2항 제1호).

06

정답 ③

요양기관이 정당한 이유 없이 요양급여를 거부하거나, 요양비 명세서나 요양 명세를 적은 영수증을 내주지 않은 경우는 500만 원 이하의 벌금(법 제117조)에 해당한다.

오답분석

① 법 제119조 제4항 제4호에 해당한다.
② 법 제119조 제3항 제1호에 해당한다.
④ 법 제119조 제3항 제4호에 해당한다.

07 정답 ④

보험료 등은 국세와 지방세를 제외한 다른 채권에 우선하여 징수한다. 다만, 보험료 등의 납부기한 전에 전세권·질권·저당권 또는 동산·채권 등의 담보에 관한 법률에 따른 담보권의 설정을 등기 또는 등록한 사실이 증명되는 재산을 매각할 때에 그 매각대금 중에서 보험료 등을 징수하는 경우 그 전세권·질권·저당권 또는 동산·채권 등의 담보에 관한 법률에 따른 담보권으로 담보된 채권에 대하여는 그러하지 아니하다(법 제85조).

08 정답 ①

제96조의4를 위반하여 서류(요양급여비용 청구서류, 건강보험 관련 서류, 요양비 청구서류, 보험급여 청구서류)를 보존하지 아니한 자는 100만 원 이하의 과태료를 부과한다(법 제119조 제4항 제4호).

오답분석

② 법 제115조 제5항 제3호에 해당한다.
③ 법 제119조 제3항 제2호에 해당한다.
④ 법 제115조 제1항 제2호에 해당한다.

09 정답 ④

선거에 당선되어 취임하는 공무원으로서 매월 보수 또는 보수에 준하는 급료를 받지 아니하는 사람만 직장가입자 제외 대상으로, 이는 지역가입자에 해당한다(법 제6조 제2항 제3호).

오답분석

① 법 제54조 제4호에 해당한다.
② 법 제54조 제3호에 해당한다.
③ 법 제6조 제2항 제1호에 해당한다.

10 정답 ②

임의계속가입자는 자격의 변동 시기 등에도 불구하고 대통령령으로 정하는 기간 동안 직장가입자의 자격을 유지한다. 다만, 최초로 내야 할 직장가입자 보험료를 그 납부기한부터 2개월이 지난 날까지 내지 아니한 경우에는 그 자격을 유지할 수 없다(법 제110조 제2항).

오답분석

① 법 제110조 제1항에 해당한다.
③ 법 제110조 제3항에 해당한다.
④ 법 제110조 제4항에 해당한다.

11 정답 ④

임의계속가입자의 보험료는 보건복지부장관이 정하여 고시하는 바에 따라 그 일부를 경감할 수 있고, 보수월액보험료는 그 임의계속가입자가 전액을 부담하고 납부한다(법 제110조 제4항, 제5항).

오답분석

① 사용관계가 끝난 사람 중 직장가입자로서의 자격을 유지한 기간이 보건복지부령(사용관계가 끝난 날 이전 18개월간)으로 정하는 기간 동안 통산 1년 이상인 사람은 지역가입자가 된 이후 최초로 지역가입자 보험료를 고지 받은 날부터 그 납부기한에서 2개월이 지나기 이전까지 공단에 직장가입자로서의 자격을 유지할 것을 신청할 수 있다(법 제110조 제1항).
② 임의계속가입자의 신청 방법·절차 등에 필요한 사항은 보건복지부령으로 정한다(법 제110조 제7항).
③ 임의계속가입자 신청 후 최초로 내야 할 직장가입자 보험료를 그 납부기한부터 2개월이 지난날까지 내지 아니한 경우에는 그 자격을 유지할 수 없다(법 제110조 제2항 후단).

12 정답 ②

요양급여비용의 심사는 건강보험심사평가원의 업무이다(법 제63조 제1항 제1호).

국민건강보험공단의 업무(법 제14조 제1항)
1. 가입자 및 피부양자의 자격 관리
2. 보험료와 그 밖에 이 법에 따른 징수금의 부과·징수
3. 보험급여의 관리
4. 가입자 및 피부양자의 질병의 조기발견·예방 및 건강관리를 위하여 요양급여 실시 현황과 건강검진 결과 등을 활용하여 실시하는 예방사업으로서 대통령령으로 정하는 사업
5. 보험급여 비용의 지급
6. 자산의 관리·운영 및 증식사업
7. 의료시설의 운영
8. 건강보험에 관한 교육훈련 및 홍보
9. 건강보험에 관한 조사연구 및 국제협력
10. 이 법에서 공단의 업무로 정하고 있는 사항
11. 국민연금법, 고용보험 및 산업재해보상보험의 보험료징수 등에 관한 법률, 임금채권보장법 및 석면피해구제법("징수위탁근거법")에 따라 위탁받은 업무
12. 그 밖에 이 법 또는 다른 법령에 따라 위탁받은 업무
13. 그 밖에 건강보험과 관련하여 보건복지부장관이 필요하다고 인정한 업무

03 노인장기요양보험법

01	02	03	04	05	06	07	08	09	
②	②	①	④	③	①	②	④	②	

01

정답 ②

장기요양기관을 운영하는 자는 폐쇄회로 텔레비전에 기록된 영상정보를 <u>60일</u> 이상 보관하여야 한다(법 제33조의2 제3항).

02

정답 ②

등급판정위원회는 신청인이 신청자격요건을 충족하고 <u>6개월</u> 이상 동안 혼자서 일상생활을 수행하기 어렵다고 인정하는 경우 심신상태 및 장기요양이 필요한 정도 등 대통령령으로 정하는 등급판정기준에 따라 수급자로 판정한다(법 제15조 제2항).

[오답분석]
① 법 제12조에 해당한다.
③ 법 제14조 제1항 제1호에 해당한다.
④ 법 제15조 제1항에 해당한다.

03

정답 ①

장기요양지원센터의 업무(법 제47조의2 제2항)
1. 장기요양요원의 권리 침해에 관한 상담 및 지원
2. 장기요양요원의 역량강화를 위한 교육지원
3. 장기요양요원에 대한 건강검진 등 건강관리를 위한 사업
4. 그 밖에 장기요양요원의 업무 등에 필요하여 대통령령으로 정하는 사항

04

정답 ④

행정제재처분 효과의 승계(법 제37조의4 제1항)
장기요양기관 지정의 취소 행위를 이유로 한 행정제재처분("행정제재처분")의 효과는 그 처분을 한 날부터 3년간 다음 각 호의 어느 하나에 해당하는 자에게 승계된다.
1. 장기요양기관을 양도한 경우 양수인
2. 법인이 합병된 경우 합병으로 신설되거나 합병 후 존속하는 법인
3. 장기요양기관 폐업 후 같은 장소에서 장기요양기관을 운영하는 자 중 종전에 행정제재처분을 받은 자(법인인 경우 그 대표자를 포함한다)나 그 배우자 또는 직계혈족

[오답분석]
① 법 제37조의4 제1항 제1호에 해당한다.
② 법 제37조의4 제4항에 해당한다.
③ 법 제37조의4 제1항에 해당한다.

05

정답 ③

ⓛ 공단은 장기요양급여를 받고 있는 자가 정당한 사유 없이 제15조 제4항에 따른 조사를 받는 경우 장기요양급여의 전부 또는 일부를 제공하지 아니하게 할 수 있다(법 제29조 제1항).
ⓒ 공단은 거짓 보고 또는 증명에 의하거나 거짓 진단에 따라 장기요양급여가 제공된 때 거짓의 행위에 관여한 자에 대하여 장기요양급여를 받은 자와 연대하여 징수금을 납부하게 할 수 있다(법 제43조 제2항).

[오답분석]
ⓐ 공단은 거짓이나 그 밖의 부정한 방법으로 장기요양인정을 받은 경우로 의심되는 경우 조사 결과를 등급판정위원회에 제출하여야 하고, 등급판정위원회는 공단에 제출된 조사 결과를 토대로 다시 수급자 등급을 조정하고 수급자 여부를 판정할 수 있다(법 제15조 제4항, 제5항).

06

정답 ①

월 한도액 범위를 초과하여 장기요양급여를 받은 경우에 그 장기요양급여, 장기요양급여비용 또는 의사소견서 등 발급비용에 상당하는 금액을 징수한다(법 제43조 제1항 제2호).

[오답분석]
② 법 제43조 제1항 제3호에 해당한다.
③ 법 제43조 제1항 제5호에 해당한다.
④ 법 제43조 제1항 제4의2에 해당한다.

07

정답 ②

등급판정위원회는 수급자 판정에 따라 심의·판정을 하는 때 신청인과 그 가족, 의사소견서를 발급한 의사 등 관계인의 의견을 들을 수 있다(법 제15조 제3항).

[오답분석]
① 공단은 등급판정위원회가 장기요양인정 및 등급판정의 심의를 완료한 경우 <u>지체 없이</u> 장기요양등급, 장기요양급여의 종류 및 내용, 그 밖에 장기요양급여에 관한 사항으로서 보건복지부령으로 정하는 사항이 포함된 장기요양인정서를 작성하여 수급자에게 송부하여야 한다(법 제17조 제1항).
③ 등급판정위원회는 신청인이 신청서를 제출한 날부터 <u>30일 이내</u>에 제15조에 따른 장기요양등급판정을 완료하여야 한다(법 제16조 제1항).

④ 공단은 제14조에 따른 조사가 완료된 때 조사결과서, 신청서, 의사소견서, 그 밖에 심의에 필요한 자료를 등급판정위원회에 제출하여야 한다(법 제15조 제1항).

08

 정답 ④

특별자치시장·특별자치도지사·시장·군수·구청장이 장기요양기관 지정을 하려는 경우에는 다음의 사항을 검토하여 장기요양기관을 지정하여야 한다(법 제31조 제3항).

1. 장기요양기관을 운영하려는 자의 장기요양급여 제공 이력
2. 장기요양기관을 운영하려는 자 및 그 기관에 종사하려는 자가 이 법, 사회복지사업법 또는 노인복지법 등 장기요양기관의 운영과 관련된 법에 따라 받은 행정처분의 내용
3. 장기요양기관의 운영 계획
4. 해당 지역의 노인인구 수 및 장기요양급여 수요 등 지역 특성
5. 그 밖에 특별자치시장·특별자치도지사·시장·군수·구청장이 장기요양기관으로 지정하는 데 필요하다고 인정하여 정하는 사항

09

정답 ②

국가 또는 지방자치단체는 폐쇄회로 텔레비전 설치비의 전부 또는 일부를 지원할 수 있다(법 제33조의2 제4항).

오답분석

① 법 제33조의2 제1항 제1호에 해당한다.
③ 법 제33조의2 제3항에 해당한다.
④ 법 제33조의2 제1항에 해당한다.

PART 1

02 | 2023년 시행 기출복원문제

01 직업기초능력

01	02	03	04	05	06	07	08	09	10
②	④	④	③	②	③	③	④	①	②
11	12	13	14	15	16				
④	③	③	①	③	③				

01 정답 ②

허리디스크는 디스크의 수핵이 탈출하여 생긴 질환이므로 허리를 굽히거나 앉아 있을 때 디스크에 가해지는 압력이 높아져 통증이 더 심해진다. 반면 척추관협착증의 경우 서 있을 때 척추관이 더욱 좁아지게 되어 통증이 더욱 심해진다.

오답분석
① 허리디스크는 디스크의 탄력 손실이나 갑작스런 충격으로 인해 균열이 생겨 발생하고, 척추관협착증은 오랜 기간 동안 황색 인대가 두꺼워져 척추관에 변형이 일어나 발생하므로 허리디스크의 증상이 더 급작스럽게 나타난다.
③ 허리디스크는 자연치유가 가능하지만, 척추관협착증은 불가능하다. 따라서 허리디스크는 주로 통증을 줄이고 안정을 취하는 보존치료를 하지만, 척추관협착증은 변형된 부분을 제거하는 외과적 수술을 한다.
④ 허리디스크와 척추관협착증 모두 척추 중앙의 신경 다발(척수)이 압박받을 수 있으며, 심할 경우 하반신 마비 증세를 보일 수 있으므로 빠른 치료를 받는 것이 중요하다.

02 정답 ④

고령인 사람이 서 있을 때 통증이 나타난다면 퇴행성 척추질환인 척추관협착증(요추관협착증)일 가능성이 높다. 반면 허리디스크(추간판탈출증)는 젊은 나이에도 디스크에 급격한 충격이 가해지면 발생할 수 있고, 앉아 있을 때 통증이 심해진다. 따라서 ㉠에는 척추관협착증, ㉡에는 허리디스크가 들어가야 한다.

03 정답 ④

제시문은 장애인 건강주치의 시범사업을 소개하며 3단계 시범사업에서 기존과 달라지는 내용 위주로 설명하고 있다. 따라서 가장 처음에 와야 할 문단은 3단계 장애인 건강주치의 시범사업을 소개하는 (마)이다. 이어서 장애인 건강주치의 시범사업 세부 서비스를 소개하는 문단이 와야 하는데, 서비스 종류를 소개하는 문장이 있는 (다)가 이어지는 것이 가장 적절하다. 이어서 2번째 서비스인 주장애관리를 소개하는 (가)가 와야 하며, 그 다음으로 3번째 서비스인 통합관리 서비스와 추가적으로 방문 서비스를 소개하는 (라)가 오는 것이 자연스럽다. 마지막으로 장애인 건강주치의 시범사업에 신청하는 방법을 소개하며 글을 끝내는 것이 자연스러우므로 (나)가 이어져야 한다. 따라서 글의 순서를 바르게 나열하면 (마) - (다) - (가) - (라) - (나)이다.

04 정답 ③

제53조 제5항에서 공단으로부터 분할납부 승인을 받고 승인된 보험료를 1회 이상 낸 경우에는 보험급여를 할 수 있다고 하였으므로, 분할납부가 완료될 때까지 보험급여가 제한되지 않는다.

오답분석
① 제53조 제1항 제2호에 따르면 고의 또는 중대한 과실로 공단 및 요양기관의 요양에 관한 지시를 따르지 아니한 경우 보험급여를 하지 않는다.
② 제53조 제2항에서 국가나 지방자치단체로부터 보험급여에 상당하는 급여를 받게 되는 경우에는 그 한도에서 보험급여를 하지 않는다고 하였다.
④ 승인받은 분할납부 횟수가 5회 미만인 경우이므로 해당 분할납부 횟수인 4회 이상 보험료를 내지 않으면 보험급여가 제한된다.

05 정답 ②

제시된 기사는 독거노인·장애인을 위한 응급안전안심서비스의 집중신청기간을 고지하면서 이에 대한 참여를 설명하는 글이다. 따라서 기사의 주제는 '독거노인·장애인 응급안전안심서비스 정책과 집중신청기간 안내'가 가장 적절하다.

① 정책소개를 위해 2022년 한 해 동안의 성과를 소개하고 있지만 전체적인 기사의 주제는 아니다.
③ 독거노인・장애인 응급안전안심서비스는 가정에 ICT 기반의 장비를 설치하여 구급・구조를 돕는 서비스이지만 장비 목록 자체가 제시된 기사의 주제는 아니다.
④ 보건복지부는 응급안전안심서비스 집중신청기간 동안 신청자를 받고 있으며 따로 대상자를 현장조사하지는 않는다. 따라서 제시된 기사와는 관련 없다.

06
정답 ③

마지막 문단에서 '집중신청기간 이후에도 계속해서 신청 창구는 열려있으니 많은 신청 바란다.'라고 하였으므로 집중신청기간이 지나도 계속해서 서비스를 신청할 수 있음을 알 수 있다.

① 세 번째 문단에서 기초지자체장이 생활여건 등을 고려해 상시 보호가 필요하다고 인정하는 경우 응급안전안심서비스를 신청하여 이용할 수 있다고 하였다.
② 두 번째 문단에서 응급안전안심서비스를 이용하는 경우 가정 내 화재, 화장실 내 실신 또는 침대에서 낙상 등의 응급상황을 화재・활동량 감지기가 자동으로 119와 응급관리요원에 알리거나, 응급호출기로 간편하게 119에 신고할 수 있다고 하였다.
④ 세 번째 문단에서 집중신청기간 동안 서비스 대상자나 그 보호자는 행정복지센터나 시・군・구 지역센터에 방문하거나 전화 등으로 서비스를 신청할 수 있다고 하였다.

07
정답 ③

분기별 사회복지사 인력의 합은 다음과 같다.
• 2022년 3분기 : 391+670+1,887=2,948명
• 2022년 4분기 : 385+695+1,902=2,982명
• 2023년 1분기 : 370+700+1,864=2,934명
• 2023년 2분기 : 375+720+1,862=2,957명
분기별 전체 보건인력 중 사회복지사 인력의 비율은 다음과 같다.
• 2022년 3분기 : $\frac{2,948}{80,828}\times100\fallingdotseq3.65\%$
• 2022년 4분기 : $\frac{2,982}{82,582}\times100\fallingdotseq3.61\%$
• 2023년 1분기 : $\frac{2,934}{86,236}\times100\fallingdotseq3.40\%$
• 2023년 2분기 : $\frac{2,957}{86,707}\times100\fallingdotseq3.41\%$
따라서 옳지 않은 것은 ③이다.

08
정답 ④

이뇨제의 1인 투여량은 60mL/일이고 진통제의 1인 투여량은 60mg/일이므로 이뇨제를 투여한 환자 수와 진통제를 투여한 환자 수의 비는 이뇨제 사용량과 진통제 사용량의 비와 같다.
• 2018년 : 3,000×2 < 6,720
• 2019년 : 3,480×2=6,960
• 2020년 : 3,360×2 < 6,840
• 2021년 : 4,200×2 > 7,200
• 2022년 : 3,720×2 > 7,080
따라서 2018년과 2020년에 진통제를 투여한 환자 수는 이뇨제를 투여한 환자 수의 2배보다 많다.

① 2022년에 사용량이 감소한 의약품은 이뇨제와 진통제로 이뇨제의 사용량 감소율은 $\frac{3,720-4,200}{4,200}\times100\fallingdotseq-11.43\%p$이고, 진통제의 사용량 감소율은 $\frac{7,080-7,200}{7,200}\times100\fallingdotseq-1.67\%$이다. 따라서 전년 대비 2022년 사용량 감소율이 가장 큰 의약품은 이뇨제이다.
② 5년 동안 지사제 사용량의 평균은 $\frac{30+42+48+40+44}{5}=40.8$정이고, 지사제의 1인 1일 투여량은 2정이다. 따라서 지사제를 투여한 환자 수의 평균은 $\frac{40.8}{2}=20.4$이므로 약 20명이다.
③ 이뇨제 사용량은 매년 '증가 – 감소 – 증가 – 감소'를 반복하였다.

09
정답 ①

• 2019년 징수율
  – 직장가입자 : $\frac{6,698,187}{6,706,712}\times100\fallingdotseq99.87\%$
  – 지역가입자 : $\frac{886,396}{923,663}\times100\fallingdotseq95.97\%$
• 2020년 징수율
  – 직장가입자 : $\frac{4,898,775}{5,087,163}\times100\fallingdotseq96.3\%$
  – 지역가입자 : $\frac{973,681}{1,003,637}\times100\fallingdotseq97.02\%$
• 2021년 징수율
  – 직장가입자 : $\frac{7,536,187}{7,763,135}\times100\fallingdotseq97.08\%$
  – 지역가입자 : $\frac{1,138,763}{1,256,137}\times100\fallingdotseq90.66\%$
• 2022년 징수율
  – 직장가입자 : $\frac{8,368,972}{8,376,138}\times100\fallingdotseq99.91\%$
  – 지역가입자 : $\frac{1,058,943}{1,178,572}\times100\fallingdotseq89.85\%$

따라서 직장가입자 건강보험금 징수율이 가장 높은 해는 2022년이고, 지역가입자 건강보험금 징수율이 가장 높은 해는 2020년이다.

10 정답 ②

시도별 2021년 대비 2022년 정신건강 예산의 증가액은 다음과 같다. 실제 시험에서는 선택지를 먼저 확인하여 2번째와 3번째 순서에 해당하는 지역의 증가액만 구해 시간을 절약하도록 한다.
- 서울 : 58,981,416−53,647,039=5,334,377천 원
- 부산 : 24,205,167−21,308,849=2,896,318천 원
- 대구 : 12,256,595−10,602,255=1,654,340천 원
- 인천 : 17,599,138−12,662,483=4,936,655천 원
- 광주 : 13,479,092−12,369,203=1,109,889천 원
- 대전 : 14,142,584−12,740,140=1,402,444천 원
- 울산 : 6,497,177−5,321,968=1,175,209천 원
- 세종 : 1,515,042−1,237,124=277,918천 원
- 제주 : 5,600,120−4,062,551=1,537,569천 원

따라서 증가액이 가장 큰 지역부터 순서대로 나열하면 서울 – 인천 – 부산 – 대구 –제주 – 대전 – 울산 – 광주 – 세종이 된다.

11 정답 ④

2022년 시도별 전문의 의료 인력 대비 간호사 인력 비율은 다음과 같다. 실제 시험에서는 선택지에 제시된 지역만 구하여 시간을 절약하도록 한다.
- 서울 : $\frac{8,286}{1,905} \times 100 ≒ 435\%$
- 부산 : $\frac{2,755}{508} \times 100 ≒ 542.3\%$
- 대구 : $\frac{2,602}{546} \times 100 ≒ 476.6\%$
- 인천 : $\frac{679}{112} \times 100 ≒ 606.3\%$
- 광주 : $\frac{2,007}{371} \times 100 ≒ 541\%$
- 대전 : $\frac{2,052}{399} \times 100 ≒ 514.3\%$
- 울산 : $\frac{8}{2} \times 100 = 400\%$
- 세종 : $\frac{594}{118} \times 100 ≒ 503.4\%$
- 경기 : $\frac{6,706}{1,516} \times 100 ≒ 442.3\%$
- 강원 : $\frac{1,779}{424} \times 100 ≒ 419.6\%$
- 충북 : $\frac{1,496}{308} \times 100 ≒ 485.7\%$
- 충남 : $\frac{955}{151} \times 100 ≒ 632.5\%$
- 전북 : $\frac{1,963}{358} \times 100 ≒ 548.3\%$
- 전남 : $\frac{1,460}{296} \times 100 ≒ 493.2\%$
- 경북 : $\frac{1,158}{235} \times 100 ≒ 492.8\%$
- 경남 : $\frac{4,004}{783} \times 100 ≒ 511.4\%$
- 제주 : $\frac{1,212}{229} \times 100 ≒ 529.3\%$

따라서 전문의 의료 인력 대비 간호사 인력 비율이 가장 높은 지역은 충남이다.

12 정답 ③

건강생활실천지원금제 신청자 목록에 따라 신청자별로 확인하면 다음과 같다.
- A : 주민등록상 주소지가 시범지역에 속하지 않는다.
- B : 주민등록상 주소지는 관리형에 속하지만, 고혈압 또는 당뇨병 진단을 받지 않았다.
- C : 주민등록상 주소지는 예방형에 속하고, 체질량지수와 혈압이 건강관리가 필요한 사람이므로 예방형이다.
- D : 주민등록상 주소지는 관리형에 속하고, 고혈압 진단을 받았으므로 관리형이다.
- E : 주민등록상 주소지는 예방형에 속하고, 체질량지수와 공복혈당 건강관리가 필요한 사람이므로 예방형이다.
- F : 주민등록상 주소지가 시범지역에 속하지 않는다.
- G : 주민등록상 주소지는 관리형에 속하고, 당뇨병 진단을 받았으므로 관리형이다.
- H : 주민등록상 주소지가 시범지역에 속하지 않는다.
- I : 주민등록상 주소지는 예방형에 속하지만, 필수조건인 체질량지수가 정상이므로 건강관리가 필요한 사람에 해당하지 않는다.

따라서 예방형 신청이 가능한 사람은 C, E이고, 관리형 신청이 가능한 사람은 D, G이다.

13 정답 ③

출산장려금 지급 시기의 가장 우선순위인 임신일이 가장 긴 임산부는 B, C, D이다. 이 중에서 만 19세 미만인 자녀 수가 많은 임산부는 C, D이고, 소득 수준이 더 낮은 임산부는 C이다. 따라서 C임산부가 가장 먼저 출산장려금을 받을 수 있다.

14

고독사 및 자살 위험이 크다고 판단되는 경우 만 60세 이상으로 하향 조정이 가능하다.

[오답분석]

② 노인맞춤돌봄서비스 중 생활교육서비스에 해당한다.

③ 특화서비스는 가족, 이웃과 단절되거나 정신건강 등의 문제로 자살, 고독사 위험이 높은 취약 노인을 대상으로 상담 및 진료서비스를 제공한다.

④ 안전지원서비스를 통해 노인의 안전 여부를 확인할 수 있다.

15

정답 ③

노인맞춤돌봄서비스는 만 65세 이상의 기초생활수급자, 차상위계층, 기초연금수급자의 경우 신청이 가능하다. F와 H는 소득수준이 기준에 해당하지 않으므로 제외되며, J는 만 64세이므로 제외된다. 또한 E, G, K는 유사 중복사업의 지원을 받고 있으므로 제외된다. 따라서 E, F, G, H, J, K 6명은 노인맞춤돌봄서비스 신청이 불가능하다.

[오답분석]

A와 I의 경우 만 65세 이하이지만 자살, 고독사 위험이 높은 우울형 집단에 속하고, 만 60세 이상이므로 신청이 가능하다.

16

정답 ③

A씨의 2021년 장기요양보험료를 구하기 위해서는 A씨의 소득을 먼저 구해야 한다. 2023년 A씨가 낸 장기요양보험료는 20,000원이고, 보험료율이 0.91%이므로 A씨의 소득은 20,000÷0.0091≒2,197,802원이다. 따라서 A씨의 지난 5년간 소득은 2,197,802원으로 동일하므로 2021년 장기요양보험료는 2,197,802×0.0079≒17,363원이다.

---

02 국민건강보험법

01	02	03	04	05	06	07	08	09	10
④	③	②	③	③	③	①	②	②	②
11	12	13	14	15	16	17	18	19	20
①	④	③	③	①	③	③	②	④	③
21	22	23	24	25					
③	②	③	④	②					

01

정답 ④

근로자란 직업의 종류와 관계없이 근로의 대가로 보수를 받아 생활하는 사람(법인의 이사와 그 밖의 임원을 포함한다)으로서 공무원 및 교직원을 제외한 사람을 말한다(법 제3조 제1항).

[오답분석]

① 사업장이란 사업소나 사무소를 말한다(법 제3조 제3항).

② 사용자란 다음 각 목의 어느 하나에 해당하는 자를 말한다(법 제3조 제2항).

가. 근로자가 소속되어 있는 사업장의 사업주

나. 공무원이 소속되어 있는 기관의 장으로서 대통령령으로 정하는 사람

다. 교직원이 소속되어 있는 사립학교를 설립·운영하는 자

③ 공무원이란 국가나 지방자치단체에서 상시 공무에 종사하는 사람을 말한다(법 제3조 제4항).

02

정답 ③

공단, 심사평가원 및 대행청구단체에 종사하거나 종사하였던 사람으로서, 가입자 및 피부양자의 개인정보를 누설하거나 직무상 목적 외의 용도로 이용 또는 정당한 사유 없이 제3자에게 제공한 자는 5년 이하의 징역 또는 5천만 원 이하의 벌금에 처한다(법 제115조 제1항).

[오답분석]

① 보건복지부장관은 법 제97조 제2항에 따라 요양기관에 대하여 요양·약제의 지급 등 보험급여에 관한 보고 또는 서류를 명하거나, 소속 공무원이 관계인에게 질문하게 하거나 관계 서류를 검사하게 할 수 있다. 이를 위반하여 서류 제출을 하지 아니한 자, 거짓으로 보고하거나 거짓 서류를 제출한 자, 검사나 질문을 거부·방해 또는 기피한 자는 1천만 원 이하의 벌금에 처한다(법 제116조).

② 업무정지 처분을 받은 자는 법 제98조 제2항에 따라 해당 업무정지기간 중에는 요양급여를 하지 못한다. 이를 위반한 요양기관의 개설자는 1년 이하의 징역 또는 1천만 원 이하의 벌금에 처한다(법 제115조 제5항 제4호).

④ 사용자는 법 제93조에 따라 근로자가 직장가입자가 되는 것을 방해하거나 자신이 부담하는 부담금이 증가되는 것을 피할 목적으로 정당한 사유 없이 근로자의 승급 또는 임금 인상을 하지 아니하거나, 해고나 그 밖의 불리한 조치를 취할 수 없다. 이를 위반하면 1년 이하의 징역 또는 1천만 원 이하의 벌금에 처한다(법 제115조 제5항 제3호).

03 정답 ②

Y약제는 2020년 5월에 약사법 제47조 제2항을 위반하여 요양급여비용 상한금액이 삭감되고 5년 이내에 다시 동일한 사유로 삭감되었다. 이때 보건복지부장관은 상한금액을 <u>100분의 40을 넘지 않는</u> 선에서 삭감할 수 있으므로 최대 40%를 삭감할 수 있다. 따라서 2023년 5월 이후 삭감된 Y약제의 요양급여비용 상한금액은 최소 $300 \times (1-40\%) = 300 \times 0.6 = 180$원이다.

> **약제에 대한 요양급여비용 상한금액의 감액 등(법 제41조의2)**
> ① 보건복지부장관은 약사법 제47조 제2항의 위반과 관련된 약제에 대하여 요양급여비용 상한금액을 100분의 20이 넘지 아니하는 범위에서 그 금액의 일부를 감액할 수 있다.
> ② 보건복지부장관은 제1항에 따라 상한금액이 감액된 약제가 감액된 날부터 5년 범위에서 대통령령으로 정하는 기간 내에 다시 제1항에 따른 감액의 대상이 된 경우에는 요양급여비용 상한금액의 100분의 40을 넘지 아니하는 범위에서 요양급여비용 상한금액의 일부를 감액할 수 있다.
> ③ 보건복지부장관은 제2항에 따라 상한금액이 감액된 약제가 감액된 날부터 5년 범위에서 대통령령으로 정하는 기간 내에 다시 약사법 제47조 제2항의 위반과 관련된 경우에는 해당 약제에 대하여 1년의 범위에서 기간을 정하여 요양급여의 적용을 정지할 수 있다.

04 정답 ③

<u>보건복지부장관</u>은 종합계획의 수립, 시행계획의 수립·시행 및 시행계획에 따른 추진실적의 평가를 위하여 필요하다고 인정하는 경우 관계 기관의 장에게 자료의 제출을 요구할 수 있다. 이 경우 자료의 제출을 요구받은 자는 특별한 사유가 없으면 이에 따라야 한다(법 제3조의2 제6항).

05 정답 ③

업무정지(법 제98조 제1항)
보건복지부장관은 요양기관이 다음 각 호의 어느 하나에 해당하면 그 요양기관에 대하여 1년의 범위에서 기간을 정하여 업무정지를 명할 수 있다.
1. 속임수나 그 밖의 부당한 방법으로 보험자·가입자 및 피부양자에게 요양급여비용을 부담하게 한 경우
2. 보건복지부장관이 요청한 보고 및 검사에 대해 명령을 위반하거나, 거짓 보고를 하거나, 거짓 서류를 제출하거나, 소속 공무원의 검사 또는 질문을 거부·방해 또는 기피한 경우
3. 요양기관이 요양급여대상 또는 비급여대상으로 결정되지 아니한 치료행위 및 치료재료에 대해 요양급여대상 여부의 결정을 정당한 사유 없이 보건복지부 장관에게 신청하지 아니하고, 속임수나 그 밖의 부당한 방법으로 행위·치료재료를 가입자 또는 피부양자에게 실시 또는 사용하고 비용을 부담시킨 경우

06 정답 ③

규정에 따라 징수한 과징금은 다음 각 호 외의 용도로는 사용할 수 없다(법 제99조 제8항).
1. 공단이 요양급여비용으로 요양기관에 지급하는 자금
2. 응급의료에 관한 법률에 따른 응급의료기금의 지원
3. 재난적의료비 지원에 관한 법률에 따른 재난적의료비 지원사업에 대한 지원

07 정답 ①

자격의 취득 시기 등(법 제8조 제1항)
가입자는 국내에 거주하게 된 날에 직장가입자 또는 지역가입자의 자격을 얻는다. 다만, 다음 각 호의 어느 하나에 해당하는 사람은 그 해당되는 날에 각각 자격을 얻는다.
1. 수급권자이었던 사람은 그 대상자에서 제외된 날
2. 직장가입자의 피부양자이었던 사람은 그 자격을 잃은 날
3. 유공자 등 의료보호대상자이었던 사람은 그 대상자에서 제외된 날
4. 보험자에게 건강보험의 적용을 신청한 유공자 등 의료보호대상자는 그 신청한 날

자격의 상실 시기 등(법 제10조 제1항)
가입자는 다음 각 호의 어느 하나에 해당하게 된 날에 그 자격을 잃는다.
1. 사망한 날의 다음 날
2. 국적을 잃은 날의 다음 날
3. 국내에 거주하지 아니하게 된 날의 다음 날
4. 직장가입자의 피부양자가 된 날
5. 수급권자가 된 날
6. 건강보험을 적용받고 있던 사람이 유공자 등 의료보호대상자가 되어 건강보험의 적용배제신청을 한 날

08

정답 ②

2023년 직장가입자의 보험료율은 1만 분의 709(7.09%)로 하되, A는 국외에서 업무에 종사하는 직장가입자이므로 보험료율은 정해진 보험료율의 100분의 50으로 감경(법 제73조)되므로 3.545%가 된다. 그리고 A는 업무 목적으로 1개월 이상 국외에 체류하기 때문에 100% 면제되어야 하지만, 국내에 피부양자가 있는 경우이므로 50% 경감된 금액을 납부하면 된다(법 제73조 제2항, 제74조). 이를 계산하면 다음과 같다.
(건강보험료)＝(보수월액)×(보험료율)
＝300만×3.545%＝106,350원
따라서 직장가입자는 사업주와 각각 보험료의 100분의 50씩 부담하므로(법 제76조) 월 보험료로 53,175원을 내야 한다.

09

정답 ②

임의계속가입자의 보수월액은 보수월액보험료가 산정된 최근 12개월간의 보수월액을 평균한 금액으로 한다(법 제110조 제3항).

[오답분석]
① 임의계속가입자의 보수월액보험료는 그 임의계속가입자가 전액을 부담하고 납부한다(법 제110조 제5항).
③ 임의계속가입자는 대통령령으로 정하는 기간 동안(사용관계가 끝난 날의 다음 날부터 기산하여 36개월이 되는 날을 넘지 아니하는 범위) 직장가입자의 자격을 유지한다(법 제110조 제2항).
④ 임의계속가입자의 보험료는 보건복지부장관이 정하여 고시하는 바에 따라 그 일부를 경감할 수 있다(법 제110조 제4항).

10

정답 ②

심의위원회는 위원장 1명과 부위원장 1명을 포함하여 25명의 위원으로 구성한다(법 제4조 제2항).

[오답분석]
① 심의위원회 위원의 임기는 3년으로 한다. 다만, 위원의 사임 등으로 새로 위촉된 위원의 임기는 전임위원 임기의 남은 기간으로 한다(법 제4조 제5항).
③ 요양급여의 기준 등 건강보험정책에 관한 사항들을 심의·의결하기 위하여 보건복지부장관 소속으로 건강보험정책심의위원회를 둔다(법 제4조 제1항 제2호).
④ 심의위원회 위원은 시민단체, 소비자단체, 농어업인단체 및 자영업자단체가 추천하는 각 1명이 포함되며, 보건복지부장관이 임명 또는 위촉한다(법 제4조 제4항 제2호).

11

정답 ①

요양급여비용을 청구하려는 요양기관은 심사평가원에 요양급여비용의 심사청구를 하여야 하며, 심사청구를 받은 심사평가원은 이를 심사한 후 지체 없이 그 내용을 공단과 요양기관에 알려야 한다(법 제47조 제2항).
따라서 요양급여비용의 청구 및 통보 순서는 '요양기관 → 심사평가원 → 공단'이다.

12

정답 ④

외국인 등에 대한 특례(법 제109조 제8항)
국내체류 외국인 등(제9항 단서의 적용을 받는 사람에 한정)에 해당하는 지역가입자의 보험료는 그 직전 월 25일까지 납부하여야 한다. 다만, 다음에 해당되는 경우에는 공단이 정하는 바에 따라 납부하여야 한다.
1. 자격을 취득한 날이 속하는 달의 보험료를 징수하는 경우
2. 매월 26일 이후부터 말일까지의 기간에 자격을 취득한 경우

13

정답 ②

등기(법 제18조)
공단의 설립등기에는 다음 각 호의 사항을 포함하여야 한다.
1. 목적
2. 명칭
3. 주된 사무소 및 분사무소의 소재지
4. 이사장의 성명·주소 및 주민등록번호

14

정답 ③

보험료의 경감 등(법 제75조 제1항)
다음 각 호의 어느 하나에 해당하는 가입자 중 보건복지부령(㉠)으로 정하는 가입자에 대하여는 그 가입자 또는 그 가입자가 속한 세대의 보험료의 일부를 경감할 수 있다.
1. 섬·벽지(僻地)·농어촌 등 대통령령(㉡)으로 정하는 지역에 거주하는 사람
2. 65세 이상인 사람
3. 장애인복지법에 따라 등록한 장애인
4. 국가유공자 등 예우 및 지원에 관한 법률에 따른 국가유공자
5. 휴직자
6. 그 밖에 생활이 어렵거나 천재지변 등의 사유로 보험료를 경감할 필요가 있다고 보건복지부장관이 정하여 고시하는 사람

15 정답 ①

- A : 가입자 및 피부양자의 개인정보를 누설하거나 직무상 목적 외의 용도로 이용 또는 정당한 사유 없이 제3자에게 제공한 자는 5년 이하의 징역 또는 5천만 원 이하의 벌금에 처한다(법 제115조 제1항).
- B : 업무를 수행하면서 알게 된 정보를 누설하거나 직무상 목적 외의 용도로 이용 또는 제3자에게 제공한 자는 3년 이하의 징역 또는 3천만 원 이하의 벌금에 처한다(법 제115조 제2항 제2호).
- C : 거짓이나 그 밖의 부정한 방법으로 보험급여를 받거나 타인으로 하여금 보험급여를 받게 한 사람은 2년 이하의 징역 또는 2천만 원 이하의 벌금에 처한다(법 제115조 제4항).
- D : 요양비 명세서나 요양 명세를 적은 영수증을 내주지 아니한 자는 500만 원 이하의 벌금에 처한다(법 제117조).

따라서 A가 가장 많은 벌금을 부과받는다.

16 정답 ③

직장가입자인 A와 B의 보험료를 계산하면 다음과 같다.

- A의 보험료
  2023년 직장가입자의 보험료율은 1만 분의 709(7.09%)이므로 220만 원의 보수월액을 받는 A의 건강보험료는 220만×7.09%=155,980이다. 이때 직장가입자는 보험료를 사업주와 반씩 나누어 내므로 77,990원을 낸다(법 제76조 제1항).
- B의 보험료
  국외에서 업무에 종사하고 있는 직장가입자에 대한 보험료율은 7.09%의 100분의 50이므로 3.545%이다(법 제73조 제2항). 이때 국외에 체류하고 있지만 국내에 거주하는 피부양자가 있기 때문에 50% 감면된 금액을 낸다(법 제74조 제1항). 따라서 B의 건강보험료는 280만×3.545%=99,260원이지만 사업주와 반씩 나누어 내므로 49,630원을 낸다.

따라서 A와 B의 보험료를 합산한 금액은 77,990+49,630=127,620원이다.

> **보험요금 계산**
> - 직장가입자의 보수월액보험료 : (보수월액)×(보험료율)(법 제69조 제4항)
> - 직장가입자의 보수월액 : 직장가입자가 지급받는 보수를 기준으로 하여 산정하며(법 제70조 제1항), 직장가입자의 월 급여에 수당 등을 합산하여 구한다(소득세법에 따라 비과세되는 소득은 제외).

17 정답 ③

상임이사는 보건복지부령으로 정하는(상임이사추천위원회) 추천 절차를 거쳐 이사장이 임명한다(법 제20조 제3항).

> **오답분석**
> ①·② 공단은 임원으로서 이사장 1명, 이사 14명 및 감사 1명을 둔다. 이 경우 이사장, 이사 중 5명 및 감사는 상임으로 한다(법 제20조 제1항).
> ④ 이사장의 임기는 3년, 이사(공무원인 이사는 제외)와 감사의 임기는 각각 2년으로 한다(법 제20조 제7항).

18 정답 ②

외국인 등에 대한 특례(법 제109조 제2항)

국내에 체류하는 재외국민 또는 외국인이 적용대상사업장의 근로자, 공무원 또는 교직원이고, 제6조 제2항의 어느 하나에 해당하지 아니하면서 다음의 어느 하나에 해당하는 경우에는 직장가입자가 된다.

1. 주민등록법에 따라 등록한 사람
2. 재외동포의 출입국과 법적 지위에 관한 법률에 따라 국내 거소신고를 한 사람
3. 출입국관리법에 따라 외국인등록을 한 사람

> **가입자의 종류(법 제6조 제2항)**
> 모든 사업장의 근로자 및 사용자와 공무원 및 교직원은 직장가입자가 된다. 다만, 다음 각 호의 어느 하나에 해당하는 사람은 제외한다.
> 1. 고용 기간이 1개월 미만인 일용근로자
> 2. 병역법에 따른 현역병(지원에 의하지 아니하고 임용된 하사를 포함한다), 전환복무된 사람 및 군간부후보생
> 3. 선거에 당선되어 취임하는 공무원으로서 매월 보수 또는 보수에 준하는 급료를 받지 아니하는 사람
> 4. 그 밖에 사업장의 특성, 고용 형태 및 사업의 종류 등을 고려하여 대통령령으로 정하는 사업장의 근로자 및 사용자와 공무원 및 교직원

19 정답 ④

임원(법 제20조 제4항)

비상임이사는 다음 각 호의 사람을 보건복지부장관이 임명한다.

1. 노동조합·사용자단체·시민단체·소비자단체·농어업인단체 및 노인단체가 추천하는 각 1명
2. 대통령령(기획재정부장관, 보건복지부장관 및 인사혁신처장은 해당 기관 소속의 3급 공무원 또는 고위공무원단에 속하는 일반직공무원 중에서 각 1명씩을 지명)으로 정하는 바에 따라 추천하는 관계 공무원 3명

20

- 보수월액보험료는 보수월액과 보험료율을 곱한 값이므로 보수월액은 보수월액보험료에서 보험료율로 나눈 값이다. 따라서 A의 국내 보수월액은 $392,000 \div 0.07 = 5,600,000$원이다.
- 국외에서 업무에 종사하고 있는 직장가입자에 대한 보험료율은 정해진 보험료율의 100분의 50(법 제73조 제2항)이다. 따라서 A의 국외 보수월액은 $392,000 \div 0.035 = 11,200,000$원이다.

21 정답 ③

요양급여비용의 청구와 지급 등(법 제47조 제7항)
요양기관은 심사청구를 다음의 단체가 대행하게 할 수 있다.
1. 의료법에 따른 <u>의사회</u>·치과의사회·한의사회·<u>조산사회</u> 또는 특별시장·광역시장·도지사·특별자치도지사 또는 시장·군수·구청장(의료법 제28조 제6항)에게 신고한 각각의 지부 및 분회
2. 의료법에 따른 의료기관 단체
3. 약사법에 따른 <u>약사회</u> 또는 특별시장·광역시장·도지사·특별자치도지사(약사법 제14조 제2항)에게 신고한 지부 및 분회

22 정답 ②

요양기관(법 제42조 제1항)
요양급여(간호와 이송은 제외한다)는 다음 각 호의 요양기관에서 실시한다. 이 경우 보건복지부장관은 공익이나 국가정책에 비추어 요양기관으로 적합하지 아니한 대통령령으로 정하는 의료기관 등은 요양기관에서 제외할 수 있다.
1. 의료법에 따라 개설된 의료기관
2. 약사법에 따라 등록된 약국
3. 약사법에 따라 설립된 한국희귀·필수의약품센터
4. 지역보건법에 따른 보건소·보건의료원 및 보건지소
5. 농어촌 등 보건의료를 위한 특별조치법에 따라 설치된 보건진료소

23 정답 ③

공단이 급여제한기간에 보험급여를 받은 사실이 있음을 가입자에게 통지한 날부터 <u>2개월이 지난 날이 속한 달의 납부기한 이내</u>에 체납된 보험료를 완납한 경우 보험급여로 인정한다(법 제53조 제6항 제1호).

[오답분석]
① 고의 또는 중대한 과실로 인한 범죄행위에 그 원인이 있거나 고의로 사고를 일으킨 경우 보험급여를 하지 아니한다(법 제53조 제1항 제1호).
② 대통령령으로 정하는 횟수 이상 보수 외 소득월액보험료를 체납한 경우 그 체납한 보험료를 완납할 때까지 그 가입자 및 피부양자에 대하여 보험급여를 실시하지 아니할 수 있다(법 제53조 제3항).
④ 분할납부 승인을 받은 사람이 정당한 사유 없이 5회 이상 그 승인된 보험료를 내지 아니한 경우에는 보험급여로 인정하지 않는다(법 제53조 제6항 제2호).

24 정답 ④

요양기관(법 제42조 제1항)
요양급여(간호와 이송은 제외)는 다음의 요양기관에서 실시한다. 이 경우 보건복지부장관은 공익이나 국가정책에 비추어 요양기관으로 적합하지 아니한 대통령령으로 정하는 의료기관 등은 요양기관에서 제외할 수 있다.
1. 의료법에 따라 개설된 의료기관
2. 약사법에 따라 등록된 약국
3. 약사법 제91조에 따라 설립된 한국희귀·필수의약품센터
4. 지역보건법에 따른 보건소·보건의료원 및 보건지소
5. <u>농어촌 등 보건의료를 위한 특별조치법에 따라 설치된 보건진료소</u>

25 정답 ②

업무를 수행하면서 알게 된 정보를 누설하거나 직무상 목적 외의 용도로 이용 또는 제3자에게 제공한 자는 3년 이하의 징역 또는 3천만 원 이하의 벌금에 처한다(법 제115조 제2항 제2호).

[오답분석]
① 거짓이나 그 밖의 부정한 방법으로 보험급여를 받거나 타인으로 하여금 보험급여를 받게 한 사람은 2년 이하의 징역 또는 <u>2천만 원</u> 이하의 벌금에 처한다(법 제115조 제4항).
③ 정당한 사유 없이 신고·서류제출을 하지 아니하거나 거짓으로 신고·서류제출을 한 자는 <u>500만 원</u> 이하의 과태료를 부과한다(법 제119조 제3항 제2호).
④ 요양비 명세서나 요양 명세를 적은 영수증을 내주지 아니한 자는 <u>500만 원</u> 이하의 벌금에 처한다(법 제117조).

01	02	03	04	05	06	07	08	09	10
④	①	②	④	③	①	②	④	①	④
11	12	13	14	15					
③	③	①	③	③					

01

정답 ④

등급판정위원회 위원의 임기는 <u>3년</u>으로 하되, 한 차례만 <u>연임</u>할 수 있다. 다만, 공무원인 위원의 임기는 재임기간으로 한다(법 제52조 제5항).

오답분석

① 등급판정위원회는 위원장 1인을 포함하여 15인의 위원으로 구성한다(법 제52조 제3항).

② 등급판정위원회는 신청인이 장기요양보험가입자 또는 그 피부양자이거나, 의료급여법에 따른 의료급여수급권자이고, 6개월 이상 동안 혼자서 일상생활을 수행하기 어렵다고 인정하는 경우 심신상태 및 장기요양이 필요한 정도 등 대통령령으로 정하는 등급판정기준에 따라 수급자로 판정한다(법 제15조 제2항).

③ 등급판정위원회는 신청인이 신청서를 제출한 날부터 30일 이내에 제15조에 따른 장기요양등급판정을 완료하여야 한다. 다만, 신청인에 대한 정밀조사가 필요한 경우 등 기간 이내에 등급판정을 완료할 수 없는 부득이한 사유가 있는 경우 30일 이내의 범위에서 이를 연장할 수 있다(법 제16조 제1항).

02

정답 ①

법 제35조 제1항에 따라 입소정원에 여유가 없는 등 정당한 사유가 있지 않음에도 수급자에게 장기요양급여의 제공을 거부한 자는 1년 이하의 징역 또는 1천만 원 이하의 <u>벌금</u>에 처한다(법 제67조 제3항 제1호).

오답분석

② 장기요양급여 제공 자료를 기록·관리하지 아니하거나 거짓으로 작성한 사람은 500만 원 이하의 과태료가 부과된다(법 제69조 제1항 제3호).

③ 거짓이나 그 밖의 부정한 방법으로 수급자에게 장기요양급여비용을 부담하게 한 자는 500만 원 이하의 과태료가 부과된다(법 제69조 제1항 제6호).

④ 폐쇄회로 텔레비전을 설치하지 아니하거나 설치·관리의무를 위반한 장기요양기관 운영자는 300만 원 이하의 과태료가 부과된다(법 제69조 제2항 제1호).

03

정답 ②

장기요양기관이 거짓으로 급여비용을 청구하여 과징금이 부과되었을 때, 거짓으로 청구한 금액이 1천만 원 이상이거나, 장기요양급여비용 총액의 100분의 10 이상인 경우 관련된 해당 사실을 공표하여야 한다(법 제37조의3 제1항). S요양원의 장기요양급여비용 총액이 9천 6백만 원이므로, 거짓으로 청구한 금액이 그 10%인 960만 원 이상일 경우 해당 사실을 공표하게 된다.

04

정답 ④

특별현금급여수급계좌의 예금은 수급권을 보호받으므로 해당 예금에 관한 채권은 압류할 수 없다(법 제66조 제2항).

오답분석

① 특별현금급여수급계좌가 개설된 금융기관은 특별현금급여만이 특별현금급여수급계좌에 입금되도록 관리하여야 한다(법 제27조의2 제2항).

② 공단은 특별현금급여를 받는 수급자의 신청이 있는 경우에는 특별현금급여를 수급자 명의의 지정된 계좌("특별현금급여수급계좌")로 입금하여야 한다. 다만, 정보통신장애나 그 밖에 대통령령으로 정하는 불가피한 사유로 특별현금급여수급계좌로 이체할 수 없을 때에는 현금 지급 등 대통령령으로 정하는 바에 따라 특별현금급여를 지급할 수 있다(법 제27조의2 제1항).

③ 보건복지부장관은 매년 급여종류 및 장기요양등급 등에 따라 제45조에 따른 장기요양위원회의 심의를 거쳐 다음 연도의 재가 및 시설 급여비용과 특별현금급여의 지급금액을 정하여 고시하여야 한다(법 제39조 제1항).

05

정답 ③

오답분석

ⓒ·ⓜ 재가급여에 해당한다(법 제23조 제1항 제1호).

장기요양급여의 종류(법 제23조 제1항)
- 재가급여 : 방문요양, 방문목욕, 방문간호, 주·야간보호, 단기보호, 기타재가급여
- 시설급여 : 장기요양기관에 장기간 입소한 수급자에게 제공하는 장기요양급여
- 특별현금급여 : 가족요양비, 특례요양비, 요양병원간병비

06

정답 ①

등급판정위원회는 신청인이 신청서를 제출한 날부터 30일 이내에 장기요양등급판정을 완료하여야 한다. 다만, 신청인에 대한 정밀조사가 필요한 경우 등 기간 이내에 등급판정을 완료할 수 없는 부득이한 사유가 있는 경우 30일 이내의 범위에서 이를 연장할 수 있다(법 제16조 제1항).

오답분석

② 공단은 등급판정위원회가 장기요양인정 및 등급판정의 심의를 완료한 경우 지체 없이 해당 사항이 포함된 장기요양인정서를 작성하여 수급자에게 송부하여야 한다(법 제17조 제1항).

③ 공단은 조사가 완료된 때 조사결과서, 신청서, 의사소견서, 그 밖에 심의에 필요한 자료를 등급판정위원회에 제출하여야 한다(법 제15조 제1항).

④ 등급판정위원회는 신청인이 신청서를 제출한 날부터 30일 이내에 장기요양등급판정을 완료하여야 한다(법 제16조 제1항).

07

정답 ②

등급판정위원회의 설치(법 제52조 제4항)

등급판정위원회 위원은 다음 각 호의 자 중에서 공단 이사장이 위촉한다. 이 경우 특별자치시장·특별자치도지사·시장·군수·구청장이 추천한 위원은 7인, 의사 또는 한의사가 1인 이상 각각 포함되어야 한다.

1. 의료법에 따른 의료인
2. 사회복지사업법에 따른 사회복지사
3. 특별자치시·특별자치도·시·군·구 소속 공무원
4. 그 밖에 법학 또는 장기요양에 관한 학식과 경험이 풍부한 자

08

정답 ④

지정취소를 받은 후 3년이 지나지 아니한 자는 장기요양기관으로 지정받을 수 없다(법 제37조 제8항 제1호).

오답분석

① 특별자치시장·특별자치도지사·시장·군수·구청장은 장기요양기관을 지정한 때 지체 없이 지정 명세를 공단에 통보하여야 한다(법 제31조 제4항).

② 재가급여를 제공하는 장기요양기관 중 의료기관이 아닌 자가 설치·운영하는 장기요양기관이 방문간호를 제공하는 경우에는 방문간호의 관리책임자로서 간호사를 둔다(법 제31조 제5항).

③ 특별자치시장·특별자치도지사·시장·군수·구청장은 장기요양기관이 거짓이나 그 밖의 부정한 방법으로 지정을 받은 경우에는 지정을 취소하여야 한다(법 제37조 제1항 제1호).

09

정답 ①

공단은 규정에도 불구하고 외국인근로자의 고용 등에 관한 법률에 따른 외국인근로자 등 대통령령(㉠)으로 정하는 외국인이 신청하는 경우 보건복지부령(㉡)으로 정하는 바에 따라 장기요양보험가입자에서 제외할 수 있다(법 제7조 제4항).

10

정답 ④

특별자치시장·특별자치도지사·시장·군수·구청장은 제37조 제1항 제4호(거짓이나 그 밖의 부정한 방법으로 재가 및 시설 급여비용을 청구한 경우)에 해당하는 행위를 이유로 업무정지명령을 하여야 하는 경우로서 그 업무정지가 해당 장기요양기관을 이용하는 수급자에게 심한 불편을 줄 우려가 있는 등 보건복지부장관이 정하는 특별한 사유가 있다고 인정되는 경우에는 업무정지명령을 갈음하여 거짓이나 그 밖의 부정한 방법으로 청구한 금액의 5배 이하의 금액을 과징금으로 부과할 수 있다(법 제37조의2 제2항).

따라서 제시된 사례에서 업무정지에 갈음한 과징금의 최대 금액은 12,844천 원의 5배인 64,220천 원이다.

11

정답 ③

①·②·④는 가족요양비에 해당하고, ③은 요양병원간병비에 해당한다(법 제24조, 제26조).

가족요양비(법 제24조 제1항)

공단은 다음 각 호의 어느 하나에 해당하는 수급자가 가족 등으로부터 방문요양에 상당한 장기요양급여를 받은 때 대통령령으로 정하는 기준에 따라 해당 수급자에게 가족요양비를 지급할 수 있다.

1. 도서·벽지 등 장기요양기관이 현저히 부족한 지역으로서 보건복지부장관이 정하여 고시하는 지역에 거주하는 자
2. 천재지변이나 그 밖에 이와 유사한 사유로 인하여 장기요양기관이 제공하는 장기요양급여를 이용하기가 어렵다고 보건복지부장관이 인정하는 자
3. 신체·정신 또는 성격 등 대통령령으로 정하는 사유로 인하여 가족 등으로부터 장기요양을 받아야 하는 자

12

정답 ③

장기요양보험료는 국민건강보험법 제69조 제4항·제5항 및 제109조 제9항 단서에 따라 산정한 보험료액에서 같은 법 제74조 또는 제75조에 따라 경감 또는 면제되는 비용을 공제한 금액에 같은 법 제73조 제1항에 따른 건강보험료율 대비 장기요양보험료율의 비율을 곱하여 산정한 금액으로 한다(법 제9조 제1항).

2023년 건강보험료율은 7.09%이고, 장기요양보험료율은 건강보험료율의 0.9082%이므로 0.9082%÷7.09%≒12.81%이다. 따라서 장기요양보험료는 70,000×12.81%=8,967원이고, 1원 단위 이하를 절사하여 8,960원이다.

13

정답 ①

수급자는 돌볼 가족이 없는 경우 등 대통령령으로 정하는 사유가 있는 경우 신청서를 제출한 날부터 장기요양인정서가 도달되는 날까지의 기간 중에도 장기요양급여를 받을 수 있다(법 제27조 제2항).

오답분석

② 수급자는 장기요양급여를 받으려면 장기요양기관에 장기요양인정서와 개인별장기요양이용계획서를 제시하여야 한다. 다만, 수급자가 장기요양인정서 및 개인별장기요양이용계획서를 제시하지 못하는 경우 장기요양기관은 공단에 전화나 인터넷 등을 통하여 그 자격 등을 확인할 수 있다(법 제27조 제3항).
③ 수급자는 장기요양인정서와 개인별장기요양이용계획서가 도달한 날부터 장기요양급여를 받을 수 있다(법 제27조 제1항).
④ 공단은 장기요양급여를 받고 있는 자가 정당한 사유 없이 등급판정에 따른 조사나 자료의 제출 또는 보고 및 검사에 따른 요구에 응하지 아니하거나 답변을 거절한 경우 장기요양급여의 전부 또는 일부를 제공하지 아니하게 할 수 있다(법 제29조 제1항).

14

정답 ③

재심사위원회의 재심사에 관한 절차에 관하여는 행정심판법을 준용한다(법 제56조의2 제1항).

오답분석

① 심사청구는 그 처분이 있음을 안 날부터 90일 이내에 문서(전자문서를 포함)로 하여야 하며, 처분이 있은 날부터 180일을 경과하면 이를 제기하지 못한다(법 제55조 제2항 본문).
② 정당한 사유로 그 기간에 심사청구를 할 수 없었음을 증명하면 그 기간이 지난 후에도 심사청구를 할 수 있다(법 제55조 제2항 단서).
④ 재심사위원회는 보건복지부장관 소속으로 두고, 위원장 1인을 포함한 20인 이내의 위원으로 구성한다(법 제56조 제2항).

15

정답 ③

결격사유(법 제32조의2)
다음 각 호의 어느 하나에 해당하는 자는 장기요양기관으로 지정받을 수 없다.
1. 미성년자, 피성년후견인 또는 피한정후견인
2. 정신건강증진 및 정신질환자 복지서비스 지원에 관한 법률의 정신질환자. 다만, 전문의가 장기요양기관 설립·운영 업무에 종사하는 것이 적합하다고 인정하는 사람은 그러하지 아니하다.
3. 마약류 관리에 관한 법률의 마약류에 중독된 사람
4. 파산선고를 받고 복권되지 아니한 사람
5. 금고 이상의 실형을 선고받고 그 집행이 종료(집행이 종료된 것으로 보는 경우를 포함)되거나 집행이 면제된 날부터 5년이 경과되지 아니한 사람
6. 금고 이상의 형의 집행유예를 선고받고 그 유예기간 중에 있는 사람
7. 대표자가 위의 규정 중 어느 하나에 해당하는 법인

03 | 2022년 시행
기출복원문제

01 직업기초능력

01	02	03	04	05	06	07	08	09	10
①	①	③	③	②	④	①	③	②	④
11	12	13	14	15	16	17	18	19	20
②	③	②	④	④	③	②	④	③	③

01 정답 ①

제시문은 국민건강보험공단이 국제 워크숍을 개최하면서 서로 다른 문화적·사회적 차이에 놓여있는 각 나라의 지식과 정보를 습득하고, 이를 통해 필요한 방안을 모색할 계기를 만들 수 있다는 내용이다. 따라서 글의 제목으로 ①이 가장 적절하다.

02 정답 ①

네 번째 문단의 '아기의 호흡곤란 증상이 뚜렷하고 ~ 폐 표면 활성제를 투여한다.'를 통해 산후 치료로 가장 보편적인 것은 폐 전면 활성제가 아닌 폐 표면 활성제임을 알 수 있다.

03 정답 ③

제시문은 투명페트병 자원순환 프로젝트 기념행사의 개최에 대한 설명을 시작(ⓒ)으로, 그중에서도 자원순환 프로젝트의 일환인 투명페트병 무인회수기에 대한 소개(㉠)를 이어가고 있다. 추가적으로 무인회수기로 인해 일어나는 자원관리 효과에 대해 보충설명(ⓔ)을 하고 있으며, 마무리로는 국민건강보험공단 이사장님의 말(ⓒ)을 인용하여 글을 정리하고 있다. 따라서 ⓒ - ㉠ - ⓔ - ⓒ 순서가 적절하다.

04 정답 ③

제시문은 정부가 국민 건강 증진을 목적으로 담뱃값 인상을 실시했지만 이는 충분한 논의가 없어 흡연자의 반발을 사 기형적 소비를 만연하게 했다고 지적하고 있다. 또한 밀수 담배가 만연할 것이라는 근거를 들어 정부의 논리인 국민 건강 증진이 성립될 수 없다고 지적하고 있다. 따라서 글의 주제로는 ③이 가장 적절하다.

오답분석

①·②·④ 제시문의 부분적인 내용만을 담고 있어, 전반적인 내용을 아우를 수 있는 글의 주제로는 적절하지 않다.

05 정답 ②

제시문의 첫 문단은 국민건강보험이 국민행복카드 서비스를 제공한다는 내용이다. 그 뒤에 올 내용은 왜 서비스를 제공하게 되었는지를 설명하는 (나), 해결 방법인 (라), 부가 설명인 (가), 앞으로의 기대효과인 (다)가 와야 한다.

06 정답 ④

'개악하다'는 '고치어 도리어 나빠지게 하다.'는 뜻으로 '개선하다'의 반의어이다.

07 정답 ①

보기는 의약품 안전사용 모니터링이 약물 부작용 발생을 모니터링하는 시스템임을 알려주는 내용이므로 (가)에 들어가는 것이 적절하다. 또한 (가) 뒤에 이어지는 내용으로, 그동안 약물 부작용 사례 수집의 어려움이 이번 시스템 구축으로 용이해졌음을 말하고 있으므로, 이 또한 보기가 (가)에 들어갈 근거가 된다.

08 정답 ③

제시된 기사는 빅데이터를 활용하여 의약품 안전사용 모니터링이 가능해졌다고 설명하고 있다. 따라서 기사의 제목으로 ③이 가장 적절하다.

09 정답 ②

제시문은 사회보장제도가 무엇인지 정의하고 있으며 사회보장제도의 종류인 사회보험, 공공부조, 사회서비스에 대해 설명하고 있다. 따라서 제목으로 ②가 가장 적절하다.

오답분석

① 두 번째 문단에서만 사회보험과 민간보험의 차이점을 언급하고 있다.

③ 우리나라만의 사회보장에 대한 설명은 아니다.
④ 대상자를 언급하고 있지만 글 내용의 일부이므로, 글을 전체적으로 아우르는 제목으로는 적절하지 않다.

10
정답 ④

기사의 앞부분에서는 청년내일저축계좌의 신청방법에 대해 서술하고 있으며, 빈칸의 뒷부분에서는 앞의 주제를 환기하면서 추가적으로 관심이 집중되고 있는 다른 부분에 대해 이야기하고 있다. 따라서 앞 문장과의 연결을 중단하고, 새로운 주제로 넘어가는 접속어인 '한편'이 빈칸에 가장 적절하다.

11
정답 ②

네 번째 문단에서 청년내일저축계좌의 가입금액은 10만 원 이상 50만 원 이하(만 원 단위)까지 가능하다고 설명하고 있다. 따라서 ②의 내용은 적절하지 않다.

오답분석
① 세 번째 문단에서 알 수 있다.
③ 다섯 번째 문단에서 알 수 있다.
④ 여섯 번째 문단에서 알 수 있다.

12
정답 ③

제시문은 국민건강보험공단의 의료 마이데이터 활성화와 업무협약을 소개하는 글이다. 따라서 (다) 업무협약 체결 → (나) 업무협약의 내용 → (라) 토론회의 내용 → (가) 업무협약의 효과에 대한 기대 순으로 나열하는 것이 가장 적절하다.

13
정답 ②

정부지원금 유형 A의 수령자는 $200 \times 0.36 = 72$명, 20대는 $200 \times 0.41 = 82$명이므로 20대 중 정부지원금 유형 A의 수령자가 차지하는 비율은 $\frac{72}{82} \times 100 = 87\%$이다.

오답분석
① $100만 \times (200 \times 0.36) + 200만 \times (200 \times 0.42) + 300만 \times (200 \times 0.22) = 37,200만$ 원이다.
③ 20대는 $200 \times 0.41 = 82$명이고, 정부지원 수령금을 합산한 금액이 200만 원인 사람은 $200 \times 0.42 = 84$명이다. 따라서 200만 원 수령자 중 20대가 차지하는 비율은 $\frac{82}{84} \times 100 = 97\%$이다.
④ 정부지원금 수혜자 수가 2배가 된다면 총 400명이 될 것이므로, 정부지원금에 들어가는 총비용도 $100만 \times (400 \times 0.36) + 200만 \times (400 \times 0.42) + 300만 \times (400 \times 0.22) = 74,400만$ 원으로 2배가 된다.

14
정답 ④

20대의 연도별 흡연율은 40대 흡연율로 반영되었고, 30대는 50대의 흡연율로 반영되었으므로 옳지 않다.

15
정답 ④

총무부서 직원은 총 $250 \times 0.16 = 40$명이다. 2020년과 2021년의 독감 예방접종 여부가 총무부서에 대한 자료라면, 총무부서 직원 중 2020년과 2021년의 예방접종자 수의 비율 차는 $56 - 38 = 18\%$p이다. 따라서 $40 \times 0.18 = 7.2$이므로 약 7명 증가하였다.

오답분석
① 2020년 독감 예방접종자 수는 $250 \times 0.38 = 95$명, 2021년의 독감 예방접종자 수는 $250 \times 0.56 = 140$명이므로, 2020년에는 예방접종을 하지 않았지만, 2021년에는 예방접종을 한 직원은 총 $140 - 95 = 45$명이다.
② 2020년의 예방접종자 수는 95명이고, 2021년의 예방접종자 수는 140명이다. 따라서 $\frac{140 - 95}{95} \times 100 = 47\%$ 증가했다.
③ 2020년의 예방접종을 하지 않은 직원들을 대상으로 2021년의 독감 예방접종 여부를 조사한 자료라고 한다면, 2020년과 2021년 모두 예방접종을 하지 않은 직원은 총 $250 \times 0.62 \times 0.44 = 68$명이다.

16
정답 ③

2020년 예방접종을 한 직원은 $250 \times 0.38 = 95$명이고, 부서별 예방접종을 한 직원은 $250 \times (0.08 + 0.06 + 0.14) = 70$명이다. 즉, 제조부서 직원 중 예방접종을 한 직원은 $95 - 70 = 25$명이다. 따라서 제조부서 직원은 총 $250 \times 0.44 = 110$명이므로, 제조부서 직원 중 2020년에 예방접종을 한 직원의 비율은 $\frac{25}{110} \times 100 = 22\%$이다.

17
정답 ②

산모의 어머니인 B가 딸의 임신확인서와 산모와의 관계를 입증할 수 있는 서류인 주민등록등본을 가지고 지원 신청서를 작성하였으므로 지원제도 신청이 가능하다.

오답분석
① A는 산모의 친구이므로 지원이 불가능하다.
③ C는 의료급여를 받는 수급권자이므로 제외 대상자에 해당한다. 따라서 지원이 불가능하다.
④ D의 딸은 출국으로 인해 건강보험 급여정지자이므로 제외 대상자에 해당한다. 따라서 지원이 불가능하다.

18
정답 ④

각 인턴의 업무 평가 결과에 따라 점수를 계산하면 다음과 같다.

구분	업무량	업무 효율성	업무 협조성	업무 정확성	근무 태도	합계
A인턴	우수 – 8점	탁월 – 20점	보통 – 16점	보통 – 10점	우수 – 10점	64점
B인턴	보통 – 6점	보통 – 10점	우수 – 20점	우수 – 16점	보통 – 8점	60점
C인턴	탁월 – 10점	보통 – 10점	탁월 – 30점	탁월 – 20점	보통 – 8점	78점
D인턴	보통 – 6점	우수 – 16점	탁월 – 30점	탁월 – 20점	우수 – 10점	82점

A인턴은 20만 원, B인턴은 10만 원, C인턴은 30만 원, D인턴은 40만 원을 받으므로 D인턴이 가장 많은 장려금을 받는다.

19
정답 ③

변경된 평가 결과에 따라 점수를 계산하면 다음과 같다.

구분	업무량	업무 효율성	업무 협조성	업무 정확성	근무 태도	합계
A인턴	우수 – 8점	탁월 – 20점	보통 – 16점	우수 – 16점	우수 – 10점	70점
B인턴	보통 – 6점	보통 – 10점	우수 – 20점	우수 – 16점	우수 – 10점	62점
C인턴	탁월 – 10점	탁월 – 20점	탁월 – 30점	탁월 – 20점	보통 – 8점	88점
D인턴	보통 – 6점	우수 – 16점	우수 – 20점	탁월 – 20점	우수 – 10점	72점

A인턴은 20만 원, B인턴은 20만 원, C인턴은 40만 원, D인턴은 30만 원을 받으므로 C인턴이 가장 많은 장려금을 받는다.

20
정답 ③

- 금연진료·상담료
  S는 고혈압 진료를 병행하였으므로 금연(동시)진료 비용으로 책정해야 한다.
  - 최초상담료 : $(22,500 \times 0.2) - 1,500 = 3,000$원
  - 유지상담료 : $(13,500 \times 0.2) - 900 = 1,800$원
  3회 차부터 금연진료·상담료의 본인부담금은 없으므로 S의 금연진료·상담료의 본인부담금은 $3,000 + 1,800 = 4,800$원이다.
- 약국금연 관리비용
  약국을 2회 방문하였고 금연치료의약품을 처방받았으므로 약국금연 관리비용 본인부담금은 $1,600 \times 2 = 3,200$원이다.
- 금연치료의약품 비용
  S가 처방받은 금연치료의약품은 챔픽스정이다. 챔픽스정의 1정당 본인부담금은 400원이고 7주간 처방받은 챔픽스정은 $2 \times (28 + 21) = 98$정이므로, 금연치료의약품 본인부담금은 $400 \times 98 = 39,200$원이다.

따라서 S가 7주까지 낸 본인부담금은 $4,800 + 3,200 + 39,200 = 47,200$원이다.

01	02	03	04	05	06	07	08	09	10
④	②	④	②	③	①	②	③	②	③
11	12	13	14	15	16	17	18	19	20
①	①	④	①	④	④	④	①	③	③
21	22	23	24	25	26	27	28	29	30
③	③	①	④	②	①	②	③	③	②
31	32	33	34	35					
③	②	②	②	④					

01

정답 ④

국민건강보험법 제87조 및 제88조는 이의신청과 심판청구에 관한 조항이다. ④는 행정소송(법 제90조)에 해당하는 내용이므로 적절하지 않다.

오답분석

① 법 제88조 제1항에 해당한다.
② 법 제87조 제3항에 해당한다.
③ 법 제87조 제1항에 해당한다.

02

정답 ②

직장가입자 대표 10명은 노동조합과 사용자단체에서 추천하는 각 5명으로 임명한다(법 제34조 제2항 제1호).

03

정답 ④

휴직자 등의 보수월액보험료를 징수할 권리의 소멸시효는 제79조 제5항에 따라 고지가 유예된 경우 휴직 등의 사유가 끝날 때까지 진행하지 아니한다(법 제91조 제3항).

오답분석

① 법 제91조 제1항 제6호에 해당한다.
② 법 제91조 제1항 제1호에 해당한다.
③ 법 제91조 제1항 제5호에 해당한다.

04

정답 ②

• (A) : 보건복지부장관은 약사법 제47조 제2항의 위반과 관련된 제41조 제1항 제2호의 약제에 대하여는 요양급여비용 상한금액(제41조 제3항에 따라 약제별 요양급여비용의 상한으로 정한 금액을 말한다. 이하 같다)의 100분의 20을 넘지 아니하는 범위에서 그 금액의 일부를 감액할 수 있다(법 제41조의2 제1항).

• (B) : 보건복지부장관은 제1항에 따라 요양급여비용의 상한금액이 감액된 약제가 감액된 날부터 5년의 범위에서 대통령령으로 정하는 기간 내에 다시 제1항에 따른 감액의 대상이 된 경우에는 요양급여비용 상한금액의 100분의 40을 넘지 아니하는 범위에서 요양급여비용 상한금액의 일부를 감액할 수 있다(법 제41조의2 제2항).

05

정답 ③

오답분석

① 법 제72조의3 제2항 제1호에 해당한다.
② 법 제72조의3 제2항 제2호에 해당한다.
④ 법 제72조의3 제2항 제4호에 해당한다.

보험료 부과제도에 대한 적정성 평가(법 제72조의3 제2항)
보건복지부장관은 제1항에 따른 적정성 평가를 하는 경우에는 다음 각 호를 종합적으로 고려하여야 한다.

1. 제4조 제1항 제5호의2 나목에 따라 심의위원회가 심의한 가입자의 소득 파악 현황 및 개선방안
2. 공단의 소득 관련 자료 보유 현황
3. 소득세법 제4조에 따른 종합소득(종합과세되는 종합소득과 분리과세되는 종합소득을 포함한다) 과세 현황
4. 직장가입자에게 부과되는 보험료와 지역가입자에게 부과되는 보험료 간 형평성
5. 제1항에 따른 인정기준 및 산정기준의 조정으로 인한 보험료 변동
6. 그 밖에 적정성 평가 대상이 될 수 있는 사항으로서 보건복지부장관이 정하는 사항

06

정답 ①

국내체류 외국인 등은 보건복지부령으로 정하는 기간 동안 국내에 거주하였거나 해당 기간 동안 국내에 지속적으로 거주할 것으로 예상할 수 있는 사유로서 보건복지부령으로 정하는 사유에 해당하면 지역가입자가 된다(법 제109조 제3항 제1호).

오답분석

② 법 제109조 제2항 제1호에 해당한다.
③ 법 제109조 제2항 제3호에 해당한다.
④ 법 제109조 제2항 제2호에 해당한다.

07
정답 ②

공단은 징수하여야 할 금액이나 반환하여야 할 금액이 1건당 2,000원 미만인 경우에는 징수 또는 반환하지 아니한다(법 제106조).

08
정답 ③

임명권자는 임원이 직무 여부와 관계없이 품위를 손상하는 행위를 한 경우 그 임원을 해임할 수 있다(법 제24조 제2항 제4호).

> **임원의 당연퇴임 및 해임(법 제24조 제2항)**
> 임명권자는 임원이 다음 각 호의 어느 하나에 해당하면 그 임원을 해임할 수 있다.
> 1. 신체장애나 정신장애로 직무를 수행할 수 없다고 인정되는 경우
> 2. 직무상 의무를 위반한 경우
> 3. 고의나 중대한 과실로 공단에 손실이 생기게 한 경우
> 4. 직무 여부와 관계없이 품위를 손상하는 행위를 한 경우
> 5. 이 법에 따른 보건복지부장관의 명령을 위반한 경우

09
정답 ②

보건복지부장관은 종합계획에 따라 매년 연도별 시행계획을 건강보험정책심의위원회의 심의를 거쳐 수립·시행하여야 한다(법 제3조의2 제3항).

10
정답 ③

공단은 부당이득징수금체납정보공개심의위원회의 심의를 거친 인적사항등의 공개대상자에게 공개대상자임을 서면으로 통지하여 소명의 기회를 부여하여야 하며, 통지일부터 6개월이 경과한 후 체납자의 납부이행 등을 고려하여 공개대상자를 선정한다(법 제57조의2 제3항).

11
정답 ①

공단은 제94조 제1항에 따라 신고한 보수 또는 소득 등에 축소 또는 탈루(脫漏)가 있다고 인정하는 경우에는 보건복지부장관을 거쳐 소득의 축소 또는 탈루에 관한 사항을 문서로 국세청장에게 송부할 수 있다(법 제95조 제1항).

12
정답 ①

정부는 외국 정부가 사용자인 사업장의 근로자의 건강보험에 관하여는 외국 정부와 한 합의에 따라 이를 따로 정할 수 있다(법 제109조 제1항).

[오답분석]
② 법 제109조 제2항에 해당한다.
③ 법 제109조 제3항 제1호 및 제2호 가호에 해당한다.
④ 법 제109조 제4항 제1호부터 제2호에 해당한다.

13
정답 ④

공단은 공공기관의 정보공개에 관한 법률에 따라 건강보험과 관련하여 보유·관리하고 있는 정보를 공개한다(법 제14조 제4항).

[오답분석]
① 법 제77조 제1항 제1호에 해당한다.
② 법 제87조 제3항에 해당한다.
③ 법 제88조 제1항, 제89조 제1항에 해당한다.

14
정답 ①

보험료 등은 국세와 지방세를 제외한 다른 채권에 우선하여 징수한다. 다만, 보험료 등의 납부기한 전에 전세권·질권·저당권 또는 동산·채권 등의 담보에 관한 법률에 따른 담보권의 설정을 등기 또는 등록한 사실이 증명되는 재산을 매각할 때에 그 매각대금 중에서 보험료 등을 징수하는 경우 그 전세권·질권·저당권 또는 동산·채권 등의 담보에 관한 법률에 따른 담보권으로 담보된 채권에 대하여는 그러하지 아니하다(법 제85조).

15
정답 ④

"근로자"란 직업의 종류와 관계없이 근로의 대가로 보수(㉠)를 받아 생활하는 사람(법인의 이사와 그 밖의 임원을 포함한다)으로서 공무원(㉡) 및 교직원(㉢)을 제외한 사람을 말한다(법 제3조 제1호).

16
정답 ④

(월별 보험료액)=[(보수월액)×(보험료율)]+[(소득월액)×(보험료율)]=(300만×6%)+(700만×6%)=60만 원
따라서 국민건강보험법상 A의 월별 보험료액은 60만 원이다.

17

국민건강보험법에 따른 보건복지부장관의 권한은 대통령령으로 정하는 바에 따라 그 일부를 특별시장·광역시장·특별자치시장·도지사 또는 특별자치도지사에게 위임할 수 있다(법 제111조 제1항).

18

오답분석
가·나·다. 보험급여가 제한되는 사유에 해당한다.

급여의 제한(법 제53조 제1항)
공단은 보험급여를 받을 수 있는 사람이 다음 각 호의 어느 하나에 해당하면 보험급여를 하지 아니한다.
1. 고의 또는 중대한 과실로 인한 범죄행위에 그 원인이 있거나 고의로 사고를 일으킨 경우
2. 고의 또는 중대한 과실로 공단이나 요양기관의 요양에 관한 지시에 따르지 아니한 경우
3. 고의 또는 중대한 과실로 제55조에 따른 문서와 그 밖의 물건의 제출을 거부하거나 질문 또는 진단을 기피한 경우
4. 업무 또는 공무로 생긴 질병·부상·재해로 다른 법령에 따른 보험급여나 보상(報償) 또는 보상(補償)을 받게 되는 경우

19

• ⊙ : 요양기관은 제47조에 따라 요양급여비용을 최초로 청구하는 때에 요양기관의 시설·장비 및 인력 등에 대한 현황을 제62조에 따른 건강보험심사평가원에 신고하여야 한다(법 제43조 제1항).
• ⓒ : 요양기관은 제1항에 따라 신고한 내용(제45조에 따른 요양급여비용의 증감에 관련된 사항만 해당한다)이 변경된 경우에는 그 변경된 날부터 15일 이내에 보건복지부령으로 정하는 바에 따라 심사평가원에 신고하여야 한다(법 제43조 제2항).
• ⓒ : 제1항 및 제2항에 따른 신고의 범위, 대상, 방법 및 절차 등에 필요한 사항은 보건복지부령으로 정한다(법 제43조 제3항).

20

가입자는 사망한 날의 다음 날에 그 자격을 잃는다(법 제10조 제1항 제1호).

자격의 상실 시기 등(법 제10조 제1항)
가입자는 다음 각 호의 어느 하나에 해당하게 된 날에 그 자격을 잃는다.
1. 사망한 날의 다음 날
2. 국적을 잃은 날의 다음 날
3. 국내에 거주하지 아니하게 된 날의 다음 날
4. 직장가입자의 피부양자가 된 날
5. 수급권자가 된 날
6. 건강보험을 적용받고 있던 사람이 유공자 등 의료보호대상자가 되어 건강보험의 적용배제신청을 한 날

21

국민건강보험법상 건강보험정책심의위원회의 심의·의결사항은 직장가입자의 보수월액 및 소득월액이 아니라, 직장가입자의 보험료율이다(법 제4조 제1항 제4호).

22

가입자가 자격을 잃은 경우 직장가입자의 사용자와 지역가입자의 세대주는 그 명세를 보건복지부령으로 정하는 바에 따라 자격을 잃은 날부터 14일 이내에 보험자에게 신고하여야 한다(법 제10조 제2항).

23

요양급여비용은 공단의 이사장과 대통령령으로 정하는 의약계를 대표하는 사람들의 계약으로 정한다. 이 경우 계약기간은 1년으로 한다(법 제45조 제1항).

오답분석
② 법 제45조 제4항에 해당한다.
③ 법 제45조 제3항에 해당한다.
④ 법 제45조 제1항에 해당한다.

24

제1항에 따른 체납자 인적사항 등의 공개는 관보에 게재하거나 공단 인터넷 홈페이지에 게시하는 방법에 따른다(법 제83조 제4항).

오답분석
① 법 제83조 제5항에 해당한다.
② 법 제83조 제1항에 해당한다.
③ 법 제83조 제2항에 해당한다.

25

정답 ②

국민 건강에 심각한 위험을 초래할 것이 예상되는 등 특별한 사유가 있다고 인정되는 때에는 해당 약제에 대한 요양급여비용 총액의 <u>100분의 60</u>을 넘지 아니하는 범위에서 과징금을 부과·징수할 수 있다(법 제99조 제2항 제2호).

오답분석

① 법 제99조 제1항에 해당한다.
③ 법 제99조 제4항에 해당한다.
④ 법 제99조 제5항에 해당한다.

26

정답 ①

법 제96조의4를 위반하여 서류를 보존하지 아니한 자에게는 100만 원 이하의 과태료를 부과한다(법 제119조 제4항 제4호).

오답분석

②·③·④ 법 제119조 제3항에 해당하는 경우로 해당하는 자에게는 500만 원 이하의 과태료를 부과한다.

서류의 보존(법 제96조의4)
① 요양기관은 요양급여가 끝난 날부터 5년간 보건복지부령으로 정하는 바에 따라 제47조에 따른 요양급여비용의 청구에 관한 서류를 보존하여야 한다. 다만, 약국 등 보건복지부령으로 정하는 요양기관은 처방전을 요양급여비용을 청구한 날부터 3년간 보존하여야 한다.
② 사용자는 3년간 보건복지부령으로 정하는 바에 따라 자격 관리 및 보험료 산정 등 건강보험에 관한 서류를 보존하여야 한다.
③ 제49조 제3항에 따라 요양비를 청구한 준요양기관은 요양비를 지급받은 날부터 3년간 보건복지부령으로 정하는 바에 따라 요양비 청구에 관한 서류를 보존하여야 한다.
④ 제51조 제2항에 따라 보조기기에 대한 보험급여를 청구한 자는 보험급여를 지급받은 날부터 3년간 보건복지부령으로 정하는 바에 따라 보험급여 청구에 관한 서류를 보존하여야 한다.

27

정답 ②

요양기관의 요양급여비용 심사는 국민건강보험공단의 업무가 아니라 <u>심사평가원</u>의 업무이다(법 제63조 제1항 제1호).

28

정답 ③

공단은 그 업무의 일부를 국가기관, 지방자치단체 또는 다른 법령에 따른 사회보험 업무를 수행하는 법인이나 그 밖의 자에게 위탁할 수 있다. 다만, <u>보험료와 징수위탁보험료 등의 징수 업무는 그러하지 아니하다</u>(법 제112조 제2항).

오답분석

①·②·④ 법 제112조 제1항에 해당한다.

29

정답 ③

보험급여를 받을 권리는 양도하거나 압류할 수 없다(법 제59조 제1항).

오답분석

① 법 제59조 제2항에 해당한다.
③ 법 제59조 제1항에 해당한다.
④ 법 제58조 제1항에 해당한다.

30

정답 ②

• ㉠ : 직장가입자의 보험료율은 <u>1천분의 80</u>의 범위에서 심의위원회의 의결을 거쳐 대통령령으로 정한다(법 제73조 제1항).
• ㉡ : 국외에서 업무에 종사하고 있는 직장가입자에 대한 보험료율은 제1항에 따라 정해진 보험료율의 <u>100분의 50</u>으로 한다(법 제73조 제2항).

31

정답 ③

㉡ 공단은 건강보험사업 및 징수위탁근거법의 위탁에 따른 국민연금사업·고용보험사업·산업재해보상보험사업·임금채권보장사업에 관한 회계를 공단의 다른 회계와 <u>구분하여</u> 각각 회계처리하여야 한다(법 제35조 제3항).
㉣ 공단은 지출할 현금이 부족한 경우에는 차입할 수 있다. 다만, 1년 이상 장기로 차입하려면 <u>보건복지부장관의 승인</u>을 받아야 한다(법 제37조).

오답분석

㉠ 공단은 직장가입자와 지역가입자의 재정을 통합하여 운영한다(법 제35조 제2항).
㉢ 공단은 회계연도마다 예산안을 편성하여 이사회의 의결을 거친 후 보건복지부장관의 승인을 받아야 한다. 예산을 변경할 때에도 또한 같다(법 제36조).

32

정답 ②

제1항에 따른 준비금은 부족한 보험급여 비용에 충당하거나 지출할 현금이 부족할 때 외에는 사용할 수 없으며, 현금 지출에 준비금을 사용한 경우에는 해당 회계연도 중에 이를 보전(補塡)하여야 한다(법 제38조 제2항).

오답분석

① 법 제38조 제1항에 해당한다.
③ 법 제39조 제1항에 해당한다.
④ 법 제39조의2에 해당한다.

33

정답 ②

보건복지부장관(㉠)은 요양기관이 다음 각 호의 어느 하나에 해당하면 그 요양기관에 대하여 1년(㉡)의 범위에서 기간을 정하여 업무정지(㉢)를 명할 수 있다(법 제98조 제1항).

34

정답 ②

직장가입자의 보수 외 소득월액보험료는 직장가입자가 부담한다(법 제76조 제2항).

오답분석

① 법 제69조 제5항에 해당한다.
③ 법 제76조 제1항에 해당한다.
④ 법 제76조 제1항 제2호에 해당한다.

35

정답 ④

보험료 또는 보험급여 제한 기간 중 받은 보험급여에 대한 징수금을 체납한 경우 외에 이 법에 따른 징수금을 체납한 경우 : 해당 체납금액의 1,000분의 1에 해당하는 금액. 이 경우 연체금은 해당 체납금액의 1,000분의 30을 넘지 못한다(법 제80조 제1항 제2호).

01	02	03	04	05	06	07	08	09	10
④	③	④	①	③	③	①	①	②	④
11	12	13	14	15	16	17	18	19	20
①	②	③	④	④	②	④	①	①	④
21	22	23	24	25	26	27	28	29	30
④	④	①	④	①	③	④	④	③	②
31	32	33	34	35	36	37	38	39	40
③	②	④	④	②	④	③	④	④	①

01

정답 ④

노인장기요양보험법은 고령이나 노인성 질병 등의 사유로 일상생활을 혼자서 수행하기 어려운 노인 등에게 제공하는 신체활동(㉠) 또는 가사활동(㉡) 지원 등의 장기요양급여에 관한 사항을 규정하여 노후의 건강증진(㉢) 및 생활안정(㉣)을 도모하고 그 가족의 부담을 덜어줌으로써 국민의 삶의 질을 향상하도록 함을 목적으로 한다(법 제1조).

02

정답 ③

장기요양보험료는 국민건강보험법 제69조(보험료) 제4항·제5항 및 제109조(외국인 등에 대한 특례) 제9항 단서에 따라 산정한 보험료액에서 같은 법 제74조(보험료의 면제) 또는 제75조(보험료의 경감 등)에 따라 경감 또는 면제되는 비용을 공제한 금액에 같은 법 제73조(보험료율) 제1항에 따른 건강보험료율 대비 장기요양보험료율의 비율을 곱하여 산정한 금액으로 한다(법 제9조 제1항).

03

정답 ④

특별자치시장·특별자치도지사·시장·군수·구청장은 제37조 제1항 각 호의 어느 하나(같은 항 제4호는 제외한다)에 해당하는 행위를 이유로 업무정지명령을 하여야 하는 경우로서(㉠) 그 업무정지가 해당 장기요양기관을 이용하는 수급자에게 심한 불편을 줄 우려가 있는 등 보건복지부장관이 정하는 특별한 사유가 있다고 인정되는 경우(㉡)에는 업무정지명령(㉢)을 갈음하여 2억 원 이하(㉣)의 과징금을 부과할 수 있다. 다만, 제37조 제1항 제6호를 위반한 행위로서 보건복지부령으로 정하는 경우에는 그러하지 아니하다(법 제37조의2 제1항).

04

정답 ①

장기요양급여란 제15조 제2항에 따라 <u>6개월</u> 이상 동안 혼자서 일상생활을 수행하기 어렵다고 인정되는 자에게 신체활동·가사활동의 지원 또는 간병 등의 서비스나 이에 갈음하여 지급하는 현금 등을 말한다(법 제2조 제2호).

05

정답 ③

제31조를 위반하여 지정받지 아니하고 장기요양기관을 운영하거나 거짓이나 그 밖의 부정한 방법으로 지정받은 자는 <u>2년 이하의 징역 또는 2천만 원 이하의 벌금</u>에 처한다(법 제67조 제2항 제1호).

오답분석
① 법 제67조 제3항 제1호에 해당한다.
② 법 제67조 제3항 제4호에 해당한다.
④ 법 제67조 제3항 제2호에 해당한다.

> **벌칙(법 제67조 제3항)**
> 다음 각 호의 어느 하나에 해당하는 자는 1년 이하의 징역 또는 1천만 원 이하의 벌금에 처한다.
> 1. 제35조 제1항을 위반하여 정당한 사유 없이 장기요양급여의 제공을 거부한 자
> 2. 거짓이나 그 밖의 부정한 방법으로 장기요양급여를 받거나 다른 사람으로 하여금 장기요양급여를 받게 한 자
> 3. 정당한 사유 없이 제36조 제3항 각 호에 따른 권익보호조치를 하지 아니한 사람
> 4. 제37조 제7항을 위반하여 수급자가 부담한 비용을 정산하지 아니한 자

06

정답 ③

제1항에 따른 심사청구는 그 처분이 있음을 안 날부터 <u>90(㉠)</u>일 이내에 문서(전자정부법 제2조 제7호에 따른 전자문서를 포함한다)로 하여야 하며, 처분이 있은 날부터 <u>180(㉡)</u>일을 경과하면 이를 제기하지 못한다. 다만, 정당한 사유로 그 기간에 심사청구를 할 수 없었음을 증명하면 그 기간이 지난 후에도 심사청구를 할 수 있다(법 제55조 제2항).

07

정답 ①

장기요양사업에 관련된 각종 서류의 기록, 관리 및 보관은 보건복지부령으로 정하는 바에 따라 전자문서로 한다(법 제59조 제1항).

오답분석
② 국가와 지방자치단체는 대통령령으로 정하는 바에 따라 의료급여수급권자의 장기요양급여비용, 의사소견서 발급비용, 방문간호지시서 발급비용 중 <u>공단이 부담하여야 할 비용 및 관리운영비의 전액을 부담한다</u>(법 제58조 제2항).
③ 제1항 및 제2항에도 불구하고 정보통신망 및 정보통신서비스 시설이 열악한 지역 등 <u>보건복지부장관</u>이 정하는 지역의 경우 전자문서·전산매체 또는 전자문서교환방식을 이용하지 아니할 수 있다(법 제59조 제3항).
④ 공단 및 장기요양기관은 장기요양기관의 지정신청, 재가·시설 급여비용의 청구 및 지급, 장기요양기관의 재무·회계정보 처리 등에 대하여 전산매체 또는 <u>전자문서교환방식</u>을 이용하여야 한다(법 제59조 제2항).

08

정답 ①

등급판정위원회, 장기요양위원회, 제37조의3 제3항에 따른 공표심의위원회, 심사위원회 및 재심사위원회 위원 중 공무원이 아닌 사람은 형법 제127조 및 제129조부터 제132조까지의 규정을 적용할 때에는 공무원으로 본다(법 제66조의2).

09

정답 ②

국가는 제6조의 장기요양기본계획을 수립·시행함에 있어서 노인뿐만 아니라 장애인 등 일상생활을 혼자서 수행하기 어려운 모든 국민이 장기요양급여, <u>신체활동지원서비스</u> 등을 제공받을 수 있도록 노력하고 나아가 이들의 생활안정과 자립을 지원할 수 있는 시책을 강구하여야 한다(법 제5조).

10

정답 ④

장기요양기관은 수급자가 장기요양급여를 쉽게 선택하도록 하고 장기요양기관이 제공하는 급여의 질을 보장하기 위하여 <u>장기요양기관별 급여의 내용, 시설·인력 등 현황자료 등</u>을 공단이 운영하는 인터넷 홈페이지에 게시하여야 한다(법 제34조 제1항).

11

정답 ①

보건복지부장관은 제3항에 따라 지정을 받은 인권교육기관이 다음 각 호의 어느 하나에 해당하면 그 지정을 취소하거나 6개월 이내의 기간을 정하여 업무의 정지를 명할 수 있다. 다만, <u>거짓이나 그 밖의 부정한 방법으로 지정을 받은 경우에 해당하면 그 지정을 취소하여야 한다</u>(법 제35조의3 제4항 제1호).

12
정답 ②

ㄱ. 법 제45조 제1호에 해당한다.
ㄴ. 법 제45조 제2호에 해당한다.
ㄷ. 법 제45조 제3호에 해당한다.
ㄹ. 법 제45조 제4조에 해당한다.

장기요양위원회의 설치 및 기능(법 제45조)
다음 각 호의 사항을 심의하기 위하여 보건복지부장관
소속으로 장기요양위원회를 둔다.
1. 제9조 제2항에 따른 장기요양보험료율
2. 제24조부터 제26조까지의 규정에 따른 가족요양비,
   특례요양비 및 요양병원간병비의 지급기준
3. 제39조에 따른 재가 및 시설 급여비용
4. 그 밖에 대통령령으로 정하는 주요 사항

13
정답 ③

오답분석
① 법 제14조 제1항 제1호에 해당한다.
② 법 제14조 제1항 제2호에 해당한다.
④ 법 제14조 제1항 제3호에 해당한다.

14
정답 ④

㉠ 법 제37조의4 제1항 제1호에 해당한다.
㉡ 법 제37조의4 제1항 제2호에 해당한다.
㉢·㉣·㉤ 법 제37조의4 제1항 제3호에 해당한다.

행정제재처분 효과의 승계(법 제37조의4 제1항)
제37조 제1항 각 호의 어느 하나에 해당하는 행위를 이
유로 한 행정제재처분의 효과는 그 처분을 한 날부터
3년간 다음 각 호의 어느 하나에 해당하는 자에게 승계
된다.
1. 장기요양기관을 양도한 경우 양수인
2. 법인이 합병된 경우 합병으로 신설되거나 합병 후 존
   속하는 법인
3. 장기요양기관 폐업 후 같은 장소에서 장기요양기관
   을 운영하는 자 중 종전에 행정제재처분을 받은 자
   (법인인 경우 그 대표자를 포함한다)나 그 배우자 또
   는 직계혈족

15
정답 ④

보건복지부장관 또는 특별자치시장·특별자치도지사·시장·
군수·구청장은 장기요양기관이 거짓으로 재가·시설 급여
비용을 청구하였다는 이유로 제37조(장기요양기관 지정의 취
소 등) 또는 제37조의2(과징금의 부과 등)에 따른 처분이 확
정된 경우로서 거짓으로 청구한 금액이 1,000만 원 이상인
경우에는 위반사실, 처분내용, 장기요양기관의 명칭·주소,
장기요양기관의 장의 성명, 그 밖에 다른 장기요양기관과의
구별에 필요한 사항으로서 대통령령으로 정하는 사항을 공표
하여야 한다. 다만, 장기요양기관의 폐업 등으로 공표의 실효
성이 없는 경우에는 그러하지 아니하다(법 제37조의3 제1항
제1호).

16
정답 ②

제37조(장기요양기관 지정의 취소 등) 제1항 각 호의 어느 하
나에 해당하는 행위를 이유로 한 행정제재처분의 효과는 그
처분을 한 날부터 3년간 승계된다(법 제37조의4 제1항).

17
정답 ④

특별자치시장·특별자치도지사·시장·군수·구청장은 장
기요양기관의 종사자가 거짓이나 그 밖의 부정한 방법으로 재
가급여비용 또는 시설급여비용을 청구하는 행위에 가담한 경
우 해당 종사자가 장기요양급여를 제공하는 것을 1년의 범위
에서 제한하는 처분을 할 수 있다(법 제37조의5 제1항).

18
정답 ①

㉠ 법 제37조 제1항 제4호에 해당한다.
㉡ 법 제37조 제1항 제3호의6에 해당한다.
㉢ 법 제37조 제1항 제3호의3에 해당한다.
㉤ 법 제37조 제1항 제3호의4에 해당한다.
㉥ 법 제37조 제1항 제3호의2에 해당한다.

오답분석
㉣ 특별자치시장·특별자치도지사·시장·군수·구청장은
   장기요양기관이 제28조의2(급여외행위의 제공 금지)를
   위반하여 급여외행위를 제공한 경우 그 지정을 취소하거
   나 6개월의 범위에서 업무정지를 명할 수 있다. 다만, 장
   기요양기관의 장이 그 위반행위를 방지하기 위하여 해당
   업무에 관하여 상당한 주의와 감독을 게을리하지 아니한
   경우는 제외한다(법 제37조 제1항 제1호의2).

19 정답 ①

㉠ 법 제37조 제1항 제5호에 해당한다.
㉡ 법 제37조 제1항 제3호의7에 해당한다.
㉢ 법 제37조 제1항 제6호 라목에 해당한다.
㉣ 법 제37조 제1항 제6호 마목에 해당한다.

오답분석
㉤ 특별자치시장·특별자치도지사·시장·군수·구청장은 장기요양기관의 종사자 등이 자신의 보호·감독을 받는 수급자를 유기하거나 의식주를 포함한 기본적 보호 및 치료를 소홀히 하는 방임행위를 한 경우 그 지정을 취소하거나 6개월의 범위에서 업무정지를 명할 수 있다. 다만, 장기요양기관의 장이 그 행위를 방지하기 위하여 해당 업무에 관하여 상당한 주의와 감독을 게을리하지 아니한 경우는 제외한다(법 제37조 제1항 제6호 다목).

20 정답 ④

보건복지부장관 또는 특별자치시장·특별자치도지사·시장·군수·구청장은 장기요양기관이 거짓으로 재가·시설 급여비용을 청구하였다는 이유로 제37조(장기요양기관 지정의 취소 등) 또는 제37조의2(과징금의 부과 등)에 따른 처분이 확정된 경우로서 거짓으로 청구한 금액이 장기요양급여비용 총액의 <u>100분의 10 이상</u>인 경우에는 위반사실, 처분내용, 장기요양기관의 명칭·주소, 장기요양기관의 장의 성명, 그 밖에 다른 장기요양기관과의 구별에 필요한 사항으로서 대통령령으로 정하는 사항을 공표하여야 한다(법 제37조의3 제1항 제2호).

21 정답 ④

장기요양급여를 받고자 하는 자 또는 수급자가 신체적·정신적인 사유로 이 법에 따른 장기요양인정의 신청, 장기요양인정의 갱신신청 또는 장기요양등급의 변경신청 등을 직접 수행할 수 없을 때 <u>본인의 가족이나 친족, 그 밖의 이해관계인</u>은 이를 대리할 수 있다(법 제22조 제1항).

22 정답 ④

(A) 3년 이하의 징역 또는 3천만 원 이하의 벌금(법 제67조 제1항 제2호)
(B) 1년 이하의 징역 또는 1천만 원 이하의 벌금(법 제67조 제3항 제2호)
(C) 2년 이하의 징역 또는 2천만 원 이하의 벌금(법 제67조 제2항 제5호)
(D) 1천만 원 이하의 벌금(법 제67조 제4항)
따라서 벌칙이 가벼운 순서대로 나열하면 (D) – (B) – (C) – (A)이다.

23 정답 ①

특별자치시장·특별자치도지사·시장·군수·구청장은 장기요양기관이 다음의 어느 하나에 해당하는 경우 그 지정을 취소하거나 6개월의 범위에서 업무정지를 명할 수 있다. 다만, 제1호(거짓이나 그 밖의 부정한 방법으로 지정을 받은 경우), 제2호의2(결격사유의 어느 하나에 해당하게 된 경우), 제3호의5(폐업 또는 휴업 신고를 하지 아니하고 1년 이상 장기요양급여를 제공하지 아니한 경우), <u>제7호(업무정지기간 중에 장기요양급여를 제공한 경우)</u>, 또는 제8호(사업자등록이나 고유번호가 말소된 경우)에 해당하는 경우에는 지정을 취소하여야 한다(법 제37조 제1항).

24 정답 ④

재심사위원회는 보건복지부장관 소속으로 두고, 위원장 1인을 포함한 20인 이내 위원으로 구성한다(법 제56조 제2항).

25 정답 ①

<u>보건복지부장관</u>은 노인 등에 대한 장기요양급여를 원활하게 제공하기 위하여 5년 단위로 장기요양기본계획을 수립·시행하여야 한다(법 제6조 제1항).

26 정답 ③

재심사위원회의 위원은 관계 공무원, 법학, 그 밖에 장기요양사업 분야의 학식과 경험이 풍부한 자 중에서 보건복지부장관이 임명 또는 위촉한다. 이 경우 공무원이 아닌 위원이 전체 위원의 과반수가 되도록 하여야 한다(법 제56조 제3항).

오답분석
① 재심사위원회는 보건복지부장관 소속으로 두고, 위원장 1인을 포함한 20인 이내의 위원으로 구성한다(법 제56조 제2항).
② 재심사위원회의 구성·운영 및 위원의 임기, 그 밖에 필요한 사항은 대통령령으로 정한다(법 제56조 제4항).
④ 재심사위원회의 위원은 관계 공무원, 법학, 그 밖에 장기요양사업 분야의 학식과 경험이 풍부한 자 중에서 보건복지부장관이 임명 또는 위촉한다. 이 경우 공무원이 아닌 위원이 전체 위원의 과반수가 되도록 하여야 한다(법 제56조 제3항).

27 정답 ④

공단은 장기요양급여를 받은 자 또는 장기요양급여비용을 받은 자가 그 밖에 노인장기요양보험법상의 <u>원인 없이</u> 공단으로부터 장기요양급여를 받거나 장기요양급여비용을 지급받은 경우에 해당하는 경우 그 장기요양급여, 장기요양급여비용 또는 의사소견서 등 발급비용에 상당하는 금액을 징수한다(법 제43조 제1항 제5호).

28 정답 ④

특별자치시장 · 특별자치도지사 · 시장 · 군수 · 구청장은 장기요양기관 재무 · 회계기준을 위반한 장기요양기관에 대하여 6개월 이내의 범위에서 일정한 기간을 정하여 시정을 명할 수 있다(법 제36조의2 제2호).

29 정답 ③

장기요양위원회를 구성할 경우, 위원장이 아닌 위원은 보건복지부장관이 임명 또는 위촉한 자로 하고, 대통령령으로 정하는 관계 중앙행정기관의 고위공무원단 소속 공무원, 장기요양에 대한 학계 또는 연구계를 대표하는 자, 공단 이사장이 추천하는 자를 임명한다(법 제46조 제2항 제3호).

30 정답 ②

공표 여부의 결정 방법, 공표 방법 · 절차 및 공표심의위원회의 구성 · 운영 등에 필요한 사항은 대통령령으로 정한다(법 제37조의3 제4항).

31 정답 ③

장기요양인정(㉠) · 장기요양등급 · 장기요양급여(㉡) · 부당이득(㉢) · 장기요양급여비용 또는 장기요양보험료 등에 대한 공단의 처분에 이의가 있는 자는 공단에 심사청구를 할 수 있다(법 제55조 제1항).

오답분석
㉣ 장기요양급여비용에 대한 공단의 처분에 이의가 있는 자가 공단에 심사청구를 할 수 있다.
㉤ 장기요양보험료에 대한 공단의 처분에 이의가 있는 자가 공단에 심사청구를 할 수 있다.

32 정답 ②

공단은 특별현금급여를 받는 수급자의 신청이 있는 경우에는 특별현금급여를 수급자 명의의 지정된 계좌("특별현금급여수급계좌")로 입금하여야 한다. 다만, 정보통신장애나 그 밖에 대통령령으로 정하는 불가피한 사유로 특별현금급여수급계좌로 이체할 수 없을 때에는 현금 지급 등 대통령령으로 정하는 바에 따라 특별현금급여를 지급할 수 있다(법 제27조의2 제1항).

33 정답 ④

장기요양기관의 종사자 등이 다수급자를 위하여 증여 또는 급여된 금품을 그 목적 외의 용도에 사용하는 행위를 한 경우, (다만, 장기요양기관의 장이 그 행위를 방지하기 위하여 해당 업무에 관하여 상당한 주의와 감독을 게을리하지 아니한 경우

는 제외한다) 장기요양기관 지정을 취소하여야 한다(법 제37조 제1항 제6호 라목).

34 정답 ④

오답분석
① 장기요양인정의 유효기간은 최소 1년 이상으로서 대통령령으로 정한다(법 제19조 제1항).
② 장기요양인정의 갱신 신청은 유효기간이 만료되기 전 30일까지 이를 완료하여야 한다(법 제20조 제2항).
③ 제12조부터 제19조까지의 규정은 장기요양인정의 갱신 절차에 관하여 준용한다(법 제20조 제3항).

35 정답 ②

제1항에도 불구하고 거동이 현저하게 불편하거나 도서 · 벽지 지역에 거주하여 의료기관을 방문하기 어려운 자 등 대통령령으로 정하는 자는 의사소견서를 제출하지 아니할 수 있다(법 제13조 제2항).

36 정답 ④

오답분석
① 재심사위원회의 위원은 관계 공무원, 법학, 그 밖에 장기요양사업 분야의 학식과 경험이 풍부한 자 중에서 보건복지부장관이 임명 또는 위촉한다. 이 경우 공무원이 아닌 위원이 전체 위원의 과반수가 되도록 하여야 한다(법 제56조 제3항).
② 재심사위원회는 보건복지부장관 소속으로 두고, 위원장 1인을 포함한 20인 이내의 위원으로 구성한다(법 제56조 제2항).
③ 제55조에 따른 심사청구에 대한 결정에 불복하는 사람은 그 결정통지를 받은 날부터 90일 이내에 장기요양재심사위원회에 재심사를 청구할 수 있다(법 제56조 제1항).

37 정답 ③

특별자치시장 · 특별자치도지사 · 시장 · 군수 · 구청장은 장기요양기관 재무 · 회계기준을 위반한 장기요양기관에 대하여 6개월 이내의 범위에서 일정한 기간을 정하여 시정을 명할 수 있다(법 제36조의2 제2호).

오답분석
① 법 제3조 제1항에 해당한다.
② 법 제6조 제1항에 해당한다.
④ 법 제44조 제1항에 해당한다.

38

오답분석

① 법 제48조 제2항 제2호에 해당한다.
② 법 제48조 제2항 제3호에 해당한다.
③ 법 제48조 제2항 제1호에 해당한다.

관리운영기관 등(법 제48조 제2항)
공단은 다음 각 호의 업무를 관장한다.

1. 장기요양보험가입자 및 그 피부양자와 의료급여수
   급권자의 자격관리
2. 장기요양보험료의 부과·징수
3. 신청인에 대한 조사
4. 등급판정위원회의 운영 및 장기요양등급 판정
5. 장기요양인정서의 작성 및 개인별 장기요양이용계
   획서의 제공
6. 장기요양급여의 관리 및 평가
7. 수급자 및 그 가족에 대한 정보제공·안내·상담 등
   장기요양급여 관련 이용지원에 관한 사항
8. 재가 및 시설 급여비용의 심사 및 지급과 특별현금급
   여의 지급
9. 장기요양급여 제공내용 확인
10. 장기요양사업에 관한 조사·연구, 국제협력 및 홍보
11. 노인성질환예방사업
12. 이 법에 따른 부당이득금의 부과·징수 등
13. 장기요양급여의 제공기준을 개발하고 장기요양급
    여비용의 적정성을 검토하기 위한 장기요양기관의
    설치 및 운영
14. 그 밖에 장기요양사업과 관련하여 보건복지부장관
    이 위탁한 업무

39

제1항에 따라 조사를 하는 자는 조사일시, 장소 및 조사를 담
당하는 자의 인적사항 등을 미리 신청인에게 통보하여야 한다
(법 제14조 제3항).

오답분석

① 제1항에도 불구하고 거동이 현저하게 불편하거나 도서·
   벽지 지역에 거주하여 의료기관을 방문하기 어려운 자 등
   대통령으로 정하는 자는 의사소견서를 제출하지 아니할
   수 있다(법 제13조 제2항).
② 의사소견서의 발급비용·비용부담방법·발급자의 범위,
   그 밖에 필요한 사항은 보건복지부령으로 정한다(법 제13
   조 제3항).
③ 공단은 제1항 각 호의 사항을 조사하는 경우 2명 이상의
   소속 직원이 조사할 수 있도록 노력하여야 한다(법 제14
   조 제2항).

40

장기요양기관의 폐업 등의 신고 등(법 제36조 제3항)
장기요양기관의 장은 장기요양기관을 폐업하거나 휴업하려
는 경우 또는 장기요양기관의 지정 갱신을 하지 아니하려는
경우 보건복지부령으로 정하는 바에 따라 수급자의 권익을 보
호하기 위하여 다음 각 호의 조치를 취하여야 한다.

1. 해당 장기요양기관을 이용하는 수급자가 다른 장기요양기
   관을 선택하여 이용할 수 있도록 계획을 수립하고 이행하
   는 조치
2. 해당 장기요양기관에서 수급자가 제40조 제1항 및 제3항
   에 따라 부담한 비용 중 정산하여야 할 비용이 있는 경우
   이를 정산하는 조치
3. 그 밖에 수급자의 권익 보호를 위하여 필요하다고 인정되
   는 조치로서 보건복지부령으로 정하는 조치

04 | 2021년 시행 기출복원문제

01 직업기초능력

01	02	03	04	05	06	07	08	09	10
②	②	①	③	④	②	①	④	③	④
11	12	13	14						
②	④	④	③						

01 정답 ②

디지털 고지 안내문 발송서비스가 시행되면 모바일로 환급금 조회뿐 아니라 신청까지 가능하다.

오답분석

① 디지털 전자문서를 통해 모바일 환경에서 손쉽게 고지서를 확인할 수 있게 되었다.
③ 고지·안내문에 담긴 개인정보와 민감정보는 공단 모바일(The 건강보험)로 연동하여 확인하도록 하여 이용자의 개인정보를 안전하게 보호할 수 있도록 추진한다.
④ 사업은 5년 동안 단계별로 고지·안내방식 전환 및 발송이 진행될 예정이다.

02 정답 ②

두 번째 문단에서 손을 씻을 때 생일축하 노래를 처음부터 끝까지 두 번 부르는 데 걸리는 시간이면 된다고 하였으므로 ②는 적절하지 않다.

오답분석

① 두 번째 문단에서 가능한 손 씻기를 수시로 하는 것이 좋으며, 하루에 몇 번 손을 씻었는지 세보는 것도 방법이라고 하였으므로 적절하다.
③ 마지막 문단에서 손 소독제보다 흐르는 물에 손을 씻는 것이 더 효과적이라고 하였으므로 적절하다.
④ 네 번째 문단에서 젖은 손은 미생물의 전이를 돕기 때문에 손을 건조하는 것이 매우 중요하다고 하였으므로 적절하다.

03 정답 ①

가. 뇌혈관은 중증질환에 해당되고, 소득수준도 조건에 해당되기 때문에 이 사업의 지원금을 받을 수 있다.
나. 기준중위소득 50% 이하는 160만 원 초과 시 지원받을 수 있다.

오답분석

다. 기준중위소득 200%는 연소득 대비 의료비부담비율을 고려해 개별심사를 지원할 수 있다. 이때 재산 과표 5.4억 원을 초과하는 고액재산보유자는 지원이 제외되나 재산이 5.4억 원인 다의 어머니는 심사에 지원할 수 있다.
라. 통원 치료는 대상질환에 해당하지 않는다.

04 정답 ③

외국인의 경우 공단뿐만 아니라 지자체에도 신고할 필요 없이 자동으로 가입처리가 된다.

05 정답 ④

ⅰ) 총원화금액 : $(4 \times 1,000) + (3 \times 1,120) + (2 \times 1,180)$
　 $= 9,720$원

ⅱ) 평균환율 : $\dfrac{9,720}{9} = 1,080$원/달러

06 정답 ②

$200 \times 1,080 = 216,000$원

07 정답 ①

입구와 출구가 같고, 둘레의 길이가 456m인 타원 모양의 호수 둘레를 따라 4m 간격으로 일정하게 심어져 있는 가로수는 $456 \div 4 = 114$그루이며, 입구에 심어져 있는 가로수를 기준으로 6m 간격으로 가로수를 옮겨 심으려고 할 때, 4m와 6m의 최소공배수인 12m 간격의 가로수 $456 \div 12 = 38$그루는 그 자리를 유지하게 된다. 이때 호수 둘레를 따라 6m 간격으로 일정하게 가로수를 심을 때, 필요한 가로수는 $456 \div 6 = 76$그루이므로 그대로 두는 가로수 38그루를 제외한 $76 - 38 = 38$그루를 새롭게 옮겨 심어야 한다.

08
정답 ④

ㄷ. 온라인은 복지로 홈페이지, 오프라인은 읍면동 주민센터에서 보조금 신청서를 작성 후 제출하면 되지만, 카드사의 홈페이지에서는 보조금 신청서 작성이 불가능하다.

ㄹ. 읍면동 주민센터 외 전국 은행과 주요 카드사 지점을 방문하여도 카드를 발급받을 수 있다.

오답분석

ㄱ. 어린이집 보육료 및 유치원 학비는 신청자가 별도로 인증하지 않아도 보조금 신청 절차에서 인증된다.

ㄴ. 온라인과 오프라인 신청 모두 연회비가 무료임이 명시되어 있다.

09
정답 ③

• 일비 : 2만×3=6만 원
• 항공운임 : 100만×2=200만 원
• 철도운임 : 7만×2=14만 원
• 자가용승용차운임 : 20만×3=60만 원
• 숙박비 : 15만×2=30만 원
• 식비 : 2.5만×3=7.5만 원

따라서 A부장이 받을 수 있는 여비의 총액은 6만+200만+14만+60만+30만+7.5만=317만 5천 원이다.

10
정답 ④

• 가군
　－ 일비 : 2만×2=4만 원
　－ 항공운임 : 100만×1=100만 원
　－ 선박운임 : 50만×1=50만 원
　－ 철도운임 : 7만×2=14만 원
　－ 버스운임 : 1,500×2=3,000원
　－ 자가용승용차운임 : 20만×2=40만 원
　－ 숙박비 : 15만×1=15만 원
　－ 식비 : 2.5만×2=5만 원
　그러므로 4만+100만+50만+14만+0.3만+40만+15만+5만=228만 3천 원이다.

• 나군
　－ 일비 : 2만×2=4만 원
　－ 항공운임 : 50만×1=50만 원
　－ 선박운임 : 20만×1=20만 원
　－ 철도운임 : 7만×2=14만 원
　－ 버스운임 : 1,500×2=3,000원
　－ 자가용승용차운임 : 20만×2=40만 원
　－ 숙박비 : 7만×1=7만 원
　－ 식비 : 2만×2=4만 원
　그러므로 4만+50만+20만+14만+0.3만+40만+7만+4만=139만 3천 원이다.

• 다군
　－ 일비 : 2만×2=4만 원
　－ 항공운임 : 50만×1=50만 원
　－ 선박운임 : 20만×1=20만 원
　－ 철도운임 : 3만×2=6만 원
　－ 버스운임 : 1,500×2=3,000원
　－ 자가용승용차운임 : 20만×2=40만 원
　－ 숙박비 : 6만×1=6만 원
　－ 식비 : 2만×2=4만 원
　그러므로 4만+50만+20만+6만+0.3만+40만+6만+4만=130만 3천 원이다.

따라서 228.3만+139.3만+130.3만=497만 9천 원이다.

11
정답 ②

감사실은 이사장 직속 부서가 아니라 따로 분리된 독립 부서이다.

오답분석

① 각 상임이사는 모두 3개의 부서를 가지고 있다.
③ 급여보장실과 급여관리실은 급여상임이사 소속이다.
④ 자격부과실과 고객지원실은 징수상임이사 소속으로, 징수상임이사를 통해 보고한다.

12
정답 ④

안전관리실이 안전관리본부로 새롭게 개편되므로 총무상임이사 소속부서는 인력지원실, 경영지원실이 된다.

오답분석

① 급여상임이사 소속 부서는 급여지원실(급여보장실, 급여관리실 통합), 약가관리실, 의료기관지원실, 건강관리실, 보장지원실로 총 5개로 개편될 것이다.
② 개편기준에 징수상임이사 소속 부서는 포함되지 않는다.
③ 개편기준에 따라 이사장 직속 부서였던 기획조정실이 기획상임이사 소속으로 추가되었다.

13
정답 ④

A는 지역가입자로서 경감을 받을 수 있는 요건에 해당되므로 주택임대소득을 반영하지 않은 경우보다 반영한 경우의 건강보험료가 더 높아야 경감을 받을 수 있다.

오답분석

① A는 4년 단기주택등록을 하였으므로 적용되는 건강보험 경감률은 40%이다.
② A의 소형 임대주택이 서울에 위치한 주택이더라도 주거전용면적상 요건을 충족하므로 보험료 경감을 받을 수 있다.
③ A가 등록한 소형 임대주택의 기준시가가 50% 상승하더라도 요건인 6억 미만이므로 경감 여부에는 변화가 없다.

14

정답 ③

ㄱ. 민원요기요 증명서 발급 및 확인란에서 보험료 납부확인
   서 발급이 가능하고, 보험료 조회란에서 4대보험료 계산
   이 가능하다.
ㄷ. 민원요기요 보험료 고지서란에서 송달지 변경 신청이 가
   능하며, 증명서 발급 및 확인란에서 증명서 진위 확인이
   가능하다.

오답분석

ㄴ. 민원요기요 보험료 고지서란에서 재발급 가능하다.

02 국민건강보험법

01	02	03	04	05	06	07	08	09	10
③	④	③	④	①	②	③	③	④	③
11	12	13	14	15	16	17	18	19	20
④	①	④	③	④	③	③	④	④	④
21									
④									

01

정답 ③

ⓒ 가입자는 <u>수급권자가 된 날</u>에 그 자격을 잃는다(법 제10
  조 제1항 제5호).
ⓔ 가입자는 <u>국적을 잃은 날의 다음 날</u>에 그 자격을 잃는다
  (법 제10조 제1항 제2호).

오답분석

ⓐ 법 제10조 제1항 제1호에 해당한다.
ⓒ 법 제10조 제1항 제3호에 해당한다.

자격의 상실 시기 등(법 제10조 제1항)
가입자는 다음 각 호의 어느 하나에 해당하게 된 날에
그 자격을 잃는다.
1. 사망한 날의 다음 날
2. 국적을 잃은 날의 다음 날
3. 국내에 거주하지 아니하게 된 날의 다음 날
4. 직장가입자의 피부양자가 된 날
5. 수급권자가 된 날
6. 건강보험을 적용받고 있던 사람이 유공자 등 의료보
   호대상자가 되어 건강보험의 적용배제신청을 한 날

02

정답 ④

비상임이사는 노동조합·사용자단체·시민단체·소비자단
체·농어업인단체 및 노인단체가 추천하는 각 1명, 대통령령
으로 정하는 바에 따라 추천하는 관계 공무원 3명의 사람을
<u>보건복지부장관이 임명한다</u>(법 제20조 제4항).

오답분석

① 법 제20조 제1항에 해당한다.
② 법 제20조 제3항에 해당한다.
③ 법 제20조 제5항에 해당한다.

03

가입자와 피부양자의 질병, 부상, 출산 등에 대하여 진찰·검사(㉠), 약제·치료재료의 지급(㉢), 처치·수술 및 그 밖의 치료(㉣), 예방·재활, 입원, 간호, 이송 등의 요양급여를 실시한다(법 제41조 제1항).

04

법 제17조 제1항, 제18조에 따라 '이사회의 운영'은 설립등기가 아니라 정관에 포함되는 항목이다.

정관(법 제17조 제1항)	등기(법 제18조)
1. 목적	1. 목적
2. 명칭	2. 명칭
3. 사무소의 소재지	3. 주된 사무소 및 분사무소의 소재지
4. 임직원에 관한 사항	4. 이사장의 성명·주소 및 주민등록번호
5. 이사회의 운영	
6. 재정운영위원회에 관한 사항	
7. 보험료 및 보험급여에 관한 사항	
8. 예산 및 결산에 관한 사항	
9. 자산 및 회계에 관한 사항	
10. 업무와 그 집행	
11. 정관의 변경에 관한 사항	
12. 공고에 관한 사항	

05

주민등록법 제6조 제1항 제3호에 따라 등록한 사람의 경우에는 직장가입자가 된다(법 제109조 제2항 제1호).

[오답분석]
② 법 제109조 제3항 제2호 나목에 해당한다.
③ 법 제109조 제2항 제2호에 해당한다.
④ 법 제109조 제5항 제1호에 해당한다.

06

가입자 및 피부양자의 개인정보를 누설하거나 직무상 목적 외의 용도로 이용 또는 정당한 사유 없이 제3자에게 제공한 자는 5년 이하의 징역 또는 5천만 원 이하의 벌금에 처한다(법 제115조 제1항).

[오답분석]
① 가입자 및 피부양자의 개인정보를 누설하거나 직무상 목적 외의 용도로 이용 또는 정당한 사유 없이 제3자에게 제공한 자는 5년 이하의 징역 또는 5천만 원 이하의 벌금에 처한다(법 제115조 제1항).

③ 공동이용하는 전산정보자료를 같은 조 제1항에 따른 목적 외의 용도로 이용하거나 활용한 자는 3년 이하의 징역 또는 1천만 원 이하의 벌금에 처한다(법 제115조 제3항).
④ 거짓이나 그 밖의 부정한 방법으로 보험급여를 받거나 타인으로 하여금 보험급여를 받게 한 사람은 2년 이하의 징역 또는 2천만 원 이하의 벌금에 처한다(법 제115조 제4항).

07

정당한 사유 없이 신고·서류제출을 하지 아니하거나 거짓으로 신고·서류제출을 한 자에게는 500만 원 이하의 과태료를 부과한다(법 제119조 제3항 제2호).

[오답분석]
① 법 제116조에 해당한다.
② 법 제117조에 해당한다.
④ 법 제119조 제3항 제4호에 해당한다.

08

월별 보험료액은 가입자의 보험료 평균액의 일정비율에 해당하는 금액을 고려하여 대통령령으로 정하는 기준에 따라 상한 및 하한을 정한다(법 제69조 제6항).

[오답분석]
① 보험료는 가입자의 자격을 취득한 날이 속하는 달의 다음 달부터 가입자의 자격을 잃은 날의 전날이 속하는 달까지 징수한다(법 제69조 제2항).
② 보험료를 징수할 때 가입자의 자격이 변동된 경우에는 변동된 날이 속하는 달의 보험료는 변동되기 전의 자격을 기준으로 징수한다(법 제69조 제3항).
④ 휴직이나 그 밖의 사유로 보수의 전부 또는 일부가 지급되지 아니하는 가입자의 보수월액보험료는 해당 사유가 생기기 전 달의 보수액을 기준으로 산정한다(법 제70조 제2항).

09

요양급여는 의료법에 따라 개설된 의료기관, 약사법에 따라 등록된 약국, 약사법에 따라 설립된 한국희귀·필수의약품센터, 지역보건법에 따른 보건소·보건의료원 및 보건지소, 농어촌 등 보건의료를 위한 특별조치법에 따라 설치된 보건의료소 등의 요양기관에서 실시한다(법 제42조 제1항).

10

정답 ③

대행청구단체의 종사자로서 거짓이나 그 밖의 부정한 방법으로 요양급여비용을 청구한 자는 3년 이하의 징역 또는 3천만 원 이하의 벌금에 처한다(법 제115조 제2항 제1호).

11

정답 ④

의료급여법에 따라 의료급여를 받는 사람은 가입자 또는 피부양자에서 제외한다(법 제5조 제1항 제1호).

오답분석

① 법 제5조 제2항 제1호에 해당한다.
② 법 제5조 제2항 제2호에 해당한다.
③ 법 제5조 제1항에 해당한다.

적용 대상 등(법 제5조 제2항)
제1항의 피부양자는 다음 각 호의 어느 하나에 해당하는 사람 중 직장가입자에게 주로 생계를 의존하는 사람으로서 소득 및 재산이 보건복지부령으로 정하는 기준 이하에 해당하는 사람을 말한다.
1. 직장가입자의 배우자
2. 직장가입자의 직계존속(배우자의 직계존속을 포함한다)
3. 직장가입자의 직계비속(배우자의 직계비속을 포함한다)과 그 배우자
4. 직장가입자의 형제·자매

12

정답 ①

거짓이나 그 밖의 부정한 방법으로 보험급여를 받거나 타인으로 하여금 보험급여를 받게 한 사람은 2년 이하의 징역 또는 2천만 원 이하의 벌금에 처한다(법 제115조 제4항).

오답분석

② 3년 이하의 징역 또는 3천만 원 이하의 벌금(법 제115조 제2항 제1호)
③ 1천만 원 이하의 벌금(법 제116조)
④ 5년 이하의 징역 또는 5천만 원 이하의 벌금(법 제115조 제1항)

13

정답 ④

공단은 보험료 등을 징수하려면 그 금액을 결정하여 납부의무자에게 징수하려는 보험료 등의 종류(ㄴ), 납부해야 하는 금액(ㄱ), 납부기한 및 장소(ㄷ·ㄹ)의 사항을 적은 문서로 납입 고지를 하여야 한다(법 제79조 제1항).

14

정답 ③

요양급여를 결정함에 있어 경제성 또는 치료효과성 등이 불확실하여 그 검증을 위하여 추가적인 근거가 필요하거나, 경제성이 낮아도 가입자와 피부양자의 건강회복에 잠재적 이득이 있는 등 대통령령으로 정하는 경우에는 예비적인 요양급여인 선별급여로 지정하여 실시할 수 있다(법 제41조의4).

오답분석

① 요양급여는 의료보험에서 지급하는 보험급여 중 가장 기본적인 급여로 진찰, 약제 등이 있다(법 제41조 제1항).
② 요양비는 요양급여의 하나로 질병·부상·출산 등에 대하여 요양을 받거나 요양기관이 아닌 장소에서 출산한 경우에는 그 요양급여에 상당하는 금액을 요양비로 지급한다(법 제49조 제1항).
④ 부가급여는 국민건강보험법에서 정한 요양급여 외에 대통령령에 따라 실시할 수 있는 임신 출산 진료비, 장제비, 상병수당, 그 밖의 급여를 말한다(법 제50조).

15

정답 ④

2021년 3월 이후 외국인 국민건강보험 제도가 변경되었다. 외국인 유학생의 건강보험료는 전체가입자의 평균 보험료로 부과된다.

2021년 외국인 국민건강보험 제도 개편 주요 내용
- 6개월 이상 국내체류 외국인 등은 국민건강보험 당연가입이 의무화
- 소득과 재산파악 등이 어려운 외국인은 건강보험 전체 가입자 평균 보험료 부과
- 건강보험료 체납내역을 체류기간 연장신청 및 체류기간 심사 시 반영
- 학위 과정 유학생과 초중고 유학생은 의료공백이 발생하지 않게 입국일부터 국민건강 보험 당연가입(일반 연수는 6개월 체류 시 국민건강보험 당연가입)

16

정답 ③

피부양자는 직장가입자의 배우자(①), 직장가입자의 직계존속(배우자의 직계존속을 포함한다)(②), 직장가입자의 직계비속(배우자의 직계비속을 포함한다)과 그 배우자(④), 직장가입자의 형제·자매 등이 해당된다(법 제5조 제2항).

17

정답 ③

사업장의 사용자는 다음 각 호의 어느 하나에 해당하게 되면 그 때부터 14일 이내에 보건복지부령으로 정하는 바에 따라 보험자에게 신고하여야 한다(법 제7조).

18
정답 ④

법 제12조 제5항에 따르면 가입자·피부양자는 자격을 잃은 후에는 자격을 증명하던 서류를 사용하여 보험급여를 받아서는 아니 된다(법 제12조 제5항).

19
정답 ④

공단의 정관에 적어야 하는 사항 중 이사장의 성명·주소 및 주민등록번호는 해당사항이 아니다.

> **정관(법 제17조 제1항)**
> 공단의 정관에는 다음 각 호의 사항을 적어야 한다.
> 1. 목적
> 2. 명칭
> 3. 사무소의 소재지
> 4. 임직원에 관한 사항
> 5. 이사회의 운영
> 6. 재정운영위원회에 관한 사항
> 7. 보험료 및 보험급여에 관한 사항
> 8. 예산 및 결산에 관한 사항
> 9. 자산 및 회계에 관한 사항
> 10. 업무와 그 집행
> 11. 정관의 변경에 관한 사항
> 12. 공고에 관한 사항

20
정답 ④

보건복지부장관은 보건복지부령으로 정하는 기준에 해당하는 요양기관을 전문요양기관으로 인정할 수 있고, 이 경우 해당 전문요양기관에 인정서를 발급해야 한다(법 제42조 제2항).

[오답분석]
① 법 제42조 제1항에 해당한다.
② 법 제42조 제5항에 해당한다.
③ 법 제42조의2 제2항에 해당한다.

21
정답 ④

국민건강보험법은 국민의 질병·부상에 대한 예방·진단·치료·재활과 출산·사망 및 건강증진에 대하여 보험급여(⊙)를 실시함으로써 국민보건 향상과 사회보장(ⓒ) 증진에 이바지함을 목적으로 한다(법 제1조).

03 노인장기요양보험법

01	02	03	04	05					
③	④	②	④	③					

01
정답 ③

장기요양기관에 장기간 입소한 수급자에게 신체활동 지원 및 심신기능의 유지·향상을 위한 교육·훈련 등을 제공하는 장기요양급여를 시설급여라고 한다(법 제23조 제1항 제2호).

[오답분석]
①·②·④ 장기요양급여의 종류 중 재가급여에 해당한다.

02
정답 ④

법에서 정한 것 외에 장기요양위원회의 구성·운영, 그 밖에 필요한 사항은 대통령령으로 정한다(법 제47조 제3항).

[오답분석]
①·② 법 제47조 제1항에 해당한다.
③ 법 제47조 제2항에 해당한다.

03
정답 ②

특별자치시장·특별자치도지사·시장·군수·구청장은 장기요양기관 재무·회계기준을 위반한 장기요양기관에 대하여 6개월 이내의 범위에서 일정한 기간을 정하여 시정을 명할 수 있다(법 제36조의2).

[오답분석]
①·③·④ 법 제37조에 해당한다.

04
정답 ④

기타재가급여는 수급자의 일상생활 향상에 필요한 용구를 제공하거나 가정을 방문하여 재활에 관한 지원 등을 제공하는 장기요양급여이다(법 제23조 제1항 제1호 바목).

[오답분석]
①·②·③ 법 제23조 제1호에 해당한다.

05
정답 ③

ㄱ. 법 제63조 제1호에 해당한다.
ㄴ. 법 제63조 제3호에 해당한다.
ㄷ. 법 제63조 제4호에 해당한다.

[오답분석]
ㄹ. 거짓으로 청구한 금액이 장기요양급여비용 총액의 100분의 10 이상인 경우(법 제37조의3 제1항 제2호)

05 | 2020년 시행
기출복원문제

01 직업기초능력

01	02	03	04	05	06	07	08	09	10
②	①	④	④	③	④	④	③	②	④
11	12	13	14						
③	③	④	③						

01 　　　　　　　　　　　　　정답 ②

오답분석

ㄴ. 순직군경에 해당되는 내용이다.

ㄹ. 전상군경에 해당되는 내용이다.

02 　　　　　　　　　　　　　정답 ①

등록대상 유가족 및 가족요건의 배우자를 보면 배우자 및 사실상의 배우자가 독립유공자와 혼인 또는 사실혼 후 당해 독립유공자외의 자와 사실혼 중에 있거나 있었던 경우는 제외되므로 이혼한 경우는 유족으로서 인정받을 수 없다.

오답분석

② 등록대상 유가족 및 가족요건의 자녀를 보면 직계비속이 없어 입양한 자 1인에 한하여 자녀로 본다고 되어 있다.

③ 등록대상 유가족 및 가족요건의 배우자를 보면 사실상의 배우자를 포함한다고 되어 있다.

④ 친자녀는 특별한 조건 없이 2순위에 해당된다.

03 　　　　　　　　　　　　　정답 ④

국가유공자 유족의 선순위자로서 배우자인 어머니가 사망하였으므로 A가 최선순위자로서 국가유공자 유족 등록 신청을 할 수 있다. 또한, A의 아버지는 전몰군경에 해당되므로 제출해야 하는 서류는 다음과 같다.

• 등록신청서 1부

• 병적증명서나 전역증(군인이 아닌 경우 경력증명서) 1부

• 고인의 제적등본(사망일자 확인) 1통

• 신청인의 가족관계 기록사항에 관한 증명서 1통

• 신청인의 반명함판 사진 1매

• 요건관련확인서 발급신청서 1부

• 사망입증서류 각 1부

따라서 혼인관계증명서는 배우자인 경우에만 제출하면 되므로 A가 제출할 필요가 없는 서류이다.

04 　　　　　　　　　　　　　정답 ④

벌칙(근로기준법 제109조)에 따르면 제76조의3 제6항을 위반한 자는 3년 이하의 징역 또는 3천만 원 이하의 벌금에 처한다고 했으므로 불리한 처우를 한 사용자는 2년의 징역에 처할 수 있다.

오답분석

① 누구든지 직장 내 괴롭힘 발생 사실을 알게 된 경우 그 사실을 사용자에게 신고할 수 있지만, 반드시 신고해야 하는 것은 아니다(근로기준법 제76조의3 제1항).

② 사용자는 신고를 접수하거나 직장 내 괴롭힘 발생 사실을 인지한 경우에는 지체 없이 그 사실 확인을 위한 조사를 실시하여야 한다(근로기준법 제76조의3 제2항).

③ 사용자는 조사 결과 직장 내 괴롭힘 발생 사실이 확인된 때에는 피해근로자가 요청하면 근무장소의 변경, 배치전환, 유급휴가 명령 등 적절한 조치를 하여야 한다. 따라서 피해자의 요청 없이도 반드시 적절한 조치를 취해야 하는 것은 아니다(근로기준법 제76조의3 제4항).

05 　　　　　　　　　　　　　정답 ③

의류팀 T팀장의 행위는 성과 향상을 위한 업무 독려 및 지시 행위로 볼 수 있으며, 업무상 적정 범위를 넘는 행위에 해당한다고 보기 어렵다. 따라서 J씨가 T팀장의 행위로 인해 스트레스를 받았더라도 관련법상 직장 내 괴롭힘에 해당하지 않는다.

오답분석

① R이사의 이유 없는 회식 참여 강요, 메신저로 부당 업무지시는 직장 내 괴롭힘에 해당한다.

② 성적 언동으로 Q씨에게 피해를 준 R이사의 행동은 성희롱에 해당하므로 남녀고용평등과 일·가정 양립 지원에 관한 법에 적용된다. 일반적으로 성적 언동이 문제가 된 사안이라면 남녀고용평등과 일·가정 양립 지원에 관한 법이 우선 적용된다.

④ X본부장은 L씨에게 업무와 관계없는 사적인 일을 지시하였으므로 직장 내 괴롭힘에 해당하며, 이를 알게 된 근로자는 신고를 할 수 있다.

06
정답 ④

멤버십 VIP 혜택은 프리미엄 요금제로 가입할 경우에만 받을 수 있으며, 가입 후 다다음 달 1일부터 등급이 상향되므로 바로 다음 달이 아닌 다다음 달부터 혜택을 받을 수 있다.

07
정답 ④

$(89,000 \times 0.2 \times 24) + (69,000 \times 0.15 \times 12) = 427,200 + 124,200 = 551,400$원

오답분석

① $49,000 \times 0.25 \times 36 = 441,000$원

② $(69,000 \times 0.15 \times 12) + (49,000 \times 0.2 \times 24) = 124,200 + 235,200 = 359,400$원

③ $(69,000 \times 0.2 \times 24) + (89,000 \times 0.15 \times 12) = 331,200 + 160,200 = 491,400$원

08
정답 ③

2018년과 2019년의 총 표본 수를 구하는 것으로 (가)와 (나)를 계산할 수 있다. 2018년의 총 표본 수는 10,558명이며, 2019년의 총 표본 수는 10,102명이다.

(가) $= 10,558 - (3,206 + 783 + 1,584 + 1,307 + 1,910)$
$= 10,558 - 8,790 = 1,768$

(나) $= 10,102 - (3,247 + 740 + 1,655 + 1,891 + 1,119)$
$= 10,102 - 8,652 = 1,450$

따라서 (가)+(나)$=1,768+1,450=3,218$이다.

09
정답 ②

ㄴ. 문화예술행사를 관람한 70대 이상의 사람의 수는 2018년에 $1,279 \times 53.1\% = 679$명이며, 2019년에 $1,058 \times 49.9\% = 528$명이다.

ㄷ. 2018년에 소득이 100만 원 이상 300만 원 미만인 사람의 수는 3,007명이다. 문화예술행사를 관람한 사람의 수는 $1,204 \times 41.6\% + 1,803 \times 24.1\% = 501 + 435 = 936$명으로 관람 비율은 $936 \div 3,007 \times 100 = 31.1\%$이다. 2019년에 소득이 100만 원 이상 200만 원 미만인 사람 중 문화예술행사를 관람하지 않은 사람의 비율은 39.6%이다.

오답분석

ㄱ. 2018년에 가구소득이 100만 원 미만이면서 문화예술행사를 관람한 사람의 수는 $869 \times 57.5\% = 500$명이며, 가구소득이 100만 원 이상 200만 원 미만이면서 문화예술행사를 관람한 사람의 수는 $1,204 \times 41.6\% = 501$명이다.

ㄹ. 2019년에 문화예술행사를 관람한 사람의 수는 40대가 $1,894 \times 89.1\% = 1,688$명, 50대가 $1,925 \times 80.8\% = 1,555$명이다.

10
정답 ④

④는 질병 환자 한 명당 발열 환자 비율이 아닌 질병 환자 한 명당 감기 환자 비율을 나타낸 그래프이다.

11
정답 ③

ㄱ. 부산광역시의 감기 환자의 수는 37,101명으로 경상남도의 감기 환자의 수인 43,694명보다 적다.

ㄴ. 대구광역시의 질병 환자가 가입한 의료보험의 수는 $56,985 \times 1.2 = 68,382$개로 6만 5천 개 이상이다.

ㄹ. 질병 환자 한 명당 발열 환자 수는 서울이 $129,568 \div 246,867 = 0.52$로 가장 크다. 그 외 지역들은 발열 환자 수가 전체 질병 환자의 반이 되지 않는다.

오답분석

ㄷ. 질병 환자 한 명당 발열 환자 수는 강원도의 경우 $15,516 \div 35,685 = 0.43$이지만, 울산광역시의 경우는 $12,505 \div 32,861 = 0.38$이므로 옳지 않다.

12
정답 ③

ㄱ. 동지역 종합병원을 방문하였지만, 나이가 65세 이상이므로 본인부담금 비율이 다르게 적용된다. 진료비가 20,000원 초과 25,000원 이하이므로 요양급여비용 총액의 20%를 부담하여 67세 이○○씨의 본인부담금은 $21,500 \times 0.2 = 4,300$원이다.

ㄴ. P읍에 사는 34세 김□□씨는 의원에서 진찰비 12,000원이 나오고, 처방전을 받아 약국에서 총액은 10,000원이었다. 본인부담금 비율은 의원은 총액의 30%, 약국도 30%이므로 김□□씨가 지불하는 본인부담금은 $(12,000 + 10,000) \times 0.3 = 6,600$원이다.

ㄷ. M면 지역 일반병원에 방문한 60세 최△△씨의 본인부담금 비율은 총액의 35%이고, 약국은 30%이다. 따라서 최△△씨의 본인부담금 총액은 $(25,000 \times 0.35) + (60,000 \times 0.3) = 8,750 + 18,000 = 26,750$원이다.

따라서 세 사람의 본인부담금은 총 $4,300 + 6,600 + 26,750 = 37,650$원이다.

13
정답 ④

K회사의 근로자 수는 8명이므로 고용보험과 국민연금의 80%를 지원받을 수 있으며, 사업주는 $0.8 + 0.25 = 1.05\%$의 고용보험료율이 적용된다.

• 고용보험

– 보험료 총액 : $1,800,000 \times (1.05 + 0.8)\% = 33,300$원

– 사업주 지원액 : $1,800,000 \times 1.05\% \times 80\% = 15,120$원

– 근로자 지원액 : $1,800,000 \times 0.8\% \times 80\% = 11,520$원

구분	보험료 총액 (A)	사업주 지원액 (B)	근로자 지원액 (C)	지원액 합계 (D= B+C)	납부할 보험료 (A−D)
신규 지원자	33,300	15,120	11,520	26,640	6,660

• 국민연금
- 보험료 총액 : 1,800,000×9%=162,000원
- 사업주 지원액 : 1,800,000×4.5%×80%=64,800원
- 근로자 지원액 : 1,800,000×4.5%×80%=64,800원

(단위 : 원)

구분	보험료 총액 (A)	사업주 지원액 (B)	근로자 지원액 (C)	지원액 합계 (D= B+C)	납부할 보험료 (A−D)
신규 지원자	162,000	64,800	64,800	129,600	32,400

따라서 이번 달 K회사의 사업주와 E씨가 납부할 보험료의 합은 6,660+32,400=39,060원이다.

14　　　　정답　③

지난달 한 명의 직원이 그만두어 이번 달 근로자 수가 9명이 되었으나, 전년도 근로자 수가 월평균 10명이었으므로 전년도에 근로자 수가 월평균 10명 미만이어야 하는 조건에 부합하지 않는다. 또한, 전년도 근로자 수가 월평균 10명 이상일 경우에는 지원신청일이 속한 달의 직전 3개월 동안 근로자 수가 연속하여 10명 미만이어야 하는데 이번 달부터 근로자 수가 9명이므로 해당 조건에도 부합하지 않는다.

오답분석
① 비과세 근로소득을 제외하면 전년도 근로소득은 2,550만 원이 되므로 전년도 월평균보수는 212.5만 원이 된다. 따라서 A는 월평균보수 215만 원 미만의 지원금액 조건을 충족한다.
② 전년도 근로자 수가 10명 미만인 사업이 지원대상이다.
④ 두루누리 사회보험료 지원사업은 고용보험과 국민연금의 일부를 국가에서 지원한다.

02　국민건강보험법

01	02	03	04	05	06	07	08	09	10
①	②	②	④	④	②	④	④	①	②

01　　　　정답　①

공단은 해당 권리에 대한 소멸시효가 <u>완성된 경우</u> 재정운영위원회의 의결을 받아 보험료 등을 결손처분할 수 있다(법 제84조 제1항 제2호).

오답분석
② 법 제84조 제1항 제1호에 해당한다.
③ 법 제84조 제1항 제3호에 해당한다.
④ 법 제84조 제2항에 해당한다.

결손처분(법 제84조 제1항)
공단은 다음 각 호의 어느 하나에 해당하는 사유가 있으면 재정운영위원회의 의결을 받아 보험료 등을 결손처분 할 수 있다.
1. 체납처분이 끝나고 체납액에 충당될 배분금액이 그 체납액에 미치지 못하는 경우
2. 해당 권리에 대한 소멸시효가 완성된 경우
3. 그 밖에 징수할 가능성이 없다고 인정되는 경우로서 대통령령으로 정하는 경우

02　　　　정답　②

국민건강보험공단이 보험료를 독촉할 때에는 <u>10일 이상 15일 이내</u>의 납부기한을 정하여 독촉장을 발부하여야 한다(법 제81조 제2항).

오답분석
① 법 제81조 제1항에 해당한다.
③ 법 제81조 제3항에 해당한다.
④ 법 제81조 제4항에 해당한다.

보험료 등의 독촉 및 체납처분(법 제81조)
① 공단은 제57조, 제77조, 제77조의2, 제78조의2, 제101조 및 제101조의2에 따라 보험료 등을 내야 하는 자가 보험료 등을 내지 아니하면 기한을 정하여 독촉할 수 있다. 이 경우 직장가입자의 사용자가 2명 이상인 경우 또는 지역가입자의 세대가 2명 이상으로 구성된 경우에는 그중 1명에게 한 독촉은 해당 사업장의 다른 사용자 또는 세대 구성원인 다른 지역가입자 모두에게 효력이 있는 것으로 본다.
② 제1항에 따라 독촉할 때에는 10일 이상 15일 이내의 납부기한을 정하여 독촉장을 발부하여야 한다.

③ 공단은 제1항에 따른 독촉을 받은 자가 그 납부기한까지 보험료 등을 내지 아니하면 보건복지부장관의 승인을 받아 국세 체납처분의 예에 따라 이를 징수할 수 있다.

④ 공단은 제3항에 따라 체납처분을 하기 전에 보험료 등의 체납 내역, 압류 가능한 재산의 종류, 압류 예정 사실 및 국세징수법 제41조 제18호에 따른 소액 금융재산에 대한 압류금지 사실 등이 포함된 통보서를 발송하여야 한다. 다만, 법인 해산 등 긴급히 체납처분을 할 필요가 있는 경우로서 대통령령으로 정하는 경우에는 그러하지 아니하다.

⑤ 공단은 제3항에 따른 국세 체납처분의 예에 따라 압류하거나 제81조의2 제1항에 따라 압류한 재산의 공매에 대하여 전문지식이 필요하거나 그 밖에 특수한 사정으로 직접 공매하는 것이 적당하지 아니하다고 인정하는 경우에는 한국자산관리공사 설립 등에 관한 법률에 따라 설립된 한국자산관리공사에 공매를 대행하게 할 수 있다. 이 경우 공매는 공단이 한 것으로 본다.

⑥ 공단은 제5항에 따라 한국자산관리공사가 공매를 대행하면 보건복지부령으로 정하는 바에 따라 수수료를 지급할 수 있다.

03 　　정답 ②

국민건강보험법 제41조 제1항에 따르면 요양급여의 항목으로 진찰·검사, 약제·치료재료의 지급, 처치·수술 및 그 밖의 치료, 예방·재활, 입원, 간호, 이송 등이 있다.

04 　　정답 ④

직장가입자의 보수월액보험료는 직장가입자와 다음 각 호의 구분에 따른 자가 각각 보험료액의 100분의 50씩 부담한다. 다만, 직장가입자가 교직원으로서 사립학교에 근무하는 교원이면 보험료액은 그 직장가입자가 100분의 50을, 제3조 제2호 다목에 해당하는 사용자가 100분의 30을, 국가가 100분의 20을 각각 부담한다(법 제76조 제1항).

05 　　정답 ④

법 제8조 제1항 제1호에 따르면 수급권자이었던 사람은 그 대상자에서 제외된 날 자격을 잃는다.

06 　　정답 ②

ㄱ. 직장가입자의 직계존속(법 제5조 제2항 제2호)
ㄷ. 직장가입자의 직계비속(배우자의 직계비속 포함)과 그 배우자(법 제5조 제2항 제3호)

07 　　정답 ④

ㄱ. 법 제91조 제1항 제1호에 해당한다.
ㄴ. 법 제91조 제1항 제2호에 해당한다.
ㄷ. 법 제91조 제1항 제3호에 해당한다.
ㄹ. 법 제91조 제1항 제4호에 해당한다.
ㅁ. 법 제91조 제1항 제5호에 해당한다.
ㅂ. 법 제91조 제1항 제6호에 해당한다.

08 　　정답 ④

소정근로시간이 80시간 이상인 1년 계약직 교직원은 직장가입자가 될 수 있다.

오답분석
①·② 법 제6조 제2항 제2호에 해당한다.
③ 법 제6조 제2항 제3호에 해당한다.

가입자의 종류(법 제6조 제2항)
모든 사업장의 근로자 및 사용자와 공무원 및 교직원은 직장가입자가 된다. 다만, 다음 각 호의 어느 하나에 해당하는 사람은 제외한다.
1. 고용 기간이 1개월 미만인 일용근로자
2. 병역법에 따른 현역병(지원에 의하지 아니하고 임용된 하사 포함), 전환복무된 사람 및 군간부후보생
3. 선거에 당선되어 취임하는 공무원으로서 매월 보수 또는 보수에 준하는 급료를 받지 아니하는 사람
4. 그 밖에 사업장의 특성, 고용 형태 및 사업의 종류 등을 고려하여 대통령령으로 정하는 사업장의 근로자 및 사용자와 공무원 및 교직원

09 　　정답 ①

ㄱ. 가입자 및 피부양자의 자격, 보험료 등, 보험급여, 보험급여 비용에 관한 공단의 처분에 이의가 있는 자는 공단에 이의신청을 할 수 있다(법 제87조 제1항).
ㄴ. 이의신청에 대한 결정에 불복하는 자는 제89조에 따른 건강보험분쟁조정위원회에 심판청구를 할 수 있다. 이 경우 심판청구의 제기기간 및 제기방법에 관하여는 제87조 제3항을 준용한다(법 제88조 제1항).
ㄷ. 공단 또는 심사평가원의 처분에 이의가 있는 자와 제87조에 따른 이의신청 또는 제88조에 따른 심판청구에 대한 결정에 불복하는 자는 행정소송법에서 정하는 바에 따라 행정소송을 제기할 수 있다(법 제90조).
따라서 순서는 이의신청(ㄱ) → 심판청구(ㄴ) → 행정소송(ㄷ) 순이다.

10

정답 ②

건강검진의 검진항목은 성별, 연령 등의 특성 및 생애 주기에 맞게 설계되어야 한다(법 제52조 제3항). 따라서 청소년건강검진은 유치원생을 대상으로 하지 않기 때문에 옳지 않은 내용이다.

오답분석
① 법 제52조 제2항 제1호에 해당한다.
③ 법 제52조 제2항 제3호에 해당한다.
④ 법 제52조 제2항 제2호에 해당한다.

건강검진(법 제52조 제2항)
제1항에 따른 건강검진의 종류 및 대상은 다음 각 호와 같다.
1. 일반건강검진 : 직장가입자, 세대주인 지역가입자, 20세 이상인 지역가입자 및 20세 이상인 피부양자
2. 암검진 : 암관리법 제11조 제2항에 따른 암의 종류별 검진주기와 연령 기준 등에 해당하는 사람
3. 영유아건강검진 : 6세 미만의 가입자 및 피부양자

03   노인장기요양보험법

01	02	03	04	05	06	07	08		
①	④	③	①	④	②	④	②		

01

정답 ①

장기요양위원회 위원의 임기는 3년으로 한다. 다만, 공무원인 위원의 임기는 재임기간으로 한다(법 제46조 제4항).

오답분석
② 법 제46조 제3항에 해당한다.
③ 법 제47조 제1항에 해당한다.
④ 법 제46조 제1항에 해당한다.

02

정답 ④

ㄱ. 법 제37조의4 제1항 제1호에 해당한다.
ㄴ. 법 제37조의4 제1항 제2호에 해당한다.
ㄷ・ㄹ・ㅁ. 법 제37조의4 제1항 제3호에 해당한다.

03

정답 ③

제36조 제1항 또는 제6항을 위반하여 폐업・휴업 신고 또는 자료이관을 하지 아니하거나 거짓이나 그 밖의 부정한 방법으로 신고한 자에게는 500만 원 이하의 과태료를 부과한다(법 제69조 제1항 제4호).

과태료(법 제69조 제2항 및 제3항)
② 다음 각 호의 어느 하나에 해당하는 자에게는 300만 원 이하의 과태료를 부과한다.
  1. 제33조의2에 따른 폐쇄회로 텔레비전을 설치하지 아니하거나 설치・관리의무를 위반한 자
  2. 제33조의3 제1항 각 호에 따른 열람 요청에 응하지 아니한 자
③ 제1항 및 제2항에 따른 과태료는 대통령령으로 정하는 바에 따라 관할 특별자치시장・특별자치도지사・시장・군수・구청장이 부과・징수한다.

04

정답 ①

등급판정위원회 위원장은 위원 중에서 <u>특별자치시장·특별자치도지사·시장·군수·구청장</u>이 위촉한다. 이 경우 제52조 제2항 단서에 따라 2 이상의 특별자치시·특별자치도·시·군·구를 통합하여 하나의 등급판정위원회를 설치하는 때 해당 특별자치시장·특별자치도지사·시장·군수·구청장이 공동으로 위촉한다(법 제53조 제1항).

[오답분석]
② 법 제52조 제1항에 해당한다.
③ 법 제52조 제5항에 해당한다.
④ 법 제52조 제3항에 해당한다.

05

정답 ④

ㄱ. 법 제45조 제1호에 해당한다.
ㄴ·ㄷ. 법 제45조 제2호에 해당한다.
ㄹ. 법 제45조 제3호에 해당한다.

> **장기요양위원회의 설치 및 기능(법 제45조)**
> 다음 각 호의 사항을 심의하기 위하여 보건복지부장관 소속으로 장기요양위원회를 둔다.
> 1. 제9조 제2항에 따른 장기요양보험료율
> 2. 제24조부터 제26조까지의 규정에 따른 가족요양비, 특례요양비 및 요양병원간병비의 지급기준
> 3. 제39조에 따른 재가 및 시설 급여비용
> 4. 그 밖에 대통령령으로 정하는 주요 사항

06

정답 ②

국가와 지방자치단체는 대통령령으로 정하는 바에 따라 의료급여수급권자의 <u>장기요양급여비용(ㄴ)</u>, <u>의사소견서 발급비용(ㄷ)</u>, 방문간호지시서 발급비용 중 공단이 부담하여야 할 비용 및 <u>관리운영비(ㄱ)</u>의 전액을 부담한다(법 제58조 제2항).

07

정답 ④

장기요양급여의 종류 중 특별현금급여가 지급되는 경우는 가족요양비, 특례요양비, 요양병원간병비 등이 있다(법 제23조 제1항 제3호). 따라서 이 경우에 포함되지 않는 장기이식급여는 특별현금급여가 지급되지 않는다.

08

정답 ②

단기보호란 수급자를 보건복지부령으로 정하는 범위 안에서 일정 기간 동안 장기요양기관에 보호하여 신체활동 지원 및 심신기능의 유지·향상을 위한 교육·훈련 등을 제공하는 장기요양급여이다(법 제23조 제1항 제1호 마목).

> **장기요양급여의 종류(법 제23조 제1항 제1호)**
> 1. 재가급여
>   가. 방문요양 : 장기요양요원이 수급자의 가정 등을 방문하여 신체활동 및 가사활동 등을 지원하는 장기요양급여
>   나. 방문목욕 : 장기요양요원이 목욕설비를 갖춘 장비를 이용하여 수급자의 가정 등을 방문하여 목욕을 제공하는 장기요양급여
>   다. 방문간호 : 장기요양요원인 간호사 등이 의사, 한의사 또는 치과의사의 지시서에 따라 수급자의 가정 등을 방문하여 간호, 진료의 보조, 요양에 관한 상담 또는 구강위생 등을 제공하는 장기요양급여
>   라. 주·야간보호 : 수급자를 하루 중 일정한 시간 동안 장기요양기관에 보호하여 신체활동 지원 및 심신기능의 유지·향상을 위한 교육·훈련 등을 제공하는 장기요양급여
>   마. 단기보호 : 수급자를 보건복지부령으로 정하는 범위 안에서 일정 기간 동안 장기요양기관에 보호하여 신체활동 지원 및 심신기능의 유지·향상을 위한 교육·훈련 등을 제공하는 장기요양급여
>   바. 기타재가급여 : 수급자의 일상생활·신체활동 지원 및 인지기능의 유지·향상에 필요한 용구를 제공하거나 가정을 방문하여 재활에 관한 지원 등을 제공하는 장기요양급여로서 대통령령으로 정하는 것

PART 1

우리 인생의 가장 큰 영광은 절대 넘어지지 않는 데 있는 것이 아니라

넘어질 때마다 일어서는 데 있다.

- 넬슨 만델라 -

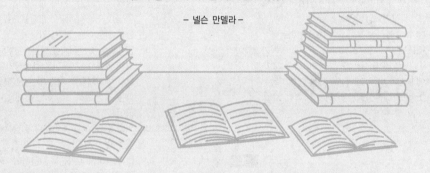

PART 2

직업기초능력

01 | 의사소통능력

대표기출유형 01 | 기출응용문제

01

진료비 지원 사업은 2011년부터 시작되어 15년간 239명에게 진료비 지원 사업을 진행하였다.

오답분석

② 2019년 이전에도 간 이식은 진료비 지원 질환에 해당했다.
③ 아동·청소년 정신질환 진료비 지원은 일산병원 특화 사업으로, 다른 병원에서는 불가능하다.
④ 간 이식은 500만 원, 정신질환은 300만 원을 지원받는다.

02

오답분석

① 제시문에서 확인할 수 없다.
② 그녀는 8년째 도서관에서 일한다.
④ 생활비를 줄이기 위해 휴대폰을 정지시켰다.

03

마지막 문단의 '정부도 규제와 의무보다는 사업자의 자율적인 부분을 인정해주고 사업자 노력을 드라이브 걸 수 있는 지원책을 마련하여야 한다.'라는 내용을 통해 정부는 OTT 플랫폼에 장애인 편의 기능과 관련한 규제와 의무를 지워줬지만, 이에 대한 지원책은 없었음을 알 수 있다.

오답분석

① 세 번째 문단의 '생 버튼에 대한 설명이 제공되는 넷플릭스도 영상 재생 시점을 10초 앞으로, 또는 뒤로 이동하는 버튼은 이용하기 어렵다.'라는 내용을 통해 국내 OTT 플랫폼보다는 장애인을 위한 서비스 기능이 더 제공되고 있지만, 여전히 충분히 제공되고 있지 않음을 알 수 있다.
② 세 번째 문단을 통해 장애인들의 국내 OTT 플랫폼의 이용이 어려움을 짐작할 수는 있지만, 제공하는지의 유무는 확인하기 어렵다.
③ 외국 OTT 플랫폼은 국내 OTT 플랫폼보다 상대적으로 장애인 편의 기능을 더 제공하고 있는 것으로 보아 장애인을 수동적인 시혜자가 아닌 능동적인 소비자로 보고 있음을 알 수 있다.

04

마지막 문단을 통해 지방이 각종 건강상의 문제를 일으키는 것은 지방을 섭취하는 인간의 자기 관리가 허술했기 때문이며, 좋고 나쁜 지방을 분별력 있게 가려 먹는다면 걱정할 필요가 없다는 것을 알 수 있다.

01

정답 ④

제시문은 사이코패스의 정의와 특성을 말하고 있다. 따라서 글의 제목으로 ④가 가장 적절하다.

02

정답 ②

제시문의 핵심 내용은 '반대는 필수불가결한 것이다.', '자유의지를 가진 국민의 범국가적 화합은 정부의 독단과 반대당의 혁명적 비타협성을 무력화시키는 정치권력의 충분한 균형에 의존하고 있다.', '그 균형이 더 이상 존재하지 않는다면 민주주의는 사라지고 만다.'로 요약할 수 있다. 따라서 글의 주제로 ②가 가장 적절하다.

03

정답 ①

제시문은 일반적인 의미와 다른 나라의 사례를 통해 대체의학의 정의를 설명하고, 또한 크게 세 가지 유형으로 대체의학의 종류를 설명하고 있기 때문에 글의 제목으로 ①이 가장 적절하다.

오답분석
② 대체의학의 문제점은 언급하지 않았다.
③ 대체의학에 따른 부작용 사례를 언급하지 않았다.
④ 대체의학의 한계나 개선 방향에 대해 언급하지 않았다.

04

정답 ③

(다)에서 보건복지부와 국립암센터에서 국민 암 예방 수칙의 하나를 '하루 한두 잔의 소량 음주도 피하기'로 개정하였으며, 뉴질랜드 연구진의 연구에 따르면 '소량에서 적당량의 알코올 섭취도 몸에 상당한 부담으로 작용한다.'고 하였으므로 '가벼운 음주라도 몸에 위험하다.'는 결과를 끌어낼 수 있다. 따라서 가벼운 음주가 대사 촉진에 도움이 된다는 소제목은 적절하지 않다.

01

정답 ③

제시문은 청소년기 영양 섭취의 중요성과 우리나라 학생들의 식습관 실태에 대해 설명하는 내용의 글이다. 따라서 (나) 입시 준비를 잘하기 위해서는 체력이 관건임 – (가) 좋은 체력을 위해서는 규칙적인 생활 관리와 알맞은 영양 공급이 필수적이며 특히 청소년기에는 좋은 영양 상태를 유지하는 것이 중요함 – (다) 그러나 우리나라 학생들의 식습관을 살펴보면 충분한 영양 섭취가 이루어지지 못하고 있음의 순으로 나열해야 한다.

02

정답 ③

제시문은 풀기 어려운 문제에 둘러싸인 기업적·개인적 상황을 제시하고, 위기의 시대임을 언급하고 있다. 그리고 그 위기를 이겨내는 자가 성공하는 자가 될 수 있으며, 위기를 이겨내기 위해서는 지혜가 필요함을 설명하고 있다. 따라서 (나) 풀기 어려운 문제에 둘러싸인 현재의 상황 → (라) 위험과 기회라는 이중 의미를 가지는 '위기' → (다) 위기를 이겨내는 것이 필요 → (가) 위기를 이겨내기 위한 지혜의 순으로 나열해야 한다.

01

단순히 젊은 세대의 문화만을 존중하거나, 기존 세대의 문화만을 따르는 것이 아닌 두 문화가 어우러질 수 있도록 기업 차원에서 분위기를 만드는 것이 제시문에 나타난 문제의 본질적인 해결법으로 가장 적절하다.

오답분석

① 젊은 세대의 채용을 기피하는 분위기가 생길 수 있으므로 적절하지 않다.
② 급여받은 만큼만 일하게 되는 악순환이 반복될 것이므로 글에서 언급된 문제를 해결하는 기업 차원의 방법으로 적절하지 않다.
④ 기업의 전반적인 생산성 향상을 이룰 수 없으므로 기업 차원의 방법으로 적절하지 않다.

02

빈칸의 전 문단에서 '보존 입자는 페르미온과 달리 파울리의 배타원리를 따르지 않는다. 따라서 같은 에너지 상태를 지닌 입자라도 서로 겹쳐서 존재할 수 있다. 만져지지 않는 에너지 덩어리인 셈이다.'라고 하였고, 빈칸 다음 문장에서 '빛은 실험을 해보면 입자의 특성을 보이지만, 질량이 없고 물질을 투과하며 만져지지 않는다.'라고 하였다. 또한 마지막 문장에서 '포논은 광자와 마찬가지로 스핀이 0인 보존 입자.'라고 하였으므로 광자는 스핀이 0인 보존 입자라는 것을 알 수 있다. 따라서 빈칸에 들어갈 내용으로는 ④가 가장 적절하다.

오답분석

① 광자가 파울리의 배타원리를 따른다면, 파울리의 배타원리에 따라 페르미온 입자로 이뤄진 물질은 우리가 손으로 만질 수 있어야 한다. 그러나 광자는 질량이 없고 물질을 투과하며 만져지지 않는다고 하였으므로 적절하지 않은 내용이다.
② '포논은 광자와 마찬가지로 스핀이 0인 보존 입자.'라는 문장에서 광자는 스핀 상태에 따라 분류할 수 있는 입자임을 알 수 있다.
③ 스핀이 1/2의 홀수배인 입자들은 페르미온이라고 하였고, 광자는 스핀이 0인 보존 입자이므로 적절하지 않은 내용이다.

03

빈칸 뒤의 문장은 최근 선진국에서는 스마트팩토리로 인해 해외로 나간 자국 기업들이 다시 본국으로 돌아오는 현상인 '리쇼어링'이 가속화되고 있다는 내용이다. 즉, 스마트팩토리의 발전이 공장의 위치를 해외에서 본국으로 변화시키고 있으므로 빈칸에 들어갈 내용으로는 ③이 가장 적절하다.

01

비즈니스 레터는 사업상의 이유로 고객이나 단체에 편지를 쓰는 것이며, 직장업무나 개인 간의 연락, 직접방문하기 어려운 고객관리 등을 위해 사용되는 비공식적 문서이나, 제안서나 보고서 등 공식 문서를 전달할 때에도 사용된다.

02

건강하던 수험생의 건강이 나빠진 상황에서 다시 예전의 상태로 되돌아가려는 것이므로 '찾다'보다 '되찾다'가 더 적절하다.

01

정답　③

㉠ 가름 : 승부나 등수 따위를 정하는 일
㉡ 가늠 : 사물을 어림잡아 헤아림
㉢ 갈음 : 다른 것으로 바꾸어 대신함

02

정답　④

'다듬-'+'-이'의 경우 어간에 '-이'가 붙어서 명사로 된 말은 그 어간의 원형을 밝히어 적는다는 한글맞춤법 규정에 따라 '다듬이'가 올바른 표기이다.

[오답분석]

① 먼저 자리를 잡은 사람이 뒤에 들어오는 사람에 대하여 가지는 특권 의식, 또는 뒷사람을 업신여기는 행동의 의미인 경우 '텃세'가 올바른 표기이다. '텃새'는 철을 따라 자리를 옮기지 아니하고 거의 한 지방에서만 사는 새를 의미한다.
② '금시에'가 줄어든 말로, '지금 바로'의 의미를 나타내는 '금세'가 올바른 표기이다. '금새'는 물건의 값을 의미한다.
③ '잎'+'-아리'의 경우 '-이' 이외의 모음으로 시작된 접미사가 붙어서 된 말은 그 명사의 원형을 밝혀 적지 않는다는 한글맞춤법 규정에 따라 '이파리'가 올바른 표기이다.

03

정답　④

구리는 전선의 재료가 되므로 재료와 가공품의 관계에 해당한다. ④는 계란이 마요네즈의 재료가 되므로 제시된 단어의 관계와 유사하다.

02 | 수리능력

대표기출유형 01 | 기출응용문제

01

정답 ④

- 팀장 한 명을 뽑는 경우의 수 : $_{10}C_1=10$가지
- 회계 담당 2명을 뽑는 경우의 수 : $_9C_2=\dfrac{9\times8}{2!}=36$가지

따라서 구하고자 하는 경우의 수는 $10\times36=360$가지이다.

02

정답 ①

A소금물과 B소금물의 소금의 양을 구하면 각각 $300\times0.09=27$g, $250\times0.112=28$g이다.

이에 따라 C소금물의 농도는 $\dfrac{27+28}{300+250}\times100=\dfrac{55}{550}\times100=10\%$이다.

소금물을 덜어내도 농도는 변하지 않으므로 소금물은 $550\times0.8=440$g이고, 소금의 양은 44g이다.

따라서 소금을 10g 더 추가했을 때의 소금물의 농도는 $\dfrac{44+10}{440+10}\times100=\dfrac{54}{450}\times100=12\%$이다.

03

정답 ①

기차의 길이를 xm, 기차의 속력을 ym/s라 하면 다음과 같은 식이 성립한다.

$\dfrac{x+400}{y}=10 \rightarrow x+400=10y \rightarrow 10y-x=400\cdots\text{㉠}$

$\dfrac{x+800}{y}=18 \rightarrow x+800=18y \rightarrow 18y-x=800\cdots\text{㉡}$

㉠, ㉡을 연립하면 $x=100$, $y=50$이 나온다. 따라서 기차의 길이는 100m이고, 기차의 속력은 50m/s이다.

01

정답 ④

- A의 2020년 대비 2024년 증감률 : 0%
- B의 2020년 대비 2024년 증감률 : $\dfrac{1,337-28}{28}\times100=\dfrac{1,309}{28}\times100=4,675\%$
- C의 2020년 대비 2024년 증감률 : $\dfrac{16,377-10,855}{10,855}\times100=\dfrac{5,522}{10,855}\times100≒50.87\%$
- D의 2020년 대비 2024년 증감률 : $\dfrac{28,883-21,342}{21,342}\times100=\dfrac{7,541}{21,342}\times100≒35.33\%$
- E의 2020년 대비 2024년 증감률 : $\dfrac{1,474-677}{677}\times100=\dfrac{797}{677}\times100≒117.73\%$

증감률이 0인 A가 상급종합병원, 증감 폭이 가장 큰 D가 요양병원이다. 남겨진 B, C, E 간의 증감률을 비교했을 때 B>E>C이므로 B가 신경과의원, C가 치과의원, E가 내과의원임을 알 수 있다.

02

정답 ④

영업팀별 연간 매출액을 구하면 다음과 같다.
- 영업 A팀 : $50\times0.1+100\times0.1+100\times0.3+200\times0.15=75$억 원
- 영업 B팀 : $50\times0.2+100\times0.2+100\times0.2+200\times0.4=130$억 원
- 영업 C팀 : $50\times0.3+100\times0.2+100\times0.25+200\times0.15=90$억 원
- 영업 D팀 : $50\times0.4+100\times0.5+100\times0.25+200\times0.3=155$억 원

따라서 연간 매출액이 큰 순서로 팀을 나열하면 D−B−C−A이고, 이때 매출 1위인 영업 D팀의 연 매출액은 155억 원이다.

03

정답 ④

A, B, E구의 1인당 소비량을 각각 a, b, e라고 하자.
제시된 조건을 식으로 나타내면 다음과 같다.
- 첫 번째 조건 : $a+b=30$ … ㉠
- 두 번째 조건 : $a+12=2e$ … ㉡
- 세 번째 조건 : $e=b+6$ … ㉢

㉢을 ㉡에 대입하여 식을 정리하면, $a+12=2(b+6)$ → $a-2b=0$ … ㉣
㉠−㉣을 하면 $3b=30$ → $b=10$, $a=20$, $e=16$
A~E구의 변동계수를 구하면 다음과 같다.

- A구 : $\dfrac{5}{20}\times100=25\%$
- B구 : $\dfrac{4}{10}\times100=40\%$
- C구 : $\dfrac{6}{30}\times100=20\%$
- D구 : $\dfrac{4}{12}\times100≒33.33\%$
- E구 : $\dfrac{8}{16}\times100=50\%$

따라서 변동계수가 3번째로 큰 구는 D구이다.

04

정답 ②

카르보나라, 알리오올리오, 마르게리타, 아라비아타, 고르곤졸라의 할인 후 금액을 각각 a, b, c, d, e원이라 하면 다음과 같다.

- $a+b=24,000$ … ㉠
- $c+d=31,000$ … ㉡
- $a+e=31,000$ … ㉢
- $c+b=28,000$ … ㉣
- $e+d=32,000$ … ㉤

㉠~㉤의 좌변과 우변을 모두 더하면 다음과 같다.

$2(a+b+c+d+e)=146,000 \rightarrow a+b+c+d+e=73,000$ … ㉥

㉥에 ㉢과 ㉣을 대입하면 다음과 같다.

$a+b+c+d+e=(a+e)+(c+b)+d=31,000+28,000+d=73,000$

$\therefore d=73,000-59,000=14,000$

따라서 아라비아타의 할인 전 금액은 $14,000+500=14,500$원이다.

대표기출유형 03 기출응용문제

01

정답 ④

10대의 인터넷 공유활동을 참여율이 높은 순서대로 나열하면 '커뮤니티 이용 → 퍼나르기 → 블로그 운영 → UCC 게시 → 댓글 달기'이다. 반면 30대는 '커뮤니티 이용 → 퍼나르기 → 블로그 운영 → 댓글 달기 → UCC 게시'이다. 따라서 활동 순위가 서로 같지 않다.

오답분석

① 20대가 다른 연령대에 비해 참여율이 비교적 높은 편임을 자료에서 쉽게 확인할 수 있다.
② 대부분의 활동에서 남성이 여성보다 참여율이 높지만, 블로그 운영에서는 여성의 참여율이 더 높다.
③ 남녀 간의 참여율 격차가 가장 큰 영역은 13.8%인 댓글 달기이며, 가장 적은 영역은 2.7%인 커뮤니티 이용이다.

02

정답 ④

생산이 증가한 해에는 수출과 내수 모두 증가했다.

오답분석

① 표에서 ▽는 감소수치를 나타내고 있으므로 옳은 판단이다.
② 내수가 가장 큰 폭으로 증가한 해는 2022년으로 생산과 수출 모두 감소했다.
③ 수출이 증가한 해는 2020, 2023, 2024년으로 내수와 생산 모두 증가했다.

03

정답 ④

2021년의 인구성장률은 0.63%, 2024년의 인구성장률 0.39%이다. 2024년의 인구성장률은 2021년의 인구성장률에서 40%p 감소한 값인 $0.63\times(1-0.4)=0.378$%보다 값이 크므로 40%p 미만으로 감소하였다.

오답분석

① 표를 보면 2021년 이후 인구성장률이 매년 감소하고 있으므로 옳은 설명이다.
② 2019년부터 2024년까지의 인구성장률이 가장 낮던 해는 2024년이며, 합계출산율도 2024년에 가장 낮았다.
③ 인구성장률과 합계출산율은 모두 2020년에는 전년 대비 감소하고, 2021년에는 전년 대비 증가하였으므로 옳은 설명이다.

04

정답 ②

수도권은 서울과 인천·경기를 합한 지역을 의미한다. 따라서 전체 마약류 단속 건수 중 수도권의 마약류 단속 건수의 비중은 22.1+35.8=57.9%이다.

[오답분석]

① • 대마 단속 전체 건수 : 167건
  • 마약 단속 전체 건수 : 65건
  65×3=195＞167이므로 옳지 않은 설명이다.
③ 마약 단속 건수가 없는 지역은 강원, 충북, 제주로 3곳이다.
④ • 대구·경북 지역의 향정신성의약품 단속 건수 : 138건
  • 광주·전남 지역의 향정신성의약품 단속 건수 : 38건
  38×4=152＞138이므로 옳지 않은 설명이다.

05

정답 ④

ⓒ B국의 대미무역수지와 GDP 대비 경상수지 비중은 각각 742억 달러, 8.5%로 X요건과 Y요건을 충족한다.
ⓒ 세 가지 요건 중 두 가지 요건만 충족하면 관찰대상국으로 지정된다.
  • X요건과 Y요건을 충족하는 국가 : A, B, C, E
  • X요건과 Z요건을 충족하는 국가 : C
  • Y요건과 Z요건을 충족하는 국가 : C, J
  C국가는 X, Y, Z요건을 모두 충족한다.
  따라서 관찰대상국으로 지정되는 국가는 A, B, E, J로 4곳이다.
ⓔ X요건의 판단기준을 '대미무역수지 150억 달러 초과'로 변경할 때, 새로 X요건을 충족하는 국가는 H국이다. 그러나 H국은 Y요건과 Z요건을 모두 충족하지 않으므로 환율조작국이나 관찰대상국으로 지정될 수 없다. 따라서 옳은 설명이다.

[오답분석]

ⓐ X, Y, Z요건을 모두 충족하면 환율조작국으로 지정된다. 각 요건을 충족하는 국가를 나열하면 다음과 같다.
  • X요건을 충족하는 국가 : A, B, C, D, E, F, G
  • Y요건을 충족하는 국가 : A, B, C, E, J
  • Z요건을 충족하는 국가 : C, J
  따라서 환율조작국으로 지정되는 국가는 C국가이다.

03 | 문제해결능력

01

정답 ③

가장 먼저 물건을 고를 수 있는 동성이가 세탁기를 받을 경우와 컴퓨터를 받을 경우 두 가지로 나누어 생각해 볼 수 있다.
1. 동성이가 세탁기를 받을 경우 : 현규는 드라이기를 받게 되고, 영희와 영수는 핸드크림 또는 로션을 받게 되며, 미영이는 컴퓨터를 받게 된다.
2. 동성이가 컴퓨터를 받을 경우 : 동성이의 다음 순서인 현규가 세탁기를 받을 경우와 드라이기를 받을 경우로 나누어 생각해 볼 수 있다.
    1) 현규가 세탁기를 받을 경우 : 영희와 영수는 로션 또는 핸드크림을 각각 가지게 되고, 미영이는 드라이기를 받게 된다.
    2) 현규가 드라이기를 받을 경우 : 영희와 영수는 로션 또는 핸드크림을 각각 가지게 되고, 미영이는 세탁기를 받게 된다.
따라서 미영이가 드라이기를 받는 경우도 존재한다.

02

정답 ④

D팀은 파란색을 선택하였으므로 보라색을 사용하지 않고, B팀과 C팀도 보라색을 사용한 적이 있으므로 A팀은 보라색을 선택한다.
B팀은 빨간색을 사용한 적이 있고, 파란색과 보라색은 사용할 수 없으므로 노란색을 선택한다. C팀은 나머지 빨간색을 선택한다.

A팀	B팀	C팀	D팀
보라색	노란색	빨간색	파란색

따라서 항상 참인 것은 ④이다.

오답분석
①·③ 주어진 조건만으로는 판단하기 힘들다.
② A팀의 상징색은 보라색이다.

01

정답 ②

초고령화 사회는 실버산업(기업)의 외부환경 요소로 볼 수 있으며, 기회 요인으로 보는 것이 가장 적절하다.

오답분석
① 제품의 우수한 품질은 기업의 내부환경 요소로 볼 수 있으며, 강점 요인으로 보는 것이 가장 적절하다.
③ 기업의 비효율적인 업무 프로세스는 기업의 내부환경 요소로 볼 수 있으며, 약점 요인으로 보는 것이 가장 적절하다.
④ 살균제 달걀 논란은 기업의 외부환경 요소로 볼 수 있으며, 위험 요인으로 보는 것이 가장 적절하다.

02

전문가용 카메라가 일반화됨에 따라 사람들은 사진관을 이용하지 않고도 고화질의 사진을 촬영할 수 있게 되었다. 따라서 전문가용 카메라의 일반화는 사진관을 위협하는 외부환경인 위협(T) 해당한다.

> **SWOT 분석**
> 기업의 내부환경과 외부환경을 분석하여 강점(Strength), 약점(Weakness), 기회(Opportunity), 위협(Threat) 요인을 규정하고 이를 토대로 경영전략을 수립하는 기법이다.
> • 강점(Strength) : 내부환경(자사 경영자원)의 강점
> • 약점(Weakness) : 내부환경(자사 경영자원)의 약점
> • 기회(Opportunity) : 외부환경(경쟁, 고객, 거시적 환경)에서 비롯된 기회
> • 위협(Threat) : 외부환경(경쟁, 고객, 거시적 환경)에서 비롯된 위협

대표기출유형 03 　 기출응용문제

01

• 1단계 : 주민등록번호 앞 12자리 숫자에 가중치를 곱하면 다음과 같다.

숫자	2	4	0	2	0	2	8	0	3	7	0	1
가중치	2	3	4	5	6	7	8	9	2	3	4	5
결과	4	12	0	10	0	14	64	0	6	21	0	5

• 2단계 : 1단계에서 구한 값의 합을 계산한다.
　$4+12+0+10+0+14+64+0+6+21+0+5=136$
• 3단계 : 2단계에서 구한 값을 11로 나누어 나머지를 구한다.
　$136 \div 11 = 12 \cdots 4$
• 4단계 : 11에서 3단계의 나머지를 뺀 수를 10으로 나누어 나머지를 구한다.
　$(11-4) \div 10 = 0 \cdots 7$
따라서 빈칸에 들어갈 수는 7이다.

02

매물의 세 번째 자리를 보면 'O'라고 표기되어 있다. 즉, 매매 물건이므로 월세를 협의할 수 있는 매물이 아니다.

[오답분석]

① 매물은 전원주택(HO)이므로 주거를 위한 것으로 보는 것이 적절하다.
② 매물은 매매 물건(O)이므로 구매 시 소유권이 변경되게 된다.
③ 매물은 강화읍(01)에 위치하므로 적절한 설명이다.

03

FC(공장) – P(전세) – 04(불은면) – 2(공유매물) – 31(3억 1천만 원) – T(월세 해당 없음)

[오답분석]

① GDO01131T : 강화읍은 피하고 싶다고 했으므로 이 매물은 적절하지 않다.
② GDP02241T : 전세가는 최대 4억 원까지만 가능하다고 했으므로 전세가가 4억 1천만 원인 이 매물은 적절하지 않다.
③ FCO03138T : 매매가는 최대 3억 3천만 원까지만 가능하다고 했으므로 매매가가 3억 8천만 원인 이 매물은 적절하지 않다.

04

정답 ②

A/S 접수 현황에서 잘못 기록된 일련번호는 총 7개이다.

분류 1	• ABE1C6<u>100121</u> → 일련번호가 09999 이상인 것은 없음 • MBE1D<u>B</u>001403 → 제조월 표기기호 중 'B'는 없음
분류 2	• MBP2CO<u>120202</u> → 일련번호가 09999 이상인 것은 없음 • ABE2D<u>0</u>001063 → 제조월 표기기호 중 '0'은 없음
분류 3	• CBL3<u>S</u>8005402 → 제조연도 표기기호 중 'S'는 없음
분류 4	• SBE4D5<u>101483</u> → 일련번호가 09999 이상인 것은 없음 • CBP4D6<u>100023</u> → 일련번호가 09999 이상인 것은 없음

05

정답 ④

제조연도는 시리얼 번호 중 앞에서 다섯 번째 알파벳으로 알 수 있다. 2020년은 'A', 2021년은 'B'로 표기되어 있으며, A/S 접수 현황에서 찾아보면 2020년 2개, 2021년 7개로 총 9개이다.

대표기출유형 04 기출응용문제

01

정답 ④

A가 서브한 게임에서 전략팀이 득점하였으므로 이어지는 서브권은 A가 가지며, 전략팀이 총 4점을 득점한 상황이므로 팀 내에서 선수끼리 자리를 교체하여 A가 오른쪽에서 서브를 해야 한다. 그리고 서브를 받는 총무팀은 서브권이 넘어가지 않았기 때문에 선수끼리 코트 위치를 바꾸지 않는다. 따라서 ④가 가능하다.

02

정답 ③

조선시대의 미(未)시는 오후 1시 ~ 3시를, 유(酉)시는 오후 5시 ~ 7시를 나타낸다. 따라서 현대 시간으로 오후 2시부터 4시 30분까지 운동을 하였다면, 조선시대 시간으로 미(未)시 정(正)부터 신(申)시 정(正)까지 운동을 한 것이 되므로 옳지 않다.

[오답분석]
① 초등학교의 점심 시간이 오후 1시부터 2시까지라면, 조선시대 시간으로 미(未)시(1 ~ 3시)에 해당한다.
② 조선시대의 인(寅)시는 현대 시간으로 오전 3 ~ 5시를 나타낸다.
④ 축구 경기가 전반전 45분과 후반전 45분으로 총 90분 동안 진행되었으므로 조선시대 시간으로 한시진(2시간)이 되지 않는다.

03

정답 ①

3만 원 초과 10만 원 이하 소액통원의료비를 청구할 경우 진단서 없이 보험금 청구서와 병원영수증, 질병분류기호(질병명)가 기재된 처방전만으로 접수가 가능하다.

04

정답 ③

• 철수 : C, D, F는 포인트 적립이 안 되므로 해당 사항이 없다(②·④ 제외).
• 영희 : A는 배송비가 없으므로 해당 사항이 없다.
• 민수 : A, B, C는 주문 취소가 가능하므로 해당 사항이 없다(① 제외).
• 철호 : 환불 및 송금수수료, 배송비가 포함되었으므로 A, D, E, F에는 해당 사항이 없다.

PART 3

직무시험

CHAPTER 03 직무시험 적중예상문제

03 | 직무시험
적중예상문제

01 국민건강보험법

01	02	03	04	05	06	07	08	09	10
③	①	①	②	②	②	④	③	③	③
11	12	13	14	15	16	17	18	19	20
②	③	①	②	②	①	③	③	③	①

01 　　　　　　　　　　정답 ③

목적(법 제1조)
국민건강보험법은 국민의 질병·부상에 대한 예방·진단·치료·재활(㉠)과 출산·사망 및 건강증진(㉡)에 대하여 보험급여를 실시함으로써 국민보건(㉢) 향상과 사회보장 증진에 이바지함을 목적으로 한다.

02 　　　　　　　　　　정답 ①

보건복지부장관은 요양기관이 법 제98조 제1항 제1호 또는 제3호에 해당하여 업무정지 처분을 하여야 하는 경우로서 그 업무정지 처분이 해당 요양기관을 이용하는 사람에게 심한 불편을 주거나 보건복지부장관이 정하는 특별한 사유가 있다고 인정되면 업무정지 처분을 갈음하여 속임수나 그 밖의 부당한 방법으로 부담하게 한 금액의 5배 이하의 금액을 과징금으로 부과·징수할 수 있다. 이 경우 보건복지부장관은 12개월의 범위에서 분할납부를 하게 할 수 있다(법 제99조 제1항).

오답분석
② 법 제99조 제2항 제2호에 해당한다.
③ 법 제99조 제4항에 해당한다.
④ 법 제99조 제5항에 해당한다.

03 　　　　　　　　　　정답 ①

국내에 거주하는 국민은 건강보험의 가입자 또는 피부양자가 된다. 다만, 의료급여법에 따라 의료급여를 받는 사람("수급권자")은 제외한다(법 제5조 제1항 제1호).

04 　　　　　　　　　　정답 ②

재정운영위원회의 구성 등(법 제34조 제1항)
재정운영위원회는 다음 각 호의 위원으로 구성한다.
1. 직장가입자를 대표하는 위원 10명
2. 지역가입자를 대표하는 위원 10명
3. 공익을 대표하는 위원 10명

05 　　　　　　　　　　정답 ②

국민건강보험법상 보험급여의 정지 사유에 해당하는 경우는 보험급여를 받을 수 있는 사람이 국외에서 업무에 종사하고 있는 경우이다.

급여의 정지(법 제54조)
보험급여를 받을 수 있는 사람이 다음 각 호의 어느 하나에 해당하면 그 기간에는 보험급여를 하지 아니한다. 다만, 제3호 및 제4호의 경우에는 제60조에 따른 요양급여를 실시한다.
1. 삭제 〈2020. 4. 7.〉
2. 국외에 체류하는 경우
3. 제6조 제2항 제2호에 해당하게 된 경우
4. 교도소, 그 밖에 이에 준하는 시설에 수용되어 있는 경우

06 　　　　　　　　　　정답 ②

공단은 회계연도마다 결산보고서와 사업보고서를 작성하여 다음해 2월 말일까지 보건복지부장관에게 보고하여야 한다(법 제39조 제1항).

07 　　　　　　　　　　정답 ④

업무의 위탁(법 제112조 제1항)
공단은 대통령령으로 정하는 바에 따라 다음 각 호의 업무를 체신관서, 금융기관 또는 그 밖의 자에게 위탁할 수 있다.
1. 보험료의 수납 또는 보험료납부의 확인에 관한 업무
2. 보험급여 비용의 지급에 관한 업무
3. 징수위탁근거법의 위탁에 따라 징수하는 연금보험료, 고용보험료, 산업재해보상보험료, 부담금 및 분담금 등("징수위탁보험료 등")의 수납 또는 그 납부의 확인에 관한 업무

08
정답 ③

보험급여를 받은 사람이 제3자로부터 이미 손해배상을 받은 경우에는 공단은 <u>그 배상액 한도</u>에서 보험급여를 하지 아니한다(법 제58조 제2항).

09
정답 ③

직장가입자의 제외 대상은 고용 기간이 1개월 미만인 일용근로자, 병역법에 따른 현역병(지원에 의하지 아니하고 임용된 하사를 포함한다), 전환복무된 사람 및 군간부후보생, 선거에 당선되어 취임하는 공무원으로서 매월 보수 또는 보수에 준하는 급료를 받지 아니하는 사람, 그 밖에 사업장의 특성과 고용 형태 및 사업의 종류 등을 고려하여 대통령령으로 정하는 사업장의 근로자 및 사용자와 공무원 및 교직원이다(법 제6조 제2항). 근로자가 3인 미만인 사업장의 사업주는 해당하지 않는다.

10
정답 ③

가입자는 사망한 날의 다음 날에 그 자격을 잃는다(법 제10조 제1항 제1호).

오답분석
① 가입자는 직장가입자의 피부양자가 된 날에 그 자격을 잃는다(법 제10조 제1항 제4호).
② 가입자는 국적을 잃은 날의 다음 날에 그 자격을 잃는다(법 제10조 제1항 제2호).
④ 가입자는 건강보험을 적용받고 있던 사람이 유공자 등 의료보호대상자가 되어 건강보험의 적용배제신청을 한 날에 그 자격을 잃는다(법 제10조 제1항 제6호).

11
정답 ②

직장가입자의 보수 외 소득월액은 보수월액의 산정에 포함된 보수를 제외한 직장가입자의 소득("보수 외 소득")이 대통령령으로 정하는 금액을 초과하는 경우 "[(연간 보수 외 소득)−(대통령령으로 정하는 금액)] × $\frac{1}{12}$"에 따라 산정한다(법 제71조 제1항).

12
정답 ③

보험료 등 납부대행기관은 보험료 등의 납부자로부터 보험료 등의 납부를 대행하는 대가로 수수료를 받을 수 있다(법 제79조의2 제3항).

13
정답 ①

소멸시효기간, 시효 중단 및 시효 정지에 관하여 국민건강보험법에서 정한 사항 외에는 <u>민법</u>에 따른다(법 제91조 제4항).

14
정답 ②

보험자(법 제13조)
건강보험의 보험자는 <u>국민건강보험공단</u>으로 한다.

15
정답 ②

<u>심사평가원</u>은 국가, 지방자치단체, 요양기관, 보험업법에 따른 보험회사 및 보험료율 산출 기관, 공공기관의 운영에 관한 법률에 따른 공공기관, 그 밖의 공공단체 등에 대하여 요양급여비용을 심사하고 요양급여의 적정성을 평가하기 위하여 주민등록 · 출입국관리 · 진료기록 · 의약품공급 등의 자료로서 대통령령으로 정하는 자료를 제공하도록 요청할 수 있다(법 제96조 제2항).

16
정답 ①

<u>보건복지부장관</u>은 관계 행정기관의 장에게 제41조의2에 따른 약제에 대한 요양급여비용 상한금액의 감액 및 요양급여의 적용 정지를 위하여 필요한 자료를 제공하도록 요청할 수 있다(법 제96조 제3항).

17
정답 ③

보험급여를 받을 수 있는 사람이 국외에 체류하는 경우에는 보험급여를 하지 아니한다(법 제54조 제2호).

오답분석
① · ② 법 제54조 제4호
④ 법 제54조 제3호

18
정답 ④

공단은 신고한 보수 또는 소득 등에 축소 또는 탈루가 있다고 인정하는 경우에는 <u>보건복지부장관</u>(㉠)을 거쳐 소득의 축소 또는 탈루에 관한 사항을 문서로 <u>국세청장</u>(㉡)에게 송부할 수 있다(법 제95조 제1항).

19

정답 ③

감사는 임원추천위원회가 복수로 추천한 사람 중에서 기획재
정부장관의 제청으로 대통령이 임명한다(법 제20조 제5항).

20

정답 ①

보험료 납부의무가 있는 자는 가입자에 대한 그 달의 보험료
를 그 다음 달 10일까지 납부하여야 한다. 다만, 직장가입자
의 보수 외 소득월액보험료 및 지역가입자의 보험료는 보건복
지부령으로 정하는 바에 따라 분기별로 납부할 수 있다(법 제
78조 제1항).

02　노인장기요양보험법

01	02	03	04	05	06	07	08	09	10
③	④	④	①	①	④	②	③	③	③
11	12	13	14	15	16	17	18	19	20
②	③	③	①	④	②	④	③	③	①

01

정답 ③

목적(법 제1조)
노인장기요양보험법은 고령이나 노인성 질병(㉠) 등의 사유
로 일상생활을 혼자서 수행하기 어려운 노인 등에게 제공하는
신체활동 또는 가사활동(㉡) 지원 등의 장기요양급여(㉢)에
관한 사항을 규정하여 노후의 건강증진 및 생활안정을 도모하
고 그 가족의 부담을 덜어줌으로써 국민의 삶의 질을 향상하
도록 함을 목적으로 한다.

02

정답 ④

장기요양기관은 제40조 제2항에 따라 면제받거나 같은 조 제
4항에 따라 감경받는 금액 외에 영리를 목적으로 수급자가
부담하는 재가 및 시설 급여비용("본인부담금")을 면제하거나
감경하는 행위를 하여서는 아니 된다(법 제35조 제5항).

03

정답 ④

공단은 외국인근로자의 고용 등에 관한 법률에 따른 외국인근
로자 등 대통령령으로 정하는 외국인이 신청하는 경우 보건복
지부령으로 정하는 바에 따라 장기요양보험가입자에서 제외
할 수 있다(법 제7조 제4항).

04

정답 ①

㉠ 장기요양기관은 종사자가 장기요양급여를 제공하는 과정
　에서 발생할 수 있는 수급자의 상해 등 법률상 손해를 배
　상하는 보험("전문인 배상책임보험")에 가입할 수 있다(법
　제35조의5 제1항).
㉡ 공단은 장기요양기관이 전문인 배상책임보험에 가입하지
　않은 경우 그 기간 동안 해당 장기요양기관에 지급하는 장
　기요양급여비용의 일부를 감액할 수 있다(법 제35조의5
　제2항).

오답분석
㉢ 장기요양급여비용의 감액 기준 등에 관하여 필요한 사항
　은 보건복지부령으로 정한다(법 제35조의5 제3항).

05

정답 ①

공단은 장기요양인정 신청서를 접수한 때 보건복지부령으로 정하는 바에 따라 소속 직원으로 하여금 신청인의 심신상태를 조사하게 하여야 한다(법 제14조 제1항 제1호).

> **장기요양인정 신청의 조사(법 제14조 제1항)**
> 공단은 제13조 제1항에 따라 신청서를 접수한 때 보건복지부령으로 정하는 바에 따라 소속 직원으로 하여금 다음 각 호의 사항을 조사하게 하여야 한다. 다만, 지리적 사정 등으로 직접 조사하기 어려운 경우 또는 조사에 필요하다고 인정하는 경우 특별자치시·특별자치도·시·군·구(자치구를 말한다. 이하 같다)에 대하여 조사를 의뢰하거나 공동으로 조사할 것을 요청할 수 있다.
> 1. 신청인의 심신상태
> 2. 신청인에게 필요한 장기요양급여의 종류 및 내용
> 3. 그 밖에 장기요양에 관하여 필요한 사항으로서 보건복지부령으로 정하는 사항

06

정답 ④

기타재가급여는 수급자의 일상생활·신체활동 지원 및 인지기능의 유지·향상에 필요한 용구를 제공하거나 가정을 방문하여 재활에 관한 지원 등을 제공하는 장기요양급여로서 대통령령으로 정하는 것을 뜻한다(법 제23조 제1항 제1호 바목).

[오답분석]

① 시설급여 : 장기요양기관에 장기간 입소한 수급자에게 신체활동 지원 및 심신기능의 유지·향상에 필요한 용구를 제공하거나 가정을 방문하여 재활에 관한 지원 등을 제공하는 장기요양급여로서 대통령령으로 정하는 것
② 단기보호 : 수급자를 일정 기간 동안 장기요양기관에 보호하여 신체활동 지원 및 심신기능의 유지·향상을 위한 교육·훈련 등을 제공하는 장기요양급여
③ 주·야간보호 : 수급자를 하루 중 일정한 시간 동안 장기요양기관에 보호하여 신체활동 지원 및 심신기능의 유지·향상을 위한 교육·훈련 등을 제공하는 장기요양급여

07

정답 ②

보건복지부장관은 노인 등에 대한 장기요양급여를 원활하게 제공하기 위하여 5년 단위로 장기요양기본계획을 수립·시행하여야 한다(법 제6조 제1항).

08

정답 ③

행정제재처분의 절차가 진행 중일 때에는 장기요양기관이 폐업한 후 3년 이내에 같은 장소에서 장기요양기관을 운영하는 자 중 종전에 위반행위를 한 자(법인인 경우 그 대표자를 포함)나 그 배우자 또는 직계혈족에 대하여 그 절차를 계속 이어서 할 수 있다(법 제37조의4 제2항 제3호).

> **행정처분 효과의 승계(법 제37조의4 제2항)**
> 행정제재처분의 절차가 진행 중일 때에는 다음 각 호의 어느 하나에 해당하는 자에 대하여 그 절차를 계속 이어서 할 수 있다.
> 1. 장기요양기관을 양도한 경우 양수인
> 2. 법인이 합병된 경우 합병으로 신설되거나 합병 후 존속하는 법인
> 3. 장기요양기관 폐업 후 3년 이내에 같은 장소에서 장기요양기관을 운영하는 자 중 종전에 위반행위를 한 자(법인인 경우 그 대표자를 포함한다)나 그 배우자 또는 직계혈족

09

정답 ③

㉠ 장기요양인정 및 장기요양등급 판정 등을 심의하기 위하여 공단(㉠)에 장기요양등급판정위원회를 둔다(법 제52조 제1항).
㉡ 등급판정위원회는 특별자치시·특별자치도·시·군·구 단위로 설치한다. 다만, 인구 수 등을 고려하여 하나의 특별자치시·특별자치도·시·군·구에 2개(㉡) 이상의 등급판정위원회를 설치하거나 2군데 이상의 특별자치시·특별자치도·시·군·구를 통합하여 하나의 등급판정위원회를 설치할 수 있다(법 제52조 제2항).

10

정답 ③

㉠ 지방자치단체가 부담하는 금액은 보건복지부령으로 정하는 바에 따라 특별시·광역시·특별자치시·도·특별자치도와 시·군·구가 분담한다(법 제58조 제3항).
㉡ 지방자치단체의 부담액 부과, 징수 및 재원관리, 그 밖에 필요한 사항은 대통령령으로 정한다(법 제58조 제4항).

11

결격사유(법 제32조의2)
다음 각 호의 어느 하나에 해당하는 자는 제31조에 따른 장기요양기관으로 지정받을 수 없다.
1. 미성년자, 피성년후견인 또는 피한정후견인
2. 정신건강증진 및 정신질환자 복지서비스 지원에 관한 법률 제3조 제1호의 정신질환자. 다만, 전문의가 장기요양기관 설립·운영 업무에 종사하는 것이 적합하다고 인정하는 사람은 그러하지 아니하다.
3. 마약류 관리에 관한 법률 제2조 제1호의 마약류에 중독된 사람
4. 파산선고를 받고 복권되지 아니한 사람
5. 금고 이상의 실형을 선고받고 그 집행이 종료(집행이 종료된 것으로 보는 경우를 포함)되거나 집행이 면제된 날부터 5년이 경과되지 아니한 사람
6. 금고 이상의 형의 집행유예를 선고받고 그 유예기간 중에 있는 사람
7. 대표자가 제1호부터 제6호까지의 규정 중 어느 하나에 해당하는 법인

12

정답 ③

사회복지전담공무원은 관할 지역 안에 거주하는 사람 중 장기요양급여를 받고자 하는 사람 또는 수급자가 제1항에 따른 장기요양인정신청 등을 직접 수행할 수 없을 때 본인 또는 가족의 동의를 받아 그 신청을 대리할 수 있다(법 제22조 제2항).

장기요양인정 신청 등에 대한 대리(법 제22조 제2항)
다음의 어느 하나에 해당하는 사람은 관할 지역 안에 거주하는 사람 중 장기요양급여를 받고자 하는 사람 또는 수급자가 제1항에 따른 장기요양인정신청 등을 직접 수행할 수 없을 때 본인 또는 가족의 동의를 받아 그 신청을 대리할 수 있다.
1. 사회보장급여의 이용·제공 및 수급권자 발굴에 관한 법률 제43조에 따른 사회복지전담공무원
2. 치매관리법 제17조에 따른 치매안심센터의 장(장기요양급여를 받고자 하는 사람 또는 수급자가 같은 법 제2조 제2호에 따른 치매환자인 경우로 한정한다)

13

정답 ③

[오답분석]
① 법 제36조 제3항 제1호에 해당한다.
② 법 제36조 제3항 제2호에 해당한다.
④ 법 제36조 제3항 제3호에 해당한다.

장기요양기관의 폐업 등의 신고 등(법 제36조 제3항)
장기요양기관의 장은 장기요양기관을 폐업하거나 휴업하려는 경우 또는 장기요양기관의 지정 갱신을 하지 아니하려는 경우 보건복지부령으로 정하는 바에 따라 수급자의 권익을 보호하기 위하여 다음 각 호의 조치를 취하여야 한다.
1. 해당 장기요양기관을 이용하는 수급자가 다른 장기요양기관을 선택하여 이용할 수 있도록 계획을 수립하고 이행하는 조치
2. 해당 장기요양기관에서 수급자가 제40조 제1항 및 제3항에 따라 부담한 비용 중 정산하여야 할 비용이 있는 경우 이를 정산하는 조치
3. 그 밖에 수급자의 권익 보호를 위하여 필요하다고 인정되는 조치로서 보건복지부령으로 정하는 조치

14

정답 ①

장기요양인정을 신청하는 자는 공단에 보건복지부령으로 정하는 바에 따라 장기요양인정신청서에 의사 또는 한의사가 발급하는 소견서("의사소견서")를 첨부하여 제출하여야 한다. 다만, 의사소견서는 공단이 제15조 제1항에 따라 등급판정위원회에 자료를 제출하기 전까지 제출할 수 있다(법 제13조 제1항).

15

정답 ④

장기요양기관의 장은 시설 및 인력 등 보건복지부령으로 정하는 중요한 사항을 변경하려는 경우에는 보건복지부령으로 정하는 바에 따라 특별자치시장·특별자치도지사·시장·군수·구청장의 변경지정을 받아야 한다(법 제33조 제1항).

16

정답 ②

천재지변 등 보건복지부령으로 정하는 사유로 인하여 생계가 곤란한 자에 대해서는 본인부담금의 100분의 60의 범위에서 보건복지부장관이 정하는 바에 따라 차등하여 감경할 수 있다(법 제40조 제4항).

[오답분석]
① 법 제40조 제3항 제1호에 해당한다.
③ 법 제40조 제3항 제3호에 해당한다.
④ 법 제40조 제3항 제2호에 해당한다.

17

정답 ④

장기요양기관 지정의 갱신(법 제32조의4 제1항·제4항)

① 장기요양기관의 장은 제32조의3에 따른 지정의 유효기간이 끝난 후에도 계속하여 그 지정을 유지하려는 경우에는 소재지를 관할구역으로 하는 특별자치시장·특별자치도지사·시장·군수·구청장에게 지정 유효기간이 끝나기 90일 전까지 지정 갱신을 신청하여야 한다.

④ 특별자치시장·특별자치도지사·시장·군수·구청장은 갱신 심사를 완료한 경우 그 결과를 지체 없이 해당 장기요양기관의 장에게 통보하여야 한다.

18

정답 ③

국민건강보험법 제17조에 따른 공단의 정관은 장기요양사업과 관련하여 다음 각 호의 사항을 포함·기재한다(법 제48조 제4항).

1. 장기요양보험료
2. 장기요양급여
3. 장기요양사업에 관한 예산 및 결산
4. 그 밖에 대통령령으로 정하는 사항

19

정답 ③

장기요양병원장의 처우에 관한 사항은 장기요양기본계획에 포함되는 사항이 아니다.

장기요양기본계획(법 제6조 제1항)

보건복지부장관은 노인 등에 대한 장기요양급여를 원활하게 제공하기 위하여 5년 단위로 다음 각 호의 사항이 포함된 장기요양기본계획을 수립·시행하여야 한다.

1. 연도별 장기요양급여 대상인원 및 재원조달 계획
2. 연도별 장기요양기관 및 장기요양전문인력 관리 방안
3. 장기요양요원의 처우에 관한 사항
4. 그 밖에 노인 등의 장기요양에 관한 사항으로서 대통령령으로 정하는 사항

20

정답 ①

가. 공단은 제3자의 행위로 인한 장기요양급여의 제공사유가 발생하여 수급자에게 장기요양급여를 행한 때 그 급여에 사용된 비용의 한도 안에서(㉠)그 제3자에 대한 손해배상의 권리를 얻는다(법 제44조 제1항).

나. 공단은 제1항의 경우 장기요양급여를 받은 자가 제3자로부터 이미 손해배상을 받은 때 그 손해배상액의 한도 안에서(㉡) 장기요양급여를 행하지 아니한다(법 제44조 제2항).

미래는 자신이 가진 꿈의 아름다움을 믿는 사람들의 것이다.

– 엘리노어 루즈벨트 –

PART 4

최종점검 모의고사

PART 4 최종점검 모의고사

01 직업기초능력(공통)

01	02	03	04	05	06	07	08	09	10	11	12	13	14	15	16	17	18	19	20
③	②	②	①	③	②	②	④	③	④	③	④	④	③	②	①	④	④	④	④
21	22	23	24	25	26	27	28	29	30	31	32	33	34	35	36	37	38	39	40
④	①	④	④	④	④	④	③	①	②	②	②	④	②	④	④	③	③	②	②
41	42	43	44	45	46	47	48	49	50	51	52	53	54	55	56	57	58	59	60
①	④	④	②	④	④	④	②	④	③	④	③	②	④	③	①	④	②	①	③

01 문단 나열 정답 ③

제시문은 교정 중 칫솔질에 대한 중요성과 칫솔질 방법 등을 설명하고 있다. 따라서 (나) 교정 중 칫솔질에 대한 중요성 – (가) 교정 중 교정장치 세척의 중요성과 그 방법 – (라) 장치 때문에 잘 닦이지 않는 부위를 닦는 방법 – (다) 마지막으로 칫솔질을 할 때 빠트려서는 안 될 부분의 순서로 나열해야 한다.

02 어휘 정답 ②

[오답분석]
① 서리 : 대기 중의 수증기가 지상의 물체 표면에 얼어붙은 것
③ 그림자 : 물체가 빛을 가려서 그 물체의 뒷면에 드리워지는 검은 그늘
④ 열구름 : 지나가는 구름

03 문서 내용 이해 정답 ②

고막 안과 바깥의 기압을 같게 만들기 위해 유스타키오관이 열려야 한다.

[오답분석]
① 사람이 들을 수 있는 진동수는 20 ~ 20,000Hz 사이의 소리이므로 20,000Hz 이상의 범위는 사람이 들을 수 없다.
③ 제자리 회전을 멈춘 후에도 어지러운 이유는 관성의 법칙에 따라 림프액이 계속 회전하고 있기 때문이므로 림프액도 관성의 법칙이 적용된다.
④ 우리가 기울기를 느끼는 이유는 이석이 기울기에 따라 이동하기 때문이므로 이석이 없다면 기울기를 느끼지 못할 것이다.

04 문서 내용 이해 정답 ①

물체가 진동하여 소리를 내면 귓바퀴에서 모아 고막으로 전달한다. 진동은 청소골에 의해 더욱 확장되어 달팽이관에 전달되고 달팽이관 속 흥분한 청세포가 청신경을 통해 대뇌에 전달한다.

05 문단 나열 　　정답 ③

제시문은 HIV와 AIDS가 무엇이고 어떻게 감염되는지에 대해 논하고, 감염 후의 경과와 그 예방에 대해서 설명하고 있다. 따라서 (다) HIV와 AIDS의 정의에 이어 감염경로 – (가) 감염 후 확인 – (라) 감염이 확인된 후 – (나) HIV의 예방의 순서로 나열해야 한다.

06 글의 주제 　　정답 ②

제시문의 '분노'에 대한 것으로, 사람의 경우와 동물의 경우를 나누어 분노가 어떻게 공격과 복수의 행동을 유발하는지에 대해 서술하고 있다. 따라서 글의 주제로 ②가 가장 적절하다.

오답분석

① 분노에 대한 공격과 복수 행동만 서술할 뿐 공격을 유발하는 원인에 대한 언급은 없다.

③ 탈리오 법칙에 대한 언급은 했으나, 이에 대한 실제 사례 등 구체적인 서술은 없다.

④ 동물과 인간이 가지는 분노에 대한 감정 차이보다는 분노했을 때의 행동에 대한 공통점에 주안점을 두고 서술하였다.

07 빈칸 삽입 　　정답 ②

빈칸을 경계로 앞 문단에서는 골관절염과 류마티스 관절염이 추위로 인해 증상이 악화될 수 있음을 이야기하고 있으며, 뒤 문단에서는 외부 온도 변화에 대응할 수 있는 체온 유지 방법을 설명하고 있다. 즉, 온도 변화에 증상이 악화될 수 있는 질환들을 예방하기 위해 체온을 유지·관리해야 한다는 것이므로 빈칸에는 앞에서 말한 일이 뒤에서 말할 일의 근거가 될 때 쓰는 접속어 '따라서'가 가장 적절하다.

08 맞춤법 　　정답 ④

'시간적인 사이를 두고서 가끔씩'이라는 의미의 부사는 '간간이'이다.

• 간간히[1] : 간질간질하고 재미있는 마음으로

• 간간히[2] : 입맛 당기게 약간 짠 듯이

• 간간히[3] : 꼿꼿하고 굳센 성품으로

• 간간히[4] : 기쁘고 즐거운 마음으로

• 간간히[5] : 매우 간절하게

오답분석

① 쉬이 : 어렵거나 힘들지 아니하게

② 소홀히 : 대수롭지 아니하고 예사롭게 또는 탐탁하지 아니하고 데면데면하게

③ 깊숙이 : 위에서 밑바닥까지 또는 겉에서 속까지의 거리가 멀고 으슥하게

09 어휘 　　정답 ③

ⓒ에는 관심이나 영향이 미치지 못하는 범위를 비유적으로 이르는 말인 '사각(死角)'이 사용되어야 한다.

• 사각(四角) : 네 개의 각으로 이루어진 모양. 또는 그런 도형

오답분석

① 창안(創案) : 어떤 방안, 물건 따위를 처음으로 생각하여 냄. 또는 그런 생각이나 방안

② 판정(判定) : 판별하여 결정함

④ 종사(從事) : 어떤 일을 일삼아서 함

10 문서 작성

정답 ④

- C사원 : 문서의 첨부 자료는 반드시 필요한 자료 외에는 첨부하지 않도록 해야 하므로 옳지 않다.
- D사원 : 문서를 작성한 후에는 다시 한 번 내용을 검토해야 하지만, 문장 표현은 작성자의 성의가 담기도록 경어나 단어사용에 신경을 써야 하므로 낮춤말인 '해라체'로 고쳐 쓰는 것은 옳지 않다.

11 문서 내용 이해

정답 ③

편지 아래 적힌 연도와 편지 내용을 근거로 작품을 나열하면, 「감자 먹는 사람들」(1885년) → 「장미와 해바라기가 있는 정물」(1886년) → 「아시니에르의 음식점」(1887년) → 「씨 뿌리는 사람」(1888년) → 「별이 빛나는 밤」(1888년 7월 ~ 1889년 초) → 「수확하는 사람」(1889년) 순이다. 따라서 가장 마지막에 완성된 작품은 ③이다.

12 문서 내용 이해

정답 ④

본인부담상한제가 적용되지 않았던 비급여 항목이 감소함에 따라 고액의료비로 인한 가계 부담이 더욱 완화될 전망이다.

13 빈칸 삽입

정답 ④

알려지지 않은 것에서는 불안정, 걱정, 공포감이 뒤따라 나오기 때문에 우리 마음의 불안한 상태를 없애고자 한다면, 알려지지 않은 것을 알려진 것으로 바꿔야 한다. 이러한 환원은 우리의 마음을 편하게 해주고 만족하게 한다. 이 때문에 우리는 이미 알려진 것, 체험한 것, 기억에 각인된 것을 원인으로 설정하게 되고, 낯설고 체험하지 않았다는 느낌을 빠르게 제거해 버려, 특정 유형의 설명만이 남아 우리의 사고방식을 지배하게 만든다. 따라서 빈칸에는 '낯설고 체험하지 않았다는 느낌을 제거해 버린다.'는 내용이 가장 적절하다.

14 문서 수정

정답 ③

'펴다'는 '굽은 것을 곧게 하다. 또는 움츠리거나 구부리거나 오므라든 것을 벌리다.'의 의미를 지닌 타동사이다. 반면 '피다'는 '꽃봉오리 따위가 벌어지다.' 등의 의미를 지닌 자동사이다. 따라서 ⓒ에는 '펴고'가 적절하다.

15 글의 제목

정답 ②

제시문은 매실이 가진 다양한 효능을 설명하고 있으므로 전체 내용을 담고 있는 ②가 글의 제목으로 가장 적절하다.

16 문서 내용 이해

정답 ①

구연산은 섭취한 음식을 에너지로 바꾸는 대사 작용을 돕고, 근육에 쌓인 젖산을 분해하여 피로를 풀어주며 칼슘의 흡수를 촉진하는 역할을 한다. 숙취에 도움이 되는 성분은 피루브산이다.

17 빈칸 삽입

정답 ④

- 첫 번째 빈칸 : 빈칸 뒤 문장에서 독성 물질로부터 세포를 보호하는 역할을 하는 단백질의 예를 들고 있으므로 빈칸에는 단백질이 상황에 따라 세포를 보호하는 역할을 하기도 한다는 내용의 ⓒ이 가장 적절하다.
- 두 번째 빈칸 : 빈칸 앞의 내용에 따르면 세포가 독성 물질에 노출되면 세포를 보호하기 위해 단백질이 만들어지고, 이때 단백질 합성과 관련된 mRNA의 양은 증가한다. 따라서 빈칸에는 mRNA가 갑자기 많이 나타난다면 세포에게 유해한 상황임을 짐작할 수 있다는 내용의 ㉠이 가장 적절하다.
- 세 번째 빈칸 : 특정 단백질 합성과 관련된 것들만 구분하려면 시간이 오래 걸리고 번거롭다는 내용의 ⓛ은 빈칸 뒤 문장의 '이러한 번거로움'과 연결되므로 빈칸에는 ⓛ이 가장 적절하다.

18 문서 내용 이해

마지막 문단에서는 류마티스 관절염을 치료하는 이유와 치료 방법을 말하고 있으므로 류마티스 관절염의 예후는 적절하지 않다.

19 문서 내용 이해

과도한 세안은 오히려 피지선을 자극하거나 피부 건조증을 일으킬 수 있으므로 여름철 세안은 하루 2 ~ 3번이 적당하다.

[오답분석]

① 여름철 기온이 1℃ 올라갈 때마다 피지분비가 10%씩 증가하므로 피지분비가 이루어지지 않는다는 말은 적절하지 않다.
② 기초케어를 하지 않으면 이를 극복하기 위해 피부는 더 많은 피지를 생성하게 되고 피부 트러블도 더 많이 발생하게 된다.
③ 아무리 높은 수치의 자외선 차단제라고 해도 지속력은 2시간 정도이므로 휴대하면서 수시로 발라주어야 한다.

20 빈칸 삽입

보기의 문장은 20대 여성 환자가 많은 이유에 대한 설명으로, 20대 여성 환자가 많다는 사실이 거론된 후에 나오는 것이 자연스럽다. 따라서 (라)의 앞부분에서 젊은 연령층의 여성 진료 인원이 많다고 설명하고 있으므로 (라)에 들어가는 것이 가장 적절하다.

21 응용 수리

- 초급, 중급, 고급에서 넘어지지 않을 각각의 확률 : $\dfrac{4}{5}$, $\dfrac{3}{4}$, $\dfrac{2}{3}$

- 초급 2번, 중급 1번, 고급 1번을 타고 한 번도 넘어지지 않을 확률 : $\dfrac{4}{5} \times \dfrac{4}{5} \times \dfrac{3}{4} \times \dfrac{2}{3} = \dfrac{8}{25}$

- 초급 1번, 중급 2번, 고급 1번을 타고 한 번도 넘어지지 않을 확률 : $\dfrac{4}{5} \times \dfrac{3}{4} \times \dfrac{3}{4} \times \dfrac{2}{3} = \dfrac{3}{10}$

- 초급 1번, 중급 1번, 고급 2번을 타고 한 번도 넘어지지 않을 확률 : $\dfrac{4}{5} \times \dfrac{3}{4} \times \dfrac{2}{3} \times \dfrac{2}{3} = \dfrac{4}{15}$

$\therefore \dfrac{8}{25} + \dfrac{3}{10} + \dfrac{4}{15} = \dfrac{133}{150}$

22 응용 수리

- 내일 비가 오고, 모레 비가 올 확률 : $\dfrac{1}{3} \times \dfrac{1}{4} = \dfrac{1}{12}$

- 내일 비가 안 오고, 모레 비가 올 확률 : $\dfrac{2}{3} \times \dfrac{1}{5} = \dfrac{2}{15}$

$\therefore \dfrac{1}{12} + \dfrac{2}{15} = \dfrac{13}{60}$

23 응용 수리

민호가 이동한 시간을 x초, 수지가 이동한 시간을 $(x-180)$초라고 하면
$3x + 2(x-180) = 900$
$\therefore x = 252$
따라서 민호는 집에서 출발한 지 4분 12초 후에 수지를 만난다.

24 응용 수리

정답 ④

처음 소금의 양은 $0.05 \times 800 = 40$g이다. 여기에 30g의 소금을 더 넣었으므로 총 소금의 양은 70g이다.

이때 증발한 물의 양을 xg이라 하면 다음과 같은 식이 성립한다.

$$\frac{40+30}{800+30-x} \times 100 = 14$$

$\rightarrow 14 \times (830-x) = 7,000$

$\rightarrow 830 - x = 500$

$\therefore x = 330$

따라서 증발한 물의 양은 330g이다.

25 자료 이해

정답 ③

ㄱ. 대형마트의 종이봉투 사용자 수는 $2,000 \times 0.05 = 100$명으로, 중형마트의 종이봉투 사용자 수인 $800 \times 0.02 = 16$명의 $\frac{100}{16} =$

6.25배이다.

ㄷ. 마트 및 편의점의 비닐봉투 사용자 수를 정리하면 다음과 같다.
- 대형마트 : $2,000 \times 0.07 = 140$명
- 중형마트 : $800 \times 0.18 = 144$명
- 개인마트 : $300 \times 0.21 = 63$명
- 편의점 : $200 \times 0.78 = 156$명

따라서 비닐봉투 사용률이 가장 높은 곳은 78%로 편의점이며, 비닐봉투 사용자 수가 가장 많은 곳도 156명으로 편의점이다.

ㄹ. 마트 규모별 개인 장바구니의 사용률을 살펴보면, 대형마트가 44%, 중형마트가 36%, 개인마트가 29%이다. 따라서 마트의 규모가 커질수록 개인 장바구니 사용률이 증가함을 알 수 있다.

오답분석

ㄴ. 전체 종량제봉투 사용자 수를 구하면 다음과 같다.
- 대형마트 : $2,000 \times 0.28 = 560$명
- 중형마트 : $800 \times 0.37 = 296$명
- 개인마트 : $300 \times 0.43 = 129$명
- 편의점 : $200 \times 0.13 = 26$명
- 전체 종량제봉투 사용자 수 : $560 + 296 + 129 + 26 = 1,011$명

따라서 대형마트의 종량제봉투 사용자 수인 560명은 전체 종량제봉투 사용자 수인 1,011명의 절반 이상이다.

26 자료 계산

정답 ④

주어진 조건을 적용하여 정리하면 다음과 같다.

(단위 : 만 원)

구분	지후	문희	석이	서현
1년 광고비	$3,000-1,000=2,000$	$3,000-600=2,400$	$3,000-700=2,300$	$3,000-800=2,200$
1년 광고횟수	$2,000 \div 20 = 100$	$2,400 \div 20 = 120$	$2,300 \div 20 = 115$	$2,200 \div 20 = 110$
1회당 광고효과	$100+100=200$	$60+100=160$	$60+110=170$	$50+140=190$
총광고효과	$200 \times 100 = 20,000$	$160 \times 120 = 19,200$	$170 \times 115 = 19,550$	$190 \times 110 = 20,900$

따라서 총광고효과가 가장 큰 모델은 서현이다.

27 자료 이해

㉠ 제시된 자료를 통해 확인할 수 있다.
㉢ • 백화점의 디지털기기 판매수수료율 : 11.0%
　 • TV홈쇼핑의 디지털기기 판매수수료율 : 21.9%
㉣ TV홈쇼핑 판매수수료율 순위 자료를 보면 여행패키지의 판매수수료율은 8.4%이다. 반면, 백화점 판매수수료율 순위 자료에 여행패키지 판매수수료율이 제시되지 않았지만, 상위 5위와 하위 5위의 판매수수료율을 통해 여행패키지 판매수수료율은 20.8%보다 크고 31.1%보다 낮다는 것을 추론할 수 있다. 즉, 8.4×2=16.8<20.8이므로 여행패키지 상품군의 판매수수료율은 백화점이 TV홈쇼핑의 2배 이상이라는 설명은 옳다.

[오답분석]

㉡ 백화점 판매수수료율 순위 자료를 보면 여성정장과 모피의 판매수수료율은 각각 31.7%, 31.1%이다. 반면, TV홈쇼핑 판매수수료율 순위 자료에는 여성정장과 모피의 판매수수료율이 제시되지 않았다. 상위 5위와 하위 5위의 판매수수료율을 통해 제시되지 않은 상품군의 판매수수료율은 28.7%보다 높고 36.8%보다 낮은 것을 추측할 수 있다. 즉, TV홈쇼핑의 여성정장과 모피의 판매수수료율이 백화점보다 높은지 낮은지는 자료를 통해 판단할 수 없다.

28 자료 이해

정답 ③

버스와 지하철을 모두 이용하는 직원은 1,200×0.23=276명이고, 도보를 이용하는 직원 수는 1,200×0.39=468명이다. 따라서 버스와 지하철 모두 이용하는 직원 수는 도보를 이용하는 직원 수보다 468-276=192명 적다.

[오답분석]

① 통근시간이 30분 이하인 직원은 1,200-(260+570+160)=210명으로 전체 직원의 $\frac{210}{1,200}×100=17.5\%$다.

② 통근시간이 45분 이하인 직원은 210+260=470명이고, 1시간 초과인 직원의 $\frac{470}{160}≒2.9$배이다.

④ 대중교통을 이용하는 직원 수는 1,200×0.45=540명이고, 이 중 25%는 540×0.25=135명이므로 1시간 초과 전체 인원의 80%인 160×0.8=128명보다 많다.

29 자료 계산

정답 ①

도보 또는 버스만 이용하는 직원 중 25%는 1,200×(0.39+0.12)×0.25=153명이다. 30분 초과 45분 이하인 인원에서 도보 또는 버스만 이용하는 직원을 제외한 인원은 260-153=107명이다. 따라서 이 인원이 자가용으로 출근하는 전체 인원에서 차지하는 비율은 $\frac{107}{1,200×0.16}×100≒56\%$이다.

30 자료 이해

정답 ②

ㄱ. 자료를 보면 접촉신청 건수는 4월부터 7월까지 매월 증가한 것을 알 수 있다.
ㄷ. 6월 생사확인 건수는 11,795건으로, 접촉신청 건수 18,205건의 70%인 약 12,744건 이하이다. 따라서 옳은 설명이다.

[오답분석]

ㄴ. 6월부터 7월까지 생사확인 건수는 전월과 동일하였으나, 서신교환 건수는 증가하였으므로 옳지 않은 설명이다.
ㄹ. 5월과 8월의 상봉 건수는 동일하다. 따라서 서신교환 건수만 비교해 보면, 8월은 5월보다 12,288-12,274=14건이 더 많으므로 상봉 건수 대비 서신교환 건수 비율은 증가하였음을 알 수 있다.

PART 4 최종점검 모의고사 • 71

31 자료 이해

㉠ 자료에 따르면 생사확인 건수는 6월과 7월에 전월 대비 불변이므로 옳지 않은 설명이다.

㉢ 접촉신청 건수는 자료에서 7월을 포함하여 매월 증가하고 있으므로 옳지 않은 설명이다.

오답분석

㉡ 서신교환의 경우 3월 대비 8월 증가율은 $\dfrac{12,288-12,267}{12,267}\times100≒0.2\%$로 2% 미만이지만, 매월 증가 추세를 보이고 있으므로 옳은 설명이다.

㉣ 전체 이산가족 교류 건수는 항목별 매월 동일하거나 증가하므로 옳은 설명이다.

32 자료 계산

구매자는 용도에 맞는 축구공이 배송되기를 원한다. 제시된 표에 따라 초등학교의 경우에는 4호가 적절하며, 중·고등학교는 5호가 적절하다. 따라서 축구사랑재단에서 구매할 축구공의 총액은 $(30,000\times300\times2)+(35,000\times300\times4)=6,000$만 원이다. 5,000만 원 이상 대량구매 시 10% 할인, 3,000만 원 이상 구매 시 무료 배송을 제공한다고 하였으므로 최종 매출액은 6,000만$\times(1-10\%)$ $=5,400$만 원이다.

33 자료 계산

D대리의 청렴도 점수를 a로 가정하고 승진심사 평점 계산식을 세우면

$60\times0.3+70\times0.3+48\times0.25+a\times0.15=63.6$

$\rightarrow a\times0.15=12.6$

$\therefore a=\dfrac{12.6}{0.15}=84$

따라서 D대리의 청렴도 점수는 84점임을 알 수 있다.

34 자료 계산

B과장의 승진심사 평점은 $80\times0.3+72\times0.3+78\times0.25+70\times0.15=75.6$점이다.

따라서 승진후보에 들기 위해 필요한 점수는 $80-75.6=4.4$점이다.

35 자료 계산

A, B, C팀의 인원수를 각각 a, b, c명이라고 하면

A, B팀의 인원수 합은 $a+b=80$ … ㉠

A팀의 총점은 $40a$점이고, B팀의 총점은 $60b$점이므로

$40a+60b=80\times52.5=4,200 \rightarrow 2a+3b=210$ … ㉡

㉠과 ㉡을 연립하면 $a=30$, $b=50$, $b+c=120$, $c=70$이므로 (가)에 들어갈 값은 100이다.

C+A의 총점은 $(70\times90)+(30\times40)=7,500$점이고, $c+a=100$이므로 (나)에 들어갈 값은 $\dfrac{7,500}{100}=75.0$이다.

36 자료 계산

전체 스팸 수신량이 가장 많은 때는 2023년 상반기이고, 가장 적은 때는 2024년 하반기이다.

따라서 전체 스팸 수신량이 가장 많은 때와 가장 적은 때의 차이는 $(2.39+0.46)-(1.4+0.26)=1.19$이다.

37 　자료 계산 　　　정답 ③

2024년 상반기 대비 2024년 하반기 이메일 스팸의 감소량은 $\dfrac{1.4-1.64}{1.64}\times100 ≒ 14.6\%$이다.

38 　자료 이해 　　　정답 ③

2023년 하반기부터 이메일 스팸과 휴대전화 스팸 모두 1인 1일 수신량이 감소하고 있다.

39 　자료 계산 　　　정답 ②

(1인당 하루 인건비)＝(1인당 수당)＋(산재보험료)＋(고용보험료)
$\quad\quad\quad\quad\quad\quad\quad$＝50,000＋(50,000×0.504%)＋(50,000×1.3%)＝50,000＋252＋650＝50,902원
(하루에 고용할 수 있는 인원수)＝[(본예산)＋(예비비)]÷(하루 1인당 인건비)＝600,000÷50,902 ≒ 11.8
따라서 하루 동안 고용할 수 있는 최대 인원은 11명이다.

40 　자료 이해 　　　정답 ②

• 전라도 지역에서 광주가 차지하는 비중

$\quad$13,379(광주)＋13,208(전북)＋13,091(전남)＝39,678천 명 → $\dfrac{13,379}{39,678}\times100 ≒ 33.72\%$

• 충청도 지역에서 대전이 차지하는 비중

$\quad$11,863(대전)＋8,437(충북)＋10,785(충남)＋575(세종)＝31,660천 명 → $\dfrac{11,863}{31,660}\times100 ≒ 37.47\%$

따라서 전라도 지역에서 광주가 차지하는 비중이 충청도 지역에서 대전이 차지하는 비중보다 작다.

[오답분석]
① 의료인력이 수도권지역 특히 서울, 경기에 편중되어 있으므로 불균형상태를 보이고 있다.
③ 제시된 자료에 의료인력별 수치가 나와 있지 않으므로 의료인력이 많을수록 의료인력 비중이 고르다고 할 수는 없다.
④ 서울과 경기를 제외한 나머지 지역 중 의료인력이 가장 많은 지역은 부산(28,871천 명)이고, 가장 적은 지역은 세종(575천 명)이다. 부산과 세종의 의료인력의 차는 28,296천 명으로, 이는 경남(21,212천 명)보다 크다.

41 　명제 추론 　　　정답 ①

'물을 녹색으로 만든다.'를 p, '냄새 물질을 배출한다.'를 q, '독소 물질을 배출한다.'를 r, '물을 황색으로 만든다.'를 s라고 하면 $p \to q$, $r \to \sim q$, $s \to \sim p$이 성립한다. 첫 번째 명제의 대우인 $\sim q \to \sim p$가 성립함에 따라 $r \to \sim q \to \sim p$가 성립한다. 따라서 '독소 물질을 배출하는 조류는 물을 녹색으로 만들지 않는다.'는 반드시 참이 된다.

42 　규칙 적용 　　　정답 ④

알파벳 순서를 숫자로 변환하면 다음과 같다.

A	B	C	D	E	F	G	H	I	J	K	L	M
1	2	3	4	5	6	7	8	9	10	11	12	13
N	O	P	Q	R	S	T	U	V	W	X	Y	Z
14	15	16	17	18	19	20	21	22	23	24	25	26

'INTELLECTUAL'의 품번을 규칙에 따라 정리하면 다음과 같다.
1단계 : 9(I), 14(N), 20(T), 5(E), 12(L), 12(L), 5(E), 3(C), 20(T), 21(U), 1(A), 12(L)
2단계 : 9＋14＋20＋5＋12＋12＋5＋3＋20＋21＋1＋12＝134
3단계 : |(14＋20＋12＋12＋3＋20＋12)－(9＋5＋5＋21＋1)|＝|93－41|＝52

4단계 : (134+52)÷4+134=46.5+134=180.5
5단계 : 180.5를 소수점 첫째 자리에서 버림하면 180이다.
따라서 제품의 품번은 '180'이다.

43 자료 해석 정답 ④

(32,000−15,000)+(28,000−12,000)×2=49,000원

오답분석

① (40,000−15,000)+(46,000−12,000)=59,000원
② (32,000−15,000)×2=34,000원
③ (40,000−15,000)+(46,000−12,000)×2=93,000원

44 SWOT 분석 정답 ②

ㄱ. 기술개발을 통해 연비를 개선하는 것은 막대한 R&D 역량이라는 강점으로 휘발유의 부족 및 가격의 급등이라는 위협을 회피하거나 최소화하는 전략에 해당하므로 적절하다.
ㄹ. 생산설비에 막대한 투자를 했기 때문에 차량모델 변경의 어려움이라는 약점이 있는데, 레저용 차량 전반에 대한 수요 침체 및 다른 회사들과의 경쟁이 심화되고 있으므로 생산량 감축을 고려할 수 있다.
ㅁ. 생산 공장을 한 곳만 가지고 있다는 약점이 있지만 새로운 해외시장이 출현하고 있는 기회를 살려서 국내 다른 지역이나 해외에 공장들을 분산 설립할 수 있을 것이다.
ㅂ. 막대한 R&D 역량이라는 강점을 이용하여 휘발유의 부족 및 가격의 급등이라는 위협을 회피하거나 최소화하기 위해 경유용 레저 차량 생산을 고려할 수 있다.

오답분석

ㄴ. 소형 레저용 차량에 대한 수요 증대라는 기회 상황에서 대형 레저용 차량을 생산하는 것은 적절하지 않은 전략이다.
ㄷ. 차량모델 변경의 어려움이라는 약점을 보완하는 전략도 아니고, 소형 또는 저가형 레저용 차량에 대한 선호가 증가하는 기회에 대응하는 전략도 아니다. 또한, 차량 안전 기준의 강화 같은 규제 강화는 기회 요인이 아니라 위협 요인이다.
ㅅ. 기회는 새로운 해외시장의 출현인데 내수 확대에 집중하는 것은 기회를 살리는 전략이 아니다.

45 자료 해석 정답 ④

무주택 기간, 부양가족 수, 입주자 저축 가입기간을 통해 점수를 구하면 다음과 같다. 이때, 무주택 기간은 365일로 나누어 계산하고, 입주자 저축 가입기간은 12개월로 나누어 계산한다.
① 8+25+8=41점
② 16+15+7=38점
③ 12+15+13=40점
④ 18+20+9=47점
따라서 ④의 청약가점이 가장 높다.

46 자료 해석 정답 ④

지역가입자 A~D의 생활수준 및 경제활동 점수표를 정리하면 다음과 같다.

구분	성별	연령	연령점수	재산정도	재산정도 점수	연간 자동차세액	연간 자동차세액 점수
A	남성	32세	6.6점	2,500만 원	7.2점	12.5만 원	9.1점
B	여성	56세	4.3점	5,700만 원	9점	35만 원	12.2점
C	남성	55세	5.7점	20,000만 원	12.7점	43만 원	15.2점
D	여성	23세	5.2점	1,400만 원	5.4점	6만 원	3점

이에 따른 지역보험료를 계산하면 다음과 같다.
- A=(6.6+7.2+9.1+200+100)×183≒59,090원
- B=(4.3+9+12.2+200+100)×183≒59,560원
- C=(5.7+12.7+15.2+200+100)×183≒61,040원
- D=(5.2+5.4+3+200+100)×183≒57,380원

따라서 보험료를 계산한 것으로 옳은 것은 ④이다.

47 규칙 적용 정답 ④

파일 이름에 주어진 규칙을 적용하여 암호를 구하면 다음과 같다.
1. 비밀번호 중 첫 번째 자리에는 파일 이름의 첫 문자가 한글일 경우 @, 영어일 경우 #, 숫자일 경우 *로 특수문자를 입력한다.
    - 2024매운전골Cset3인기준recipe8 → *
2. 두 번째 자리에는 파일 이름의 총 자리 개수를 입력한다.
    - 2024매운전골Cset3인기준recipe8 → *23
3. 세 번째 자리부터는 파일 이름 내에 숫자를 순서대로 입력한다. 숫자가 없을 경우 0을 두 번 입력한다.
    - 2024매운전골Cset3인기준recipe8 → *23202438
4. 그 다음 자리에는 파일 이름 중 한글이 있을 경우 초성만 순서대로 입력한다. 없다면 입력하지 않는다.
    - 2024매운전골Cset3인기준recipe8 → *23202438ㅁㅇㅈㄱㅇㄱㅈ
5. 그 다음 자리에는 파일 이름 중 영어가 있다면 뒤에 덧붙여 순서대로 입력하되, a, e, I, o, u만 'a=1, e=2, I=3, o=4, u=5'로 변형하여 입력한다(대문자·소문자 구분 없이 모두 소문자로 입력한다).
    - 2024매운전골Cset3인기준recipe8 → *23202438ㅁㅇㅈㄱㅇㄱㅈcs2tr2c3p2

따라서 주어진 파일 이름의 암호는 '*23202438ㅁㅇㅈㄱㅇㄱㅈcs2tr2c3p2'이다.

48 규칙 적용 정답 ②

한글 자음과 한글 모음의 치환 규칙은 다음과 같다.
- 한글 자음

ㄱ	ㄴ	ㄷ	ㄹ	ㅁ	ㅂ	ㅅ
a	b	c	d	e	f	g
ㅇ	ㅈ	ㅊ	ㅋ	ㅌ	ㅍ	ㅎ
h	i	j	k	l	m	n

- 한글 모음

ㅏ	ㅑ	ㅓ	ㅕ	ㅗ	ㅛ	ㅜ
A	B	C	D	E	F	G
ㅠ	ㅡ	ㅣ				
H	I	J				

따라서 목요일의 암호인 '완벽해'를 치환하면 다음과 같다.
완 → hㅘb, 벽 → fDa, 해 → nㅐ
이때, 목요일에는 암호 첫째 자리에 숫자 4를 입력해야 하므로 A씨가 입력할 암호는 '4hㅘbfDanㅐ'이다.

49 규칙 적용 정답 ④

[오답분석]
① 7hEeFnAcA → 일요일의 암호 '오묘하다'
② 3iJfhㅔaAbcA → 수요일의 암호 '집에간다'
③ 2bAaAbEdcA → 화요일의 암호 '나가놀다'

50 명제 추론

주어진 조건을 정리해 보면 다음과 같다.

구분	A	B	C	D
경우 1	호밀식빵	우유식빵	밤식빵	옥수수식빵
경우 2	호밀식빵	밤식빵	우유식빵	옥수수식빵

따라서 항상 참인 것은 ③이다.

오답분석

①・②・④ 주어진 조건만으로는 판단하기 힘들다.

51 명제 추론

주어진 조건에 따라 엘리베이터 검사 순서를 추론해 보면 다음과 같다.

첫 번째	5호기
두 번째	3호기
세 번째	1호기
네 번째	2호기
다섯 번째	6호기
여섯 번째	4호기

따라서 6호기는 1호기 다다음에 검사하며, 다섯 번째로 검사하게 된다.

52 SWOT 분석

ⓒ WO전략은 약점을 보완하여 기회를 포착하는 전략이다. ⓒ에서 말하는 원전 운영 기술력은 강점에 해당되므로 적절하지 않다.
ⓒ ST전략은 강점을 살려 위협을 회피하는 전략이다. ⓒ은 위협 회피와 관련하여 정부의 탈원전 정책 기조를 고려하지 않았으므로 적절하지 않다.

오답분석

㉠ SO전략은 강점을 살려 기회를 포착하는 전략으로, 강점인 기술력을 활용해 해외 시장에서 우위를 점하려는 것은 SO전략으로 적절하다.
㉣ WT전략은 약점을 보완하여 위협을 회피하는 전략이다. 안전우려를 고려하여 안전점검을 강화하고, 정부의 탈원전 정책 기조에 협조하는 것은 WT전략으로 적절하다.

53 자료 해석

사진과 함께 댓글로 구매평을 남길 경우 3,000원 할인 쿠폰이 지급되며, 이는 기존 원가인 30,000원에 10%인 가격과 같다.

오답분석

① 오픈형 성경 리폼의 가격은 기존의 20% 할인가격인 24,000원이다.
③ (30,000×0.1)+3,000(쿠폰)=6,000원
④ (30,000×0.3)+1,000(쿠폰)=10,000원

54 규칙 적용

재고 코드 '5rUSA2'는 상품유형이 '약품(5)'이고, 보관유형은 '냉장 필요(r)'이며, 생산국가는 '미국(USA)'이고, 유통기한은 '3개월 미만(2)'인 제품을 뜻한다.

오답분석

① '화학품'을 뜻하는 상품유형 코드는 '4'이다.
② '러시아'를 뜻하는 생산국가 코드는 'RUS'이다.
③ '각도 조정 필요'를 뜻하는 보관유형 코드는 't'이다.

55 명제 추론

세 번째 조건에 따라 A는 청소기를 제외한 프리미엄형 가전을 총 2개 골랐는데, B가 청소기를 가져가지 않으므로 A는 청소기 일반형, C는 청소기 프리미엄형을 가져야 한다. 또한, 다섯 번째 조건을 만족시키기 위해 A가 가져가는 프리미엄형 가전 종류의 일반형을 B가 가져가야 하며, 여섯 번째 조건을 만족시키기 위해 전자레인지는 C가 가져가야 한다. 이를 표로 정리하면 다음과 같다.

구분	A	B	C
경우 1	냉장고(프), 세탁기(프), 청소기(일)	냉장고(일), 세탁기(일), 에어컨(프 or 일)	에어컨(프 or 일), 청소기(프), 전자레인지
경우 2	세탁기(프), 에어컨(프), 청소기(일)	세탁기(일), 에어컨(일), 냉장고(프 or 일)	냉장고(프 or 일), 청소기(프), 전자레인지
경우 3	냉장고(프), 에어컨(프), 청소기(일)	냉장고(일), 에어컨(일), 세탁기(프 or 일)	세탁기(프 or 일), 청소기(프), 전자레인지

㉠ C는 반드시 전자레인지를 가져간다.
㉢ B는 반드시 일반형 가전 2개를 가져가며, 나머지 한 개는 프리미엄형일 수도, 일반형일 수도 있다.

오답분석

㉡ A는 반드시 청소기를 가져간다.
㉣ C는 반드시 청소기 프리미엄형을 가져간다.

56 자료 해석

갑 ~ 정의 아이 돌봄 서비스 이용요금을 표로 정리하면 다음과 같다.

구분	이용시간(시간)		소득기준별 본인부담금(원)		비고
	일반	야간	A형	B형	
갑	6	–	7,800	–	–
을	5	–	3,900	–	33.3% 할인
병	4	1	–	7,800	–
정	7	2	1,560	2,340	15% 할인

- 갑 : 7,800×6=46,800원
- 을 : 3,900×5×3×0.667≒39,010원(∵ 원 단위 이하 절사)
- 병 : (7,800×4)+[(7,800+3,900)×1]=42,900원
- 정
  - A형 아동 1명 : (1,560×7)+[(1,560+3,900)×2]=21,840원
  - B형 아동 1명 : (2,340×7)+[(2,340+3,900)×2]=28,860원
  - ∴ 서비스 이용요금 : (21,840+28,860)×0.85≒43,090원(∵ 원 단위 이하 절사)
따라서 가장 많은 본인부담금을 납부하는 사람은 갑이다.

57 　자료 해석　　　　　　　　　　　　　　　　　　　　　　　　　　　정답　④

확정기여형은 근로자가 선택하는 운용 상품의 운용 수익률에 따라 퇴직 급여가 달라진다.

[오답분석]
① 확정급여형과 확정기여형은 운영방법의 차이로 인해 퇴직연금 수준이 달라질 수 있다.
② 확정급여형에서는 기업부담금이 산출기초율로 정해지며, 이는 자산운용 수익률과 퇴직률 변경 시 변동되는 사항이다.
③ 확정급여형은 직장이동 시 합산이 어렵기 때문에 직장이동이 잦은 근로자들은 확정기여형을 선호할 것이라고 유추할 수 있다.

58 　자료 해석　　　　　　　　　　　　　　　　　　　　　　　　　　　정답　②

운용 현황에 관심이 많은 근로자인 (나) 유형은 확정기여형에 적합하다.

59 　자료 해석　　　　　　　　　　　　　　　　　　　　　　　　　　　정답　①

[오답분석]
② 서랍장의 가로 길이와 붙박이 수납장 문을 여는 데 필요한 간격과 폭을 더한 길이는 각각 1,100mm, 1,200mm(=550+650)이고, 사무실 문을 여닫는 데 필요한 1,000mm의 공간을 포함하면 총길이는 3,300mm이다. 따라서 사무실의 가로 길이인 3,000mm를 초과하므로 불가능한 배치이다.
③ 서랍장과 캐비닛의 가로 길이는 각각 1,100mm, 1,000mm이고, 사무실 문을 여닫는 데 필요한 1,000mm의 공간을 포함하면 총길이는 3,100mm이다. 따라서 사무실의 가로 길이인 3,000mm를 초과하므로 불가능한 배치이다.
④ 회의 탁자의 세로 길이와 서랍장의 가로 길이는 각각 2,110mm, 1,100mm이고, 붙박이 수납장 문을 여는 데 필요한 간격과 폭을 더한 길이인 1,200mm(=550+650)을 포함하면 총길이는 4,410mm이다. 따라서 사무실의 세로 길이인 3,400mm를 초과하므로 불가능한 배치이다.

60 　자료 해석　　　　　　　　　　　　　　　　　　　　　　　　　　　정답　③

첫 번째 조건과 두 번째 조건에 따라 책정된 총 회식비는 13×3=39만 원이며, 이를 초과하는 회식장소는 없다. 다음으로 세 번째 조건에 따라 회식은 3일 뒤 18시에 진행하므로 일주일 전에 예약이 필요한 D뷔페와 19시에 영업을 시작하는 B치킨은 제외된다. 마지막으로 팀원 중 해산물을 먹지 못하는 사람이 있으므로 A수산은 제외된다. 따라서 모든 조건을 충족하는 회식장소는 C갈비이다.

61	62	63	64	65	66	67	68	69	70	71	72	73	74	75	76	77	78	79	80
①	③	④	②	④	④	④	②	④	④	②	③	③	③	②	①	②	②	④	②

61

정답 ①

"근로자"는 직업의 종류와 관계없이 근로의 대가로 보수를 받아 생활하는 사람(법인의 이사와 그 밖의 임원을 포함한다)으로서 <u>공무원 및 교직원을 제외한 사람</u>을 말한다(법 제3조 제1호).

62

정답 ③

부가급여(법 제50조)
국민건강보험공단은 국민건강보험법에서 정한 요양급여 외에 대통령령으로 정하는 바에 따라 임신·출산 진료비, 장제비, 상병수당, 그 밖의 급여를 실시할 수 있다.

63

정답 ④

직장가입자의 며느리의 아버지는 피부양자 대상이 아니다.

오답분석
① 직장가입자의 직계존속(법 제5조 제2항 제2호)
② 직장가입자의 배우자(법 제5조 제2항 제1호)
③ 직장가입자의 형제·자매(법 제5조 제2항 제4호)

64

정답 ②

공단은 임원으로서 이사장 1명, 이사 14명 및 감사 1명을 둔다. 이 경우 이사장, 이사 중 5명 및 감사는 상임으로 한다(법 제20조 제1항). 따라서 14명의 이사 가운데 5명이 상임이므로 나머지 <u>9명</u>은 비상임이사로 구성된다.

65

정답 ④

<u>이사장</u>은 심사와 협의의 결과에 따라 징수이사 후보와 계약을 체결하여야 하며, 이 경우 <u>상임이사의 임명</u>으로 본다(법 제21조 제5항).

66

정답 ④

공단의 상임임원이 임명권자 또는 제청권자의 허가를 받거나 공단의 직원이 이사장의 허가를 받은 경우에는 비영리 목적의 업무를 겸할 수 있다(법 제25조 제2항).

오답분석
① 법 제24조 제1항에 해당한다.
②·③ 법 제24조 제2항에 해당한다.

67

정답 ④

요양급여를 받는 자는 대통령령으로 정하는 바에 따라 비용의 일부(본인일부부담금)를 본인이 부담한다. 이 경우 선별급여에 대해서는 다른 요양급여에 비하여 본인일부부담금을 상향 조정할 수 있다(법 제44조 제1항).

오답분석

① 본인부담상한액은 가입자의 <u>소득수준</u> 등에 따라 정한다(법 제44조 제3항).
② 본인이 연간 부담하는 본인일부부담금의 총액이 대통령령으로 정하는 금액을 초과한 경우에는 <u>공단</u>이 그 초과 금액을 부담하여야 한다(법 제44조 제2항).
③ 본인일부부담금 총액 산정 방법, 본인부담상한액을 넘는 금액의 지급 방법 및 가입자의 소득수준 등에 따른 본인부담상한액 설정 등에 필요한 사항은 <u>대통령령</u>으로 정한다(법 제44조 제4항).

68

정답 ②

<u>보건복지부장관</u>은 사용자, 직장가입자 또는 세대주에게 가입자의 이동·보수·소득이나 그 밖에 필요한 사항에 관한 보고 또는 서류 제출을 명하거나 소속 공무원이 관계인에게 질문하게 하거나 관계 서류를 검사하게 할 수 있다(법 제97조 제1항).

오답분석

① 법 제97조 제2항에 해당한다.
③ 법 제97조 제4항에 해당한다.
④ 법 제97조 제5항에 해당한다.

69

정답 ④

공단은 국세 체납처분의 예에 따라 압류한 재산의 공매에 대하여 전문지식이 필요하거나 그 밖에 특수한 사정으로 직접 공매하는 것이 적당하지 아니하다고 인정하는 경우에는 한국자산관리공사 설립 등에 관한 법률에 따라 설립된 <u>한국자산관리공사</u>에 공매를 대행하게 할 수 있다. 이 경우 공매는 공단이 한 것으로 본다(법 제81조 제5항).

오답분석

① 예금보험공사는 금융위원회 산하 준정부기관이다.
② 국민연금공단은 보건복지부 산하 준정부기관이다.
③ 한국재정정보원은 기획재정부 산하 준정부기관이다.

70

정답 ④

가입자인 국내체류 외국인 등이 매월 2일 이후 지역가입자의 자격을 취득하고 그 자격을 취득한 날이 속하는 달에 보건복지부장관이 고시하는 사유로 해당 자격을 상실한 경우에는 <u>그 자격을 취득한 날이 속하는 달의 보험료를 부과하여 징수한다</u>(법 제109조 제7항).

71

정답 ②

보험료, 연체금 및 가산금을 징수할 권리는 <u>3년</u>동안 행사하지 아니하면 소멸시효가 완성된다(법 제91조 제1항).

72

정답 ③

보험료 등 납부대행기관의 지정 및 운영, 수수료 등에 필요한 사항은 대통령령으로 정한다(법 제79조의2 제4항).

오답분석

① 법 제79조의2 제1항에 해당한다.
② 법 제79조의2 제3항에 해당한다.
④ 법 제79조의2 제4항에 해당한다.

73

제1항부터 제4항까지에서 규정한 사항 외에 공표의 절차·방법, 공표심의위원회의 구성·운영 등에 필요한 사항은 <u>대통령령</u>으로 정한다(법 제100조 제5항).

74

- 가입자 및 피부양자의 자격, 보험료 등, 보험급여, 보험급여 비용에 관한 공단의 처분에 이의가 있는 자는 공단에 <u>이의신청</u>을 할 수 있다(법 제87조 제1항).
- 요양급여비용 및 요양급여의 적정성 평가 등에 관한 심사평가원의 처분에 이의가 있는 공단, 요양기관 또는 그 밖의 자는 심사평가원에 <u>이의신청</u>을 할 수 있다(법 제87조 제2항).
- 이의신청에 대한 결정에 불복하는 자는 건강보험분쟁조정위원회에 <u>심판청구</u>를 할 수 있다(법 제88조 제1항).
- 공단 또는 심사평가원의 처분에 이의가 있는 자와 이의신청 또는 심판청구에 대한 결정에 불복하는 자는 행정소송법에서 정하는 바에 따라 <u>행정소송</u>을 제기할 수 있다(법 제90조).

75

보험료의 경감(법 제75조 제1항)
다음 각 호의 어느 하나에 해당하는 가입자 중 보건복지부령으로 정하는 가입자에 대하여는 그 가입자 또는 그 가입자가 속한 세대의 보험료의 일부를 경감할 수 있다.
1. 섬·벽지(僻地)·농어촌 등 대통령령으로 정하는 지역에 거주하는 사람
2. 65세 이상인 사람
3. 장애인복지법에 따라 등록한 장애인
4. 국가유공자 등 예우 및 지원에 관한 법률 제4조 제1항 제4호, 제6호, 제12호, 제15호 및 제17호에 따른 국가유공자
5. 휴직자
6. 그 밖에 생활이 어렵거나 천재지변 등의 사유로 보험료를 경감할 필요가 있다고 보건복지부장관이 정하여 고시하는 사람

76

이사장은 공단의 이익과 자기의 이익이 상반되는 사항에 대하여는 공단을 대표하지 못한다. 이 경우 <u>감사</u>가 공단을 대표한다(법 제31조 제1항).

77

재정운영위원회 위원(공무원인 위원은 제외한다)의 임기는 <u>2년</u>으로 한다. 다만, 위원의 사임 등으로 새로 위촉된 위원의 임기는 전임위원 임기의 남은 기간으로 한다(법 제34조 제3항).

78

요양급여비용을 청구하려는 요양기관은 심사평가원에 요양급여비용의 심사청구를 하여야 하며, 심사청구를 받은 심사평가원은 이를 심사한 후 <u>지체 없이 그 내용을 공단과 요양기관에 알려야 한다</u>(법 제47조 제2항).

79

부가급여(법 제50조)
공단은 국민건강보험법에서 정한 요양급여 외에 대통령령으로 정하는 바에 따라 임신·출산 진료비(ⓒ·ⓔ), 장제비(ⓒ), 상병수당(ⓒ), 그 밖의 급여를 실시할 수 있다.

80

건강보험정책심의위원회(법 제4조 제4항)

심의위원회의 위원은 다음 각 호에 해당하는 사람을 보건복지부장관이 임명 또는 위촉한다.

1. 근로자단체 및 사용자단체가 추천하는 각 2명
2. 시민단체(비영리민간단체지원법 제2조에 따른 비영리민간단체), 소비자단체, 농어업인단체 및 자영업자단체가 추천하는 각 1명
3. 의료계를 대표하는 단체 및 약업계를 대표하는 단체가 추천하는 8명
4. 다음 각 목에 해당하는 8명
   가. 대통령령으로 정하는 중앙행정기관 소속 공무원 2명
   나. 국민건강보험공단의 이사장 및 건강보험심사평가원의 원장이 추천하는 각 1명
   다. 건강보험에 관한 학식과 경험이 풍부한 4명

---

03   노인장기요양보험법

61	62	63	64	65	66	67	68	69	70	71	72	73	74	75	76	77	78	79	80
④	②	④	②	③	①	④	②	②	①	④	③	②	②	②	③	①	①	③	④

61

④는 장기요양위원회의 위원의 자격이다(법 제46조 제2항 제2호).

> **등급판정위원회의 설치(법 제52조 제4항)**
> 등급판정위원회 위원은 다음 각 호의 자 중에서 공단 이사장이 위촉한다. 이 경우 특별자치시장·특별자치도지사·시장·군수·구청장이 추천한 위원은 7인, 의사 또는 한의사가 1인 이상 각각 포함되어야 한다.
> 1. 의료법에 따른 의료인
> 2. 사회복지사업법에 따른 사회복지사
> 3. 특별자치시·특별자치도·시·군·구 소속 공무원
> 4. 그 밖에 법학 또는 장기요양에 관한 학식과 경험이 풍부한 자

62

"노인 등"이란 65세 이상의 노인 또는 65세 미만의 자로서 치매·뇌혈관성질환 등 대통령령으로 정하는 노인성 질병을 가진 자를 말한다(법 제2조 제1호).

63

"장기요양기관"이란 장기요양기관의 지정을 받은 기관으로서 장기요양급여를 제공하는 기관을 말한다(법 제2조 제4호).

64

신청인에 대한 정밀조사가 필요한 경우 등 기간 이내에 등급판정을 완료할 수 없는 부득이한 사유가 있는 경우 30일 이내의 범위에서 이를 연장할 수 있다(법 제16조 제1항 후단).

65

정답 ③

수급자는 장기요양인정의 유효기간이 만료된 후 장기요양급여를 계속하여 받고자 하는 경우 공단에 장기요양인정의 갱신을 신청하여야 한다(법 제20조 제1항).

66

정답 ①

노인장기요양보험법 제37조의3 제3항
보건복지부장관 또는 특별자치시장·특별자치도지사·시장·군수·구청장은 제1항 및 제2항에 따른 공표 여부 등을 심의하기 위하여 공표심의위원회를 설치·운영할 수 있다.

67

정답 ④

벌칙(법 제67조 제3항)
다음 각 호의 어느 하나에 해당하는 자는 1년 이하의 징역 또는 1천만 원 이하의 벌금에 처한다.
1. 제35조 제1항을 위반하여 정당한 사유 없이 장기요양급여의 제공을 거부한 자
2. 거짓이나 그 밖의 부정한 방법으로 장기요양급여를 받거나 다른 사람으로 하여금 장기요양급여를 받게 한 자
3. 정당한 사유 없이 제36조 제3항 각 호에 따른 권익보호조치를 하지 아니한 사람
4. 제37조 제7항을 위반하여 수급자가 부담한 비용을 정산하지 아니한 자

오답분석
ㄱ·ㄹ. 2년 이하의 징역 또는 2,000만 원 이하의 벌금(법 제67조 제2항)
ㄴ. 500만 원 이하의 과태료(법 제69조 제1항)

68

정답 ②

장기요양보험료는 국민건강보험법 제69조에 따른 보험료("건강보험료")와 통합하여 징수한다(법 제8조 제2항).

오답분석
① 법 제8조 제1항에 해당한다.
③ 법 제8조 제2항에 해당한다.
④ 법 제8조 제3항에 해당한다.

69

정답 ②

게시 내용, 방법, 절차, 그 밖에 필요한 사항은 보건복지부령으로 정한다(법 제34조 제2항).

70

정답 ①

장기요양보험료율은 장기요양위원회의 심의를 거쳐 대통령령으로 정한다(법 제9조 제2항).

71

정답 ④

장기요양인정신청 등의 방법 및 절차 등에 관하여 필요한 사항은 보건복지부령으로 정한다(법 제22조 제4항).

PART 4

72

정답 ③

공단은 다음 각 호의 어느 하나에 해당하는 수급자가 가족 등으로부터 제23조 제1항 제1호 가목에 따른 방문요양에 상당한 장기요양급여를 받은 때 대통령령으로 정하는 기준에 따라 해당 수급자에게 가족요양비를 지급할 수 있다(법 제24조 제1항).

1. 도서·벽지 등 장기요양기관이 현저히 부족한 지역으로서 보건복지부장관이 정하여 고시하는 지역에 거주하는 자
2. 천재지변이나 그 밖에 이와 유사한 사유로 인하여 장기요양기관이 제공하는 장기요양급여를 이용하기가 어렵다고 보건복지부장관이 인정하는 자
3. 신체·정신 또는 성격 등 대통령령으로 정하는 사유로 인하여 가족 등으로부터 장기요양을 받아야 하는 자

73

정답 ②

장기요양위원회는 위원장 1인, 부위원장 1(㉠)인을 포함한 16(㉡)인 이상 22(㉢)인 이하의 위원으로 구성한다(법 제46조 제1항). 따라서 ㉠+㉡+㉢=1+16+22=39이다.

74

정답 ②

- 장기요양위원회의 효율적 운영을 위하여 분야별로 실무위원회를 둘 수 있다(법 제47조 제2항).
- 노인장기요양보험법에서 정한 것 외에 장기요양위원회의 구성·운영, 그 밖에 필요한 사항은 대통령령으로 정한다(법 제47조 제3항).

75

정답 ②

장기요양급여 제공내용의 평가 방법 및 평가 결과의 공표 방법, 그 밖에 필요한 사항은 보건복지부령으로 정한다(법 제54조 제3항).

76

정답 ③

가족요양비(법 제24조 제1항 제2호)

공단은 다음 각 호의 어느 하나에 해당하는 수급자가 가족 등으로부터 제23조 제1항 제1호 가목에 따른 방문요양에 상당한 장기요양급여를 받은 때 대통령령으로 정하는 기준에 따라 해당 수급자에게 가족요양비를 지급할 수 있다.

2. 천재지변이나 그 밖에 이와 유사한 사유로 인하여 장기요양기관이 제공하는 장기요양급여를 이용하기가 어렵다고 보건복지부장관이 인정하는 자

77

정답 ①

재심사위원회의 위원은 관계 공무원, 법학, 그 밖에 장기요양사업 분야의 학식과 경험이 풍부한 자 중에서 보건복지부장관이 임명 또는 위촉한다(법 제56조 제3항).

78

정답 ①

보고 및 검사(법 제61조 제1항)

보건복지부장관, 특별시장·광역시장·도지사 또는 특별자치시장·특별자치도지사·시장·군수·구청장은 다음 각 호의 어느 하나에 해당하는 자에게 보수·소득이나 그 밖에 보건복지부령으로 정하는 사항의 보고 또는 자료의 제출을 명하거나 소속 공무원으로 하여금 관계인에게 질문을 하게 하거나 관계 서류를 검사하게 할 수 있다.

1. 장기요양보험가입자
2. 피부양자
3. 의료급여수급권자

[오답분석]

㉢·㉣ 법 제61조 제2항에 해당한다.

79

공단은 특별현금급여를 받는 수급자의 신청이 있는 경우에는 특별현금급여를 수급자 명의의 지정된 계좌(특별현금급여수급계좌)로 입금하여야 한다. 다만, 정보통신장애나 그 밖에 대통령령으로 정하는 불가피한 사유로 특별현금급여수급계좌로 이체할 수 없을 때에는 현금 지급 등 대통령령으로 정하는 바에 따라 특별현금급여를 지급할 수 있다(법 제27조의2 제1항).

[오답분석]

① 법 제23조 제1항 제3호에 해당한다.
② 법 제27조의2 제1항에 해당한다.
④ 법 제27조의2 제2항에 해당한다.

80

장기요양기관은 제40조(본인부담금) 제1항 단서에 따라 면제받거나 같은 조 제3항에 따라 감경받는 금액 외에 영리를 목적으로 수급자가 부담하는 재가 및 시설 급여비용("본인부담금")을 면제하거나 감경하는 행위를 하여서는 아니 된다(법 제35조 제5항).

[오답분석]

① 장기요양기관의 장은 장기요양급여를 제공한 수급자에게 장기요양급여비용에 대한 명세서를 교부하여야 한다(법 제35조 제3항).
② 장기요양기관은 수급자로부터 장기요양급여신청을 받은 때 장기요양급여의 제공을 거부하여서는 아니 된다. 다만, 입소정원에 여유가 없는 경우 등 정당한 사유가 있는 경우는 그러하지 아니하다(법 제35조 제1항).
③ 장기요양기관은 보건복지부령으로 정하는 장기요양급여의 제공 기준ㆍ절차 및 방법 등에 따라 장기요양급여를 제공하여야 한다(법 제35조 제2항).

PART 4

모든 전사 중 가장 강한 전사는 이 두 가지, 시간과 인내다.

– 레프 톨스토이 –

국민건강보험공단 필기시험 답안카드

번호	1 2 3 4	번호	1 2 3 4	번호	1 2 3 4	번호	1 2 3 4
1	① ② ③ ④	21	① ② ③ ④	41	① ② ③ ④	61	① ② ③ ④
2	① ② ③ ④	22	① ② ③ ④	42	① ② ③ ④	62	① ② ③ ④
3	① ② ③ ④	23	① ② ③ ④	43	① ② ③ ④	63	① ② ③ ④
4	① ② ③ ④	24	① ② ③ ④	44	① ② ③ ④	64	① ② ③ ④
5	① ② ③ ④	25	① ② ③ ④	45	① ② ③ ④	65	① ② ③ ④
6	① ② ③ ④	26	① ② ③ ④	46	① ② ③ ④	66	① ② ③ ④
7	① ② ③ ④	27	① ② ③ ④	47	① ② ③ ④	67	① ② ③ ④
8	① ② ③ ④	28	① ② ③ ④	48	① ② ③ ④	68	① ② ③ ④
9	① ② ③ ④	29	① ② ③ ④	49	① ② ③ ④	69	① ② ③ ④
10	① ② ③ ④	30	① ② ③ ④	50	① ② ③ ④	70	① ② ③ ④
11	① ② ③ ④	31	① ② ③ ④	51	① ② ③ ④	71	① ② ③ ④
12	① ② ③ ④	32	① ② ③ ④	52	① ② ③ ④	72	① ② ③ ④
13	① ② ③ ④	33	① ② ③ ④	53	① ② ③ ④	73	① ② ③ ④
14	① ② ③ ④	34	① ② ③ ④	54	① ② ③ ④	74	① ② ③ ④
15	① ② ③ ④	35	① ② ③ ④	55	① ② ③ ④	75	① ② ③ ④
16	① ② ③ ④	36	① ② ③ ④	56	① ② ③ ④	76	① ② ③ ④
17	① ② ③ ④	37	① ② ③ ④	57	① ② ③ ④	77	① ② ③ ④
18	① ② ③ ④	38	① ② ③ ④	58	① ② ③ ④	78	① ② ③ ④
19	① ② ③ ④	39	① ② ③ ④	59	① ② ③ ④	79	① ② ③ ④
20	① ② ③ ④	40	① ② ③ ④	60	① ② ③ ④	80	① ② ③ ④

※ 본 답안지는 마킹연습용 모의 답안지입니다.

국민건강보험공단 필기시험 답안카드

	①	②	③	④			①	②	③	④			①	②	③	④			①	②	③	④
1	①	②	③	④		21	①	②	③	④		41	①	②	③	④		61	①	②	③	④
2	①	②	③	④		22	①	②	③	④		42	①	②	③	④		62	①	②	③	④
3	①	②	③	④		23	①	②	③	④		43	①	②	③	④		63	①	②	③	④
4	①	②	③	④		24	①	②	③	④		44	①	②	③	④		64	①	②	③	④
5	①	②	③	④		25	①	②	③	④		45	①	②	③	④		65	①	②	③	④
6	①	②	③	④		26	①	②	③	④		46	①	②	③	④		66	①	②	③	④
7	①	②	③	④		27	①	②	③	④		47	①	②	③	④		67	①	②	③	④
8	①	②	③	④		28	①	②	③	④		48	①	②	③	④		68	①	②	③	④
9	①	②	③	④		29	①	②	③	④		49	①	②	③	④		69	①	②	③	④
10	①	②	③	④		30	①	②	③	④		50	①	②	③	④		70	①	②	③	④
11	①	②	③	④		31	①	②	③	④		51	①	②	③	④		71	①	②	③	④
12	①	②	③	④		32	①	②	③	④		52	①	②	③	④		72	①	②	③	④
13	①	②	③	④		33	①	②	③	④		53	①	②	③	④		73	①	②	③	④
14	①	②	③	④		34	①	②	③	④		54	①	②	③	④		74	①	②	③	④
15	①	②	③	④		35	①	②	③	④		55	①	②	③	④		75	①	②	③	④
16	①	②	③	④		36	①	②	③	④		56	①	②	③	④		76	①	②	③	④
17	①	②	③	④		37	①	②	③	④		57	①	②	③	④		77	①	②	③	④
18	①	②	③	④		38	①	②	③	④		58	①	②	③	④		78	①	②	③	④
19	①	②	③	④		39	①	②	③	④		59	①	②	③	④		79	①	②	③	④
20	①	②	③	④		40	①	②	③	④		60	①	②	③	④		80	①	②	③	④

※ 본 답안지는 마킹연습용 모의 답안지입니다.

성 명

지원분야

문제지 형별기재란

( )형 Ⓐ Ⓑ

수험번호

⓪	①	②	③	④	⑤	⑥	⑦	⑧	⑨
⓪	①	②	③	④	⑤	⑥	⑦	⑧	⑨
⓪	①	②	③	④	⑤	⑥	⑦	⑧	⑨
⓪	①	②	③	④	⑤	⑥	⑦	⑧	⑨
⓪	①	②	③	④	⑤	⑥	⑦	⑧	⑨
⓪	①	②	③	④	⑤	⑥	⑦	⑧	⑨
⓪	①	②	③	④	⑤	⑥	⑦	⑧	⑨

감독위원 확인

㊀

국민건강보험공단 필기시험 답안카드

번호	답란	번호	답란	번호	답란	번호	답란
1	① ② ③ ④	21	① ② ③ ④	41	① ② ③ ④	61	① ② ③ ④
2	① ② ③ ④	22	① ② ③ ④	42	① ② ③ ④	62	① ② ③ ④
3	① ② ③ ④	23	① ② ③ ④	43	① ② ③ ④	63	① ② ③ ④
4	① ② ③ ④	24	① ② ③ ④	44	① ② ③ ④	64	① ② ③ ④
5	① ② ③ ④	25	① ② ③ ④	45	① ② ③ ④	65	① ② ③ ④
6	① ② ③ ④	26	① ② ③ ④	46	① ② ③ ④	66	① ② ③ ④
7	① ② ③ ④	27	① ② ③ ④	47	① ② ③ ④	67	① ② ③ ④
8	① ② ③ ④	28	① ② ③ ④	48	① ② ③ ④	68	① ② ③ ④
9	① ② ③ ④	29	① ② ③ ④	49	① ② ③ ④	69	① ② ③ ④
10	① ② ③ ④	30	① ② ③ ④	50	① ② ③ ④	70	① ② ③ ④
11	① ② ③ ④	31	① ② ③ ④	51	① ② ③ ④	71	① ② ③ ④
12	① ② ③ ④	32	① ② ③ ④	52	① ② ③ ④	72	① ② ③ ④
13	① ② ③ ④	33	① ② ③ ④	53	① ② ③ ④	73	① ② ③ ④
14	① ② ③ ④	34	① ② ③ ④	54	① ② ③ ④	74	① ② ③ ④
15	① ② ③ ④	35	① ② ③ ④	55	① ② ③ ④	75	① ② ③ ④
16	① ② ③ ④	36	① ② ③ ④	56	① ② ③ ④	76	① ② ③ ④
17	① ② ③ ④	37	① ② ③ ④	57	① ② ③ ④	77	① ② ③ ④
18	① ② ③ ④	38	① ② ③ ④	58	① ② ③ ④	78	① ② ③ ④
19	① ② ③ ④	39	① ② ③ ④	59	① ② ③ ④	79	① ② ③ ④
20	① ② ③ ④	40	① ② ③ ④	60	① ② ③ ④	80	① ② ③ ④

※ 본 답안지는 마킹연습용 모의 답안지입니다.

국민건강보험공단 필기시험 답안카드

	① ② ③ ④		① ② ③ ④		① ② ③ ④		① ② ③ ④
1	① ② ③ ④	21	① ② ③ ④	41	① ② ③ ④	61	① ② ③ ④
2	① ② ③ ④	22	① ② ③ ④	42	① ② ③ ④	62	① ② ③ ④
3	① ② ③ ④	23	① ② ③ ④	43	① ② ③ ④	63	① ② ③ ④
4	① ② ③ ④	24	① ② ③ ④	44	① ② ③ ④	64	① ② ③ ④
5	① ② ③ ④	25	① ② ③ ④	45	① ② ③ ④	65	① ② ③ ④
6	① ② ③ ④	26	① ② ③ ④	46	① ② ③ ④	66	① ② ③ ④
7	① ② ③ ④	27	① ② ③ ④	47	① ② ③ ④	67	① ② ③ ④
8	① ② ③ ④	28	① ② ③ ④	48	① ② ③ ④	68	① ② ③ ④
9	① ② ③ ④	29	① ② ③ ④	49	① ② ③ ④	69	① ② ③ ④
10	① ② ③ ④	30	① ② ③ ④	50	① ② ③ ④	70	① ② ③ ④
11	① ② ③ ④	31	① ② ③ ④	51	① ② ③ ④	71	① ② ③ ④
12	① ② ③ ④	32	① ② ③ ④	52	① ② ③ ④	72	① ② ③ ④
13	① ② ③ ④	33	① ② ③ ④	53	① ② ③ ④	73	① ② ③ ④
14	① ② ③ ④	34	① ② ③ ④	54	① ② ③ ④	74	① ② ③ ④
15	① ② ③ ④	35	① ② ③ ④	55	① ② ③ ④	75	① ② ③ ④
16	① ② ③ ④	36	① ② ③ ④	56	① ② ③ ④	76	① ② ③ ④
17	① ② ③ ④	37	① ② ③ ④	57	① ② ③ ④	77	① ② ③ ④
18	① ② ③ ④	38	① ② ③ ④	58	① ② ③ ④	78	① ② ③ ④
19	① ② ③ ④	39	① ② ③ ④	59	① ② ③ ④	79	① ② ③ ④
20	① ② ③ ④	40	① ② ③ ④	60	① ② ③ ④	80	① ② ③ ④

성 명

지원야

문제지 형별기재란

Ⓐ
Ⓑ

형 ( )

수 험 번 호

⓪	①	②	③	④	⑤	⑥	⑦	⑧	⑨
⓪	①	②	③	④	⑤	⑥	⑦	⑧	⑨
⓪	①	②	③	④	⑤	⑥	⑦	⑧	⑨
⓪	①	②	③	④	⑤	⑥	⑦	⑧	⑨
⓪	①	②	③	④	⑤	⑥	⑦	⑧	⑨
⓪	①	②	③	④	⑤	⑥	⑦	⑧	⑨
⓪	①	②	③	④	⑤	⑥	⑦	⑧	⑨

감독위원 확인

인

※ 본 답안지는 마킹연습용 모의 답안지입니다.

2025 최신판 시대에듀 All-New 국민건강보험공단
5개년 기출 + NCS + 법률 + 모의고사 3회 + 무료건보특강

개정32판1쇄 발행	2025년 03월 20일 (인쇄 2025년 01월 09일)
초 판 발 행	2000년 06월 20일 (인쇄 2000년 06월 15일)
발 행 인	박영일
책 임 편 집	이해욱
편 저	SDC(Sidae Data Center)
편 집 진 행	김재희 · 윤소빈
표 지 디 자 인	박수영
편 집 디 자 인	김경원 · 장성복
발 행 처	(주)시대고시기획
출 판 등 록	제10-1521호
주 소	서울시 마포구 큰우물로 75 [도화동 538 성지 B/D] 9F
전 화	1600-3600
팩 스	02-701-8823
홈 페 이 지	www.sdedu.co.kr
I S B N	979-11-383-8668-5 (13320)
정 가	26,000원